中华人民共和国民法典释论丛书

中国民法典

合同编总则释论

主　编　孙　毅

副主编　张　龙

本书撰稿人

（以撰写章节顺序为序）

孙　毅　孙博亚　张　龙　刘巍巍

法律出版社

LAW PRESS·CHINA

北京

图书在版编目(CIP)数据

中国民法典. 合同编总则释论 / 孙毅主编. -- 北京:
法律出版社, 2022
(中华人民共和国民法典释论丛书 / 杨震主编)
ISBN 978-7-5197-7142-3

Ⅰ. ①中… Ⅱ. ①孙… Ⅲ. ①民法—法典—研究—中国②合同法—总则—研究—中国 Ⅳ. ①D923.04

中国版本图书馆 CIP 数据核字(2022)第 180086 号

中国民法典·合同编总则释论
ZHONGGUO MINFADIAN · HETONGBIAN ZONGZE SHILUN

孙 毅 主编

策划编辑 徐 菲
责任编辑 徐 菲
装帧设计 汪奇峰

出版发行 法律出版社
编辑统筹 法律出版社
责任校对 王晓萍 王语童
责任印制 胡晓雅
经 销 新华书店
开本 710 毫米×1000 毫米 1/16
印张 30.75 **字数** 471 千
版本 2022 年 10 月第 1 版
印次 2022 年 10 月第 1 次印刷
印刷 天津嘉恒印务有限公司

地址:北京市丰台区莲花池西里 7 号(100073)
网址:www.lawpress.com.cn
投稿邮箱:info@lawpress.com.cn
举报盗版邮箱:jbwq@lawpress.com.cn
销售电话:010-83938349
客服电话:010-83938350
咨询电话:010-63939796

书号:ISBN 978-7-5197-7142-3
定价:138.00 元
凡购买本社图书,如有印装错误,我社负责退换。电话:010-83938349

中华人民共和国民法典释论丛书
编委会

作者简介

孙　毅

黑龙江大学法学院教授，法学博士，硕士研究生导师，兼职律师，哈尔滨仲裁委、青岛仲裁委等仲裁员，《北方法学》杂志编辑，中国法学会民法学研究会理事，哈尔滨市法学会第六届理事会常务理事、副会长。中国法学会民法典分则继承编课题组成员，中国法学会民法总则专家建议稿项目黑龙江大学项目组技术总负责人，黑龙江大学人格权法专家建议稿项目组技术负责人。著有《物权法公示公信原则研究》《破产程序中除斥债权范围刍议》《破产程序中保证人先诉抗辩权的限制》《试论现代代理法中的客观责任原则》《处于多重语境中的民事责任能力》《建设用地使用权和宅基地使用权》《论我国物权变动立法中的二元化模式》《混合共同担保法律问题之思考》《人民法院民商事公报案例裁判要旨》《论遗嘱方式的缓和主义进路——以<继承法>修改的相关理念变革为中心》《继承法修正中的理论变革与制度创新——对<继承法修正草案建议稿>的展开》《论商事留置权的特性与规则》《我国多重买卖规则的检讨与重构》《我国民法典的时代价值》《中华人民共和国民法典·继承编》等学术论文和著作，曾被《中国社会科学文摘》《新华文摘》《高等学校文科学术文摘》《人大复印报刊资料》转载。相关成果曾获得黑龙江省社会科学优秀科研成果一等奖、黑龙江省高校人文社会科学研究优秀成果奖一等奖、黑龙江省高校人文社科研究优秀成果三等奖。

总　序

2020 年 5 月 28 日，令人难以忘怀。《中华人民共和国民法典》（以下简称《民法典》）由第十三届全国人民代表大会第三次会议通过并公布，自 2021 年 1 月 1 日起施行。《民法典》是中华人民共和国成立以来第一部以"法典"命名的法律，是新时代我国社会主义法治建设的重大成果。《民法典》的颁行，是我国法治建设的里程碑，对推进国家治理体系和治理能力现代化具有重大意义。

中华法系，源远流长。中华法系是中国古代法制文明与法治建设的瑰宝。在人类法制文明与法制建设中，中华法系以礼法合治、以礼辅法、德法兼修、以德善治的品质流传后世。《法经》《唐律疏议》承载着中华法制文明的法典追求，彰显中华法制文化的规范思想；诸法合体、刑民不分凝聚着中华法制文明的深厚底蕴和独特魅力，显示出中华法制文化的律令特色与格致特质；礼法结合、民惟邦本映衬着中华法制文明的隆礼重法和以民为贵，展现出中华法制文化的明德慎罚与德主刑辅；天下无讼和以和为贵昭示着中华法制文明的政教之本和德礼教化，体现出中华法制文化的恤刑思想与和善理念。习近平总书记指出："我国古代法制蕴含着十分丰富的智慧和资源，中华法系在世界几大法系中独树一帜。"①

草拟民律，变法图强。草拟民律是近代民事立法与法律变革的缩影。在"西学东渐""船坚炮利""师夷长技""以夷制夷"的特定情境下，变法图

① 中共中央文献研究室编：《习近平关于全面依法治国论述摘编》，中央文献出版社 2015 年版，第 32 页。

存、济世安邦、吸纳西法、革故鼎新成为中国法制近代化的思想基础与观念指征。《大清民律草案》的起草、《民国民律草案》的纂修、《中华民国民法》的施行，预示着中国古代法律体系的转型，显露出中国法律制度渐融世界民事立法行列的进程。“吸收世界各国大同之良规，兼采近世最新之学说”的修法信念，“凡我旧律义关伦常诸条，不可率行变革”的改良执念，促成了刑民分立、中西合璧、观念杂糅、习惯碰撞的民事立法样态与民事法律体系；演绎出推崇社会契约、呼吁个性解放、恪守公序良俗、更新国民道德的法律纂修取向和礼法嬗变特征。因为一定的文化是一定社会的政治和经济的反映。

法典编纂，人民至上。编纂民法典是新时代民事立法与法治改革的创举。在新中国法制建设史上，《民法典》无疑是民事立法的卓越典范与无上荣光。因为编纂一部真正属于中国人民的民法典，是新中国几代人的夙愿；形成一部适应新时代中国特色社会主义发展要求，符合我国国情和实际的体例科学、结构严谨、规范合理、内容完整、协调一致的民法典，是一项系统且重大的立法工程。《民法典》作为我国法律体系中条文最多、体量最大、编章结构最复杂的一部法律，系统整合了中华人民共和国成立70余年来长期实践形成的民事法律规范，汲取了中华民族5000多年优秀法律文化，借鉴了人类法治文明建设的有益成果，是一部体现我国社会主义性质、符合人民利益和愿望、顺应时代发展要求的民法典；是一部体现对生命健康、财产安全、交易便利、生活幸福、人格尊严等各方面权利平等保护的民法典；是一部具有鲜明中国特色、实践特色、时代特色的民法典。《民法典》以其7编1260条、10万多字的编章结构与规范内涵，回应了人民的期待，突出了以人民为中心的底色。

民法学人，共谱华章。奉献智慧、精益求精是民法学人久久为功、善作善成的写照。在我国先后四次启动民法制定工作以及长达五年的民法典编纂进程中，学界前辈展现了矢志不渝、博采众长的学术情怀与立法智慧，民法同人呈现了底蕴深厚、观点明晰的学术思想与立法范例。多方论证、集思广益、数易其稿、系统整合，成为科学立法、民主立法、依法立法的表征；条分缕析、观点争鸣、字斟句酌、编订纂修，成为体例设计、规范表述、价值内蕴的基础。无论是中国法学会民法典编纂项目领导小组组织专家起草的《民法典》(专家建议稿),还是全国人大常委会法制工作委员会形成的《民法典(草案)》,均仰赖民法典编纂所具备的制度基础、实践基础、理论基础和社会基础,均凸显出民法典在国家治理体系中的功能定位——《民法典》是实现社会治理现代化、促进社会和谐有序的基本法,是保障和促进社会主义市场经济建设健康发展的基本法,是推动政府依法行政、提升政府治理能力的基本法。只有讲好、用好《民法典》,方能展现其以人为本的人民性、与时俱进的时代性、立足国情的民族性、求真严谨的科学性。

弦歌不辍,共赴星光。跻身民事立法前沿、攻克民法理论难题,是黑龙江大学民商法学教学科研团队的初心与使命。2012 年 3 月,黑龙江大学成立民法典编纂课题组,着力研究民法典编纂中的热点、难点问题,期冀通过民法理论研讨提升民事立法智慧、助益民事司法实践。黑龙江大学民法典编纂课题组成立后,以杨震教授、王歌雅教授、孙毅教授、申建平教授、李幡副教授、杨振宏副教授为主要成员的课题组所有同人勤勉奋发、勠力同心、集思广益、取长补短,携手走过了相互鼓励、彼此劝勉、业精于勤、跬步千里的十年时光,相继起草了多个民事立法专家建议稿,共同呈现了民事立法智慧。2012 年 5 月,起草了《中华人民共和国继承法》(专家建议稿),共计 5 章 97 条。2015 年 5 月,起草了《民法典·总则编》(专家建议稿)中民事法律行为和代理两章,分别为 38 条和 26 条。2016 年 10 月和 2017 年 1 月,先后起草了《民法典·继承编》(专家建议稿)(一)和(二)中遗嘱继承和遗赠一章,分别为 36 条和 34 条。2017 年 7 月,起草了《中华人民共和国人格权法》(专家建议稿),共计 8 章 60 条。王歌雅教授作为中国法学会婚姻家庭法学研究会副会长参与起草了《民法典·婚姻家庭编》(专家建议稿)……时光荏苒,春华秋实。

青山明月,丹心道同。踔厉奋发、笃行不怠是黑龙江大学法学院民法同人的坚守与豪情。在《民法典》编纂进程中,民法同人多方研讨、献计献策。第十二届、第十三届全国人大代表杨震教授全程参与了《民法典(草案)》的讨论和修改,十年间先后向全国人大提交制定民法典的议案 40 余件,特别是 2018 年提交的《关于制定中华人民共和国人格权法》的议案,被第十三届全国人民代表大会第一次会议列为第290号议案,为人格权法的独立成编倾注了热诚与智慧。围绕《民法典(草案)》的起草和修改,黑龙江大学民法典编纂课题组陆续提出修改意见和建议……尺寸素心,金石为开。

释论记叙,希以弘扬。传播民法精神、诠释法典文化,是黑龙江大学民法典编纂课题组的情怀与责任。在《民法典》实施进程中,理解《民法典》、感悟《民法典》、解读《民法典》、实践《民法典》,是回应中国之问、世界之问、人民之问、时代之问的基点;弘扬核心价值、释明法律规范、秉持公平正义、践行人本理念,是信守中国之路、中国之治、中国之理的基石。《中华人民共和国民法典释论》将以8册系列图书,系统展现《民法典》的鲜明特色与创新发展,科学阐释《民法典》法源样态的多元性、原则理念的思想性、体系结构的创造性、制度规范的传承性、功能定位的价值性、权益保障的适用性。其中,总则编1册,物权编1册,合同编2册,人格权编1册,婚姻家庭编1册,继承编1册,侵权责任编1册。各编主编、合著、独著作者为:总则编——杨震;物权编——申建平;合同编——孙毅;人格权编——杨振宏、张小余;婚姻家庭编——王歌雅;继承编——王歌雅;侵权责任编——杨震。《中华人民共和国民法典释论》系列丛书总字数达260万余字。

思想引领,价值为基。《中华人民共和国民法典释论》系列丛书,以习近平法治思想为理论指导,以社会主义核心价值观为理念统领,以《民法典》及其司法解释为阐释要点,记录了《民法典》的编纂历程、编纂智慧、编纂成果、编纂贡献,梳理了《民法典》的学术思想、学术观点、学术理路、学术创新,展现了《民法典》的实践意义、实践特点、实践思考、实践效用,呈现了《民法典》的法治信仰、法治精神、法治文化、法治追求。

初心如磐,情怀不改。

不负历史,不负时代。

黑龙江大学民法典编纂课题组

2022年5月1日

前　言

在诸多调整社会主义市场经济的法律中,《民法典》可谓是民商事领域的基本法。尤其《民法典》的合同编更是与调整商品经济关系密切的法律规范体系。《民法典·合同编》有关原理与实践问题往往是基础性的和应用性的,对其加以研究具有十分重要的理论与实践意义。本书具有以下几个方面的特色:

第一,本书是对于《民法典·合同编》有关的原理学说、法律制度、司法解释、域外立法例、典型案例等进行综合研究的学术成果,使读者能够对《民法典·合同编》的有关制度有较全面的了解,具有一定的理论深度又不乏实践应用问题的探讨,总体风格上,不同于围绕法律条文逐条解释的条文释义类的工具书,而是一部理论著作。

第二,为便于学习阅读、知识查阅,本书力求与《民法典·合同编》的章节体系保持一致,有释法更有论理。在充分研究各种民法理论学说的基础上,尽量以适合我国实证法体系的通说为线索,阐明制度与原理的内在机理,介绍不同学术观点,剖析问题的症结所在,并提出本书的观点。行文做到繁简适度、重点突出。使读者能够在较短的时间内,有效地吸收有用的知识。

第三,本书反映了围绕《民法典》合同制度发展出来的最新研究成果。随着《民法典》配套制度的完善以及理论研究工作的展开,新问题、新学术思想大量涌现。如合同编中的债总规范、合同通则的参照适用、合同解释、代位清偿、债务加入、异于原给付的清偿、合同僵局与司法解除等问题,本书均有涉及,并在研究基础上阐明了学术观点,不乏创新性见解和拓展性学术贡献。

第四,《民法典》施行的同时,最高人民法院对司法解释进行了大幅度的立、改、废工作。本书在对《民法典》的基础性合同制度进行研究的同时,还将最高人民法院相关的最新司法解释纳入其中,吸收了新的实践成果,系统阐述了合同法学的相关理论知识。注重对合同法原理和规则的实践应用,做到理论与实际相结合。

本书是《中华人民共和国民法典释论》系列丛书中的一册,是国家社科基金重大研究专项"社会主义核心价值观融入民法典的理解与适用研究"(20VHJ001)的阶段性研究成果。也是该项目子课题"社会主义核心价值观融入民法典财产权研究"的项目成果。

全书共八章,由黑龙江大学教授孙毅任主编,烟台大学副教授张龙担任副主编。与哈尔滨金融学院副教授刘巍巍、黑龙江大学讲师孙博亚共同撰写完成。撰写的具体分工如下(以撰写章节先后为序):

孙　毅:第一章、第七章;

孙博亚:第二章、第四章;

张　龙:第三章、第五章、第八章;

刘巍巍:第六章。

全书由孙毅、张龙负责统稿、审稿工作,由孙毅负责完成最终审定。

我们在写作本书过程中,参考了许多学者有关领域的著述,在此表示衷心感谢!法律出版社对本书的出版给予了大力支持,在此致以诚挚的谢意!由于水平所限,书中难免有错误和疏漏之处,恳请读者批评指正,以便今后再版时进一步修改、完善。

本书编者

2022 年 7 月

本书缩略语表

《中华人民共和国民法典》	《民法典》[①]
《中华人民共和国民法通则》	《民法通则》
《中华人民共和国物权法》	《物权法》
《中华人民共和国合同法》	《合同法》
《中华人民共和国继承法》	《继承法》
《中华人民共和国合伙企业法》	《合伙企业法》
《中华人民共和国农村承包经营法》	《农村承包经营法》
《中华人民共和国担保法》	《担保法》
《中华人民共和国证券法》	《证券法》
《中华人民共和国电子商务法》	《电子商务法》
《中华人民共和国公司法》	《公司法》
《中华人民共和国企业破产法》	《破产法》
《中华人民共和国保险法》	《保险法》
《中华人民共和国消费者权益保护法》	《消费者权益保护法》
《中华人民共和国反不正当竞争法》	《反不正当竞争法》
《中华人民共和国劳动合同法》	《劳动合同法》
《中华人民共和国信托法》	《信托法》
《中华人民共和国刑法》	《刑法》
《中华人民共和国民事诉讼法》	《民事诉讼法》
《中华人民共和国商业银行法》	《商业银行法》

① 书中所涉《民法典》之分编,分别简称为《民法典·总则编》、《民法典·物权编》、《民法典·合同编》、《民法典·人格权编》、《民法典·婚姻家庭编》、《民法典·继承编》以及《民法典·侵权责任编》。

《中华人民共和国民用航空法》	《民用航空法》
《中华人民共和国证券投资基金法》	《证券投资基金法》
《中华人民共和国电力法》	《电力法》
《中华人民共和国国防法》	《国防法》
《中华人民共和国政府采购法》	《政府采购法》
《中华人民共和国涉外民事关系法律适用法》	《涉外民事关系法律适用法》
《中华人民共和国电子商务法》	《电子商务法》
《中华人民共和国放射性污染防治法》	《放射性污染防治法》
《中华人民共和国律师法》	《律师法》
《中华人民共和国票据法》	《票据法》
《中华人民共和国仲裁法》	《仲裁法》
《最高人民法院关于适用〈中华人民共和国担保法〉若干问题的解释》	《担保法司法解释》
《最高人民法院关于适用〈中华人民共和国民法典〉总则编若干问题的解释》	《总则编司法解释》
《最高人民法院关于适用〈中华人民共和国民法典〉有关担保制度的解释》	《担保制度司法解释》
《最高人民法院关于审理买卖合同纠纷案件适用法律问题的解释》	《买卖合同司法解释》
《最高人民法院关于审理商品房买卖合同纠纷案件适用法律若干问题的解释》	《商品房买卖合同司法解释》
《最高人民法院关于适用〈中华人民共和国合同法〉若干问题的解释(一)》	《合同法解释(一)》
《最高人民法院关于适用〈中华人民共和国合同法〉若干问题的解释(二)》	《合同法解释(二)》
《最高人民法院关于贯彻执行〈中华人民共和国民法通则〉若干问题的意见(试行)》	《民通意见》
《最高人民法院关于审理民间借贷案件适用法律若干问题的规定》	《民间借贷司法解释》
《最高人民法院关于适用〈中华人民共和国企业破产法〉若干问题的规定(二)》	《破产法解释(二)》
《最高人民法院关于人民法院办理执行异议和复议案件若干问题的规定》	《执行异议和复议司法解释》
《最高人民法院关于审理网络消费纠纷案件适用法律若干问题的规定(一)》	《网络消费纠纷司法解释》
《全国法院民商事审判工作会议纪要》	《九民纪要》

CONTENTS 目 录

第一章
合同编之
一般规定

第二章 合同的订立

第六章 合同的变更和转让

第七章 合同的权利义务终止

第 一 章

合同编之一般规定

第一节 合同的基础理论

一、合同的含义

合同也称契约,是民法的基本范畴,所涉领域非常广泛,于物权、债权、身份、继承等权利义务关系的变动均有适用。合同概念有广义与狭义之分。广义概念是从民法法律行为的层面界定的,合同是民事主体之间设立、变更、终止民事法律关系的协议。广义合同可以包括债权合同、物权合同、身份合同、继承合同等各种类型。狭义的合同概念是从债的发生原因角度定义的,合同是民事主体间设立、变更、终止债权债务关系的协议,仅指债权合同。《民法典》第 464 条第 1 款为广义的合同概念定义方式,但在《民法典》具体条文中使用的却是其狭义的内涵。

在不同的语境中,"合同"一词有不同的指向。如指向法律行为、法律事实、法律关系甚至合同的书面形式。它们都从不同的角度体现出合同的一部分属性,揭示出合同的法律特征:(1)合同是平等民事主体之间的成立的法律关系;(2)合同是双方或多方法律行为;(3)合同是引起法律关系变动的法律事实;(4)合同是以发生法律效果为目的的合意;(5)合同可以有多种存在形式。

合同的属概念是协议。但并非所有协议都是合同,若协议仅在寻求某种共识或协调行动,却并不意图发生法律关系变动,则不属于合同。作为法律事实的协议虽是合同的原本含义,但在规则应用中有时会超出该含义,经常被用来指向合同书或合同关系。概念的扩张有时是为了满足法律规范发挥功能的需求。判断合同是否成立，依要约承诺规则不足以实现时，可通过合同关系中存在一方接受另一方履行主要义务这一事实建立进一步的判断规则。在判断合同的同一性问题上，也必须在合同、合同书、合同关系之间反复跳跃。一个合同书可能包含了多个合同关系，反之，多个合同书可能就是规定一个合同关系。尤其随着合同理论的发展，合同的权利义务并不完全包含于协议之中，而是产生自社会关系的层面。关系性契约理论主张契约的效力应植根于社会关系中，彻底改变了合同仅是当事人之间的协议这个观察角度。因此，《民法典》虽然将合同定义为协议，但在理论演进中，合同的含义仍是发展的。可以概括为：合同的表层理解是由一致的意思表示所达成的协议，个别语境中是指记载这种协议的"合同书"；深层理解则是由社会背景因素影响下形成的法律关系。

对合同含义的理解，在不同国家的法律体系中甚至存在更大的差异。罗马法上的契约观念是建立在债因限定基础上的，具有类型法定、注重形式、强调主体身份等特点，法律对契约种类的罗列与契约自由之近代法理念相去甚远。18世纪以来的各国近代法，围绕合同效力发生的根据形成了不同的合同观念。法国法学家波蒂埃将合同定义为："双方当事人相互承诺或由双方之一的一方当事人自行允诺给予对方某物品或允诺做或不做某事的一种契约。"①在法国，合同被理解为是相互的承诺或单方的允诺，合同效力的关键不在于合意而在于原因，这就是法国法上的契约原因主义。依据二元论的原因理论，互为目的的相互承诺本身就可以是原因；单方允诺的决定性动机也被视为原因。英美法之合同观念则是允诺与对价的结合，称为约因主义。允诺既不是要约，也不是承诺，而是一方提出的交易条件，当对方提出对价后，允诺便成为自己负担的债务。约因为一方换取对方允诺所付的代价，所以又称对价。19世纪的英国，约因被理解为履行或允诺履行合同义务的一方获得某种利益，或者接受履行的一方遭受某种损害的事实，称为获利与受损的约因理论。美国法则形成了互惠的约因理论，又称交易理论。霍姆斯认为："所谓约因的本质不过是根据合意的内容，作为该约定的动机和诱因而赋予其约因或被接受之。反过来，作为引起约因的一般动机和约定，其根本在于，在习惯上彼此对他方而言处于互为诱

① ［德］海因·克茨：《欧洲合同法》（上卷），周忠海等译，法律出版社2001年版，第3页。

因的关系。”①交易理论较之获利与受损规则缩小了约因的范围。在此观念下，《美国第二次合同法重述》对契约有如下定义：“契约乃为一个允诺或一组允诺。违反此一允诺时，法律给予救济；或其对允诺之履行，法律在某些情况下视之为一项义务。”可见，英美法系的合同在观念上被分解为若干个允诺。德国、日本之合同观念为合意主义。合同是在各方意思表示基础上进一步达成的合意。合意主义源于意志理论的基本思想，合同效力的根据在于主体依自由意志作出的决定。原因与约因所要考量的因素，在德国法上被意思表示与法律行为理论所吸收，无须作为合同效力的独立因素而存在了。德日的合同观念是一个由合意构成的实体，是当事人之间的一种法律关系。正如内田贵教授指出的：“在英美（尤其是美国），契约被分解为各个当事人所进行的约定来说明。例如，买卖契约就是由卖主出卖标的物的约定，和买主以多少价金买入这一反对约定构成。所谓契约具有拘束力就意味着双方当事人受自己的约定的拘束。这一点与日本（以及德国）略有不同，日本（德国）民法把买卖契约定义为由卖主和买主的两个意思表示构成的一个法律行为，并由此在当事人间产生债权债务，在这里作为债务发生原因的契约有其自身的存在，换言之，已经实体化了。”②我国民法理论对合同的理解与德国法相同，采合意主义之合同观念。

合同含义比较参见表1。

表1　合同含义比较

法系	对合同的理解	合同的效力根据
罗马法	类型限定	债因法定主义与仪式
法国法	合意＋原因＝契约	原因主义
德国法	合意＝契约	合意主义（意思原则）
英美法	允诺＋对价＝契约	约因主义

① ［日］内田贵：《契约的再生》，胡宝海译，载梁慧星主编：《民商法论丛》（第3卷），法律出版社1995年版，第299页。

② ［日］内田贵：《契约的再生》，胡宝海译，载梁慧星主编：《民商法论丛》（第3卷），法律出版社1995年版，第297～298页。

二、合同的社会功能

作为一个依赖于制度的行为,合同是契约精神与实证法技术的结合,是价值理性与工具理性的统一。合同是自由主义社会的本质的组成部分。没有合同,民事主体就不得不面对许诺者可能不履行其承诺的危险,那他们就很难制订未来计划。对于个体来说,当他失去实现这种利益的重要手段时,他实现自己的利益就变得更加困难了。[①] 合同是主体自主进行的社会行动,进而建立社会关系,它是制度的实践,并在实践中形成社会秩序。马克斯·韦伯将社会行动中呈现的理性分为工具理性与价值理性。工具理性型行动是由对环境和其他人类行为的客观预期所决定的,这些预期被作为行动者获得自己的理性探求目标以及测算工具的条件或手段而使用。价值理性型行动由一种不受其成功预期支配的、对来自某些行为形式本身的价值的有意识信仰所决定。[②]

(一)合同的工具理性

合同在工具理性层面的社会功能表现为:(1)合同是交换工具,双方都有认为可以获益时合同才能达成,社会成员都在通过个体的经济行动取得自己的利益,社会财富总量就会得以增加。(2)合同是协作的工具,合同的产生依赖于沟通行为,通过沟通要么达成共识协调行动,要么获得理解化解阻力,减少不确定风险,降低行动成本。(3)合同是组织社会生产的工具,合同在现代社会组织如公司、合伙企业等的建立中发挥着基础性作用。(4)合同制度的构建理性,合同的工具理性不仅体现在合同行为,也体现在合同制度的构建中。合同制度为合同行为提供的法律规范,是符合工具理性的模型。合同制度在实证法技术层面以合意为保护的根据,通常情况下会排除动机、主观效用、实质公平等主观因素对缔约行为的影响,保留客观判断因素以利于工具理性的计算。契约自由和契约正义在这里划清了界限,承诺前是自由的范畴,承诺后是主体间诚信的范畴。

(二)合同的价值理性

合同在价值理性层面的社会功能,表现为合同具有内在的契约精神。合同

---

① 参见[奥地利]格奥尔格·格拉夫:《契约法和国家的伦理中立:关于自由主义和社群主义的几点想法》,韩震译,载《求是学刊》2003年第5期。

② 参见[德]迪尔克·克斯勒:《马克斯·韦伯的生平、著述及影响》,郭锋译,法律出版社2000年版,第185页。

实践无时无刻不在传递着自治、平等、公平、诚信的法价值。契约精神的社会实践孕育着推动社会变革的巨大力量。契约是平等与意思自治的工具,推动了平等民事主体制度的确立,塑造着现代社会关系结构。

自治与平等是契约的天然品格。在这一点上已经超越了契约的经济意义。自治与平等的特性源于契约这种工具的结构。只有契约的一方愿意并根据自己的意志作出承诺才受约束。受约束不是因为外部的力量,而是源自自己的意志的表达。伊壁鸠鲁、卢梭、康德、洛克、霍布斯、罗尔斯等都曾经用契约理论来解释社会政治与道德问题。例如,伊壁鸠鲁将契约论与功利主义结合起来阐述正义观,认为正义不是一种独立存在的东西,而是在互相交往中,在任何地方为了不伤害而订立的契约。这样,对于那些没有参加订立这种契约的个人和民族来说,就无正义和非正义可言。[①] 卢梭则以契约来论证由自然状态进入社会状态时,人类的结合方式。“要寻找出一种结合的形式,使它能以全部共同的力量来卫护和保障每个结合者的人身和财富,并且由于这一结合而使每一个与全体相联合的个人又只不过是在服从自己本人,并且仍然像以往一样的自由。”这就是社会契约所要解决的根本问题。[②] 依据不同的学说思想,契约被赋予了理性与道德价值,用以解释社会现象存在的合理性或者用以描绘学者的理论构想。但不借助于契约自治与平等的特性就无法说明为什么契约会和这些价值发生联系。近代商品社会结构是劳动力与生产资料以契约相互结合的过程中形成的。是利用契约在形式上的平等功能,在商品生产领域消除生产资料与劳动力结合上的不平等因素,才能消除人的身份差别,使抽象的平等得以产生。[③] “用以逐步代替源自家族各种权利义务上那种相互关系形式的,完全是个人与个人之间的什么关系。用以代替的关系就是契约。在以前,人的一切关系都是被概括在家族关系中的,把这种社会状态作为历史上的一个起点,从这一个起点开始,我们似乎是在不断地向着一种新的社会秩序状态移动,在这种新的社会秩序中,所有这些关系都是因个人的自由合意而产生的。”“所有进步社会的运动,到此处为止,是一个从身份到契约的运动。”[④]

---

① 参见何怀宏:《契约伦理与社会正义》,中国人民大学出版社 1993 年版,第 24 页。

② 参见[法]卢梭:《社会契约论》,何兆武译,商务印书馆 1980 年版,第 23 页。

③ 参见杨振山、孙毅:《近代民事主体形成的条件与成因》,载《政法论坛》2005 年第 4 期。

④ [英]梅因:《古代法》,沈景一译,商务印书馆 1995 年版,第 96 ~ 97 页。

三、合同中的契约精神

契约精神是合同这一商品经济工具的价值内核，包含契约自由、契约平等、契约诚信、契约公平等理念。由于契约精神符合商品经济社会的主流意识形态，因此，启蒙思想家将契约精神从私人契约领域扩展到社会契约领域，构建了政治学意义上的社会契约理论。在社会主义核心价值观中，民主、文明、自由、平等、诚信、法治与契约精神的价值取向高度一致。社会主义市场经济建设与法治建设亦需要契约精神。

（一）契约精神是伦理与正义的结合

契约精神的塑造得益于自然法的影响。自然法为契约精神提供了道德原则与理性原则。[①] 契约精神是自然法与契约实证规范结合的产物。契约精神既包含伦理精神，也包含法律精神。伦理关注善或德性，法律关注正义。而符合正义本身也是契约伦理的要求。正义的内涵是抽象的，正义与其说是一种法价值，倒不如说是被公认的价值得以实现后的状态。正义须由更具体的价值来表达，如基于自由的正义、基于平等的正义、基于公平的正义等。实现正义是法律的最高目的。但由于正义是计较利益的产物，构成了正义的穹顶。相比较而言，伦理是可以利他的，作为愿望的道德标准可以高于正义的标准。契约伦理的形成提高了合同法律规则的伦理正当性，即"内在的道德精神要求以法律的形式体现自身，而外在的法律义务则希冀获得一种可靠的道德根据，这就是它们自身发展的逻辑。"[②]契约伦理不是指以道德代替合同法律，而是使合同法律规范具有符合道德的伦理内蕴。更有学者认为，合同法应当具有道德教育功能，它应当弘扬德性。[③] 契约与伦理正义结合之后具有了灵魂，成为现代社会人与人交往的可靠工具。

（二）契约自由构成古典契约精神的核心价值

关于契约伦理的基本价值内容，学者认为契约伦理蕴含着生存、自由、平等

---

① 参见何怀宏：《契约伦理与社会正义》，中国人民大学出版社 1993 年版，第 38 页。

② 何怀宏：《契约伦理与社会正义》，中国人民大学出版社 1993 年版，第 27 页。

③ 参见[美]亨利·马瑟：《合同法与道德》，戴孟勇、贾林娟译，中国政法大学出版社 2005 年版，第 117 页。

和宽容四个重要的价值原则,并构成由低到高的价值序列。[①] 从契约正义的角度,契约精神还要求互惠之交换正义、分配正义、契约严守、契约自由等内容。其中,契约自由是古典契约精神的核心价值。古典自由主义的契约理论将自由作为正义的根本,划定了人与人的自我主权的边界:自由仅因他人的自由而受限制。契约精神是不断发展的,契约精神的发展导致价值及其排序的变动。在当代契约精神中,契约正义与契约伦理的互动是恒存的,但价值是可变的。例如,契约严守逐渐失去了绝对性,尤其在长期合同中,基于诚信的变更与解除越来越被接受。契约自由的古典契约正义观念,在格式条款中正受到契约公平的冲击。社会交往中,古典契约伦理在人与人的关系上定位于理性经济人的博弈关系,这样,理性就是契约精神的内在要求。如果契约模型转换为人与人的合作共赢关系,则更高的德性就成了契约精神的内在要求。此外,效率是契约的外来价值,因为契约本身不当然带来效率。让契约行为更有效率是一个不同于契约精神本身的新的价值。契约正义、契约伦理已经内在地完成了结合,而契约的效率问题并没有构成契约精神的内容,甚至与伦理存在一定的冲突。但关注效率始终对合同的工具理性具有正向意义。

(三)契约精神与合同法规范

契约精神不同于契约的实证法规范,因此诠释契约精神的最佳工具仍属于自然法。自然法理论具有目的性、道德性、多元性、公共性以及适度理性,是分析合同法的最佳法哲学视角。[②] 契约法规范是内在规范,是契约行为人在长期的契约交往实践中逐渐形成的。立法者的任务是发现并记录这些规范,使之成为法规范,而不是热衷于人为创设规范。背离契约精神的合同法规范容易远离人的道德体验,失去伦理的支持,不利于在人的内心驱动力作用下自觉遵守。

四、从古典到现代:合同理论的代际发展

合同理论的代际发展源于相关的合同理论基础的变迁。合同与特定时代

---

① 参见强昌文、马新福:《契约伦理价值与权利走向》,载《法制与社会发展》2005 年第 3 期。

② 参见[美]亨利·马瑟:《合同法与道德》,戴孟勇、贾林娟译,中国政法大学出版社 2005 年版,第 242 页。

里占据主导地位的哲学思想和经济思想有着紧密的依存关系。[①] 合同理论的代际划分在古典理论与新古典理论的代际上是清晰的。从新古典理论向现代理论的过渡,在理论与制度上都还处于发展过程中,尚未彻底完成,因此缺乏明确的分水岭。合同理论的代际发展意味着新的理论对前一代理论的契约正义标准作出了重大否定,以致要用新的契约正义观来修正或替代旧的契约正义观,导致契约正义观主导地位发生更迭。

(一)古典合同理论

古典合同理论是资产阶级革命之后,于十八九世纪占主导地位的合同理论。其进步意义在于以契约自由原则否定了源自罗马法的古代法上的契约法律约束观念。[②] 古典合同理论以自然法为法理基础,以个人自由主义为哲学基础,以古典自由经济学为经济理论基础,带有绝对主义与抽象的形式正义的特征。

首先,古典合同理论受自然法思想影响,强调契约自由。人人都可以通过合同安排事务是不可剥夺的自然法权利。具有代表性的是《法国民法典》,契约自由原则一再得到重申,尤其通过第 1134 条,规定合同是当事人之间的法律。但从今天的角度看,《法国民法典》忽视了集体的利益,过于偏重个人主义,使个体相对于国家而言显得分散、孤立。[③]

其次,古典合同理论的哲学基础是个人自由主义。只有人的自由意志才是产生合同效力的根本依据。人不能负担未经其同意的义务;但若经自由同意,则契约必须严守;只有同意建立约束关系的人才能负有义务,即契约的相对效力。[④] 个人主义预先假定了一个有意识并且能够就真理的性质作出判断的自

---

① 参见[法]弗朗索瓦·泰雷等:《法国债法:契约篇》(上),罗结珍译,中国法制出版社 2018 年版,第 42 页。

② 广义的古代法时期包括整个奴隶社会和封建社会两个法律发展阶段。封建社会的契约法在神权政治与庄园经济基础中,被落后的地方性法规与寺院法所淹没,没有得到发展。参见李仁玉、刘凯湘:《契约观念与秩序创新——市场运行的法律、文化思考》,北京大学出版社 1993 年版,第 84 页。

③ 参见[法]雅克·盖斯旦、吉勒·古博:《法国民法总论》,陈鹏等译,法律出版社 2004 年版,第 100 页。

④ 参见[法]弗朗索瓦·泰雷等:《法国债法:契约篇》(上),罗结珍译,中国法制出版社 2018 年版,第 44、47 页。

我,一个内在的自我。[1] 这个“自我”成为古典合同理论的一个前提性条件,即合同当事人都是能作出理性判断的经济人。自由主义的哲学基础要求法律减少对合同的各种干预。在 1863 年合同受挫理论出现之前,法院甚至没有解除合同的权力。

再次,古典合同理论深受经济自由主义的影响。以亚当·斯密为代表的古典自由经济学认为,每个人都是他自己利益的最好评判者,因此应该让他有按他自己的方式来行动的自由。基于利己主义的考虑,每个有理性的人在与他人进行交易时都会最大限度地追求自己的利益。假如他不受干预的话,他不仅会达到他的最高目的,而且还能有效地促进社会利益。[2] 可以说,契约自由原则正是经济自由主义在合同法上的体现。

最后,古典合同理论带有绝对主义与抽象的形式正义的特征。合同的当事人都是抽象的主体,没有被差异化对待,而是假定他们信息对称、能力相同,都能依靠理性作出决策。契约自由是绝对的,古典合同法很少注意到缔约人之间事实上存在的不平等关系,[3]忽视了迫使人们签订合同的经济压力。当事人之间的合同神圣如同法律,因此契约必须严守。古典合同理论面对的多为个别性、一时性合同,并坚持合同效力的相对性。在英美合同法中非古典合同理论,与《法国民法典》有着相同的绝对主义的理论特征。法院不能为当事人订立契约也不能审查契约的实质公平性。当事人自己必须仔细斟酌契约的各个细节,《美国合同法重述》所代表的古典合同理论反对“受益第三人”、“预期违约”、因履行不能或者目的落空而免责,却接受“原告违约不能获得补偿”的观念,成为一种绝对责任理论。[4]

(二)新古典合同理论

20 世纪初开始出现的新古典合同理论,对古典理论的绝对主义与形式正义

---

① 参见[捷克]丹尼尔·沙拉汉:《个人主义的谱系》,储智勇译,吉林出版集团有限责任公司 2009 年版,第 31 页。

② 参见[英]亚当·斯密:《国民财富的原因和性质研究》(上),杨敬年译,陕西人民出版社 1999 年版,第 14 ~ 19 页;李仁玉、刘凯湘:《契约观念与秩序创新——市场运行的法律、文化思考》,北京大学出版社 1993 年版,第 100 ~ 101 页。

③ 参见[英]P. S. 阿蒂亚:《合同法概论》,程正康等译,法律出版社 1982 年版,第 10 页。

④ 参见[美]吉尔莫:《契约的死亡》,曹士兵等译,载梁慧星主编:《民商法论丛》(第 3 卷),法律出版社 1995 年版,第 207、257 页。

的倾向进行了系统的纠正。社会化思潮对个人自由主义哲学基础带来了冲击,功利主义、社群主义、社会连带主义思想成为动摇古典合同理论基础的思想力量。国家干预经济的凯恩斯理论不仅影响古典自由主义经济学,也影响了合同理论。古典契约之自由主义理论基础本能地抵制国家外部立法对合同的干预。然而,个人从封建依附中走出,又进入企业集团的控制中,使自由竞争、平等缔约的基础条件再一次被破坏。绝对契约自由导致公平、平等等其他契约价值的消失。如果自由主义只观察意志自由,那就只有缔约行为的自由。而因自由缔约、自由竞争导致的贫富分化、平等崩溃,市场失灵、结果不公等社会问题都会被视而不见。因此,新古典理论也开始尝试从结果的角度观察自由。

首先,新古典合同理论虽没有颠覆契约自由原则,但在实证法规则上对契约自由的绝对性进行了限制,契约自由被削弱。

其次,公共秩序价值兴起。在公共秩序兴起与发展的背景下,合同当事人的行为受到了种种限制,被置于强制性法定规则的管控之下,此种状态被称为源于合同的法定关系。[①] 在合同法中,强制性规范的增加必然导致契约自由空间的压缩,换来的是对社会公共利益或民事主体间实质公平的保护。古典时期的理论预设是自由的边界是他人的自由,自由只受他人自由的限制,解决的是个人与个人之间的对立。新古典时期面对的则是个人与社会的对立。公共利益与公共秩序不能等同于他人的自由,而是社会作为主体的独立利益。

再次,新古典合同理论注意到形式公平之外的实质公平,重塑交换正义并开始关怀分配正义,以限制和纠正缔约人事实上的过分不平等所带来的弊端。法律不再是抽象的而是具体的。[②]

最后,合同理论预设的前提发生了变化。合同的理性人假说从绝对理性发展为有限理性;合同的目标从追求最大化的理想主义,转为追求满意、可用的现实主义。吸收了不完备合同理论,承认合同的不完备性,合同的填补性解释制度冲破了法官或立法者不能为当事人缔约的古典契约法规则。直面信息不对

---

① 参见[法]弗朗索瓦·泰雷等:《法国债法:契约篇》(上),罗结珍译,中国法制出版社 2018 年版,第 62 页。

② 参见[法]雅克·盖斯旦、吉勒·古博:《法国民法总论》,陈鹏等译,法律出版社 2004 年版,第 115、120 页。

称性,缔约以及合同履行过程中产生了信息揭示义务。认识到契约必须严守的古典规则会导致与契约自由出现悖论。只有缔约自由没有解约自由,可能会在一定条件下使契约成为优势一方压迫另一方的工具。

随着理论基础的变革,新古典合同理论时期法律制度发生了变化。显失公平、情势变更等关怀实质公平的制度得以确立。针对长期合同或继续性合同增加了解除或终止合同的特别规定。英美合同法在对价之外以禁反言保护对允诺的信赖。法官以"默示条款""隐含允诺"的方法,变相为当事人的利益缔约。基于诚信原则而在合同关系中产生了附随义务、先合同义务、后合同义务。随着人与社会的依存关系越发密切,就需要一种利益平衡机制,产生了公序良俗原则对契约自由的限制。公序良俗不是他人的个人自由的集合,而是具有异质性的利益。公序良俗"以其维护国家社会一般利益以及一般道德观念的重要功能,成为现代民法的基本原则"。公序良俗原则打破了自由主义关于契约法的伦理中立的主张。法律行为尊重良俗,就是尊重社会的主导伦理。

(三)现代合同理论

20世纪中后期,新古典合同理论已经占据主导地位,绝对契约自由受到社会化思潮的限制,但仍有颠覆性的新合同理论诞生。这类理论试图彻底抛开古典主义、新古典主义的基本逻辑,建立新的合同理论范式。他们在意思自治之外,寻找合同的缔结以及产生效力的根据。重构契约正义观,以公平的契约正义代替自由的契约正义。将合同的哲学基础,由自由主义转变为社群主义,将合同由个体间的利益博弈引向契约团结,在共同体中找到当事人的具体面相,契约正义从抽象人的形式正义蜕变为具体人的实质正义。现代合同理论不同于新古典合同理论的标志在于,它并非修正古典主义的理论,而是在一定程度上颠覆了古典理论基础,树立新的契约正义观念。关系契约理论和典型社会行为理论是现代契约理论的代表。

德国学者豪普特于1941年在《事实合同关系》一文提出了事实过程可以成立合同的理论。[①] 据此,合同成立与意思表示无关,而取决于事实行为。[②] 事实

---

① 参见崔建远:《合同法》,法律出版社2003年版,第64页。

② 参见[德]汉斯·布洛克斯、沃尔夫·迪特里希·瓦尔克:《德国民法总论》,张艳译,中国人民大学出版社2014年版,第93页。

行为或事实过程缔约在一定程度上否定了意思表示或合意在缔结合同中的必要性。卡尔·拉伦茨教授进一步发展为典型社会行为理论。作为典型的社会行为,大家都知道它代表的意义,虽然是没有意思表示的行为,但是可以缔结合同。这种学说不仅放弃了承诺意思表示及其到达,而且也放弃了行为意思本身。承诺应该通过向公众提供的服务的使用而予以取代。德国联邦最高法院曾在“停车场”一案的判决中采纳了这种观点,后来拉伦茨教授将观点修正为社会行为只要有行为意思以及相应的实现意思的行为就足够了。[①]

关系契约理论的代表是麦克尼尔的《新社会契约论》和内田贵的《契约的再生》。关系契约理论认为新古典派的契约法尽管理论上是以孤立的个别性交易为基础,但实际上在许多场合都包含了关系性因素,当交易中的个别性因素与关系性因素发生矛盾时,新古典契约法本身无法采取有效的应对措施。[②] 关系契约理论认为,每一个合同都植根于复杂的社会关系之中。古典合同理论将合同义务的发生归结为当事人的意思,新古典理论以信赖而非对价作为合同义务的根据。“当合同义务的根据超过了当事人的意思和信赖的框架后,就需要到社会中去寻找。”[③]纯粹的个别性交易模式实际是不存在的,它也需要社会母体提供以下条件:(1)双方当事人都能理解的交流手段;(2)一套维持秩序的制度;(3)一套通用的货币制度;(4)在交换发生的情况下,使允诺得以履行的有效的机制。[④] 现代合同理论更注重契约团结,将共同体理论引入合同交往中,主张创建关系性规范。这就将合同中的非意思表示因素推到了构建合同规则的主导地位。

现代合同理论虽未被普遍接受,理论也尚处在发展中,但其一定程度上契合了社会发展与时代进步的需要。作为理论范式的转型,对一些与社会变革相伴随的合同现象具有解释力。例如,数字技术与网络时代出现的拆封合同、点击合同效力纠纷已然脱离了以意思表示为根据的裁判路径,转而走上实质公平

---

① 参见[德]卡尔·拉伦茨:《德国民法通论》(下),王晓晔等译,法律出版社 2003 年版,第 746 页。

② 参见[美]麦克尼尔:《新社会契约论》,雷喜宁、潘勤译,中国政法大学出版社 2004 年版,第 66 页。

③ [日]内田贵:《契约的再生》,胡宝海译,载梁慧星主编:《民商法论丛》(第 4 卷),法律出版社 1996 年版,第 220 页。

④ 参见[美]麦克尼尔:《新社会契约论》,雷喜宁、潘勤译,中国政法大学出版社 2004 年版,第 11 页。

的契约正义之路。美国判例对点击合同与拆封合同之有效性确立了两分法:作为一般法律规则承认点击合同与拆封合同的效力,但合同中的条款若违反公平正义则无效。格式合同、强制缔约、消费者反悔权等相关合同制度,在合同效力、合同缔结方式以及解除等方面,重点考虑的是条款的公平性和合同的社会关系性,而非意思合致,这都体现出现代合同理论的特点。

综上,虽然合同理论呈现代际发展,折射出不同社会背景下的不同契约伦理价值倾向性,但合理的规则终会被保留下来。每一种契约正义都有其适用的典型场景。意思自治、公序良俗、契约公平、交易安全、交易效率等合同法价值追求的目标是平衡性的而非替代性的。

第二节　民法典合同编的地位

一、合同编通则的"债法总则"地位

继《法国民法典》的三编制、《德国民法典》的五编制之后,我国《民法典》开创了七编制的结构体例,而合同编的设置是其重要特色。这意味着传统的潘德克顿式债法体系被解构,合同法律规范脱离了债法体系的桎梏而获得了自由发展的空间,这是法典理性主义向法律现实主义的理论基础转型。由于债编解体,合同编在一定意义上替代了债法总则和分则的法典地位而发挥着债法的规范功能。尤其合同编通则中的大量债总规范、准用或参照适用规范以及"准合同"分编的设置,努力去弥补债编解构而缺失的功能。严格而论,合同法的独立成编只不过是债编消解的结果,债法外部体系的解构才是一切的根源。总体评价,我国《民法典》对债法的解构是以降低体系化整合程度为代价,而换取功能性的创新。[①] 因此,这一现象既具有积极意义,也不可避免地伴随消极因素。

(一)合同法独立成编的积极意义

1. 合同法独立成编符合民商合一的体系定位

债法体系是民法典的传统组成部分,条文性质以民事规范为主,不能简单

① 参见杨震、孙毅:《我国民法典的时代价值》,载《求是学刊》2021年第5期。

套用于商事活动。我国采民商合一法律体系,以商事合同为蓝本的合同法规范较之于债法规范对商事活动更具可适用性。这在违约责任、借款合同、委托合同等规则中都有体现。

2. 合同法独立成编符合中华人民共和国成立后的立法传统

为便于经济领域的往来,我国曾经制定过《经济合同法》《涉外经济合同法》《技术合同法》,后又制定了统一的《合同法》,合同法作为独立的法律部门已经被大家普遍接受,对大陆法系传统的债法体系却不太适用。独立成编的合同法具有保持法律传统连续性的功能。

3. 合同编的独立为合同法律规则的发展拓展了空间

合同编独立之后不再受债法乃至财产法属性的限制,对物权合同、身份法上的合同也有了可适用性。《民法典》第 464 条第 2 款规定,婚姻、收养、监护等有关身份关系的协议,法律没有规定的,可以根据其性质参照适用合同编规定。而不是按照通常的逻辑适用总则编关于法律行为的规定。可以说合同编在身份法领域承担了部分总则编的功能。这与原《合同法》第 2 条第 2 款形成鲜明对比。该款规定,婚姻、收养、监护等有关身份关系的协议,适用其他法律的规定。原《合同法》调整对象主要是债权合同,而合同编所规范的合同扩张至身份合同甚至物权合同,其实践作用不容忽视。例如,我国《民法典》于继承编只规定遗赠扶养协议,未规定继承人作为扶养人的继承扶养协议。在德国,继承扶养协议属于继承合同,是继承法上的一种特殊合同,不是债法上的负担合同,因此,《德国民法典》第二编关于债法合同的规定不能适用。[①] 在我国,则无此障碍,可以依其性质适用合同编的规定。[②]

4. 债法体系的解构普遍激发了功能主义代替形式主义的思潮

形式主义的法律制度在一定程度上维系着理性主义创建的民法典体系。一旦法律体系被打破,以功能主义代替形式主义的思潮就随之兴起。例如,在规范合同编功能的结构性规则中,债权合同与其他类型合同在形式上的壁垒被打破,法律规范的适用条件被通约。再如,保理、融资租赁等具有担保功能的合

---

① 参见[德]安雅·阿门特-特劳特:《德国继承法》,李大雪等译,法律出版社 2015 年版,第 109 页。

② 参见杨震、孙毅:《我国民法典的时代价值》,载《求是学刊》2021 年第 5 期。

同,也在重塑着担保物权的形式主义分类。

(二)债编解构之消极意义

1. 一定程度上牺牲了体系的协调性

一方面,《民法典》第118条第2款规定侵权行为是债的发生原因,还将大量债法规范置于合同编中,以突出合同编的债总地位;另一方面,又以债与责任分离的“权利—义务—责任”学说,作为侵权责任独立成编的理论基础。体系的协调统一性被破坏。《民法典》第518条至第521条的连带债务与第178条的连带责任分别规定,规则重叠效力却不统一,究竟是何逻辑关系,也待进一步明确。合同编及其各章的标题通常因为债总规范的植入而不能涵盖其内容。如在“合同的履行”一章的标题下,规定了选择之债、连带之债、按份之债等制度;在“合同的权利义务终止”一章规定了债的消灭制度。

2. 制度碎片化

很多债法制度不够完整,且被分散在法典各处。例如,金钱之债规则不完整;选择之债缺少第三人选择权和基于诚信的重新选择权;损害赔偿置于侵权责任编;不当得利、无因管理之债部分条文置于总则编等。

3. 债总制度不完整有缺失

例如,种类之债、代物清偿、间接给付、债务不履行的一般规则等债法制度没有被规定。

4. 增加了法律规范适用的复杂性

为弥补体系上的不足,准用与参照适用的条文如同打补丁,俯拾可取。即使规定为适用而不是参照适用或准用的法律条文,也需先判断其是债总规范还是合同规范,增加了适用的复杂程度。以意思自治为主体的合同规则对于法定之债适用的精确性不够,例如,法定之债的不履行不适用合同解除、违约金等违约责任规则。

二、合同编中的债法规范

由于债法规范的植入,合同编的法律条文数量膨胀。合同编的条文数量共计526条,占《民法典》条文总量的42%。增加的法律条文中,有大量的新设债法制度,如选择之债、连带之债、代位清偿等债法一般性规则以及保理合同、物业服务合同等新增的典型合同。在合同编通则的132个条文中,可适用于非合同之债的债总条文超过半数(见图1),主要集中在合同的履行、合同的保全、合同的变更和转让、合同的权利义务终止、违约责任这五章中。

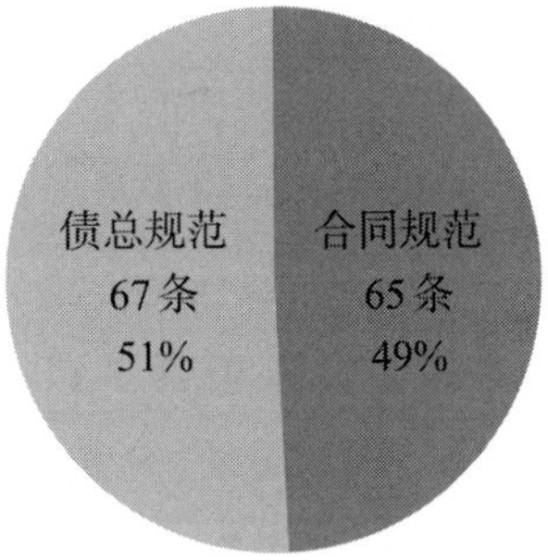

图1　合同编通则条文中的债总占比

统计发现的规律是:债总规范更多地体现为对债的效力方面的调整,因为债的效力是各类债的共同性所在。

关于债总规范如何识别问题,我国学者提出了有益的见解。翟远见教授认为,债总规范须为调整债之关系的规范,调整绝对权法律关系的规范,都不是债法规范。债总规范须为债法中具有一般性的规范,是对债的法律效果的一般规定。① 于飞教授指出,即使采用了债、债权、债务的表述,也未必是债法总则的规定。法定之债中没有履行期限,故无从提前履行。因此,《民法典》第530条的提前履行规则不是债总规定。并提出债总规范原则上须能够适用于债之关系全体领域,至少能够适用于法定之债。合同编与侵权责任编就同一问题都有规定的,不宜再将合同编规定上升为债法总则规定。②

本书认为,除立法时有意作为债总规范的条文外,还包括需要识别后适用的债总规范。识别债总规范可以依据以下判断方法:(1)法律条文中使用"债权债务关系"表述,而未使用"合同权利义务关系"的,推定为债总规范,但不具有适用可能性的除外。即使有债法总则的民法典,也不能做到债总规范中的所有条文都能适用于非合同之债。债总规范的内容安排除逻辑外还有方便适用的实用主义因素。如定金只适用于合同之债;但作为债的担保,也可以和其他担保方式一同规定于债总规范之中,成为债总规范中的非债总规范。(2)债总规

① 参见翟远见:《论〈民法典〉中债总规范的识别与适用》,载《比较法研究》2020年第4期。

② 参见于飞:《我国民法典实质债法总则的确立与解释论展开》,载《法学》2020年第9期。

范通常集中在对债的法律效果和给付(清偿)的一般性规定。而债的发生原因、债的成立方面的规则是体现差异性的,通常不构成债总规范。(3)能适用于两类意定之债即可以认为是债总规范,因为已经具备了抽象性,无须一定可适用于法定之债。债总规范既是法定之债的债总规范,也是意定之债的债总规范。(4)合同编与侵权责任编就同一问题都有规定的,仍然要考量规范的一般性与特殊性的关系。通常侵权责任编的是特殊规范,合同编是否为一般规范需要具体衡量。(5)《民法典》第577条关于违约责任的一般规定可以作为“债务不履行的一般规则”,但依其性质不能适用于某类债务不履行的责任形式除外。违约责任不是新债的发生原因,这一点与债务不履行责任性质相近而与侵权责任有本质不同。(6)对于债总规则的判断,在根本上还是应回归法理。通过法教义学判断是否为债总规范。正如翟远见教授所言:“没有债法总则的民法典,更需要含有债法总论的民法学。”①

三、合同编的适用与参照适用

合同编的调整范围既包括可直接适用的民事关系,也包括参照适用的民事关系。分别由《民法典》第463条、第464条、第467条、第468条加以规定。其一般性规则可以概括为:(1)合同编对合同之债、准合同之债和其他非合同之债有规定的,可直接适用该规定;(2)法律没有规定的,非典型合同、性质允许的准合同或其他非合同之债,可适用合同编通则的规定;(3)法律没有规定的身份协议可根据其性质参照适用合同编的规定;(4)非典型合同可以参照适用最相类似的合同的规定。其内在的规律是:合同编调整债权债务关系时是适用;调整债之外的法律关系变动时是参照适用;非典型合同对最相类似的典型合同是参照适用。

适用与参照适用的区别在于,适用是指法律调整的对象完全满足法律规范中行为模式的构成要件,受该法律规范当然调整的状态;参照适用则是调整对象并不完全满足法律规范适用要件,但基于法律规定之要求,通过具体比较要素事实、行为性质,衡量规则目的、公平正义等因素,决定可否适用该法律规定的状态。参照适用非当然适用,若经衡量判断适用的结果违背规范目的而致裁

① 翟远见:《论〈民法典〉中债总规范的识别与适用》,载《比较法研究》2020年第4期。

判结果背离公平正义时，裁判者有权不适用该法律规定，但负有论证说理的义务。

（一）不同性质的合同

《民法典》第463条对合同编的适用范围规定为：本编调整因合同产生的民事关系。由于合同定义有广义和狭义之分，本条所指合同究竟为何种含义，须结合其他条文进行体系解释。在《民法典·总则编》中，第118条第2款关于债权发生原因的规定中，合同是债的发生原因。《民法典》第464条第1款虽是广义合同的定义，但第2款特别规定了身份关系协议的法律适用问题，且没有使用身份合同的用语，可见是立法者有意区分了身份协议与合同之间的关系。加之《民法典·合同编》的法律条文基本都是债权合同之规定，因此，《民法典》虽采用了广义合同的定义方式，但实质上仅指狭义的债权合同。

依法律效果，广义的合同包括债权合同、物权合同、身份合同、继承合同、劳动合同、行政合同等不同类型。债权合同是狭义的合同，属于负担行为，可发生债权债务关系。物权合同也称抽象物权契约，由物权合意和公示构成，发生物权变动之效果。身份合同是指婚姻、收养、监护等引起身份关系变动的协议。继承合同是指对遗产继承权进行生前处分之协议，其法律效果并不限制被继承人生前对物权的处分权，但其不能另行指定由他人继承遗产。继承合同是德国法系的制度，与我国《民法典》中的遗赠扶养协议有相似之处。劳动合同是指劳动者与用人单位确立劳动关系、明确双方权利和义务的协议。行政合同在我国行政诉讼法中称为行政协议，是指行政机关为了实现行政管理或者公共服务目标，与他人协商订立的具有行政法上权利义务内容的协议。如政府特许经营协议等。

没有法律规定时，身份协议依《民法典》可以根据其性质参照适用合同编的规定；但没有提及物权合同、继承合同、劳动合同、行政合同在没有可直接适用的规则时是否可以参照适用合同编的规定。基于区分原则，德国法尽量将不同性质的合同区隔开，适用不同的法律规范。我国《民法典·合同编》没有强调区分原则，而是规定了身份协议、非典型合同、非合同之债参照适用的三项规则，凸显出合同编在《民法典》各编中的统摄地位，合同编不仅是债权合同的合同编，也是各种合同、各种债权债务关系均可参照适用的合同编。这与德国法的理念截然不同，因此在法律解释上也不能简单照搬区分原则。既然身份协议可以参照适用合同编，那么，同属于广义合同范畴的物权合同、继承合同、劳动合同、行政合同等在没有直接的法律规定时，也应相同情况相同处理。具体路径是：先类推适用身份协议的规定，进而根据其性质参照适用合同编的有关规定。例如，物权合同的成立可以类推身份协议参照适用合同编的要约与承诺规则，但由于性质不同、法律效果不同，不适用债权合同的解除、清偿等规定。

另外，《民法典》还承继了原《合同法》第 126 条第 2 款的规定，即在我国境内履行的中外合资经营企业合同、中外合作经营企业合同、中外合作勘探开发自然资源合同，适用中华人民共和国法律。意味着这几类具有涉外因素的合同，不适用当事人选择适用准据法的一般性规则，体现了国家对特殊领域的管控。该规定属于强制性规范，不得约定排除其适用。

（二）“根据其性质”判断能否适用

《民法典》第 468 条规定：“非因合同产生的债权债务关系，适用有关该债权债务关系的法律规定；没有规定的，适用本编通则的有关规定，但是根据其性质不能适用的除外。”此外，身份协议参照适用合同编也须考虑其性质。

对于如何“根据其性质”判断是否适用合同编的相关规定，须注意以下几点：首先，该规定首先用于排除合同编中非债总规范（合同规范）的适用。是先行进行债总规范识别的法律依据。其次，非合同产生的债权债务关系适用合同编通则的规定会导致其违反其指导原则和基本功能，就应认定此债权债务关系依据性质不宜适用合同编通则的规定。[①] 再次，若适用了导致违背规则目的的，属于根据性质不能适用。如故意侵权损害赔偿之债不能由债务人主动抵销，公法之债如税收等其性质不能适用。最后，债的标的不同导致的性质差异是“根据其性质”的重要内容。如特定之债不能适用债务承担；金钱之债不能适用履行不能；行为之债不能适用强制履行，不作为债务不能适用多数人债务、债务承担、第三人代为履行、由第三人履行、部分履行、代位权、撤销权、强制履行、提存、抵销等规则。[②]

---

① 参见最高人民法院民法典贯彻实施工作领导小组主编：《中华人民共和国民法典合同编理解与适用（一）》，人民法院出版社 2020 年版，第 468 页。

② 参见于飞：《我国民法典实质债法总则的确立与解释论展开》，载《法学》2020 年第 9 期。

第三节　合同效力的相对性

《民法典》第465条的两款规定中提出了两个命题：其一，依法成立的合同受法律保护；其二，原则上，合同的效力具有相对性。该条被规定在“合同编”第一章“一般规定”中。《民法典》中相近似的法律条款还有三处，分别是“总则编”中的第119条“依法成立的合同，对当事人具有法律约束力”、第136条第1款“民事法律行为自成立时生效，但是法律另有规定或者当事人另有约定的除外”、“合同编”中的第502条第1款“依法成立的合同，自成立时生效，但是法律另有规定或者当事人另有约定的除外”，这4条到底是重复还是各有不同，需要首先从逻辑关系层面加以阐明。从这些关联条文中可以看出，无论是法律行为还是更具体的依法成立的合同，都自成立时生效，并且都有法律另有规定或当事人另有约定的例外。而依法成立的合同具有法律约束力、受法律保护的规则是没有例外的。这样就会得出两个结论：第一，依法成立的合同受法律保护的命题，可以进一步理解为法律保护依法成立的合同的方式至少是无例外地承认了合同的法律约束力。第二，法律行为或合同自成立时生效是可以有例外的，因此，生效后发生的效力与依法成立时的法律约束力是不同的法律效果。

一、合同的法律约束力

(一)广义的合同效力与狭义的合同效力

如德国学者耶林所论，“契约无效者，仅指不发生履行效力，非谓不发生任何效力”。[①] 因此，作为一个法律事实，合同无论有效无效均产生相应的法律后果。合同既可以有法律行为上的效果，也可以有法律行为外的效果。[②] 在此基础上，我国学者对何为合同效力有狭义说和广义说。

狭义的合同效力，是指依法成立的合同生效后依据合意内容所产生之权利义务变动，不包括合同在法律行为之外依据法律所生效果。狭义说认为，合同

① 王泽鉴：《民法学说与判例研究》(第1册)，中国政法大学出版社1998年版，第89页。

② 参见韩世远：《合同法总论》，法律出版社2011年版，第153页。

一旦被宣告无效或被撤销，当事人应当根据法律的规定承担返还原物、赔偿损失的民事责任，严格地说，这种责任不是根据合同效力所产生的，而是根据不当得利返还责任和缔约过失责任等产生的。它和合同效力在本质上是有区别的，所以它不是合同效力的具体体现。①

广义的合同效力除包含狭义的合同效力外，还将因合同无效、被撤销而在当事人以及相关人员之间由法律形成的权利义务关系均视为合同效力。② 其理论基础是对合同效力源于意思自治还是法律赋予的分析。广义说认为，国家意志对合同的干预表现为法律对当事人意思的肯定和纠正。在合同效力的根据中，当事人的意思与法律的确认二者不可偏废。因此，就合同效力的内涵而言，以采广义说为宜，合同效力既包括法律对有效合同赋予的对当事人的约束力，还包括合同无效与被撤销后的法律后果。③

值得说明的是，也有另一种狭义与广义合同效力的分类，其狭义的合同效力是指合同约定的权利义务的发生与消灭，它存在于合同生效至失效的全过程。广义的合同效力是指合同的拘束力，它存在于合同成立至终止的全过程。④ 其实质是对前文中狭义合同效力的再分类。是在区别合同的法律约束力与合同所生权利义务之效力（狭义合同效力）的基础上，将合同的法律约束力纳入广义合同效力的范畴。

本书认为，从《民法典》的概念体系看，合同效力应仅指有效合同作为法律行为所产生的效果，不包括合同无效、被撤销时依据法律规定产生的效果。《民法典》第502条第1款规定，"依法成立的合同，自成立时生效"，依法成立即表明合同经过了有效与否的评价。合同的有效性是产生合同效力的前提。⑤ 合同有别于其他法律事实的本质特征就是意思自治。近代以来，意思自治虽受有限制，但仍不失为合同的基石。法律对有效性的评价虽不可少，但法律评价绝非

① 参见王利明：《合同法研究》（第1卷），中国人民大学出版社2002年版，第496页。

② 参见程合红：《论新合同法中合同的效力》，载《北京科技大学学报（社会科学版）》1999年第4期。

③ 参见李仁玉：《合同效力研究》，北京大学出版社2006年版，第5页。

④ 参见赵旭东：《论合同的法律约束力与效力及合同的成立与生效》，载《中国法学》2000年第1期。

⑤ 所谓合同的有效性是指，可以按照合同的意思表示内容产生法律效果，建立法律关系的法律评价。

以法律规则代替合同规则。法律评价不足以与意思自治并列为合同法的基本原则。而且,合同有效的情形相比合同无效、被撤销的情形更具普遍性、主导性。需要国家意志介入的仅为特殊情形。不应以特殊诠释一般,对合同效力根源的认识仍应统一于意思自治。

概括言之,合同的效力为依其合意内容发生权利义务之变动。合同的效力可以引起债的关系、物权关系、身份关系等的产生、变更或消灭,由于我国《民法典·合同编》所调整的主要为债权合同,合同的效力也主要指发生债的关系变动。

(二)合同的法律约束力与拘束力

从法教义学角度看,合同对当事人的拘束力并不意味着合同当事人基于合同而承担义务,而是指无论合同规则具有何种内容,任何一方当事人都不能单方面消灭合同规则。反之,合同生效后,当事人才能基于合同承担义务。有时在合同生效之前就已经对当事人产生拘束力,主要是指合同需要经批准才能生效的情形以及附停止条件的合同条件未成就的情形。[①] 有学者认为合同的拘束力可进一步分为形式拘束力和实质拘束力。所谓形式拘束力是指契约一旦成立,当事人皆不得任意撤回或者解消契约;而实质拘束力即为契约之效力,表现在契约有效成立后,当事人所约定的内容拘束双方当事人,对缔结契约的双方当事人而言,具有与实定法相同的法律规范效力。[②] 可见,合同拘束力概念的侧重点,并非基于不同合同内容所生之具体的合同权利义务变动,而是所有合同成立后共同具有的约束当事人依合同行事的法律之力。当事人一方不能无故反悔解约、任意撤销废止合同,类似于罗马法上的"法锁"。

我国《民法典》中的法律约束力是否就是指合同的拘束力,涉及对法律的准确理解,遗憾的是目前学说上却未达成共识。在我国学者的著述中,合同的约束力与合同的拘束力经常作为同一个概念交替使用。[③] 有学者认为,我国法律虽未使用"合同的拘束力"这一概念,而是称合同的"法律约束力",但所要表达

---

① 参见[德]弗卢梅:《法律行为论》,迟颖译,法律出版社2013年版,第723~724页。

② 参见陈自强:《民法讲义Ⅰ——契约之成立与生效》,法律出版社2002年版,第102~103页。

③ 如刘家安等:《债法:一般原理与合同》,高等教育出版社2012年版,第260页;王利明:《合同法研究》(第1卷),中国人民大学出版社2002年版,第492页;崔建远:《合同法总论》(上卷),中国人民大学出版社2011年版,第256页。

的意思是相同的。[①] 也有学者持相反的观点,认为合同的拘束力不同于我国《民法典》规定的法律约束力。法律约束力由于有依法成立的限制,且内容是指应当按照约定履行自己的义务,不得擅自变更或者解除,其属于合同效力的意思。[②]

本书认为,将合同的法律约束力作等同于合同拘束力的理解是正确而富有意义的。所谓"依法成立"不同于合同"已经生效",合同效力应当在生效后发生。"依法成立"的限制表明合同须符合成立要件始生拘束力,也表明尚未生效的合同亦有法律约束力。原《合同法》第 8 条将合同的法律约束力与合同的效力写在同条之中,[③]混淆了两个不同的法律概念,导致理解歧义,《民法典》以不同的条文分别规定合同的法律约束力与合同的效力,是合理的。

(三)合同的法律约束力与合同效力

合同的"法律约束力"在概念上是否与"合同效力"等同,我国学者有不同的理解。等同说将合同的法律约束力等同于合同效力,不加区分。主张者认为,合同的拘束力(约束力)作为约束当事人乃至第三人的法律上之力,应当自合同生效开始具有;合同成立但不具备有效要件的场合,不具有拘束力这种法律上之力,可能具有友谊的力量或纯粹道德的力量等。成立并具有有效要件时才具有拘束力,也就是具有法律效力。附条件的合同若已成立,只要不违反有效要件,它就已经具有法律效力,只是履行的效力处于停止状态。[④] 以该学说为基础,合同的效力是指法律赋予依法成立的合同具有拘束当事人各方乃至第三人的强制力。[⑤] 等同说带来的消极后果是:(1)用法律约束力定义合同效力,带来概念上的混淆。(2)将合同生效与合同有效混淆。(3)履行效力处于停止状态的学说歪曲了合同附条件生效的原意。在合同生效条件成就与否尚不确定时,已经主观臆断地认为合同确定会并已经产生效力,仅差履行了。

另有学说主张上位概念说。认为合同效力与合同的约束力是不同的。区

---

① 参见韩世远:《合同法总论》,法律出版社 2011 年版,第 154 页。

② 参见耿林:《合同的成立与生效:概念与体系》,载崔建远主编:《民法九人行》(第 2 卷),香港金桥文化出版有限公司 2004 年版,第 309 ~ 310 页。

③ 原《合同法》第 8 条第 1 款:依法成立的合同,对当事人具有法律约束力。当事人应当按照约定履行自己的义务,不得擅自变更或者解除合同。

④ 参见崔建远:《合同法总论》(上卷),中国人民大学出版社 2011 年版,第 256 页。

⑤ 参见崔建远:《合同法》(第 3 版),法律出版社 2003 年版,第 69 页。

别表现在合同的拘束力主要强调合同对双方的约束,但不包括合同对当事人以外的人所产生的约束效力。合同的效力还包括对当事人之外的第三人在特殊情况下所产生的效力。合同效力是一个上位概念,它包括束己效力和涉他效力。合同的约束力则是一个下位概念,仅指束己效力。合同效力中包含了合同的拘束力。[①] 该学说从效力作用对象的角度区分两者,没有抓住问题的关键。上下位概念的逻辑定位,使合同效力包含了合同的拘束力,结果是与等同说趋同,也不符合法律教义。合同的拘束力在合同成立后生效前即存在,而合同的效力只在合同生效后才实际发生,因此,合同拘束力并不能完全被合同效力的概念所涵盖。

本书认为,合同的约束力与合同效力应采区分说。首先,两者不能简单等同。正如王泽鉴教授所指出的,"所谓契约的效力,即基于契约而生之权利义务","其所谓不能由一造任意撤销则系指契约之拘束力"。[②] 合同的效力体现为可以基于合同内容发生当事人预期的权利义务变动;而合同的拘束力是无论合同具体内容的差别,都普遍存在的不得单方任意消灭合同、摆脱合同束缚的法律之力。将合同效力与合同的拘束力区分开可以避免尚未生效的合同也有合同效力的逻辑问题,具有积极的理论意义。其次,两者非上下位概念的关系。合同效力与合同拘束力有关联但不等同。合同生效后发生合同效力,因合同的效力而产生权利义务,权利义务约束当事人即存在实质拘束力。具有有效性的合同成立后至生效之前,合同没有发生效力但有形式拘束力。

至于是否可以将合同生效后的实质约束力归入广义合同效力概念中,这仅是思考上的偏好,不会引发概念的混乱。将实质约束力理解为广义合同效力区别于狭义合同效力,对未严格区分法律约束力与合同效力的相关法律条文,甚至有一定的现实解释力。

二、合同效力的相对性及其突破

(一)合同效力的相对性

所谓合同效力的相对性,是指合同仅能对达成合意的合同当事人发生法律

---

① 参见王利明:《合同法研究》(第1卷),中国人民大学出版社2002年版,第492~493页。

② 王泽鉴:《债法原理》(第1册),中国政法大学出版社2001年版,第193页。

效力,未参与缔约的第三人不受合同效力的约束。合同效力的相对性是对契约自由原则的维护,又与债权的相对权性质相呼应,被各国立法普遍接受。例如,《法国民法典》第 1119 条规定,任何人原则上仅得为自己承担义务,以其本人的名义订立契约。第 1165 条规定,契约仅在缔约当事人之间发生效力,此种契约不损害第三人,并且仅在本法典第 1121 条规定的情形下,才能使第三人享受利益。(第 1121 条是为第三人利益订立契约的条件规定)合同效力的相对性与债的相对性法理基础相同,角度有所不同。合同相对性强调参与缔约,合同效力约束的是合同当事人。债的相对性强调的是特定债权人与特定债务人之间的请求与给付之效力关系,侧重于债权的相对权属性。非因合同发生的债权债务关系,无法用合同相对性加以解释,但不影响债的相对性原理的适用。若债权人是利益第三人而非合同当事人,可以认为是合同相对性的突破,但不等于债的相对性发生了突破,因为该利益第三人是特定的,其请求权的主张对象也是特定的,仍符合债的相对性。

《民法典》第 465 条第 2 款明确规定了合同效力相对性原则,改变了以往没有直接的法律依据的问题。即依法成立的合同,仅对当事人具有法律约束力,但是法律另有规定的除外。《民法典》第 593 条规定:"当事人一方因第三人的原因造成违约的,应当依法向对方承担违约责任。当事人一方和第三人之间的纠纷,依照法律规定或者按照约定处理。"是违约责任承担角度的合同相对性的规定。

合同效力的相对性不仅在法理上支撑着对世权与对人权、绝对权与相对权的权利体系结构,而且在司法实践中也发挥着重要的作用。在实体法上,除保证人主张主债务人的抗辩权等例外情形,任何人原则上都不能主张他人的合同权利,也不承担他人之间的合同义务。对自己发生效力的合同权利义务,原则上也不能对抗合同之外的第三人。合同当事人使用的名义不同,往往影响法律关系的性质。第三人造成的违约,也仅在合同当事人之间发生违约责任。在程序发生上,仲裁协议仅对达成协议的当事人发生效力,若在连带债权债务关系中有多数当事人时,仲裁庭对未签署仲裁协议的当事人不享有仲裁管辖权。债权债务全部或者部分转让的,仲裁协议对受让人有效,但当事人另有约定、在受让债权债务时受让人明确反对或者不知有单独仲裁协议的除外。① 转让虽使合

① 参见《最高人民法院关于适用〈中华人民共和国仲裁法〉若干问题的解释》第 9 条。

同当事人发生变化,但没有突破相对性原则。

(二)合同效力相对性的突破

合同效力的相对性究其本质是通过限制合同效力的影响范围,以寻求合同法律关系内部与外部主体间的自由与利益的平衡,避免合同行为对他人产生负外部性。正如学者指出的,由于社会关系的整体性,没有第三方效应的契约几乎是不存在的。若绝对坚持合同相对性原则,有时就会导致极端不公正的结果。[①] 若秉持严格的合同相对性规则,会有种种弊端。为克服以下弊端,合同效力相对性在制度上已经有所突破。

1. 为使合同当事人获得充分的权益救济而突破相对性

合同利益受到侵害时不能以合同效力对抗第三人,有时会有替代方案。例如,在第三人侵夺租赁物的场合,承租人之承租权因合同效力相对性,无法以之对抗该第三人,但可以通过占有物返还请求权制度保护承租人的占有利益。但有的场合没有可替代的救济制度,只能突破合同效力相对性才能实现法律的正义目标。第三人侵害债权、债权人代位权、债权人撤销权、买卖不破租赁、实际施工人对发包人的直接请求权等制度都是由此引发的合同效力的扩张。

2. 为便于通过合同向第三人输送利益而发生的合同效力扩张

合同相对性在避免负外部性的同时如果也影响正外部性,就背离了制度目的。因此,包括我国《民法典》在内的各国立法一般都有关于利益第三人合同制度的规定。利益第三人可以向债务人独立行使请求权以实现自己的利益。保险合同、运输合同等第三人利益合同在拓展了合同效力的同时也丰富了合同的经济功能。德国法"附保护第三人作用的契约"制度使合同当事人对有特殊关系的第三人负担保护义务,避免第三人因没有直接的合同关系而无法得到救济。与第三人利益合同不同之处在于,附保护第三人作用的契约对第三人负担的是附随义务而非给付义务,甚至不需特别条款加以约定,基于诚信原则也可以承担此义务。我国《民法典》没有引入该制度,因为该制度的功能可以通过产品责任、安全保障义务等侵权法制度实现。

3. 为避免合同效率下降之相对性突破

合同效力相对性将第三人排斥在合同关系之外,不能参与到合同协助之

① 参见李永军:《合同法》,法律出版社 2004 年版,第 447、449 页。

中,有时会导致合同效率下降。若所有的合同都需要以当事人的名义签署,也会增加成本或减少交易机会。《民法典》中的第三人履行、第三人接受履行、第三人代位清偿以及间接代理等制度,均有突破合同相对性而提高合同效率的功能。

第四节　合同解释

一、合同解释的概念

合同解释的概念有广义和狭义两种。广义的合同解释,是指对合意内容所表达的意义之理解过程。狭义的合同解释,是指合意内容所表达的意义出现歧义或漏洞时,法院或仲裁庭依据一定的规则和方法,消除歧义填补漏洞,形成规范意思的司法活动。广义的合同解释包含狭义的合同解释。两者目的不同,广义合同解释之目的在于理解合意之意义,狭义合同解释目的在于消除歧义、填补漏洞,被比喻为熨平意思表示中的褶皱。解释主体不同,广义合同解释的主体是与合同有关系的人,如当事人、利益第三人或有其他与解释合同有利害关系的人,还包括案件的裁判者。狭义合同解释主体仅包括法官、仲裁员等裁判者。诉讼或仲裁的当事人仅是解释活动的参与者。两者效力不同,广义合同解释并不当然发生法律上的约束力,而狭义合同解释发生案件事实认定的效力。两者性质不同,广义合同解释不一定通过司法程序进行,如合同约定一方当事人对某些合同条款享有解释权,该当事人据此完成的合同解释并不属于司法活动,而狭义合同解释属于司法活动或准司法活动。

依据《民法典》第 466 条第 1 款,当事人对合同条款的理解有争议时,才需要依据相应规则确定争议条款的含义。可见,合同解释作为一项法律制度,规范的是司法裁判中以消除合同条款的歧义和漏洞,发现规范意思为特定目的的活动。而不是泛指经济交往中随时可以发生的对合同条款的内容的理解或解释行为。作为法律制度概念,合同解释应采狭义说,但这并不意味着广义的合同解释毫无意义。正如学者指出的,“意思表示解释非由法官独自完成。”[①]作

① 朱庆育:《意思表示解释理论》,中国政法大学出版社 2004 年版,第 312 页。

为广义合同解释主体的当事人、第三人等的参与,有助于合同解释活动的完成。他们的参与方式一般是提出自己的解释、阐明理由、陈述事实、举示证据。这在一定程度上影响着规范意思的形成,防止裁判者恣意解释。例如,虽然合同条款的表述不清楚、不确定,但双方当事人均持相同的理解,在不影响第三人利益的前提下,裁判者认定的规范意思应受到当事人主张的意思约束。

二、合同解释的对象

合同解释的对象是合意中有歧义或有漏洞的条款。无论是书面合同、电子合同还是口头合同,无论是明示的合同还是默示的合同,无论是合同书还是通过往来信函的要约与承诺,都可以成为合同解释的对象。语言、文字或行为均属于表达与沟通的方式,并依赖其产生合意。无论以何种方式产生的合意,对其内容有歧义的,均应首先通过合同解释消除歧义,若有漏洞也需通过补充解释加以填补。事实上的合同关系不存在合意,合同解释没有对象,但其法律效力由法律规定,则存在规则歧义时,使用的不是合同解释而是法律解释方法。

如果说意思表示解释的对象是单个意思表示中的意思或表示,合同解释针对的则是各方意思表示的合致,需要从合意的整体性或意思表示的一致性角度出发进行解释。解释对象不同,适用的解释规范也不相同。依《民法典》第466条,合同解释适用第142条第1款的规定,即有相对人的意思表示的解释,应当按照所使用的词句,结合相关条款、行为的性质和目的、习惯以及诚信原则,确定意思表示的含义。合同解释侧重于客观解释,即针对合意各方的表示行为,以合理人标准确定双方合意所表达的意思。意思表示解释区分为有相对人的意思表示解释和无相对人的意思表示解释。有相对人的意思表示解释侧重于客观解释,与合同解释规则通用;无相对人的意思表示适用第142条第2款,解释侧重于主观解释,不能完全拘泥于所使用的词句,而应尽可能探知行为人的真实意思。合同解释之所以采用客观解释规则,是因为对合意的理解与解释,涉及各方当事人对表示行为的信赖,涉及合同的交往安全价值。

作为合同解释对象的合意,是在一定的情势基础之上曾经发生过的并脱离了表意者的合意,若合意为书面形式,则是指合同的文本。合同的缔结尤其在达成合意的正向过程中,以理解为目的的诠释学发挥主要作用;但在合同成立后,为了消除歧义、填补漏洞,合同解释制度发挥了主要作用。合同解释是在反向观察“合意的沟通过程”。具体言之，合同的产生是一个从沟通、理解、发现共识，到达成合意再到形成合同的复杂的社会交往过程。如下所示：

沟通————理解————共识————合意————合同

（意思诠释）（视域重合）（发现一致性）（意思主观合致）（完成形式）

从进入缔约磋商关系开始，双方为沟通所作意思表示均需要被正确诠释，以理解对方表达的意思，形成视域重合；进而要发现一致性，即意思共识。但仅有共识还不算达成合意，合意需要意思的客观合致与主观合致相统一。客观合致是指数个意思表示的内容客观上一致。主观合致是指与相对人的意思表示相结合的法效意思上一致。合意也不等同于合同，而是合同的要素。合意以所需形式作出才是合同。从各方作出意思表示到形成合意再到产生合同，始终伴随着意思的理解与诠释。当合同条款出现歧义或漏洞后，合同解释需要对已经独立于当事人意思的合同文本进行解释，为探明合意内容需要回溯到合同订立的背景之下寻找线索，而不是从解释者的处境出发，以解释者的想法代替合同文本的意义探究。伽达默尔虽然强调解释的效果历史意识，但作为司法活动的合同解释更应被认为是一种置自身于传统过程中的行动。[①] 合同解释不是法官的理解，而是在合同文本和证据基础上通过解释方法获得合同条款应有的含义，这便是规范意思。

三、解释规范的体系构成

合同解释规范包括解释方法规范、补充性规范、拟制解释规范三类。

（一）解释方法规范

1. 意思表示解释方法规范

意思表示解释方法规范是在包括合同条款在内的意思表示的理解发生争议时用以确定意思表示含义的法律规范。《民法典》第 142 条即属于意思表示解释方法规范。在性质上属于阐明解释。当事人对合同条款的理解有争议的，依《民法典》第 466 条第 1 款，引致适用第 142 条第 1 款的有相对人意思表示解释方法规范。

---

① 参见［德］伽达默尔：《真理与方法》，洪汉鼎译，上海译文出版社 2004 年版，第 375、390 页。

2. 合同特别解释方法规范

合同特别解释方法规范，是指针对合同之特殊情况规定的解释方法规范。其属于阐明解释，主要包括格式条款的解释方法规范和合同文本冲突的解释方法规范。前者是指《民法典》第498条的规定：对格式条款的理解发生争议的，应当按照通常理解予以解释。对格式条款有两种以上解释的，应当作出不利于提供格式条款一方的解释。格式条款和非格式条款不一致的，应当采用非格式条款。后者是指《民法典》第466条第2款的规定：合同文本采用两种以上文字订立并约定具有同等效力的，对各文本使用的词句推定具有相同含义。各文本使用的词句不一致的，应当根据合同的相关条款、性质、目的以及诚信原则等予以解释。

3. 合同补充解释方法规范

合同补充解释方法规范，是指《民法典》第510条规定的解释方法规范，当事人就质量、价款或者报酬、履行地点等内容没有约定或者约定不明确的，可以协议补充；不能达成补充协议的，按照合同相关条款或者交易习惯确定。本条的性质是补充解释，是通过阐明解释发现存在合同内容不明确或有遗漏时才适用的法律规范。

（二）补充性规范

补充性规范是在适用解释方法规范仍不能确定合同条款的含义时，用以填补合同空白的任意性规范，也称合同的通常条款。补充性规范分为特别补充性规范与一般补充性规范。特别补充性规范是针对某类典型合同而特别规定的补充性规范。如《民法典》第603条第2款关于买卖合同交付地点的补充性规范、第627条关于付款地点的补充性规范、第628条付款时间的补充性规范、第637条出卖人对试用期的确定权等。一般补充性规范是指《民法典》第511条的规定。该规定可以适用于各类合同的空白补充，具有一般性规范的性质。

（三）拟制解释规范

拟制解释规范，是指用拟制的方法确定意思表示含义的解释规范。拟制解释规范分为两类，一类是真正的拟制解释规范。即符合要件即可直接适用而不须先行解释当事人意思表示之意义的拟制解释规范，如《民法典》第680条规定的借款合同对支付利息没有约定或自然人之间借款合同约定不明的，视为没有利息。再如第759条规定的视为约定融资租赁物所有权归承租人。另一类是不真正的拟制解释规范。即经合同解释后仍不能确定合同条款含义时才可适用的拟制解释规范。其性质与补充性规范相同。如《民法典》第730条中的视为不定期租赁、第976条的视为不定期合伙,均须以依据《民法典》第510条的解释方法规定仍不能确定为适用前提。拟制解释规范仅指对意思表示的拟制规范,不包括对其他法律事实的拟制规范。如"提存成立的,视为债务人在其提存范围内已经交付标的物"不属于拟制解释规范。

(四)解释规范的适用关系

首先,在解释规则体系中,意思表示解释方法规范具有优先适用性。用以确定合意的内容或者判定是否属于不合意、没有约定、约定不明确等情况。只有经阐明解释才能发现合同是否有充分的合意以及是否存在漏洞,进而才能适用补充解释的有关规定。其次,合同对某些条款没有约定或者约定不明确的,适用合同特别解释方法规范或真正的拟制解释规范。如无此类规范,则适用合同补充性解释方法规范,即通过合同条款体系的自身逻辑或交易习惯补充空白。再次,经解释仍不能确定时,若属于典型合同的条款没有约定或约定不明,基于特别优于一般的原则,优先适用"典型合同特别补充性规范";有不真正拟制解释规范的,适用拟制解释规范。最后,若没有典型合同特别补充性规范或拟制解释规范,则适用"一般补充性规范"。补充性解释与任意性补充规范的填补,应当遵照当事人的意思自治。如果当事人的意思与任意性规范相悖,不得引入任意性规范填补合同漏洞。①

四、合同解释的方法

合同解释主要依据解释规范中规定的解释原则与实践中个案积累的解释规则进行。解释原则可以适用于各类合同的解释,通常包括文义解释、体系解释、行为性质和目的解释、习惯解释、诚信解释、历史解释。解释规则相对具体,通常是针对于特定案情下的特定问题。例如,明示其一就排除其他、推定每一条款都有意义、推定条款合法、明示条款优先于默示条款、手写条款优于打印条款、词语地方通行的含义优先于全国通行的含义、举轻明重或举重明轻、疑义不利益归属于合同起草人等。

---

① 参见冉克平:《论私法上的合意及其判定》,载《现代法学》2014年第5期。

（一）阐明解释

在阐明解释中，须照顾相对人对意思表示的理解与信赖，侧重表示主义的解释方法而非意思主义的解释方法。解释的目标可以从三个层次阐述：其一，不以探究一方当事人的词语表达习惯与真实的内心意思为目的，而是以条款是否存在合意、存在何种含义的合意为目的。其二，以通情达理的合理人作为假设当事人，并以此为标准尺度，探究条款可被理解之客观含义。其三，以查明的当事人可归责的表示含义修正客观含义，形成规范意思。

阐明解释应以合同文义为出发点，围绕当事人在合同中表示出来的意思进行解释。若发现概念、文句、语法、逻辑等表达不清，存在理解分歧，则进一步采取体系解释、行为性质和目的解释、习惯解释、诚信解释、历史解释等方法消除歧义，形成规范意思。各种解释方法之间是互相矫正和验证的关系，有时合同的文句单纯以文义解释没有歧义，但放之合同整体之中则可能发现歧义。一旦发现歧义就应综合运用各种解释方法，去除不合理的理解，拨云见日，找到订立合同时双方最有可能达成合意的合理含义。

体系解释也即整体解释，将有分歧的文句置于合同条文整体中加以观察理解，以整体理解部分，又以部分理解整体。在解释学循环中逐渐接近最合理的含义。例如，《法国民法典》第 1161 条规定，契约之诸条款可互为解释，以赋予每一条款依据整个契约而产生的意义。

行为性质和目的解释，是指合同条款的含义应与合同的性质保持一致，使合同目的得以实现。

习惯解释是指在对合同文字或条款的含义发生歧义时，按照习惯和惯例的含义予以明确；在合同存在漏洞，致使当事人的权利义务不明确时，参考习惯和惯例加以补充。①

诚信解释是依据诚信原则的内涵对合同条款的含义加以明确，解释所确定的规范意思应符合善意保护原则，不得使一方的获利建立在损害他方的基础之上。诚信解释也可适用于对合同未约定条款的补充，用于确定给付义务和附随义务，类似于英美法系的默示条款。

历史解释，是指通过对合同订立与履行过程中形成的会议纪要、往来信函、

① 参见崔建远：《合同解释论》，中国人民大学出版社 2020 年版，第 216 页。

招投标文件、意向书、备忘录等历史痕迹的回溯观察,发现争议条款的含义。例如,合同条款中约定的“前期打款”“后期打款”,前期与后期的分界约定不明时,经举证,预约文本中有更具体的说明,可以用来确定前期与后期的具体分界标准。历史解释需要在合同文本之外举示外部证据,证明当事人所主张的含义,在英美法上形成了外部证据规则。

外部证据规则也称口头证据规则,根据该项规则,不得以之前达成的书面协议推翻当前的书面协议,也不得以同时达成的口头协议推翻当前的书面协议,但可以用其对当前的书面协议进行补充或解释,除非法院认为当前的书面协议已经完全排除了之前的协议。[①] 因此,当事人双方签署了完整的合同书,则不允许以外部证据证明存在与合同书相反的合同内容。外部证据的运用只为了排除合同内容的歧义,而不是确立相反规则。只有在合同书的歧义不能通过自身的文义或体系解释加以确定时,才可以用外部证据加以解释。外部证据规则蕴含的理念是:合同书面文本的郑重性必须得到尊重,以保护信赖与交易安全。如果合同书面文本内容明确,并且涵盖了磋商时的事项,即使内容与磋商时的不一致,也应当以合同书面文本为准,合同书面文本是郑重的法律文书,其效力高于口头允诺的证据。口头的允诺没有强制执行力,只能自愿履行。外部证据规则被规定在《美国统一商法典》第 2－202 条中。[②] 在吉安尼诉罗素公司这一经典判例中,原告作为承租人认为被告违反了在出租的办公楼中给予原告排他性出售饮料权利的口头允诺。法官认为:“书面的租赁合同是当事人之间完整的合同,它涵盖了所主张的口头合同涉及的事项,因此,根据口头证据规则,有关口头允诺的证据没有可采性。即使出租代理人事实上的确作出过这一允诺,口头证据规则也排除原告吉安尼使用缔约过程的证据来证明之。”[③]外部证据规则是一般性规范,可以基于法律相反规定而有例外。例如,《商品房买卖

---

① 参见潘琪:《美国〈统一商法典〉解读》,法律出版社 2020 年版,第 60 页。

② 《美国统一商法典》第 2－202 条:“当事人在确认性备忘录中同意的条款,或当事人以其他方式记录在书面文件中作为当事人协议最终表示的条款,不得以任何之前达成的协议或同时达成的口头协议作为证据加以否认,但可以用下列内容加以解释或补充:(1)履约过程、交易过程或行业惯例;以及(2)与上述条款互不冲突的补充条款证据,除非法院认定,当事人的意图,是将上述书面文件作为协议条款之完整和排他的表述。”

③ [美]E. 艾伦·范斯沃思:《美国合同法》,葛云松、丁春艳译,中国政法大学出版社 2004 年版,第 427 页。

合同司法解释》第3条规定："商品房的销售广告和宣传资料为要约邀请，但是出卖人就商品房开发规划范围内的房屋及相关设施所作的说明和允诺具体确定，并对商品房买卖合同的订立以及房屋价格的确定有重大影响的，构成要约。该说明和允诺即使未载入商品房买卖合同，亦应当为合同内容，当事人违反的，应当承担违约责任。"

（二）补充解释

补充解释是对合同条款未作约定或约定不明的事项进行填补的解释方法。阐明解释所发现的合同漏洞或条款欠缺是补充解释的对象。从应然角度，经过解释后形成的规范意思就是法律认定的当事人合意，两者是统一的。"将规范意思与合意对立，就是上帝的视角。"①但从实然角度，若合同解释方法运用不当，使"规范意思和当事人合意的意思不一致，就会产生法官意志代替当事人自治的现象"。② 因此，充分认识补充解释的特点并正确运用补充解释的方法是关键。

首先，补充解释与阐明解释没有根本性区别，绝大部分解释原则可以共同适用。由于表示意义欠缺或条款空白，文义解释在补充解释中缺少用武之地，它更多是确定合同没有约定或约定不明这一补充解释的前提；而补充性规范与默示条款则是补充解释的重要方式。

其次，补充解释有不同于阐明解释的角度。补充解释是阐明解释之后不可或缺的辅助手段。阐明解释试图阐明单个具体意思表示的含义；而补充解释还查明整体行为的含义。补充与阐明服务于同一个目标：对个别化的法律关系作正确的规定，即作合乎事实的、与目的相符的、公平的规定。两者的终极尺度都在"顾及交易习惯的诚实信用"的要求之中。两者都要求一种目的论的和规范的方法。③

再次，补充解释不等于裁判者替当事人订立合同条款。法官不能作出与当事人约定的内容有分歧的决定，也不能因为法官本人认为合适就将一个条款加

---

① 叶金强：《合同解释理论的一元模式》，载《法制与社会发展》2013年第2期。

② 李永军：《论合同解释对当事人自治否定的正当性与矫正性制度安排》，载《当代法学》2004年第2期。

③ 参见［德］卡尔·拉伦茨：《法律行为解释之方法》，范雪飞、吴训祥译，法律出版社2018年版，第99、102页。

进合同,法官的职能是“让合同说话”而不是让自己说话。[①] 补充解释并非旨在确定参与法律行为当事人的真实意思,它所涉及的恰恰是制定法律行为规则的当事人确实没有予以约定的问题。在理论上,应当按照假设当事人考虑到这一点时他们将会作出的约定来进行补充解释,即补充解释应按照假定的当事人意思来进行。[②] 这种假定的当事人意思需要更多考量合同的典型性,寻找与典型合同内容相类似的普遍适用的合同条款,这种条款可能存在于交易习惯中,也可能存在于具有相同性质与目的的合同中,还可能是在诚信原则与公平原则的当然寓意中。这就是《民法典》第510条中的“按照合同相关条款或者交易习惯确定”的基本含义。

最后,经《民法典》第510条的补充解释仍不能确定合同内容的,若有补充性规范的,可进一步适用该类规范。

(三)当事人的理解可能性标准

当事人理解可能性标准是个别化适用的主观标准,不同于发现客观含义的假设当事人这一客观标准。通过当事人理解可能性标准发现可归责的表示含义,其效果可以修正客观含义。可归责的表示含义是指当事人双方都能理解的含义;表示含义的可归责性是指在当事人都能理解的含义下,表意人应对此种含义负责。

当事人理解可能性标准认为,在具体的情势下,表意人的意思不是被以假设的合理人所理解的含义来确定,而是根据双方当事人对含义的理解可能性来个别地确定。因而,“对表示负责意味着表意人必须向相对人就下列含义承担责任:相对人能够并且必须赋予该表示以这一意义。不过,对相对人的这一理解可能性,仅应在表意人本身能够期待这种含义的范围内予以考虑。相对人的理解可能性,不得单面被用作解释的基础。确切地说,对于表意人而言,只有表示的下列含义才是可归责的:表意人能够且必须期待他的相对人所理解的含义正是表意人在考虑到相对人理解的情况下,自身有理由赋予他词语的那个含义”。[③]

---

① 参见[德]海因·克茨:《欧洲合同法》(上卷),周忠海等译,法律出版社2001年版,第174页。

② 参见[德]弗卢梅:《法律行为论》,迟颖译,法律出版社2013年版,第378页。

③ [德]卡尔·拉伦茨:《法律行为解释之方法》,范雪飞、吴训祥译,法律出版社2018年版,第72页。

理解可能性标准的正当性基础在于,表示的客观含义一般仅在理解方式相同的特定人群中才有效。如果在理解方式不同的群体中,表意人和相对人都只能对其可能理解的含义负责。避免使表意人对不可能具有的含义、他不可能预见到的含义,因而对他而言纯属意外的含义负责。只有那个被他所熟悉的含义才是可以被归责于他的。①

依据当事人理解可能性标准,确定合同条款的含义,不能简单以通常的客观含义为准,还须进一步追问双方的理解可能性。因为有时双方不处在相同群体,不能合理期待对所谓客观含义有理解的可能性;也有的合同条款或用语本就没有通常的客观含义,只能以双方可能共同理解的可归责含义确定争议条款的含义。据此,表意人欲使以自己的理解确定条款的含义,不仅要阐明自己理解的是什么含义,还须证明相对人已经理解此含义,或者该含义是相对人缔约时应理解的含义,且可以合理信赖相对人只能作此理解而不会有其他误解。反之,相对人若反对表意人主张的含义,须阐明自己未曾理解其主张的含义,且该含义偏离于相对人的理解可能性。相对人主张的含义要想成为可归责的含义,也须证明表意人已经理解,或有理解可能性且不会有其他理解。可见,双方主张可归责含义的法律负担是对等的,合同解释并非只站在一方的立场上。

关于理解可能性标准适用的例子,如购房人甲发函欲购买一套某住宅楼的顶层房屋。其本意是购买顶层正常户型的房屋,却不知该建筑有阁楼。开发商以为甲想购买的是顶层的阁楼,遂将阁楼601室出售给甲并签订房屋买卖合同,但合同中没有写明是阁楼。后甲与开发商就"顶层房屋"是指阁楼还是最高一层的正常户型房屋发生争议。从开发商主张的顶层房屋是指顶层阁楼的含义看,由于甲不知道该建筑有阁楼,且该地有阁楼的住宅楼并不普遍,开发商更了解该住宅楼顶层是阁楼的情况,却没有和甲沟通,无法合理信赖甲不会有其他理解。从甲主张的顶层房屋是正常户型房屋的含义看,甲发出的要约中仅表示顶层房屋,没有写明还须正常户型这一要求,不存在相对人只能按照其意思理解的合理信赖,事实上相对人也正是从文义上理解其欲购买的是顶层的阁楼,没有理解出正常户型这层含义。双方虽在购买601室上达成了合意,但在

① 参见[德]卡尔·拉伦茨:《法律行为解释之方法》,范雪飞、吴训祥译,法律出版社2018年版,第73页。

理解可能性标准上没有形成可归责的含义。可以判断为潜在不合意。

当事人理解可能性标准可以有效区分潜在不合意与重大误解。因为潜在不合意的双方当事人通常缺乏共同的理解可能性，不产生可归责的表示含义；重大误解则是存在可归责的表示含义，并以此含义为合同条款的正确含义，只有正确含义的存在才能判断出与其不同的理解是错误的。具有理解可能性但却错误理解的一方须受合同效力的拘束。

理解可能性标准蕴含的是社会交往行为之主体间的合理性思想。当事人在订立合同时要顾及条款的含义能被双方都理解。表意人应尽到注意地清楚表达，相对人应尽到注意地按表意人的原意去理解。合同当事人应对双方都能理解的含义负责就构成了表示含义的可归责性。

关于表示含义的可归责性应否纳入合同解释考量因素问题，我国学者认为，在判断合意与否以及合意的内容时，应当引入可归责性作为价值评判的根据：在表意人方面表现为其对表示内容表达的可归责性，在受领人方面则体现为其对表示内容信赖的合理性。无论是合意的确定性及其范围、待商条款的性质、“镜像规则”的突破还是意向书或备忘录的意义，均应在可归责性的基础上对当事人的意思自治以及与相对人的合理信赖予以适当的权衡。[①] 也有学者进一步提出了“双向合理性标准”，在预见到可能会有歧义时，表意人有说明义务，受领人有询问义务。[②] 然我国学者主张的可归责性似乎是指缔约时未尽注意义务之可归责性，并非合同解释中表示含义的可归责性。两者内涵不同。表示含义的可归责性是指双方可能理解的含义才能成为具有拘束力的含义；而未尽注意义务之可归责性是指造成歧义的过错方承担不按其主张的意思成立合意的风险，进而可得出以无过错方理解的意思作为规范意思使合同成立的逻辑结论。这在一定程度上混淆了合同解释方法与缔约过失责任的界限，使有缔约过失的表意人承担比信赖利益更重的期待利益损害赔偿责任。合同解释的目的是确定对表示含义的合理理解，更应顾及交易习惯、诚实信用与合同公平，限制缔约过失一方的意思自治未必就能符合上述价值目标。对有过失一方不利解释的方法，只能限制在如保险合同或其他格式合同等对合同条款有完备义务或

---

① 参见冉克平：《论私法上的合意及其判定》，载《现代法学》2014 年第 5 期。
② 参见叶金强：《合同解释理论的一元模式》，载《法制与社会发展》2013 年第 2 期。

说明义务的特殊合同中,不宜扩大适用范围。在多数情况下,合同解释关注的仍是在地域、人群、语境、交易目的等条件下可被理解的表示的客观含义。至于哪一方对歧义的产生有可归责性,合理的解决方法应该是将合同不成立纳入缔约过失责任进行调整。对此,《总则编司法解释》第 23 条已规定对合同不成立时的返还财产、折价补偿、赔偿损失请求权,参照适用民事法律行为无效、被撤销、不确定的法律后果的规定处理。

五、合同解释的流程

(一)合同解释过程既包含事实问题也包含法律问题

狭义的合同解释发生于司法活动之中,其性质到底是事实问题还是法律问题,对解释的规程以及规范意思的得出都有影响。德国通说认为,意思表示解释分为两个阶段:一是确定解释对象,二是解释意思表示之意义。前者任务在于确定意思表示是否存在,因而属于事实问题;后者则为意思表示的规范评价,属于法律问题。我国学者也有主张合同解释是法律问题。认为第一阶段若无关乎意思表示意义之理解,即非意思表示解释本身,充其量构成解释之先期准备过程,其事实属性不足以说明意思表示解释之性质。当事人是否有过某种作为或不作为、是否签署过某种文件等事实固然在举证范围之列,但解释者要确定是否存在的,是作为意思表示的行为,而非行为而已。换言之,确定意思表示是否存在的本身即构成理解意思表示意义的一部分,属于法律问题。①

两种主张在观察角度上存在不同,也各有道理。其中二阶段说较为合乎合同解释的实际过程。合同解释所欲确定的规范意思本身就是一种法律事实,且作为解释对象的合同文本也是须举证证明的事实。在法官解释合意的意义过程中,当事人的举证不仅有利于前期确定解释对象,在解释过程中也有参与并一定程度影响解释结果,将当事人的举证与法官的法律评价割裂开,合同解释的过程变得不完整,结论也不可靠。当事人的举证不仅包括举出书证,也包括合同文本之外的外部证据,还包括当事人陈述。若当事人陈述中对合同条款的意义主张一致,对法官认定规范意思可能产生决定性的影响,与其说这是法官在适用法律,倒不如说是法官在认定证据。当事人在合同解释中的可参与性,

① 参见朱庆育:《民法总论》,北京大学出版社 2013 年版,第 212 页。

使法官解释合同之意义不再是纯粹的法律问题,也有事实问题的成分。

(二)合同解释的流程与规范意思的确定

在合同解释的司法过程中,充分汇合了诠释学原理、证据规则、解释方法等方面的知识与原理。首先,合同解释的对象是之前存在的已经脱离当事人主观意志的合同文本,须符合伽达默尔诠释学中的解释的历史性原理。不能误将当事人于诉讼程序中主张的意思作为解释对象,而应结合双方当事人于订立合同时的意思,对合同文本进行解释。其次,双方当事人或其诉讼代理人对合同文本、与合同解释活动有关的证据进行举证。再次,双方当事人陈述对合同条款含义的理解,并可以举证证明其所主张的含义就是合同订立时理解的含义。最后,法官结合合同文本、外部证据、当事人主张的含义、缔约时理解的条款原意等证据事实,运用文义解释、体系解释、行为性质与目的解释、习惯解释、诚信解释、补充解释等解释方法,确定合同的规范意思。合同解释的流程见图2。

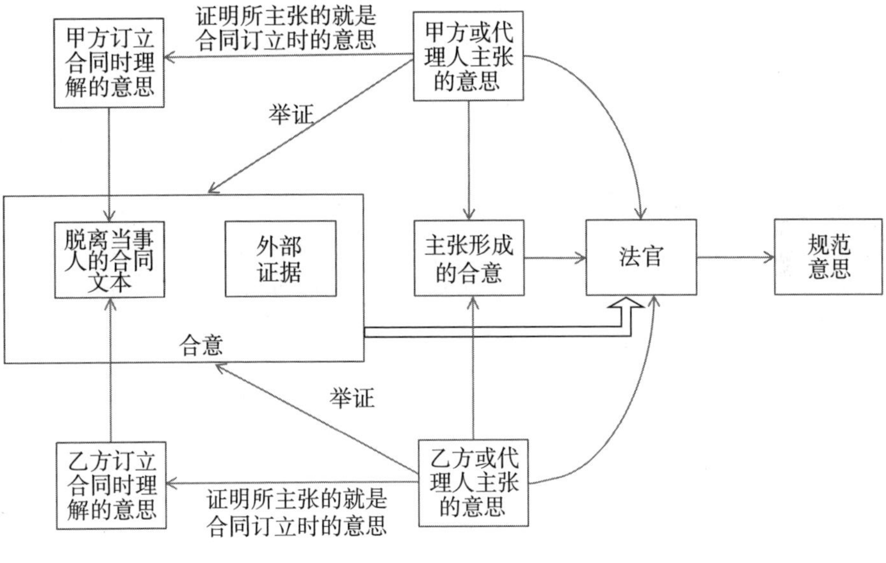

图2 合同解释的流程

图2是合同解释过程中参加解释活动的各方结构关系模型。虽然个案案情不同,但解释活动的结构关系在一般规律上是一致的。

假设一,若双方当事人主张的合同条款之含义为A,法官依通常的合同解释方法得出的合同条款的含义也是A,没有修正因素,规范意思亦为A。

假设二，若法官依通常的解释方法得出合同条款的客观含义是 A，合同的甲方主张的条款含义是 B，乙方主张的是 C，但都不能证明其主张的含义就是合同订立时所能理解的含义，这不能修正法官对合同的解释结果，规范意思为 A。因为诉讼当事人或其代理人并不一定就是缔约过程的参加人，且因境遇变迁，当事人会理性选择主张当下对自己有利的表示含义而非订立合同时所理解的含义。例如，在公司股权比例重新调整的合同中约定，股东甲将其股权的一半，按现有股权比例分配给其他股东。甲主张现有股权比例的含义是分配一半股权前的股权比例；其他股东主张的是甲不参与分配，仅指其他股东现有股权比例。法官基于文义解释、目的解释、诚信解释得出的条款含义是指甲分配股权后剩余的股权比例。由于没有证据证明双方当事人主张的含义是订立合同时具有理解可能性的个别化的含义，则 A 是规范意思。

假设三，若法官依通常的解释方法得出合同条款的客观含义是 A，甲方主张的条款含义是 B，乙方主张的无论是 C 或 A，若甲方举证证明 B 是合同订立时双方共同的意思或者乙方知道或应当知道 B 是甲方所理解或表达的真实意思，此时可归责的主观表示含义对通常的客观含义进行修正，认定规范意思是 B。例如，在特定物买卖中，甲方欲购买乙方牵来的一匹骡子，但在买卖合同中写的是买马。若甲举证证明乙明知其所要购买的马其实就是乙牵来的骡子，双方订立的就是买骡子的合同。只不过，主张合同条款按照主观的特殊含义理解的一方当事人应当承担证明责任；主张按照通常含义理解的当事人则没有额外的举证负担。

假设四，若法官依通常的解释方法得出合同条款的客观含义是 A，双方当事人主张的含义为 B，则以歧义得以消除且不损害他人利益或公共利益为限，认定规范意思为 B。若含义 B 不能消除条款之间的矛盾或具有违法性，基于合法解释和推定条款之间不矛盾的解释规则，仍应认定 A 是规范意思。若 A 也不能消除条款间的矛盾，应认定约定不明确，转为补充解释。原理在于，如果双方当事人一致表达了共同的东西，那么他们的实际见解就取代了理解可能性，就是法谚“误言不害真意”的内容。对于指向特定相对人的表示，双方当事人一致的原意优先于被双方客观理解的、可归责于表意人的含义。[①] 而且，基于意思

① 参见[德]卡尔·拉伦茨：《法律行为解释之方法》，范雪飞、吴训祥译，法律出版社 2018 年版，第 77～79 页。

自治,既然双方都一致主张相同的条款含义,说明对该条款没有歧义,无需以规范意思代替当事人的意思而为解释。例如,买卖合同中的违约责任部分约定,“一方违约的,以定金作为违约金承担违约责任”。法官的理解是该条款写在违约责任部分,内容是关于违约金的约定,应理解为定金转化成违约金,不再适用定金的规定。而当事人双方均认为该条的意思是违约时以定金责任代替违约金,定金之外不再承担其他违约责任。此时,应按照当事人主张的意思确定该条款的规范意思。

假设五,若法官依通常的解释方法得出合同条款的客观含义是 A,甲方主张的条款含义是 B,乙方主张的是 C,双方均可证明 B 或 C 是己方在订立合同时理解的意思。此时,合同条款的通常含义不同于双方当事人缔约时所理解的含义,其结果要么是解释不出规范意思,构成潜在不合意;要么是以通常的客观含义或一方可理解的含义作为规范意思,构成重大误解(错误)。如何通过合同解释合理区分潜在不合意与重大误解,理论上依据的是理解可能性标准:(1)发生歧义的条款有共同的对象,但一方理解错误的,属于重大误解。如甲误将摆在柜台上的蒜苗当作韭菜而购买。(2)歧义条款没有共同对象,但在特定交易区域内或行业惯例中有通常的含义,且有理解可能性,属于有合意,一方能证明理解错误,属于重大误解。如卖方没有按照“松仁小肚”的通常理解,认为买方购买的是“松仁”和“小肚”。(3)若证明不知道有此种含义,且不具有理解可能性,是不合意。例如,合同双方不在一个区域或行业,彼此根本不知道“一打”货物在卖方所在地区是二十个,而在买方所在地区是十个,即使法官依据通常的客观含义认为一打是十二个,但双方当事人对客观含义和对方主张的含义均没有理解可能性,因此属于不合意。再如,购买酸菜合同中,南方和北方所指酸菜并不是同一种商品,若不具备理解可能性,是不合意。(4)歧义条款无共同对象,仅有共同表达的,无论有通常含义或根本没有通常含义,只要不符合理解可能性标准的,就是不合意。例如,房屋买卖合同中约定“以现金公证方式交易”,所谓“现金公证”并非含义明确的法律术语,也非有通常含义的日常用语。一方当事人理解为公证买卖合同,另一方理解为公证委托合同,双方没有可能理解的共同含义,属于潜在不合意,非重大误解。

第二章

合同的订立

第一节　合同的订立与成立

一、概念的厘清

我国《民法典·合同编》第二章"合同的订立"中有多处法律条文中，出现了"合同成立"的表述（如《民法典》第483条、第490条、第491条、第492条）。须先厘清"合同的订立"与"合同成立"两个概念。

合同的订立是指缔约各方作出意思表示并最终达成合意的过程。合同的订立是一个动态的过程，涵盖缔约各方从接触、磋商直至达成合意的全部阶段。合同在订立阶段可产生先合同义务和缔约过失责任。合同的成立是指合同各方当事人的意思表示达成一致的结果。换言之，合同的成立是一个静态的结果，标志着各方当事人已经对合同的主要条款达成合意。合同成立之前各方缔约人处于订立的过程中，合同还未存在。自合同成立这个时间点开始，合同开始存在。合同的成立是合同履行、变更、终止、解释等制度的基础和前提。同时，合同成立这个时间点也可以用来判断合同生效的时间，合同成立之前不存在合同生效或有效的问题，合同成立之后"依法成立的合同，自成立时生效"（《民法典》第502条），因此，一般情况下合同成立的时间也就是合同生效的时间。当然，也存在合同成立的时间和生效的时间不同的例外现象。总之，合同的订立是孕育合同的整个过程，合同的成立则标志着合同的诞生。

二、合同成立的要件

《民法典》第119条规定,依法成立的合同对当事人具有法律约束力。因此,有必要明确合同需要具备哪些要件才能成立。

(一)当事人

《民法典》将合同的主体称为“当事人”,也就是承担合同权利义务的自然人、法人或其他组织。合同当事人与合同订立阶段的缔约人不能等同:合同当事人既可能是合同订立阶段实际进行订立活动的缔约人,也可能是缔约人的代理人。合同的成立意味着当事人意思表示达成一致,因此合同是双方或多方法律行为,当事人必须是双方或多方,仅有一方当事人无法成立合同。

(二)当事人就合同主要条款达成合意

合同的成立意味着当事人之间意思表示一致,即当事人达成合意。达成合意并不意味着当事人必须就合同所有条款都达成合意,一般来说,合同成立需要当事人至少对合同主要条款达成合意。所谓合同主要条款是指合同的必备条款,缺少主要条款的合同不能成立。《民法典》第470条就合同应包括的一般条款进行了规定,但该条只是为当事人订立合同所需具备的条款提出的指引性规定,并非是对必备条款的规定。《民法典》第510条、第511条更是明确了合同生效后当事人仍可就质量、价款或者报酬、履行地点等合同条款达成补充协议或根据交易习惯确定。原《合同法解释(二)》曾将当事人名称或姓名、标的和数量视为合同成立必备的主要条款。

第二节　要　约

一、要约的概念

要约是订立合同的必经程序。《民法典》第472条前半句规定,“要约是希望与他人订立合同的意思表示”。因此,要约是一方当事人出于订立合同的目的向对方当事人所作的意思表示,有时也被称为发价、发盘、出价、报价等。发出要约的一方当事人被称为要约人,对方当事人称为受要约人或相对人。要约是希望和他人订立合同的意思表示，意思表示是行为人将欲发生法律效果的意思表示于外的行为。[①] 根据《民法典》第 472 条第 2 项的规定，要约作为一种意思表示能够对要约人产生拘束力。

二、要约的构成要件

要约必须符合特定的条件才能发生法律效力，对《民法典》第 472 条的规定作学理阐释，可以得出要约的构成要件包括以下 4 项：(1)要约是特定人所为的意思表示；(2)要约必须向相对人发出；(3)要约必须标明经受要约人承诺，要约人即受该意思表示约束；(4)要约的内容必须具体确定。

(一)要约是特定人所为的意思表示

要约是希望与他人订立合同的意思表示，要约人发出要约的目的就在于与他人订立合同。因此，要约人应当是特定的人。特定人也就是外界所能客观确定的人，例如《民法典》第 473 条第 2 款规定符合要约条件的商业广告和宣传构成要约。也就是说，商业广告和宣传必须是由特定的人作出。再如自动咖啡贩卖机的设置，可以认为设置贩卖机的特定的人是要约人。[②]

(二)要约必须向相对人发出

根据《民法典》第 472 条的规定，要约人发出要约的目的是换取相对人对订立合同的承诺。由此可见，要约原则上应向特定的人发出，因为只有相对人是特定的人才意味着该相对人是要约人选择的受要约人，是有资格对订立合同的要约作出承诺的人。一旦受要约人承诺，合同才得以成立。反之，如果相对人是不特定的人，那表明发出提议的人并不想要就他的提议换取对方订立合同的承诺，而仅仅是为了引起他人对自己发出要约，发出的提议不是要约而是要约邀请。特定人既可以是一个人，也可以是数个人。另外，法律并不是严格禁止要约向不特定的人发出，有时即使是向不特定的公众发出的要约，此时受要约人不确定，但仍可以构成要约。例如设置自动贩卖机就属于此例；再如，在广告中声明“如按照说明坚持使用两周仍患上感冒，则赔偿 100 元”，此种广告也构成要约。因为，尽管要约是对向全世界作出的，但是只要有特定的、有限的一部

---

① 参见朱庆育：《民法总论》，北京大学出版社 2016 年版，第 188 页。

② 参见王泽鉴：《债法原理》，北京大学出版社 2009 年版，第 175 页。

分公众,按照要约的要求去履行了要约当中的条件,并且信任这个要约,那么这就是一项有效的要约。[①]

(三)经受要约人承诺,要约人即受该意思表示约束

根据《民法典》第472条的规定,要约必须表明经受要约人承诺,要约人即受该意思表示约束。这是由于要约人发出要约的目的在于与相对人订立合同,而并非与相对人就是否订立合同的问题进行商讨或其他准备活动。也正是由于要约人具有如此明确的订立合同的目的,要约一经受要约人承诺,合同即告成立。一般来说,判断要约人是否具有订立合同的目的,应当依据要约人在要约中使用的词语来确定。但要约人一般很少在要约中明确使用诸如"一经承诺,合同成立"这样的词语,所以法条中的"表明"并不是要求一定要有明确的词语,而是要求通过整个要约的内容来对要约人是否具有订立合同的目的进行综合判断。[②]

(四)要约的内容必须具体确定

根据《民法典》第472条第1项的规定,要约的内容必须具体确定。换言之,要约的内容必须清晰明确,不能含混不清。《民法典》对于何为"具体确定"没有进行进一步的规定,需要从学理上进行阐释。要约的内容必须具体是指要约中必须包含足以使合同成立的主要条款。由于要约是希望与他人订立合同的意思表示,一经对方承诺,合同即告成立。因此要约必须包含足以使合同成立的主要条款。否则对方难以作出承诺,即使作出了承诺,合同也会由于主要条款的欠缺导致双方无法达成合意而不能成立。例如甲对乙说要将自己收藏的名人字画售卖给乙,但没有具体说明是哪一幅字画,不包含合同的主要条款,因此这不足以构成一个有效的要约。要约的内容必须确定是指要约必须能够让受要约人理解要约的真实含义,并且能够依据该要约向要约人作出毫无保留的承诺。具体确定并不严格要求要约在发出时已经可以确定,也包括要约在发出时有些内容还不够清晰,但在将来可以确定下来的情况。例如在继续性合同中,要约内容为依交付时的市场价格出售未来一年的全部产品。[③] 此外,《联合

① See Carlill v. Carbolic Smoke Ball Co. [1893] 1 QB 256.

② 参见黄薇主编:《中华人民共和国民法典合同编解读》(上册),中国法制出版社2020年版,第51页。

③ 参见韩世远:《合同法总论》(第4版),法律出版社2018年版,第121页。

国国际货物销售合同公约》第14条的规定也可以作为判断一项要约的内容是否具体确定的依据，即“一个建议如果写明货物并且明示或暗示地规定数量和价格或规定如何确定数量和价格，即为十分确定”。

三、要约与要约邀请

在合同订立过程中，如果当事人一方发出要约，另一方作出承诺，则合同成立；但如果当事人一方发出要约邀请，此时另一方即使接受该要约邀请，这种接受并不构成承诺，双方当事人之间也无法成立合同关系。可见，在合同订立中判断合同是否成立，需要明确地区分要约与要约邀请。

（一）要约邀请的概念

根据《民法典》第473条第1款的规定，要约邀请是希望他人向自己发出要约的表示。由此可见，要约邀请的目的不是订立合同，而是希望与他人就订立合同的问题进行商讨或准备等预备行为。原《合同法》第15条认为要约邀请是一种意思表示，①依据民法原理，意思表示是行为人设立、变更、终止民事法律行为的行为，而要约邀请实际上并不会引起上述法律效果，仅仅是当事人邀请或引诱他人向自己发出要约的事实行为。因此，《民法典》第473条修正了原《合同法》第15条对要约邀请性质的判断，规定要约邀请是希望他人向自己发出要约的“表示”，而不是“意思表示”。

（二）要约与要约邀请的区别

区分要约和要约邀请关乎合同的成立问题，一般来说可以从以下几个方面进行区分：

1. 法律的规定。如果某种行为在法律中被明确规定属于要约邀请，则该行为为要约邀请。例如《民法典》第473条对要约邀请进行了明确列举：拍卖公告、招标公告、招股说明书、债券募集办法、基金招募说明书、商业广告和宣传、寄送的价目表等为要约邀请。因此，以上行为一般应认定为要约邀请。当然，依据该条商业广告和宣传的内容符合要约条件的，构成要约。

2. 当事人的目的。要约中应当含有要约人受拘束的意旨，表明要约人愿意

---

① 原《合同法》第15条第1款：要约邀请是希望他人向自己发出要约的意思表示。寄送的价目表、拍卖公告、招标公告、招股说明书、商业广告等为要约邀请。

与相对人订立合同的目的;而要约邀请则仅仅是希望对方向自己发出要约,希望由对方主动向自己提出订立合同的意思表示。例如,橱窗中的模特身上展示的裙子仅仅是商家表明自己售卖的商品中涵盖这条裙子,属于要约邀请;如果商家向某一顾客声称愿意以某价格向其售卖该裙子,则表达了愿意与顾客订立买卖合同的意图,因此构成要约。

3. 交易习惯。在法律没有明文规定时也可以根据交易习惯,也就是当事人之间通常的做法来判断。例如,商家出售某商品时明确标明"该商品仅剩一件,一口价 5 元",一般根据交易习惯一口价意味着不存在讨价还价的余地,此时商家行为构成要约。再如,出租车在高铁站排队等客,此时根据当地政策和习惯出租车一般可以拒载的话,那么等客行为构成要约邀请;如果出租车不可以拒载,此时等客行为则构成要约。

(三)典型的要约邀请

根据《民法典》第 473 条第 1 款的规定,拍卖公告、招标公告、招股说明书、债券募集办法、基金招募说明书、商业广告和宣传、寄送的价目表等为要约邀请。下面就法条中典型的要约邀请行为进行说明。

1. 拍卖公告

拍卖公告是由拍卖人于拍卖日 7 日前发布的载明拍卖时间、地点、标的等信息的公告。[①] 拍卖是以竞价的方式订立合同,属于竞争缔约的一种。竞争缔约就是在合同的订立过程中引入竞争机制,以便使合同签订得更公平、更有效率。[②] 拍卖公告是拍卖人为拍卖所作的准备工作,目的是引诱更多的竞买人参与拍卖。因此,拍卖公告的性质属于要约邀请。拍卖一般由拍卖人先提出最低价格,然后由竞买者进行报价,每一次报价的价格均需高于上一次报价,确定无人再报更高价时,拍卖人落槌,拍卖成交,由报价最高的竞买者购得拍卖物。在拍卖的过程中,拍卖人提出的最低价格是要约邀请,目的是邀请竞买者向其发出以高于此价格的价格购买拍卖物的要约,竞买者报价即为要约,每一个新报价均产生一个新的要约,同时使之前的报价要约失效,最终拍卖人落槌或者以

---

① 参见《中华人民共和国拍卖法》第 44～45 条。

② 参见崔建远:《合同法总论》,中国人民大学出版社 2011 年版,第 147 页。

拍板、击槌或其他惯用方式确定本次拍卖竞价结束的行为构成承诺,该承诺是针对最后一个要约,即报价最高的要约所作出的。此时,合同即告成立。

2. 招标公告

招标公告是在进行公开招标时招标人发布的载明其名称、地址、招标项目性质、数量、实施地点和时间等信息的公告。[①] 招标公告是招标人为公开招标而实施的预备行为,目的在于引诱更多的投标人向其提出要约,从而能够从众多的投标人中寻找到最符合条件者并与其订立合同。因此招标公告的性质为要约邀请。在公开招标时,投标人依据招标公告中的规定,在规定的时间以标书的形式进行投标,招标人通过评标选出最符合条件的投标人为中标人。在这个过程中,招标人以标书的形式进行投标的行为是向招标人发出的以订立合同为目的的意思表示,因此该行为为要约。招标人评标后选定中标人的行为是对该中标人的要约进行承诺。

3. 招股说明书

招股说明书是发行股票的公司或者发起人依法定条件和程序制作的、表明其发行股票的意思表示和相关内容、载明发行股票的公司信息的文件。[②] 招股说明书是为吸引投资者向发行人购买股票而向其提供的发行股票公司信息的文件,因此并不是向投资者发出的要约,性质上属于要约邀请。

4. 债券募集办法

根据《公司法》的规定,发行公司债券应当公告公司债券募集办法并载明公司名称、债券募集资金用途、债券总额、债券票面金额、债券利率确定方式、还本付息的期限和方式、债券担保情况、债券发行的起止日期、债券发行的价格等事项。[③] 可见,债券募集办法的目的是邀请相对人购买债券,而不是与相对人订立合同。因此,债券募集办法并非要约,在性质上属于要约邀请。

5. 基金招募说明书

基金的招募说明书又称公开说明书,它是投资基金向投资者提供的经国家有关部门认可的一项法律性文件。招募说明书的阅读对象是广大投资者,招募

① 参见《中华人民共和国招标投标法》第 16 条。

② 参见李伟民主编:《法学辞海》,蓝天出版社 1998 年版,第 1667 页。

③ 参见《公司法》第 154 条。

说明书编写的目的是让广大投资者了解基金详情，以供投资者作出是否投资该基金的决策。[①] 根据《证券投资基金法》的规定，基金招股说明书的内容一般包括申请的准予注册文件名称和注册日期，基金管理人、基金托管人的基本情况，基金合同和基金托管协议的内容摘要，基金份额的发售日期、价格、费用和期限，基金份额的发售方式、发售机构及登记机构名称，风险警示等信息。[②] 可见，企业发布基金招募说明书是为了邀请投资者购买其基金，有意购买的投资者向企业发出购买基金的要约后企业方能作出同意购买的承诺，当事人之间才会形成有关基金购买的合同。因此，发布基金招募说明书的行为并非要约，在性质上属于要约邀请。

6. 商业广告和宣传

商业广告，是指商品经营者或者服务提供者通过一定媒介和形式直接或者间接地介绍自己所推销的商品或者服务的行为。[③] 实践中，商品经营者和服务提供者除了通过商业广告外，还会通过一些其他形式对商品或者服务进行宣传。根据《民法典》第 473 条第 1 款的规定，商业广告和宣传在性质上一般属于要约邀请。原因在于：一方面，商业广告和宣传的目的在于通过对商品或服务优点进行介绍、推销，引诱顾客提出购买该商品或接受该服务的要约。因此，商业广告和宣传本身并不能产生要约的效力。另一方面，商业广告和宣传通常不够具体明确，一般不会涵盖出售商品或提供服务的主要条款，且没有表明发出商业广告或宣传的人愿意与任何接受该商业广告或宣传的人订立合同的意思。例如，商业广告声称“免 3 年铺租，送装修补贴”，而关于“3 年免租”如何实施、起止时间以及“装修补贴”的范围、幅度、标准均不具体明确。[④] 发出广告的人通常只是希望他人向其发出购买该商品或要求提供该服务的要约。因此，法律将商业广告和宣传的性质认定为要约邀请。同时，法律并不排除符合要约条件的商业广告和宣传构成要约。《欧洲民法典草案》第 2－4：201 条规定，如果经营者在广告中明确表明，其要以特定的价格来提供某种商品或者服务，则视为经营者发出了以该价格提供商品或者服务的要约。这是因为商业广告和宣传

① 参见施光耀、胡猛主编：《中国证券百科全书》（第 3 卷），山西经济出版社 2000 年版，第 113 页。

② 参见《证券投资基金法》第 53 条。

③ 参见《中华人民共和国广告法》第 2 条第 1 款。

④ 参见广东省中山市中级人民法院民事判决书，(2021) 粤 20 民终 5659 号。

如果符合要约的条件就意味着发出商业广告和宣传的人希望与对方订立合同，并愿意受到其发出的商业广告和宣传的拘束。因此，《民法典》第473条第2款肯定了符合要约条件的商业广告和宣传也可以成为要约。例如，在宣传电竞比赛时，主办方声称“参赛选手可以免费参与到体验赛中，冠军获得者的奖品为宝马车1台”，属于自愿接受该意思表示约束，构成向不特定电子游戏玩家发出要约，符合悬赏广告的特征。只要行为人即电子游戏选手完成该悬赏广告指定行为，悬赏人即负有支付报酬的义务。[①]

7. 寄送的价目表

商家为了推销某种商品会向不特定的相对人寄送载有商品名称及价格的价目表。寄送价目表的行为确实含有想要与相对人订立合同的意思，但寄送价目表更主要的是商家推销商品的方式，商家期望相对人收到价目表后能够向自己提出订约条件，所以这一行为不能表达其愿意受到一经对方承诺即受拘束的意图。此外，价目表中虽包含了商品名称及价格，但并没有指明数量。收到价目表的人并不能对此进行有效的承诺。寄送价目表与货物标价陈列在性质上没有差别，只是方式有所不同。因此，寄送价目表与在商店购买商品同理，虽然商品的价格标明了，但要买多少数量需要由顾客提出要求。[②] 因此，《民法典》第473条规定寄送价目表只是要约邀请，不是要约。

四、要约的法律效力

（一）要约生效的时间

要约生效的时间也就是要约对要约人产生拘束力的时间，同时涉及承诺期限的问题。对此，学理上主要有三种不同的观点，即发信主义、到达主义与了解主义。发信主义认为只要要约人发出要约，即使要约尚处于受要约人控制范围之外，要约也即刻发生效力。到达主义又被称为受信主义，认为要约必须到达受要约人时才发生法律效力。了解主义的观点认为要约人发出的要约即使到达受要约人也不能立即生效，只有在相对人了解要约的内容时，要约才能生效。

---

① 参见四川自由贸易试验区人民法院民事判决书，(2021)川0193民初5337号。

② 参见黄薇主编：《中华人民共和国民法典合同编解读》(上册)，中国法制出版社2020年版，第56～57页。

原因在于相对人无法立即理解的东西,以后也不能再予以知悉。[①]《联合国国际货物销售合同公约》第 15 条规定:“(1)发价于送达被发价人时生效。(2)一项发价,即使是不可撤销的,得予撤回,如果撤回通知于发价送达被发价人之前或同时,送达被发价人。”可见,公约采纳的是到达主义。我国原《合同法》第 16 条第 1 款规定:“要约到达受要约人时生效。”也是采用了到达主义。《民法典》第 474 条规定:“要约生效的时间适用本法第一百三十七条的规定。”而第 137 条则不再采用统一的到达主义,而是将意思表示区分为以对话方式作出的和以非对话方式作出的并分别作出规定,也就是修改了原《合同法》第 16 条的规定。简言之,以对话方式作出的意思表示,相对人知道其内容时生效;以非对话方式作出的意思表示,原则上是到达相对人时生效。有学者认为该条之所以作此改变是受到了解主义观点的影响。因为要约的“到达”是客观的衡量,相对人“知道”需根据主观状况加以判断,二者未必一致。例如对听障人士仅以普通语言表示,而未同时示以文字或以手语表示,其口头要约虽然“到达”相对人,但应不发生效力。[②] 也有学者认为,《联合国国际货物销售合同公约》是针对商事交易的规定,商事交易一般为非对话方式,因此并未对要约生效的时间进行区分,采纳了到达主义。我国采民商合一的体例,《民法典·合同编》所规范的合同范围广、类型多,因此适用意思表示的一般规则更合适。[③] 根据《民法典》第 137 条的规定,要约的生效时间具体分为以下三种情形:

1. 以对话方式作出的要约,相对人知道其内容时生效。以对话方式作出的要约,是指当事人采取使相对人可以同步受领的方式作出要约。在以这种方式进行的意思表示中,要约人作出意思表示和相对人受领意思表示是同步进行的,没有时间差。[④] 面对面交谈、电话、微信语音通话、视频通话等均为此方式的典型情形。《民法典》第 137 条第 1 款规定:“以对话方式作出的意思表示,相对人知道其内容时生效。”据此,相对人知悉其内容时是以对话方式作出的要约生效的时间,如果相对人不理解要约的内容,当然也就无法作出承诺,要约也应当

---

① 参见[德]迪特尔·梅迪库斯:《德国民法总论》,邵建东译,法律出版社 2013 年版,第 218 页。

② 参见韩世远:《合同法总论》(第 4 版),法律出版社 2018 年版,第 126 页。

③ 参见王利明、杨立新、王轶、程啸:《民法学》(下),法律出版社 2020 年版,第 588 页。

④ 参见黄薇主编:《中华人民共和国民法典合同编解读》(上册),中国法制出版社 2020 年版,第 58 页。

被认定为未生效。

2. 以非对话方式作出的要约,到达相对人时生效。以非对话方式作出的要约是指要约人没有采取使相对人可以同步受领的方式作出要约。在以这种方式进行的意思表示中,要约人作出意思表示的时间与相对人受领意思表示的时间不同步,二者存在时间差。通过传真、信件等方式订立合同均属此类。《民法典》第137条第2款第1句规定:"以非对话方式作出的意思表示,到达相对人时生效。"此时要约进入了相对人的实际控制范围内,要约人的要约生效。此种"到达"并不意味着相对人必须亲自收到,只要进入相对人通常的地址、住所或者能够控制的地方(如信箱)即可视为到达,意思表示被相对人的代理人收到也可视为到达。到达相对人时生效还意味着即使在意思表示到达相对人前相对人已经知道该意思表示内容的,该意思表示也不生效。① 到达主义为我国原《合同法》在合同订立中对要约、承诺的生效所采纳的观点。《民法典》第137条第2款对以非对话方式作出的要约采纳了到达主义,正是延续了这一立法和司法实践经验。②

3. 以非对话方式作出的、采用数据电文形式的要约生效时间。数据电文,是指以电子、光学、磁或者类似手段生成、发送、接收或者储存的信息。③ 采用数据电文形式作出的要约包括以电子数据交换、电子邮件等方式作出的要约。随着互联网技术的发展,采用数据电文形式订立合同也是合同订立的重要方式。《民法典》第137条第2款规定:"以非对话方式作出的采用数据电文形式的意思表示,相对人指定特定系统接收数据电文的,该数据电文进入该特定系统时生效;未指定特定系统的,相对人知道或者应当知道该数据电文进入其系统时生效。当事人对采用数据电文形式的意思表示的生效时间另有约定的,按照其约定。"因此,采用数据电文形式作出的要约何时生效需具体分为三种情形:第一,相对人指定了特定系统接收数据电文的,此种情形下,该要约自该数据电文进入该特定系统即生效。这一规定与原《合同法》的规定是一致的。"进入"是

---

① 参见黄薇主编:《中华人民共和国民法典合同编解读》(上册),中国法制出版社2020年版,第59页。

② 参见石宏主编:《中华人民共和国民法总则条文说明、立法理由及相关规定》,北京大学出版社2017年版,第329页。

③ 参见《中华人民共和国电子签名法》第2条。

指该信息系统内可投入处理的时间，至于收件人是否识读或适用，则对该数据电文意思表示的生效时间不产生影响。[①] 第二，相对人未指定特定的系统接收数据电文的，此种情况下，该要约自相对人知道或者应当知道该数据电文进入其系统时生效。换言之，该数据电文进入相对人任何一个接收系统的时间都作为要约生效时间。此规定参照了《联合国国际合同使用电子通信公约》的规定，[②]只要数据电文进入相对人任何一个接收系统都视为相对人知道或者应当知道该意思表示。第三，当事人对采用数据电文的意思表示的生效时间另有约定的，按照其约定。当事人可以就数据电文意思表示生效时间进行约定，当事人有约定的，从其约定，体现了意思自治。

（二）要约法律效力的内容

要约生效后会对要约人与受要约人产生拘束力，要约的拘束力可以分为形式拘束力和实质拘束力两种，前者为对于要约人的效力，后者为对于相对人的效力。[③]

要约的形式拘束力是指要约一经生效，要约人即受到要约的拘束，不得撤销或对要约加以限制、变更和扩张。对此，学说上亦称要约的不可撤销性。[④] 我国《民法典》第 476 条并没有明文规定要约的形式拘束力，而是要约人在要约到达之前撤回要约，在要约生效之后则不得随意撤销。

要约的实质拘束力是指要约一经承诺，合同即告成立，这是要约在本质上的效力，被称为要约的实质拘束力或者承诺适格。承诺如果不在要约发生效力之后、消灭之前发出，则不能成立。因此，承诺适格，归结起来就是要约的存续期限。[⑤]

（三）要约的存续期间

要约的存续期间是要约发生法律效力的时间，也是受要约人可以作出承诺

---

① 参见最高人民法院民法典贯彻实施工作领导小组主编：《中华人民共和国民法典合同编理解与适用（一）》，人民法院出版社 2020 年版，第 71 页。

② 《联合国国际合同使用电子通信公约》第 10 条第 2 款："电子通信的收到时间是其能够由收件人在该收件人指定的电子地址检索的时间。电子通信在收件人的另一电子地址的收到时间是其能够由该收件人在该地址检索并且该收件人了解到该电子通信已发送到该地址的时间。当电子通信抵达收件人的电子地址时，即应推定收件人能够检索该电子通信。"

③ 参见史尚宽：《债法总论》，中国政法大学出版社 2000 年版，第 21 页。

④ 参见韩世远：《合同法总论》（第 4 版），法律出版社 2018 年版，第 128 页。

⑤ 参见［日］我妻荣：《债权各论》（上卷），徐慧译，中国法制出版社 2008 年版，第 56 页。

的期间。确定要约的存续期间具体分为两种情形：

1. 要约人在要约中确定了期限。《民法典》第 481 条第 1 款规定："承诺应当在要约确定的期限内到达要约人。"如果要约人在要约中明确定有期限，要约的存续期间即为该期限，承诺应当在该期限内到达要约人。如果期限届满，受要约人没有作出承诺的，根据《民法典》第 478 条第 3 项，该要约失效。

2. 要约人未在要约中确定期限。《民法典》第 481 条第 2 款规定："要约没有确定承诺期限的，承诺应当依照下列规定到达：(一)要约以对话方式作出的，应当即时作出承诺；(二)要约以非对话方式作出的，承诺应当在合理期限内到达。"由此可知，当要约人没有在要约中确定期限时，如果要约是以对话方式作出的，受要约人应当即时作出承诺。《联合国国际货物销售合同公约》有类似规定：对口头发价必须立即接受，但情况有别者不在此限。① 我国原《合同法》第 23 条第 2 款第 1 项也规定，"要约以对话方式作出的，应当即时作出承诺，但当事人另有约定的除外"。《民法典》第 481 条第 2 款虽删去了原《合同法》第 23 条第 2 款第 1 项的但书，但条文内涵没有变化，实践中当事人另有约定即是在要约中确定了承诺期限或者其他约定的情况，此时，当然应当尊重当事人的意愿，确定了期限的，则按照该条第 1 款的规定确定要约的存续期间。当要约人没有在要约中确定期限，而要约是以非对话方式作出的，承诺应当在合理期限内到达。至于何为"合理期限"，《联合国国际货物销售合同公约》认为确定合理期限"须适当地考虑到交易的情况，包括发价人所使用的通讯方法的迅速程度"。②《德国民法典》第 147 条规定："对向非在场人发出的要约，只能在通常情况下可预期到达的时间内作出承诺。"史尚宽认为，依通常情形可期待承诺之达到时期，可分为三段：(1)要约到达于要约受领人之期间。(2)为承诺所必要之期间。(3)承诺之通知到达要约人所必要之期间。以上期间之中(1)及(3)之期间，例如依邮寄或以电报为要约或承诺时，通常所必要之期间。然要约及承诺之通知，途中因有非常事变(火车障碍，暴风雨)之迟延，要约人知其情势者，应斟酌以定其达到所必要之期间。③

---

① 参见《联合国国际货物销售合同公约》第 18 条。

② 参见《联合国国际货物销售合同公约》第 18 条。

③ 参见史尚宽：《债法总论》，中国政法大学出版社 2000 年版，第 22 页。

五、要约的撤回与撤销

（一）要约的撤回

要约的撤回，是指要约人在发出要约之后，在要约发生法律效力之前，要约人想要使要约不发生法律效力而作出的意思表示。要约人在发出要约之后，有时会出于各种考虑决定阻止该要约发生效力。《民法典》第 475 条规定："要约可以撤回。要约的撤回适用本法第一百四十一条的规定。"从立法上肯定了要约是可以撤回的。但要约一旦为受要约人所知悉（对话方式）或到达要约人（非对话方式），要约即发生效力。因此，撤回要约的通知应当在要约到达受要约人之前到达或者至少与要约同时到达受要约人，此时要约的撤回对于要约人意义重大，而又没有对受要约人造成利益损失。因此，《民法典》第 141 条规定："行为人可以撤回意思表示。撤回意思表示的通知应当在意思表示到达相对人前或者与意思表示同时到达相对人。"要约一经撤回，不发生效力，撤回要约的通知本身不能够被撤回。此时，要约人如仍想与受要约人就已撤回的要约的内容订立合同，则需要重新发出要约。要约一经撤回，受要约人于要约撤回后发出的"承诺"不构成对已撤回的要约的承诺，但可以作为一项新的要约。

（二）要约的撤销

要约的撤销是指要约人发出的要约已经到达受要约人并生效后，在受要约人作出承诺前，要约人想要取消该要约而作出的意思表示。要约的撤销与要约的撤回的区别在于前者发生在要约并未到达受要约人并生效之前；后者发生在要约已经到达并生效后，受要约人还未作出承诺前。关于要约可否撤销的问题，两大法系有很大的分歧。英美法系普通法观点认为要约人可以在受要约人承诺之前的任何时间自由地撤销要约。原因在于法律上不愿意允许一方当事人让对方承担风险而进行投机的行为。如果要约人不能自由地撤销要约，他将会面临受要约人可能在市场价格波动时进行投机的风险。[①] 大陆法系则认为要约一旦生效就不得撤销。例如《德国民法典》第 145 条规定，向他人要约订立合同的人，受要约的拘束，但其已经排除拘束力的，不在此限。为协调两大法系的

---

① 参见［美］E. 艾伦·范斯沃思：《美国合同法》，葛云松、丁春艳译，中国政法大学出版社 2004 年版，第 156～159 页。

分歧,《联合国国际货物销售合同公约》第16条规定:“(1)在未订立合同之前,发价得予撤销,如果撤销通知于被发价人发出接受通知之前送达被发价人。(2)但在下列情况下,发价不得撤销:(a)发价写明接受发价的期限或以其他方式表示发价是不可撤销的;或(b)被发价人有理由信赖该项发价是不可撤销的,而且被发价人已本着对该项发价的信赖行事。”可见,公约认为要约可以撤销,但同时对要约的撤销进行了严格的限制。《国际商事合同通则》第2.1.4条作出了与公约同样的规定:“(1)在合同订立之前,要约得予撤销,如果撤销通知在受要约人发出承诺之前送达受要约人。(2)但是,在下列情况下,要约不得撤销:(a)要约写明承诺的期限,或以其他方式表明要约是不可撤销的;或 (b)受要约人有理由信赖该项要约是不可撤销的,且受要约人已依赖该要约行事。”

《民法典》第476条规定:“要约可以撤销,但是有下列情形之一的除外:(一)要约人以确定承诺期限或者其他形式明示要约不可撤销;(二)受要约人有理由认为要约是不可撤销的,并已经为履行合同做了合理准备工作。”该条承继原《合同法》第19条,而对于该条的理解,立法者认为可以参考《国际商事合同通则》对第2.1.4条的注释。[①] 要约人明示要约不可撤销。要约人通过作出声明或者其他行为表示该要约是不可撤销的。例如,要约人在要约中声明“我们坚持我们的要约直到收到贵方的回复”。受要约人有理由认为要约不可撤销并为履行做了合理准备工作。根据《国际商事合同通则》的注释,这条例外规定系禁止不一致行为原则的体现。受要约人的合理信赖可能源于要约人的行为,也可能源于要约本身的性质。合理的准备可以是为生产所做的准备、购买或租用材料设备、负担费用等,比如古董商甲要求乙在3个月内修复10幅画,价格不超过某金额。乙告知甲,他需要先对其中1幅画进行修复才能决定是否承诺,明确的答复将在5天内给出。甲同意后,乙开始工作,甲在5天内不得撤销要约。

撤销要约通知是一种意思表示,撤销要约意思表示当然也要遵循《民法典》第137条的规定,将要约撤销分为两类,即以对话方式作出的要约的撤销和以非对话方式作出的要约的撤销。《民法典》第477条针对撤销要约的条件进行

① 参见黄薇主编:《中华人民共和国民法典合同编解读》(上册),中国法制出版社2020年版,第66页。

了区分规定：(1)撤销要约的意思表示以对话方式作出的，该意思表示的内容应当在受要约人作出承诺之前为受要约人所知道。(2)以非对话方式作出的，应当在受要约人作出承诺之前到达受要约人。

六、要约的失效

要约的失效也称要约的消灭或者要约的终止，是指要约丧失法律效力，即不再对要约人和受要约人产生约束力。《民法典》第 478 条对要约失效的情形作了如下规定：

1. 要约被拒绝。受要约人直接向要约人明确表示拒绝要约，拒绝要约的通知达到要约人时要约失效。此外，受要约人也可以通过行为表示拒绝，比如在承诺期期间内不作答复。根据《国际商事合同通则》第 2. 1. 5 条的注释，如果受要约人对要约人的回复没有作出承诺，但提出了条件，则认为此种情形属于默示拒绝。例如，甲收到了乙发出的要约，其中规定该要约两周内不可撤销。甲回复提出了部分不同的条件，对此乙不接受。此时虽然期限没有届满，但甲通过反要约的行为默示拒绝了原要约。受要约人拒绝要约的通知可以撤回，撤回拒绝要约的通知必须先于拒绝要约的通知到达要约人或与其同时到达要约人。

2. 要约被依法撤销。《民法典》第 476 条规定了要约可以撤销以及不能撤销的情形。《民法典》第 477 条对撤销要约的时间进行了规定。前文已对此进行阐释，此处不再赘述。

3. 承诺期限届满，受要约人未作出承诺。要约人在要约中明确了承诺期限，则受要约人在此期限内有承诺权。受要约人在期限内承诺，合同即告成立；受要约人未在期限内作出承诺，要约失效。受要约人在承诺期限届满后作出“承诺”，此时，由于要约已经失效，该承诺并非针对失效要约的承诺，不能导致合同的成立，但可以被视为是一项新的要约。

4. 受要约人对要约的内容作出实质性变更。根据《民法典》第 488 条的规定，受要约人对要约的内容作出实质性变更的，为新要约。例如，甲提出以某价格向乙售卖某商品，乙认为价格偏高，提出了另外的较低价格，乙对甲发出的要约的内容作了实质性变更，即乙向甲发出了一个新的要约，甲原来的要约失效。

第三节　承　　诺

一、承诺的概念

承诺,是指受要约人向要约人作出的同意其要约的意思表示。《民法典》第479条规定:"承诺是受要约人同意要约的意思表示。"同时根据《民法典》第483条规定:"承诺生效时合同成立,但是法律另有规定或者当事人另有约定的除外。"因此,受要约人一旦作出同意要约人的意思表示并送达要约人,受要约人与要约人之间的合同即告成立。

二、承诺的构成要件

(一)承诺必须由受要约人作出

要约是要约人向受要约人发出的,因此受要约人是要约人选定的有资格作出承诺的人,除受要约人之外的其他人都不具有对要约作出承诺的资格。第三人不是受要约人,即使第三人知悉要约的内容并作出同意要约内容的意思表示也并非承诺,无法产生承诺的效力即无法与要约人之间成立合同,但可视为是第三人发出要约。如果要约人向不特定的公众发出要约,例如符合要约条件的商业广告,不特定的公众中的任何人都可以作出承诺,一旦作出承诺,受要约人即为特定。

(二)承诺必须向要约人作出

承诺是受要约人同意要约人发出的要约所作的意思表示,受要约人承诺的目的在于与要约人成立合同关系,因此受要约人作出承诺的对象也只能是要约人。如果受要约人向第三人作出了同意要约内容的意思表示,该意思表示不是承诺,不会发生承诺的效力,视为是受要约人向第三人发出的要约。

(三)承诺的内容应当与要约的内容一致

承诺是受要约人向要约人发出的同意要约的内容并愿意按照要约的内容与要约人订立合同的意思表示。因此,各国法律早期一般认为承诺的内容应当与要约的内容完全一致,不能对要约的内容作有所保留的承诺,也不能再对要约加入任何新的因素。例如英美法系的镜像规则认为包含在承诺中的受要约人的允诺必须和包含在要约中的要约人的允诺相同,要约人是要约的主人,享有不受要约以外的条款约束的自由。[①] 然而,绝对贯彻这一规则显然过于苛刻,在实际交易中,受要约人有时会在承诺中对要约作出一些微小的附加、修改或限制,如果因为这些变更,就使合同不能成立,势必有碍于贸易发展。对此《联合国国际货物销售合同公约》第19条规定:"(1)对发价表示接受但载有添加、限制或其他更改的答复,即为拒绝该项发价并构成还价。(2)但是,对发价表示接受但载有添加或不同条件的答复,如所载的添加或不同条件在实质上并不变更该项发价的条件,除发价人在不过分迟延的期间内以口头或书面通知反对其间的差异外,仍构成接受。如果发价人不作出这种反对,合同的条件就以该项发价的条件以及接受通知内所载的更改为准。(3)有关货物价格、付款、货物质量和数量、交货地点和时间、一方当事人对另一方当事人的赔偿责任范围或解决争端等等的添加或不同条件,均视为在实质上变更发价的条件。"可见,公约认为承诺的内容应当与要约的内容一致,但也承认承诺对要约的内容并非绝对不可以改变,对要约的非实质性内容可以改变。《国际商事合同通则》第2.1.11条也规定了实质性改变合同构成反要约。《民法典》第488条规定:"承诺的内容应当与要约的内容一致。受要约人对要约的内容作出实质性变更的,为新要约。有关合同标的、数量、质量、价款或者报酬、履行期限、履行地点和方式、违约责任和解决争议方法等的变更,是对要约内容的实质性变更。"可见,我国对此问题采用了国际通行的规则,认为承诺的内容应当与要约的内容一致,对要约的内容作出实质性变更的不能被视为承诺,但基于提升交易效率的考虑,可以视为新要约。对要约的内容作出非实质性变更的承诺的效力,根据《民法典》第489条的规定,一般应为有效,但有两种例外情况:第一,要约人及时表示反对。承诺到达要约人后,要约人及时就承诺对要约作出的非实质性变更表示反对,此时该承诺不发生效力。第二,要约表明承诺不得对要约的内容作出任何变更。如要约人在要约中已经表明要求受要约人毫无保留地作出承诺的,受要约人的承诺对要约内容作出非实质性变更的,不发生承诺的效力。

---

① 参见[美]E. 艾伦·范斯沃思:《美国合同法》,葛云松、丁春艳译,中国政法大学出版社2004年版,第145页。

（四）承诺必须在承诺期限内到达要约人

《民法典》第481条第1款规定："承诺应当在要约确定的期限内到达要约人。"可见，关于承诺的生效我国采纳了到达主义，即承诺须在到达要约人时才发生法律效力。该条就承诺的期限进行了规定，承诺作为受要约人同意要约的意思表示，应当在一个确定的期限或者合理的期限内到达要约人才能发生效力。关于如何确定承诺的期限，具体规则如下：

要约中确定了承诺期限的，承诺应当在要约确定的期限内到达要约人。根据《民法典》第481条第1款，承诺期限确定的首要依据是要约的内容，如果要约人在要约中明确规定了承诺的期限，受要约人只有在该期限内将同意要约的意思表示送达至要约人，才会发生承诺的效力。

要约中没有确定承诺期限的，承诺应当在合理期限内到达。《民法典》第481条第2款针对要约中没有确定承诺期限的情形，按照要约作出的方式不同，规定了不同的方式来确定承诺期限：（1）要约以对话方式作出的，应当即时作出承诺。例如面谈、语音通话等方式订立合同的情形下，承诺应当在对话中即时作出。（2）要约以非对话方式作出的，承诺应当在合理期限内到达。例如信件、电报等方式订立合同的情形下，由于要约是以非对话方式作出的，应当给予受要约人一定的考虑时间，此时承诺到达要约人也需要一定的时间。

承诺期限的起算时间。《民法典》第482条规定，根据要约是以信件或者电报作出的还是以电话、传真、电子邮件等方式作出的，规定了不同的承诺期限起算时间。（1）要约以载明日期的信件或者电报作出。要约人以信件的方式作出要约并在信件中载明了日期的，承诺期限自信件载明的日期起计算。信件载明的日期一般为信件上写明的信件发出日期或者信件的落款日期。要约人以电报的方式作出要约的，承诺期限自电报交发之日起计算。（2）要约以未载明日期的信件作出。要约人以信件的方式作出要约，但未在信件中载明日期的，承诺期限自投寄该信件的邮戳日期起开始计算。（3）要约以电话、传真、电子邮件等快速通讯方式作出的，承诺期限自要约到达受要约人时开始计算。

三、承诺的方式

《民法典》第480条对承诺的方式作出了规定："承诺应当以通知的方式作出；但是，根据交易习惯或者要约表明可以通过行为作出承诺的除外。"因此，承诺原则上应当以通知的方式作出，如果要约对承诺的方式有明确规定，承诺人应当遵循要约规定。结合《民法典》第 140 条第 1 款的规定，“行为人可以明示或者默示作出意思表示”。因此，承诺的方式也有明示和默示两种。

(一)明示的承诺

承诺是受要约人接受要约的意思表示，目的在于使要约人知悉受要约人已经接受要约，当事人之间的合同关系已经成立。通知是承诺的主要方式，包括口头通知、书面通知等具体形式。一般来说，承诺的通知只要明确表达同意接受要约的意思即可，无须与要约的方式保持一致。但是，如果要约对承诺方式有明确规定，受要约人应按照要约规定的方式承诺；否则，受要约人同意要约的行为并不构成一个有效承诺。

(二)默示的承诺

根据《民法典》第 140 条的规定，意思表示可以以默示的方式作出，默示的承诺即受要约人以行为的方式作出承诺。依据《民法典》第 480 条，默示的承诺仅能在按照交易习惯或者要约表明可以以行为方式作出承诺的情形。例如，行为人乘坐公交车，刷公交卡的行为表明其作出了承诺。国际公约和惯例对承诺的方式也有明确规定，《联合国国际货物销售合同公约》第 18 条第 1 款：“被发价人声明或做出其他行为表示同意一项发价，即是接受，缄默或不行动本身不等于接受。”《国际商事合同通则》对此规定与公约一致，都认为承诺可以通过行为的方式作出。默示的承诺不包括沉默，由于沉默既不表示同意也不表示反对，因此沉默不能构成对要约的承诺。即使要约人在其要约中表明沉默将被作为承诺，受要约人的沉默也不能被视为承诺。例如，要约人在承诺中表明“如果我再没有收到关于这匹马的消息，我就认为这匹马是我以信中确定的价格购买到了”，受要约人即使没有回信，也不能认为其以沉默的方式作出了承诺。① 但如果当事人之间存在这种习惯做法，或者当事人约定（但不得是由要约人的单方面决定），沉默也可以具有承诺的意义。不过，必须提供具体的证据证明当事人之间存在这种习惯做法，仅援引一方当事人的利益来提出主张是不够的。② 此外，德国法中的意思实现也属于此种默示的承诺。《德国民法典》第 151 条规

① See Felthouse v. Bindley [1862] EWHC CP J35.

② 参见[德]迪特尔·梅迪库斯：《德国民法总论》，邵建东译，法律出版社 2013 年版，第 287 页。

定："根据交易习惯，对要约人的承诺表示系不可期待的，或要约人已放弃此种表示的要求的，合同因对要约的承诺而成立，而无需对要约人表示承诺。要约消灭的时间，须根据要约或情势推知的要约人的意思予以确定。"此时，承诺的意思亦须通过某种方式表达出来，即必须使该意思显示于外部，但受要约人无需针对要约人表达或显示其承诺意思，承诺意思也无需到达要约人那里。[①]

四、迟到的承诺

《民法典》第 481 条从正面规定了承诺的期限，一项有效的承诺必须在承诺期限内到达要约人，承诺的期限通常由要约规定，如果要约中未规定承诺时间，则受要约人应在合理期限作出承诺。超过承诺期限作出承诺，该承诺不发生效力。《民法典》第 486 条和第 487 条就迟到的承诺的后果作出了规定，前者就必然迟到的承诺作出规定，后者对偶然迟到的承诺作出规定。

（一）必然迟到的承诺

《民法典》第 486 条规定："受要约人超过承诺期限发出承诺，或者在承诺期限内发出承诺，按照通常情形不能及时到达要约人的，为新要约；但是，要约人及时通知受要约人该承诺有效的除外。"相较于原《合同法》第 28 条，本条增加期内承诺但通常情况下不能及时到达的情形。因此，必然迟到的承诺具体分为两种情形：第一，受要约人没有及时在承诺期限内作出承诺，此种情形也被称为逾期承诺。第二，要约人虽然在承诺期限内发出来承诺，但通常情形下无法及时到达要约人。例如，受要约人在承诺期限届满前一天以邮寄信件方式承诺，而由于距离过远，该信件想要到达要约人通常需要两天的时间，因此按照通常情形该承诺必然会迟到。在以上两类情形下，承诺到达要约人时，要约的承诺期限已过，受要约人的承诺对要约人无法产生拘束力，所以该项承诺已无法构成有效承诺。因此，原则上这一类迟到的承诺只能视为是一项新的要约。但法律对此类型的迟到留有补救的余地，即如果要约人及时通知受要约人该承诺有效，则该承诺有效。此时，根据《国际商事合同通则》注释的解释，如果要约人接受逾期承诺则合同的成立时间是逾期承诺到达要约人时，而不是在要约人通知受要约人其认可逾期承诺有效时。例如，甲指定 3 月 31 日为承诺其要约的最

① 参见韩世远：《默示的承诺与意思实现》，载《法律科学》2003 年第 1 期。

后期限，乙的承诺于4月3日送达甲，甲仍然对交易感兴趣，愿意接受乙的逾期承诺并及时通知乙，该通知在4月5日送达乙，此时合同成立，但成立的时间是4月3日。[①] 综上，《民法典》第486条规定了必然迟到的承诺，要约人对该承诺是否有效以及合同是否成立掌握决定权。如果要约人不想再和受要约人成立合同，则要约人无需作出任何通知或行动；如果要约人仍想与受要约人成立合同，则要约人需要及时通知受要约人该承诺有效。

（二）偶然迟到的承诺

《民法典》第487条规定："受要约人在承诺期限内发出承诺，按照通常情形能够及时到达要约人，但是因其他原因致使承诺到达要约人时超过承诺期限的，除要约人及时通知受要约人因承诺超过期限不接受该承诺外，该承诺有效。"该条规定了偶然迟到的承诺，即受要约人在承诺期限内发出承诺，但由于一些原因，比如传递延迟，导致承诺没有在承诺期限内到达要约人。此种情况下，受要约人会以为合同已经成立了，因为按照通常情形承诺是可以及时到达要约人的，受要约人并不知道承诺在传递过程中由于其他原因导致延迟到达要约人，迟延的原因也并不是受要约人造成的，因此不应由受要约人承担承诺迟延的责任，原则上应认为该承诺有效。这样规定既符合过错责任原则的精神又有利于鼓励交易，同时也不损害要约人的利益。[②] 因为，法律依旧将决定权交由要约人，偶然迟到的承诺毕竟仍是迟到的承诺，要约人也可以选择不再与受要约人成立合同，但必须及时通知受要约人其因承诺超过期限而不接受该承诺。

五、承诺的生效时间

承诺生效的时间就是合同成立的时间，因此确定承诺生效的时间非常重要。《民法典》第484条规定："以通知方式作出的承诺，生效的时间适用本法第一百三十七条的规定。承诺不需要通知的，根据交易习惯或者要约的要求作出承诺的行为时生效。"该条区分了以通知方式作出的承诺和以行为方式作出的承诺，对承诺的生效时间分别进行了规定。

---

① 参见黄薇主编：《中华人民共和国民法典合同编解读》（上册），中国法制出版社2020年版，第92页。

② 参见王利明：《合同法研究》（第1卷），中国人民大学出版社2015年版，第290～291页。

(一)以通知方式作出的承诺的生效时间

以通知方式作出的承诺属于典型的明示的意思表示,应当适用《民法典》第137条关于意思表示生效的规则。

1. 以对话方式作出的承诺的生效时间。以对话方式作出的承诺,主要发生在当事人面对面订立口头合同,或者通过电话、微信语音通话、视频通话等方式订立合同的过程中。此时,受要约人作出承诺和要约人受领承诺是同步进行的,没有时间差。《民法典》第137条第1款规定:"以对话方式作出的意思表示,相对人知道其内容时生效。"判断以对话方式作出的承诺的生效时间,《民法典》采用了解主义,即以对话方式作出的承诺只有在相对人知悉对话的内容时,该承诺的意思表示才能够生效。

2. 以非对话方式作出的承诺的生效时间。以非对话方式作出的承诺,主要发生在当事人采用邮件、传真、信函等方式订立合同的过程中。此时受要约人作出意思表示的时间与要约人受领意思表示的时间不同步,二者存在时间差。根据《民法典》第137条第2款第1句的规定,"以非对话方式作出的意思表示,到达相对人时生效"。生效时间采到达主义。此种"到达"并不意味着相对人必须亲自收到,只要进入相对人通常的地址、住所或者能够控制的地方(如信箱)即可视为到达,意思表示被相对人的代理人收到也可视为到达。

3. 采用数据电文形式的非对话的承诺的生效时间。根据《民法典》第137条第2款的规定,对于采用数据电文形式作出的承诺,其生效分为三种情形:第一,相对人指定了特定的系统接收数据电文的,该意思表示自该数据电文进入该特定系统时生效。第二,相对人未指定特定的系统接收数据电文的,自相对人知道或者应当知道该数据电文进入其系统时生效。在此情形下,相关数据电文到达相对人的任何一个系统,即被推定为相对人知道或应当知道,该数据电文进入其系统时生效,除非相对人举证证明其不应当知道。第三,当事人对采用数据电文的意思表示的生效时间另有约定的,按照其约定。当事人可以就数据电文意思表示生效时间进行约定,当事人有约定的,从其约定,体现了意思自治。

(二)无须以通知方式作出的承诺的生效时间

《民法典》第484条第2款规定:"承诺不需要通知的,根据交易习惯或者要约的要求作出承诺的行为时生效。”因此,根据交易习惯或者要约表明可以通过行为作出承诺,承诺以行为方式作出时生效,这一规则也延续了原《合同法》第26条的规则。对于以行为方式作出承诺的,主要是意思实现的方式。例如,以发送货物或支付价款的行为来表示同意,无须向要约人发出通知。当然,对于以行为方式承诺的,仅限于法律有明确规定、有交易习惯或要约有明确规定的情形。

六、承诺的撤回

承诺的撤回,是指受要约人在发出承诺通知之后,在承诺发生法律效力之前,受要约人想要阻止承诺发生法律效力而作出的意思表示。承诺一经送达要约人即发生法律效力,合同即告成立,合同当事人都应受合同的约束,不履行合同义务将产生违约责任。因此,与要约不同,承诺不得撤销。受要约人虽然不得撤销承诺,但可以撤回承诺。英美法系对于邮寄和电报两种方式的承诺采用发信主义,即承诺的信件与电报一经交发即为生效,若承诺人在承诺以信函发出后改变心意,不愿与要约人订立合同,以更快速的方式(如电话)撤回其承诺的,撤回仍无效。① 大陆法系则认为表意人可以努力采取措施,阻止意思表示到达受领人处。② 例如《德国民法典》第130条第1款规定:“须以他人为相对人而作出的意思表示系在相对人不在场的情况下作出的,在它到达相对人时发生效力。撤回的通知先到达相对人或同时到达相对人的,第1句所规定的意思表示不发生效力。”《联合国国际货物销售合同公约》同样肯定了受要约人可以撤回承诺。《民法典》采纳了大陆法系与国际公约的做法,在第485条对承诺的撤回进行了规定,该条为引致性规范。《民法典》第141条规定:“行为人可以撤回意思表示。撤回意思表示的通知应当在意思表示到达相对人前或者与意思表示同时到达相对人。”由此,撤回承诺意思表示应满足一定的条件,即撤回的通知应当在承诺到达相对人之前或者与承诺同时到达相对人。

---

① 参见杨桢:《英美契约法论》,北京大学出版社2007年版,第70页。

② 参见[德]迪特尔·梅迪库斯:《德国民法总论》,邵建东译,法律出版社2013年版,第224页。

第四节　其他成立合同的方式

《民法典》第471条规定："当事人订立合同，可以采取要约、承诺方式或者其他方式。"合同成立的一般方式是以要约和承诺的方式订立合同。此外，当事人还可以采用除要约和承诺以外的其他方式订立合同，常见的情形包括交叉要约、意思实现以及事实合同等。

一、交叉要约

（一）交叉要约的含义

交叉要约（cross-offers），也称交错要约，是指当事人以非直接对话的方式，相互提出两个独立但内容一致并都以订立同一合同为目的的意思表示。例如，甲向乙发出要约，要约内容为以每吨4000元的价格购买乙的生铁，在这项要约到达乙之前，乙也向甲发出要约，要约内容为以每吨4000元的价格向甲出售生铁。此时，虽然两项要约内容一致，但后一项要约并非对前一项要约作出的承诺。证券市场上的上市公司股票买卖，期货交易市场上的期货商品买卖，采用电脑撮合，价格符合竞价形成的买卖价格时自动成交，即属于交叉要约的方式。[①]

（二）交叉要约的效力

交叉要约能否成立合同，各国规定不同。在英国普通法上，交叉要约不能成立合同，因为一方为要约时不知对方亦为要约，则此方要约不能视为向对方要约所为之承诺。也就认为交叉要约是有要约而无承诺，因此不能构成合同。美国法对交叉要约采取较为宽泛的看法。[②] 我国法律并没有规定交叉要约，在学说上有合同不成立说和合同成立说两种观点。合同不成立说认为在交叉要约的情形下，双方当事人同时向对方发出要约，但当事人在此时也可以拒绝对方所发出的要约，如果此时合同成立，则意味着要约人丧失了撤销权，因此不宜

---

① 参见邱聪智：《新订债法各论》（上），中国人民大学出版社2006年版，第164页。

② 参见杨桢：《英美契约法论》，北京大学出版社2007年版，第39页。

认为通过交叉要约就可以直接成立合同。合同成立说认为,在交叉要约中,双方当事人都有订立合同的意思,发出要约的时间没有时间差,从鼓励交易的角度,应当推定有相互承诺的结果,可以认定交叉要约成立合同。本书认为交叉要约可以成立合同,因为认定合同成立符合当事人的意思,同时也有利于交易的达成。

二、意思实现

意思实现,根据《德国民法典》第151条的规定,是指根据交易习惯,向要约人作出承诺的表示系不可期待的,或要约人已放弃此种表示的要求的,合同因对要约的承诺而成立,而无须对要约人表示承诺。要约消灭的时间,须根据要约或情势推知要约人意思予以确定。德国法通说认为,此时的承诺意思必须通过某种方式表达出来,亦即必须使该意思显示于外部,但受要约人无需针对要约人表达或显示其承诺意思,承诺意思也无需到达要约人那里。[①]《民法典》第480条规定:“承诺应当以通知的方式作出;但是,根据交易习惯或者要约表明可以通过行为作出承诺的除外。”其中的但书条款是意思实现的法律依据。例如,受委托开始处理委托事务、发运要约人所购买的货物等都属于意思实现。以意思实现方式订立合同具有便利、快捷的优势,有效地降低了交易成本,因此,意思实现在现代商事交易中被广泛使用。

三、事实合同

德国学者豪普特教授在1941年提出了事实合同的概念,认为在生活中,有些合同关系并不能归结为当事人的合意,就合同关系的成立而言也存在同样的现象。在若干情形下,因事实过程而成立的生活关系可以作为合同关系。[②] 豪普特教授认为,以事实行为订立合同可以具体被类型化为以下三种:第一类,基于社会接触产生的事实合同关系。主要表现为缔约过失、司机对好意同乘的责任等。第二类,基于团体关系所产生的事实合同关系。如事实上的合伙或公司、事实上的劳动关系或雇佣关系。第三类,基于社会给付义务而产生的事实

① 参见[德]迪特尔·梅迪库斯:《德国民法总论》,邵建东译,法律出版社2013年版,第280页。
② 参见韩世远:《合同法总论》(第4版),法律出版社2018年版,第156页。

的合同关系。如电、煤气、自来水、公共汽车等现代经济生活不可或缺的给付通常是由垄断经营的大企业详细规定了使用条件及由此产生的权利义务，缔约相对人既没有选择自由，也没有变更合同条款的可能，从而产生了事实合同关系。我国一般是按照侵权行为、不当得利、无因管理、缔约过失等制度解决这些问题的。

第五节　强制缔约

一、强制缔约概述

强制缔约，是指根据法律制度规范，为一个受利益人的利益，在无权利主体意思拘束的情况下，使一个权利主体负担于该受利益人订立具有特定内容或者具有应由中立方指定内容的合同的义务。① 只要一方当事人提出订立合同的请求，另一方当事人就依法负有法定的、与其订立合同的义务。可见，强制缔约排除了合同自由，也排除共同决定合同内容的自由，②是对意思自治原则下合同自由的限制。合同自由作为人格自由展开的基本保障，本质上排斥强制缔约制度，仅在保证基本生存的范围内才考虑适用这一制度。③《民法典》第 494 条规定了强制缔约制度，其第 1 款规定："国家根据抢险救灾、疫情防控或者其他需要下达国家订货任务、指令性任务的，有关民事主体之间应当依照有关法律、行政法规规定的权利和义务订立合同。"与一般合同相比，强制缔约具有如下特点：

1. 强制缔约是法定义务。无论当事人是否在合同中约定强制缔约义务，在法律规定强制缔约的情形下，当事人都负有强制缔约的义务，当事人也无法通过合同约定排除强制缔约义务。

---

① 参见[德]迪特尔·梅迪库斯：《德国债法总论》，杜景林、卢谌译，法律出版社 2004 年版，第 70 页。

② 参见[德]迪特尔·梅迪库斯：《德国债法总论》，杜景林、卢谌译，法律出版社 2004 年版，第 70 页。

③ 参见朱岩：《强制缔约制度研究》，载《清华法学》2011 年第 1 期。

2. 强制缔约体现了维护公共利益及保护消费者的精神。强制缔约一般与特定企业具有相当市场支配力有关。法律设置强制缔约制度,就是为了防范某些公共服务提供者选择性地提供公共服务、损害广大消费者利益,进而损及大众的公共利益。①

3. 强制缔约中一方当事人必须发出要约或者必须作出承诺。强制缔约仍要经过要约和承诺的程序,但其中一方当事人负有强制要约或强制承诺的义务。《民法典》第494条第2款规定:"依照法律、行政法规的规定负有发出要约义务的当事人,应当及时发出合理的要约。"此为强制要约,即根据法律、行政法规的规定,某一权利主体负有必须及时向他人发出要约的义务。"合理的要约"要根据法律、行政法规的规定具体判断,如法律对要约的内容作出了规定,要约人不得在法律规定之外提出要求。目前我国法律、行政法规中有很多对强制要约的规定,例如在《证券法》中,该法第65~70条、第73条对强制投资者、收购人向上市公司所有股东发出收购要约作了具体规定,即强制要约收购制度。例如《证券法》第65条第1款规定:"通过证券交易所的证券交易,投资者持有或者通过协议、其他安排与他人共同持有一个上市公司已发行的有表决权股份达到百分之三十时,继续进行收购的,应当依法向该上市公司所有股东发出收购上市公司全部或者部分股份的要约。"《证券法》第73条第1款规定:"采取协议收购方式的,收购人收购或者通过协议、其他安排与他人共同收购一个上市公司已发行的有表决权股份达到百分之三十时,继续进行收购的,应当依法向该上市公司所有股东发出收购上市公司全部或者部分股份的要约。但是,按照国务院证券监督管理机构的规定免除发出要约的除外。"对投资者、收购人从事上市公司股份收购交易进行限制,保护上市公司广大中小股东在公司并购过程中的利益。《民法典》第494条第3款规定:"依照法律、行政法规的规定负有作出承诺义务的当事人,不得拒绝对方合理的订立合同要求。"此为强制承诺,即根据法律、行政法规的规定,一方当事人负有必须对对方当事人的要约进行承诺的义务,对对方提出的合理的订立合同的要求不得拒绝。强制承诺是强制缔约

---

① 参见王利明:《合同法研究》(第1卷),中国人民大学出版社2015年版,第311页。

义务中的典型类型。[①] 至于对方的订立合同是否是合理的，一般应根据法律、行政法规的规定视具体情形判断。目前我国法律、行政法规中对强制承诺的规定集中在具有公共服务属性的行业，这些行业与社会公众利益密切相关。例如《电力法》第 26 条第 1 款规定："供电营业区内的供电营业机构，对本营业区内的用户有按照国家规定供电的义务；不得违反国家规定对其营业区内申请用电的单位和个人拒绝供电。"《机动车交通事故责任强制保险条例》第 10 条第 1 款规定："投保人在投保时应当选择从事机动车交通事故责任强制保险业务的保险公司，被选择的保险公司不得拒绝或者拖延承保。"

二、强制缔约的具体情形

《民法典》第 494 条第 1 款规定："国家根据抢险救灾、疫情防控或者其他需要下达国家订货任务、指令性任务的，有关民事主体之间应当依照有关法律、行政法规规定的权利和义务订立合同。"过去，我国实行计划经济体制，对企业的生产经营活动实行指令性计划管理，国家有关部门向企业下达指令性计划以后，企业必须严格依据计划订立合同。随着改革开放的深入和扩大，我国逐步建立社会主义市场经济体制，国家指令性计划管理范围逐步缩小，数量逐步减少，作用逐渐减弱。我国自 1992 年开始试行国家订货制度，旨在维护全国经济和市场的稳定，保证国防军工、重点建设、防疫防灾以及国家战略储备的需要，对于国家还必须掌握的一些重要物资，将以国家订货方式逐步取代重要物资分配的指令性计划管理。因此，法律上对需要下达国家订货任务、指令性任务的情形作出了规定。例如《中华人民共和国国防法》第 37 条规定："国家依法实行军事采购制度，保障武装力量所需武器装备和物资、工程、服务的采购供应。"自《中华人民共和国政府采购法》于 2003 年 1 月 1 日施行之后，国家订货合同已不多见。但实践中，粮食、棉花、烟草等也是以国家提供优惠条件并保证收购，农民向国家出售并获得报酬，各级人民政府及主管部门与农民之间签订的协议，实际上是国家订货合同。[②] 2020 年新冠肺炎疫情暴发，基于疫情防控的需

---

① 参见黄薇主编：《中华人民共和国民法典合同编解读》（上册），中国法制出版社 2020 年版，第 114 页。

② 参见最高人民法院民法典贯彻实施工作领导小组主编：《中华人民共和国民法典合同编理解与适用（一）》，人民法院出版社 2020 年版，第 225 页。

要，对防疫物资的生产、销售，下达指令性任务或进行国家订货十分必要。

此外，强制缔约还普遍适用于存在垄断的行业，如供水、供电、供气、电信、邮政、公共运输以及医疗机构等。例如《民法典》第 648 条第 2 款：“向社会公众供电的供电人，不得拒绝用电人合理的订立合同要求。”同时根据《民法典》第 656 条的规定，供用水、供用气、供用热力合同参照适用供电合同规定。因此，面向社会公众的供电人、供水人、供气人、供热人都不得拒绝公众合理的订立合同的要求。类似的还有《民法典》第 810 条：“从事公共运输的承运人不得拒绝旅客、托运人通常、合理的运输要求。”

第六节　合同的内容与形式

合同内容，是指当事人依据法律规定和各方合意所约定的权利义务，包括享有的权利和承担的义务。当事人权利义务是通过合同条款体现出来的，合同条款是确定当事人权利义务的依据。合同条款实际上也是合同内容与合同形式的连结点。合同形式，是指当事人的合意所采取的方式，包括书面形式、口头形式或者其他形式。

一、合同权利与合同义务

（一）合同权利

合同权利通常是指合同债权，即债权人有权请求债务人为一定行或不为一定行为的权利。一方面，合同债权是请求权，债权人有权请求债务人依据法律的规定和合同的约定，为一定行为或不为一定行为，如请求债务人依据合同的约定交付财产或提供劳务等。另一方面，合同债权具有请求力、执行力、处分权能和保持力。合同债权具有请求力意味着债权人向法院诉请债务人履行债务，以及直接向债务人请求其履行的效力。合同债权具有执行力意味着债权人在依其给付之诉取得确定判决之后，得请求法院对债务人为强制执行的效力。处分权能是指抵销、免除、债权让与和设定债权质权等决定债权命运的效力。合同债权具有保持力意味着债务人自动或受法律的强制而提出给付时，债权人得保有该给付的效力。①

（二）合同义务

合同义务，是指义务人根据法律规定或者合同约定应当为一定行为或不为一定行为。合同义务包括给付义务、附随义务和不真正义务。其中，给付义务包括主给付义务和从给付义务，附随义务包括先合同义务、合同履行中的附随义务以及后合同义务，不真正义务包括减损义务、责问义务和告知义务。② 债权合同上的合同关系是建立在主给付义务之上的，主给付义务，是指合同关系所固有、必备并用以决定合同类型的基本义务。例如《民法典》第595条规定："买卖合同是出卖人转移标的物的所有权于买受人，买受人支付价款的合同。"买卖合同中出卖人转移标的物所有权和买受人支付价款的义务就是主给付义务。在双务合同中，主给付义务彼此构成对待给付关系。从给付义务是不具有独立性仅具有辅助主给付义务的功能，其存在的目的，不在于决定合同关系的类型，而是在于确保债权人的利益能够获得最大限度的满足。

二、合同条款

（一）合同条款的分类

合同条款是确立当事人权利义务的依据也是合同内容的外在表现形式。合同条款根据不同的标准可以有不同的分类：根据是否为合同成立所必须的条款，分为必要条款和普通条款；根据合同条款的表现形式是否明示，分为明示条款和默示条款；根据是否采取了格式条款的形式，分为格式条款和非格式条款。其中格式条款在本节第三部分"格式条款"中进行讨论，本部分讨论前两个分类：

1. 必要条款和普通条款

合同的必要条款，又称主要条款，是指合同必须具备的条款，若不具备此类条款合同则无法成立。原《合同法解释（二）》第1条第1款规定："当事人对合同是否成立存在争议，人民法院能够确定当事人名称或者姓名、标的和数量的，一般应当认定合同成立。但法律另有规定或者当事人另有约定的除外。"该司

① 参见崔建远：《合同法总论》（上卷），中国人民大学出版社2011年版，第228～231页。

② 参见韩世远：《合同法总论》（第4版），法律出版社2018年版，第351页。

法解释虽已经废止,但一般来说合同的必备条款即包括当事人名称、标的和数量条款。必要条款又具体可以分为三类:第一,法律直接规定的必要条款。法律有时会直接规定某种特定合同应当具备某些条款,此时这些条款就是必要条款。例如,依据《保险法》第 18 条,保险合同应当包括保险人、投保人、被保险人以及人身保险的受益人的姓名或者名称、住所;保险标的;保险责任和责任免除;保险期间和保险责任开始时间;保险金额等事项。第二,根据合同的类型和性质确定的必要条款。例如买卖合同中有价格条款,但无偿合同如赠与合同中没有此项。第三,当事人约定的必要条款。合同的必要条款还可由当事人约定产生,即使该条款为非必要条款,但当事人通过约定明确合同该条款为必要条款的,即为合同必要条款。合同的普通条款,又称非主要条款,即除必要条款之外的合同条款,即使合同不具备此类条款,合同仍可以成立,当事人之间的权利义务仍可以确定。

2. 明示条款和默示条款

合同的明示条款,是指以口头或书面的方式表现出来的合同条款。合同的必要条款通常表现为合同的明示条款。合同的默示条款,是指除了当事人明示的条款之外,根据法律规定或交易习惯,合同应当包含的条款。①

(二)合同一般包括的条款

《民法典》第 470 条第 1 款规定:"合同的内容由当事人约定,一般包括下列条款:(一)当事人的姓名或者名称和住所;(二)标的;(三)数量;(四)质量;(五)价款或者报酬;(六)履行期限、地点和方式;(七)违约责任;(八)解决争议的方法。"该条是为当事人订立合同规定的提示性条款,其中包含了合同的必要条款,但并非所有列举的条款均为必要条款,当事人可以选择适用。"合同的内容由当事人约定"体现了合同自由原则,当事人有权自由决定合同的内容。法律对契约之约束所以正当,最终源于契约当事人的意志。② 该条第 1 款列举了 8 项合同一般包括的条款:

1. 当事人的姓名或者名称和住所。当事人的名称或者姓名,关乎合同主体

---

① 参见杨桢:《英美契约法论》,北京大学出版社 2007 年版,第 281 页。

② 参见孙学致:《由自由达致责任——关于契约自由的内在规定性理论》,载《吉林大学社会科学学报》2003 年第 1 期。

的确定,如果当事人采用合同书形式订立合同,则需要以签名、盖章的形式明确写明当事人的名称或姓名。当事人的住所具有重要的法律意义,用以确定债务履行地、诉讼管辖地、涉外法律适用的准据法和法律文书送达地等。

2. 标的。标的是合同权利义务指向的对象。合同不规定标的,就会失去目的,标的是一切合同的必要条款。理论认为,标的与客体具有相同含义,是指抽象的给付行为。在不同的合同中,标的的具体类型不同。一般来说,标的的具体类型可以分为三种:第一,有形财产。即看得见摸得着的物,如汽车、房屋等。第二,无形财产。即不以实物形体存在的智力成果,如商标、专利等。第三,劳务。例如,运输合同的标的是承运人的运输行为,保管合同的标的是保管行为,类似的还有建设工程合同、加工承揽合同、仓储合同的标的等。合同条款必须写明标的名称,使标的确定化。

3. 数量。数量一般为合同必备条款,没有数量,合同是不能成立的。例如,甲问乙是否需要向甲购买某种货物,此时由于甲没有明确数量,因此该意思表示不明确,不构成要约。对于有形财产,数量是对单位个数、体积、面积、长度、重量等的计量;对于无形财产,数量是个数、件数、字数以及使用范围等计量方法;对于劳务,数量即劳动量。数量是确定合同标的的具体条件,除应适用国家明文规定的计量单位以外,当事人可以选择各方共同接受的计量单位和认可的计量方法。此外,当事人应视具体情况允许合理的尾差和磅差。

4. 质量。质量通常包括品种、规格、型号、技术标准等,质量标准包括企业标准、行业标准、国家标准和国际标准。质量同数量一样,都是确定合同标的的具体条件。合同的质量条款应尽可能详细具体,如果质量条款不够准确清楚,极容易产生争议。质量条款并非合同必要条款,如果当事人在合同中没有约定质量条款或约定的质量条款不明确,合同并不当然因此不成立,可以根据《民法典》第510条和第511条第1项的规定进行漏洞填补。即可以协议补充;不能达成补充协议的,按照合同相关条款或者交易习惯确定;仍不明确的,按照强制性国家标准履行;没有强制性国家标准的,按照推荐性国家标准履行;没有推荐性国家标准的,按照行业标准履行;没有国家标准、行业标准的,按照通常标准或者符合合同目的的特定标准履行。

5. 价款或者报酬。价款是指向提供财产的当事人支付的货币,如买卖合同的货款等。报酬是指向提供劳务的当事人支付的货币,如运输合同的运费、保管合同中的保管费。价款或报酬条款在大宗交易中尤为重要,货款、运费、保险费、装卸费、保管费、报关费等具体由哪一方支付,需要在价格或报酬条款中具体写明。当事人就合同价款和报酬没有约定或约定不明确的,合同并不当然因此不成立,可以根据《民法典》第 510 条和第 511 条第 2 项的规定进行漏洞填补。即可以协议补充;不能达成补充协议的,按照合同相关条款或者交易习惯确定;仍不明确的,按照订立合同时履行地的市场价格履行;依法应当执行政府定价或者政府指导价的,依照规定履行。

6. 履行期限、地点和方式。履行期限是当事人履行合同的时间,即债务人向债权人履行义务的时间。合同成立和生效并不意味债务人需要立即向债权人履行合同义务;未到履行期限,债权人不得请求债务人履行合同义务。履行期限既可以是即时履行,也可以是定时履行,还可以规定为在一定期限内履行,也可以分期履行,其中分期履行需要明确每期的准确时间。根据《民法典》第 511 条第 4 项的规定,履行期限没有约定或约定不明确的,债务人可以随时履行,债权人也可以随时请求履行,但是应当给对方必要的准备时间。履行地点是指当事人履行合同义务和对方当事人接受履行的地点。履行地点与合同权利义务密切相关,是确定标的物所有权转移的依据,是确定运输费用及风险由哪方承担的依据,也是确定诉讼管辖的依据之一。履行地点没有约定或约定不明确的,可以根据《民法典》第 510 条和第 511 条第 3 项的规定进行漏洞填补,即可以协议补充;不能达成补充协议的,按照合同相关条款或者交易习惯确定;仍不明确的,给付货币的,在接受货币一方所在地履行;交付不动产的,在不动产所在地履行;其他标的,在履行义务一方所在地履行。履行方式是指当事人履行合同义务的具体方法,例如是一次性交付还是分期分批交付,是铁路运输还是公路运输或者航空运输。履行方式与当事人的物质利益密切相关,应当在合同中写明。如果没有约定或约定不明确的,可以根据《民法典》第 511 条第 5 项进行漏洞填补,即按照有利于实现合同目的的方式履行。

7. 违约责任。违约责任,是指当事人不履行合同义务或者履行合同义务不符合约定应当承担的法律责任。违约责任可以促使当事人履行合同义务,使守约方免受或少受损失,与当事人的利益关系重大。因此,法律对违约责任进行了规定,即使当事人没有在合同中约定违约责任,只要不存在依法免除违约责任的情形,违约方仍应承担违约责任。违约责任不是合同的必要条款,当事人在合同中没有约定违约责任不会导致合同不成立。当事人应当在合同中尽可能地就违约责任作出具体约定,如约定定金、违约金、损失赔偿金的计算方法等。当事人对违约责任有约定的,从其约定;没有约定的,根据法律规定承担违约责任。

8. 解决争议的方法。解决争议的方法是指合同争议的解决具体途径和方式。解决合同争议的途径包括双方协商解决、由第三人调解、诉讼解决和仲裁解决。如果当事人通过选择仲裁方式解决争议,必须事先在合同中明确约定仲裁条款,或者在争议发生之后商定仲裁条款,否则,任何一方当事人不得提起仲裁。当事人选择通过诉讼方式解决争议无须在合同中事先约定,选择和解及调解方式解决争议都不能排除诉讼方式。当事人可以在合同中约定选择法院的条款以及选择检验或鉴定机构的条款。解决争议的方法条款不是合同的必要条款,当事人不约定解决争议的方法,不影响合同的成立。《民法典》第 507 条规定:"合同不生效、无效、被撤销或者终止的,不影响合同中有关解决争议方法的条款的效力。"因此,合同无效、被撤销或者终止的,有关争议解决方法的条款效力不受影响。

《民法典》第 470 条第 1 款所列举的条款仅是提示性列举规定,并不涵盖所有的合同条款。当事人就合同条款可以进行特别约定,超出以上 8 项内容的,也可以作为合同的主要条款。《民法典》第 470 条第 2 款规定:"当事人可以参照各类合同的示范文本订立合同。"合同的示范文本对于提示当事人在订立具体类型的合同时,更好地明确权利义务具有积极作用。但示范文本并非格式条款,仅是为了使当事人更加认真地订立合同、尽量减少因当事人欠缺法律知识而产生纠纷的参考文件,不是要强制当事人采用。当事人可以修改示范文本中的条款和格式,也可以根据具体情况增加条款或减少条款。实践中房地产管理部门制定的房屋买卖合同、土地管理部门制定的土地使用权出让合同等即为合同的示范文本。

三、格式条款

(一)格式条款的概念和特征

《民法典》第 496 条第 1 款规定:"格式条款是当事人为了重复使用而预先拟定,并在订立合同时未与对方协商的条款。"由此,格式条款是当事人一方为了重复使用而预先拟定,并在订立合同时不与对方协商,对方只能接受不能更改的条款。格式条款的产生和发展是20世纪合同法发展的重要标志之一。随着网络时代的到来,格式条款更是在网络交易中广泛应用。格式合同的特征如下:

1. 格式条款是当事人一方为了重复使用而预先拟定的。格式条款是在合同订立之前由一方当事人预先拟定的,不是双方当事人事前通过协商而拟定的。实践中,多为提供商品或服务的一方拟定并提出,如公用事业和大型企业等。此处的"为了重复使用"不是要当事人去证明真正实际重复使用了多少次,只要格式条款提供方具有重复使用的目的,无论使用次数多少,都可认定为"为了重复使用"。①

2. 格式条款是面向公众发出的。格式条款是为了与不特定的人订立合同而预先拟定的,不是为了与特定的相对人拟定。格式条款是面向不特定的公众发出的要约,具有广泛性。

3. 格式条款具有不可协商性。格式条款具有不可协商性意味相对人只能选择接受该条款,而不能与提供格式条款的一方当事人对条款内容进行协商,也不能对该条款进行修改、变更。当事人对格式条款只能选择完全的同意或者拒绝,要约方和承诺方的地位也是固定的。

4. 格式条款的提供方具有优势地位。格式条款的提供方通常都是公用事业或大型企业,如水、电、热力、燃气、电信、保险、铁路、航空、公路、海运等行业。提供方往往具有一定的垄断性,格式条款的相对方通常处于别无选择的境地,只能接受其提出的格式条款。这也造成了格式条款的弊端,是格式条款需要在法律上进行控制的原因。当事人有约定的,从其约定,体现了意思自治。

(二)格式条款提供方的提示说明义务

《民法典》第496条第2款规定:"采用格式条款订立合同的,提供格式条款的一方应当遵循公平原则确定当事人之间的权利和义务,并采取合理的方式提示对方注意免除或者减轻其责任等与对方有重大利害关系的条款,按照对方的要求,对该条款予以说明。提供格式条款的一方未履行提示或者说明义务,致

① 参见黄薇主编:《中华人民共和国民法典合同编解读》(上册),中国法制出版社2020年版,第125页。

使对方没有注意或者理解与其有重大利害关系的条款的,对方可以主张该条款不成为合同的内容。”该款为格式条款的订入规则,规定了格式条款提供方的提示、说明义务,并明确了违反该义务的法律后果。

格式条款提供方应当遵循公平原则确定当事人之间的权利和义务。《民法典》第 6 条规定:“民事主体从事民事活动,应当遵循公平原则,合理确定各方的权利和义务。”公平原则是指民事主体应本着公平、正义的观念实施民事行为,司法机关应根据公平的观念处理民事纠纷,民事立法也应该充分体现公平的理念。[①] 格式条款具有不可协商性,且格式条款提供方具有优势地位,相对方只能选择接受而不能作出修改或变更,提供方则可能利用单方拟定格式条款的机会设计不公平的条款内容,利用其优势地位损害相对方的权益。因此,法律规定格式条款的提供方在制订格式条款时,应当遵循公平原则确定当事人之间的权利和义务。

格式条款提供方应当采取合理的方式提示对方注意免除或者减轻其责任等与对方有重大利害关系的条款。格式条款是在合同订立之前由一方当事人预先制定的,不是双方当事人事前通过协商而制订的,相对方对格式条款的内容并不充分了解,特别是在消费者合同中,相对方为消费者而非专业人士,对于格式条款中隐藏的含义很难理解,对与自己有重大利害关系的条款不一定能注意到。因此,《民法典》第 496 条第 2 款规定了格式条款提供方对于一些条款应当采取合理的方式提示,具体包括免除或者减轻其责任的条款以及与对方有重大利害关系的条款。免除或者减轻其责任的条款,如在保险合同中规定关于保险人责任免除的条款。与对方有重大利害关系的条款要视格式条款的具体情况而确定,如《消费者权益保护法》第 26 条第 1 款规定:“经营者在经营活动中使用格式条款的,应当以显著方式提请消费者注意商品或者服务的数量和质量、价款或者费用、履行期限和方式、安全注意事项和风险警示、售后服务、民事责任等与消费者有重大利害关系的内容,并按照消费者的要求予以说明。”因此,在经营方提供给消费者的格式合同中,关于商品或者服务的数量和质量、价款或者费用、履行期限和方式、安全注意事项和风险警示、售后服务、民事责任等均属于与对方有重大利害关系的条款,都需要格式条款提供方即经营者采取

---

① 参见王利明、杨立新、王轶、程啸:《民法学》(下),法律出版社 2020 年版,第 628 页。

合理方式提示。合理的方式即能够使相对方充分注意免除或者减轻其责任的条款及其有重大利害关系的条款的方式。原《合同法解释(二)》第 6 条规定："提供格式条款的一方对格式条款中免除或者限制其责任的内容,在合同订立时采用足以引起对方注意的文字、符号、字体等特别标识,并按照对方的要求对该格式条款予以说明的,人民法院应当认定符合合同法第三十九条所称'采取合理的方式'。"总之是要采用容易引起相对方注意力、方便阅读和理解的方式进行提示。实践中,网络服务提供者还会设定阅读时间,消费者须就提示内容阅读至指定时间才能进行下一步操作,以此做到提示作用。

格式条款提供方应当按照对方的要求,对该条款予以说明。格式条款提供方对免除或减轻其责任和与相对方有重大利害关系的条款进行提示,目的在于引起相对方注意到这些条款,能够理解这些条款的含义。有时相对方即使知道哪些是免除或减轻格式条款提供方的条款、哪些是与其有重大利害关系的条款,但未必能真正理解这些条款的含义。并且,格式条款本就是提供方为重复使用而预先拟定的,提供方处于优势地位,无论是专业性还是对条款的知悉程度都胜于相对方。此时,如相对方提出要格式条款提供方对以上条款进行进一步解释说明,格式条款提供方应当向对方详细阐释这些条款的含义,使相对方能够明确知悉此类条款。格式条款提供方的说明义务具有被动性,即说明义务需要以相对方提出要求为条件,相对方没有提出说明要求的,提供方则没有说明义务。此为格式条款说明义务的一般性规定,特别法中有特别规定的应适用特别规定。例如《保险法》第 17 条规定:"订立保险合同,采用保险人提供的格式条款的,保险人向投保人提供的投保单应当附格式条款,保险人应当向投保人说明合同的内容。对保险合同中免除保险人责任的条款,保险人在订立合同时应当在投保单、保险单或者其他保险凭证上作出足以引起投保人注意的提示,并对该条款的内容以书面或者口头形式向投保人作出明确说明;未作提示或者明确说明的,该条款不产生效力。"订立保险合同一般都采用保险人提供的格式条款,由于保险具有较高的专业性,保险合同中有大量专业用语,因此在订立保险合同时,格式条款提供方即保险人对合同的内容及免除保险人责任的条款的说明义务具有主动性,如未作提示或者明确说明的,条款不产生效力。

格式条款提供方未履行提示或者说明义务的后果。根据《民法典》第 496 条第 2 款的规定,"提供格式条款的一方未履行提示或者说明义务,致使对方没有注意或者理解与其有重大利害关系的条款的,对方可以主张该条款不成为合同的内容”。因此,如果格式条款提供方未履行提示或者说明义务,对方可以主张该条款未订入合同。该条对原《合同法》第 39 条的规定进行了重要的修订,不成为合同内容即这些条款没有订入合同,根本没有成立。与《民法典》第 497 条规定的格式条款无效不同,不会产生恢复原状的后果,可以更好地保护相对方的利益。

(三)格式条款的无效

《民法典》第 497 条规定:“有下列情形之一的,该格式条款无效:(一)具有本法第一编第六章第三节和本法第五百零六条规定的无效情形;(二)提供格式条款一方不合理地免除或者减轻其责任、加重对方责任、限制对方主要权利;(三)提供格式条款一方排除对方主要权利。”据此,格式条款无效的情形具体有以下三种:

1. 具有《民法典》第一编第六章第三节和第 506 条规定的无效情形。第一,《民法典》第一编第六章的无效情形。《民法典》第一编第六章第三节对民事法律行为通用的无效情形作出了总括性规定,具体规定在《民法典》第 144 条、第 146 条、第 153 条及第 154 条,即违反法律或行政法规的强制性规定的民事法律行为、违背公序良俗的民事法律行为、恶意串通损害他人合法权益的民事法律行为、以虚假的意思表示实施的民事法律行为、无民事能力行为人实施的民事法律行为都是无效的,以上规定均可以适用于格式条款的效力认定。若格式条款具有第一编第六章第三节规定的民事法律行为无效的情形,该格式条款是无效的。第二,《民法典》第 506 条规定了合同中免责条款无效的情形:“合同中的下列免责条款无效:(一)造成对方人身损害的;(二)因故意或者重大过失造成对方财产损失的。”免责条款是当事人未限制或免除未来责任,预先在合同中约定的条款。当事人在不违反法律规定的情况下,可以自由约定免责条款,当事人一方以格式条款的形式为自己规定的免责条款的效力适用第 506 条的规定,如果有免除“造成对方人身损害的”或者“因故意或者重大过失造成对方财产损失的”责任条款,该条款无效。例如养老院在入住协议中规定,“公寓对入住老人摔伤等意外伤害不承担责任”,此类条款免除了提供方未来由于其自身原因造成相对方人身伤害的情形,应当属于无效条款。

2. 格式条款提供方不合理地免除或者减轻其责任、加重对方责任、限制对方主要权利的情形。格式条款提供方单方拟定格式条款，相对方没有与提供方进行实际磋商的机会，提供方可能会从追求自己单方利益实现的角度设计合同的权利义务和风险负担，因此在条款设计时可能会出现免除或减轻己方责任、加重对方责任、限制对方主要权利的情形。该条根据实践需求，对原《合同法》第 40 条的规定进行了修正。修正后的规定并不把该类条款认定为当然无效，而是遵循《民法典》第 497 条第 2 项的公平原则来确定该条款的效力，即只有此类条款本身具有不合理性，才会导致无效的后果。对于没有超出合理范围、没有违背公平原则的“免除或者减轻其责任、加重对方责任、限制对方主要权利”的条款内容，不一概认定为无效。本条为一般性规定，特别法中有特别规定的应适用特别规定。例如，《消费者权益保护法》第 26 条第 2 款、第 3 款规定：“经营者不得以格式条款、通知、声明、店堂告示等方式，作出排除或者限制消费者权利、减轻或者免除经营者责任、加重消费者责任等对消费者不公平、不合理的规定，不得利用格式条款并借助技术手段强制交易。格式条款、通知、声明、店堂告示等含有前款所列内容的，其内容无效。”可见，为保护消费者权益，在消费者合同中的“排除或者限制消费者权利、减轻或者免除经营者责任、加重消费者责任”等条款直接被认定为不合理、不公平的条款而无效。①

3. 格式条款提供方排除对方主要权利的情形。排除对方主要权利是指格式条款中含有排除对方当事人按照通常情形应当享有的主要权利。与《民法典》第 497 条第 2 项中的不合理地限制对方主要权利不同，排除对方主要权利本身就是严重违反公平原则的行为，因此可以直接认定为格式条款无效，无须以“不合理”作为判定的理由。当格式条款提供方在条款中限制对方主要权利时，应适用《民法典》第 497 条第 2 项，即在此种限制因违背公平原则而属于不合理限制时，该条款无效；而当属于排除对方主要权利的情形时，应直接认定该条款无效。

（四）格式条款的解释规则

当事人对格式条款的理解并不完全一致时，如保险公司在合同中约定“只有车身倾覆导致的吊臂折断属于保险责任范围”，当事人就如何解释“倾覆”各

---

① 参见黄薇主编：《中华人民共和国民法典合同编解读》（上册），中国法制出版社 2020 年版，第 129 ~ 130 页。

执一词,[①]必须要对格式条款进行解释才能解决争议。格式条款属于合同条款,当然适用《民法典》关于合同条款解释的一般规定,即《民法典》第466条及第142条第1款的规定。但格式条款具有单方拟定、面向不特定的相对人、不可协商等特征,因此,《民法典》第498条对格式条款的解释作了特殊规定:"对格式条款的理解发生争议的,应当按照通常理解予以解释。对格式条款有两种以上解释的,应当作出不利于提供格式条款一方的解释。格式条款和非格式条款不一致的,应当采用非格式条款。"据此,格式条款的解释规则总体来说应先适用通常解释,然后适用不利解释,具体如下:

1. 应当按照通常理解予以解释。通常理解是指既不完全按照格式条款提供方的理解也不完全按照个别相对方的理解,而是按照可能订立该格式条款的一般人的理解进行解释。也有学者将此概括为,"以可能订约者平均、合理的理解为标准进行解释"。[②] 如果按照通常理解能够得出唯一的解释,则应当适用该解释理解格式条款,解决纠纷。

2. 应当作出不利于格式条款提供方的解释。当事人对格式条款的理解发生争议,当按照通常理解无法得出唯一解释时,应当作出不利于格式条款提供方的解释。这是由于格式条款往往是由具有优势地位的一方单方拟定的,相对方既不参与拟定也无法与提供方协商格式条款的修改、增减事宜,在条款拟定过程中没有体现相对方的意志,因此,相对方在拟定过程无法对格式条款施加影响,就格式条款理解发生争议时,有必要给予相对方倾斜性保护。需要注意的是,不能抛开通常解释规则,直接适用不利解释规则,即不利解释规则的适用前提是:当按照通常解释规则对该条款产生两种以上解释时,才应采用不利解释原则。[③]

3. 应当采用非格式条款。该项为非格式条款优先的解释规则,即当格式条款和非格式条款不一致时,应当采用非格式条款。非格式条款是指合同条款中除格式条款以外的条款,即当事人之间经过共同协商约定的条款。相比于格式条款,非格式条款与当事人的意思更为相符,更能体现当事人真实意愿,对当事

---

① 参见北京金融法院民事判决书,(2021)京74民终576号。

② 参见王利明:《合同法研究》(第1卷),中国人民大学出版社2015年版,第424页。

③ 参见顾某某诉张某某、林某某、钟某某追偿权纠纷案,载《最高人民法院公报》2017年第10期。

人也更为公平。因此，格式条款和非格式条款不一致的，应当采用非格式条款。

四、合同的形式

（一）合同的形式概述

合同的形式，是指当事人订立合同达成合意的方式，包括书面形式、口头形式和其他形式。早期罗马法曾特别强调合同的形式，认为合同的效力是依据特定口约和仪式而产生的，合同行为程式化是贯彻罗马法始终的基本原则。[①] 近现代合同理论从合同形式自由原则出发，在合同形式方面采用非要式原则，除法律有例外规定的情况，当事人可以自由选择合同形式。《民法典》第135条即是非要式原则的体现，当事人订立合同可以采用书面形式、口头形式或者其他形式，但如果法律、行政法规有特别规定或者当事人约定采用特定形式的应当遵循特别规定。《民法典》对一些典型合同规定应当采用书面形式，如借款合同（第668条）、租赁期限6个月以上的租赁合同（第707条）、融资租赁合同（第736条）、保理合同（第762条）、建设施工合同（第789条）、技术开发合同（第851条）、物业服务合同（第938条）等。此外，其他法律法规也对特殊合同的书面形式作出了规定，如《民用航空法》第26条："民用航空器租赁合同，包括融资租赁合同和其他租赁合同，应当以书面形式订立。"

（二）合同形式的种类

《民法典》第469条规定："当事人订立合同，可以采用书面形式、口头形式或者其他形式。书面形式是合同书、信件、电报、电传、传真等可以有形地表现所载内容的形式。以电子数据交换、电子邮件等方式能够有形地表现所载内容，并可以随时调取查用的数据电文，视为书面形式。"合同的形式包括书面形式、口头形式和其他形式。具体如下：

1. 书面形式。书面形式是以文字方式等有形方式订立合同的形式。书面形式的优势在于当事人的权利义务能够通过文字清晰明了地确定，在发生纠纷时当事人易于举证，有据可查，能够准确地分清各方当事人的责任。根据《民法典》第469条第2款、第3款的规定，书面形式具体包括以下形式：

（1）合同书。合同书是最典型、最重要的书面形式，是指载有合同条款及当

① 参见董安生：《民事法律行为》，中国人民大学出版社1994年版，第10页。

事人签名或签章的文书。合同书必须以文字凭据的方式作为合同内容载体,文字凭据既可以是打印的,也可以是手写的。合同书必须载有合同条款,未载明合同条款的,不构成合同书。例如要约通知、承诺通知及收据,均可以证明合同关系的存在,但都没有载明合同条款,因此不能成为合同书。此外,《民法典》第490条第1款前半句规定:"当事人采用合同书形式订立合同的,自当事人均签名、盖章或者按指印时合同成立。"该条款表明合同书必须要有当事人签名或签章,以此表明当事人对合同内容的确认,没有签名或签章或仅有一方当事人签名或签章的,原则上不构成一个有效的合同书。

(2)信件。信件是指当事人通过书信往来的方式协商订立的载有合同条款的文书。作为合同书面形式的信件必须载有合同条款,才能够作为证明合同关系和合同内容的凭证。信件与合同书不同,信件一般不具有双方的签名或签章,通常只有寄信人一方的签名或盖章。因此,可以要求当事人签订确认书。《民法典》第491条第1款规定:"当事人采用信件、数据电文等形式订立合同要求签订确认书的,签订确认书时合同成立。"该条没有规定何时可以提出签订确认书的要求,但应当理解为当事人在承诺生效之前签订确认书。

(3)电报、电传、传真。这三种均为传统书面形式。电报是将合同条款翻译成数字代码,用无线电发送给对方订立合同的方式;电传是指将合同条款通过打字机,边打字边传送的订立合同的方式;传真是将载有合同条款的文件用扫描的方式传送给对方以订立合同的方式。这三种类型的特点在于均可以以书面的载体有形表现所载内容,这也是其与电子数据交换、电子邮件的区别。

2. 视为书面形式。以电子数据交换、电子邮件等能够有形地表现所载内容并可以随时调取查用的数据电文可视为书面形式。相较于原《合同法》第11条的规定,《民法典》第469条第3款作了如下修改——能够为书面形式的数据电文须符合两个条件:第一,能够有形地表现所载内容。这是书面形式的本质特征。数据电文,是指以电子、光学、磁或者类似手段生成、发送、接收或者储存的信息。[①] 并不是所有数据电文都能以电子数据交换、电子邮件等方式有形地表现所载内容。第二,可以随时调取查用。这一规定借鉴了联合国国际贸易法委员会《电子商务示范法》第6条第1款的规定:"如法律要求信息须采用书面形

① 参见《中华人民共和国电子签名法》第2条。

式,则假若一项数据电文所含信息可以调取以备日后查用,即满足了该项要求。”[①]根据联合国国际贸易法委员会的解释,“可以调取”是意指计算机数据形式的信息应当是可读和可解释的,应当保存读取此类信息所必需的软件;“以备”一词并非仅指人的使用,还包括计算机的处理;至于“日后查用”指的则是“耐久性”或“不可更改性”等会确立过分严厉的标准的概念和“可读性”或“可理解性”等会构成过于主观的标准的概念。[②]

3. 口头形式。口头形式,是指当事人以面谈、电话、语音通话等方式达成协议。口头形式订立合同是日常生活中广泛采用的合同形式,如自由市场买菜、电话预订房间等。如果没有其他规定,合同不需要履行任何方式。也就是说,它们也可以口头的方式订立。[③] 以口头形式订立合同具有简便、快速等特点,但因为缺乏凭证,在发生争议后难以取证,不易于责任的厘清。根据《民法典》第469 条第 1 款的规定,当事人可以采用口头形式订立合同。

4. 其他形式。其他形式,也称为默示形式,是指当事人未采用书面形式或者口头形式,但根据当事人的行为或者特定情形推定合同成立。例如,顾客拿走货架上摆放的商品到收银台支付货款或在自动售货机处选定商品后扫码付款;再如,乘客搭乘公交车并达到目的地等情形。此类其他形式具有广泛的应用领域,从鼓励交易角度,《民法典》第 469 条对此进行了规定。

第七节　合同成立的时间与地点

一、合同成立的时间

合同成立的时间在法律上有重要意义,原则上合同成立的时间是缔约过失责任与违约责任划分的时间点,买卖合同中买受人原则上自合同成立开始承担

---

① 《贸易法委员会电子商务示范法》(1996 年),载联合国官网 2022 年 9 月 9 日,https://uncitral.un.org/zh/texts/ecommerce/modellaw/electronic_commerce。

② 参见阚凯力、张楚主编:《外国电子商务法》,北京邮电大学出版社 2000 年版,第 289 页。

③ 参见[德]迪特尔・梅迪库斯:《德国债法总论》,杜景林、卢谌译,法律出版社 2004 年版,第 62 页。

在途标的物毁损、灭失的风险。《民法典》第 483 条规定:“承诺生效时合同成立,但是法律另有规定或者当事人另有约定的除外。”因此,合同成立的时间原则上是承诺生效的时间。承诺生效的时间在本章第三节第五部分已经讨论,此处不再赘述。本节主要针对根据该条但书规定,在法律另有规定或者当事人另有约定时,依照法律规定或当事人约定确定合同成立的时间。具体如下:

1. 法律另有规定的情形。法律在规定合同应当采用特定形式的同时也规定了合同成立的时间。包括:(1)采用合同书订立合同的,当事人均签名、盖章或者按指印时合同成立。《民法典》第 490 条规定:“当事人采用合同书形式订立合同的,自当事人均签名、盖章或者按指印时合同成立。在签名、盖章或者按指印之前,当事人一方已经履行主要义务,对方接受时,该合同成立。”因此,当事人如采用合同书形式订立合同,在全部当事人签名、该章或按指印前,即使承诺生效,合同也不成立。(2)采用信件方式订立合同的,当事人要求签订确认书的,签订确认书时合同成立。《民法典》第 491 条第 1 款规定:“当事人采用信件、数据电文等形式订立合同要求签订确认书的,签订确认书时合同成立。”因此,当事人如果采用信件、数据电文等形式订立合同并要求签订确认书的,在当事人签订确认书时合同成立。(3)网络交易合同的成立时间。《民法典》第 491 条第 2 款规定:“当事人一方通过互联网等信息网络发布的商品或者服务信息符合要约条件的,对方选择该商品或者服务并提交订单成功时合同成立,但是当事人另有约定的除外。”因此,当事人订立网络交易合同时,如一方选择以互联网等信息网络发布的商品或者服务信息符合要约条件的,合同在对方选择该商品或者服务并提交订单成功时成立。该条规定是《民法典》为适应电子商务发展的需要,应对网络交易合同成立时间的纠纷而新增的规定。此前,关于网络交易合同成立的时间,实践中存在多种做法,不同电商平台有不同的规定:如收到发货通知时合同成立、自发货时合同成立、提交订单时合同成立、提交订单并付款成功时合同成立等。司法实践中,关于如何判断卖家在其网站或电商平台上发布的商品和服务信息的性质以及网络交易合同成立时间的问题一直存在争议,直到 2018 年《电子商务法》出台,其第 49 条规定:“电子商务经营者发布的商品或者服务信息符合要约条件的,用户选择该商品或者服务并提交订单成功,合同成立。当事人另有约定的,从其约定。电子商务经营者不得以格式条款等方式约定消费者支付价款后合同不成立;格式条款等含有该内容的,其内容无效。"该法从保护消费者权益的角度,否定了电子商务经营者在消费者合同中通过格式条款的方式规定消费者支付价款后合同成立的效力。《民法典》第 491 条第 2 款的规定即源于《电子商务法》第 49 条的规定,但与《电子商务法》不同,《民法典·合同编》并非仅规制消费者合同,因此无论是经营者之间的合同,还是经营者与消费者之间的合同均适用合同编的规则。对于非消费者合同而言,《电子商务法》的特别保护并无必要,在商主体进行交易时,可能因为电商存货有限而采用发货成立的约定。[①] 因此,《民法典》第 491 条第 2 款但书规定"但是当事人另有约定的除外"。实践中,另有约定一般即约定发货时合同成立、收到发货通知时合同成立以及付款成功时合同成立等情形。

2. 当事人另有约定的情形。当事人对合同成立的时间另有约定的,应当遵循当事人的约定。例如,要约人与受要约人约定,承诺生效后还要制作专门的合同书,只有在当事人均签名、盖章时合同才成立。此时,即使要约人与承诺人是以对话方式发出要约和作出承诺,合同也并不在承诺生效时成立,而是按照当事人之间的约定,以当事人均签名、盖章的时间作为合同成立的时间。

二、合同成立的地点

合同成立的地点在法律上有重要的意义。一方面,合同成立的地点关系到合同纠纷案件的地域管辖。《民事诉讼法》第 35 条规定:"合同或者其他财产权益纠纷的当事人可以书面协议选择被告住所地、合同履行地、合同签订地、原告住所地、标的物所在地等与争议有实际联系的地点的人民法院管辖,但不得违反本法对级别管辖和专属管辖的规定。"因此,合同签订地可由当事人协议选择为诉讼管辖地点。另一方面,在国际私法中,合同成立的地点关系到合同纠纷案件选择适用的法律。《涉外民事关系法律适用法》第 41 条规定:"当事人可以协议选择合同适用的法律。当事人没有选择的,适用履行义务最能体现该合同特征的一方当事人经常居所地法律或者其他与该合同有最密切联系的法律。"因此,当事人可以选择适用合同成立地的法律,在当事人没有选择时,可以适用与合同有最密切联系的法律,如合同成立地法、合同履行地法、标的物所在地法

---

① 参见王利明主编:《中国民法典释评　合同编·通则》,中国人民大学出版社 2020 年版,第 125 页。

等。因此,确定合同成立的地点十分重要。《民法典》第492条规定:"承诺生效的地点为合同成立的地点。采用数据电文形式订立合同的,收件人的主营业地为合同成立的地点;没有主营业地的,其住所地为合同成立的地点。当事人另有约定的,按照其约定。"《民法典》第493条规定:"当事人采用合同书形式订立合同的,最后签名、盖章或者按指印的地点为合同成立的地点,但是当事人另有约定的除外。"据此,合同成立地点的判断规则如下:

1. 承诺生效的地点为合同成立的地点

根据《民法典》第483条的规定,承诺生效时合同成立。依据这一规定,原则上合同生效的地点即为合同成立的地点。根据《民法典》第484条的规定,承诺具体可以分为以通知方式作出的承诺和不需要以通知方式作出的承诺。以通知的方式作出的承诺,根据《民法典》第137条的规定,以对话方式作出的,在相对人知道其内容时生效。即如果当事人以面对面的方式作出了要约和承诺,合同成立地即为当事人对话所在地;如果当事人处于异地,则承诺生效地点与合同生效地一致,都为要约人所在地。至于不需要以通知方式作出的承诺,根据《民法典》第484条第2款,如果一方当事人根据交易习惯或者要约的要求,以行为的方式作出承诺,则行为作出地为承诺生效地,也是合同生效地。当事人另有约定的除外。

2. 采用数据电文形式订立合同时合同成立的地点

数据电文形式的合同依靠计算机订立,数据电文的发出和接收地点具有随意性,通常与当事人订立合同没有紧密的关系。因此,联合国国际贸易法委员会《电子商务示范法》以"营业地""主要的营业地""惯常居住地"等推定合同成立的地点,尽可能以与商业交易具有密切联系的地点作为合同成立的地点。《民法典》第492条第2款也对以数据电文形式订立合同的承诺地点作出了规定。该条吸收了《电子商务示范法》第15条第4款的规定,作出了较为全面的规定:(1)原则上收件人的主营业地为合同成立的地点。此处的收件人即为要约人,即收到承诺的人。主营业地是指收件人从事主要经营活动的地点。(2)没有主营业地的,收件人住所地为合同成立的地点。原《合同法》第34条第2款规定,没有主营业地的,其经常居住地为合同成立的地点。本条将收件人没有营业地情形下合同成立的地点由"其经常居住地"修改为"其住所地",作此规定是为了与《民法典》规定的自然人、法人住所制度相协调。[①]（3）当事人另有约定的，按照其约定。对于采用数据电文形式订立的合同，允许当事人对合同成立地点另作约定。例如，当事人可以约定以发件人住所地或发件人主营业地为合同成立的地点，该约定有效。

3. 以合同书形式订约的合同成立地点

《民法典》第 493 条针对采用合同书形式订立合同时如何确定合同成立地点作出了规定，当事人采用合同书形式订立合同的，原则上以最后签名、盖章或者按指印的地点为合同成立的地点。该条对原《合同法》第 35 条的规定进行了完善：一方面，明确了要以最后签章、按指印的地点为合同成立的地点。实践中经常存在当事人身处异地的情形，即一方当事人先签章或按指印，邮寄给对方后，对方再进行签署，最终完成订立过程，此时应以先签章之地还是以后签章之地认定合同成立的地点，存在争议。该条明确了以合同书形式订立合同的，原则上合同成立的地点是最后签章或按指印的地点。另一方面，该条增加了按指印这一在实践中存在的签约方式。我国一直有签字画押的传统，以按指印的方式订立合同仍具有广泛的适用性。此外，以合同书形式订立的合同，当事人对合同成立地点另有约定的，应当遵循当事人的约定。

第八节　缔约过失责任

一、缔约过失责任的概念

缔约过失责任由德国法学家耶林在 1861 年提出，是指当事人在订立合同过程中因违背诚实信用原则和法律规定的义务而给对方造成损失的赔偿责任。对当事人而言，开始合同磋商即已经设定增强的注意义务，已经设定特别结合关系。在因过失而违反这种义务时，当事人负损害赔偿责任。[②]《民法典》第

---

① 参见黄薇主编：《中华人民共和国民法典合同编解读》（上册），中国法制出版社 2020 年版，第 108 页。

② 参见［德］迪特尔·梅迪库斯：《德国债法总论》，杜景林、卢谌译，法律出版社 2004 年版，第 95 页。

500 条规定:“当事人在订立合同过程中有下列情形之一,造成对方损失的,应当承担赔偿责任:(一)假借订立合同,恶意进行磋商;(二)故意隐瞒与订立合同有关的重要事实或者提供虚假情况;(三)有其他违背诚信原则的行为。”当事人在缔约阶段进行磋商时,应遵循诚实信用原则,尽交易上的必要注意,认真履行所负的义务,包括帮助、通知、告知、保护、照顾、保密以及忠实等义务。根据《民法典》第 500 条,缔约过失责任有以下构成要件:

1. 缔约过失一方当事人违反先合同义务。缔约过失责任的基础在于当事人一方违反了通知、告知、保护等先合同义务。先合同义务是指当事人为订立合同接洽时,双方均应按照诚实信用原则互负一定的义务。先合同义务并不是自缔约双方一开始接触即产生,而是随着合同关系成立的逼进而逐渐产生的,即随着债的关系的发展而逐渐产生的。在一般情况下,自要约生效时开始产生先合同义务。[①]

2. 相对人受有损失。缔约过失的承担必须以相对人受有损失为前提,此种损失可以是财产的直接减少也可以是机会的丧失。缔约过失行为直接破坏了缔约关系,所引起的损害是指他人因信赖合同的成立和有效,但由于合同不成立和无效的结果所蒙受的损失,此种损失即为信赖利益。

3. 违反先合同义务与损失之间有因果关系。信赖利益损害是由缔约过失行为造成的而不是其他行为造成的,即一方的行为已使相对方足以相信合同能够成立或生效,由于该方缔约过失破坏了缔约关系,使相对方所信赖的利益丧失,即损失与缔约过失行为有因果关系。如果信赖利益损害与缔约过失行为之间不存在因果关系,则行为人无需承担缔约过失责任。

4. 违反先合同义务人有过错。当事人的过错包括故意和过失,即当事人在缔约阶段违反先合同义务,无论是故意还是过失,都应当承担缔约过失责任。

二、缔约过失责任的类型

根据《民法典》第 500 条和第 501 条的规定,缔约过失责任可以分为以下四种类型:

---

① 参见韩世远:《合同法总论》(第 4 版),法律出版社 2018 年版,第 172 页。

1. 假借订立合同，恶意进行磋商

假借订立合同，恶意进行磋商，即一方当事人根本没有与对方订立合同的目的。此种情形下，一方当事人以订立合同作为借口，与对方进行谈判，实际目的在于损害对方或者第三人利益。例如，甲知道乙计划转让商铺，甲并不想购买乙的商铺，但为了阻止乙将该商铺转让给甲的竞争对手丙，甲以想要与乙订立合同为借口，和乙就商铺转让进行磋商、洽谈，在丙购买了丁的商铺后，甲停止了与乙的谈判，导致乙错失与丙订立合同的机会，只能以更低的价格转让其商铺，此处的甲即属于恶意磋商的情形。根据《国际商事合同通则》第 2.15 条第 3 款，恶意是指一方当事人在无意与对方达成协议的情况下，开始或继续进行谈判。恶意进行磋商具体又可以分为恶意开始磋商和恶意继续磋商。恶意开始磋商是指一方当事人从一开始就没有与对方订立合同的目的。恶意继续磋商是指一方当事人本有与对方订立合同的目的，但随着磋商的进行，后来决定不与对方订立合同，但仍旧与对方进行磋商的情形。①

2. 故意隐瞒与订立合同有关的重要事实或者提供虚假情况

故意隐瞒与订立合同有关的重要事实或者提供虚假情况给对方造成损失的，应承担损害赔偿责任。当事人一方主观上具有故意，即明知自己隐瞒或提供虚假情况的行为会使对方陷入错误认识，仍希望或放任这种结果的发生。其中故意隐瞒属于不作为，提供虚假情报属于积极的作为，但都属于违反情报提供义务的行为，属于缔约过程中的欺诈行为。故意隐瞒与订立合同有关的重要事实是指缔约一方有义务向他方如实告知某种真实的情况而故意不告知的情形。例如当事人在洽谈房屋买卖过程中，卖方故意隐瞒了房屋为凶宅这一重要事实；提供虚假情报是指缔约一方故意作出虚伪陈述使对方陷入错误的行为，如将假药说是真药等。

3. 有其他违背诚信原则的行为

先合同义务的内涵是不断发展并日益丰富的，应当与具体的时空和事件相结合。其他违背诚信原则的行为的规定为先合同义务实践中的发展预留空间。另外，在合同无效和被撤销、违反强制缔约、无权代理的情况下，也能产生缔约过失责任。

---

① 参见韩世远：《合同法总论》（第 4 版），法律出版社 2018 年版，第 163 页。

4. 泄露或者不正当地使用商业秘密或者其他应当保密的信息

《民法典》第 501 条规定："当事人在订立合同过程中知悉的商业秘密或者其他应当保密的信息，无论合同是否成立，不得泄露或者不正当地使用；泄露、不正当地使用该商业秘密或者信息，造成对方损失的，应当承担赔偿责任。"该条规定了当事人在订立合同中负有保密义务，即无论合同是否成立，当事人均不得泄露或者不正当地使用应当保密的信息，此种保密义务属于继续履行义务，不因合同订立过程的结束而结束。本条中的"商业秘密"根据《反不正当竞争法》第 9 条的规定，是指不为公众所知悉、具有商业价值并经权利人采取相应保密措施的技术信息、经营信息等商业信息。其中，技术信息包括有关技术数据、技术知识的信息，如产品配方、工艺流程、设计图纸等；经营信息包括对经营活动意义重大的信息，如客户名单、销售策略、发展规划等；其他应当保密的信息，是指除商业秘密以外的其他秘密信息。根据《国际商事合同通则》第 2. 1. 16 条对秘密信息规定的条文注解，是指一方当事人可能对透露给对方的信息不被泄露或者不被用于其他目的具有相应利益，一旦该方当事人明确表示该信息需要保密，对方因知悉此信息便默示地同意了该信息是保密性的。《民法典》第 501 条相较于原《合同法》第 43 条，增加了其他应当保密的信息，完善了保密义务的规定。因为《民法典 · 合同编》的规定不仅适用于商事合同也适用于民事合同，非商主体订立的合同中涉及的应当保密的信息显然不属于商业秘密，例如，自然人订立合同时了解的对方的疾病情况或其他个人信息情况。本条中所称"泄露"是指将商业秘密或其他需要保密的信息透露给别人，"不正当使用"是指未经授权而使用保密信息的情况，例如，将商业秘密用于自己的生产经营。无论当事人泄露、不正当地使用商业秘密或者其他应当保密的信息是出于故意还是过失，只要造成对方损失的，都应当承担赔偿责任。

三、缔约过失责任的赔偿范围

依据《民法典》第 500 条和第 501 条的规定，当事人在订立合同过程中违背诚信原则及泄露或不正当地使用商业秘密或者信息，造成对方损失的，应当承担赔偿责任；但这里的赔偿责任并不是违约责任，缔约过失责任发生在合同订立阶段，合同还没有成立，当事人不得请求违反缔约过失责任的一方承担违约责任。

缔约过失责任的赔偿范围以信赖利益为限，包括所受损害与所失利益。“所受损害”包括因信赖对方而为订立合同所支出的联络费用和考察费用，例如，签订合同而合理支出的交通费、鉴定费、律师费、勘察设计费，为支出上述费用所失去的利息等。“所失利益”主要指丧失与第三人另订立合同的机会所产生的损失。[①]

在缔约过失责任中，应当以信赖利益作为赔偿的基本范围，这与违约责任应救济非违约方的履行利益是不同的。信赖利益的损失限于直接损失，即指因为信赖合同的成立和生效所支出的各种费用，具体包括：第一，因信赖对方要约邀请和要约有效而与对方联系、实地考察以及检查标的物等所支出的各种合理费用；第二，因信赖对方将要缔约，为缔约做各种准备工作并为此所支出的各种合理费用，如因信赖对方将要出售家具，而四处筹款借钱并为此支出的各种费用；第三，为支出上述各种费用所失去的利息。应当指出，各种费用的支出必须是合理的，而不是受害人任意支出的，只有合理的费用才和缔约过失行为有因果联系，并且应当由行为人承担赔偿责任。信赖利益赔偿以不超过履行利益为限，即在合同不成立、无效或者被撤销的情况下，有过错的一方所赔偿的信赖利益不应该超过合同成立或者合同有效时的履行利益。

---

① 参见韩世远：《合同法总论》（第4版），法律出版社2018年版，第185页。

第 三 章

合同的效力

第一节 合同的效力概述

一、合同效力的含义

狭义的合同效力，是指依法成立的合同生效后依据合意内容所产生之权利义务变动，广义的合同效力还包括合同的法律约束力。《民法典·合同编》第三章“合同的效力”，主要针对合同生效时间以及合同有效性评价作出规定。针对合同效力没有特别规定的，适用总则编关于民事法律行为效力的规定。合同的生效是指依法成立的合同依照当事人合意的内容发生效力。

二、合同的生效时间

合同的成立和合同的生效属于相互关联的两个不同范畴。合同的成立指符合一定要件时，使当事人的合意成为合同。原则上，只要有当事人的意思表示合致以及可确定的标的，就可以成立合同。但要物合同和要式合同的成立要件有例外，还需完成标的物的交付或采取要求的形式才能成立合同。比如《民法典》第679 条规定自然人之间的借款合同为要物合同，自贷款人提供借款时成立。

合同的生效时间通常与合同成立时间相同，但也有异时发生的例外。罗马法中曾有“同时成立原则”，认为合同成立与生效同时发生。合同成立与生效在罗马法上未作严格区分，而是将合同不成立一并包括在无效的概念内。这是由于“法律行为欠缺成立要件或欠缺有效要件，在学理上固然可以加以区分，但在实际上并无差别。欠缺成立要件,法律行为不能成立,也就谈不上什么效力;反之,法律行为如果不能生效,则纵然成立也没有意义。所以法律行为不成立的结果为无效,而无效的结果实际上等于法律行为不成立。所以罗马法上法律行为的无效包括不成立和无效二种情形"。[①] 这与现代民法的概念体系显然不一致。从比较法的角度来看,无论是大陆法系还是英美法系,都越来越注重合同成立与生效的区分。我国《民法典》第 502 条第 1 款规定:"依法成立的合同,自成立时生效,但是法律另有规定或者当事人另有约定的除外。"二者关系的具体表现形式:

(一)同时发生

依法成立的合同,自成立时生效,这是我国民法关于合同生效的一般性规则。另外,效力未定的合同其合同的成立和生效也应当归入同时发生的范畴,因为效力未定的合同虽已成立,但其效力是否发生,尚不确定。在追认权人追认之后,合同始确定地发生效力,因其合同效力是回溯自合同成立时起发生,因而可将其归入同时发生的范畴。

(二)异时发生

异时发生,是指合同虽然业已成立,但其并不立即生效,而是于将来一定法律事实的发生而生效。主要有以下情形:

第一,需要办理批准、登记手续的合同。依照法律、行政法规的规定,合同应当办理批准等手续的,依照其规定。这类合同虽已成立,如未办理批准、登记等手续,则尚未生效。[②]《民法典》第 502 条第 2 款中段规定,"未办理批准等手续影响合同生效的,不影响合同中履行报批等义务条款以及相关条款的效力"。这也表明报批义务条款及因该报批义务而设定的相关条款的独立性,所谓不影响此类条款的效力,意味着此类条款自合同成立时已经生效,[③]如果当事人为报

---

① 周枏:《罗马法原论》(下册),商务印书馆 1994 年版,第 621 页。

② 参见最高人民法院民事判决书,(2007)民一终字第 84 号;最高人民法院执行裁定书,(2017)最高法执监 136 号。

③ 参见最高人民法院民事裁定书,(2009 年)民申字第 1068 号。最高人民法院在裁判中认为,"即使转让合同未经批准,仍应认定'报批'义务在合同成立时即已产生,否则当事人可通过肆意不办理或不协助办理'报批'手续而恶意阻止合同生效,有悖于诚实信用原则"。参见"广州市仙源房地产股份有限公司与广东中大中鑫投资策划有限公司、广州远兴房产有限公司、中国投资集团国际理财有限公司股权转让纠纷案",载《最高人民法院公报》2010 年第 8 期。

批义务约定了违约金,该违约金条款同样也得独立生效。据此,在当事人违反报批义务时,相对人可以请求支付违约金。所谓"因报批义务而设定的相关条款",可以表现为预付款条款、违反报批义务的违约金条款以及其他清理结算条款等。①

第二,附生效条件的合同。当事人对合同的效力可以约定附条件。附生效条件的合同,自条件成就时生效。此前合同虽然已经成立,但是由于未满足生效条件,因此不生效。

第三,附生效期限的合同。当事人对合同效力可以约定附期限。附生效期限的合同,自期限届至时生效。

三、合同的效力形态

合同效力形态是对合同有效性进行评价后之不同结果。合同的效力状态除有效与绝对无效之外,还有相对无效、可撤销、效力待定、未生效。也有学者将附生效条件和附始期的合同,在条件未成就或期限未到来之前的合同效力状态解释为效力停止形态,但此种学说显然没有很好地区分合同效力与合同的法律约束力。因此,本书不赞同有效力停止的形态,而是在条件成就期限到来时,合同虽有法律约束力但尚未生效的状态。

第二节 无效合同

一、合同无效概述

(一)合同无效的含义

合同无效,指当事人所缔结的合同因严重欠缺有效要件,在法律上不按当事人合意的内容赋予效力。合同无效仅系不按照当事人合意的内容发生法律效力,并非不发生任何效力;合同无效的场合得依法律规定(而非当事人的意

① 参见韩世远:《正确运用裁判方法 依法认定合同效力》,载《人民法院报》2014年6月25日,第5版。

思)，发生赔偿损失等法律效果。[①]

无效合同，是指因违反法律、行政法规的强制性规定，违背公序良俗而不存在法律效力的合同。

（二）合同无效的特性

合同无效是指该合同自始对所有人不发生效力并且保持其不发生效力的状态。它是不生效力情形中的最高级。[②] 一般来说，无效合同具有以下特性：

1. 违法性

违法性是无效合同的判断标准，[③]也是无效合同最重要的特征。依据《民法典》第 143 条之规定，违反法律、行政法规的强制性规定，违背公序良俗的合同无效。首先，这里的法律是指狭义的法律，即全国人民代表大会及其常务委员会制定并颁布的法律；这里的行政法规是指国务院制定并颁布的行政规范。[④] 只有违反法律和行政法规的合同才是无效的，人民法院不得仅以违反地方性法规、规章等文件为由认定某一合同无效。其次，并不是说只要违反法律、行政法规的规定就一定属于无效合同，只有违反其中的强制性规定才属于无效合同。法律规范可分为强制性规范和任意性规范两种，任意性规范并不一定要被合同当事人遵守，当事人之间可以通过协商的方式对任意性规范进行修改、选择适用或排除适用，因此，违反法律、行政法规中任意性规范的合同并非无效合同。再次，强制性规定包括管理性强制规定与效力性强制规定。《民法典》第 153 条第 1 款规定："违反法律、行政法规的强制性规定的民事法律行为无效。但是，该强制性规定不导致该民事法律行为无效的除外。"这一内容实际上吸收了原《合同法解释(二)》中第 14 条的规定，即所谓的"强制性规定"是指效力性强制性规定的内容。违反管理性强制性规定并不导致合同无效，只有违反效力性强制性规定才会导致合同无效。[⑤] 最后，违背公序良俗的合同也属于无效合同。对于某些合同内容，虽然没有违反法律、行政法规的强制性规定，但是在某种程度上损害了社会利益，扰乱了社会秩序，不符合国家利益和社会发展的要求，因

① 参见韩世远：《合同法总论》(第 4 版)，法律出版社 2018 年版，第 213 页。
② 参见张弛：《法律行为效力评价体系论》，载《法学》2016 年第 5 期。
③ 参见王利明：《关于无效合同确认的若干问题》，载《法制与社会发展》2002 年第 5 期。
④ 参见最高人民法院民事判决书，(2008)民提字第 61 号。
⑤ 参见最高人民法院民事判决书，(2006)民二终字第 153 号。

此也属于无效合同。这一规定,体现了无效合同制度对于公序良俗原则的直接维护。

2. 自始无效

《民法典》第155条规定:“无效的或者被撤销的民事法律行为自始没有法律约束力。”由于无效合同违反了法律、行政法规的强制性规定,国家并不承认这种合同的法律效力,因此无效合同自始不发生效力,对合同相对人自始没有法律约束力。如果合同已经履行完毕,那么就必须要恢复到订立合同前的状况。对此,《民法典》第157条规定:“民事法律行为无效、被撤销或者确定不发生效力后,行为人因该行为取得的财产,应当予以返还;不能返还或者没有必要返还的,应当折价补偿。有过错的一方应当赔偿对方由此所受到的损失;各方都有过错的,应当各自承担相应的责任。法律另有规定的,依照其规定。”这种自始无效的情况也被称为“确认合同无效的追及力或溯及力”①。也有反对观点认为“自始无效”不适用于带有继续性关系的契约。相关内容在第五节中阐述。

3. 当然无效

与合同自始无效相联系的另一特征是合同的当然无效性。所谓当然无效是指合同的无效属于当然的无效,不需要经过国家裁判的认定就是无效的,②自合同订立开始,就当然不发生任何效力。当事人对于合同效力有争执时,可以提起确认之诉,但此项判决仅具有宣示的性质,无效合同并非因判决而成为无效。无效无待当事人在诉讼上主张,法院应依职权认其为无效。③ 无效的合同不仅在当事人之间,原则上对任何人均无效(绝对无效),仅在例外情形为相对无效。④

---

① 参见张弛:《法律行为效力评价体系论》,载《法学》2016年第5期。

② 参见最高人民法院民事判决书,(2014)民一终字第277号。

③ 参见[德]罗森贝克、施瓦布、戈特瓦尔德:《德国民事诉讼法》,李大雪译,中国法制出版社2007年版,第523页;曹智勋:《民事诉讼依职权审查合同效力规则再认识》,载《法治与社会发展》2021年第3期;林洋:《职权确认合同无效之程序和实体问题研究》,载《新疆大学学报(哲学·人文社会科学版)》2019年第6期;最高人民法院民事判决书,(2017)最高法民再249号。

④ 参见施启扬:《民法总则》(第10版),2001年自版发行,第311~312页;王泽鉴:《民法总则》,北京大学出版社2010年版,第380页;梁慧星:《民法总论》(第3版),法律出版社2007年版,第195~196页。

4. 确定无效

无效的合同确定无效，不因时间的经过而补正。例如，以法律禁止流通物为标的物的合同，就算后来经法律修改准予该类标的物流通，该合同也不能变为有效。因此，无效的民事法律行为犹如死胎，虽有妙手神医，亦不能使之复生。[①] 故在此点上，无效合同与可撤销合同和效力待定的合同均有不同。可撤销合同可因撤销权的消灭而成为完全有效的合同；效力待定的合同可因被追认而转变为完全有效的合同。

（三）合同无效的分类

1. 全部无效与部分无效

以合同无效的原因是存在于合同内容的全部还是部分，可将合同无效区分为全部无效与部分无效。全部无效，则该合同当然全部不生效力。如果无效的原因仅存在于合同内容的一部分，源自罗马法的"有效部分，不因无效部分而受影响"这一规则，被大多数后世私法所继受。部分无效以合同的可分性为前提。[②] 依《民法典》第156条，民事法律行为部分无效，不影响其他部分效力的，其他部分仍然有效。可见，我国对于民事法律行为无效的认定承认部分无效原则。合同中的各条款之间往往具备可分性，我国法律采取部分无效原则是出于在最大限度上维持合同效力，进而维护交易安全、效率和稳定的考量。

部分无效不影响合同其他部分的效力，主要有以下情形：(1)合同标的之数量超过法律许可的范围。例如，借款合同约定的利息超过国家规定的最高利率，其高于国家规定的最高利率的部分无效。(2)合同的标的，由数种不同事项拼合而成，其中一项或数项无效。[③] 例如，买卖合同的标的物有数个，其中之一为法律禁止流通物，则该项买卖中仅买卖禁止流通物部分无效，其他部分仍有效。(3)合同中的某项条款因违反法律禁止性规定或公序良俗被法院认定为无

① 参见梁慧星：《民法总论》（第3版），法律出版社2007年版，第195～196页。

② 参见最高人民法院民事判决书，(2007)民一终字第84号。

③ 参见最高人民法院民事判决书，(2016)最高法民再98号。

效。[①] 例如,雇佣合同约定"工伤概不负责",该条款因违反公序良俗被法院认定为无效,而雇佣合同本身并不无效。[②]

2. 绝对无效与相对无效

学界关于无效合同所讨论的热点之一,就是无效合同的"无效"是指绝对的无效还是相对的无效。[③] 有部分学者将可撤销合同称为相对无效的合同,[④]但也有学者认为不宜再把相对无效当成可撤销的同义词。[⑤] 也有学者认为合同相对无效的提法并不合理,没有独立存在的必要,当事人可以通过可撤销合同制度解决相对无效的问题。[⑥] 其实,相对无效是有别于可撤销的独立效力形态,由于《民法典》中规定了可撤销法律行为制度,可撤销合同与相对无效合同也存在着差别,因此不宜将可撤销合同与相对无效合同混为一谈。

传统民法理论认为,法律行为的无效是一种绝对的无效,而这种无效的效果是非常严苛的,[⑦]"契约无效,虽然不发生法律行为的效力,但当事人因为该契约所为的给付、所受的损害,仍然要通过不当得利、侵权行为等法定债之关系来处理,其复杂的程度,超出想象。"[⑧]正因为确认某一合同为无效合同所引起的变动过于"剧烈",我国民事立法也在尽可能地对其作出限制,不仅增设了可撤销合同制度与效力待定合同制度,还一直在削减无效合同的类型。

一般认为,绝对无效合同是指违反了法律、行政法规的强制性规定或公序良俗的合同。绝对无效的合同对任何人都确定无效,而相对无效的合同则是指具备上述违法性但是只涉及特定第三人利益的合同,相对无效的合同只对特定

---

① 参见北京市第一中级人民法院民事判决书,(2018)京01民终5826号;江苏省扬州市中级人民法院民事判决书,(2016)苏10民终1708号;江苏省苏州市金阊区人民法院民事判决书,(2010)金民初字第0291号。

② 参见梁慧星:《民法总论》(第4版),法律出版社2011年版,第198页。

③ 参见林洋:《职权确认合同无效之程序和实体问题研究》,载《新疆大学学报(哲学·人文社会·科学版)》2019年第6期。

④ 参见杨立新:《合同法专论》,高等教育出版社2006年版,第144~151页。

⑤ 参见常鹏翱:《等同论否定说:法律行为的可撤销与相对无效的关系辩解——以〈民法通则〉到〈民法典〉的规范发展为基点》,载《法学家》2020年第5期。

⑥ 参见戢庆虎:《合同相对无效否定论》,载《湖北警官学院学报》2009年第2期。

⑦ 参见李文涛:《合同的绝对无效和相对无效——一种技术化的合同效力评价规则解说》,载《法学家》2011年第3期。

⑧ 陈自强:《民法讲义一:契约之成立与生效》,法律出版社2002年版,第148~149页。

的第三人无效,[1]或者合同的无效不能对特定人主张,如不得对善意第三人主张,该合同的无效就是相对无效。[2] 换言之,我国学界认为相对无效的含义主要包括以下两方面内容:第一,合同无效,但对特定人而言有效,特定人可以主张有效;第二,合同有效,但是特定人可以主张其无效。[3]

以往通说认为,我国民事立法中只有绝对无效的概念,[4]而并没有对相对无效的情形作出明确、系统的规定。但是相对无效的情形在我国民法中并非"全无踪影"。例如,我国民法在债权让与和保证责任制度中,就出现了相对无效的情形。[5]《民法典》第546条第1款规定:"债权人转让债权,未通知债务人的,该转让对债务人不发生效力。"第696条第1款规定:"债权人转让全部或者部分债权,未通知保证人的,该转让对保证人不发生效力。"可见,相对无效制度在我国民事法律中也有存在。

相对无效合同与可撤销合同的区别如下:(1)从产生原因来说,相对无效合同一般产生于损害特定第三人利益的情形,而可撤销合同一般则产生于意思表示不真实的情形,两者并不是完全相同的。(2)从违法性程度上来说,相对无效合同的违法性程度要高于可撤销合同,例如,某些恶意串通损害第三人利益的合同一般要比欺诈、胁迫对方当事人订立的可撤销合同的违法性程度要高。[6](3)从合同效力上来说,相对无效合同的效力虽然也是无效,但仅是对特定第三人以外的人自始无效;而可撤销的合同在被撤销后才自始无效,但享有合同撤销权的主体放弃行使撤销权或出现撤销权消灭之事由时,合同则确定有效。因此两者不能一概而论。

综上,合同相对无效制度是一种缓和性的规定,它既缓解了绝对无效合同对交易活动的稳定性、交易链条的完整性等造成的剧烈冲击,又有利于保护善

---

① 参见王利明:《关于无效合同确认的若干问题》,载《法制与社会发展》2002年第5期。

② 参见[德]迪特尔·梅迪库斯:《德国民法总论》,邵建东译,法律出版社2000年版,第375页;崔建远:《合同效力瑕疵探微》,载《政治与法律》2007年第2期。

③ 参见李文涛:《合同的绝对无效和相对无效——一种技术化的合同效力评价规则解说》,载《法学家》2011年第3期。

④ 参见王利明:《关于无效合同确认的若干问题》,载《法制与社会发展》2002年第5期。

⑤ 参见崔建远:《合同效力瑕疵探微》,载《政治与法律》2007年第2期。

⑥ 参见王利明:《关于无效合同确认的若干问题》,载《法制与社会发展》2002年第5期。

意第三人的利益,因此,区分合同的绝对无效与相对无效是很有必要的。

二、《民法典》关于合同无效情形的规定

《民法典·合同编》并未统一列举合同无效的情形,而是在第 508 条规定“本编对合同的效力没有规定的,适用本法第一编第六章的有关规定”,即按照总则编关于“民事法律行为”效力的规定来认定。据此,合同无效的情形有五种,以下分述之。[①]

(一)无民事行为能力人订立的合同无效

《民法典》第 144 条规定:“无民事行为能力人实施的民事法律行为无效。”但有学者认为法律不为无民事行为能力人依其年龄、智力精神健康状况可独立实施民事法律行为预留任何空间而一律规定为无效,不免脱离生活实际,也不利于促进其心智健全或成长。[②] 这种完全根据自然人的年龄与精神状况对民事行为能力进行“一刀切”的立法模式,并未顾忌现实生活中具体人、具体行为中意思能力的具体差异,因而过于僵化而不具制度弹性与灵活性。[③] 如王泽鉴教授认为:“将行为能力之标准,一断与年龄,虽属客观,但不免失诸僵硬,故应通过一定之途径予以缓和。”[④]因此,在解释适用《民法典》第 144 条规定时,不能僵化地、绝对地认为“凡无民事行为能力实施的任何民事法律行为都一律无效”。在解释论上,仍需要参照限制民事行为能力人之规定,通过类推适用《民法典》第 145 条之规定,例外地承认其所实施的纯获法益或与其年龄、智力状态相适应的民事法律行为也是有效的。[⑤]

虽然立法者对无民事行为能力人所实施的法律行为认定为绝对无效而无任何例外,即使其实施纯获利益之行为亦非有效,我国民法学者对此颇有争议,

---

① 参见刘贵祥、吴光荣:《关于合同效力的几个问题》,载《中国应用法学》2021 年第 6 期。

② 参见刘向宁、张艳萍:《无民事行为能力人所订合同之效力——不满十周岁未成年人的视角》,载《中国青年社会科学》2015 年第 3 期。

③ 参见刘耀东:《论无民事行为能力人实施民事法律行为的效力——基于“立法论”与“解释论”的二元视角》,载《北方法学》2019 年第 6 期。

④ 王泽鉴:《民法总则》,北京大学出版社 2009 年版,第 249 页。

⑤ 参见刘耀东:《论无民事行为能力人实施民事法律行为的效力——基于“立法论”与“解释论”的二元视角》,载《北方法学》2019 年第 6 期。

并形成了两种不同的观点——“绝对无效说”和“例外有效说”。[①] “绝对无效说”认为,《民法典》第 144 条规定中并无但书,亦无附条件。其意应为,“凡是无民事行为能力人所实施的民事法律行为均应无条件、无例外地归于无效。只要能够认定实施民事法律行为的民事主体为无民事行为能力人,即可认定其实施的民事法律行为无效。”[②]按照我国《民法典》第 19 条、第 20 条、第 21 条、第 22 条、第 144 条与第 145 条第 1 款,《德国民法典》第 105 条之规定,以及德国学者梅迪库斯的论述,无行为能力人与限制行为能力人的重大区别之一:限制行为能力人从事某种其依照法律不能从事的法律行为时,其代理人可以事前同意也可以事后追认,但是对无行为能力人却不存在事前同意或事后追认的问题。即使是纯获利益的法律行为,无行为能力人也不能有效实施,因为其根本就没有任何意思能力。[③] 所以,无行为能力人不能独自为任何法律行为,不能为了保护无行为能力人而不顾概念之要求,违反民法基本法理。

“例外有效说”认为,尽管《民法典》规定无行为能力人实施的法律行为无效,但纯获利益的法律行为并非其中应有之义。无论是设立无民事行为能力人这一分类,还是规定其民事法律行为概为无效,其目的均系确保其利益不受损害。故认定无行为能力人所为的纯获收益的法律行为有效与制定此制度的初衷并不违背。反之,如果机械地适用《民法典》第 144 条的规定,从而认定此类法律行为无效,则损害了无行为能力人的利益,反而与制度初衷相悖。多数学者认为,无民事行为能力人通常不能辨认和理解自己的行为,因此不能独立实施民事法律行为。但并非无行为能力人单独实施的任何法律行为均为无效:一是纯获法律上利益的行为有效,[④]二是日常生活必需的消费行为有效。例如,乘坐公交车,购买学习用品等,这些日常消费行为如果与无行为能力人的年龄和智力相符合,应为有效。如果因其不满 8 周岁而无效,显然违背社

---

① 参见刘耀东:《论无民事行为能力人实施民事法律行为的效力——基于“立法论”与“解释论”的二元视角》,载《北方法学》2019 年第 6 期。

② 杨立新:《民法总则:条文背后的故事与难题》,法律出版社 2017 年版,第 367 页。

③ 参见李永军:《民法总则》,中国法制出版社 2018 年版,第 168 页。

④ 参见陈小君:《民事法律行为效力之立法研究》,载《法学家》2016 年第 5 期。

会生活经验,[①]这样不仅会增加法定代理人的负担,而且会增加相对人的风险,如此,交易相对人便不再与未成年人进行交易,不符合经济生活简便、快捷的要求。另外,根据法律的评价,对无民事行为能力人的保护优先于对交易的保护,[②]因此不能以限制未成年人自由来换取相对人的交易安全。因此,要求日常生活中的小额消费行为一律须经法定代理人代理,既无必要也不可行。应当参照国外立法经验,类推适用《民法典》第 19 条的规定。[③] 例如,《德国民法典》规定无民事行为能力人作出的意思表示无效,但随着实践的发展,这一规定受到了众多学者批评。因此,《德国民法典》在 2002 年修改时增加第 150a 条,规定无民事行为能力人为日常生活订立合同是有效的,但此合同不能对无民事行为能力人的人身或财产造成重大危害。更有观点认为,无民事行为能力人与限制民事行为能力人在订立合同方面并无实质的不同,人为地按年龄划分民事行为能力,将阻碍不满 8 周岁未成年人的发展。[④] 随着经济的发展,不满 8 周岁的未成年人拥有个人财产的现象比较普遍,在其日常生活中,为满足生活需要而订立买卖、运输等合同亦为常事;不满 8 周岁的未成年人订立公交运输合同、学习用品买卖合同等是日常生活所必需的,对合同双方没有损害,更不会对社会利益造成损害。因此,如果完全认定不满 8 周岁的未成年人独立订立的合同无效,过犹不及,不但不能起到保护未成年人的作用,反而限制其自由发展。因此,无民事行为人与限制民事行为能力人所订合同发生相同效力更为妥当,梁慧星先生亦持此观点。[⑤]

(二)通谋虚伪表示订立的合同无效

《民法典》第 146 条规定:“行为人与相对人以虚假的意思表示实施的民事

---

① 参见王利明主编:《中华人民共和国民法总则详解》(下册),中国法制出版社 2017 年版,第 618 页;王利明、杨立新、王轶、程啸:《民法学》,法律出版社 2017 年版,第 53 页;郭明瑞:《民法总则通义》,商务印书馆 2018 年版,第 53 页;谭启平主编:《中国民法学》,法律出版社 2018 年版,第 98 页;邹海林:《民法总则》,法律出版社 2018 年版,第 81 页;常鹏翱:《意思能力、行为能力与意思自治》,载《法学》2019 年第 3 期。

② [德]卡尔·拉伦茨:《德国民法通论》(上册),王晓晔、邵建东等译,法律出版社 2013 年版,第 142 页。

③ 参见崔建远:《合同法》,北京大学出版社 2016 年版,第 103 页。

④ 参见刘向宁、张艳萍:《无民事行为能力人所订合同之效力——不满十周岁未成年人的视角》,载《中国青年社会科学》2015 年第 3 期。

⑤ 参见梁慧星:《民法总论》,法律出版社 2017 年版,第 200 页。

法律行为无效。以虚假的意思表示隐藏的民事法律行为的效力,依照有关法律规定处理。”[①]本条是关于虚伪表示及隐藏行为的规定。此外,《德国民法典》第117条、《日本民法典》第94条、《韩国民法典》第108条亦有类似规定。[②]

虚伪表示,即虚假的意思表示,指表意人明知其所表示的内容与其内心的真实意思不一致而作出的意思表示。[③] 由虚假的意思表示而成立民事法律行为,有两种类型:其一,仅一方为虚假意思表示而成立的民事法律行为,学理上称为单独虚假意思表示,包括真意保留和戏言。其二,基于双方的意思表示成立法律行为,其中一方为虚假意思表示,另外一方对此明知或双方串通,学说上称此为通谋虚假意思表示或者通谋虚伪表示。

《民法典》第146条宜解释为因通谋虚伪意思表示而成立的民事法律行为无效。[④] 理由在于法条的解释不仅要以文字可能的语义为出发点,而且要以统一的内在精神为归趋。通谋虚伪意思表示在比较法上之所以无效,是由于双方均没有受其意思表示拘束的意旨。而真意保留之所以以有效为原则,是出于保护善意相对人的合理信赖。[⑤] 虚伪表示通常基于不良动机,例如,债务人

---

① 参见最高人民法院民事判决书,(2020)最高法民终1269号。南通四建集团有限公司与获嘉县岚世纪房地产开发有限公司、黄某某建设工程施工合同纠纷案,最高人民法院认为出借资质单位与建设单位并无签订、履行案涉建设工程施工合同的真实意思表示,双方签订的《建设工程施工合同》无效,出借资质单位主张其为《建设工程施工合同》的一方当事人并向建设单位主张工程价款及优先受偿权,人民法院不予支持。参见最高人民法院民事判决书,(2020)最高法民终682号。高安市城市建设投资有限公司与华金证券股份有限公司等确认合同无效纠纷案,最高人民法院认为当事人签订《合伙协议》时的真实意思表示并非成为合伙人,分享合伙企业投资收益,承担合伙企业风险,而是以设立合伙企业的同时转让合伙企业财产份额并收取固定溢价款形式变形实现还本付息的借贷目的,可以认定《合伙协议》均为当事人虚假的意思表示,应认定为无效。参见最高人民法院民事判决书,(2019)最高法民再304号。增某某与湖南新国置业发展有限公司合同纠纷案,最高人民法院认为双方当事人存在借贷合同法律关系,为担保债务的履行,双方通过商品房买卖合同,并办理商品房预告登记手续为登记权利人进行担保,双方商品房买卖的意思表示并非双方的真实意思表示,属于虚假的意思表示,对双方不具有法律拘束力,但是双方之间隐藏的、以形式上转让所有权的方式设定担保的意思表示并不当然无效,应根据法律的相关规定认定其效力。参见最高人民法院民事判决书,(2020)最高法民终1210号;最高人民法院民事判决书,(2019)最高法民终133号;最高人民法院民事判决书,(2016)最高法民再113号。

② 参见韩世远:《合同法总论》(第4版),法律出版社2018年版,第218页。

③ 参见陈小君:《民事法律行为效力》,载《法学家》2016年第5期。

④ 参见最高人民法院民事判决书,(2019)最高法民终971号;最高人民法院民事判决书,(2018)最高法民终119号;最高人民法院民事裁定书,(2013)民申字第1077号。

⑤ 参见李建伟:《行政规章影响商事合同效力的司法进路》,载《法学》2019年第9期。

为逃避债务，与友人通谋，制造假债权或虚伪让与财产。① 所谓通谋，不仅双方当事人皆欠缺内心的效果意思，且表意人此项非真意的意思表示为对方所“明知”，并进一步相互为非真意的“合意”表示，始构成通谋的虚伪表示。② 从通谋虚伪表示本体的法律效果角度看，通谋虚伪表示属于绝对无效的行为，而非相对无效；同时，通谋虚伪表示客观上会形成可归责于表意人的权利外观。③

应与通谋虚伪表示相区别的是诈害侵权行为。关于诈害侵权行为《民法典》第 538 条、第 539 条（债权人的撤销权）有规定。二者的区别在于：（1）在通谋虚伪表示，双方当事人并无做成法律行为的真意，而无受合同拘束之意；反之，在诈害债权行为中，双方当事人具有缔结合同的真意，而愿意受合同约束。（2）通谋虚伪表示，法律行为为无效；诈害行为，债权人仅得诉请法院撤销债务人的行为。④

（三）违反法律、行政法规效力性强制性规定的合同无效

《民法典》第 153 条第 1 款规定：“违反法律、行政法规的强制性规定的民事法律行为无效。但是，该强制性规定不导致该民事法律行为无效的除外。”⑤此处所谓的强制性规定实际上指的是强行性规范，⑥既包括命令当事人必须实施或者必须以特定方式实施某种行为之规范，也包括禁止当事人实施或者以特定方式实施某种行为之规范。⑦ 前者称为强制性规范，后者称为禁止性规范。⑧

---

① 参见最高人民法院民事判决书，（2012）民四终字第 1 号；最高人民法院民事判决书，（2017）最高法民终 17 号。

② 参见施启扬：《民法总则》，台北，三民书局 2001 年版，第 246 页。

③ 参见施鸿鹏：《通谋虚伪表示基础上对抗规则的教义学展开》，载《东方法学》2022 年第 1 期。

④ 参见陈聪富：《民法总则》（第 2 版），台北，元照出版有限公司 2016 年版，第 260 页。

⑤ 参见蔡睿：《违法合同的效力评价与无效类型——〈民法总则〉第 153 条第 1 款释论》，载《苏州大学学报（法学版）》2019 年第 1 期；四川省高级人民法院民事判决书，（2018）川再 482 号；江苏省常州市中级人民法院民事判决书，（2017）苏 04 民终 986 号。

⑥ 参见刘贵祥、吴光荣：《关于合同效力的几个问题》，载《中国应用法学》2021 年第 6 期；张雯、颜君：《“暗刷流量”合同违背社会公序良俗应属无效——常某某诉许某马某某网络服务合同案》，载《法律适用》2020 年第 16 期。

⑦ 参见郑成良、牛安琪：《强制性规定类型识别的辨伪与存真》，载《社会科学战线》2021 年第 5 期；陈树森：《识别影响合同效力强制性规定的路径思考》，载《中国应用法学》2021 年第 5 期。

⑧ 参见史尚宽：《民法总论》，中国政法大学出版社 2000 年版，第 329 页；参见陈自强：《契约之成立与生效》，法律出版社 2002 年版，第 146 页。

也即,强行性规范是强制性规范与禁止性规范的上位概念。一般来说,能够导致民事法律行为无效的多是禁止性规范,[①]因为禁止性规范是对某种行为持否定态度,其中可能包括民事法律行为。对强制性规范的违反,也可致否定民事法律行为效力的效果。如违反通过招标投标订立合同的强制性规定,签订的合同无效。对于《民法典》第 153 条第 1 款中所谓的"强制性规定",应当不拘泥于文字,将其理解为也包括禁止性规范。[②]

违反法律、行政法规的强制性规定并不必然导致合同无效。[③] 法院必须判断,所涉及的法律规范是否想要使私法上的法律行为归于无效。[④] 在判断合同是否因违反强制性规定而无效时,一个重要因素是为了达到规范目标,是否需要使该合同无效。[⑤] 这样,强制性规定的规范目的便是问题的关键。[⑥] 如果单纯通过对一方当事人作出处罚(如罚款)即可实现该规范目的,就没有必要非得让合同无效,[⑦]这对于保护合同相对人、保护交易安全无疑是有好处的。[⑧] 综合考虑规范目的与规范重心,可以归纳出如下几项规则:

1. 如果强制性法律规定针对的是民事法律行为的内容,则违反该规定的民事法律行为无效。[⑨] 比如以权钱交易为内容的合同、委托他人进行权钱交易的

---

① 类似观点参见朱庆育:《〈合同法〉第 52 条第 5 项评注》,载《法学家》2016 年第 3 期;许中缘:《禁止性规范对民事法律行为效力的影响》,载《法学》2010 年第 5 期。王轶教授认为,《合同法》第 52 条第 5 项所谓的强制性规范实际上指的就是禁止性规范,参见王轶:《民法原理与民法学方法》,法律出版社 2009 年版,第 288 页。

② 参见杨代雄:《〈民法典〉第 153 条第 1 款评注》,载《法治研究》2020 年第 5 期。

③ 参见重庆市第二中级人民法院民事判决书,(2015)渝二中法民终第 2170 号。

④ 例如,在德国《商店关门法》并非想让在星期日缔结的合同无效。

⑤ 参见河南省高级人民法院民事裁定书,(2020)豫民申 1375 号。

⑥ 参见万江:《违反价格管制的合同效力研究》,载《法律科学》2019 年第 6 期;万江:《政府管制的私法效应:强制性规定私法认定的实证研究》,载《当代法学》2020 年第 2 期。

⑦ 参见黄成:《民法典背景下环境资源合同案件中合同效力认定之完善——基于 80 份裁判文书的实证分析》,载《法律适用》2020 年第 23 期。

⑧ 参见姚明斌:《"效力性"强制规范裁判之考察与检讨——以〈合同法解释二〉第 14 条的实务进展为中心》,载《中外法学》2016 年第 5 期。参见贵州省贵阳市中级人民法院民事判决书,(2018)黔 01 民终 766 号。

⑨ 参见夏昊晗:《诚信原则在"借违法无效之名毁约"案型中的适用》,载《法学》2019 年第 6 期;江苏省江阴市人民法院民事判决书,(2009)澄民一初字第 3628 号;广东省佛山市中级人民法院民事判决书,(2018)粤 06 民终 7741 号。

合同[①]、毒品买卖合同、人体器官买卖合同[②]、非法传销合同、非法买卖他人个人信息的合同、买卖(转让)土地或者矿产资源的合同[③]等。此类交易本身为法律所禁止,所以在民法上当然应否定其效力。如果民事法律行为的履行行为违反强制性法律规定,等同于内容违法。[④] 比如甲公司享有某一区域的探矿权,与乙公司订立合作勘查探矿合同,事后发现该探矿区域处于野生动物自然保护区范围内,按照《中华人民共和国自然保护区条例》第26条的规定,禁止在自然保护区内进行砍伐、狩猎、捕捞、开垦、开矿等活动,因此,合作探矿合同一旦履行,即违反该禁止性规定,应认定合同无效。[⑤]

2. 如果强制性法律规定针对的是法律行为的一些外部条件,如行为的时间、地点等,原则上不能将法律行为认定为无效。

3. 如果强制性法律规定针对的是一方当事人的资格,需要区分三种情况。其一,该规范涉及特定的职业资格,比如禁止没有医生资格的人行医,禁止没有律师执照的人提供职业性的法律服务。违反此种禁止性规范的合同原则上无效,否则将导致顾客接受不符合专业水准的服务并深受其害。[⑥] 其二,该规范涉及劳动者资格,比如禁止雇用未成年人。对此,德国的学说与判例认为童工合同无效,但该无效不具有溯及力,可资借鉴。其三,该规范涉及企业经营资格,[⑦] 比如《中华人民共和国城市房地产管理法》第58条禁止未领取营业执照的房地产中介机构从事房地产中介活动。对于违反此种规范的合同,德国民法通说认为合同有效,因为此种规范旨在维持市场秩序,具有管理性的功能,立法者无意

① 参见最高人民法院民事裁定书,(2015)民申字第2995号。

② 参见《全国法院民商事审判工作会议纪要》第30条第2款:人民法院在审理合同纠纷案件时,要依据《民法总则》第153条第1款和合同法解释(二)第14条的规定慎重判断"强制性规定"的性质,特别是要在考量强制性规定所保护的法益类型、违法行为的法律后果以及交易安全保护等因素的基础上认定其性质,并在裁判文书中充分说明理由。下列强制性规定,应当认定为"效力性强制性规定":强制性规定涉及金融安全、市场秩序、国家宏观政策等公序良俗的;交易标的禁止买卖的,如禁止人体器官、毒品、枪支等买卖;违反特许经营规定的,如场外配资合同;交易方式严重违法的,如违反招投标等竞争性缔约方式订立的合同;交易场所违法的,如在批准的交易场所之外进行期货交易。关于经营范围、交易时间、交易数量等行政管理性质的强制性规定,一般应当认定为"管理性强制性规定"。

③ 政府将国家所有的滩涂海域经营使用权永久转让给他人的行为应属无效。参见最高人民法院民事判决书,(2014)民抗字第40号。

④ 参见杨代雄:《〈民法典〉第153条第1款评注》,载《法治研究》2020年第5期。

⑤ 参见最高人民法院民事判决书,(2015)民二终字第167号。

⑥ 参见重庆市第一中级人民法院民事判决书,(2016)渝民终2439号。

⑦ 参见甘肃省庆阳市中级人民法院民事判决书,(2014)庆中民初字第30号。

否定合同的效力。

4. 如果强制性法律规定之目的在于对民事法律行为的一方当事人进行保护，不能一概判定民事法律行为无效，否则可能事与愿违。比如，《刑法》第224条、第266条规定诈骗行为构成犯罪，这意味着诈骗行为被法律禁止，其目的在于保护社会成员免受诈骗行为的侵害。一方当事人为骗取对方钱财与之订立合同，虽违反《刑法》第224条、第266条的规定，但不应判定合同无效，[①]毋宁说，该合同依《民法典》第148条为可撤销合同。受欺诈方可以选择使合同生效并请求欺诈方履行合同，也可以选择撤销合同并请求欺诈方返还财物、承担缔约过失责任。[②]

5. 如果强制性法律规定之目的主要在于规制一方当事人的行为，以维护社会公共秩序，则违反该规定民事法律行为是否无效，取决于该民事法律行为如果有效是否不利于此项法律目的之实现。或者说，须考察通过行政或刑事制裁是否足以保证法律目的之实现，抑或同时需要借助于民事制裁（判定法律行为无效）实现该目的。

6. 如果强制性法律规定针对的是民事法律行为的后续行为，则后续行为违反该规定通常并不导致民事法律行为本身无效。比如，甲、乙订立买卖合同，依据客观情况，买卖标的物只能通过进口获得，而其进口违反了强制性法律规定，但国内的买卖合同本身并未违反该法律规定，所以并非无效。

关于民事法律行为是否因违反强制性法律规定而无效，由主张其无效的当事人负责证明是否存在导致违反强制性法律规定的事实构成。

以诚信原则矫正法律行为违法无效的例外性。[③] 在例外情况下，诚信原则在法律行为违法无效领域依然有其适用空间。[④] 在“借违法无效之名毁约”案型中，如果认定合同因违法无效将产生难以忍受的不利后果，则可以在比较合同双方利益的基础上，结合法律禁令的规范目的和社会公共利益，认定主张无

---

① 参见最高人民法院民事判决书，(2015)民一终字第240号。

② 参见最高人民法院民事判决书，(2016)最高法民终655号。

③ 参见夏昊晗：《诚信原则在“借违法无效之名毁约”案型中的适用》，载《法学》2019年第6期；刘贵祥、吴光荣：《关于合同效力的几个问题》，载《中国应用法学》2021年第6期。

④ 参见王利明：《关于合同无效确认的若干问题》，载《法制与社会发展》2002年第5期；崔建远：《合同法》（第3版），北京大学出版社2016年版，第88页；任重：《民事诉讼诚实信用原则的实施——德国的认知与实践》，载《法学家》2014年第4期。

效一方之行为是否因严重违反诚信原则而构成权利滥用。构成权利滥用的，则宜禁止违反诚信原则的一方主张合同无效，将无效合同在结果上作为有效合同对待，但不宜以此为由认定合同有效。[①] 诚信原则要求当事人不得主张合同无效之恶意抗辩，[②]所谓合同无效之恶意抗辩是指当事人明知将要签订的合同存在无效的原因，而依然缔约；其后，在合同存续甚至履行阶段，发现合同有效于己不利或合同无效能获得更多利益，便请求法院或者仲裁机构确认合同无效。法律规定合同无效的重要目的在于制裁不法行为人，维护国家的法治秩序和社会的公共道德，恶意抗辩背离了法律关于合同无效制度设立的目的和宗旨，不应得到法律支持。[③]

（四）违背公序良俗的合同无效

《民法典》第153条第2款规定："违背公序良俗的民事法律行为无效。"合同如果违背公序良俗，可以称合同不具有"社会妥当性"。[④] 同强制性规定一样，公序良俗也体现了国家对民事领域意思自治的一种限制。因此，对公序良俗的违背也构成民事法律行为无效的理由。[⑤]

公序良俗的概念具有不确定性，富有弹性，如欲发挥功能，需法官在个案中对其具体内涵予以充实。[⑥] 对于其解释适用，一方面，须作严格限制，以免被滥用，以致产生不良后果；另一方面，亦应尽可能在积累判例的基础上类型化，丰富此类不确定概念的内涵，为司法裁判提供标准。

梁慧星教授曾参考国外判例学说，将违反公序良俗的行为类型化为十

---

① 参见夏昊晗：《诚信原则在"借违法无效之名毁约"案型中的适用》，载《法学》2019年第6期。

② 参见山东省胶州市人民法院民事判决书，(2007)胶民重字第14号。

③ 参见李蕾、赵萌：《恶意抗辩合同无效不予支持——北京Y集团有限责任公司诉北京H制药有限公司、北京R科技有限公司合同案》，载《中国应用法学》2018年第5期；最高人民法院民事判决书，(2013)民抗字第30号；最高人民法院民事裁定书，(2016)民申2187号；广东省深圳市中级人民法院民事裁定书，(2016)粤03民终字第562号；深圳市宝安区人民法院民事裁定书，(2014)深宝法民三初字第1013号；四川省成都市中级人民法院民事判决书，(2016)川01民终11897号；上海市第一中级人民法院民事判决书，(2016)沪01民终10627号。

④ 参见韩世远：《合同法总论》(第4版)，法律出版社2018年版，第227页。

⑤ 参见张雯、颜君：《"暗刷流量"合同违背社会公序良俗应属无效——常某某诉许某马某某网络服务合同案》，载《法律适用》2020年第16期。

⑥ 参见"北雁云依"诉济南市公安局历下区分局燕山派出所公安行政登记案，最高人民法院指导案例89号(2017年)。

种,具体包括:(1)危害国家公序型,[①]比如以从事犯罪或帮助犯罪行为为内容的合同;投票用纸买卖合同;身份证件买卖合同;规避课税的合同。(2)危害家庭关系型,比如约定父母子女别居的协议;约定夫妻别居的协议;约定断绝亲子关系的协议;"代理母"协议。[②] (3)违反性道德型,比如妓馆之开设、转让合同。(4)射幸行为型,比如赌博、彩票、巨奖销售等,但是政府特许者除外。(5)违反人权和人格尊严型,比如过分限制人身自由的劳动合同;以债务人人身为抵押的条款。(6)限制经济自由型,比如分割市场、封锁市场的协议;限制原材料输出或商品进入的协议。(7)违反公正竞争型,比如拍卖或者招标中的围标行为;以贿赂方法诱使对方的雇员或代理人与自己订立的合同;以诱使对方违反其对于第三人的合同义务为目的的合同。(8)违反消费者保护型,主要表现为利用欺诈性的交易方法、不当劝诱方法、虚假广告等方法与消费者发生的交易行为。(9)违反劳动者保护型,如"工伤概不负责条款""单身条款"等。(10)暴利行为型。[③]

（五）行为人与相对人恶意串通损害他人合法利益的合同无效

《民法典》第 154 条规定:"行为人与相对人恶意串通,损害他人合法权益的民事法律行为无效。"[④]本条是关于恶意串通的民事法律行为的效力的规定。[⑤]一些学者认为,在民事法律行为无效事由的规范体系中,《民法典》第 154 条应被定位为关于违背公序良俗的一种特殊情形,[⑥]其与意思表示瑕疵无关,《民法典》第 154 条因此构成第 153 条第 2 款规定的特别规则。虚假表示与恶意串通,二者均为民事法律行为无效的原因,但是其法理基础并不一样。在恶意串通场合,第 154 条旨在维护公序良俗;而在虚假表示场合,法律之所以使民事法律行为无效,是因为双方当事人均没有受其拘束的意旨,其并不考虑该意思表示是损害了公共利益还是私人利益,其主要是为了维护意思与表示的一致性或

---

① 参见最高人民法院民事判决书,(2019)最高法民再 97 号。

② 参见北京市第一中级人民法院民事判决书,(2013)一中民终字第 4131 号。

③ 参见梁慧星:《民法学说判例与立法研究》(第 2 册),国家行政学院出版社 1999 年版,第 16 页。

④ 参见最高人民法院民事裁定书,(2021)最高法民申 1723 号。

⑤ 参见山东省淄博市中级人民法院民事判决书,(2019)鲁 03 民终 4063 号。

⑥ 参见李永军:《法律行为无效原因之规范适用》,载《华东政法大学学报》2017 年第 6 期;韩世远:《虚假表示与恶意串通问题研究》,载《法律适用》2017 年第 17 期;李宇:《新桃换旧符:民法总则上的恶意串通行为无效规范》,载《学术月刊》2017 年第 12 期。

意思表示的真实性。①

恶意串通之法律行为无效规则仅处理“真正的恶意串通”,②即当事人以恶意串通订立合同的方式损害他人利益的情形,③而不包括那些一方当事人与第三人恶意串通损害另一方当事人(或其他人)利益的“不真正的恶意串通”情形。④

恶意串通损害他人合法权益的合同,其构成分为主观和客观两方面因素,主观因素为恶意串通,即当事人双方具有共同目的(恶意),希望通过订立合同损害他人合法权益(害意)。它可以表现为双方当事人事先达成协议;也可以是一方作出意思表示,对方明知其目的非法,而用默示的方式接受。它可以是双方当事人相互配合,也可以是双方共同作为。客观因素为合同损害他人合法权益。恶意串通属于一种意思与表示完全一致的真实意思表示,这与同样被规定为无效事由的虚假意思表示存在根本的区别。⑤

第三节　效力待定的合同

一、效力待定合同的概念

效力待定的合同,也称效力未定的合同、可追认的合同,是指合同成立后是否发生效力尚未确定,要等待其他行为来认定其是否有效的合同。⑥ 效力待定

---

① 参见朱广新:《恶意串通行为无效规定的体系地位与规范构造》,载《法学》2018 年第 7 期。

② 参见刘哲玮:《确认他人恶意串通合同无效之诉的合法性检讨——最高人民法院指导案例 33 号的程序法评释》,载《当代法学》2018 年第 2 期;最高人民法院判决书,(2012)民四终字第 1 号。

③ 参见最高人民法院民事判决书,(2011)民二终字第 37 号;最高人民法院民事裁定书,(2014)民申字第 1274 号;最高人民法院民事裁定书,(2014)民监字第 22 号;最高人民法院民事判决书,(2012)民四终字第 1 号。

④ 参见茅少伟:《论恶意串通》,载《中外法学》2017 年第 1 期。

⑤ 我国《民法总则》颁布之后,学界在区分虚假意思表示与恶意串通上达成了相对一致的认识,即虚假意思表示是指意思与表示故意不一致的民事法律行为,恶意串通是指意思表示真实的民事法律行为。参见梁慧星:《读法条　学民法》(第 2 版),人民法院出版社 2017 年版,第 80 页;申卫星:《民法学》(第 2 版),北京大学出版社 2017 年版,第 131 页;龙卫球、刘保玉主编:《中华人民共和国民法总则释义与适用指导》,中国法制出版社 2017 年版,第 550 页。但也有个别学者认为虚假意思表示与恶意串通行为都是“意思表示不真实”。参见王利明:《民法总则》,中国人民大学出版社 2017 年版,第 324 页。

⑥ 参见魏振瀛主编:《民法》,北京大学出版社、高等教育出版社 2013 年版,第 155～171 页。

的合同不同于无效合同,设立效力待定的合同制度是很有必要的。其一,无效合同本身就存在违法性,为国家所否定,因此自始无效;而效力待定的合同本身仅仅存在一定的瑕疵,而这种瑕疵可以通过追认等补救手段予以消除,使合同完全符合生效要件而生效。其二,允许有权人对合同进行追认,也从一定程度上维护了合同相对人的利益,能够维护交易行为的稳定与安全,从而促进市场交易行为的达成以激发市场活力。其三,无效合同主要是因为涉及公共利益和公序良俗的保护,违反了效力性强制性规定,法院行使公权力进行干预,不因当事人意思选择而改变;而效力待定的合同,则属于非公权力直接干预的救济,最终决定权在善意第三人。①

效力待定的合同不同于可撤销的合同。可撤销合同之所以可以被当事人请求法院予以撤销,是因为在签订合同的过程中存在意思表示不真实的情况。效力待定的合同并不存在意思表示不真实的情况,而是缔约人不具备相应的民事行为能力,不能够完全理解合同内容所代表的含义与订立后果,或缔约人并不具备相应的缔约资格,因此需经有权人进行追认后才能确定合同效力。可撤销合同在被撤销之前是确定有效的,但效力待定合同的效力是不确定的。② 此外,对于可撤销合同中的相对方来说,并无效力待定合同情况下相对方享有的撤销权。将这种法律关系的效力决定权赋予欠缺行为能力人,法律将保护的重点倾向于弱者一方的利益。③

正如前述,效力待定合同制度的设立也是为了维护合同相对人的合法权益,合同相对人与这些不具备缔约能力或不具备缔约资格的行为人签订合同,本质上也是为了正常达成合同内容,因此效力待定的合同与无效合同、可撤销合同存在很大的区别,不能一概而论。

二、限制民事行为能力人依法不能独自签订的合同

《民法典》第19条、第22条规定,限制民事行为能力人实施民事法律行为

---

① 参见顾全:《民事法律行为效力评价维度——兼论及限制性规范体系的理解适用》,载《东方法学》2021年第1期。

② 参见常鹏翱:《等同论否定说:法律行为的可撤销与相对无效的关系辨析——以〈民法通则〉到〈民法典〉的规范发展为基点》,载《法学家》2020年第5期。

③ 参见叶欣:《自然人民事行为能力制度之反思》,载《理论月刊》2011年第11期。

由其法定代理人代理或者经其法定代理人同意、追认;但是,可以独立实施纯获利益的民事法律行为或者与其年龄、智力、精神状况相适应的民事法律行为。所谓与其年龄、智力相适应的民事法律行为,是指以未成年人当时年龄、智力状况能够完全理解其内容与后果的行为;所谓与其智力、精神健康状况相适应的民事法律行为,是指限制民事行为能力的成年人在精神健康状况良好的情况下,以其智力水平能够完全理解其内容与后果的行为。除纯获利益的合同及与自身年龄、智力、精神健康状况相适应的合同以外,限制民事行为能力人签订的其他合同都属于效力待定的合同,此时法定代理人享有追认权,未经法定代理人追认不生效。

如果法定代理人迟迟不行使追认权,又不拒绝追认,将导致合同一直处于效力待定的状态,从而损害合同当事人的利益。因为如果法定代理人在合同实际履行后才拒绝追认,依据《民法典》第 157 条之规定,合同相对人可能要作出返还财产或折价补偿或赔偿损失等行为,这将严重损害善意相对人的利益,增加民事活动的成本与不稳定性。《民法典》设置了相对人催告权和善意相对人撤销权以对抗法定代理人的追认权。其第 145 条第 2 款规定:“相对人可以催告法定代理人自收到通知之日起三十日内予以追认。法定代理人未作表示的,视为拒绝追认。民事法律行为被追认前,善意相对人有撤销的权利。撤销应当以通知的方式作出。”善意相对人并不知晓缔约人不具备签订相应合同的能力,因此法律允许善意相对人在合同内容不利于自己且法定代理人未追认的情况下撤销其合同行为,进而全面保护善意相对人的合法权益。

三、狭义无权代理所订立的合同

无权代理,是指行为人没有代理权、超越代理权或者代理权终止后以被代理人名义订立合同的情形。《民法典》分别就狭义无权代理和表见代理作出了规定。其中,狭义无权代理行为人订立的合同,为效力待定的合同。因为,代理行为的效力,来自本人的同意,这种同意在法律上就表现为代理权的授予;如果行为人没有代理权而实行了某些法律行为,应当被视作未经被代理人同意,正如《民法典》第 171 条第 1 款规定的那样:“行为人没有代理权、超越代理权或者代理权终止后,仍然实施代理行为,未经被代理人追认的,对被代理人不发生效力。”

将狭义无权代理订立的合同认定为效力待定合同的法理依据在于,无权代理合同所存在的瑕疵——行为人无代理权——是可以通过事后被代理人的追认来进行补救的。法律赋予了被代理人否认权,如果被代理人认为该合同不利于自身利益,那么当然可以拒绝追认合同,合同对自己并不发生效力;如果被代理人认为该合同有利于自身利益,那么可以直接追认从而使合同生效,对自己发生效力。如果将无权代理合同一律认定为无效合同的话,第二种情况下被代理人还要重新与合同相对人签订合同,这样做反而增加了交易成本,降低了交易活动的效率,不利于交易行为的达成。立法将无权代理合同规定为效力待定的合同,代理行为是否生效由被代理人自己考量。为了防止被代理人不当使用追认权,法律也作出了相应的限制,《民法典》第 171 条第 2 款规定:"相对人可以催告被代理人自收到通知之日起三十日内予以追认。被代理人未作表示的,视为拒绝追认。行为人实施的行为被追认前,善意相对人有撤销的权利。撤销应当以通知的方式作出。"如果被代理人没有追认,那么无权代理人与相对人之间的合同就不对其发生效力,为了保护善意相对人的利益,第 171 条第 3 款规定善意相对人有权请求行为人履行债务或者就其受到的损害请求行为人赔偿,由无权代理人承担合同未被追认的损失,[①]但"赔偿的范围不得超过被代理人追认时相对人所能获得的利益",这也正是民法中"填平原则"的体现。善意相对人可以在债务履行请求权与损害赔偿请求权中择一行使。

表见代理是指行为人没有代理权、超越代理权或者代理权终止后,仍然实施代理行为,而合同相对人仍有理由相信行为人有代理权的,导致合同有效的情形。表见代理所订立的合同不属于效力待定的合同,而属于确定有效的合同,被代理人既没有追认权也没有拒绝追认的权利,合同的效果直接归属于被代理人,被代理人与第三人成为合同的相对方,而代理人与合同则不存在任何关系。

---

① 关于此种情形下无权代理人赔偿责任的性质,存在三种观点。一是信赖利益说。因为此时的责任性质为缔约过失责任,则赔偿范围只能是信赖利益的损害;且既然规定以履行利益为上限,则该赔偿责任在性质上应当是信赖利益赔偿。二是履行利益说。该说认为,为与履行债务的责任形式相适应,相对人可以主张的应当是履行利益的损害赔偿,否则会形成法律的漏洞。三是相对人自由选择说。该说认为,相对人可以自行选择信赖利益或履行利益的赔偿,但是需要完成的证明内容不同。通说认为是信赖利益。

四、无权处分合同效力待定制度的废止

无权处分合同是曾规定在原《合同法》中，最终被《民法典》删除的一类效力待定的合同。无权处分合同是指无处分权的人以处分他人财产为目的，与第三人订立的债权合同。依据区分原则，无权处分合同有两重内涵，一是行为人无权处分他人财物，二是行为人无权处分他人财物的行为是通过与第三人订立合同的方式来完成的。

无权处分与无权代理不同，无权处分中行为人是以自己的名义与相对人订立合同，无论权利人在事后是否追认，合同的当事人仍然是行为人与相对人；无权代理则是行为人以被代理人的名义与相对人订立合同，如果被代理人在事后追认，那么合同在被代理人和相对人之间发生效力。无权处分与无因管理不同，虽然两者都是行为人在没有获得他人授权的情况下所实施的，但无因管理人是出于维护权利人利益的考量而为一定的行为，其后果直接归由权利人。无权处分人进行无权处分往往不是出于维护权利人利益的考虑，并且，如果权利人拒绝追认，其后果则不会由权利人承担。

原《合同法》第 51 条规定："无处分权的人处分他人财产，经权利人追认或者无处分权的人订立合同后取得处分权的，该合同有效。"该条规定曾引起学者们的广泛讨论，一时间可谓民法学界之盛事。[①] 有观点认为第 51 条规定的无权处分合同属于效力待定的合同，即买卖等合同的效力取决于真正权利人对此是否追认或者履行期限届满前处分人是否取得该标的物的所有权。若权利人追认或者无权处分人已取得标的物的所有权，该买卖等合同有效，反之则该买卖等合同无效。[②]

也有将无权处分合同认定为有效合同或无效合同的观点：认为无权处分合同完全有效的观点是基于物权行为理论得来的。物权行为理论区分物权行为与债权行为，在无权处分的场合下，尽管因处分人无处分权且权利人拒绝追认

---

① 参见王利明：《物权法研究》（第 4 版），中国人民大学出版社 2016 年版，第 182 页；王轶：《物权变动论》，中国人民大学出版社 2001 年版，第 209 页；崔建远：《新合同法若干制度及规则的解释与适用》，载《法律科学》2001 年第 3 期。

② 参见崔建远：《无权处分辩——合同法第 51 条规定的解释与适用》，载《法学研究》2003 年第 1 期；王利明：《合同法研究》，中国人民大学出版社 2011 年版，第 599 页。

而导致物权行为无效，但债权合同的效力仍然不受影响。[①] 相对人可以基于有效的债权合同向处分人提出请求，要求其承担违约责任，这对于保护相对人的利益是十分必要的。但有效说是存在一定漏洞的：其一，有效说完全没有对善意相对人与恶意相对人作出区分，过分重视相对人的利益，如果是恶意相对人与无权处分人订立合同，甚至出现相对人与无权处分人恶意串通的情况，按照有效说的观点原权利人必须接受这种明显于己不利的合同，这对于保障原权利人的合法权益是非常不利的。其二，我国民事立法向来不承认物权行为理论，不区分物权行为与债权行为，因此有效说的法律依据显得略为不足。无效说认为无权处分合同原则上无效，经权利人追认或处分人获得处分权后有效。[②] 这种观点则较为侧重对原权利人的保护，但也有学者对此提出批评，认为将无权处分合同认定为无效合同较为不妥，因为尽管无权处分行为可能会造成对真正权利人的侵害，但这只是一种可能性，不能排除无权处分行为符合权利人的意见和利益的可能性。[③] 粗略地将无权处分合同认定为无效合同，显然是存在很大缺陷的。

学界对无权处分合同效力存在着很大的争议，即使在编纂《民法典》的过程中，对该条删除还是保留仍有不少讨论。[④] 最终《民法典》选择了废止无权处分合同效力待定制度，而在"买卖合同"一章中规定："因出卖人未取得处分权致使标的物所有权不能转移的，买受人可以解除合同并请求出卖人承担违约责任。"[⑤]自此之后，无权处分合同依据该条和2012年《买卖合同司法解释》第3条被认定为有效。[⑥]《买卖合同司法解释》第3条规定："当事人一方以出卖人在缔约时对标的物没有所有权或者处分权为由主张合同无效的，人民法院不予支持。"《民法典》和司法解释支持了有效说的观点。在理论上，虽然无权处分合同在债权效力层面不受处分权有无的影响；但在引起物权变动的物权行为层面，受处分权有无的影响，无处分权之物权行为仍属于效力待定。

① 参见翟云岭：《再论无权处分合同的效力——为〈买卖合同司法解释〉第3条辩护》，载《法商研究》2015年第6期。

② 参见梁慧星：《关于民法典分则草案的若干问题》，载《法治研究》2019年第4期。

③ 参见王利明：《论无权处分》，载《中国法学》2001年第3期。

④ 参见梁慧星：《关于民法典分则草案的若干问题》，载《法治研究》2019年第4期。

⑤ 《民法典》第597条第1款。

⑥ 参见梁慧星：《关于民法典分则草案的若干问题》，载《法治研究》2019年第4期。

对《民法典》的这一制度变革，质疑的学者认为：第一，我国民法不明确区分物权行为与债权行为，法律上并不认为买卖过程中除买卖合同之外仍存在独立的物权行为，买卖等合同同时肩负着发生债权债务和引起物权变动的双重任务，自然也需要处分权。可是，《民法典》第 597 条第 1 款却认为即使处分人无处分权，也不影响买卖等合同的效力，并且除了“法律、行政法规禁止或者限制转让的标的物”之外，未承认其他例外，这不符合逻辑。[①] 第二，《民法典》第 597 条第 1 款未区分善意买受人和恶意买受人，使恶意相对人也能利用这款规定，追究出卖人或转让人的违约责任，有失权衡，因而缺乏正当性。第三，即使出卖人或转让人没有过错，买受人或受让人仍能追究其违约责任，使无过错的出卖人或转让人承担支付违约金或期待利益的违约损害赔偿，负担过重，违反了公平原则。第四，在根本不存在标的物、虚拟标的物的情况下，相当一些合同并无实质的意思表示一致，合同本未成立，可是法律规定和司法解释却让买卖等合同照样有效。[②] 第五，若从交易应健康、货真价实、规范进行的角度看，债权行为不以转让人、出卖人对标的物享有处分权，负面结果就难以避免，甚至虚假交易泛滥，这会误导交易的下手，受让了难以实现的债权，或者接受了债权人以此债权所设立的质权，这些都会危及债权人、质权人的合法权益，危害交易安全。[③]

以上质疑虽不无道理，但将合同的债权效力与物权变动的效力分别评价，更符合法律逻辑，也不会破坏当事人之间的利益平衡，是法律规则进步的表现。

首先，根据区分原则，作为所有权权能之一的处分权的有无不能成为影响无权处分之债权合同效力的因素，即使我国理论上不承认有独立的抽象物权契约，也完全可以理解负担行为的效力不受处分权缺失影响的合理性，故物权行为概念的缺失并不妨碍无权处分合同的效力不受处分权缺失的影响。[④]

其次，买卖合同效力不受处分权影响的本旨是便利现货买卖之外的商业交

---

① 参见崔建远：《无权处分再辨》，载《中外法学》2020 年第 4 期。

② 参见崔建远：《无权处分合同的效力、不安抗辩、解除及债务承担》，载《法学研究》2013 年第 6 期。

③ 参见崔建远：《合同效力规则之完善》，载《吉林大学社会科学学报》2018 年第 1 期。

④ 参见刘项南：《论无权处分的效力——以〈买卖合同司法解释〉第 3 条为中心》，载《郑州大学学报（哲学社会科学版）》2017 年第 3 期。

易,并非鼓励虚假交易;使无权处分合同有效的规则起到风险负担分配的功能,会促进卖方更加谨慎地避免无权处分。能平衡双方当事人利益的并非只有效力待定规则,而是依赖由违约责任、瑕疵担保责任、履行不能、重大误解、显失公平、恶意串通、与有过失、免责事由等众多制度共同形成的合同机制来调控。例如,如果缔约之际双方当事人都明知根本不存在标的物,也明知不能嗣后使履行成为可能的,可因自始客观不能或通谋虚伪表示而无效。如果缔约之际双方当事人都不知根本不存在标的物,构成双方对基础情势的重大误解。

最后,按照《民法典》第 311 条的规定,[①]即使无权处分的买卖合同有效,原所有权人仍有权向无权处分行为人请求损害赔偿;或者当受让人不成立善意取得且无处分权人事后未得到权利人许可或取得处分权的情形下,所有权人仍有权追回标的物。[②]《民法典》这样处理很好地平衡了当事人间的利益,符合公平原则。相较于其他学说,有效说能够维护市场交易行为的稳定安全,激发市场活力。中国共产党第十八次全国代表大会以来,全面深化改革步伐稳步向前,市场经济有序深化发展,我们应当看到,合同制度的设立是为了促进交易的达成而不是阻碍交易活动的开展,这也正是我国民事立法不断完善合同效力制度,限制无效合同、可撤销合同范围的原因所在。这样看来,采取无权处分合同有效说也是一项顺应时代潮流、促进经济发展的举措,不会产生所谓“灾难性的后果”。

第四节　可撤销合同

一、可撤销合同概述

(一)可撤销合同的含义

可撤销合同,是指在订立合同时,因当事人意思表示不真实,而法律允许撤

① 依据《民法典》第 311 条第 1 款的规定,有学者认为,无权处分行为无法发生当事人追求的处分效果,即处分行为区别于负担行为。参见姚明斌:《民法典体系视角下的意思自治与法律行为》,载《东方法学》2021 年第 3 期。

② 参见刘贵祥、吴光荣:《关于合同效力的几个问题》,载《中国应用法学》2021 年第 6 期。

销权人行使撤销权使已经生效的合同归于无效的一种合同类型。意思表示真实是合同有效的要件之一，如果合同当事人因某种原因作出了非真实的意思表示而订立了合同，就很可能无法达到当事人所预期的效果。在这种情况下对当事人予以救济，是罗马法以来的传统，[①]我国法律设立可撤销制度亦是如此。

可撤销合同在被撤销前，其法律效力为有效。法律赋予一方当事人享有撤销权，在一定的期间内由其自行决定是否撤销合同。享有撤销权的当事人，不能自行撤销合同，应当请求人民法院对合同加以撤销。可撤销合同的撤销期间，性质上属于除斥期间，不得加以中止、中断或者延长。[②] 除斥期间届满，当事人的撤销权即告消灭。可撤销合同于除斥期间内撤销的，视为完全无效的合同。可撤销合同制度具有很强的综合功能，它包括了无效合同制度的大部分功能，例如，可撤销合同制度具有与无效合同制度相同的救济手段和保护措施，被确认为无效或者被撤销后，均可采取返还财产和赔偿损失的补救方式；同时，可撤销合同制度还充分体现了当事人的意思自治，因为是否要求撤销合同完全由当事人自主决定。[③]

关于可撤销合同的性质，学界有“有效合同说”、“效力未定合同说”和“效力不完全合同说”。[④] 本书认为可撤销合同属于以撤销权行使与否作为终止条件的附条件民事法律行为。一方面，可撤销法律行为与无效行为或效力待定行为不同，其效力在行为成立时业已发生，需经撤销始失效力，视为自始无效，这说明在未行使撤销权或撤销权消灭时，该行为就是有效的，而非行为自始无效或效力尚未发生。另一方面，可撤销法律行为自成立时起所生效力，与有效法律行为并无二致，仅因其行为有瑕疵，法律赋予当事人撤销权，并以撤销权人是否行使撤销权及其行使结果决定法律行为的最终效果。这意味着要实现可撤销行为的效果，需符合撤销权人行使并实现撤销权这一前提条件。可能有人会问，可撤销法律行为的效力既被定位于有效，何不将其归类于效力的肯定状态

---

① 参见柳经纬、李茂年：《论欺诈、胁迫之民事救济——兼评〈合同法〉之二元规定》，载《现代法学》2000 年第 6 期。

② 参见王家福：《民法债权》，法律出版社 1994 年版，第 331 页。

③ 参见石宏：《论合同效力的有关问题》，载《法律科学》1997 年第 5 期。

④ 参见孙文桢：《论合同效力类型体系的重构——认真对待合同的法律约束力》，载《苏州大学学报（法学版）》2015 年第 1 期。

呢？简言之，法律行为的有效是产生绝对的效力，不容再被否定或推翻；而可撤销行为的效力则因行为有瑕疵，可在撤销权行使后被否定，并溯及自行为开始时无效，故仍应属被否定之列。[①]

（二）可撤销合同与无效合同的区别

首先，无效合同当然无效，即使合同相对人未提出确认无效请求，人民法院或者仲裁机构亦应主动依职权查明并宣告合同无效。可撤销合同则须由享有撤销权的当事人行使撤销权，请求人民法院或者仲裁机构予以撤销。

其次，无效合同自始无效，当事人在任何时间下都不受合同效力约束。据此，无效合同使得当事人已为给付的利益处于非常不稳定的状态。而可撤销合同在未被撤销权人撤销前仍是有效的，这意味着合同各方相对人都要受合同的约束，必须实际履行合同。且撤销权的行使受除斥期间的限制，利益状态相对稳定。

最后，违法性存在差异。无效合同往往较为严重地损害社会公共利益、国家利益、社会秩序，是国家意志介入私人自治领域的体现。可撤销合同虽然是在当事人意思表示不真实的情况下作出的，也不符合法律规定的合同有效要件，但可撤销合同却不必然损害国家和社会公共利益与社会秩序。“意思表示不真实”对于合同当事人的影响、对于国家与社会的影响，远没有“违反法律、行政法规的强制性规定，违背公序良俗”严重。寻找合同效力评判的顶层标准，必须从合同效力评判的法律本质入手。这种本质在于：通过划定合同自由的边界，在合理限制合同自由的同时，保护合同自由，并达成维护公共利益和善良风俗的目的。[②]

（三）可撤销合同的制度功能

可撤销合同制度既体现了法律对公平交易的维护，同时又体现了对当事人意思自治的尊重，这是可撤销合同制度的两项重要作用。无论是从法律规定的设计上看，还是从法律制度本身所要体现的社会价值目标来看，可撤销合同制度都有其功能体现。具体而言，可撤销合同制度的功能主要体现在以下几个

---

① 参见张驰：《法律行为效力评价体系论》，载《法学》2016 年第 5 期。

② 参见赵志钢：《合同的效力评判：顶层标准、结果类型与具体规范分析》，载《政法论丛》2014 年第 6 期。

方面：

第一，可撤销合同制度充分体现了对民事活动中当事人自由意志的尊重，从而达到维护意思自治原则之目的。众所周知，意思自治原则本身要求充分保障当事人从事民事活动时的意志自由，不受国家权力和其他当事人的非法干预。意思自治原则的真谛正是尊崇自主选择，这正是自由的应有之义。在商品经济中，意思自治产生了契约，而契约的总和构成了市场。因此，意思自治正是合同法精髓之所在。德国学者海因·科茨曾指出："契约自由作为一般行为自由的组成部分……是一种灵活的工具，它不断进行自我调节以适应新的目标。它也是自由经济不可或缺的一个特征。它使私人企业成为可能，并鼓励人们负责任地建立经济关系。因此，契约自由在整个私法领域具有重要的核心地位。"①

第二，可撤销合同制度有利于维护交易之安全，有利于维护现存的法律秩序。合同法自身虽然不能生产财富，却能够通过鼓励交易的方式促使社会财富的增加和优化。② 正如美国学者庞德所指出的："在商业时代里，财富多半是由许诺组成的。"③在立法过程中，合同法一般通过鼓励当事人订立合法的合同、促使合同的成立与生效、保障合同的履行等制度来实现鼓励交易的目标。可撤销合同制度允许撤销权人依法行使法定权利主张其合同为可撤销，从而导致合同自始无效；同时也允许撤销权人抛弃其撤销权，从而使其合同确定为有效。这既有利于保障当事人的合法权益，又有利于实现稳定合同关系、鼓励交易的目的。此外，法律还规定了撤销权的行使期限、合同的撤销不得对抗善意第三人等内容，这都极有利于维护交易的安全和秩序，从而使无序的法律关系变为有序，使不确定的法律关系变为确定的法律关系。当事人的撤销权必须在合理的限度之内行使。正如学者指出："只有在有理由认为对方对合同有效性的依赖的确不值得保护时，才可以撤销。"④价值判断构成了法律文件的基本框架，价值

---

① [德]罗伯特·霍恩、海因·科茨、汉斯·G. 莱塞：《德国民商法导论》，楚建译，中国大百科全书出版社 1996 年版，第 90 页。

② 参见王利明：《合同法的目标与鼓励交易》，载《法学研究》1996 年第 3 期。

③ [英]阿蒂亚：《合同法概论》，程正康等译，法律出版社 1982 年版，第 3 页。

④ [德]海因·克茨：《欧洲合同法》(上)，周忠海等译，法律出版社 2001 年版，第 250 页。

选择是立法工作的重要组成部分。[①] 合同法上的可撤销制度必须在具体情况下对私法自治与民事主体利益保护进行价值考量，在维护意思自治和保护主体利益之间进行平衡，既不因撤销合同而损害交易相对人和第三人的利益，威胁交易安全和秩序稳定性；也不因规定的撤销条件过于严格而降低当事人的意思自治，破坏合同法的私法本质属性。

二、可撤销合同的种类

（一）因欺诈、胁迫而订立的合同

依据《总则编司法解释》的规定，所谓欺诈，是指一方当事人故意告知对方虚假情况，或者负有告知义务的人故意隐瞒真实情况，致使当事人基于错误认识作出意思表示的行为；所谓胁迫，是指一方当事人以造成损害相要挟，迫使对方基于恐惧心理作出违背真实意思表示的行为。我国对于因欺诈、胁迫而订立的合同效力采可撤销主义。《民法典》第 148 条规定："一方以欺诈手段，使对方在违背真实意思的情况下实施的民事法律行为，受欺诈方有权请求人民法院或者仲裁机构予以撤销。"第 150 条规定："一方或者第三人以胁迫手段，使对方在违背真实意思的情况下实施的民事法律行为，受胁迫方有权请求人民法院或者仲裁机构予以撤销。"

第三人欺诈与第三人胁迫是传统民法意思表示瑕疵理论和制度的重要组成部分，是指表意人因受第三人的欺诈或者胁迫而作出意思表示。例如，保证人因为受到债务人的欺诈或者胁迫向债权人表示愿意提供保证。第三人欺诈与第三人胁迫与一般意义上的欺诈与胁迫存在重要差别。在第三人欺诈与第三人胁迫的情形中，意思表示的相对人并没有进行欺诈或者胁迫，甚至对此一无所知。[②]《民法典》第 149 条规定："第三人实施欺诈行为，使一方在违背真实意思的情况下实施的民事法律行为，对方知道或者应当知道该欺诈行为的，受欺诈方有权请求人民法院或者仲裁机构予以撤销。"可见，第三人欺诈构成要件除符合欺诈的一般要件外，还要求合同的对方当事人知道或者应当知道该欺诈

---

① 参见[英]彼得·斯坦、约翰·香德：《西方社会的法律价值》，王献平译，中国法制出版社 2004 年版，第 3 页。

② 参见薛军：《第三人欺诈与第三人胁迫》，载《法学研究》2011 年第 1 期。

行为。[1] 依据《民法典》第150条的规定,第三人胁迫亦构成胁迫。第三人的胁迫视为对方当事人的胁迫,无论对方是否知道第三人胁迫事实的存在,都不影响表意人行使撤销权,此点与第三人欺诈不同。

1. 因欺诈而订立的合同的构成要件

第一,须有欺诈之行为。欺诈是使他人陷入错误,并使受欺诈人作出违背真意的意思表示,而与欺诈人订立合同的行为。它是欺诈人所实施的违反诚实信用原则的不当行为。欺诈的行为方式可以分为积极欺诈和沉默欺诈两种。积极欺诈是指行为人以积极的行为故意捏造、歪曲、变造事实,诱使对方当事人上当而作出违背其内心意愿的意思表示,例如,出卖人故意将假货说成是真货。关于沉默是否构成欺诈行为,立法例不同。在一些大陆法系国家,只有特定情况下的沉默才构成欺诈。法国民法界向来奉行"不说话就不存在欺诈",只有在特定性质的合同中法律明文规定当事人有披露义务时,沉默才构成欺诈。发展到当代审判实践,司法界逐渐认为沉默可以构成欺诈,但此时仍然普遍考虑受欺诈方是否存在不可原谅的轻率或者疏忽。[2] 德国民法学界认为,"提示虚假的事实或者隐瞒事实情况都可构成欺诈,但只有当事人负有告知义务时,不作为才能构成欺诈"[3],"其过失不在于引起错误,而在于使错误继续下去"[4]。而在英国法中,沉默一般不构成错误(虚假)陈述;但是,在某些特殊情形下的判例和立法要求当事人对与合同有关的事实加以必要说明,否则,就要承担错误陈述的责任。例如,在要求绝对真诚的合同中,要求当事人必须对有关事实主动予以告知,不得保持沉默,如保险合同、公司募股书、信托关系、担保与合伙合同等。[5] 在美国合同法中,对沉默的一般原则是虽然沉默不当然构成欺诈或错误陈述,但在特殊情形下法律会有例外规定。我国《民法典》第148条、《总则编司法解释》第21条对"负有告知义务的人故意隐瞒真实情况"的沉默欺诈加以了规定。

第二,须有欺诈之故意。所谓故意,是指实施违法或者不当行为的心理

---

① 参见魏振瀛主编:《民法》(第8版),北京大学出版社2021年版,第167页。

② 参见尹田:《法国现代合同法》,法律出版社1995年版,第87~88页。

③ [德]霍恩等:《德国民商法导论》,楚建等译,中国大百科全书出版社1996年版,第87页。

④ 沈达明:《德意志法上的法律行为》,对外贸易教育出版社1992年版,第145页。

⑤ 参见董安生:《英国商法》,法律出版社1991年版,第124~126页。

状态,包括明知行为的违法或者不当结果,却希望该结果到来,或者该结果的到来并不违反其意思。[1] 法国民法界认为,欺诈必须有故意的精神因素,即有意使对方上当受骗时,才能构成欺诈。[2]《德国民法典》第 123 条亦采用这个观点。

这里的故意包括以下两个方面,缺其一则不构成欺诈。一是行为人有使相对人陷入错误的故意。也就是说,行为人明知自己的欺诈行为有可能使相对人陷入错误而仍为之,例如,在报纸上刊载虚伪广告。二是行为人有使相对人因该错误而进行意思表示之故意,例如,相对人误信该虚伪广告而向欺诈人为意思表示进行了商事交易。但需指出的是,这里的故意不包括行为人有取得对方财产上不法利益之故意,这也就是说,欺诈人是否有欲使自己或者第三人因该欺诈行为而获得财产上的利益或者使相对人遭受损失的故意则在所不问。[3]

第三,须被欺诈人因欺诈而陷入错误认识。该要件要求被欺诈人陷于错误与欺诈人的欺诈之间存在因果关系,即被欺诈人的错误系由欺诈人之欺诈所致。这里还应当包括欺诈人之欺诈保持或者加深了被欺诈人的错误的程度情况,这是因为在这种欺诈中被欺诈人之错误与欺诈行为之间仍然存在因果关系,虽然被欺诈人的错误并非直接由欺诈所致,但却因欺诈人之欺诈而使错误加深或者保持,而这也正是欺诈人对被欺诈人错误的故意与放纵行为的体现,故仍然可以构成欺诈。如果仅仅有欺诈人之欺诈行为,而被欺诈人却并未因此陷入错误,则不成立欺诈;如果被欺诈人虽然陷入错误,但却并非因欺诈人之欺诈所致,则亦不能成立欺诈。至于被欺诈人的错误是关于其意思表示的内容,还是关于其动机的错误,则并非法律所关心。至于被欺诈人对陷入错误是否有过失,亦在所不问。

如果仅仅是对主观态度的表达,“当一个人有平等的机会形成和作出其自己的判断时,如果他对其他人的见解发生了信赖,他就要因此而承担风险”[4],便不应被赋予撤销合同的权利。法国判例亦同意这样的观点,“过分轻信谎言的

---

① 参见张俊浩:《民法学原理》,中国政法大学出版社 1997 年版,第 744 页。
② 参见尹田:《法国现代合同法》,法律出版社 1995 年版,第 88 页。
③ 参见刘斌:《民事诈欺新探》,载《政治与法律》1990 年第 1 期。
④ 王军:《美国合同法》,中国政法大学出版社 1996 年版,第 185 页。

人不应得到法律的特别保护,因为人们不应当被过分明显的谎言所欺骗"[①]。作为完全民事行为能力人,在合同订立过程中应尽到合理的注意义务,充分理解合同条款的含义。[②] 但值得说明的是,此处所要求信赖的合理性,其考察目的不在于被欺诈人是否存在重大过失,而在于考察受欺诈与订立合同的意思表示之间是否存在因果关系。

第四,须被欺诈人因错误而为意思表示。即要求被欺诈人对因欺诈人所引发的错误产生信赖后进行了意思表示。被欺诈人的相应意思表示与受欺诈所形成的错误之间存在因果关系。如果被欺诈人仅是陷入错误,但并未因此而为意思表示,则不构成欺诈;如果被欺诈人虽进行了意思表示,但该意思表示却并非因欺诈人所引发的错误而导致,则亦不构成欺诈。

此外,欺诈行为还必须违反了诚实信用原则。诚实信用原则作为民事活动中的"帝王规则",当事人各方均须遵守。如果当事人的欺诈行为系出于好意,例如,为了对方的利益而作欺骗性陈述,且该行为在社会一般观念上并未违背道德要求或者一般的商业习惯,则不构成欺诈行为。而对于一般情况下社会所能接受的欺诈,例如,对产品作夸大性宣传广告,也不构成法律上的欺诈。只有那些能引起意思表示瑕疵,且为一般的社会观念所不容许的欺诈,才构成法律上的欺诈。对于此种欺诈,无论其目的是否合法,也不管被欺诈人是否有损害,均不影响欺诈的成立。

2. 因胁迫而订立的合同的构成要件

第一,须有胁迫行为之存在。即有胁迫人不当的预告危害致使他人陷入恐怖的行为。首先,构成胁迫的危害是否重大、急迫则非所问,而该危害是否能够实现亦非所问,只要相对人相信其会到来即可。其次,从胁迫行为的具体对象看,英美法与大陆法规定的范围差不多,既可以是向当事人本人作出,也可以是利用受胁迫者的情感对其亲属或者友人作出。《总则编司法解释》第22条对此的规定是:"以给自然人及其近亲属等的人身权利、财产权利以及其他合法权益造成损害或者以给法人、非法人组织的名誉、荣誉、财产权益等造成损害为要

---

① 尹田:《法国现代合同法》,法律出版社1995年版,第88页。

② 参见曹某某与杭州有云科技有限公司计算机软件著作权权属纠纷、计算机软件著作权许可使用合同纠纷案,最高人民法院(2020)最高法知民终1722号民事判决书。

挟,迫使其基于恐惧心理作出意思表示的,人民法院可以认定为民法典第一百五十条规定的胁迫。”最后,从胁迫行为的方法看,我国法律并无限制,因此应当认为口头形式、书面形式或者以具体的行为(包括作为和不作为)实施均可成立胁迫行为。

第二,须胁迫人存有故意。胁迫的成立要求胁迫人主观上存在故意。这里的故意包含两层含义。其一,胁迫人要有使相对人发生恐怖的故意,其目的在于干涉相对人意思表示的自由。如果行为人虽然对相对人预告了危害,但却并非以使相对人发生恐怖为目的,则胁迫不能成立;如果行为人不知其向相对人预告的行为会使相对人产生恐怖,则亦不能成立胁迫。其二,胁迫人有使相对人因恐怖而为意思表示之故意。无此层面上的含义,则胁迫不能成立。而至于胁迫人是否有通过胁迫行为使自己或者第三人获取财产上利益的故意,则非法律所关心。

第三,须胁迫行为属于违法或者不当。例如威胁说“如不签约则从此断绝商业交易”,这可以被认为是交易上的选择自由,故此种行为既不违法,亦非不当。只有当威胁超过一定限度成为违法或者不当时,才会有胁迫之发生。德国学理确认胁迫的非法性为法律救济的前提,“着重考察胁迫人对达成其所追求后果是否具有正当利益,以及胁迫是不是一种适当的手段”①,并将胁迫的非法性分为胁迫手段的非法性、胁迫目的的非法性、胁迫目的与手段联系的非法性。胁迫行为违法的关键在于其目的与手段。目的违法是指胁迫人无权获得其所表示的需要,手段违法则是指用恐吓威胁来违反法律。只要当事人的目的与手段有一项违法,即可构成胁迫。不当胁迫行为是指虽然含有违法的意思,但其含义又广于违法。在某些情况下,即使行为的目的与手段均不违法,也可以构成不当胁迫。但对于如何衡量“不当”,目前学界尚无定论。

值得讨论的问题是,经济胁迫是否构成非法的胁迫。显然,在现实生活中,缔约当事人双方地位完全平等只存在于极其个别的情况,经济胁迫是普遍存在的。如何确认一方利用自己的经济优势和垄断地位,迫使相对方意思表示不真实而订立合同,并且足以达到需要法律施以救济的地步,便成为我们需要关注的问题。法国判例认为,如果一方为牟取暴利利用他人的危难迫使其订立合

① [德]迪特尔·梅迪库斯:《德国民法总论》,邵建东译,法律出版社2000年版,第616页。

同,便构成经济胁迫,其考察的重点有两方面:一方面,客观情况的压力使受胁迫方没有选择的余地,影响了其意思表示的真实性,导致合同的合意存在瑕疵;另一方面,胁迫方为牟取暴利而订立合同,其主观意图与诚实信用相悖,主观上有过错。① 而美国判例认为,确认经济胁迫需要对两个方面进行考量:其一,受胁迫方是否失去了合理选择的余地,如果除了接受胁迫方的要求别无选择便构成经济胁迫,如果除了缔约方在市场上可以选择其他合适的缔约者,则不构成经济胁迫;其二,合同条款是否公平。② 统观两大法系的学理及司法判例,我们可以认为经济胁迫应当具备三个基本要件:胁迫的程度、权利是否滥用以及结果是否有失公平。

第四,须相对人因受胁迫而陷入恐惧,并进行了违背真意的意思表示。尽管有上述的非法胁迫行为,且胁迫为故意,但如果被胁迫人不为所动,并未陷入恐惧,因而并未基于恐惧而为意思表示,则不构成胁迫。受胁迫人产生了恐惧心理,是胁迫行为的直接后果,也是胁迫者所追求的。③ 一方面,相对人之所以陷入恐惧是胁迫人之胁迫所致,具有因果关系。相对人虽然心生恐惧但却并非胁迫人之胁迫所致,则亦不成立胁迫。这里需要指出的是,在相对人已心生恐惧,由于胁迫人之胁迫而加强其程度的,也可以构成胁迫。至于相对人就恐惧之发生有无过失,则非所问。另一方面,相对人基于恐惧心理作出了迎合胁迫人的意思表示。该意思即要求相对人之恐惧与所为意思表示之间存在因果关系。另外,该要件要求相对人所作出的意思表示须迎合了胁迫人之意思,该迎合仅指双方当事人意思表示方向上的一致,而并非要求双方在内容上的完全一致。

(二)因重大误解而订立的合同

《民法典》第 147 条规定,“基于重大误解实施的民事法律行为,行为人有权请求人民法院或者仲裁机构予以撤销”。各国民事立法之所以重视因重大误解而订立的合同,是因为在合同关系中,一方当事人(误解方)以重大误解为由,主张撤销合同关系,以便于从与其意愿相悖的合同关系中解脱;另外一方(相对

---

① 参见尹田:《法国现代合同法》,法律出版社 1995 年版,第 97~98 页。

② 参见王军:《美国合同法》,中国政法大学出版社 1996 年版,第 199 页。

③ 参见王某某与北京万集科技股份有限公司承揽合同纠纷案,北京市第一中级人民法院(2021)京 01 民终 8832 号民事判决书。

方）则面临着既已成立的交易关系破裂、合同目的无法实现的现实困扰。因此，在这种情形下，是否应当允许撤销合同，对于双方的利害得失均具有重大意义。从法的实质层面来看，意思自治、信赖保护、给付均衡是支配重大误解规则的三大原理，重大误解规则的制度构成与该三大原理密切相关。个案中不同原理应予实现的强度是不同的，“重大误解”的价值补充即取决于该三大法律原理的动态衡量，进而实现重大误解规则法效果的妥当性。[①] 法律是平衡的艺术，立法者于此场合，必须权衡双方的利益冲突。[②] 可见，重大误解的构成和效力是民事法律行为制度以及私法自治中的核心问题之一。[③]

当事人因为合同错误造成损失的，可向法院或者仲裁机构请求撤销合同以为救济。当事人因为合同错误而遭受损失，其寻求救济应属合理，其合法利益应得到保护。然而，法律还应当考虑的是，合同订立之后应当维持稳定，以保护合同相对人的合理预期与信赖。因此，就合同错误的救济，需考虑保护当事人合法权益和维护交易安全这两种不同价值之间的权衡。从我国立法的内容看，对于一般错误（误解），不允许当事人请求撤销，只有在错误严重到一定程度而成为“重大误解”的时候，法律方才提供救济，这是上述两种价值权衡的结果。[④]

重大误解制度重在实现利益衡平，即只有满足“重大”属性的误解才能获得撤销合同的救济，故关键在于“重大”之认定。《民通意见》（已失效）第 71 条曾规定：“行为人因对行为的性质、对方当事人、标的物的品种、质量、规格和数量等的错误认识，使行为的后果与自己的意思相悖，并造成较大损失的，可以认定为重大误解。”但并未提供重大与否的判断标准，“重大”由此成为“不确定性概念”。我国有学者主张以“主客观因果关系方法”作为“重大”的判断标准：先考察表意人的主观方面，考虑个案的特殊性，继而从一般人立场进行论证，再根据意思表示范畴之外的一般交易观念和诚实信用原则加以判断，注重并适时发挥习惯的作用，从而使“重大”的要件真正衡平交易安全与表意自由。[⑤] 但这仅为

---

① 参见王磊：《论“重大误解”的价值补充纲要——以法律原理的衡量作为切入点》，载《甘肃政法学院学报》2018 年第 6 期。

② 参见韩世远：《重大误解解释论纲》，载《中外法学》2017 年第 3 期。

③ 参见王泽鉴：《民法总则》，北京大学出版社 2009 年版，第 348 页。

④ 参见张勇健：《合同错误及其救济——由（2017）最高法民终 502 号案的分析展开》，载《法律适用》2020 年第 16 期。

⑤ 参见陈耀东、沈明焱：《重大误解制度“重大”之认定》，载《学术论坛》2018 年第 4 期。

学理解释。《民法典》施行后制定的《总则编司法解释》第19条第1款规定了重大误解的判断方法:"行为人对行为的性质、对方当事人或者标的物的品种、质量、规格、价格、数量等产生错误认识,按照通常理解如果不发生该错误认识行为人就不会作出相应意思表示的,人民法院可以认定为民法典第一百四十七条规定的重大误解。"据此,"重大"的判断标准是按照合理人的通常理解,若不发生错误认识就不会作出该意思表示,误解就是重大的;反之,若错误认识对作出的意思表示的影响不是根本性的,无论发生错误认识与否,都可能作出或不作出该意思表示的,就不是重大的误解。

重大误解的理论问题还涉及区分表示错误与动机错误的"二元论"与不加区分的"一元论"的学说对立。错误二元论以德国民法为代表,具体而言是指区分动机错误与意思表示上的错误,动机错误是指当事人非故意地从一个错误情况出发,导致其意思形成发生错误。意思表示上的错误是指表示与效果错误无意识地不相符,又具体包括内容错误、表示错误、传达错误和受领人错误等四种。错误二元论认为,动机错误原则上不影响法律行为的效力,而意思表达上的错误则可以影响法律行为的效力。错误一元论则不区分动机错误与表示错误,对动机错误与表示错误进行统一把握,对构成要件与效力予以统一规定。早先,我国主流观点赞同错误二元论,即认为动机错误原则上不影响法律行为的效力,对动机错误原则上不予关注,仅从表示错误的角度进行探讨。[①] 但近年来错误一元论在学界兴起,越来越多的学者转而支持一元论的观点,对错误二元论提出了有力的批驳。

其实,无论是二元论还是一元论,都并非全然否定或肯定动机错误对法律行为效力的影响,只是各自以不同的"方式"来限定或排除某些动机错误。[②] 当我们跳出一元论者与二元论者的视野,结合域外错误制度立法实践,以理性第三人的身份客观评价这场论战时就会发现,两种观点各有其优缺点。二元论最大的优点——从表意人单方面的意思与表示是否一致的角度界定错误——也是其遭受批评的根源;德国法上的错误二元论受到了德国19世纪心理学理论

① 参见梁慧星:《民法总论》,法律出版社2011年版,第178~179页;崔建远:《合同法总论》,中国人民大学出版社2011年版,第352页;朱庆育:《民法总论》,北京大学出版社2013年版,第264~265页。

② 刘勇:《"动机错误"的裁判法理与研究课题——"备忘录"式的考察》,载《东南大学学报(哲学社会科学版)》2017年第6期。

的影响，区分效果意思与表示意思，法理清晰，但其缺点在于人为地区分不同阶段、不同类型的错误，并赋予这些错误以不同的法律效果，这就使错误归类成为实践当中的首要问题，错误理论成为民法中的一大复杂理论，带来了一系列的理论界定与区分问题，从而增加了法律条文适用上的困难。[①] 例如，动机错误的范围如何准确界定，法律错误属于动机错误还是表示错误等。这便引发了学者们对于区分意义的考量。日本学者同样也对二元论作出了批判，认为这种人为地切割行为人连续心理状态的方法并不妥当，“作为由欲求向行动发展的同一性质的连续的心理意识状态，在现实中划定它们之间的界线就变得近乎不可能”。[②] 一元论采用列举或者相对人可识别性的方式确定一个错误能否获得救济，列举通俗易懂，便于适用，是其优点；缺点是列举难免存在遗漏，相对人可识别性的方式适用范围局限于合同领域中之单方错误，不适合采用“学说汇撰”体例结构的《民法典》。[③]

从我国《民法典》和《总则编司法解释》的相关规定看，更倾向于一元论的立场。《总则编司法解释》没有区分错误发生的时间，错误既可以发生于意思形成阶段，也可以发生于意思表达阶段。该解释第 19 条第 2 款没有明确规定动机错误不得请求撤销，而是规定“根据交易习惯等认定行为人无权请求撤销的除外”。动机错误是否得请求撤销，需要通过交易习惯、法律规定、影响是否重大等因素进行判断。

（三）显失公平的合同

根据《民法典》第 151 条的规定，显失公平的合同是指一方利用对方处于危困状态、缺乏判断力等情形而签订的对对方有重大不利的合同。在显失公平的合同中，受损害方有权请求人民法院或者仲裁机构予以撤销。显失公平制度是民法中的一项重要内容，其背后代表着民法的基础价值，有着深远的意义。赋予显失公平合同中受损害方以请求撤销的权利，是切实保障公平原则的体现。显失公平制度是公平原则与诚信原则的共同体现，[④]其背后亦能体现出公序良

① 参见韩世远：《重大误解解释论纲》，载《中外法学》2017 年第 3 期。

② ［日］近江幸治：《民法讲义 · 民法总则》，渠涛等译，北京大学出版社 2015 年版，第 166、193 页。

③ 参见李俊青：《〈民法总则〉重大误解视野下动机错误的救济路径分析——以错误“二元论”与“一元论”之争为切入点》，载《法学论坛》2017 年第 6 期。

④ 参见王利明：《合同法研究》（第 1 卷），中国人民大学出版社 2015 年版，第 701、710 页。

俗原则的要求。[①]

构成显失公平必须要具备一定的客观要件。所谓的客观要件,是指双方当事人之间存在着利益上的不均衡,或者说是双方的权利义务存在严重的不平等。这种不均衡或者不平等,应当根据实际情况进行考量。依据纯粹的单一要件说,认为构成显失公平只要求客观要件,此时受损害人便可以请求人民法院或者仲裁机构予以撤销。由于缺乏法律依据的支持,纯粹的单一要件说在我国并没有任何的生存空间,单一要件说普遍转向了折衷说。[②] 折衷说兼采单一要件说与双重要件说,又可以分为修正的单一要件说与修正的双重要件说,前者是指以单一要件说为原则,以双重要件说为例外;[③]后者是指以双重要件说为原则,以单一要件说为例外。[④] 目前,双重要件说受到众多学者认可,属于学界通说。[⑤] 双重要件说认为,构成显失公平必须具备客观要件与主观要件,客观要件是指当事人在客观上出现了权利义务的严重不平等;主观要件是指一方利用对方处于危困状态、缺乏判断能力而订立合同的情形,即一方存在订立显失公平合同的故意。依据我国《民法典》第 151 条以及原《民通意见》第 72 条的规定,判断显失公平还需要考虑一方是否利用对方处于危困状态、缺乏判断力、一方当事人利用优势或者利用对方没有经验等因素,要有对于当事人主观状态的考察,系采双重要件说的立场。双重要件说非常注重对于主观要件的考察,有利于维护交易稳定与安全。试想,在认定显失公平时,如果只需考虑客观要件,或者有条件地考虑主观要件,则会导致显失公平的成立过于简单,大量本应有效的合同将会被撤销,这将大大地增加交易成本,过度地浪费社会资源,同时也非常不利于合同活动的安全与稳定。[⑥] 综上,无论是从法条规定,还是从理论依据来说,采取双重要件说更为合理。

---

① 参见梁慧星:《民法总论》(第 4 版),法律出版社 2011 年版,第 202 页。

② 参见贺剑:《〈合同法〉第 54 条第 1 款第 2 项(显失公平制度)评注》,载《法学家》2017 年第 1 期。

③ 参见崔建远:《合同效力瑕疵探微》,载《政治与法律》2007 年第 2 期。

④ 参见曾大鹏:《论显失公平的构成要件与体系定位》,载《法学》2011 年第 3 期。

⑤ 参见杨立新:《债与合同法》,法律出版社 2012 年版,第 409 页;李永军:《合同法》(第 3 版),法律出版社 2010 年版,第 325 页;柳经纬主编:《合同法》,中国民主法制出版社 2014 年版,第 128 页。

⑥ 参见曾大鹏:《论显失公平的构成要件与体系定位》,载《法学》2011 年第 3 期。

三、合同撤销权

合同撤销权，亦称可撤销合同的撤销权，是指合同已经成立，但因当事人意思表示瑕疵，从而赋予一方当事人向人民法院或者仲裁机构申请撤销，使合同自始归于无效的权利。合同撤销权的理论基础源于意思自治。由于意思表示是否自由、真实，局外人常常无从判断，即使局外人知道其意思表示不真实或者不自由，但表意人从自身利益考虑不愿意请求撤销合同，按照意思自治和合同自由原则，法律也应当允许其自由决定是否撤销合同而不加干预。

合同撤销权主要具有以下特征：其一，享有合同撤销权的主体撤销的是意思表示有瑕疵的合同，即意思表示不一致或者意思表示不自由；其二，合同撤销权须由享有撤销权的一方当事人行使，其他任何单位或个人都无权行使，人民法院或仲裁机构都不得依职权主动撤销合同，合同撤销权是撤销权人享有的权利，撤销权人是否行使撤销权，应由权利人自由决定；其三，合同撤销权在行使之前，合同仍然是有效的，一旦被撤销则自始无效。撤销权人享有的撤销权依法定原因而消灭后，不得再主张撤销。

关于合同撤销权行使的主体，根据《民法典》第147条至第151条之规定，在欺诈、胁迫中的受欺诈方、胁迫方，显失公平中的受损害方，重大误解中的误解方均有权请求人民法院或者仲裁机构予以撤销。在我国，合同撤销权行使的方式是由享有合同撤销权的人请求人民法院或者仲裁机构撤销合同，不可直接向对方当事人行使。据此，本质上合同撤销权是形成之诉的诉权，而非单纯的实体法形成权。

《民法典》第152条规定了合同撤销权的消灭事由：(1)当事人自知道或者应当知道撤销事由之日起1年内、重大误解的当事人自知道或者应当知道撤销事由之日起90日内没有行使撤销权；(2)当事人受胁迫，自胁迫行为终止之日起1年内没有行使撤销权；(3)当事人知道撤销事由后明确表示或者以自己的行为表明放弃撤销权。另外，当事人自民事法律行为发生之日起5年内没有行使撤销权的，撤销权消灭。因为，撤销权固然是受损害方应有的权利，但撤销权不可能永久地保留下去，否则会导致一定的不确定性。因此，法律规定了撤销权最长的行使期限为5年，就是为了防止可撤销合同长时间处于一种不稳定的状态，进而影响交易安全。

第五节　合同无效或被撤销的法律后果

一、合同自始没有法律约束力

《民法典》第155条至第157条规定了合同无效或被撤销的法律后果。第155条规定："无效的或者被撤销的民事法律行为自始没有法律约束力。"这意味着合同在被确认无效或被撤销后，我国法律认为合同自始不发生法律约束力，缔约人的意思表示不会发生作用。[①] 所谓的"自始"是指自"合同订立时开始"，[②]而不是自合同被确认无效或被撤销时始。依据《民法典》第502条第1款的规定，"依法成立的合同，自成立时生效"，可见正常情况下合同的法律约束力自合同订立时就产生了，那么与之相对的无效合同或被撤销的合同的法律约束力也自合同订立时而不存在。这种确认或撤销具有溯及既往的效力，使合同自订立之时起就不具有法律约束力，以后也不能转化为有效合同。[③] 例如，在吴某钦诉吴某英确认合同无效案中，原告吴某钦与被告吴某英达成口头协议，约定被告将其经营的中国联通新晃狮子岩专营店的经营权转让给原告，原告向被告支付了部分转让款。在被告将有关资料交给原告后，原告发现被告的专营店未取得营业执照，并且被告也违反了其与中国联通怀化市分公司签订的《中国联通怀化分公司综合业务代理协议》中有关转让行为的约定。因此，原告向被告要求退还该经营权转让款，但被告拒不退还。对此，法院经审理认定被告转让该店经营权的行为既违反了法律、行政法规的强制性规定，也违反了其与中国联通怀化市分公司的协议约定，故原告与被告之间关于转让中国联通业务代理经营权的口头协议无效，对双方当事人从订立时就不具有法律约束力。[④]

---

① 参见朱广新：《合同法总则研究》（上册），中国人民大学出版社2018年版，第321页。

② 参见汪良平：《无效合同的法律后果》，载《中南财经大学学报》2000年第5期。

③ 参见王利明、房绍坤、王轶：《合同法》（第2版），中国人民大学出版社2007年版，第182页；江平：《中华人民共和国合同法精解》，中国政法大学出版社1999年版，第47页；孔祥俊：《合同法教程》，中国人民公安大学出版社1999年版，第280页。

④ 参见吴某钦诉吴某英确认合同无效案，湖南省新晃侗族自治县人民法院（2021）晃民一初字第277号民事判决书；国家法官学院案例开发研究中心编：《中国法院2015年度案例（合同纠纷）》，中国法制出版社2015年版，第24页。

可撤销的合同在被撤销后，与无效的合同一样具有自始无效的法律后果，但二者仍具有一定的差别，具体表现在：(1)无效的合同自始无效，即自成立时即不发生当事人所意欲的效力；[①]可撤销的合同，在撤销权人未行使撤销权之前，合同继续有效，只有在撤销权人行使撤销权后，才会产生合同自始无效的效果。[②] (2)无效的合同无需任何人主张，当然地不按照意思表示的内容发生效力，任何人皆可以主张其无效，[③]人民法院或仲裁机关在受理的案件中发现有属于无效合同的，也可以主动确认其无效；可撤销的合同只有享有撤销权的权利人才可以请求撤销，法院对此应采取不告不理的态度，如果撤销权人不主张行使撤销权，法院不能主动地宣告合同的撤销。[④]

当然也有学者认为，无效合同并非全部自始无效，至少应当规定一定的例外情况。一方面如果承认无效合同受到诉讼时效的限制，那么当超过诉讼时效时，这些无效合同实际上就相当于“有效合同”，当然自始有效；[⑤]另一方面，在某些特定情境下也应当限制合同无效或被撤销的溯及力，[⑥]例如继续性给付合同的溯及力应受到限制。在法国民法中，租赁、雇佣等合同当事人所为的给付为继续性给付，以继续性给付作为合同义务的合同被确认为无效后，当事人不可能以同样的给付予以返还，例如雇主不可能返还雇员已进行的“工作”、承租人不可能向出租人返还其对租赁物已实行的“使用”等，因此合同被确认为无效后，合同已经产生的效果应作为一种事实状态予以保留。[⑦]

王泽鉴教授也主张在某些情况下限制这种溯及力，他认为法律行为无效所具有的“自始无效”的效力对于买卖、赠与等一时性契约来说固属合理，但对劳动契约或合伙等具有继续性关系的契约，在适用上将产生复杂法律关系，为避免无效后产生返还给付的问题，及对第三人法律关系所产生的困难，一般认为劳动契约或合伙关系事实上已开始时，其无效的主张只能向将来发生效力。[⑧]

---

① 参见崔建远：《合同法》(第7版)，法律出版社2021年版，第74页。

② 参见崔建远：《合同法》(第7版)，法律出版社2021年版，第82页。

③ 参见王泽鉴：《民法总则》，北京大学出版社2009年版，第463页。

④ 参见王利明：《合同法》(第2版)(上册)，中国人民大学出版社2021年版，第164页。

⑤ 参见张耕、邓宏光：《无效合同性质之反思与重构》，载《求索》2006年第2期。

⑥ 参见张耕、邓宏光：《无效合同性质之反思与重构》，载《求索》2006年第2期。

⑦ 参见尹田：《法国现代合同法》，法律出版社1995年版，第226~232页。

⑧ 参见王泽鉴：《民法总论》，台北，三民书局1999年版，第302~303、514~515、518页。

承认某些无效合同的溯及力应当受到限制是合理的。随着我国经济社会的发展，大量的雇佣合同出现在公民日常生活之中，雇用保姆照顾老幼，雇用家政人员代劳家政正逐渐成为一种社会潮流。在此背景下，无效雇佣合同的规制问题常常难以解决，《民法典》第157规定了返还财产、折价补偿等解决方式，主要是以金钱的形式进行赔偿或补偿。但无论采取哪种方式都不能较好地弥补雇佣关系的当事人所受到的损失。正如前述学者所说的那样，至少应当将租赁、雇佣等"连续性给付合同"规定为例外为宜。

二、无效部分不影响其他部分效力的，其他部分仍然有效

《民法典》第156条规定："民事法律行为部分无效，不影响其他部分效力的，其他部分仍然有效。"这一规定意味着法律行为"部分无效可及于法律行为的整体，也可不及于法律行为的其他部分。因而，如果部分无效不影响其他部分的效力的，其他部分仍然有效"。[①] 我国《民法典》与罗马法一样，采取的是部分有效原则，[②]即法律行为的一部分无效并不导致整个法律行为失去效力。[③]与罗马法模式相对的是德国法上所采取的以全部无效为原则、以部分无效为例外的模式，但罗马法模式与德国法模式的差距并没有我们想象中的那么大，在确定无效部分会影响其他部分的效力时认定整个民事法律行为无效，是为两种模式所认可的。但在不能确定无效部分是否会影响其他部分的效力时，两种模式则出现了分歧：罗马法模式认为剩余部分有效；德国法模式则认为剩余部分同样无效，从而认为整个法律行为无效。

罗马法模式与德国法模式各有长处，德国法模式在无法判断部分无效对剩余部分的影响时，认定法律行为全部无效，然后留待当事人再次去建立新的关系，是一种更为灵活的处理方式，能够更为贴近当事人意愿。这也是《民法典》制定前，有学者主张我国在今后应当选择德国法模式，采全部无效为原则、部分有效为例外的理由。[④] 但选择罗马法模式更符合我国实际状况。罗马法模式认

---

① 参见谢怀栻等：《合同法原理》，法律出版社2000年版，第13页。

② 参见黄忠：《法律行为部分无效的处理规则研究》，载《当代法学》2010年第3期。

③ 参见周枏：《罗马法原论》（下册），商务印书馆2001年版，第672页。

④ 关于罗马法模式与德国法模式的相关论述，参见张耕、邓宏光：《无效合同性质之反思与重构》，载《求索》2006年第2期。

为，在无法认定无效部分与剩余部分的关系时，剩余部分有效；而德国法模式则认为在无法认定二者关系时，整个民事法律行为无效。可见罗马法模式无疑有利于合同效力的维持。在过去，无效合同的范围被不当地扩张了，这使很多应当成立生效的合同被认定为无效，正在履行的合同要停止履行，履行完毕的合同要采取一系列措施使双方当事人的财产状况恢复原状，这样一来将会大大增加社会成本，降低市场交易行为的效率，损害市场活动的稳定性。如果再采取德国法上这种“刚性”的模式，在无法认定二者关系时便否认整个民事法律行为的效力，这将极其不利于市场稳定与交易安全。

部分无效的前提是某一法律行为必须具备可分性，如果某一法律行为在内容上无法进行区分，那么讨论部分无效与全部无效也就没有任何意义了。所以，第 156 条的规定针对的应当是一个复杂的、具备可分性的法律行为。[①] 合同由众多条款组合而成，同一合同中的众多条款之间往往具备可分性，部分无效而不会影响合同其他部分效力的，主要有以下两种情况：

其一，无效部分不重要。如果无效部分对于合同整体不重要，则不应影响其他部分的有效性。例如，当事人订立房屋租赁合同，同时为承租人设定具有绝对效力（物权效力）的先买权。物权效力的先买权因违反物权法定主义而无效，但先买权设立对租赁合同之成立不重要，除非承租人以拥有物权效力的先买权为承租前提，否则此无效并不影响租赁合同本身的有效性。[②]

其二，无效部分具有独立性。若无效部分具有独立性，无论是否重要，均不影响合同其余部分的效力。[③]《民法典》第 497 条规定：“有下列情形之一的，该格式条款无效：（一）具有本法第一编第六章第三节和本法第五百零六条规定的无效情形；（二）提供格式条款一方不合理地免除或者减轻其责任、加重对方责任、限制对方主要权利；（三）提供格式条款一方排除对方主要权利。”第 506 条规定：“合同中的下列免责条款无效：（一）造成对方人身损害的；（二）因故意或者重大过失造成对方财产损失的。”合同中部分条文无效，不影响其他部分效力的，其余部分仍然有效。也就是说，如果合同中存在上述无效的格式条款或者

① 参见张耕、邓宏光：《无效合同性质之反思与重构》，载《求索》2006 年第 2 期。
② 参见朱庆育：《〈合同法〉第 52 条第 5 项评注》，载《法学家》2016 年第 3 期。
③ 参见朱庆育：《〈合同法〉第 52 条第 5 项评注》，载《法学家》2016 年第 3 期。

免责条款,那么这些条款当然不产生约束力,但一般不影响其他条款的效力。这是因为格式条款或者免责条款与合同主要内容之间往往是独立存在的,具有独立性。此外,《民法典》第507条规定:“合同不生效、无效、被撤销或者终止的,不影响合同中有关解决争议方法的条款的效力。”解决争议的方法指的是双方当事人可以在合同中约定当产生纠纷时,将采取何种解决争议的方式,以及确定解决纠纷所适用的法律和管辖的法院等问题。按照合同自由原则,选择解决争议的方法是当事人所应当享有的合同自由的内容,当事人约定了有关解决争议方法的条款,就意味着当事人希望通过适用该条款来解决其发生的争议。法律肯定有关解决争议方法条款的独立性就是为了避免合同不成立、无效、被撤销或终止时,纠纷无法按照当事人的意思加以解决。[①] 因此,有关解决争议方法的条款不因主合同的不生效、无效、被撤销或者终止而失效,即便合同被确认未生效、无效、撤销、解除等,当事人仍然可以依据解决争议条款及时解决其纠纷。同时确认合同中有关解决争议方法的条款的独立性也能够防止当事人拖延纠纷解决程序,能使纠纷得到及时、高效的解决。[②]

三、返还财产、折价补偿

《民法典》第157条规定,合同在被确认无效或被撤销后,“行为人因该行为取得的财产,应当予以返还;不能返还或者没有必要返还的,应当折价补偿”。依照《民法典》的规定,当合同被确认无效或被撤销后,将会产生返还财产、折价补偿等法律后果。通说认为,《民法典》第157条第1句以原物尚存为基础,确立了针对“财产给付”的实物返还规则;且只在原物不能返还或没有必要返还时,[③]才适用价值返还,即受领人应就不能为实物返还而承担价值补偿责任,以代替实物返还。[④] 无论是要求当事人返还财产,还是要求当事人进行折价补偿等行为,其都是为了使当事人的财产情况恢复至合同订立之前的状态,而不是使当事人因合同无效而受益。返还财产适用于合同已经部分履行或履行完毕,给付可以原物返还的情况。折价补偿是针对给付不适合原物返还时的补救措

---

① 参见王利明、杨立新等:《民法学》(第6版),法律出版社2020年版,第657页。

② 参见王利明:《合同法》(第2版)(上册),中国人民大学出版社2021年版,第167页。

③ 参见朱广新:《合同法总则研究》(上册),中国人民大学出版社2018年版,第372页。

④ 参见滕佳一:《合同无效时返还规则的适用》,载《法学家》2020年第6期。

施。例如,《民法典》第 793 条第 1 款规定:“建设工程施工合同无效,但是建设工程经验收合格的,可以参照合同关于工程价款的约定折价补偿承包人。”在莫某某、深圳市东深工程有限公司与东莞市长富广场房地产开发有限公司建设工程合同纠纷案中,法院认定,“鉴于建设工程合同的特殊性,尽管合同被确认无效,但已经履行的内容不能适用返还的方式使合同恢复到签约前的状态,故只能按折价补偿的方式处理”。[①]

合同无效或被撤销后的返还请求权性质问题,我国多数学者认为,由于我国立法没有采物权行为无因性原则,[②]在原物能够返还时,权利人可以直接请求相对人返还原物,享有物权性的返还原物请求权;在原物不能返还或者没有必要返还以及相对方返还价款时,权利人享有的是债权性的不当得利返还请求权。[③] 此外,也有观点认为,在合同无效或者被撤销后,由于当事人基于合同而取得的财产和利益没有法律根据,满足不当得利的构成要件,因此双方所享有的均是债权性的不当得利返还请求权。[④] 司法实践中有持债权请求权的观点,《上海市高级人民法院关于当事人主张因无效合同产生的返还财产、损害赔偿请求权应如何适用诉讼时效、保证期间等问题的处理意见》认为:“法院或仲裁机关经审理或仲裁认定当事人之间的合同无效的,当事人之间约定的合同权利归于无效,但基于法律关于无效合同处理的规定产生返还财产、损害赔偿请求权,该权利性质属于法定之债。当事人行使基于无效合同产生的返还财产或损害赔偿请求权,与单纯请求法院或仲裁机关确认合同无效不同,返还财产、损害赔偿请求权属于债权请求权范畴,应适用诉讼时效的规定。”此外,也有折衷的观点认为,在涉及物权变动的合同中,判定合同无效的法律效果的核心在于所有权变动公示是否完成,若未依法完成公示,依公示公信原则,出卖人仍为所有权人,此时应成立返还原物请求权,除此之外的情况,则成立不当得利请求权。[⑤]学界对合同无效或被撤销后返还财产请求权性质的争论,其实质在于对返还请

---

① 莫某某、深圳市东深工程有限公司与东莞市长富广场房地产开发有限公司建设工程合同纠纷案,最高人民法院(2011)民提字第 235 号民事判决书。

② 参见王利明:《物权法研究》(第 3 版)(上卷),中国人民大学出版社 2013 年版,第 266 ~ 268 页。

③ 参见崔建远:《合同法》(第 7 版),法律出版社 2021 年版,第 89 页。

④ 参见陈怡伊:《刍议合同无效或被撤销后返还请求权之性质》,载《法学杂志》2015 年第 3 期。

⑤ 参见滕佳一:《合同无效时返还规则的适用》,载《法学家》2020 年第 6 期。

求权性质的不同解释可能导致当事人之间的利益失衡。从平衡双方利益的角度出发，最高人民法院于2019年11月印发的《九民纪要》第34条指出，“双务合同不成立、无效或者被撤销时，标的物返还与价款返还互为对待给付，双方应当同时返还”。简言之，最高人民法院明确了一方当事人可以拒绝对方要求返还的“拒绝返还抗辩权”，即在一方不履行返还义务时，另一方可准用《民法典》第525条①的规定，拒绝对方要求相应的返还的请求。②

合同被确认无效或者被撤销后，返还财产的范围以全部返还为原则③，包括受领给付时的原物及其有关收益④。例如在涉及金钱给付的无效合同中，本金及利息均应返还。⑤

由于现行法律所规定的返还规则并未区分合同无效的原因，使得因不同原因导致合同无效后应当适用何种返还规则引起学者的讨论。在因违背公序良俗而导致合同无效的情形下，有观点认为，在社会公共利益与当事人利益之间法益均衡的背俗合同返还规则应当是一般拒绝、例外允许。一般拒绝返还旨在惩戒违背公序良俗的合同当事人与避免否定合同无效的评价；例外允许返还发生在给付人遭受的利益剥夺与背俗程度不相称的情况下，此时可基于当事人之间背俗程度的差异，并结合不返还对于社会公共利益的危害，在个案中允许返还。⑥ 对于合同违法无效之后的返还，有学者认为应主要用不当得利制度处理，同时在判断合同无效后是否应返还及返还的范围时，不仅要考虑管制的目的，也要考察违法的严重性程度、当事人的主观状态，尤其是可能的鼓励背信的后果等因素。⑦ 此外，在股权代持的特定情形下，有学者主张，因违法而导致股权代持无效的，若违法原因存在于交易双方，并且存在投资增值且增值未被行政

---

① 《民法典》第525条规定：“当事人互负债务，没有先后履行顺序的，应当同时履行。一方在对方履行之前有权拒绝其履行请求。一方在对方履行债务不符合约定时，有权拒绝其相应的履行请求。”

② 参见付一耀：《论合同无效或被撤销后的拒绝返还抗辩权——基于〈民法典〉第157条与第525条的解释论》，载《社会科学研究》2021年第2期。

③ 参见魏振瀛主编：《民法》（第8版），北京大学出版社2021年版，第179页。

④ 参见崔建远：《合同法》（第7版），法律出版社2021年版，第90页。

⑤ 参见王文利：《论无效合同的法律后果》，载《河南财经政法大学学报》2018年第5期。

⑥ 参见纪闻：《论违背公序良俗合同无效后的返还后果》，载《北京理工大学学报（社会科学版）》2020年第6期。

⑦ 参见许德风：《论合同违法无效后的获益返还——兼议背信行为的法律规制》，载《清华法学》2016年第2期。

机关收缴罚没时，法院应将投资本金与利息判给被代持人，而对于增值部分则按照比例分担。①

在确定返还财产、折价补偿的范围时，还应将当事人的主观状态是善意还是恶意考虑在内。在合同被确认无效或者被撤销后，若成立返还原物请求权，则占有人应当返还财产及其已经收取的孳息。但是依据《民法典》第460条"不动产或者动产被占有人占有的，权利人可以请求返还原物及其孳息；但是，应当支付善意占有人因维护该不动产或者动产支出的必要费用"的规定，善意的占有人享有必要费用偿还请求权②，而恶意的占有人便无此项权利。若合同被确认无效或者被撤销后成立不当得利返还请求权，如果得利人为善意，即得利人不知道且不应当知道获得该利益没有法律根据且无需考虑其是否对此存在过错，③此时返还范围以现存利益为限。④ 若所得利益已不存在，依据《民法典》第986条"取得的利益已经不存在的，不承担返还该利益的义务"的规定，善意的得利人则不必返还原物或偿还价值额。⑤ 对于利益是否存在的时间点认定，学说主张应以受返还请求之时为准，因为得利人在受到催告时，其便应当知道获得的利益没有合法根据，自此时起，应当负返还责任。⑥ 如果得利人为恶意，即得利人知道或者应当知道获得该利益没有法律根据，包括受领时明知和其后明知，但不包括因过失而不知晓的情形。⑦ 依据《民法典》第987条"受损失的人可以请求得利人返还其取得的利益并依法赔偿损失"的规定，恶意得利人应将受领时获得的利益与利息一并返还，若返还获得的利益以及利息仍不能填补受损人的损失，就其不足部分，还应另行承担损害赔偿责任。⑧ 如果得利人在获得利益后知晓其没有合法根据，此时得利人仅就现存利益负有返还义务，若所获得的利益不存在，亦可主张不负返还责任；在得利人知道获得的利益没有合法

---

① 参见吴至诚：《违法无效合同不当得利返还的比例分担　以股权代持为中心》，载《中外法学》2021年第3期。

② 参见滕佳一：《合同无效时返还规则的适用》，载《法学家》2020年第6期。

③ 参见崔建远：《债法总论》，法律出版社2021年版，第361页。

④ 参见崔建远：《合同法》（第7版），法律出版社2021年版，第90页。

⑤ 参见崔建远：《债法总论》，法律出版社2021年版，第361页。

⑥ 参见王泽鉴：《债法原理　不当得利》（总第2册），台北，三民书局1999年版，第203页。

⑦ 参见崔建远：《债法总论》，法律出版社2021年版，第364页。

⑧ 参见崔建远：《债法总论》，法律出版社2021年版，第364页。

根据时,其便开始承担恶意得利人的责任。[①] 如果得利人已经将获得的利益无偿转让给第三人,依据《民法典》第988条"受损失的人可以请求第三人在相应范围内承担返还义务"的规定,此时得利人不再负有不当得利返还的义务,但在无偿受让利益的第三人与受损人之间成立不当得利返还关系,受损人为债权人,该第三人是债务人。[②] 但需要注意的是,在得利人转让其得利为正当时,受损人才有权请求受让该利益的第三人返还该利益,该第三人无权抗辩;如果得利人非正当地转让时,得利人取得的利益应视为仍然存在,不得主张利益不存在并拒绝承担返还义务,此时,如果受损人径直请求该第三人返还不当得利,则该第三人有权予以拒绝。[③]

四、赔偿损失

按照《民法典》第157条之规定,合同在被确认无效或被撤销后,有过错的一方应当赔偿对方由此所受到的损失;各方都有过错的,应当各自承担相应的责任。法律另有规定的,依照其规定。即如果因合同被确认无效或被撤销而造成了损失,会产生损害赔偿的法律责任。过错是承担赔偿责任的必备要件,只有在当事人对损失的发生存在过错的情况下才需要承担该责任。如果仅一方存在过错,则由有过错的一方向无过错的一方承担因其过错而给对方造成的损失;如果双方均有过错,则应适用比较过错原则,根据双方的过错程度来确定其相应的赔偿责任。[④]

合同被确认无效或者被撤销后损害赔偿的性质属于缔约过失责任[⑤],赔偿范围为信赖利益损失[⑥]。即在合同被确认无效或者被撤销的情况下,当事人因信赖合同将会有效而支付的各种订约和履行费用,因合同无效使这些费用未能

---

① 参见王泽鉴:《债法原理　不当得利》(总第2册),台北,三民书局1999年版,第213页。

② 参见崔建远:《债法总论》,法律出版社2021年版,第363页。

③ 参见崔建远:《债法总论》,法律出版社2021年版,第364页。

④ 参见王利明、杨立新等:《民法学》(第6版),法律出版社2020年版,第657页。

⑤ 参见韩世远:《合同法总论》(第3版),法律出版社2011年版,第229页;魏振瀛主编:《民法》(第8版),北京大学出版社2021年版,第459页;崔建远:《合同法》(第7版),法律出版社2021年版,第90页;胡振玲:《受欺诈合同与缔约过失责任的适用》,载《中南民族大学学报(人文社会科学版)》2009年第3期。

⑥ 参见王利明、杨立新等:《民法学》(第6版),法律出版社2020年版,第619页;王文利:《论无效合同的法律后果》,载《河南财经政法大学学报》2018年第5期。

补偿,其有权要求过错方予以赔偿。过错方赔偿的范围限于因信赖合同有效而支付的各种订约和履行费用,但不包括在合同有效的情况下获得的期待利益的损失。[①] 信赖利益的损失包括直接损失和间接损失。[②] 其直接损失有:(1)缔约费用,包括赶赴缔约地或者察看标的物等所支出的合理费用;(2)准备履行所支出的费用,包括为运送标的物或者受领对方给付所支付的合理费用;(3)受害人支出上述费用所失去的利息。[③] 其间接损失主要表现为丧失与第三人另订合同的机会所产生的损失。[④] 审判实务基本认同学术观点,例如,在北京歌华广告有限公司(以下简称北京歌华公司)诉北京中鸿房地产开发有限公司新一代商城服装市场(以下简称新一代商城)缔约过失责任案中[⑤],北京歌华公司与新一代商城签订的广告位租赁合同,因双方恶意串通损害第三人(北京金凯鑫公司)利益,被法院认定该租赁合同无效。在本案中,新一代商城抛开北京金凯鑫公司直接与北京歌华公司订立租赁合同的行为违反诚实信用原则,对于合同无效负有过错,北京歌华公司赔偿北京金凯鑫公司的款项应视为其信赖利益的损失,该损失与新一代商城的行为具有因果关系,故受案法院认定新一代商城应当对合同无效承担缔约过失责任。由于北京歌华公司和新一代商城恶意串通签订合同,均违反了诚实信用原则,且对于合同无效均负有过错,故判令双方分担损失。[⑥] 在济宁工腾房地产开发有限责任公司与嘉祥县人民法院商品房预售合同纠纷案中,最高人民法院也明确,“在缔约过程中,一方当事人因违背其根据诚实信用原则所应负的义务而导致另一方信赖利益损失,因此而产生民事赔偿责任。缔约过失损害赔偿,应限于信赖利益损失的范围,一般不应超过履行利益,同时还应遵循过失相抵的赔偿规则”。[⑦] 在理论上,也有学者认为,在合同因违

---

① 参见王利明:《合同法》(第2版),中国人民大学出版社2021年版,第166页。

② 参见崔建远:《合同法》(第7版),法律出版社2021年版,第92页;张家勇:《论前合同损害赔偿中的期待利益 基于动态缔约过程观的分析》,载《中外法学》2016年第3期。

③ 参见魏振瀛主编:《民法》(第8版),北京大学出版社2021年版,第461页。

④ 参见崔建远:《合同法》(第7版),法律出版社2021年版,第92页。

⑤ 参见北京歌华公司诉新一代商城缔约过失责任案,北京市西城区人民法院(2013)西民初字第11781号民事判决书。

⑥ 参见国家法官学院案例开发研究中心编:《中国法院2015年度案例(合同纠纷)》,中国法制出版社2015年版,第18~20页。

⑦ 济宁工腾房地产开发有限责任公司与嘉祥县人民法院商品房预售合同纠纷案,最高人民法院(2009)民申字第504号驳回再审申请通知书。

法被确认无效后,应当从导致合同无效的事由发生于合同的何种阶段来确定损害赔偿的范围。[①] 另有学者主张,在合同因违法被确认无效后,具体赔偿范围不应限于信赖利益(缔约费用、履约费用、返还费用)的赔偿,若一方当事人主观恶意较大,对另一方造成较大损失,可综合考虑另一方获益情况和受害人损失提高赔偿数额。[②]

当合同被确认无效或被撤销后,如果一方当事人具有欺诈、胁迫等过错且给对方造成了损失,此种情形,完全满足侵权责任的构成要件,因此受有损失的一方当事人有权行使侵权损害赔偿请求权,请求对方承担侵权责任。[③] 当侵权行为事实和不当得利事实并存的时候,由于请求权的行使属于当事人意思自治的范畴,且我国民法也没有排除不当得利请求权和其他的请求权发生竞合的规定,因此,应允许不当得利请求权和其他请求权发生竞合,当事人可选择依侵权责任,也可选择依不当得利寻求救济。[④]

---

① 参见于凤瑞:《合同违法无效时损害赔偿范围的量定——从不当得利于缔约过失展开》,载《河北法学》2018 年第 6 期。

② 参见郭晓晴:《合同违法无效的责任承担问题研究》,载《东北农业大学学报(社会科学版)》2019 年第 3 期。

③ 参见周联合:《合同无效或者被撤销后当事人的请求权基础》,载《社会科学》2014 年第 12 期。

④ 参见陈怡伊:《刍议合同无效或被撤销后返还请求权之性质》,载《法学杂志》2015 年第 3 期。

第四章

合同的履行

合同的履行,是指债务人根据法律规定和合同的约定完成其合同义务,债权人的合同债权得到实现。合同履行是合同法律制度的核心,是合同法律约束力最集中的体现,是消灭合同之债最主要的方式,是实现当事人订约目的的唯一途径。按照合同严守原则,当事人应当严格按照合同的约定以及法律的规定履行债务。合同履行是一切合同法律制度的归宿或延伸。当事人订立合同的目的即在于履行合同,如果合同不能得到履行,合同的订立也将失去意义。合同的生效、担保和违约责任规定的实质也是为了确保合同成立后能够得到履行。[①] 合同的履行行为,包括积极的作为(物品的交付、金钱的交付、劳务的提供等),以及消极的不作为(不以某种价格销售商品)。合同的履行是债权得以实现的方式,它能使当事人尽早发现对方不能履行或不能完全履行合同的状况,以便采取相应的补救措施,避免使自己陷入被动和不利,防止损失的发生或扩大。合同的履行是形成良好市场经济秩序的重要保障。维护市场秩序的有序进行,要求当事人严格履行合同。

第一节　合同履行的原则

合同履行的原则,是指根据法律规定,当事人在履行合同时应当遵守的原

① 参见苏惠祥主编:《中国当代合同法论》,吉林大学出版社 1992 年版,第 145 页。

则。合同履行的原则既包括民法的基本原则,如诚实信用原则、公平原则、平等原则,也包括专属于合同履行的原则。本部分仅就专属于合同履行的原则进行讨论。《民法典》第509条规定:"当事人应当按照约定全面履行自己的义务。当事人应当遵循诚信原则,根据合同的性质、目的和交易习惯履行通知、协助、保密等义务。当事人在履行合同过程中,应当避免浪费资源、污染环境和破坏生态。"该条规定了合同履行的原则,包括全面履行原则、诚信履行原则和绿色履行原则。这些原则并非仅适用于某些类型的合同,而是适用于所有类型的合同,是合同履行的共性要求。

一、全面履行原则

全面履行原则,又称适当履行原则,是指当事人应当依据合同的约定全面履行自己的义务。全面履行原则是合同约束力的直接表现,能够督促当事人保质、保量、按时、正确地履行合同义务,防止合同违约的发生,从而维护交易秩序,保障社会主义市场经济有序进行。全面履行原则是合同履行的尺度,是制裁违约的基本依据。①《民法典》第509条第1款规定:"当事人应当按照约定全面履行自己的义务。"据此,全面履行原则包括以下内涵:

1. 按照约定履行。合同类型不同,合同的具体内容会有所不同,但当事人一般都会在合同中就标的物数量、质量、规格、履行时间、履行地点、履行方式等进行约定。"按照约定履行"是指当事人应当于合同约定的时间、地点,根据合同约定的标的数量、质量、规格等合同内容,按照合同约定的履行方式,全面履行各自的合同义务。如履行合同不符合合同约定,则可构成违约。

2. 全面履行。从履行义务的角度,全面履行意味着履行义务除当事人约定的主给付义务之外,还应履行从给付义务。主给付义务是合同关系所固有、必备,并且用以决定合同关系类型的基本义务。例如,买卖合同中出卖人转移标的物所有权的义务和买受人支付价款的义务、租赁合同中出租人交付租赁物于承租人和承租人支付租金的义务等。从给付义务则仅具有辅助主给付义务的功能。例如,《民法典》第599条规定:"出卖人应当按照约定或者交易习惯向买受人交付提取标的物单证以外的有关单证和资料。"此外,全面履行还意味着当

① 参见苏惠祥主编:《中国当代合同法论》,吉林大学出版社1992年版,第157页。

事人不得随意变更、解除合同。当事人一方未经对方同意不得随意变更合同，否则构成违约。除符合法定和约定的解除条件的，当事人未经对方同意不得单方面解除合同。

二、诚信履行原则

《民法典》第509条第2款规定："当事人应当遵循诚信原则，根据合同的性质、目的和交易习惯履行通知、协助、保密等义务。"此为，合同履行中的诚信履行原则，也是《民法典》第7条诚信原则在合同履行阶段的体现。该条旨在强调当事人应当按照诚信原则履行合同，除应当按照合同约定履行给付义务之外，还应当履行附随义务。附随义务是指以诚实信用原则为依据，当事人在合同中没有约定，但根据合同性质、交易目的和交易习惯产生的义务。附随义务与主给付义务的区别在于：第一，主给付义务自始确定，并决定债的关系的类型。附随义务是随着债的关系的发展，于个别情况要求当事人的一方有所作为或不作为，以维护相对人的利益，于任何债的关系均可发生，不受特定债之关系类型的限制。第二，主给付义务构成双务合同的对待给付。一方当事人于他方当事人未为对待给付前，得拒绝自己之给付。反之，附随义务原则上非属对待给付，不发生同时履行抗辩。第三，因给付义务的不履行，债权人得解除合同。反之，附随义务的不履行，债权人原则上不得解除合同，但就其所受损害，得依不完全给付规定，请求赔偿。附随义务与从给付义务的区别在于从给付义务能够独立以诉请求，附随义务不能够独立以诉请求。例如，甲向乙出卖车辆，交付该车并转移所有权为甲的主给付义务，提供必要文件（如行车执照和保险单）为从给付义务，告知该车的特殊危险性为附随义务。[①]《民法典》第509条第2款列举了当事人在合同履行中的附随义务，即通知义务、协助义务和保密义务。

1. 通知义务。通知义务，是指在合同履行过程中，当事人一方有必要主动地就某些情况通知对方。《民法典·合同编》就债务人的通知义务有许多明文规定，包括但不限于：标的物提存后债务人的通知义务（《民法典》第572条）；因不可抗力不能履行合同的，应当及时通知对方（《民法典》第590条第1款）；中断供电应当按照国家有关规定事先通知用电人（《民法典》第652条）；第三人就

① 参见王泽鉴：《债法原理》，北京大学出版社2009年版，第83页。

租赁物主张权利的,承租人应当及时通知出租人(《民法典》第723条第2款);承揽人发现定作人提供的图纸或者技术要求不合理的,应当及时通知定作人(《民法典》第776条);遇有不能正常运输的情形,承运人应当及时告知旅客(《民法典》第820条);第三人对保管人提起诉讼或者对保管物申请扣押的,保管人应当及时通知寄存人(《民法典》第896条第2款)。

2. 协助义务。协助义务,是指在合同履行过程中,当事人一方有必要根据诚信履行原则在某些情况下为对方行使权利、履行义务提供必要的协助。例如《民法典》第741条规定:"出租人、出卖人、承租人可以约定,出卖人不履行买卖合同义务的,由承租人行使索赔的权利。承租人行使索赔权利的,出租人应当协助。"《民法典》第778条规定:"承揽工作需要定作人协助的,定作人有协助的义务。定作人不履行协助义务致使承揽工作不能完成的,承揽人可以催告定作人在合理期限内履行义务,并可以顺延履行期限;定作人逾期不履行的,承揽人可以解除合同。"

3. 保密义务。保密义务,是指当事人在履行合同过程中依据诚信履行原则负有保密义务。当事人如果了解到对方有关的商业秘密或者其他应当保密的信息,应当负有保密义务。法律对于一些领域内的保密义务作出了明确规定。例如,《律师法》第38条规定:"律师应当保守在执业活动中知悉的国家秘密、商业秘密,不得泄露当事人的隐私。律师对在执业活动中知悉的委托人和其他人不愿泄露的有关情况和信息,应当予以保密。但是,委托人或者其他人准备或者正在实施危害国家安全、公共安全以及严重危害他人人身安全的犯罪事实和信息除外。"《商业银行法》第29条第1款规定:"商业银行办理个人储蓄存款业务,应当遵循存款自愿、取款自由、存款有息、为存款人保密的原则。"

《民法典》第509条第2款为合同履行中的附随义务的不完全列举,除以上三种附随义务,合同履行中的附随义务还包括保护义务及告知义务。[①] 保护义务是指在由于合同履行而发生侵害对方生命、身体、财产的可能性的场合,对于诸此法益不予侵害的义务。例如《民法典》第822条规定:"承运人在运输过程中,应当尽力救助患有急病、分娩、遇险的旅客。"告知义务如《民法典》第819条

① 参见韩世远:《合同法总论》,法律出版社2018年版,第346~349页。

规定:“承运人应当严格履行安全运输义务,及时告知旅客安全运输应当注意的事项。旅客对承运人为安全运输所作的合理安排应当积极协助和配合。”

三、绿色履行原则

《民法典》第 509 条第 3 款规定:“当事人在履行合同过程中,应当避免浪费资源、污染环境和破坏生态。”此为合同履行中的绿色原则,也是《民法典》第 9 条绿色原则在合同履行阶段的体现。出于节约资源和保护生态环境的现实需要,合同履行阶段,当事人履行合同应当做到:第一,避免资源浪费。例如《民法典》第 625 条确定了出卖人对特定标的物的回收义务,“依照法律、行政法规的规定或者按照当事人的约定,标的物在有效使用年限届满后应予回收的,出卖人负有自行或者委托第三人对标的物予以回收的义务”。《民法典》第 655 条规定了用电人节约用电的义务,“用电人应当按照国家有关规定和当事人的约定安全、节约和计划用电。用电人未按照国家有关规定和当事人的约定用电,造成供电人损失的,应当承担赔偿责任”。第二,避免污染环境、破坏生态。例如《民法典》第 619 条规定:“出卖人应当按照约定的包装方式交付标的物。对包装方式没有约定或者约定不明确,依据本法第五百一十条的规定仍不能确定的,应当按照通用的方式包装;没有通用方式的,应当采取足以保护标的物且有利于节约资源、保护生态环境的包装方式。”

第二节　合同履行的规则

合同履行规则是履行主体,履行标的,履行地点、期限、方式和费用等方面的具体规则。此外,《民法典》第 512 条还针对电子合同的履行规则作出了规定。

一、履行主体

履行主体,是指履行合同义务的人和接受合同义务履行的人。合同主体是合同债权人与合同债务人,合同履行主体是通常是合同主体,但合同主体以外的第三人也可以替代债务人向债权人作出履行或者替代债权人接受债务人的履行。《民法典·合同编》就第三人作为履行主体的情形作出的规定包括:《民法典》第522条规定了为第三人利益的合同、第523条规定了由第三人履行的合同、第524条规定了第三人代位履行的合同,其中为第三人利益的合同和由第三人履行的合同在学理上又称为涉他合同。

(一)为第三人利益的合同

为第三人利益的合同,又称"利益第三人合同"或者"利他合同",是指债务人向债权人以外的第三人履行债务的合同。《民法典》第522条第1款规定:"当事人约定由债务人向第三人履行债务,债务人未向第三人履行债务或者履行债务不符合约定的,应当向债权人承担违约责任。"第2款规定:"法律规定或者当事人约定第三人可以直接请求债务人向其履行债务,第三人未在合理期限内明确拒绝,债务人未向第三人履行债务或者履行债务不符合约定的,第三人可以请求债务人承担违约责任;债务人对债权人的抗辩,可以向第三人主张。"为第三人利益的合同又可具体分为不纯正的第三人利益合同和纯正的第三人利益合同,二者的区别在于纯正的第三人利益合同的第三人取得对债务人的履行请求权;不纯正的第三人利益合同的第三人仅可以接受债务人的履行,不享有对债务人的履行请求权。具体如下:

1. 不纯正的第三人利益合同

不纯正的第三人利益合同,又称"不真正利益第三人合同",是指第三人无权直接请求债务人给付的合同。《民法典》第522条第1款延续了原《合同法》第64条的规定,坚守了合同相对性原则。依法成立的合同原则上仅对当事人具有法律拘束力。不纯正的第三人利益合同的前提是当事人在合同中明确约定了由债务人向第三人作出履行,该约定不对第三人产生法律约束力。第三人仅仅是替代债权人接受债务履行的受领人,并非合同主体。请求债务人履行的权利仍然属于作为合同主体的债权人。债务人未向第三人履行债务或者履行债务不符合约定的,债务人应当向债权人而非向第三人承担违约责任。债务人如违反约定向债权人直接履行的,即属于履行债务不符合约定的情况,债权人有权拒绝。

2. 纯正的第三人利益合同

纯正的第三人利益合同,又称"真正利益第三人合同",是指第三人取得了对债务人的履行请求权的合同。《民法典》第522条第2款修正了原《合同法》

第64条的规定,设置了纯正的第三人利益合同。首先,第三人取得履行请求权的前提是有法律规定或者当事人约定。法律对特定的合同直接赋予第三人履行请求权,例如《保险法》第12条第5款第1句规定:“被保险人是指其财产或者人身受保险合同保障,享有保险金请求权的人。”该法第18条第3款第1句规定:“受益人是指人身保险合同中由被保险人或者投保人指定的享有保险金请求权的人。”保险合同是投保人与保险人签订的,被保险人和受益人即使不是投保人,也享有在保险事故发生后向保险人请求赔偿或给付保险金的权利。当事人也可以以约定的方式赋予第三人履行请求权。第三人取得履行请求权是根据法律或约定直接取得的,无需以某种方式认定为取得,第三人也不需要知悉取得。[①] 其次,第三人可以选择接受或拒绝。根据合同相对性要求,非合同当事人不应享有合同权利或承担合同义务,第三人设定利益虽不会损害第三人的权利,但第三人仍有权选择是否接受该利益。因此,《民法典》第522条第2款的规定实际上是推定第三人接受为其设定的利益,只要第三人在合理期限内没有明确拒绝,就视为其已经接受为该利益。再次,第三人取得对债务人的履行请求权。在纯正的第三人利益合同中,第三人并不是合同主体,但由于法律规定或当事人约定,在债务人不履行合同或履行合同不符合约定时,第三人可以请求债务人承担违约责任。第三人可以请求的内容应当是法律或合同中为其设定的权利和利益,请求范围不应当超出此限。例如,合同本身的权利,如解除权、撤销权等,第三人不得行使。最后,债务人对债权人的抗辩可以向第三人主张。第三人虽然独立取得权利,但其权利究系基于债权人和债务人之间的合同而来,债务人自得以之对抗第三人,如合同无效的抗辩、同时履行抗辩权等。但此处抗辩只以由合同所生的为限,若非由合同所生的,如抵销的抗辩,既不可以之对抗债权人,自亦不得对抗受益的第三人。[②]

(二)由第三人履行的合同

由第三人履行的合同,又称第三人负担合同,是指当事人约定合同债务由第三人履行的合同。例如,经销商甲与买受人乙约定,由生产商丙直接向乙交

---

① 参见[德]迪特尔·梅迪库斯:《德国债法总论》,杜景林、卢谌译,法律出版社2004年版,第585页。

② 参见崔建远:《论为第三人利益的合同》,载《吉林大学社会科学学报》2022年第1期。

付产品。《民法典》第523条规定："当事人约定由第三人向债权人履行债务，第三人不履行债务或者履行债务不符合约定的，债务人应当向债权人承担违约责任。"根据合同相对性原则，除经过第三人同意，合同当事人不得为第三人设定义务和负担。因此，合同当事人对由第三人向债权人履行债务的约定，仅在合同当事人之间发生拘束力，该拘束力不及于第三人。第三人既没有因为合同当事人之间的约定而成为合同主体，也不因合同当事人的约定而负有给付义务。至于第三人是否履行，完全取决于其自愿或是否存在其他法律关系中的义务。在第三人不履行债务或履行债务不符合约定时，由债务人而非第三人向债权人承担违约责任。债务人的违约责任原则上为损害赔偿责任，所赔偿者为债权人的履行利益。债务人的违约责任并非代为履行的责任，因为债务人不负有给付的义务。①

（三）第三人代位履行的合同

《民法典》第524条第1款规定："债务人不履行债务，第三人对履行该债务具有合法利益的，第三人有权向债权人代为履行；但是，根据债务性质、按照当事人约定或者依照法律规定只能由债务人履行的除外。"该条是关于具有合法利益的第三人代位履行的规定。第三人履行债务及法律效果属于债法的一般性规则内容。我国《民法典》不设债法总则，为了使合同编通则发挥债法总则的作用，有必要补充债法的一般性规则，就第三人履行该债务具有合法利益而履行债务及其法律效果作了规定。② 第三人代位履行应当具备如下条件：

1. 第三人是指债务人及债务履行辅助人以外的人。第三人代位履行与债务履行辅助人的履行不同。第三人相较于债务人具有独立的地位，其履行行为不能视为债务人的履行，而债务履行辅助人的履行行为则视为债务人的履行行为。

2. 第三人对履行该债务具有合法利益。第三人代位履行以第三人对该债务具有合法利益为必要条件。也就是说，在第三人代位履行的情形下，第三人与债务人之间可能存在利害关系。第三人对债务履行具有合法利益，主要包括

---

① 参见韩世远：《合同法总论》，法律出版社2018年版，第377页。

② 参见黄薇主编：《中华人民共和国民法典合同编解读》（上册），中国法制出版社2020年版，第213页。

第三人与债务人之间具有一定的人身关系;或者在债务履行后,第三人可以获得一定的利益。例如《民法典》第719条第1款规定:“承租人拖欠租金的,次承租人可以代承租人支付其欠付的租金和违约金,但是转租合同对出租人不具有法律约束力的除外。”承租人拖欠租金的,次承租人出于继续占有和使用租赁物的需要,属于第524条规定的“第三人对履行该债务具有合法利益的”情况,享有代承租人向出租人支付租金的权利,可以向出租人支付承租人欠付的租金和违约金。

3. 根据债务性质、按照当事人约定或者依照法律规定只能由债务人履行的除外。根据债务性质必须由债务人履行而不能由第三人履行是指具有人身专属性的债务,债权人选择债务人承担债务可能是基于对其特有的资质和资格的信赖,由第三人代位履行可能会影响债的目的的实现。因此,此类债务原则上应当由债务人本人履行债务,而不得由第三人代位履行。当事人可以约定债务必须由债务人本人履行,而不得由第三人代位履行,按照私法自治原则,此种约定具有法律效力。例如,当事人约定承揽工作必须由承揽人完成的,承揽人不得将工作交由第三人完成。依照法律规定只能由债务人履行的,是指法律有特别规定必须由债务人履行,不得由第三人履行的情形,例如《民法典》第791条第2款规定:“禁止承包人将工程分包给不具备相应资质条件的单位。禁止分包单位将其承包的工程再分包。建设工程主体结构的施工必须由承包人自行完成。”

二、履行标的

履行标的,是指债务人应当给付的内容。按照全面履行原则,债务人应当按照合同标的履行合同,严格按照合同中对标的的质量和数量的约定进行给付。

根据《民法典》第510条的规定,当事人就质量、价款没有约定或约定不明确的,可以协议补充,不能达成协议的,按照合同相关条款或者交易习惯确定。如果仍不能确定的,标的的质量可根据《民法典》第511条第1项的规则确定:“质量要求不明确的,按照强制性国家标准履行;没有强制性国家标准的,按照推荐性国家标准履行;没有推荐性国家标准的,按照行业标准履行;没有国家标准、行业标准的,按照通常标准或者符合合同目的的特定标准履行。”其中,强制性国家标准是出于保障人身健康和生命财产安全、国家安全、生态环境安全以及满足经济社会管理基本需要的技术要求由国务院批准发布或者授权批准发布的标准。推荐性国家标准是对满足基础通用、与强制性国家标准配套、对各有关行业起引领作用等需要的技术要求由国务院标准化行政主管部门制定的标准。行业标准是由国务院有关行政主管部门对没有推荐性国家标准、需要在全国某个行业范围内统一的技术要求而制定的标准。① 通常标准一般指的是同一价格的中等质量标准。② 标的的价款可根据《民法典》第511条第2项的规则确定："价款或者报酬不明确的，按照订立合同时履行地的市场价格履行；依法应当执行政府定价或者政府指导价的，依照规定履行。"其中，政府指导价是指依照法律规定，由政府价格主管部门或者其他有关部门，按照定价权限和范围规定基准价及其浮动幅度，指导经营者制定的价格。政府定价是指依照法律规定，由政府价格主管部门或者其他有关部门，按照定价权限和范围制定的价格。③

三、履行地点、期限、方式和费用

（一）履行地点

履行地点又称清偿地，是债务人应为履行的地点。当事人通常会在合同中对履行地点作出约定，例如订外卖时要求骑手将外卖送至指定的地点。如当事人就履行地点没有约定或者约定不明确的，根据《民法典》第510条规定，可以协议补充，不能达成补充协议的，可以按照合同相关条款或者交易习惯确定。如果仍不能确定，则按照《民法典》第511条第3项的规则确定："履行地点不明确，给付货币的，在接受货币一方所在地履行；交付不动产的，在不动产所在地履行；其他标的，在履行义务一方所在地履行。"

（二）履行期限

履行期限，是指债务人履行合同义务和债权人接受合同履行的时间。按照全面履行原则，债务人应当按照约定的履行期限履行债务。履行期限既可以是一个时间点，如约定某年某月某天某刻交付货物；也可以是一段时间，如约定月

---

① 参见《中华人民共和国标准化法》第10～12条。

② 参见黄薇主编：《中华人民共和国民法典合同编解读》（上册），中国法制出版社2020年版，第168页。

③ 参见《中华人民共和国价格法》第3条。

底前支付价款。在履行期限到来前,债务人无须履行债务,债权人也不得要求债务人作出履行。如果债务人在履行期限到来前,提前履行债务,根据《民法典》第530条规定:“债权人可以拒绝债务人提前履行债务,但是提前履行不损害债权人利益的除外。债务人提前履行债务给债权人增加的费用,由债务人负担。”这是由于债务人提前履行债务会给债权人带来不便甚至会损害债权人利益。例如,甲为新店开业订购了鲜花,并约定于开业当日送货,花店却提前送货。此时甲的店铺仍在装修,花店提前履行债务的行为损害了甲的利益。因此,债权人有权拒绝债务人提前履行,如因此给债权人增加费用,如仓储费用等,应由债务人承担。如果债务人在履行期限届满之后履行合同的,构成延迟履行,应承担迟延履行的责任。

履行期限通常由当事人在合同中约定。在当事人没有约定或约定不明时,根据《民法典》第510条规定,当事人可以协议补充,不能达成补充协议的,按照合同相关条款或者交易习惯确定。仍不能确定的,则按照《民法典》第511条第4项的规则确定:“履行期限不明确的,债务人可以随时履行,债权人也可以随时请求履行,但是应当给对方必要的准备时间。”当事人订立合同是为了实现合同目的,如履行期限无法确定,随时履行更有利于合同目的的实现。

此外,《民法典·合同编》的第二分编对于一些典型合同的履行期限作了特别的规定。例如借款利息支付期限(《民法典》第674条)、租金支付期限(《民法典》第721条)、承揽合同报酬支付期限(《民法典》第782条)。

(三)履行方式

履行方式是当事人约定的履行义务的方法,如标的物的交付方法、运输方法、价款支付方法等。履行方式与当事人的权益有密切关系,履行方式不符合要求,有可能造成标的物缺陷、费用增加、迟延履行等后果。[①] 当事人就合同履行方式有约定的,从其约定。在当事人没有约定或约定不明时,根据《民法典》第510条规定,当事人可以协议补充,不能达成补充协议的,按照合同相关条款或者交易习惯确定。仍不能确定的,则按照《民法典》第511条第5项的规则确定:“履行方式不明确的,按照有利于实现合同目的的方式履行。”

---

① 参见崔建远:《合同法总论》(中卷),中国人民大学出版社2016年版,第75页。

（四）履行费用

履行费用是指履行债务所需要的必要费用。例如包装费、运输费、装卸费、汇费、登记费、通知费等。当事人就合同履行费有约定的，从其约定。在当事人没有约定或约定不明时，根据《民法典》第510条规定，当事人可以协议补充，不能达成补充协议的，按照合同相关条款或者交易习惯确定。仍不能确定的，则按照《民法典》第511条第6项的规则确定："履行费用的负担不明确的，由履行义务一方负担；因债权人原因增加的履行费用，由债权人负担。"

因债权人原因增加的履行费用一般包括但不限于以下几种情况：债权人转让债权使债务人增加履行费用；债权人变更营业场所增加了债务人的履行费用；在原合同约定的清偿地不能作出履行，双方当事人通过约定变更履行地点或由债权人指定新的履行地点增加的费用；[①]债权人受领延迟致使费用增加；债权人请求对物品特别包装而增加费用等。[②] 根据公平原则，因债权人原因增加的履行费用，由债权人负担。

因债务人原因增加的履行费用，由债务人负担。具体包括：债务人提前履行债务给债权人增加的费用（《民法典》第530条第2款），以及债务人部分履行债务给债权人增加的费用（《民法典》第531条第2款）。

四、电子合同的履行规则

《民法典》第512条增加了关于电子合同履行规则的规定："通过互联网等信息网络订立的电子合同的标的为交付商品并采用快递物流方式交付的，收货人的签收时间为交付时间。电子合同的标的为提供服务的，生成的电子凭证或者实物凭证中载明的时间为提供服务时间；前述凭证没有载明时间或者载明时间与实际提供服务时间不一致的，以实际提供服务的时间为准。电子合同的标的物为采用在线传输方式交付的，合同标的物进入对方当事人指定的特定系统且能够检索识别的时间为交付时间。电子合同当事人对交付商品或者提供服务的方式、时间另有约定的，按照其约定。"根据给付类型的不同，对电子合同完成给付的时间作出了区分规定。

---

① 参见王利明：《合同法研究》（第2卷），中国人民大学出版社2015年版，第31页。
② 参见崔建远：《合同法总论》（中卷），中国人民大学出版社2016年版，第76页。

对于标的物为交付商品并采用快递物流方式交付的电子合同，收货人的签收时间为交付时间。也就是通常所说的网络购物，通过互联网订立买卖合同的情形。从保护网络购物买受人的利益角度，在当事人约定采用快递物流方式交付的情况下，以收货人签收的时间为交付时间，这意味着由出卖人承担签收前标的物毁损灭失的风险。收货人签收，根据《电子商务法》第52条第2款的规定应当理解为当面查验。实践中，快递员将商品放置于“蜂巢”或菜鸟驿站后即在平台上点击收件人已签收，这种做法并不能认为构成第512条中的“收货人签收”，具体签收时间应当以收件人或代收人实际领取货物为准。

对于标的为提供服务的电子合同，生成的电子凭证或实物凭证中载明的时间为提供服务时间；前述凭证没有载明时间或者载明时间与实际提供服务时间不一致的，以实际提供服务的时间为准。标的为提供服务的电子合同在实践中也比较常见，如购买在线培训课程、线上购买电影票以及利用打车软件打车，均属于此类。生成的电子凭证载明的时间应指电子凭证中载明的提供服务的时间，而非电子凭证的生成时间。提供服务的一方应主动提供电子凭证或者实物凭证并在上面载明完成服务的时间。实践中，也存在电子凭证或实物凭证中载明的时间与实际提供服务的时间不一致的情况，例如，线上购买飞机票载明的航班起飞时间是早上8时，实际上由于天气原因，最终航班于下午1时才起飞；或者购买线上演唱会门票，由于网络故障导致演唱会推迟。此时，提供服务时间以实际提供服务的时间为准。

电子合同的标的物为采用在线传输方式交付的，合同标的物进入对方当事人指定的特定系统且能够检索识别的时间为交付时间。电子合同的标的物采用在线传输方式交付的，如在线电影、音乐、电子书、游戏装备、各类软件等数字产品，此类合同交付的标的物是能够通过网络传输的数据，属于无形物。对方当事人指定的特定系统是指买受人单方指定的特定系统，如果买受人没有特别指定系统，此时特定系统一般为买受人在订立合同时发出意思表示的系统。例如，通过某读书软件购买电子书，此时的当事人指定的特定系统即为该软件。能够检索识别是指仅仅将合同标的物发送至对方当事人指定的特定系统不能完成交付，当事人能够检索识别才认为交付已完成。例如，由于网络等原因导致发出的数据没有进入特定系统，再如购买电子书当事人指定的特定系统仅能识别部分格式的文档，出卖人发送的电子书格式无法被识别。此时，应当由出卖人承担相应的后果。

电子合同当事人对交付商品或者提供服务的方式、时间另有约定的，按照其约定。根据自愿原则，当事人可以对交付商品或者提供服务的方式、时间另有约定，如有约定的，从其约定。

第三节　合同履行中的抗辩权

抗辩权，是指义务人对权利人行使的请求权，得拒绝给付的权利，[①]是对抗对方的请求权或者否认对方权利主张的权利。抗辩权的行使离不开请求权，是以请求权的行使为前提的。一方当事人行使请求权要求相对人为特定的作为或不作为时，相对人得提出各种抗辩，抗辩权的作用在于防御而不是进攻，仅在他人行使请求权时，针对他人的请求权进行抗辩。抗辩权的客体是请求权。请求权作为抗辩权的客体为具有财产内容的请求权，如物权请求权、债权请求权。

双务合同基于履行上的牵连性，在条件具备时产生抗辩权。抗辩权的效力在于阻止请求权的效力，使抗辩权人能够拒绝向相对人履行义务，而不是否定相对人的请求权。以抗辩权产生的作用为标准，抗辩权可分为永久性抗辩权与延期性抗辩权。永久性抗辩权是指权利人有永久地阻止他人行使请求权的权利。消灭时效届满之后，债务人取得的抗辩权属于永久性抗辩权。虽然债权人的债权仍然存在，但债务人能够永久反复地行使抗辩权，从而永久地遏制了债权的效力。延期性抗辩权是指权利人使请求权效力延期或者使对方请求权在一定期限内不能行使的权利。延期性抗辩权仅使对方的请求权一时不能行使，并不能使对方的请求权归于消灭。双务合同履行上特有的抗辩权，即同时履行抗辩权（《民法典》第 525 条）、先履行抗辩权（《民法典》第 526 条）、不安抗辩权（《民法典》第 527 条）等，均属于延期性抗辩权。在没有履行先后顺序的双务合同中，对方当事人没有履行合同之前，当事人有拒绝履行合同的权利，即为同时履行抗辩权。在有履行先后顺序的双务合同中，在对方当事人履行合同义务之前，履行合同义务在后的一方当事人有拒绝履行的权利，即为先履行抗辩权。

---

① 参见王泽鉴：《民法思维：请求权基础理论体系》，北京大学出版社 2009 年版，第 135 页。

在有先后履行顺序的双务合同中,因对方当事人的财产显著减少有难为对待给付的情形时,在对方没有为对待给付提供担保之前,应先履行的一方当事人有拒绝履行的权利,即为不安抗辩权。同时履行抗辩权、不安抗辩权是大陆法系民法所规定的抗辩权,而先履行抗辩权是我国《民法典》规定的抗辩权。[①]

一、同时履行抗辩权

(一)同时履行抗辩权的含义和法理基础

同时履行抗辩权是指双务合同的当事人互负债务且没有先后履行顺序的,当事人一方在对方未为对待给付之前,有权拒绝履行自己的给付义务。同时履行抗辩权存在的法理基础在于双务合同的牵连性,即给付与对待给付具有不可分离的关系,具体又分为发生上的牵连性、存续上的牵连性和履行上的牵连性:发生上的牵连性是指一方给付义务不发生时,对方的对待给付也不发生;存续上的牵连性是指双务合同中一方当事人的债务因不可归责于双方当事人的事由而履行不能时,债务人的给付义务免除,债权人的对待给付义务也随之免除;履行上的牵连性是指双务合同的当事人一方所负给付与对方当事人所负对待给付互为前提,一方不履行其义务,对方原则上亦有权不履行。履行上的牵连性的典型表现为《民法典》第525条规定的同时履行抗辩权。[②] 同时履行抗辩权适用于双务合同中当事人没有履行先后顺序的情况,例如合同约定"货到付款"就属于同时履行。一般来说如合同没有明确约定履行先后顺序,应认为双方负有同时履行的义务。同时履行抗辩权是以诚实信用原则为基础,具体表现为"一手交钱,一手交货"的交易观念,具有担保自己债权的实现(你不交货,我不付款),迫使对方履行合同(你要我付款,必须同时交货)的双重机能。同时履行抗辩制度可借此两种机能,促使当事人履行其合同上的义务,具有诉讼经济的意义。[③]

(二)同时履行抗辩权的成立要件

《民法典》第525条规定:"当事人互负债务,没有先后履行顺序的,应当同

---

① 参见郑云端:《合同法学》,北京大学出版社2021年版,第162页。

② 参见韩世远:《合同法总论》,法律出版社2018年版,第380~381页。

③ 参见王泽鉴:《民法学说与判例研究》(重排合订本),北京大学出版社2015年版,第1227页。

时履行。一方在对方履行之前有权拒绝其履行请求。一方在对方履行债务不符合约定时,有权拒绝其相应的履行请求。”据此,同时履行抗辩权的成立需要具备以下要件:

1. 须因同一双务合同互负债务。第一,同时履行抗辩权只适用于双务合同而不适用于单务合同。《民法典》第 525 条规定“当事人互负债务”虽未提及“双务合同”,但因同时履行抗辩权发生的根据即在于双务合同履行上的牵连性,而单务合同仅一方负有债务,另一方享有权利,自然不适用同时履行抗辩权。第二,当事人须互负债务。当事人因双务合同而互负债务主要包括买卖、互易、租赁、承揽等情形。如果当事人双方的债务不是基于同一双务合同债务而发生,即使两项债务之间在事实上有密切关系,当事人也不得主张同时履行抗辩权。[①] 第三,当事人互负债务限于主给付义务。当事人因双务合同互负债务,此处的双务合同不包括不完全双务合同,即当事人一方负担主要义务,对方仅负有从给付义务或附随义务的合同。例如委托合同中,受托人负担处理委任事务的主要义务,委托人仅在特定情形负有预付必要费用或赔偿义务;保管合同中保管人负担保管寄托物的主要义务,寄托人仅在特定情形,负赔偿责任。[②] 这是由于双方互负的债务是系于双务合同发生的,双方债务之间须有对价性,应限于双方的主给付义务。

2. 双方债务均已到期。根据《民法典》第 530 条规定,债权人可以拒绝债务人提前履行债务。因此,债务尚未到期,当事人一方履行的,对方可直接拒绝履行,不存在同时履行抗辩权的适用空间。同时履行抗辩权的发生原则上要求双方债务均已到期。如果一方已经履行债务,则不发生同时履行抗辩权。

3. 未履行债务或履行债务不符合约定。根据全面履行原则,债务人要按照约定履行债务,履行债务不符合约定包括延迟履行债务、部分履行债务、瑕疵履行债务(如标的物质量不符合约定或存在权利瑕疵的情况)。

(三)同时履行抗辩权的效力

同时履行抗辩权在性质上属于需要主张的抗辩权中的延期抗辩权。需要主张的抗辩是指仅仅依据被告的相关的愿望才产生效力,无需主张的抗辩是自

---

① 参见崔建远:《合同法总论》(中卷),中国人民大学出版社 2016 年版,第 84 页。

② 参见王泽鉴:《民法学说与判例研究》(重排合订本),北京大学出版社 2015 年版,第 1229 页。

动产生效力。延期抗辩权仅是暂时阻止其针对的权利的实现。与之对应的是永久抗辩权,即永久性地阻止其权利的行使。[①] 同时履行抗辩权在行使上需要当事人主张才能行使。效力上,当事人一方在对方提出给付以前,可以暂时拒绝履行自己的义务,并不是使自己的义务归于消灭。同时履行抗辩权仅能暂时阻止对方当事人请求权的行使,而非永久的抗辩权。对方当事人完全履行了合同义务,同时履行抗辩权消灭,当事人应当履行自己的义务。

(四)同时履行抗辩权适用的排除

出现以下情形,不得适用同时履行抗辩权:第一,债务人有先为给付的义务。基于合同约定或法律的规定,当事人之间有先后履行顺序的,当事人须按此顺序履行义务。例如当事人约定先交货,后付款。第二,不得违反诚实信用原则。同时履行抗辩权的行使不得违反诚实信用原则。例如甲向乙销售10,000 斤水果,已为 9950 斤给付,乙拒绝支付价款,有违诚实信用原则。[②]

二、先履行抗辩权

(一)先履行抗辩权的概念

先履行抗辩权,也称后履行抗辩权,是指当事人互负债务且有先后履行顺序的,先履行一方未履行债务或履行债务不符合约定的,后履行一方有权拒绝其履行请求。大陆法系传统民法仅规定了同时履行抗辩权和不安抗辩权,没有独立规定先履行抗辩权。《国际商事合同通则》第 7.1.3 条第 2 款规定了先履行抗辩权:"凡当事人各方应相继履行合同义务的,后履行的一方当事人可在应先履行的一方当事人完成履行之前拒绝履行。"在《民法典》制定过程中,有的意见认为先履行抗辩权没有单独规定的必要;也有的意见认为,同时履行抗辩权和先履行抗辩权合在一起,大致相当于德国的不履行合同抗辩权制度,但既然原《合同法》选择了同时履行抗辩权和先履行抗辩权分开的模式,并且已被司法实践广为接受,没有必要再作大的修改而删除先履行抗辩权制度。最终,合同编保留了这一制度。[③]《民法典》第 526 条规定了先履行抗辩权:"当事人互负

---

① 参见[德]迪特尔·梅迪库斯:《德国民法总论》,邵建东译,法律出版社 2013 年版,第 85 页。

② 参见王泽鉴:《民法学说与判例研究》(重排合订本),北京大学出版社 2015 年版,第 1239 页。

③ 参见黄薇主编:《中华人民共和国民法典合同编解读》(上册),中国法制出版社 2020 年版,第 219 页。

债务,有先后履行顺序,应当先履行债务一方未履行的,后履行一方有权拒绝其履行请求。先履行一方履行债务不符合约定的,后履行一方有权拒绝其相应的履行请求。”

（二）先履行抗辩权的成立要件

根据《民法典》第526条的规定,先履行抗辩权的行使必须具备如下要件:

1. 须因同一双务合同互负债务。构成先履行抗辩权的,当事人双方须基于同一双务合同互负债务。先履行抗辩权和同时履行抗辩权表面上是不同的概念,实际上在成立要件方面,差别仅在于当事人是否存在先后履行顺序。这也是大陆法系传统民法不对先履行抗辩权进行单独规定,而是将先履行抗辩权的规则融入同时履行抗辩权中的原因。例如《德国民法典》第320条就合同不履行之抗辩权作出了规定,针对债务人负有先为给付的情况,排除给付拒绝权。[①]先履行抗辩权基于双务合同履行的牵连性,也要求当事人基于同一合同互负债务。这一点已在上文同时履行抗辩权中有所论述,此处不再赘述。

2. 须由一方当事人先为履行。这是先履行抗辩权的基本要求,也是其与同时履行抗辩权的根本区别。构成先履行抗辩权当事人互负的债务必须有先后履行顺序。这种先后履行顺序的确立,或是由于法律规定,或是由于当事人约定,抑或来自交易习惯。从原则上说,履行具有先后顺序的,一般由当事人双方特别约定,如当事人约定先吃饭后付款。当事人没有约定履行顺序的,一般为同时履行。但如果根据交易习惯能确定履行顺序的,也应认为当事人的履行有先后顺序。例如,乘坐飞机、高铁,根据交易习惯,要先购票、后乘坐。

3. 先履行的一方不履行或履行合同义务不符合约定。先履行抗辩权是针对先履行一方的履行不符合合同规定而设定的。先履行一方未履行的,后履行一方有权拒绝其履行要求。先履行一方履行债务不符合约定的,后履行一方有权拒绝其相应的履行要求。其中,“不符合约定”与《民法典》第525条同时履行抗辩权中的“不符合约定”含义相同,即包括延迟履行债务、部分履行债务和瑕疵履行债务。

---

① 参见杜景林:《德国民法典——全条文注释》(上册),卢谌译,中国政法大学出版社2015年版,第234页。

（三）先履行抗辩权的效力

与同时履行抗辩权相同，先履行抗辩权也属于延期抗辩权。先履行抗辩权仅能暂时阻止对方当事人请求权的行使，而非永久的抗辩权。对方当事人完全履行了合同义务，先履行抗辩权消灭，当事人应当履行自己的义务。在行使先履行抗辩权过程中必须具备法律规定的要件，符合诚实信用原则的要求，不得滥用抗辩权。

三、不安抗辩权

（一）不安抗辩权的含义

不安抗辩权，是指当事人互负债务且有先后履行顺序，应当先履行的当事人有确切证据证明对方不能履行债务或者有较大可能不履行债务时，在对方恢复履行能力或者提供担保之前，有权中止履行合同义务。例如，合同订立后发现对方经营状况严重恶化，可能危及先履行一方当事人债权的实现时，如果仍然要求先履行一方先作出给付，有违公平原则和诚实信用原则，因此设置不安抗辩制度，赋予应先履行债务一方在发生此类情况时中止履行债务的权利。

不安抗辩权是指大陆法系独有的制度。《德国民法典》第 321 条规定，"因双务合同而负有先为给付义务的人，以在订约后可以辨识，其对待给付的请求权因另外一方当事人欠缺给付能力而受到危害为限，可以拒绝自己负担的给付。对待给付得到履行或者为对待给付提供担保的，给付拒绝权归于消灭。《法国民法典》第 1613 条、《瑞士债务法》第 83 条等也都对不安抗辩权作出了规定，《联合国国际货物销售合同公约》第 71 条也有与之相当的规定。英美法系也有相似的预期违约制度。根据《美国统一商法典》第 2－610 条的规定，如果任何一方在合同任何义务尚未到期的情况下毁弃合同，且造成的损失将严重损害合同对方的价值，受损方可以：在商业上合理的时间内，等待毁约方履行合同；寻求任何违约救济，即使他已经通知毁约方将等待其履约和已经催其纠正违约；在上述任何一种情况下，均可停止自己对合同的履行。预期违约又分为明示的预期违约和默示的预期违约：明示的预期违约是指在履行期限届满前，当事人一方明确表示将不履行主要债务；默示的预期违约是指在履行期限届满前，当事人以自己的行为表示不履行主要债务。

预期违约较之于不安抗辩权制度，更有利于保护当事人的利益，维护交易秩序。首先，预期违约的适用不要求双方当事人履行债务有先后顺序。这使合同双方都享有预期违约救济权，更有利于保护后履行债务的当事人。后履行债务的当事人如发现对方确实不能履约，可以暂时中止合同履行。不安抗辩权则仅限于先履行一方行使。其次，预期违约制度适用情况比较广泛。预期违约制度适用的情况包括拒绝履行、债务人的经济状况不佳、商业信誉不好等。不安抗辩权的适用则要求后履行义务一方的财产状况恶化、有难为对待给付之虞的情况。最后，预期违约制度对非违约方的保护更为充分，可以寻求任何违约救济手段。不安抗辩权中行使抗辩权的一方当事人只能在对方提供担保前，中止自己的对待给付，不享有解除合同甚至请求对方承担违约责任的权利。不安抗辩权制度只是对先履行一方提供了一种拒绝权，并间接保障债权的实现，而不像预期违约制度那样对非违约方提供了全面的补救。[①]

原《合同法》借鉴了两大法系的做法，同时规定了大陆法系的不安抗辩权制度和英美法系的预期违约制度，是混合继受的典型范例。事实上，不安抗辩权和预期违约对保护当事人权益、稳定交易秩序都发挥了作用。《民法典·合同编》延续了原《合同法》的做法，在第527条和第528条规定了不安抗辩权，在第563条和第578条则规定了预期违约制度。相较于原《合同法》的规定，《民法典·合同编》进一步协调不安抗辩权与法定解除制度、预期违约制度之间的关系，将不安抗辩权中对方在合理期限内未恢复履行能力并且未提供适当担保的，视为默示的预期违约，并可以主张默示预期违约的法律效果。[②]

（二）不安抗辩权的成立要件

《民法典》第527条第1款规定："应当先履行债务的当事人，有确切证据证明对方有下列情形之一的，可以中止履行：（一）经营状况严重恶化；（二）转移财产、抽逃资金，以逃避债务；（三）丧失商业信誉；（四）有丧失或者可能丧失履行债务能力的其他情形。"据此，不安抗辩权的成立需要具备以下要件：

1. 须因同一双务合同互负债务。这是不安抗辩权与同时履行抗辩权、先履

---

① 参见王利明：《预期违约与不安抗辩权》，载《华东政法大学学报》2016年第6期。

② 参见黄薇主编：《中华人民共和国民法典合同编解读》（上册），中国法制出版社2020年版，第229页。

行抗辩权共同的成立要件。基于双务合同履行的牵连性，不安抗辩权要求当事人基于同一合同互负债务。这一点已在上文同时履行抗辩权中有所论述，此处不再赘述。

2. 须由一方当事人先为履行。这是不安抗辩权与先履行抗辩权共同的成立要件。当事人互负的债务必须有先后履行顺序，区别在于不安抗辩权是由先履行债务一方享有的抗辩权，而先履行抗辩是由后履行债务一方享有的抗辩权。

3. 后履行一方发生了丧失或可能丧失债务履行能力的情形。第一，经营状况严重恶化。经营状况严重恶化意味着责任财产的减少和履约能力的下降。例如对方已申请破产或已经进入破产程序、从事相关行业或业务所必须的资质被吊销等。第二，转移财产、抽逃资金，以逃避债务。这表明后履行一方很有可能在履行期限到来后不履行对待给付。转移财产、抽逃资金，以逃避债务也有可能构成默示的预期违约，如此行为构成“以自己的行为表明不履行主要债务”则当事人可以解除合同。这涉及不安抗辩权与预期违约的衔接问题：不安抗辩权应限定在防御的范畴，请求提供担保、解除合同等积极的效果属于进攻的范畴，应当划归于预期违约制度。[①] 在发生后履行一方“转移财产、抽逃资金，以逃避债务”的情形，是适用不安抗辩权还是预期违约，可以交由当事人选择对自己最有利的主张。如果先履行一方还想保留交易的机会，给对方当事人一个恢复履行能力或者提供担保的机会，可以选择行使不安抗辩权，中止履行。[②] 第三，丧失商业信誉。商业信誉的丧失必然对履约能力产生影响，履行期限到来后很可能不履行合同。被纳入“失信被执行人名单”、因突发事件面临负面舆情等都属于丧失商业信誉的情况。第四，有丧失或者可能丧失履行债务能力的其他情形。例如，对于承揽、演出等提供劳务的合同，劳务提供人因为患病、受伤丧失提供劳务的能力。

需要注意的是，对于后履行一方发生了丧失或者可能丧失债务履行能力的情形，先履行一方必须有确切的证据证明。《民法典》第 527 条第 2 款规定：“当

---

① 参见韩世远：《合同法总论》，法律出版社 2018 年版，第 432 页。

② 参见黄薇主编：《中华人民共和国民法典合同编解读》（上册），中国法制出版社 2020 年版，第 225 页。

事人没有确切证据中止履行的，应当承担违约责任。”据此，如无确切证据证明，直接中止履行行为，属于违约行为。

（三）不安抗辩权的效力

《民法典》第 528 条规定：“当事人依据前条规定中止履行的，应当及时通知对方。对方提供适当担保的，应当恢复履行。中止履行后，对方在合理期限内未恢复履行能力且未提供适当担保的，视为以自己的行为表明不履行主要债务，中止履行的一方可以解除合同并可以请求对方承担违约责任。”据此，不安抗辩权的效力具体如下：

1. 中止合同的履行。中止合同的履行与终止合同和解除合同不同，此时合同对当事人仍然是有效的，只不过合同债务暂时得不到履行。中止履行与拒绝履行不同，拒绝履行必须以对方请求履行为前提，中止履行意味着即使对方没有主动请求履行，也可以中止自己的履行。中止履行的内容包括中止债务的履行和中止履行准备行为。先履行方当事人终止履行的，应当及时通知对方。这是为了使对方及时了解合同中止履行的原因和具体情况，避免对方因此遭受损害，同时也便于对方在获此通知后及时提供适当担保，以消灭不安抗辩权。①

2. 符合默示预期违约的，承担违约责任或解除合同。对方在合理期限内未恢复履行能力且未提供适当担保的，视为以自己的行为表明不履行主要债务，即视为默示预期违约的行为。承担违约责任及解除合同均属于预期违约的法律效果。预期违约规定在《民法典》第 578 条和第 563 条第 1 款第 2 项。《民法典》第 578 条规定：“当事人一方明确表示或者以自己的行为表明不履行合同义务的，对方可以在履行期限届满前请求其承担违约责任。”《民法典》第 563 条规定了合同的法定解除情形，包括“在履行期限届满前，当事人一方明确表示或者以自己的行为表明不履行主要债务”。《民法典》第 528 条实现了不安抗辩权的效力与预期违约制度的衔接：对方未在合理期限内恢复履行能力且未提供适当担保，实际上就是《民法典》第 578 条规定的默示预期违约行为，不安抗辩权人可以据此依据《民法典》第 578 条以及《民法典》第 563 条第 1 款第 2 项的规定，在对方当事人的履行期尚未届满的情况下，解除合同并请求其承担违约责任。

3. 对方在合理期限内提供适当担保或恢复履行能力的，不安抗辩权消灭。

---

① 参见韩世远：《合同法总论》，法律出版社 2018 年版，第 422 页。

首先,合理期限的确定应综合考虑当事人的约定、担保数额、阻碍履行能力恢复的因素以及合同履行时间的紧迫性。既要避免先履行一方等待时间过长使合同长期处于不确定的状态,又要防止后履行一方应对时间过短导致合同履行权益丧失。其次,后履行一方所提供的担保必须是适当的。司法实践中应综合考虑后履行一方丧失履行能力的程度、后履行一方恢复履行能力的可能和先履行一方已履行的债务,即后履行一方提供担保的数额应当大于先履行一方已履行的债务数额。在可分之债中,如果后履行一方提供的担保仅能保障合同部分履行的,先履行一方应当履行与已有担保相当的债务,而不能全部不履行。最后,后履行一方恢复履行能力也是不安抗辩权消灭的原因。此种恢复并非要求后履行一方履行能力得到全面的恢复,其恢复程度仅需达到可以保障其为对待给付即可。例如,工厂因疫情无法招工导致全部生产线停滞,但疫情迅速得到控制,仅恢复部分生产线即可满足合同要求,此时就应当认定为履行能力恢复。[①]

第四节　情 势 变 更

一、概述

情势变更是指合同有效成立后,因当事人不可预见的事情的发生(或不可归责于双方当事人的原因发生情势变更),导致合同的基础动摇或丧失,若继续维持合同原有效力有悖于诚实信用原则(显失公平)时,则应允许变更合同内容或者解除合同的法理。[②]《民法典》第533条规定:“合同成立后,合同的基础条件发生了当事人在订立合同时无法预见的、不属于商业风险的重大变化,继续履行合同对于当事人一方明显不公平的,受不利影响的当事人可以与对方重新协商;在合理期限内协商不成的,当事人可以请求人民法院或者仲裁机构变更或者解除合同。人民法院或者仲裁机构应当结合案件的实际情况,根据公平原则变更或者解除合同。”

---

① 参见最高人民法院民法典贯彻实施工作领导小组主编:《中华人民共和国民法典合同编理解与适用(一)》,人民法院出版社2020年版,第445~446页。

② 参见梁慧星:《中国民法经济法诸问题》,中国法制出版社1999年版,第170页。

(一)情势变更的起源

情势变更并非起源于罗马法,罗马法恪守契约严守的原则。情势变更起源于十二三世纪注释法学派著作《优帝法学阶梯注解》中的情势不变条款。17世纪,情势不变条款在自然法学的影响下得到广泛的应用。18世纪后期,由于情势不变条款被滥用,有损法律秩序的安定,受到学者严厉批评并逐渐被冷落。19世纪初,德国历史法学派兴起,极力贬低自然法思想的价值,情势不变条款在德国偃旗息鼓。后起的分析法学派,强调实证法,主张形式正义,重视契约严守即法律秩序,情势不变条款重要性进一步丧失。《德国民法典》《法国民法典》《瑞士民法典》均未规定。20世纪以降,两次世界大战及经济危机引发了经济社会的大动乱,大量现实问题亟待解决。在此背景下,学者再次注意到情势不变条款理论,并提出了关于情势变更原则的各种学说。情势变更逐渐成为法院采纳的裁判依据,在大陆法系其他各国普遍确立。德国最终在2002年债法现代化改革中以“交易基础的障碍”为名将情势变更纳入《德国民法典》。国际示范法也都规定了情势变更制度,例如《国际商事合同通则》第6.2.2条、第6.2.3条,《欧洲合同法原则》第6:111条。

英美法系早期也恪守契约必守,坚持绝对合同责任理论。但后来逐步放弃,提出了与情势变更表现形式不同,但内容相近的“合同落空”(frustration of contract)。合同落空最早出现在1863年的租用音乐厅案(Taylor v. Caldwell)中,《美国合同法重述》《美国统一商法典》对合同落空进行了规定,至今已形成完善的合同落空制度。

(二)情势变更在我国的发展历程

原《合同法》在编纂过程中对是否规定情势变更制度一直有争论,但最终还是没有规定该制度。根据第九届全国人民代表大会法律委员会作出的《关于〈中华人民共和国合同法(草案)〉审议结果的报告》,没有规定情势变更制度的原因在于:“这是一个很复杂的问题,在合同法起草过程中,就有不同意见。这次大会审议,不少代表提出,根据现有的经验,对情势变更难以作出科学的界定,而且和商业风险的界限也难以划清,执行时更难以操作,实际上只有在非常特殊的情况下才能适用情势变更制度,现在在合同法中作出规定条件尚不成熟。法律委员会经过反复研究,建议对此不作规定。”但此后,《劳动合同法》引入了情势变更制度。[①] 2008 年,受国际金融危机影响,由次贷危机引发合同原有的利益平衡被打破而导致不公正结果的现象在司法实践中大量存在。2009 年,为适应司法实践的需求,最高人民法院以司法解释的方式确立了情势变更原则,在原《合同法解释(二)》第 26 条对情势变更进行了规定:“合同成立以后客观情况发生了当事人在订立合同时无法预见的、非不可抗力造成的不属于商业风险的重大变化,继续履行合同对于一方当事人明显不公平或者不能实现合同目的,当事人请求人民法院变更或者解除合同的,人民法院应当根据公平原则,并结合案件的实际情况确定是否变更或者解除。”但最高人民法院同时强调各级法院重视发挥诉讼调解的作用,并且要求各级法院务必正确理解、慎重适用上述司法解释。如果根据案件的特殊情况,确需在个案中适用的,应当由高级人民法院审核,必要时应报最高人民法院审核。[②] 2020 年《民法典》颁布前夕,为应对新冠肺炎疫情,最高人民法院印发的《关于依法妥善审理涉新冠肺炎疫情民事案件若干问题的指导意见(一)》指出:“继续履行合同对于一方当事人明显不公平,其请求变更合同履行期限、履行方式、价款数额等的,人民法院应当结合案件实际情况决定是否予以支持。……因疫情或者疫情防控措施导致合同目的不能实现,当事人请求解除合同的人民法院应予支持。”2020 年 5 月,《民法典》颁布,在总结司法实践经验的基础上,就原《合同法解释(二)》第 26 条的规定进行完善,最终在第 533 条确立了情势变更制度。

二、情势变更的适用条件

根据《民法典》第 533 条,情势变更的适用需要满足如下条件:

(一)在合同履行阶段,合同的基础条件发生了重大变化

第一,合同的基础条件也就是情势变更中的“情势”,是指作为合同基础或环境的一切客观事实。合同的基础条件的变化可以是交易或经济环境的变化,例如土地、原材料、劳动力等生产成本价格的上涨;也可以是法律政策环境和社会经济环境的变化,例如国家法律变化、产业升级换代等。第二,合同的基础条

① 《劳动合同法》第 40 条第 3 项规定:“劳动合同订立时所依据的客观情况发生重大变化,致使劳动合同无法履行,经用人单位与劳动者协商,未能就变更劳动合同内容达成协议的。”

② 《最高人民法院关于正确适用〈中华人民共和国合同法〉若干问题的解释(二)服务党和国家的工作大局的通知》。

件发生的变化应当是重大的。重大变化是指要足以撼动合同基础程度的变化，一般要根据客观情况本身及其对合同基础的影响进行具体判断。第三，情势变更发生在合同履行阶段。情势变更应发生在合同成立之后至履行完毕前的期间内。合同订立过程中，如果客观情况发生变化，当事人可以选择不订立合同。合同权利义务履行完毕后，合同终止，自然没有调整合同权利义务的必要和可能，也不存在变更、解除合同的问题。

（二）该重大变化是当事人在订立合同时无法预见的

如果当事人在订立合同时能够预见或者应当预见的，表明其承担了该风险，由此产生的不利后果应有当事人自己承受。无法预见也意味着这种重大变化不能属于商业风险。商业风险是指在商业活动中，由于各种不确定因素引起的，给商业主体带来获利或损失的机会或可能性的一种客观经济现象。合同本身就是交易，任何当事人订立合同都希望从交易中获利，因此自然要承担相应的风险。商业风险本身并不是法律概念，某一客观情况的变化是属于正常的商业风险还是属于适用情势变更的"重大变化"，须根据客观情况进行判断。划分情势变更与商业风险的界限，其实是在划分合同拘束力的界限：商业风险要由当事人承担（遵守合同的拘束力），情势变更是谋求风险或者负担的合理分担（突破合同的拘束力）。[①]

（三）继续履行合同对于当事人一方明显不公平

情势变更构成对合同严守原则的否定，只能在例外的情况下予以承认。只有继续履行合同对当事人一方明显不公平时，才能适用情势变更制度，调整当事人之间的权利义务。此时，当事人之间的权利义务失衡达到了明显不公平的程度，需要通过当事人协商或公权力介入对当事人之间的权利义务关系重新调整或解除，使当事人之间的权利义务恢复公平。

三、情势变更的法律效果

根据《民法典》第533条，情势变更具有如下法律效果：

（一）重新协商

发生情势变更的情况下，当事人负有再协商的义务。重新协商是法定的前

---

① 参见韩世远：《合同法总论》，法律出版社2018年版，第501页。

置条件，只有协商不成的，当事人才可以请求人民法院或者仲裁机构变更或者解除合同。这与原《合同法解释(二)》第26条规定明显不同。通过当事人的再协商，排除合同履行中的非根本性障碍，重新实现新的合同基础条件下的利益均衡。重新协商对于双方继续推进合同履行，从而保障交易的顺利进行、最终实现合同目的，具有积极意义。再协商也意味着当事人可以通过协商达成变更协议，从而实现鼓励交易的目的。[①]

(二)请求变更或解除合同

根据《民法典》第533条的规定，在发生情势变更后，当事人可以重新协商。如果当事人在合理期限内协商不成，则可以请求法院或者仲裁机构变更或者解除合同。人民法院或者仲裁机构根据当事人的请求解除合同的，学理上称为司法解除。当事人协商不成请求人民法院或者仲裁机构的裁决结果是变更或者解除合同，法院或仲裁机构应综合考虑客观情况的变化对当事人权利义务产生的影响，并考虑当事人是否违反继续谈判的义务等多种因素的基础上作出变更合同或解除合同的裁决。基于鼓励交易的角度，人民法院或者仲裁机构应首先考虑在最大限度内维持当事人之间的合同关系，根据公平原则，如果存在变更合同的可能，应裁决变更合同。变更的内容包括变更合同的履行期限、履行方式或者价款数额等。合同变更后，当事人一方请求对方承担违约责任的，人民法院不予支持。例如，为应对新冠肺炎疫情，最高人民法院在《关于依法妥善审理涉新冠肺炎疫情民事案件若干问题的指导意见(二)》中的规定可作为法院适用情势变更变更合同的参考："买卖合同能够继续履行，但疫情或者疫情防控措施导致人工、原材料、物流等履约成本显著增加，或者导致产品大幅降价，继续履行合同对一方当事人明显不公平，受不利影响的当事人请求调整价款的，人民法院应当结合案件的实际情况，根据公平原则调整价款。疫情或者疫情防控措施导致出卖人不能按照约定的期限交货，或者导致买受人不能按照约定的期限付款，当事人请求变更履行期限的，人民法院应当结合案件的实际情况，根据公平原则变更履行期限。已经通过调整价款、变更履行期限等方式变更合同，当事人请求对方承担违约责任的，人民法院不予支持。"如果无法通过变更合同的方式消除当事人之间显失公平的后果，则裁决解除合同。

---

① 参见王利明主编：《中国民法典释评 合同编·通则》，中国人民大学出版社2020年版，第346页。

第五章

合同保全

第一节　合同保全概述

一、合同保全的定义

合同保全,又称合同债的保全,或责任财产的保全。[①] 合同关系成立后,债务人即负有履行合同债务的义务,其全部财产便成为债务履行的一般担保,即民法中的"责任财产"。[②] "责任财产之增减,与债权人之利害,息息相关",[③]为防止债务人责任财产的不当减少致使债权人债权受到损害,而赋予债权人一定权利,保全债务人责任财产,保证债权人债权实现的民事法律制度即合同保全制度。包括债权人代位权与债权人撤销权两部分内容,前者是指债权人代债务人之位向债务人的相对人行使权利的法律制度,针对的是债务人消极不行使其债权的行为;后者是指债权人请求法院撤销债务人与其相对人之间民事法律行为的法律制度,针对的是债务人积极处分其责任财产损害债权人利益的行为。

《法国民法典》最早规定了债权人代位权与撤销权,其原因在于"盖法国民事诉讼法并无如德国民事诉讼法,设有债权人得依强制执行程序,对于其债务

---

① 参见崔建远:《合同法总论》(中卷),中国人民大学出版社 2012 年版,第 239 页。

② 参见李永军:《合同法》,中国人民大学出版社 2021 年版,第 140 页。

③ 郑玉波:《民法债编总论》,台北,三民书局 1986 年版,第 312 页。

人之债权予以强制执行之规定，故有在民法中设债权人代位制度之必要”。[①] 可见法国民法创设债权人代位权制度的目的主要是弥补其民事执行制度的不足。[②] 而德国强制执行程序比较发达，因此德国民法并没有创设债权人代位权制度。合同保全制度与强制执行制度关系密切但仍有区别，以债权人代位权制度为例，一方面代位权的行使并非要求法院强制执行业已生效的判决或裁定，而是在于保全债务人的责任财产，使债权得到清偿；另一方面代位权并非程序法上的权利，而是实体法上的权利。[③]《法国民法典》之后，保全制度出现了两种模式：同时规定债权人代位权与撤销权的法国模式，亦为日本所采纳；仅规定债权人撤销权的德国模式，瑞士等国予以采纳。[④] 我国《民法典》采法国模式，于合同编通则分编“合同的保全”一章集中规定了债权人代位权与债权人撤销权。

二、合同保全的期间

（一）债权人代位权行使的期限

原《合同法》未规定债权人代位权行使的期限，形成法律漏洞，《民法典》依然如故。由于债权人代位权不是固有意义上的形成权，故其不宜适用除斥期间的规定。因为债权人的代位权涉及债权人与债务人、债务人与相对人两重法律关系，故债权人在行使该债权的期间上将受到双重限制：其一，受到债权人债权履行期限、诉讼时效等的限制；其二，受到债务人债权的有关期间的限制。如果债务人对其相对人的权利为债权，则要受到该项债权的履行期、诉讼时效期间的限制；如果债务人对其相对人的权利是物权及物权请求权，则请求停止侵害、排除妨碍、消除危险的请求权不受诉讼时效的限制，不动产物权和登记的动产物权的权利人请求返还财产也不受诉讼时效的限制；如果债务人对其相对人的权利是诉讼上的权利，那么该权利必须适用程序法的规定。

在物权及其请求权方面，同样存在权利失效（期间）制度的限制。如果债务

---

① 马维麟：《民法债编注释书（三）》，台北，五南图书出版股份有限公司1999年版，第1页。

② 参见段匡：《日本债权人代位权的运用》，载梁慧星主编：《民商法论丛》（第16卷），金桥文化出版（香港）有限公司2000年版，第527页。

③ 参见王利明：《合同法研究》（第2卷），中国人民大学出版社2003年版，第122～123页。

④ 参见王利明：《债权人代位权与撤销权同时行使之质疑》，载《法学评论》2019年第2期。

人对其相对人的物权请求权不行使的期间过长,以至于使人相信该债务人不会再行使其物权请求权,那么债务人再行使其物权请求权就有悖于诚实信用原则和公平原则,也不应允许他再主张该物权请求权。[①]

(二)债权人撤销权行使的期限

《民法典》第 541 条规定了撤销权行使的期限,“撤销权自债权人知道或者应当知道撤销事由之日起一年内行使。自债务人的行为发生之日起五年内没有行使撤销权的,该撤销权消灭”。

三、合同保全的方法

合同保全的方法,包括行使债权人代位权和债权人撤销权两种。二者存在一定的相似之处,均是在债务人滥用其权利而危及债权人的债权时可由债权人以其名义行使权利,实践中亦有法院支持债权人同时行使代位权与撤销权。如在“赵某某 1 与赵某某 2、赵某、杨某、张某债权人撤销权、债权人代位权纠纷案”[②]中,债务人赵某某 2 与其女赵某签订《房屋转让合同》,债权人赵某某 1 对此提起诉讼,请求撤销二者签订的房屋买卖合同。法院认为,债务人向其女赵某转让房屋,致使其财产减少、偿还债务能力显著降低,已构成对债权人赵某某 1 债权的侵害,故支持债权人行使撤销权的主张。又指出房屋买卖合同被撤销后,债务人之女赵某负有向债务人返还取得房屋之义务,否则将构成不当得利。因债务人怠于行使对其女赵某的权利,现债权人对赵某主张债权人代位权应予支持。在该案中,法院支持了债权人为保全债权而同时行使代位权与撤销权的主张。但二者在立法目的、构成要件、法律效果等方面存在显著差别。

(一)二者的立法目的不同

债权人代位权制度是在债务人的责任财产应当增加而未增加时,赋予债权人代位行使债务人权利的制度。而债权人撤销权制度则是在债务人责任财产不当减少时,允许债权人撤销债务人与第三人之间的法律行为的制度。也就是说,代位权制度的立法目的在于保持债务人的责任财产,债权人撤销权的立法目的在于恢复债务人的责任财产。这一立法目的的不同,也决定了两种制度适

---

① 参见崔建远:《论中国〈民法典〉上的债权人代位权》,载《社会科学》2020 年第 11 期。

② 吉林省长春市朝阳区人民法院民事判决书,(2017)吉民初字第 3765 号。

用对象的不同:前者适用于债务人怠于行使其权利而损害债权人债权的消极行为,后者适用于债务人不当处分其责任财产而损害债权人债权的积极行为。

(二)二者的构成要件不同

1. 从客观要件上看,是否要求债权人债权到期不同。代位权的行使要求债权人债权必须到期,《民法典》第535条第1款规定,债务人行为“影响债权人的到期债权实现的”,债权人可主张代位权;第2款规定,“代位权的行使范围以债权人的到期债权为限”。虽然《民法典》第536条规定在债务人的债权或者与该债权有关的从权利存在诉讼时效期间即将届满或者未及时申报破产债权等情况下,债权人也可在其债权到期前行使代位权,但这属于涉及保全行为的例外情况,而非通常情形。撤销权的行使则不要求债权人的债权必须为到期债权。从比较法的角度来看,即便债权人的债权尚未到期,各国法律也大多允许债权人请求撤销,而无须以债权清偿期届满为要件,①我国《民法典》也是这么设计的,《民法典》第540条规定,“撤销权的行使范围以债权人的债权为限”,与第535条第2款的规定相比少了“到期”二字。如此设计是因为代位权针对的是债务人消极损害债权,怠于行使权利的情况,这种情况下责任财产并没有积极减少,因此很难确定债务人的责任财产是否足够进行清偿。但撤销权则不同,债务人积极处分其财物的行为,将直接导致其责任财产的减少。此时,如果不允许债权人及时行使撤销权,那么就很有可能出现债务人资不抵债,影响债权人债权实现的情形。②

2. 从主观要件上看,是否要求具备恶意不同。债权人代位权制度不以债务人或其相对人主观上存在恶意为构成要件,债权人撤销权制度则因债务人行为属无偿还是有偿而有所不同。通说认为,对于债务人的无偿行为,不要求具备主观要件即可产生撤销权;对于债务人的有偿行为,则要求具备主观要件才能产生撤销权。③ 如《法国民法典》第1341-2条规定,债权人如撤销债务人与第三人之间的有偿行为,还需证明第三人知情债务人的欺诈意图。《民法典》第538条规定,“债务人以放弃其债权、放弃债权担保、无偿转让财产等方式无偿

---

① [日]我妻荣:《新订债权总论》,王燚译,中国法制出版社2008年版,第159页。

② 参见王利明:《债权人代位权与撤销权同时行使之质疑》,载《法学评论》2019年第2期。

③ 参见李永军:《合同法》,中国人民大学出版社2021年版,第148页。

处分财产权益，或者恶意延长其到期债权的履行期限，影响债权人的债权实现的，债权人可以请求人民法院撤销债务人的行为”。在债务人行为属无偿的情形中，所谓“恶意”指向的是债务人的恶意，但这并非改变了债权人撤销权成立的要件，而主要是出于协调债权人和债务人之间的利益关系的考量。[①]《民法典》第539条规定，“债务人以明显不合理的低价转让财产、以明显不合理的高价受让他人财产或者为他人的债务提供担保，影响债权人的债权实现，债务人的相对人知道或者应当知道该情形的，债权人可以请求人民法院撤销债务人的行为”。在债务人行为属有偿的情形中，法条的表述并未涉及债务人主观恶意上的内容，有观点因此认为此时撤销权的认定对债务人的主观方面不作任何要求；[②]有观点则认为此时撤销权的行使要求债务人及其相对人均有主观的恶意；[③]亦有观点指出，此时债务人的恶意为成立要件，其相对人的恶意为行使要件，债务人主观上为恶意而其相对人为善意时，不得撤销他们之间的法律行为。[④]

（三）二者的行使效果不同

传统的观点认为，债务人的责任财产构成全体债权人的“共同担保”，债权人代位权和债权人撤销权的目的均是维持“共同担保”，并非保全债权人的个别利益，因此行使代位权和撤销权的法律效果均应适用“入库规则”，[⑤]即债权人行使撤销权后，债务人的积极处分行为被撤销，债务人放弃债权、无偿转让财产、以明显不合理的低价转让财产或以明显不合理的高价受让他人财产等行为自始无效，取回的财产作为全体债权人的共同担保，全体债权人对这些财产平等受偿。[⑥] 所谓“库”，即债务人之责任财产。持反对意见的学者指出，行使代位权的法律效果不应适用入库规则而应适用优先受偿规则，即行使权利的债权人享有直接或优先以该责任财产受偿的权利。优先受偿规则的理论依据有多

① 参见崔建远：《论债权人撤销权的构成》，载《清华法学》2020年第3期。

② 参见韩世远：《债权人撤销权研究》，载《比较法研究》2004年第3期。

③ 参见李永军：《合同法》，中国人民大学出版社2021年版，第149页；崔建远：《合同法总论》（中卷），中国人民大学出版社2012年版，第283～284页。

④ 参见申卫星：《论债权人撤销权的构成——兼评我国〈合同法〉74条》，载《法制与社会发展》2000年第2期。

⑤ 参见陈韵希：《我国债权人撤销权制度的目标定位和法律效果》，载《求索》2020年第6期。

⑥ 参见崔建远、韩世远：《合同法中的债权人代位权制度》，载《中国法学》1999年第3期。

种,但一般认为采优先受偿规则有利于鼓励债权人积极行使代位权,从而保障债权的实现。[①] 在存在其他债权人的情况下,如果债权人行使代位权后的效果直接归属于债务人,其他债权人可能因此而"搭便车",反而保护了"权利沉睡者"的利益。

《民法典》第537条规定:"人民法院认定代位权成立的,由债务人的相对人向债权人履行义务,债权人接受履行后,债权人与债务人、债务人与相对人之间相应的权利义务终止。债务人对相对人的债权或者与该债权有关的从权利被采取保全、执行措施,或者债务人破产的,依照相关法律的规定处理。"该条前一句明确了债权人行使代位权的法律后果遵循优先受偿规则,后一句系直接否定了在强制执行程序以及破产程序当中代位权行使后果的优先效力,[②]防止优先受偿规则对债权人平等原则的过度破坏。《民法典》第542条规定,"债务人影响债权人的债权实现的行为被撤销的,自始没有法律约束力",这实际上继承了原《合同法解释(一)》第25条"……依法撤销的,该行为自始无效"的规定,法律及司法解释并未直接对债权人行使撤销权的法律后果作出明确规定,学界一般认为应适用入库规则,[③]所取回的财产作为全体债权人的共同担保,由全体债权人平等受偿。在"胡某某与闵某、闵某某债权人撤销权纠纷、债权人代位权纠纷案"[④]中,一审法院将所追回的221万元财产直接归于行使撤销权的债权人胡某某;二审法院则指出债权人胡某某是代表110余位债权人向法院提起撤销权之诉,一审判决债务人将该221万元直接归还给胡某某个人,显属不当,遂判决撤销一审法院相应的判决内容。从行使效果上看,债权人代位权制度与撤销权制度并非一物。

(四)二者在诉讼程序上的差异

除了在立法目的、构成要件、行使后果上有所区别,债权人代位权与撤销权制度在诉讼程序上仍有差异,如当事人诉讼地位上的不同。原《合同法解释(一)》第16条第1款规定,"债权人以次债务人为被告向人民法院提起代位权诉讼,未将债务人列为第三人的,人民法院可以追加债务人为第三人"。第24

---

① 参见王利明:《民法典合同编通则中的重大疑难问题研究》,载《云南社会科学》2020年第1期。

② 参见龙俊:《民法典中的债之保全体系》,载《比较法研究》2020年第4期。

③ 参见孔祥俊:《合同法教程》,中国人民公安大学出版社1999年版,第319页.

④ 参见江苏省无锡市中级人民法院民事判决书,(2014)锡民终字第1057号。

条规定,“债权人依照合同法第七十四条的规定提起撤销权诉讼时只以债务人为被告,未将受益人或者受让人列为第三人的,人民法院可以追加该受益人或者受让人为第三人”。在债权人代位权诉讼中,债务人为第三人,相对人为被告。而在债权人撤销权诉讼中,债务人则为被告,相对人为第三人。另外,《民法典》并未明确规定债权人代位权的行使期限,而第 541 条则规定,“撤销权自债权人知道或者应当知道撤销事由之日起一年内行使。自债务人的行为发生之日起五年内没有行使撤销权的,该撤销权消灭”。

四、合同保全的意义

依照合同相对性原则,合同的效力仅限于当事人,与第三人无关,也不受第三人影响,而合同保全制度的设立却突破了合同的相对性原则,属于债的对外效力。立法者之所以允许合同保全制度突破相对性原则的束缚,是出于更好地维护债权人债权的考量。责任财产作为被强制执行的对象,是维护债权人债权的重要物质基础,诚如郑玉波教授所言,“……责任财产如发生不当的减少,而影响于债权之清偿时,法律上乃不能不赋予债权人以防止其减少之权利,俾直接维持债务人之财产状况,间接确保自己债权之获偿。此即保全制度之所由设也”。[①] 当债务人对自己的财产权益实施了有害债权人债权的行为时,如继续坚持合同的相对性原理,对债权人是不利的,即使债权人可追究其违约责任,往往也于事无补,因为债务人已破坏了其原本拥有的履行合同的能力。因此,法律必须另外赋予债权人更加直接而强力的手段,即通过行使代位权和撤销权来对抗债务人与第三人,从而保全并促进债权的实现。[②] 从这一点上讲,合同保全具有重要意义。传统民法理论认为,合同保全制度的设立,是为了保全债务人的责任财产,是全体债权的共同担保即债的一般担保。但是合同保全制度存在种种弊端,要受到责任财产多寡的限制,而且合同责任只能制裁债务人于其不履行之后,过于消极。[③] 所以,法律也规定特别担保制度,包括人的担保、物的担保和金钱担保等制度,这些特别担保制度不受责任财产变化的影响,对于保护债

---

① 郑玉波:《民法债编总论》,台北,三民书局 1986 年版,第 312 页。

② 参见杜文聪:《合同相对性的突破与我国合同法相关制度构建》,载《法律适用》2006 年第 11 期。

③ 参见崔建远:《合同责任研究》,吉林大学出版社 1992 年版,第 36 ~ 37 页。

权人债权的实现起着重要作用。当然特别担保制度也存在这样那样的弊端,因此要全面地保护债权人债权的实现,仍要依靠保全制度与担保制度的共同配合。

第二节 债权人代位权

一、债权人代位权的概念与性质

(一)债权人代位权的概念

债权人代位权,是指当债务人怠于行使其债权或与该债权相关的从权利,影响债权人到期债权的实现时,债权人所享有的向人民法院请求以自己的名义代位行使债务人对相对人权利的权利。《民法典》第535条第1款前半句规定,“因债务人怠于行使其债权或者与该债权有关的从权利,影响债权人的到期债权实现的,债权人可以向人民法院请求以自己的名义代位行使债务人对相对人的权利”。第535条与第536条、第537条之规定共同构成了我国《民法典》中的债权人代位权制度。

债权人代位权制度作为我国民事法律的一项重要内容由来已久。设定债权人代位权制度的初衷之一,是为了解决曾经普遍存在的“三角债问题”,具有特定的时代意义。但原《合同法》对于债权人代位权的规定过于简单、粗疏,对于代位权制度在社会生活中如何具体运用、代位权之诉的程序如何展开等具体问题都没有作出相应的规定。我国经济体制改革不断深化,社会主义市场经济体制日渐完善,其中粗疏的规定显然难以适应社会实践的发展。直到1999年年底,原《合同法解释(一)》才对债权人代位权行使的要件,如何为“专属于债务人的债务”、何为“怠于行使其到期债权,对债权人造成损害”以及代位权之诉的管辖、保全等实体问题和程序问题作出了具体的解释说明。《民法典》又通过第535条至第537条的规定进一步完善了代位权制度的内容。相关法律条文的出台,体现了我国民事立法为保护债权人利益、促进合法债权实现、维护交易安全所做出的努力,是我国民事法律制度的一大进步。

（二）债权人代位权的性质

关于代位权的性质，各国立法秉持不同的观点，如《法国民法典》《意大利民法典》等认为代位权是一种诉权，而非实体权利，这种诉权被称为代位诉权，也称间接诉权或斜线诉权。而《日本民法典》等则认为代位权是一种实体权利。一般来说，认定一项权利究竟是实体权利还是程序性权利，要看其是否能实质地影响当事人之间的法律关系，债权人代位权是债权人为保全其债权所享有的代位行使债务人权利之权利，而非扣押债务人财产的权利，因此债权人代位权实为一项实体性权利。这一点也得到了《民法典》的肯定。其第537条规定："债权人接受履行后，债权人与债务人、债务人与相对人之间相应的权利义务终止。"我国理论界基本上认同将债权人代位权视作一项实体权利，但在具体性质的认识上又有所不同。

1. 形成权或广义形成权说

形成权是指当事人一方以其意思表示就可以使法律关系发生变动的一种民事权利。形成权说认为，代位权仅依债权人一方的意思表示而不必依债务人或其相对人的意思表示便可行使，乃形成权之表现。我国台湾地区学者欧阳经宇则认为，债权人代位权系依自己之行为而生法律上之效果，其行使对象不限于债务人所得行使之形成权，除专属于债务人本身之权利外，一切权利均得代位行使，所以债权人之代位权属于广义上之形成权。[①] 之所以称其为广义上的形成权，是因为代位权并非固有意义上的形成权，虽然其行使的后果，即令债务人与第三人之间的法律关系发生变化，与传统的形成权类似，但这种法律关系的变化并非基于债权人一方意思表示而产生的，而是依据债务人对第三人所享有的权利所产生的。[②]

2. 管理权或广义代理权说

史尚宽教授等认为，代位权为行使他人债权之权利，其以权利或法律关系之变更为目的，虽与形成权类似，然非依权利人一方之意思表示而形成法律上之效力，唯依实行债务人之权利而行使，故非纯粹之形成权，乃系以行使他人权利为内容之管理权或能权，从而债权人应以善良管理人之注意行使此

---

① 参见李双元、温世扬：《比较民法学》，武汉大学出版社1998年版，第567页。

② 参见王家福：《中国民法学·民法债权》，法律出版社1991年版，第178页。

权利。[①] 债权人为了维护自己的合法权益,代位行使债务人对其相对人的债权,就行使他人权利这一角度来说,代位权与管理权有着共同之处。[②] 但从理论上讲,行使他人权利,哪怕是为了维护自己权益而行使他人权利,所领受的给付应当先归于他人,而不直接归属于本人。具体到债务人代位权制度之中,就是指相对人应当向债务人清偿债务,再由债务人向债权人进行清偿,以更好地保全债权,这与传统民法理论中的入库规则相吻合。相对人应向债务人履行清偿义务,由此填充债务人的责任财产中因怠于行使债权而消极减少的部分,以维护债权人权利。在传统代位权制度下管理权说似乎并无不可,但《民法典》第537条却直接承认了与入库规则相对立的优先受偿规则,规定债权人行使代位权后,由债务人的相对人直接向债权人履行债务,而非向债务人履行债务再由债务人向债权人清偿。我国《民法典》对代位权法律效果的规定基本上否定了传统民法理论中的入库规则,[③]这就与代位权管理权说存在逻辑上的冲突。

也有观点认为,债权人代债务人之位,行使债务人的权利,在性质上属于代理关系中的代理权。代位权与代理权虽然都是行使他人的权利,但行使代位权的法律效果将直接归属于债权人,行使代理权的法律效果将归于被代理人本人,且债权人行使代位权系以自己之名义,而非债务人之名义,代理权亦非来自债务人的授权,因此代位权并不是代理关系中的代理权。[④]

3. 形成权和管理权双重属性说

亦有观点认为代位权兼具形成权和管理权的双重特质。就行使他人权利而言,代位权与管理权具有共性。从代位权的效果方面考察,代位权又具有形成权的特征,不能简单地归属于管理权或形成权,其是具有管理权和形成权的双重特质的独立的权利类型。[⑤]

4. 请求权说

债权人行使代位权得以向债务人的相对人提出请求,似乎为请求权。但代

---

① 参见史尚宽:《债法总论》,中国政法大学出版社2000年版,第463页;崔建远:《合同法总论》(中卷),中国人民大学出版社2012年版,第243页。

② 参见谢怀栻:《合同法原理》,法律出版社2000年版,第172页。

③ 亦有观点指出第537条的规定仍可从入库规则的角度予以解释,详见下文。

④ 参见崔建远:《合同法总论》(中卷),中国人民大学出版社2012年版,第243页。

⑤ 参见洪学军:《债权人代位权的性质及其构成研究》,载《现代法学》2002年第4期。

位权并非债权人对于相对人所享有的债权请求权,代位权仅仅意味着债权人在符合法律规定的条件时享有保全其本人债权的权利。不仅如此,依据《民法典》第536条的规定,在未届履行期的情况下债权人也可行使代位权,由此可见代位权并非债权请求权,而是一种特殊的权能。[①] 亦有观点从行使代位权的法律后果出发,否认代位权属于债权请求权。如崔建远教授指出代位权并不适用优先受偿规则,而适用入库规则,并无直接请求相对人清偿并使自己优先受偿的效力,而一般的债权请求权则具有请求债务人直接向自己给付的效力,因此二者并不相同。[②]

5.债权权能说

所谓权能,是指权利的具体运用形式,是权利内容的组成部分,债权的权能指债权的具体运用形式。一般来说,为保障债权的正常实现,债权应具有请求权、受领权、处分权等权能,债权人代位权不同于传统的债权请求权,其目的是保全债权人自己的债权,而不是请求相对人向债务人履行义务,因此属于请求权之外的其他权能,这种不同于请求权的权能被称为保全权能,[③]与请求权、受领权等权能一样,是债权所固有之权能,[④]不受当事人约定的影响,是债权人所固有的权利,是债权的对外效力。[⑤] 这一观点实际上扩张了传统理论中债权权能的内容,因此也被称为"权能扩张说"。[⑥] 为保障债权之实现,法律必须赋予其一定的权能,而保护请求权能,则是其题中的应有之义。从这个角度来说,债权权能说有其合理之处,诸多国家的民法典也因此将代位权置于债的权能之下,并作出相关规定。总体上看,债权权能说较其他学说更具解释力。

二、债权人代位权行使的要件

原《合同法解释(一)》第11条规定,代位权的行使,应当符合下列条件:

---

① 参见王利明:《合同法研究》(第2卷),中国人民大学出版社2003年版,第127页。

② 参见崔建远:《合同法总论》(中卷),中国人民大学出版社2012年版,第243页。

③ 参见王利明、崔建远:《合同法新论·总则》,中国政法大学出版社1996年版,第396页。

④ 参见申卫星:《合同保全制度三论》,载《中国法学》2000年第2期。

⑤ 有学者认为,代位权是债权的对内效力,参见郑玉波:《民法债编总论》,台北,三民书局1986年版,第313页。

⑥ 亦有持"权能扩张说"的学者认为债权人代位权并非债权的一种新权能,而是债权请求权效力扩张的产物。参见贾玉平:《论债权人代位权》,载《法学论坛》2001年第4期。

(1)债权人对债务人的债权合法;(2)债务人怠于行使其到期债权,对债权人造成损害;(3)债务人的债权已到期;(4)债务人的债权不是专属于债务人自身的债权。此规定也成为学界展开研究代位权行使要件的主要根据。《民法典》施行后,债权人代位权要件的内容亦产生了相应的变化。目前而言,债权人代位权的行使要件包括以下几个方面:

（一）债权人对债务人的债权合法且已到期

首先,债权人的债权应合法。债权人与债务人之间的债权债务关系,是债权人代位权存在的基础,如果不存在合法的债权,代位权也就失去了相应的基础,债权人就不享有相应的代位权。债权人的债权必须合法这一点也在司法解释中得到了立法者的确认。[①] 有观点指出,经由法院依法裁判或仲裁机构依法裁决确认的债权或经过公证机关公证的债权文书确认的债权才属合法债权,因此债权人仅能就经法定机构依法定程序确认的债权直接向法院提起代位权。[②]当然亦有观点认为,权利,当然包括债权,是得到法律认可的内容,本身就蕴含着法律对其合法性的肯定,因此法律规定的权利都是合法权利,不存在合法权利与非法权利之分,只存在有无该权利之别,将债权合法规定为要件之一没有意义。[③] 在《民法典》第535条的表述中最终未见“合法”二字。

其次,债权人的债权必须已到期。《民法典》第535条规定,只有当债权人的到期债权受影响不能实现时,债权人才可行使代位权。学理认为,债权人行使代位权针对的是债务人怠于行使其债权,消极损害债权人债权的行为。债权人的债权尚未到期,债务人不行使其债权之行为实难认定为“怠于行使”。从责任财产的角度观察,在债权未到期之前也不能确定债务人的责任财产是否足以清偿该笔债权,因为债务人的资信状况在其债权到期之前的任何一段时期内均有实现转机之可能,此时允许债权人行使代位权将过分干预债务人的处分权,造成债权人与债务人权利的失衡。[④] 只有在其债权已到期,出现应增加财产而未增加财产以致债务人不能清偿其债务之情况时,债权人才能行使代位权保全

① 参见王利明:《论代位权的行使要件》,载《法学论坛》2001年第1期。

② 参见丘志乔:《代位权与代位执行:并存还是归一——对我国债权人代位权制度的思考》,载《广东社会科学》2006年第4期。

③ 参见洪学军:《债权人代位权的性质及其构成研究》,载《现代法学》2002年第4期。

④ 参见贾玉平:《论债权人代位权》,载《法学论坛》2001年第4期。

债务人的责任财产。

最后，“债权已到期”在保存行为上存在例外规定。行使代位权的形态除包括“请求履行”等实行行为外，还包括“保存行为”，即虽非直接请求相对人履行义务，但通过中断时效、申报债权等行为防止债务人责任财产的减损。我国《民法典》新增了有关于保存行为的规定，并未绝对禁止债权人在其债权未到期之前行使代位权。《民法典》第536条规定，“债权人的债权到期前，债务人的债权或者与该债权有关的从权利存在诉讼时效期间即将届满或者未及时申报破产债权等情形，影响债权人的债权实现的，债权人可以代位向债务人的相对人请求其向债务人履行、向破产管理人申报或者作出其他必要的行为”，很好地将保存行为规则嵌入进代位权制度的原有框架之下。① 有观点认为，代位权制度本就突破了合同相对性原则，因此要对代位权的行使作出严格地限制，如果再允许这些保存行为可以通过代位行使的话，会不当地扩大代位权的客体，甚至会导致债权人对债务人不当干预的情况。② 实际上，这些保存行为对债务人行为的干涉较小，反而有利于债务人责任财产的增加。日本学者指出，此类行为不仅不对债务人不利，而且以形势急迫者居多，故债权人无须等待债权到期，亦无须经由法院许可，便可代位行使。③ 原《合同法》第73条并未规定保存行为是否可以由债权人代位作出，虽然一些释义书对此持肯定态度，④但此前并未得到法律层面的回应，我国《民法典》最终采“肯定说”，于第536条专门规定了保存行为的代位制度，强化了代位权制度的责任财产保全功能，更有助于达到维护债权人正当利益，巩固社会主义市场经济秩序的制度目的。

（二）债务人怠于行使其债权或与该债权有关的从权利

所谓怠于行使，指债务人应当行使其债权或与该债权有关的从权利，能行使而不行使的情形。权利在怠于行使时将面临灭失的风险，此为应当行使；债务人并未面临任何行使权利的障碍，此为能够行使。当债务人存在消极不作为行为时，则无论其原因，均为不行使。⑤ 只要债务人行使权利的客观行为处于一

---

① 参见杨巍：《〈民法典〉债权人的代位权解释论研究》，载《江西社会科学》2020年第12期。
② 参见洪学军：《债权人代位权的性质及其构成研究》，载《现代法学》2002年第4期。
③ 参见［日］奥田昌道编集：《新版注释民法Ⅱ》，有斐阁2011年版，第729页。
④ 参见胡康生主编：《〈中华人民共和国合同法〉释义》，法律出版社1999年版，第122页。
⑤ 参见欧阳经宇：《民法债编通则实用》，台北，汉林出版社1977年版，第224页。

种消极的不作为状态，无论其主观上是否有过错，不行使的原因如何，均构成债务人怠于行使。[①] 对怠于行使，学界一般做广义和狭义两种理解：广义上的怠于行使，既指债务人能通过而未通过诉讼或仲裁的方式向第三人主张权利，又指债务人能通过而未通过诉讼、仲裁以外的方式向第三人主张权利；狭义上的怠于行使，仅指前种情形。在司法解释未出台前，何为保全制度下的"怠于行使"，曾在理论界与实务界引起过很大争议，原《合同法解释（一）》采纳了狭义的怠于行使概念，即"'债务人怠于行使其到期债权，对债权人造成损害的'，是指债务人不履行其对债权人的到期债务，又不以诉讼方式或者仲裁方式向其债务人主张其享有的具有金钱给付内容的到期债权，致使债权人的到期债权未能实现"。

采狭义的理解，一方面可以防止债务人与其相对人出于维护自身利益的目的，恶意串通造假，随意编造事实以否定债务人曾怠于行使其债权的主张，在一定程度上减轻债权人的举证责任；[②]另一方面对怠于行使作出限定也有助于人民法院以一种客观、明确的标准对债务人的行为进行准确的认定，更好地维护债权人的合法权益，在当时有很大的进步意义。[③] 但其弊端显然更大，一方面，司法解释之规定与我国现行法体系中所规定的民事权利的多种行使方式相违背。从理论上讲，由债务人直接向第三人主张权利，是最为简便、直接的方式，也是现实生活中应用最为广泛的方式。无论司法解释出于何种考量，不得不将债务人行使权利的形式限于提起诉讼或仲裁等方式，这实际上都构成了对当事人行使权利方式的不当限制，违背常理，在世界范围内都比较少见。另一方面，将行使权利的形式限于诉讼及仲裁两种方式，也会增加民事活动的成本。正如前述所言，债务人直接向第三人主张权利的方式是最为便捷高效的方式，作为存在债权债务关系的两方，债权人债务人直接交流的成本远低于提起诉讼或提起仲裁所花费的成本，有违民事活动中的效率原则。

（三）存在保全的必要

代位权制度的存在，已经突破了合同相对性原则的限制，影响了债务人与

---

① 参见黄积虹：《债的代位保全问题评析》，载《现代法学》2002年第2期。

② 参见曹守晔：《代位权的解释与适用》，载《法律适用》2000年第3期。

③ 参见王利明：《论代位权的行使要件》，载《法学论坛》2001年第1期。

其相对人之间的民事法律关系,限制了债务人自由管理其财产的行为,因此债权人行使代位权必须存在正当的理由,即存在保全债务人责任财产的必要。《民法典》第535条第1款中将此表述为"影响债权人的到期债权实现",而非原《合同法》第73条中的"对债权人造成损害"。在第536条有关保存行为的规定中,则去掉了"到期"二字,表述为"影响债权人的债权实现"。

传统民法理论对"必要"的认定采无资力说,即当债务人陷入无资力之状态时,才有债权人代位行使债务人的权利以便实现债权的必要。所谓无资力,也称无支付能力,是指债务人的负债超过资产,无力清偿其债务的状态。对保全债权的必要之所以解释为债务人无资力,是因为保全的对象为债务人的责任财产,其作用本为强制执行的准备,充其量仅是对责任财产的维护而已;如债务人的责任财产尚足担保其所有负债,债权的实现仍可无虞,自不宜承认债权人代位权,以免妨害债务人的权利自由。①

无资力说与一般债权或金钱债权联系密切,以责任财产保全为基本类型并进而要求债务人无资力无疑是债权人代位权中一以贯之的主线,但除此之外是否赋予债权人代位权以保全特定债权的功能也是学界先前讨论的重点。日本民法中的债权人代位权包括"本来型"与"转用型"两类,前者是为保障强制执行而保全债务人责任财产的代位权类型,后者则是指为保全特定债权实现的代位权类型。可以看到,将代位权制度的功能完全局限于债务人一般责任财产的保全,使其仅剩准备强制执行的作用显然过于消极,事实上也难以发挥其应有的作用,②代位权制度应有保全特定债权或非金钱债权之功能。在"高某某与被告内蒙古津洋光房地产开发有限公司房屋买卖合同纠纷案"③中,人民法院在判决依据中列明了原《合同法解释(一)》第13条,但法院最终支持原告直接向被告代位行使交付房屋并协助履行过户手续的诉讼请求,实质上支持了原告向被告代位行使特定物债权请求权。④ 在特定物债权的场合,学界逐渐倾向于认为

---

① 参见邱聪智:《新订民法债编通则》(下册),中国人民大学出版社2004年版,第306页。

② 参见崔建远:《债权人代位权制度的新解说》,载《法学》2011年第7期。

③ 参见内蒙古自治区呼和浩特市土默特左旗人民法院民事判决书,(2018)内0121民初字第1206号。

④ 参见龙俊:《民法典中的债之保全体系》,载《比价法研究》2020年第4期。

保全必要的标准为“债权实现发生障碍”，[①]即特定物债权说。此说更加强调债权与其标的物之间的密切关系，将代位权的效力范围从债务人的责任财产收缩至该特定物本身，既然已聚焦于特定物而非泛泛的责任财产，可以暂时不考虑债务人的其他财产，债权人直接就该特定物实现其债权，无需以债务人无资力为条件。而在该特定物由第三人直接控制的情况下，则遇到了合同相对性原则的阻碍，这也是较长时期内特定物债权说没有能够登场的原因，但随着合同相对性原则在若干领域被突破，法律人形式理性思维向实质理性思维不断转变，无资力说与特定物债权说并行而立且各自适用的模式渐为学者所肯认。[②] 在判断债权有无保全必要时，前者的运用情形为一般金钱债权，后者的运用情形则为特定债权。

（四）非专属于债务人自身的债权

专属于债务人自身的债权，是指基于扶养关系、抚养关系、赡养关系、继承关系产生的给付请求权和劳动报酬、退休金、养老金、抚恤金、安置费、人寿保险、人身伤害赔偿请求权等权利。原《合同法解释（一）》第12条曾有明文规定，该解释虽已废止，但专属于债务人自身的债权的范围并没有改变。除上述权利，依法不得扣押、依性质不得转让的权利也不能由债权人代位行使。

三、债权人代位权的客体

（一）原《合同法》：到期债权

债权人代位权的客体即债权人代位权行使的对象。原《合同法》第73条第1款明确规定，代位权的客体仅限于“到期债权”。1999年年底出台的原《合同法解释（一）》第13条第1款更是进一步将客体限制为“具有金钱给付内容的到期债权”。从比较法角度来看，各国对于代位权客体范围的规定都比我国原《合同法》及相关司法解释所规定的要广泛许多，如《日本民法典》规定除专属于债务人本身的权利之外，都可由债权人行使。《法国民法典》第1166条规定，“债权人得行使债务人的一切权利和诉权”。

---

① 邱聪智：《新订民法债编通则》（下册），中国人民大学出版社2004年版，第306～307页。

② 参见崔建远：《论中国〈民法典〉上的债权人代位权》，载《社会科学》2020年第11期；韩世远：《债权人代位权的解释论问题》，载《法律适用》2021年第1期。

在原《合同法》颁布之初，即有观点指出《合同法》第73条所规定的债权人代位权客体范围过于狭窄，对应予调整的权利未作规定，构成法律漏洞，应目的性扩张予以填补，[①]但先前《合同法》及相关司法解释对债权人代位权的客体所作出的严格限制是有其时代背景的。我国立法者是想通过设立代位权制度，以解决当时广泛存在的三角债、连环债等老大难问题，达到保障债权人利益，稳定社会主义市场经济秩序的最终目的，[②]对于非以金钱给付为内容的权利设置代位权制度意义不大，并且会过多地干预债务人的权利。[③] 当时的立法理由，略谓"本条亦为代位权的行使规定了相当的限制，以确保债权人不会滥用其权利"，由此可知原《合同法》限定于"到期债权"的用意在于"防范滥权"；[④]考虑到代位权制度已突破了传统的合同相对性规则，对第三人产生了实际影响，因此对这一制度的适用范围应当作出明确的限制，尤其是在代位权行使的客体方面；况且彼时《合同法》是第一次在法律上确认代位权制度，在此之前我国的司法实践对该规则的适用无任何经验，此时盲目扩大代位权适用的客体、范围，从而使代位权制度不断扩张，难免会产生诸多的问题，因此不宜随意采取目的性扩张的方法加以解释。[⑤]

随着法律制度日趋完善，法治环境不断优化，从债权人代位权制度的立法目的来看，采取目的性扩张的方法对代位权的客体加以解释是顺应时代发展的必然要求。对于债务人怠于行使的"权利"，仍以"对债务人的经济活动干预要求过多"[⑥]、"司法实践中不好把握"为由而限缩代位权的客体，着实有些令人费解。[⑦] 在最高人民法院提审的案件中，法院为了将债务人对相对人的权利转化为到期金钱债权，甚至以一个牵强的理由将债务人和相对人之间的合同认定为无效，从而产生不当得利返还请求权（到期金钱债权）作为代位权的客体。[⑧] 尽

① 参见崔建远、韩世远：《合同法中的债权人代位权制度》，载《中国法学》1999年第3期。

② 参见张驰：《代位权法律制度比较研究》，载《法学》2002年第10期。

③ 参见曹守晔：《对合同法中代位权的理解和适用》（上），载《人民法院报》2000年3月3日，第3版。

④ 参见韩世远：《债权人代位权的解释论问题》，载《法律适用》2021年第1期。

⑤ 参见王利明：《论代位权的行使要件》，载《法学论坛》2001年第1期。

⑥ 黄薇主编：《中华人民共和国合同编释义》，法律出版社2020年版，第166～167页；石宏主编：《〈民法典〉释解与适用（合同编）》（上册），人民法院出版社2020年版，第138页。

⑦ 参见韩世远：《债权人代位权的解释论问题》，载《法律适用》2021年第1期。

⑧ 中国银行股份有限公司汕头分行与广东发展银行股份有限公司韶关分行、第三人珠海经济特区安然实业（集团）公司代位权纠纷案，最高人民法院（2011）民提字第7号民事判决书。

管从结果上看,法院的判决大体是妥当的,但是,此路径"干预债务人权利"的程度之剧烈远胜扩张代位权的客体范围。[①] 原本是出于避免过度干预而采取的保守立法模式,为了实现个案正义却导致了更加激进的结果。[②] 原《合同法》及其司法解释的规定已难顺应时代发展的要求。

(二)《民法典》:债权或与该债权有关的从权利

《民法典》第 535 条第 1 款将债权人代位权的客体界定为债务人怠于行使的"债权或者与该债权有关的从权利",虽然与《民法典·合同编》一审稿和二审稿规定的"债务人的权利"相比有着相当的收缩,但与原《合同法》所规定的"到期债权"相比已经有了很大的扩张。在《民法典》尚未施行之前,已有地方法院自行扩张了代位权的客体范围,如在"赵某豪、大连银行股份有限公司债权人代位权纠纷案"[③]中,天津市高级人民法院认为,"本案中,担保物权作为债权的附属权利,可以成为代位权的客体";又如在"中国进出口银行与夏某明夏某籍等债权人代位权纠纷案"[④]中,重庆市高级人民法院认为原告进出口银行代位行使新汇融租赁公司的债权,有权就已办理抵押登记的抵押物优先受偿。立法机关所作释义也证明"与该债权有关的从权利"主要是指担保性权利。[⑤] 保全制度之目的在于保全债务人的责任财产,最终保证债权人债权的实现,而构成债务人责任财产的当然不仅限于债务人的债权,更不限于到期债权,因此,不断审慎地扩张代位权客体范围无疑是今后的立法大势,而《民法典》所作的扩张规定正是对这种趋势的肯定回应。

1. 债权

按照《民法典》第 535 条第 1 款的规定,债权人代位权的客体包括"债权"及"与该债权有关的从权利"两部分内容。所谓"债权",不再限于金钱债权的范围之内,特定物债权也可作为债权人代位权的客体。无论是合同债权,还是基于不当得利、无因管理、单方允诺所产生的债权,抑或是在缔约过失、相邻关系

---

① 龙俊:《代位权的行使与合同效力的确定——"(2011)民提字第 7 号"判决评释》,载《月旦民商法杂志》2012 年第 36 期。

② 参见龙俊:《民法典中的债之保全体系》,载《比较法研究》2020 年第 4 期。

③ 参见天津市高级人民法院民事判决书,(2020)津民终 884 号。

④ 参见重庆市高级人民法院民事判决书,(2017)渝民初 180 号。

⑤ 参见黄薇:《民法典合同编释义》,法律出版社 2020 年版,第 167 页;石宏:《〈民法典〉释解与适用(合同编)》(上册),人民法院出版社 2020 年版,第 138 页。

场合下的损害赔偿请求权、可由他人代位行使的侵权损害赔偿请求权，都可算作此列。违约损害赔偿、违反先合同义务等，不属于原给付义务，也不属于原给付义务所对应的从义务，而是由原给付转换而来的义务，或是原给付义务未被完全履行时填补因此所致损害而承担的义务。由于其同属于债权，故其所对应的请求权亦可由债务人的债权人代位行使。《民法典》第535条第1款所谓债权并未将第二性的债权排除在外。①

2. 与该债权有关的从权利

立法机关所作释义中明确指出，“与该债权有关的从权利”主要指担保权利，包括担保物权与保证。《民法典》施行前，实践中已有人民法院将担保物权纳入债权人代位权的客体范围之内，从属于债务人债权的担保物权可由债权人代位行使已无异议；违约金债务从属于债务人与相对人间的实质交易关系，支付违约金属于原给付义务的变形，因此违约金请求权亦可由债权人代位行使；诉权作为程序权利不能代位行使。②

基于债务人与相对人间合同关系而产生的解除权等形成权能否由债权人代位行使是学界争论的重点。有观点认为《民法典》第535条用的是“与该债权有关的从权利”而非“债权的从权利”的表述，其客体范围包括但不限于“狭义之债的从权利”，“广义之债的从权利”也被囊括其中，也就是说不仅担保物权可以作为代位权的客体，基于合同产生的解除权等形成权也可以作为代位权的客体。③ 所谓“与该债权有关的从权利”，除了包括该债权所生的利息及担保权等权利外，抵销权、撤销权、债权人撤销权等虽不属于债权之从权利，但其实为债权之权能，与债权融为一体，也可以由债权人代位行使债务人的此类债权。④

反对观点则指出，首先，为其他权利的效力作担保或使之增大而附随于该权利的权利，称为从权利，另一方则称为主权利，比如担保物权、利息债权、地役权为从权利，债权、本金债权、需役地所有权则为其主权利。从权利与主权利同时发生、存续、变更、移转、消灭。第535条第1款中的“债权”具有特定的含义，即债务人怠于行使的债权，界定从权利时也特指是与“该”债权有关的从权利，

---

① 参见崔建远：《论中国〈民法典〉上的债权人代位权》，载《社会科学》2020年第11期。

② 参见杨巍：《〈民法典〉债权人代位权解释论研究》，载《江西社会科学》2020年第12期。

③ 参见龙俊：《民法典中的债之保全体系》，载《比较法研究》2020年第4期。

④ 参见崔建远：《论中国〈民法典〉上的债权人代位权》，载《社会科学》2020年第11期。

显然“债权”的内涵是清楚的。可是在前述观点解释中该“债权”却被替换为“债”，进而扩展到“广义之债”。既知从权利与主权利是相对概念，那么论者所谓的“广义之债的从权利”，其主权利依其逻辑应该不是第535条“该债权”（狭义之债），那么它又是什么呢？这实为混淆广义之债与狭义之债的行为。其次，合同的解除或者撤销是否对债务人的整体责任财产更为有利，情况比较复杂，债权人不宜直接取代债务人作出决定，解除权、撤销权等是附属于合同当事人地位的权利，不能成为代位权的对象。[①] 债务人代位权的客体范围不能无限制的扩大，为回应实践最迫切的需求而将为债务人的债权所设定的担保权利纳入代位权客体是较为合理的。从立法机关所作释义来看，在“从权利”中纳入解除权、撤销权之类形成权，显非立法者本意。最后，如果说“与该债权有关的从权利”可以包括解除权等，那么第547条第1款债权转让场合受让人取得“与债权有关的从权利”的规定，是不是也应该包括解除权？果如此，则诚如学者所指出的，在单纯的债权让与，债权人仍负有债务，继续为债权关系的当事人的情况下，如果解除权等形成权随着债权让与而移转，那么会出现下述不合理的局面：让与人应当解除合同以保护自己的合法权益，却因无解除权而束手无策；或者让与人坚持合同继续有效以获得期待利益，却因受让人行使解除权而期待落空。[②]

综上，反对说更值得赞同。

四、债权人代位权的行使

（一）债权人代位权行使的主体及各方当事人的地位

债务人的各个债权人在符合法律规定的条件时都可以作为代位权行使的主体，债权人为原告（或共同原告），债务人的相对人为被告。债权人向人民法院起诉债务人以后，又向同一人民法院对债务人的相对人提起代位权诉讼，符合条件的，人民法院应当立案受理；不符合条件的，告知债权人向债务人的相对人住所地人民法院另行起诉。债权人以债务人的相对人为被告向人民法院提

① 参见冉克平：《民法典编纂视野中的第三人清偿制度》，载《法商研究》2015年第2期。

② 参见崔建远：《合同法》，北京大学出版社2012年版，第231～232页；韩世远：《债权人代位权的解释论问题》，载《法律适用》2021年第1期。

起代位权诉讼,未将债务人列为第三人的,人民法院可以追加债务人为第三人。可见债务人并不必然参加诉讼。当两个或两个以上的债权人均以同一相对人为被告提出代位权诉讼的,人民法院可以合并审理。

(二)代位权行使的方式

传统民法理论认为,代位权可以通过裁判方式与径行方式行使。从国外立法例来看,《法国民法典》规定代位权必须通过裁判方式行使。我国《民法典》第535条规定,“债权人可以向人民法院请求以自己的名义代位行使债务人对相对人的权利”,该条规定债权人只能通过诉讼方式行使代位权。但是我国《民法典》并未完全排除径行方式的适用,第536条“债权人可以代位向债务人的相对人请求其向债务人履行、向破产管理人申报或者作出其他必要的行为”的规定便是实证。从我国实际状况来看,将国家公权力介入债权人代位权的行使过程,有助于防止债权人滥用权利,维护各方当事人的合法权益。

(三)代位权行使的标的范围与费用承担

《民法典》第535条第2款第1句规定,“代位权的行使范围以债权人的到期债权为限”。在代位权诉讼中,债权人行使代位权的请求数额超过债务人所负债务额或者超过相对人对债务人所负债务额的,对超出部分人民法院不予支持。债务人在代位权诉讼中,对超过债权人代位请求数额的债权部分起诉相对人的,人民法院应当告知其向有管辖权的人民法院另行起诉。

(四)代位权行使的抗辩

《民法典》第535条第3款规定,“相对人对债务人的抗辩,可以向债权人主张”。该抗辩权经法院审理认定成立的,在认定成立的范围和数额内,债务人对其相对人的债权将相应地消灭或得不到法院的支持,债权人代位权也就难以成立,债权人就无权要求相对人向其履行义务,债权人与债务人、债务人与相对人之间相应的权利义务也不会终止。①

五、债权人代位权行使的法律效果

《民法典》第537条规定:“人民法院认定代位权成立的,由债务人的相对人

① 参见徐澜波:《合同债权人代位权行使的效力归属及相关规则辨析——兼论我国合同代位债权司法解释的完善》,载《法学》2011年第7期。

向债权人履行义务，债权人接受履行后，债权人与债务人、债务人与相对人之间相应的权利义务终止。债务人对相对人的债权或者与该债权有关的从权利被采取保全、执行措施，或者债务人破产的，依照相关法律的规定处理。”

(一)入库规则

依照传统民法理论，代位权行使的效果应归属于债务人而非债权人。① 因为债权人代位行使的是债务人的权利，那么其所得的结果也应当归属于债权人。传统理论认为，债之保全制度，无论是债权人代位权制度还是债权人撤销权制度，其设立的目的均是保全债务人的责任财产，从而维护全体债权人的合法利益，而非某一特定债权人自身的债权。因此代位权行使的法律效果应归于债务人，即由相对人向债务人履行义务，所获财产归于债务人的责任财产之中，也即“入库规则”。即使在债权人自己接受相对人履行的场合下，债权人也不能直接以此受偿。行使代位权的债权人欲使其债权得以满足，还必须从债务人处获得清偿的意思，或者借助强制执行的手续。②

(二)优先受偿规则

如果严格贯彻入库规则，那么债权人行使代位权之后，效果直接归属于债务人。如果债务人还有其他的债权人，那么其他的债权人可能因此而“搭便车”。对此，在入库规则之外，理论界又存在优先受偿规则。优先受偿规则认为，对于代位权诉讼所获得的清偿，不先纳入债务人财产，而是直接由第三人向债权人履行义务。优先受偿规则对入库规则的改进带来了平等观念的重塑，实际上是机会平等对结果平等的胜利，“债权平等”并不意味着债权实现上的平等，而只是给债权人提供了实现债权的依据，只是告诉债权人可根据这种规则去预期债权的实现，但债权最终能否平等地实现并非“债权平等”所应有之义。债权平等而清偿并不一定平等，司法实践中代位债权人要想获得相对人的清偿，必须事先证明他和债务人有正当有效的债权债务关系，同时亦得证明债务人与其相对人之间有合法有效的权利义务关系。如果这一层的证明不算困难的话，那么也要获得债务人无支付能力的证据、查明相对人的财产状况等使其符合代位权的构成要件方可获得法院的支持。即使成功了，也需花费代位债权

① 参见王利明、崔建远：《合同法新论·总则》，中国政法大学出版社 1996 年版，第 400 页。

② 参见郑冠宇：《民法债编总论》，中国政法大学出版社 2003 年版，第 222 页。

人相当多的时间、金钱和精力。在这种情况下,若一味地实行入库规则,追求债权平等、清偿平等,只会造成实质上的不平等。此外,诉讼的进行不是代位债权人付出了相当多的时间、金钱和精力即能胜诉的,倘若败诉则需承担诉讼费用。败诉,损失由代位债权人个人承担;胜诉,则由全体债权人共享利益,其间是否公平,不言自明。① 行使代位权的债权人好不容易把财产拿了回来,立刻就被债务人的其他债权人主张瓜分,不利于鼓励债权人积极维护自己的权利,保护了"权利沉睡之人",因此入库规则被认为是一种缺乏效率的制度。② 也有反对观点指出代位权针对的是债务人消极的懈怠、不积极行使权利的行为,而撤销权针对的是债务人恶意的诈害、积极减少其责任财产的行为,债权人行使撤销权往往需要证明债务人与第三人之间的欺诈通谋,因此很难理解为何行使代位权的效果(优先受偿)反而比行使撤销权(入库规则)更为有利,此种"倒挂"格局尽管符合效率原则,其合理性却仍待进一步阐明。③

最终原《合同法解释(一)》第20条作出规定,"债权人向次债务人提起的代位权诉讼经人民法院审理后认定代位权成立的,由次债务人向债权人履行清偿义务,债权人与债务人、债务人与次债务人之间相应的债权债务关系即予消灭",确立了债权人代位权制度中的优先受偿规则。最高人民法院在关于此司法解释的释义中指出,如此规定的理由是基于"保护积极行使权利者""债权平等原则的限制"等。

《民法典》继承了原司法解释的内容,其第537条第1句规定,"人民法院认定代位权成立的,由债务人的相对人向债权人履行义务,债权人接受履行后,债权人与债务人、债务人与相对人之间相应的权利义务终止"。无论是从原《合同法》及相关司法解释还是从《民法典·合同编》的相关规定来看,我国立法者并没有受制于民法理论对代位权制度的传统定位,而是进行了大胆的制度设计,有助于鼓励债权人积极维护自己的合法权益,进一步维护市场交易安全。

也有部分学者从"入库规则"的角度对现行法律规定作出解释,如韩世远教

---

① 参见张玉敏、周清林:《"入库规则":传统的背离与超越》,载《现代法学》2002年第5期。

② 参见龙俊:《民法典中的债之保全体系》,载《比较法研究》2020年第4期。

③ 参见石佳友:《解码法典化:基于比较法的全景式观察》,载《比较法研究》2020年第4期。

授认为,司法解释“实质上是在金钱债务场合,借助于抵销制度,使代位权制度发挥了简易的债权回收手段的功能”。[①] 即债权人行使代位权后,相对人清偿的财产本应纳入债务人责任财产的范围,但为了简化整个流程,才让相对人直接向债权人清偿,当中简化了债权人受领的财产和债务人清偿债务的抵销环节。其法理构成并未根本背离入库规则,而恰恰是在该规则基础上的修正,运用抵销制度发挥代位权制度的简易债权回收功能;[②]崔建远教授也指出《民法典》第537条前段关于相对人履行义务的规定并不代表债权人的债权能因代位权的行使而获得优先受偿效力,因为相对人履行其义务可以依据法律规定、债务人指示或者当事人之间的约定等诸多情况。故该条可以理解为是在既不存在债务人指示、其他共同债权人亦未主张权利的情形下,相对人履行其义务的路线图,而非是对“入库规则”之否定。在没有抵销的场合,则强制执行债务人的相对人的财产。[③]

(三)优先受偿规则的限制性规定

与原司法解释相比,合同编的规定新增了“债务人对相对人的债权或者与该债权有关的从权利被采取保全、执行措施,或者债务人破产的,依照相关法律的规定处理”的内容,以矫正债权人一律优先受偿规则所引发的缺陷。此处所谓保全、执行的措施,如果是提起代位权诉讼的债权人已就债务人的相对人的责任财产申请了保全、执行的措施,那么遵循民事诉讼法“先下手为强”的规则,债权人有权就这些财产的提取收入、划拨或变价直接受偿,这在实质上等于提起代位权诉讼的债权人享有优先受偿权了。与此不同,如果其他债权人提出申请,则同样遵循民事诉讼法“先下手为强”的规则,由这些未提起代位权诉讼的债权人就这些财产的提取收入、划拨或变价受偿,只要受偿之后无剩余财产,提起代位权诉讼的债权人对这部分已由他人申请保全措施、执行措施的财产便无优先受偿权。由此体现出《民法典》第537条后半段限制了债权人代位权在优先受偿方面的效力。[④] 这样一来,在债务人尚未进入保全、强制执行、破产等程序时,赋予代位权人优先受偿的地位;当行使代位权的债权人和债务人的其他

---

① 韩世远:《合同法总论》,法律出版社2018年版,第449页。

② 参见韩世远:《债权人代位权的解释论问题》,载《法律适用》2021年第1期。

③ 参见崔建远:《债权人代位权制度的新解说》,载《法学》2011年第7期。

④ 参见崔建远:《论中国〈民法典〉上的债权人代位权》,载《社会科学》2020年第11期。

债权人真正形成生死相搏时,又否定代位权人的优先受偿效力,既避免了无限度地"搭便车",又在最重要的关头维护了债的平等原则,有助于实现效率和公平间的平衡。[①]

亦有观点将债权人代位权行使的法律效果区分为相对性请求问题与绝对性归属问题。《民法典》第537条第1句建立的优先受偿规则属于纯粹债法性质的规则体系,只处理债权人的履行请求权、履行受领权以及相对人对债权人的履行所产生的双重债之消灭的法律效果等相对性请求问题,不能解决债权人能否终局保有因相对人履行而获得财产利益的绝对性归属问题。这样第537条第2句不能被理解为第1句的限制性规定。《民法典》第537条第2句不是有关代位债权人优先受偿权的例外规定,而是有关绝对性归属问题的注意规定。该句的第一层意义即在于提醒法律适用者应"依照相关法律的规定",即应依照《民法典》"合同的保全"一章之外的有关债务人责任财产分配的规则体系,处理代位所得以及被代位债权本身的归属问题;第二层意义则在于指明了债权人获取债务人对相对人债权利益的另一种思路,即债权人可将债务人对相对人的债权本身作为保全或执行的对象并通过变现这一债权,实现自己对债务人的债权。[②]

第三节　债权人撤销权

一、债权人撤销权的概念与性质

(一)债权人撤销权的概念

债权人撤销权是指当债务人实施危害债权的行为时,债权人所享有的请求人民法院撤销债务人行为的权利,其属于债的保全的一种,它通过撤销权制度之构造力图使债务人之责任财产恢复如初。[③] 债权人撤销权制度起源已久,在

① 参见龙俊:《民法典中的债之保全体系》,载《比较法研究》2020年第4期。

② 参见金印:《债权人代位权行使的法律效果——以〈民法典〉第537条的体系适用为中心》,载《法学》2021年第7期。

③ 参见韩世远:《合同法总论》(第4版),法律出版社2018年版,第453页。

罗马法中由学者保罗创设,[①]是“债权人为维护本身的合法权益得请求法院撤销债务人处分财产的行为”的一种权利。[②] 罗马法的这一制度产生了深远的影响,大陆法系国家或地区大多采纳了该制度,在传统的民法体系中或是单行法之中予以规定。如《法国民法典》和《日本民法典》都作出如是规定。[③] 德国采用特别法进行规定,瑞士则规定在破产法之中。[④] 我国《民法典》也规定了这一制度。《民法典》第538条规定:“债务人以放弃其债权、放弃债权担保、无偿转让财产等方式无偿处分财产权益,或者恶意延长其到期债权的履行期限,影响债权人的债权实现的,债权人可以请求人民法院撤销债务人的行为。”第539条规定:“债务人以明显不合理的低价转让财产、以明显不合理的高价受让他人财产或者为他人的债务提供担保,影响债权人的债权实现,债务人的相对人知道或者应当知道该情形的,债权人可以请求人民法院撤销债务人的行为。”上述条文与其后的第540~542条共同构成了我国民法中的债权人撤销权制度。

(二)债权人撤销权的性质

关于债权人撤销权的性质,学界存在多种学说,包括形成权说、请求权说、责任说、折衷说等。

1. 形成权说

早期民法理论认为债权人撤销权是一种形成权,该说认为债权人撤销权是一种依据债权人之意思而撤销债务人法律行为效力的形成权。[⑤] 撤销权的行使,将会使债务人与第三人之间的法律关系依债权人的意思表示而归于消灭。依据此学说,撤销权之诉为形成之诉,撤销权行使后财产将归于债务人,但之后债务人的财产利益该如何返还却很难一锤定音。一种观点认为债权人不得直接基于撤销权而要求受益人或转得人返还财产利益,只有再行使债权人代位权,才能从债务人手中取得相关财物以保全债权。[⑥] 另一种观点认为债权人在向法院提起撤销之诉时可以一并行使代位权,通过代位权诉讼使得债务人已实

---

① 参见崔建远、韩世远:《债权保障法律制度研究》,清华大学出版社2004年版,第68页。
② 参见江平、米健:《罗马法基础》,中国政法大学出版社1988年版,第218页。
③ 参见王利明:《合同法研究》(第2卷),中国人民大学出版社2015年版,第120页。
④ 参见韩世远:《债权人撤销权研究》,载《比较法研究》2004年第3期。
⑤ 参见崔建远:《合同法》,法律出版社2010年版,第158页。
⑥ 参见韩世远:《债权人撤销权研究》,载《比较法研究》2004年第3期。

施的处分行为自始无效,债权人得就返还之财产利益优先受偿。该观点认为,撤销权的行使虽系返还财产的前提,但返还财产却终非债权人行使撤销后当然之效力,故撤销之诉与代位之诉合并方与诉讼实务相结合。[①] 还有一种观点认为,在第三人已经通过受领行为占有债务人财产时,债权人可依据法院的撤销诉讼之判决径直请求其返还,此处并无代位权行使之适用。[②] 根据形成权说,行使撤销权的法律效果为所有的法律关系均绝对地归于无效,效果比较剧烈,对于交易行为的稳定性冲击甚大,不利于交易安全。因此,我国学界主流观点并没有采纳这一学说。[③]

2. 请求权说

请求权说认为,在撤销诉讼中债权人可请求被告返还其占有的债务人的标的物或折价赔偿。撤销权的行使将产生债权请求权的一般效力,因此撤销权之诉为给付之诉,诉讼形态上,其可以以转得人为被告请求其将财产作恢复原状之返还,也可以以受益人为被告要求其返还原物替代的价格补偿。依请求权说,行使撤销权的法律效果仅在上述关系人之间发生相对无效的法律效力,而对债务人与受益人之间以及受益人和转得人之间的法律行为并不产生任何影响。转得人或受益人在返还财产后即可主张对其与债务人之交易价款当为返还。

可见,请求权说赋予债权人可直接向第三人请求财产返还的权利,从保护债权人的利益来看,最符合债权保全制度设计的目的,将对第三人利益的影响降到了最低。但请求权说无法合理解释债权人何以可以向第三人主张财产之返还。正如王泽鉴先生所言,请求权必须以基础性权利为前提,[④]无论是基于法律规定、侵权行为还是类似于不当得利的返还请求权都无法合理地找到请求权的基础,且由于其同样存在种种缺陷,[⑤]至今学说上也较少主张。

3. 责任说

责任说出现时间较晚,在日本法中影响较大,是对形成权说的一种新发展。

① 参见彭松江:《债权人撤销权之理论与实务》,载《法令月刊》2002 年第 4 期。

② 参见黄立:《民法债编总论》,中国政法大学出版社 2000 年版,第 482 ~ 483 页。

③ 参见史尚宽:《债法总论》,中国政法大学出版社 2000 年版,第 477 页。

④ 参见王泽鉴:《民法总则》(增订版),中国政法大学出版社 2001 年版,第 92 页。

⑤ 参见[日]我妻荣:《新订债权总论》,王燚译,中国法制出版社 2008 年版,第 154 页。

二者最大的不同是,依据责任说撤销诉讼并不需要将债务人作为该诉讼程序中的被告,而直接以受益人或转得人为被告即可将债务人之责任财产恢复到原始状态,其独创责任的撤销理念,以强制执行程序取代了代位之诉,这既与理论衔接又能解决实务问题。

有别于其他学说,责任说对财产流失的物权效果的理论进行了批评,其认为无须要求债务人的相对人返还利益,债权人可以直接请求法院通过强制执行来维护自己的债权。[①] 债权人可以直接向法院申请强制执行程序而无须再像形成权说一样提起撤销之诉之后再行使代位权。如此,责任说通过一个诉讼便可实现撤销权之最终目的,可谓颇得诉讼经济之价值。

撤销权的行使目的无非是保全债务人的责任财产,债权人无须通过债务人而直接向返还标的物的占有者或替代的价格赔偿者索还财产的制度构造颇具新意,该学说将受益人占有的财产视为债务人的间接财产,即使不动产已过户登记、动产已占有,债务人亦可依据撤销权请求法院强制执行。如此在诉讼程序上便产生两种诉讼形态。其一,撤销之诉。撤销权的直接后果便是撤销债务人所为之诈害行为。但判决的效力是使得受益人以其受让的财产为债务人的债务履行提供担保,债权人并不得基于此诉讼而径直强制执行受益人的财产。其二,责任之诉。基于此诉,债权人可直接要求受益返还取得之财产,在获得法院支持后即可申请强制执行受益人取得的利益或财产。[②] 但遗憾的是责任说的成立需与“责任诉讼”的诉讼制度相配合,而我国民事诉讼程序中并无这一制度。

4. 折衷说

学界通说为折衷说,[③]折衷说兼采前述两种观点,认为债权人撤销权兼具撤销和请求返还两种性质,撤销权的行使当发生原处分行为之撤销与已转让之财产恢复原状的双重效果,其撤销权的性质使其可撤销债务人与第三人之间的法律行为,而请求权的性质又为其在撤销诉讼中请求第三人返还财产或权益提供了理论依据。在此意义上,撤销诉讼兼具形成诉讼与给付诉讼的双重效力。债

① 参见[日]下森定:《日本民法中的债权人撤销权制度及其存在的问题》,钱伟荣译,载《清华法学》2004 年第 1 期。

② 参见韩世远:《合同法总论》,法律出版社 2011 年版,第 346 ~ 350 页。

③ 参见王利明主编:《民法》(第 4 版),中国人民大学出版社 2008 年版,第 397 页。

权人亦可不主张财产返还而仅要求撤销债务人与第三人之间的诈害行为，此时撤销之诉便仅为形成之诉。就撤销之诉的法律效果而言，撤销权的行使仅是相对无效。[①] 债权人行使撤销权，财产返还于债务人后其可通过强制执行程序来实现自己的债权；存在其他债权人时，须按债权的相对比例受偿，债权人无优先受偿之权利。

折衷说将债务人危害债权行为的效力予以撤销，再赋予债权人财产返还请求权，看似弥补了请求权说的缺陷，为请求权的实施寻找到了合理依据，但就法律关系而言，债务人与受益人之间存在法律关系、债权人与受益人之间并无法律关系，即使债务人危害债权的行为被撤销，财产返还请求权应归于债务人，债权人凭何取得请求权。此外，在财产未发生物权变动的情形下，撤销权属于形成权还是形成权与请求权的结合，折衷说也存在请求权说的缺陷。分析折衷说观点，其实质是承认了撤销权具有形成权的性质，并结合形成权说在实践中存在的需借助代位之诉保全债权的缺陷，创造性地赋予了撤销权请求返还的权能。[②] 折衷说与形成权说在撤销债务人行为，使之自始无效的观点上是一致的，两者最大的区别是关于返还请求权的来源不同，折衷说认为财产返还请求权是撤销权本身具有的权能，而形成权说认为财产返还请求权是行使代位之诉获得的。因此，与其说折衷说是在探讨撤销权的性质，不如说折衷说是在承认撤销权形成权性质的基础上，为解决财产返还问题所作的解决方案。

二、债权人撤销权的客观要件

债权人撤销权制度突破了合同相对性原则，直接影响了债权人与债务人、相对人之间的法律行为，将在一定程度上影响市场交易行为的稳定性。因此，在认定债权人撤销权是否成立时要作出严格的要求。世界各国立法对于撤销权的成立要件有两种认定模式：其一，先将债务人与其相对人之间的行为区分为有偿行为和无偿行为，对不同的行为制定不同的成立标准。这种模式最早源自罗马法，德国民法和瑞士民法沿用了这种模式。[③]《民法典》第 538 条、第 539

---

① 参见韩世远：《债权人撤销权研究》，载《比较法研究》2004 年第 3 期。
② 参见余延满：《合同法原论》，武汉大学出版社 1999 年版，第 454 页。
③ 参见韩世远：《债权人撤销权研究》，载《比较法研究》2004 年第 3 期。

条分别规定了债务人行为属于无偿处分行为和有偿处分行为时债权人撤销权的成立要件,如果债务人的处分行为是无偿行为,只需要具备客观要件即可。如果该行为是有偿行为,则需要同时具备客观要件与主观要件。如郑玉波先生所言:在无偿行为,第三人之受益既非付出代价而来,则虽剥夺之,亦不过丧失无偿所得之利益而已,并未发生何等积极的损害,故于此情形,与其保护无偿受益之人,何若保护债权将受危害之债权人,因而遂宽其撤销权之要件,使不问其主观意思如何,概得撤销;至若有偿行为则不然,第三人之受益,既付代价而来,则债务人亦因之而有所取得。付代价,则撤销时将遭损害;有所得,则虽不撤销亦未必对于债务人之资力,有大影响,故法律上乃加重其要件,非债务人与受益人均有恶意时,即不得撤销,以期对于债权人之利益及交易之安全,能兼筹并顾也。[①] 其二,不区分有偿行为或无偿行为,对成立要件进行统一的规定,日本民法与法国民法则沿袭了这种认定模式。[②]

一般来说,债权人撤销权的客观成立要件主要包括以下内容:

(一)债务人实施了处分其财产的行为

这种行为又被称作诈害行为。根据《民法典》第538条与第539条的规定,债务人实施的行为类型包括"放弃其债权、放弃债权担保、无偿转让财产等方式无偿处分财产权益"、"恶意延长其到期债权的履行期限"或"以明显不合理的低价转让财产、以明显不合理的高价受让他人财产或者为他人的债务提供担保"等行为。债务人所实施的处分其财产的行为,正是撤销权所要撤销的对象,是撤销权所成立的基础。一般认为,事实行为不能算作这里的"行为",因为事实行为没有撤销的必要。

1.无偿行为

原《合同法》第74条仅规定了"放弃其到期债权"和"无偿转让财产"两种无偿处分行为,而实际生活中危害债权人债权的行为远远不限于这两类,这种简单列举式的规定难以使债权人撤销权制度发挥真正的作用。原《合同法解释(二)》第18条又增加了"债务人放弃其未到期的债权""放弃债权担保""恶意

① 参见郑玉波:《民法债编总论》,台北,三民书局1996年版,第321~322页。

② 参见[日]下森定:《日本民法中的债权人撤销权制度及其存在的问题》,钱伟荣译,载《清华法学》2004年第1期。

延长到期债权的履行期”三种行为,这一解释,弥补了之前立法上关于债权人撤销权制度的不足之处,被《民法典》所吸纳。《民法典》第 538 条规定:“债务人以放弃其债权、放弃债权担保、无偿转让财产等方式无偿处分财产权益,或者恶意延长其到期债权的履行期限,影响债权人的债权实现的,债权人可以请求人民法院撤销债务人的行为。”《民法典》对放弃债权的行为不再限定于到期债权,债务人的债权都属于可放弃的范围;《民法典》增加了放弃债权担保和恶意延长到期债权履行期限两种行为类型,也是《民法典》吸收司法解释的体现。债权担保是保证债权人利益最大化的重要制度,放弃债权担保虽然没有明面上造成财产减少,但在客观上也可能导致债务人的履行不能。关于恶意延长到期债权的履行期限是否属于无偿行为,答案应当是肯定的,现实生活中有偿延长到期债权履行期限的行为是比较罕见的,起码没有大规模发生有偿延长到期债权履行期限的情形,在当下并没有通过立法进行规范的必要。还要注意的是,这里的“恶意”不能与债权人撤销权的主观要件相混淆,虽然条文规定中带有“恶意”的字样,但我国民法仍然沿用的是罗马法上区分无偿行为、有偿行为以分别设定成立要件的立法模式,这一点在之后的主观要件部分展开论述。

此外,《民法典》第 538 条还增加了“等方式”的字样,较之前的民事立法也是一大进步,因为原《合同法》和司法解释采取了封闭的列举模式,将无偿行为限定在几种特殊类型之内。随着社会经济发展,市场交易行为日趋复杂,原先僵化的列举式模式难以适应社会经济发展的要求,立法上为避免列举模式导致挂一漏万而设计了兜底条款对撤销权行使范围进行扩张,增强了法律的开放性与适应性,完善了我国的债权人撤销权制度。

2. 有偿行为

《民法典》第 539 条规定了撤销有偿行为的相关内容,即“债务人以明显不合理的低价转让财产、以明显不合理的高价受让他人财产或者为他人的债务提供担保,影响债权人的债权实现,债务人的相对人知道或者应当知道该情形的”,债权人可以行使撤销权。人民法院认定“明显不合理的低价”通常以交易当地一般经营者的判断,并参考交易当时交易地的物价部门指导价或者市场交易价,结合其他相关因素综合考虑予以确认。转让价格达不到交易时交易地的指导价或者市场交易价 70% 的,一般可以视为明显不合理的低价。《民法典》还吸收了司法解释中的“以明显不合理的高价受让他人财产”这一情况。以明显不合理高价受让财产,也是一种债务人积极减少其责任财产的方式,虽不像低价转让财产那般直接,但两种方式并没有本质上的区别。此外,《民法典》还增加了"为他人的债务提供担保"这种全新的行为模式,这有助于防止债务人责任财产减少,更好地保护债权人债权。

(二)债务人的行为影响债权人债权的实现

首先,债务人的行为导致其财产减少。债务人财产减少的情形分为两种:一是减少积极财产,如让与所有权及其他财产权、设定他物权、放弃权利等;二是增加消极财产,如债务人新承担债务,为他人提供担保等。其次,债务人的行为减少了自己的责任财产,只有当这种减少责任财产的行为对债权人债权的影响达到一定程度时,才能认定为债务人的行为影响债权人债权的实现。对此,各国普遍采取了"无资力说",即债务人责任财产的减少,达到了不能清偿债权的地步。即无资力状态时,方能认定债务人的行为影响债权人债权的实现。关于无资力的具体认定,各国存在不同观点。

1. 形式的判断标准

(1)债务超过说

债务超过是一种纯粹的客观状态,以债务人行为后的责任财产为衡量标准,若一般债权人的债权总额超过债务人行为后的资产总额,即可认为对债权人造成了损害。瑞士即采此标准。[①] 同时,在认定债务人行为之后的资产总额时,应当认定其现实资产,劳动力、信用等未来收益不应包括在内。我国理论界通说为"无资力说"中的"债务超过说"[②],即债务人处分财产后其责任财产不足以清偿债权人债权时,则认定为债务人的行为影响到了债权人债权的实现。

(2)支付不能说

该说是在债务超过说的基础上,认为应先对债务人的财产进行强制执行,在强制执行后仍不能完全清偿债权才可认定为无资力。[③] 依一些学者之见,支付不能可从客观上进行评价。[④] 不必与德国法上一定要经过强制执行的做法保

---

① 参见史尚宽:《债法总论》,1954 年自版发行,第 467 页。

② 参见史尚宽:《债法总论》,1954 年自版发行,第 467 页;崔建远:《合同法》(修订本),法律出版社 2000 年版,第 132 页;王利明:《民商法研究》(第 3 辑),法律出版社 1999 年版,第 646 页。

③ 参见崔建远:《论债权人撤销权的构成》,载《清华法学》2020 年第 3 期。

④ 参见李向前:《论债权人的撤销权》,载《当代法学》2002 年第 5 期。

持一致，只要能够判断出就算经过强制执行债权人也很难获得完全清偿即可。至于可以依靠何种因素判断，则是事实上的问题。

2. 实质的判断标准

相比于形式上注重计算的判断标准来说，实质上的判断标准则认为不能只通过计算来对其进行判断，还应当在计算的基础上，综合主客观因素判断。比如债务人行为的目的或动机是否正当以及行为的方法手段是否妥当等。日本的学说对此支持较多。[①] 一般情况下可凭借债务人的行为是否有偿，来确定其对债权人造成损害所采用的判断标准：当债务人是无偿行为时，采债务超过说；当债务人为有偿行为时，应当将债务人主观状态以及行为合理性等要素纳入考虑范围。

此外，债务人行为与无资力之间应具有相当的因果关系。行为和无资力的因果关系主要体现在无资力状态的持续期间上。无资力需要满足两个条件：行为时无资力以及行使时无资力。行为时无资力是指债务人实施处分行为时其剩余的责任财产不足以清偿债务，导致履行不能；行使时无资力是指债权人在行使撤销权的当下这种无资力状态仍然存在，从行为时一直延续至今，只有同时满足持续期间的两个条件，才能构成撤销权的行使。[②]

之所以规定持续期间，是因为合同自由原则和合同正义原则的统一，在保证债务人自由行为之上保障债权人的债权。在司法实践中，经常会出现在行为当时债务人处于无资力状态，但是在债权人行使撤销权时，债务人已经补全了债权的责任财产，此时构成撤销权的阻碍；抑或在行为当时并没有陷入无资力，但是由于不可抗力或者政策调整等因素，而使其在行使撤销权当下陷入无资力，此时也构成对撤销权的阻碍。例如，在“周某、王某某债权人撤销权纠纷案”中，法院认为债务人的无资力状态必须在债务人实施积极减少其财产行为时即已陷入，方成立诈害行为。若债务人处分财产时具备足够的清偿能力，即使其此后因经济的变动致财产贬值不足以清偿，仍不成立诈害行为，债权人也不得主张撤销。[③] 无资力的存续期间必须明确行为时和行使时都处于无资力，且处

---

① 参见韩世远：《债权人撤销权研究》，载《比较法研究》2004 年第 3 期。

② 参见申卫星：《论债权人撤销权的构成——兼评我国〈合同法〉74 条》，载《法治与社会发展》2000 年第 2 期。

③ 参见柳州市中级人民法院民事判决书，(2018)桂 02 民再 27 号。

于延续状态，债务人也没有采取补救措施予以补全，只有当债权人行使撤销权时债务人仍不具备相应的清偿能力，才可认定为影响债权的实现。[①] 这实际上是吸收了“支付不能说”的精神内核。

（三）债务人的行为必须以财产为标的

债务人的行为必须是一种财产行为，与财产标的无关的行为，不会对债务人的责任财产产生影响，更与债务人的清偿能力无关，因此，非以财产为标的的行为往往不是债权人撤销权行使的对象。债权人撤销权与债权人代位权制度不同，在代位权制度下，代位权的行使只是加速债务人的相对人向债务人履行义务，并没有损害债务人或其相对人的合法权益，“对于第三人、债务人，都能造成原来应有的状态，所以其影响力很小”。[②] 而撤销权的行使则不同，因为债权人撤销权具有相当大的对外效力，一旦行使，将会破坏债务人与相对人之间已经确定的法律行为，冲击市场交易行为的稳定性，因此对于债权人撤销权所行使的对象应当进行严格的限制。

对于债务人没有使责任财产增加的行为，债权人不得撤销，如债务人拒绝了合同要约（赠与要约）、不接受遗产或遗赠、不主张特留份请求权等。对于债务人所为人身属性的行为，债权人不得撤销，如结婚、离婚、收养或终止收养、非婚生子女的认领等。

司法实务中对债务人放弃继承财产行为能否撤销问题存在较大分歧。以放弃继承权为例，法院主要有三种处理方法：一是对该行为予以撤销，如“胡某、廖某某债权人撤销权纠纷案”中，法院认为债务人放弃继承相关份额并将属于自己的份额赠与第三人的行为符合“债务人无偿转让财产”的情形并予以撤销。[③] 二是确认债务人放弃继承行为无效。[④] 三是对该行为不予撤销。[⑤] 不予撤销的原因主要有两种：第一，继承权是债务人基于一定身份而享有的权利，具

---

① 参见王利明主编：《民法学》，高等教育出版社 2019 年版，第 273 页。

② ［日］於保不二雄：《日本民法债权总论》，台北，五南图书出版股份有限公司 1998 年版，第 169 页。

③ 参见上饶市中级人民法院民事判决书，（2018）赣民 11 终 1543 号；厦门市中级人民法院民事判决书，（2018）闽 02 民终 1449 号；连云港市中级人民法院民事判决书，（2016）苏 07 民终 2726 号。

④ 参见黔南布依族苗族自治州中级人民法院民事判决书，（2016）黔 27 民终 471 号；抚顺市中级人民法院民事判决书，（2015）抚中民终字第 01328 号。

⑤ 参见杭州市上城区人民法院民事判决书，（2019）浙 0102 民初 1230 号；佛山市禅城区人民法院民事判决书，（2018）粤 0604 民初 4197 号。

有人身权性质,不符合撤销权的构成要件,不能成为撤销权的行使对象;第二,债务人放弃继承权的行为不会导致其责任财产减少,只是使其财产不增加,不能成为撤销权行使对象。

债务人作为继承人放弃继承,具有溯及至继承开始的效力,债务人作为继承人放弃的是继承权而非遗产所有权。按照这样的逻辑,债权人不能撤销债务人放弃继承的行为。但在债权人对债务人享有继承权的事实产生合理信赖的场合,应当允许债权人撤销债务人的放弃继承行为。另外,如果债务人放弃继承是为了使债权人的债权不能实现,则其行为属于违背诚信、滥用权利的行为,也应当允许债权人撤销债务人放弃继承的行为。在实践中,当事人通常还通过签订分家析产协议的方式,约定被继承人死亡后部分子女因承担了主要赡养义务而多继承遗产,部分子女则自愿放弃继承,对此法院通常认为此类约定有效。[①] 在分家析产协议中放弃继承权的通常都会有对价,不构成无偿行为,但可能构成不合理低价处分财产权益的行为。在作为继承人的债务人滥用自己权利影响债权人债权实现的,或者导致债权人对债务人享有继承权信赖落空的情况下,债权人可以基于《民法典》第539条予以撤销。[②]

三、债权人撤销权的主观要件

一般来说,成立撤销权的主观要件,是指要求债务人和其相对人(包括受益人和转得人)均具备主观上的恶意,包括以下内容:

(一)债务人的恶意

《民法典》之前,涉及债务人为"恶意"的仅在原《合同法解释(二)》规定的"恶意延长到期债权的履行期"这一情形中有所规定。这是否意味着债务人在从事其他影响债权人债权实现的处分财产行为时不需论证其主观要件?有学者认为,我国法律在实质上要求债务人主观上具有恶意。因为在债务人以明显不合理低价转让财产时既然要求第三人具有恶意,则更应当要求债务人具有恶意。[③] 司法实务中,债权人撤销权之行使是否要求债务人主观有恶意并不统一,

① 参见北京市西城区人民法院民事判决书,(2006)西民初字第10728号。

② 参见王洪亮:《〈民法典〉第538条(撤销债务人无偿行为)评注》,载《南京大学学报(哲学·人文科学·社会科学)》2021年第6期。

③ 参见王利明:《合同法研究》,中国人民大学出版社2015年版,第142页。

但趋势是要求债权人主张撤销权时证明债务人主观状态为恶意。

如何认定债务人的恶意，存在观念主义和意思主义两种理论。观念主义认为，债务人明知自己的行为会损害债权人的债权时就构成恶意，这种理论对于债务人恶意的认定比较简便。而意思主义则认为债务人的恶意不仅要求债务人对其有害债权行为的后果有所认识，而且在主观上需要有诈害的意思，才能构成恶意。很显然依据意思主义来认定构成债务人恶意的难度更高，并且按常理来说，只要债务人知道处分财产的行为将导致其无资力清偿债务，从而有害于债权人的债权，却仍然实施此种行为，已足以表明债务人具有恶意。[①] 我国采取的就是观念主义理论。[②] 此外，认定债务人恶意的时间，应当以债务人行为时为准。行为时不知，而后为恶意的，不成立诈害行为。[③]

(二)第三人的恶意

第三人的恶意包括受益人的恶意与转得人的恶意两种情形。

1. 受益人的恶意

从债务人处分行为中受益的相对方在《民法典》中被称作相对人。一般情况下，债务人的相对人就是受益人，但某些情况下，相对人并不能完全覆盖受益人的范围，因此称受益人更为准确。[④] 受益人的恶意，是指受益人在取得利益时，已经认识到自己的行为会对债权人的债权造成一定的损害。至于受益人是否具有诈害债权人的故意、是否与债务人恶意串通，都在所不问，很显然采取了观念主义的理论。判断受益人恶意的时间，与判断债务人恶意的时间类似，都是在其作出行为时存在恶意即可认定。受益时不知，便没有恶意。《民法典》第539 条对这种情形进行了补充，从原来的受益人"知道"修改为受益人"知道或者应当知道"，进一步完善了对于受益人恶意的认定。但对于"知道"应作何理解，学界理论经历了从"只要债权人能够举证证明受让人知道债务人的转让行为是以明显不合理的低价转让，便可以认为受让人与债务人实施一定的民事行为时具有恶意，即认为只要双方以明显不合理的低价从事交易行为就可以根据

---

① 参见王利明、崔建远：《合同法新论·总则》，中国政法大学出版社 1996 年版，第 389 页。

② 参见崔建远：《论债权人撤销权的构成》，载《清华法学》2020 年第 3 期。

③ 参见史尚宽：《债法总论》，1954 年自版发行，第 325 页。

④ 参见韩世远：《债权人撤销权研究》，载《比较法研究》2004 年第 3 期。

该行为推定受让人为恶意”[①]的观点到不能单单从明显不合理低价判断，而是应当将债务人与受让人之间的相互关系作为“知道”的重要考察因素的观点的转变。

我国司法实务也经历了从“客观行为推定受益人恶意”到“要求受益人知道债务人之行为导致债权人债权难以安全实现”的转变。例如，在2008年“国家开发银行与沈阳高压开关有限公司等借款合同、撤销权纠纷案”[②]中，最高人民法院认定受益人主观恶意的重要标准是其知道明显的低价，此案虽然强调受益人主观状态为恶意，但将明显不合理低价等客观行为与恶意画等号。此后司法实践认定受益人恶意的标准逐渐转变为要求受益人知道财产处分价格不合理，以及此行为有害于债权人。在“陶某某、广西建工集团第二建筑工程有限责任公司债权人撤销权纠纷案”[③]中，法院认为，“债权人提出债务人以明显不合理的低价转让财产并据此主张撤销权，必须具备两个基本要件……二是……受让人在实施受让行为时，知道转让行为损害债权的事实”。在“付某某1、付某某2、付某某3、付某与刘某某债权人撤销权纠纷案”[④]中，法院亦认为，“受让人的恶意是指对转让行为损害债权的事实，‘知道其情形’，此恶意系采认识主义，即对诈害债权的事实有所认识即可，其与债务人是否恶意串通，或是否具有故意损害债权人的意图，则非所问”。可见，此处的“知道”并非单指知道转让的价格是明显不合理的低价，认定受益人主观恶意成立的要件是受益人知道该行为会对债权人造成损害。

2. 转得人的恶意

转得人是指从受益人处取得权利的人。从比较法的角度来讲，境外不少国家和地区都设立了这一规则，如《日本民法典》第424条等。《日本民法典》第424条之五将债权人得以请求转得人返还财产的行为的情形分为两种情况，第一种是转得人直接从受益人处转得的情形，此时只要转得人在获得转得财产时知道债务人以不合理低价转让财产的行为损害债权人利益即可；第二种是转得人从其他转得人处转得财产的情形，则要求此转得人以及其之前所有转得人均

---

① 苑举正：《〈科学革命的结构〉之半世纪回顾》，载《科学文化评论》2012年第8期。

② 参见最高人民法院民事判决书，(2008)民二终字第23号。

③ 参见广西壮族自治区高级人民法院民事判决书，(2016)桂民再184号。

④ 参见新疆乌鲁木齐市中级人民法院民事判决书，(2015)乌中民一终字第577号。

知道债务人的行为损害债权人之利益。[①] 虽然《日本民法典》从两方面认定转得人之主观要件,但其实质仍然为——转得人在转得财产时知道债务人之处分行为危害债权人之债权,与我国受益人主观恶意的成立要件没有本质区别。我国并没有明确的规定转得人规则,但这并不意味着我国民事法律忽视转得人的利益,在现行民法体系下,善意转得人仍然可以通过善意取得制度维护自己的合法权益,且在最高人民法院的判决中也包含转得人这一概念。[②]

转得人恶意的认定与受益人类似,转得人在取得利益时明知自己的行为会危害债权人债权的,即为恶意。事后再知的,不视为恶意,也无论其是否存在诈害债权人的故意、是否与债务人恶意串通。在债务人、受益人、转得人均为恶意时,债权人得撤销债务人与受益人之间的法律行为,并且可以请求转得人返还财产。但若转得人为善意,债权人虽可因债务人与收益人为恶意而撤销他们之间的法律行为,但不能请求转得人返还财产,只能对受益人请求财产的损害赔偿。[③]

四、债权人撤销权的行使

当满足成立债权人撤销权的要件时,债权人便可以行使撤销权。

(一)行使撤销权的方式

现代各国民法普遍规定债权人撤销权须以诉讼方式行使,[④]依据我国《民法典》的规定,债权人行使撤销权,只能通过诉讼的方式,请求人民法院撤销债务人的行为。前文曾论述过,债权人的撤销权有很强的对外效力,很容易影响其他人之间的法律行为,因此对债权人撤销权的行使应当作出较为严格的限制,以诉讼的方式行使撤销权,让法院对债权人行使撤销权的要件进行审查,对防止债权人滥用权利、保护市场交易安全稳定有着重要意义。

以诉讼方式行使撤销权中的重要问题是如何确定撤销权之诉的被告。在司法实务中对债务人被告地位并无分歧,主要问题在于受益人能否作为共同

---

① 参见李秀清、陈颐:《日本六法全书》,上海人民出版社2013年版,第81页。

② 参见陕西省西安市中级人民法院民事判决书,(2017)陕01民初80号。

③ 参见申卫星:《论债权人撤销权的构成——兼评我国〈合同法〉74条》,载《法治与社会发展》2000年第2期。

④ 参见曾祥生:《撤销权制度研究》,中国社会科学出版社2010年版,第17页。

被告。

第一种观点认为应以法律行为当事人为被告，即以债务人法律行为类型确定被告。在债务人实施单方行为时，应以债务人为被告；在债务人实施双方行为时，应以债务人、受益人为共同被告。还有一种说法认为应以无偿行为、有偿行为作区分。在债务人实施无偿行为时，以债务人被告；在债务人实施有偿行为时，若财产尚未转移占有，以债务人为被告，若财产已经被受益人占有，则以债务人、受益人为共同被告。①

第二种观点认为应根据撤销权的性质和效力确定债权人撤销权之诉的被告。② (1)依形成权说确定被告。形成权说认为债权人撤销权行使的后果是使债务人不当处分财产行为的效力消灭。依该说，债权人撤销之诉为形成之诉，诉讼被告的确定因债务人行为是单方行为还是双方行为而不同：当债务人行为为单方行为时，应以债务人为被告；当债务人的行为为双方行为时，应以债务人和受益人为被告。(2)依请求权说确定被告。请求权说认为债权人可以直接请求受益人返还财产，且无需撤销债务人与受益人之间的行为。依该说，债权人撤销之诉为给付之诉，应以受益人为被告，而不是以债务人为被告。(3)依折衷说确定被告。折衷说认为撤销权兼具形成权和请求权两种性质，债权人既可以单独诉请撤销债务人不当处分财产的行为，也可以在诉请撤销的同时诉请财产返还。依此观点，债权人撤销权之诉具有形成之诉和给付之诉的双重性质：在债权人单独诉请撤销时，此时撤销权诉讼为形成之诉，应以行为的当事人为被告；在债权人同时诉请撤销和财产返还时，应以债务人和受益人为共同被告。(4)依责任说确定被告。依据责任说观点，撤销的效果是可以直接将受益人取得的财产视为债务人的责任财产，向法院申请强制执行，而不需要撤销债务人的行为，此时撤销权诉讼的被告应为受益人。

（二）行使撤销权的范围

《民法典》第540条第1句规定，“撤销权的行使范围以债权人的债权为限”。这一规定意在减小债权人行使撤销权所造成的影响，限制债权人撤销权的对外效力。但在理论及司法实践中，就如何理解“以债权人的债权为限”存在

① 参见肖少启：《论债权人撤销权制度的适用与完善》，载《湖南科技学院学报》2006年第6期。

② 参见黄和新：《中国合同法论》（修订版），南京师范大学出版社2008年版，第151页。

分歧。

1. 以行使撤销权的债权人债权为限

我国大多数学者均持此观点。在司法实践中,法院也多以提起撤销权的债权人债权作为债权人撤销权的行使范围。如在“王某1、王某2债权人撤销权纠纷案”中,法院认为:“撤销权的行使范围以债权人的债权为限,本案中,陈某某请求撤销王某某将其所有房产赠与的行为,应以陈某某对王某某享有合法、到期且数额确定的未清偿债权为前提。”[①]另在“冯某某与曲某债权人撤销权纠纷案”[②]等案例中法院均坚持撤销范围限定规则,仅在原告债权额的范围内判令撤销。[③]

2. 以全体债权人的债权为限

有学者认为应当以全体债权人的债权为限,因为债权人撤销权制度的设立,就在于保全全体债权人的债权,因此其行使的范围不能仅以某一债权人的债权为限。[④] 此观点存在实践障碍,一是因为债权不具公开性,行使撤销权的债权人只能对自己的债权是否需要保全作出判断,对其他债权情况不明;二是现行法律并没有为债权人调查债务人其他债权情况设定义务;三是根据私法自治和权利不得滥用原则,债权人无权干涉其他债权人,代替其提起撤销权诉讼,否则会干涉他人处分自己权利的自由,违背民法基本原则;四是在败诉的情况下,无法解决诉讼费用的分担问题。也有学者认为,当强制执行适用参与分配制度且预期参与分配的主体较为明确时,应以“共益性”目标定位为基础,确定债权人撤销权的法律效果。[⑤] 实务中有不少当事人以法院任意扩大解释将全体债权人的债权作为撤销权行使范围为由,申请再审。如在“朱某与邓某、无锡路某国际贸易有限公司债权人撤销权纠纷申诉、申请民事裁定书案”中,再审申请人朱某即认为“撤销权的行使范围以债权人的债权为限,但二审法院任意扩大解释,

---

① 参见广东省珠海市中级人民法院民事判决书,(2018)粤04再7号;四川省高级人民法院民事判决书,(2017)川民再7号;济南市中级人民法院民事判决书,(2017)鲁01民再102号;深圳市中级人民法院民事判决书,(2016)粤03民再160号。

② 参见深圳市中级人民法院民事判决书,(2016)粤03民再160号。

③ 参见温州市中级人民法院民事判决书,(2017)浙03民终1854号;自贡市中级人民法院民事判决书,(2016)川03民终835号。

④ 参见王家福主编:《民法债权》,法律出版社1991年版,第186页。

⑤ 参见陈韵希:《我国债权人撤销权制度的目标定位和法律效果》,载《求索》2020年第6期。

认定为全体债权人的利益,与法不符”并要求再审。① 再如在“贺某、严某某债权人撤销权纠纷再审”一案中,再审申请人贺某申请再审时认为应当以债权人的债权为限,本案中于某行使撤销权主张的债权连一套房屋的价值都不到,而二审判决撤销4套房屋,已经远远超过了其主张的债权,依法应当撤销该项二审判决。可见,以全体债权人的债权为限的观点在实践中运用存在很大阻力。

(三)行使撤销权的期限

《民法典》第541条规定:“撤销权自债权人知道或者应当知道撤销事由之日起一年内行使。自债务人的行为发生之日起五年内没有行使撤销权的,该撤销权消灭。”由该法律条文可见,债权人撤销权的行使受除斥期间的限制。② 该期间为不变期间,不存在中止、中断、延长的问题。另外,该规定包括两个期间,一个是“1年”期间,一个是“5年”期间,二者之间是并列关系,无论哪一个时间截至,都导致撤销权消灭。③

对于短期间的起算,法条没有明确界定债权人知道或应当知道的标准,债权人是仅需知晓债务人的财产处分行为,还是既要知道处分行为的存在还要知道其债权已被侵害,即债务人陷入“无资力”状态,并不明确。实践中对于大多数债权人来说,只有在债务人没有财产可供执行时,才可能意识到债权受到损害,因此该期间何时起算及经过应当综合考量具体情况后加以认定。

对于长期间的起算,起算点与撤销事由的发生之日是一致的,但对于发生之日的认定,实践中存在争议,即发生之日是以合同生效之日作为起算点还是以物权变更登记之日作为起算点。以“蒲公堂公司诉南山投资公司、科汇投资公司债权人撤销权纠纷案”④为参考,应以合同生效之日作为发生之日。概而论之,自债务人与受让人签订财产让与合同之日起,债务人随即对受让人负有给付财产的义务,由此引起撤销事由的发生,所以撤销期间应当从此时开始计算。如果要等到财产变更登记之日才开始计算5年的撤销权期间,与《民法典》的立法本意既不相符,也与立法目的相背离。特别是对于登记生效的所有权变动,

① 参见江苏省高级人民法院民事裁定书,(2018)苏民申3238号。

② 参见李宇:《民法总则释义:规范释论与判解集注》,法律出版社2017年版,第705页。

③ 参见周岩:《债权人撤销权的行使期限》,载《人民司法》2020年第23期。

④ 参见最高人民法院民事判决书,(2007)民二终字第32号。

实践中登记过户的手续颇为复杂,当事人如果不及时办理变更登记手续,就可能导致债权人行使撤销权的期间无限延长,使经济关系长期不能得到确定,从而造成交易动荡,损害债务人的利益。因此,撤销事由涉及物权变动登记的5年长期期间的起算应自财产让与合同成立之日起,而不能将财产变更登记时间作为起点。①

五、债权人撤销权行使的法律效果

《民法典》第542条规定:“债务人影响债权人的债权实现的行为被撤销的,自始没有法律约束力。”这是《民法典》沿用的原《合同法解释(一)》中的规定。由于我国民事立法对于债权人撤销权行使的法律后果的规定相当粗疏,对于这种无效是相对无效还是绝对无效、行为撤销后各方当事人关系如何认定、债务人如何实现债权等问题都没有作出解答。

(一)被撤销的行为以保全的债权为限自始没有法律约束力

“自始没有法律约束力”是指一经撤销,债务人放弃债权或转让财产的行为从一开始就不发生效力,而且债权人一旦行使撤销权,债务人与第三人之间的行为即自始无效,当事人之间负有恢复原状的义务。② 依《民法典》之前的司法解释,债权人提起撤销权之诉时要以债务人为被告,未将受益人或者受让人列为第三人的,人民法院可以追加该受益人或者受让人为第三人。根据《民法典》的规定,债权人撤销权行使的范围以债权人债权为限,并非使债务人与第三人之间的全部处分行为均无效。③ 只是被撤销的部分自始没有法律约束力。

(二)效果的归属

《民法典》与原《合同法》都没有对债权人撤销权行使效果的归属问题作出回应,该问题仍有待讨论。债权人能否就返还之财产优先受偿,我国学界主要存在入库规则和优先受偿规则两种观点。

1. 入库规则

在传统的民法理论中,债权人撤销权制度在设计财产返还问题时采纳的是

---

① 参见最高人民法院(2015)参阅案例83号。

② 参见王利明:《债权人代位权与撤销权同时行使之质疑》,载《法学评论》2019年第2期。

③ 参见韩世远:《合同法总论》,法律出版社2011年版,第350～352页。

入库规则。[①] 司法实践中亦有不少法院在判决中对撤销权的认定与此一致，如在"李某某等与祝某某债权人撤销权纠纷上诉案"中，法院即认为撤销权制度仅是一种债的保全制度，债权人虽提起撤销诉讼但并不得就取回之财产优先受偿。[②] 类似判决并非个案，可见司法实践中法院对于撤销权可否优先受偿，态度较为保守。[③]

入库规则认为债的保全制度的行使效果应归属于债务人，撤销权诉讼的结果应当是使债务人的责任财产得以恢复，然后各债权人再从债务人处清偿其债权。因此，撤销权之诉的结果是对债务人危害债权之行为予以撤销，使债务人转让之财产利益重新恢复到债务人之下，债权人将债务人之行为撤销后便可达到其保全债权之目的。[④] 入库规则遵循合同相对性的原则。作为古典契约法的核心原则，合同相对性原则清晰描述了合同双方就契约所确立之客观身份，[⑤]即债权人只能向负有义务的特定人请求为或不为一定行为。入库规则认为撤销权之诉的结果应当是就撤销返还之财产利益归还于债务人，坚守了合同相对性，受益人先向债务人返还财产，然后再由债务人向债权人返还，就整个"三角债"的链条来看颇为妥当。此外，入库规则符合债权平等性的原则。该原则认为应予债务人的数个债权人以平等保护。[⑥] 使全体债权人享有平等受偿的机会。从这个角度来看，入库规则先将返还之财产利益加入债务人的财产库，再予以分配的做法颇为合理。入库规则的法律效果是使得对债务人的责任财产并不因某一债权人提起撤销权之诉而获优先权，入库的结果当是最大限度地维护所有债权人的利益，就此意义上来讲，入库规则追求的是结果上的平等。

入库规则的撤销权不具备优先受偿性的原因有二：其一，撤销权与代位权二者在功能上不同，后者旨在防止债务人责任财产可增加而不增加的现象，而

---

① 参见徐山平：《债权人撤销权入库规则质疑》，载《求索》2006 年第 5 期。

② 参见江西省赣州市中级人民法院民事判决书，(2014)赣中民一终字第 270 号。

③ 参见广东省汕头市潮阳区人民法院民事判决书，(2017)粤 0513 民初字第 1495 号；浙江省海宁市人民法院民事裁定书，(2016)浙民初字第 6120 号；安徽省马鞍山市中级人民法院民事判决书，(2017)皖 05 民终字第 63 号；安徽省马鞍山市雨山区人民法院民事判决书，(2017)皖 0504 民初字第 1299 - 1 号。

④ 参见崔建远：《合同法》，法律出版社 2010 年版，第 149 页。

⑤ 参见李永军：《合同法》，法律出版社 2004 年版，第 469 页。

⑥ 参见魏振瀛：《民法》，北京大学出版社 2002 年版，第 304 页。

前者则在于防止债务人责任财产的积极减少。而且就二者权利之行使来看,代位权人可以以自己的名义直接请求第三人返还财产利益,但撤销权并无此项权能,其自不可如代位权般获优先受偿。其二,我国法律未对撤销权的优先受偿性予以明确规定。[①] 我国很多学者对此予以支持,入库规则曾经几成通说。即便在《民法典》已就撤销权的优先受偿性予以回应并试图通过同时行使代位权的途径使得撤销权人得就返还之财产利益优先受偿的情况下,仍有学者对《民法典》的优先受偿规则的合理性予以质疑。[②]

2. 优先受偿规则

优先受偿规则是与入库规则相对立的学说,该学说认为行使债权人撤销权将产生一种优先受偿的效力。就取回债务人之财产利益有先到先得的效果,即谁行使撤销权将财产追回,便可直接从受让人或转得人处取得财产用以抵销债务人对自己之债务,从而获得优先受偿之效力。[③] 与入库规则明显不同的是,债权人行使撤销权是为了保全和实现自己的个人债权,着眼点在于制度的行为激励效应,债权人耗费时间和金钱提起撤销权诉讼并承担败诉风险是为了回收自己的债权,应使其独享胜诉利益。[④] 事实上,就债的保全制度而言,部分学者已经认识到通过赋予债权人优先受偿之权利可以维护撤销制度中债权人追偿的积极性。[⑤] 入库规则注重的是对全体债权人债权的保护,更加注重公平;优先受偿规则强调无需通过债务人之手就将财产利益返还于债权人,强调效率,注重保护行使撤销权的债权人的债权。与入库规则相比,优先受偿规则注重的是债权人行使撤销权后的利益衡量。其将债权人的机会公平与效率加以诠释,从制度价值的实践功效来促进债权人利益之维护,债权人可以通过行使撤销权获得优先受偿。于社会效应而言,自会激励债权人积极维护自己的权利;于诉讼程序而言,亦可以节省司法成本,实现法的效率价值。[⑥]

依据折衷说的观点,债权人提起的撤销权之诉既为形成之诉又为给付之

---

① 参见王利明:《合同法研究》(第2卷),中国人民大学出版社2015年版,第153页。

② 参见王利明:《债权人代位权与撤销权同时行使之质疑》,载《法学评论》2019年第2期。

③ 参见李开国:《合同法》,法律出版社2002年版,第124页。

④ 参见朱晶晶:《论债权人撤销权的私益性及其实现》,载《新疆社会科学》2021年第6期。

⑤ 参见俞秋玮:《撤销权行使的若干问题》,载《法律适用》2000年第9期。

⑥ 参见谢鸿飞:《合同法学的新发展》,中国社会科学出版社2014年版,第338页。

诉。因此,其在撤销债务人与第三人之间的法律行为之后,可同时要求第三人返还财产或折价赔偿于债务人或债权人自己。有学者甚至据此以为折衷说的撤销之诉实际上具有两个不同的请求权,即撤销债务人与第三人的行为的请求权以及请求第三人返还财产的请求权。因此,折衷说所主张的请求撤销与请求返还的诉讼中,实际上存在两个诉讼标的,即债权人请求撤销债务人的法律行为的撤销之诉和债权人请求第三人返还财产利益的代位之诉。① 司法实践中亦不乏债权人在提起撤销权时一并主张代位权,使其最终实现优先受偿的实际效果。如"赵某1与赵某2、赵某、杨某、张某债权人撤销权、债权人代位权纠纷"中,法院对原告一并提起的撤销权和代位权诉讼予以了认可,其在判决中首先对原告要求撤销债务人与第三人之间的房屋转让行为予以了支持,并直接确认债务人怠于行使其对第三人的权利,故可由原告直接向第三人主张代位权,并直接判决第三人向原告承担还款责任。② 就此案来看,法院通过对原告一并主张的代位权与撤销权诉讼予以支持,从而使债权人获得了优先受偿之实质效果。再如在"杨某某诉顾某债权人撤销权、代位权纠纷案"中,法院在对原告的撤销权予以支持后认为,被告签署《自愿离婚协议书》放弃自己的财产,其亦不同意撤销《自愿离婚协议书》中关于财产分割的约定,则法院有理由认为在《自愿离婚协议书》中关于财产分割的约定被撤销后,被告会怠于向第三人主张返还财产,并判决第三人直接向原告返还价款。③ 最终也实现优先受偿的效果,可见将代位权的优先受偿后果引入撤销权中也符合司法实践。④

(三)费用的负担

依据《民法典》第540条的规定,债权人行使撤销权的必要费用,由债务人负担。同时,原《合同法解释(一)》第26条又规定,债权人行使撤销权所支付的律师代理费、差旅费等必要费用,由债务人负担;第三人有过错的,应当适当分担。

在债务人的全部财产足以清偿全部债权及诉讼费用时,按照上述条文即可完成费用的负担,但在债务人的全部财产不足以清偿全部债权及诉讼费用时,

① 参见梅瑞琦:《论债权人撤销权与无效合同的选择适用》,载《黑龙江社会科学》2007年第5期。

② 参见吉林省长春市朝阳区人民法院民事判决书,(2017)吉0104民初3765号。

③ 参见上海市宝山区人民法院民事判决书,(2013)宝民一(民)初字第5980号。

④ 参见朱晓喆:《民法典合同编总则草案若干规定的解读和建议》,载《法治研究》2018年第5期。

该诉讼费用的负担就存在较大争议。由于债权人撤销权行使范围存在争议，根据以全体债权人债权为限的观点，债权人行使撤销权所得利益由全体债权人共享，那么诉讼风险便应由全体债权人共担，否则对提起撤销权的债权人来说只有义务没有权利，极不公平。但若要其他债权人分担诉讼费用，其他债权人可以未经其同意、不需进行保全等理由抗辩。有学者认为行使撤销权的费用系“无因管理”之费用，债权人可以请求其他债权人偿还。[①] 在债权人以全体债权人的债权为限提起撤销权的情形下，法律已经为债权人设定了义务，且无因管理的目的是避免他人利益受损，而债权人提起撤销权的主要目的是保全自己的债权，因此“无因管理”的观点值得商榷。此外，传统民法理论所坚持的入库规则要求将受益人返还的财产归入债务人的总资产中作为所有一般债权的共同担保，债权人耗费大量时间、精力完成撤销权诉讼，只能按比例得到清偿，特别是在债务人财产不足以清偿全部债权时，债权人可能会因此承担诉讼费用。

① 参见王家福：《民法债权》，中国社会科学出版社 2015 年版，第 183 页。

第六章

合同的变更和转让

第一节　合同的变更

一、合同的变更概述

广义的合同变更包括主体变更与内容变更两部分。狭义的合同变更仅指合同内容变更。《民法典》第543条采纳的是狭义合同变更的概念，专指合同当事人就原合同关系内容所作的部分修改或补充，而非对合同内容所进行的全部更改，也不包括合同当事人的改变。合同主体的变化由债权让与、债务承担、合同权利义务的概括承受等规则予以规制。

（一）合同变更的含义

对于合同而言，其经由当事人合意而成立后，即对双方产生法律约束力。未经对方同意，不允许单方改变合同。然而，因人的预设、预判都不是无限的，无法预先全面安排合同将会涉及的所有问题，在合同履行过程中，不可避免会突发新情况，从而需要重新调整合同内容，故应当允许合同双方当事人，通过协商来重新对合同事项是否变更以及如何变更达成新的合意。根据《民法典》第5条的规定，民事主体从事民事活动，应当遵循自愿原则，按照自己的意思设立、变更、终止民事法律关系。即合同成立后当事人需遵循自愿原则并在双方达成一致的情况下变更合同内容，以变更后合意取代原有合意，并履行变更后合同内容。《民法典》第543条规定："当事人协商一致，可以变更合同。"该规定亦包含债权债务关系的变更，从而可以作为债的变更的一般性规定适用。合同的变更形式较为多样，除协商一致外，还可通过法院判决或仲裁裁决等方式变更合同。[①] 另外，在法律有明确规定的前提下，一方以单方意思表示变更合同也是被允许的。

（二）合同变更与合同的更新

还需要说明的一个问题是，在适用《民法典》第 543 条时，应当区分合同的变更与合同的更新。合同更新是指，以新设合同权利义务替代既有合同权利义务。其不仅包括合同内容的更新也包括合同主体等的更新。合同更新与合同变更的主要区别是合同变更并未丧失合同的同一性，而合同更新则不然，[②]所以在进行合同内容的变更时，合同债权所附着的担保、抗辩等利益和瑕疵都会持续性存在，但这些在合同更新中，却归于消灭。一般而言，有效甄别变更与更新的方式主要在于当事人所变更的事项是否属于债的内容变更。

二、合同变更的要件

（一）原已存在有效的合同关系

1. 既存的合同关系为合同变更的基础

对于合同的变更，首要前提是必须存在已经成立并有效的合同，因而对于“未成立、无效、被撤销、确定不发生效力等合同”是不存在变更的，仅能说是合同关系发生变化。

2. 已成立却未生效合同可发生合同变更

已成立却未生效合同，如附生效条件或附生效期限的合同，对当事人亦有法律约束力，也可以依法变更。

3. 对定金数额的变更

从《民法典》第 586 条第 2 款所规定的“实际交付的定金数额多于或者少于约定数额的，视为变更约定的定金数额”内容来看，视为定金数额变更是法律拟制的结果。因为依据该条第 1 款，定金合同是在实际完成交付定金时成立的。故而在实际所交付定金数额多于或少于所约定的定金数额时，并非前述所指的

① 例如，《民法典》第 533 条第 1 款规定，构成情势变更的情况下，当事人可以请求人民法院或者仲裁机构变更合同。

② 参见王利明：《合同法研究》（第 2 卷），中国人民大学出版社 2015 年版，第 165 页；韩世远：《合同法总论》（第 4 版），法律出版社 2018 年版，第 591 页。

对于已经成立的合同的变更。其实质是对定金预约的变更,即没有按照定金预约的数额订立本约,立法上将其按照变更本约进行了拟制,使其具有与合同变更同等的法律效果。

(二)对合同内容予以改变

《民法典》第543条所规定的合同变更应当是在不影响合同性质情况下对合同具体内容的部分修改与补充。对于合同的改变,既可以是在数量上的增减,也可以是对履行地点的改变;可以是对履行方式所作的变更,也可以是对于提前履行、延期履行、违约责任等内容的重新约定。另外,对于给付价款、报酬等事项的变更,以及对于合同中既存的担保条款及争议解决条款的调整,也很常见。还可以通过新增合同条款的形式实现对于合同内容的补充。虽然这样做并未对原合同的具体内容进行改变,但因其增设新的合意,因而也被认为属于《民法典》第543条所规定的合同变更。

(三)须经当事人协商一致或依法行使变更权

1. 合同的变更源于变更合意或形成权的行使

协议变更是以新的合意来变更原来的合同,是意思自治的体现。此种变更协议,属于另外一个新合同。《民法典》第543条的条文主旨在于确保合同的变更符合各方合同当事人的意思,因而属意思自治领域,涉及当事人变更合意的效力,应当依据《民法典·合同编》"合同的效力"和《民法典·总则编》"民事法律行为的效力"的规则予以认定。依照《民法典》的有关规定,除法律有明确规定外,任何当事人不得在未经对方同意情况下擅自变更合同内容,该变更不产生法律效力。且该种行为可能会构成违约,行为人需承担相应的违约责任。①

① 最高人民法院(2013)民二终字第33号民事判决书中,法院认为:"案涉股权回购条件成熟时,各方当事人可直接按双方达成的《股权转让协议书》之约定履行,至于双方在股权回购磋商中提出的种种条件,在未达成一致前,均为单方意思表示。该意思表示不构成对原《股权转让协议书》的变更,亦不影响各方按照该协议履行各自的义务。"深圳市中级人民法院(2008)深中法民二终字第249号民事判决书中,法院认为:"本案银行将免费服务变为收费,符合市场经济原则与服务合同之本旨,且已依法获准,本无不妥,但银行作为服务提供者,在与服务接受者之间仍需遵循双方约定和法律规定,不能违背合同自由原则剥夺或限制对方的合同自主权。特别是涉及从免费到收费这样重大权利义务变更时,更要充分尊重原合同的另一方主体所享有的合同自由。由于本案电话银行服务项目为服务合同关系,双方可随时终止,劳务公司在知悉变更收费后,既明确反对,又未实际再使用该业务,意味着其不愿再接受该服务。银行在公告期届满后,不论劳务公司是否同意收费调整,亦不论劳务公司事实上是否再使用其电话银行服务,径行从劳务公司账户中收取电子年费行为,有违法律规定,侵害劳务公司财产权益,故判决银行返还。"

首先,合同当事人达成新协议以变更原有合同是常见的合同变更方式。以变更合同为目的的协议本身就是双方法律行为,适用《民法典·总则编》对于民事法律行为成立、生效的有关规则,也适用合同编中关于合同成立的规定。依据《民法典》第140条的规定,对于合同内容进行变更所形成的意思表示可为明示也可为默示。若一方主张合同变更,对方当事人未明示或默示同意,则不宜认定为构成合同变更。① 例如,当房屋租赁期届满,承租人通过缴付第二年的租金给出租人,且出租人予以接受时,则可以认定双方就房屋租赁期限达成了变更合意;但若承租人所缴付的是其所欠付的租金,则不宜认定为双方对租赁期限达成变更合意。另外,在买方表示欲变更具体的交货期限时,若卖方并未明示同意,但其实际交货时间与变更后的一致时,则该履行可被视为是对交货期限进行变更的意思表示。② 在买卖合同中,卖方逾期交货,买方要求卖方继续履行时不宜认定为合同变更,此处买方的行为应当认定为要求卖方以继续履行的方式承担违约责任的行为。③ 若对方主张该行为符合《民法典》第140条的规定,则仅在法律规定、当事人约定或者符合特定交易习惯时,才可被视为是同意变更。④ 如《民法典》第734条第1款规定,当租期届满,若承租人欲继续租赁,而出租人未明确反对的,则该租赁合同继续有效,但变为不定期租赁。该规定亦可被认定为是双方对于租赁期限的变更。⑤

变更合同的协议不得违反法律的强制性规定。例如,通过招标投标程序订

---

① 浙江省金华市中级人民法院(1999)金中经终字第97号民事判决书中,法院认为:"承包合同约定交承包款时间为提前一年在10月交清,因王某迟交承包款已违约。虽然王某此前也曾迟交承包款,村委会未追究,但并不意味村委会已默认承包款交纳期限变更,村委会对合同中自己的权利可以行使也可不行使。根据承包合同约定,承包人不交承包款,村委会有权收回塘口,另作安排,故村委会将鱼塘收回,重新发包,并未违约。"

② 参见崔建远:《合同法总论》(中卷),中国人民大学出版社2016年版,第569页。

③ 参见崔建远:《合同法总论》(中卷),中国人民大学出版社2016年版,第576页。

④ 参见安徽省六安市中级人民法院(2014)六民一再终字第1号民事判决书中,法院认为:"诉争变更通知中'如不办理更改,计量以此通知为准'表述可认定为默示行为的效力,在无积极作为时,推定产生某种视为作为的法律效果。双方当事人地位平等,一方不得将自己的意志强加给另一方。同时,默示行为具有何种效力,只能依法律明确规定,民事主体之间除非有特别约定外,不得单方设定对方的默示行为效力。依通知表述,则会出现此种情况,即不论对方当事人是否办理变更手续,合同均会依此通知进行变更。同时,双方合同中并未约定合同变更可采取此类默示推定方式,故该种变更方式,明显具有强制性,违反合同主体地位平等性,应认定不具有效力。"

⑤ 参见崔建远:《合同法总论》(中卷),中国人民大学出版社2016年版,第567页。

立的合同,不允许当事人对合同的内容作实质性变更,否则变更行为无效。2021年1月1日起施行的《最高人民法院关于审理建设工程施工合同纠纷案件适用法律问题的解释(一)》第2条即明确规定:招标人和中标人另行签订的建设工程施工合同约定的工程范围、建设工期、工程质量、工程价款等实质性内容,与中标合同不一致,一方当事人请求按照中标合同确定权利义务的,人民法院应予支持。招标人和中标人在中标合同之外就明显高于市场价格购买承建房产、无偿建设住房配套设施、让利、向建设单位捐赠财物等另行签订合同,变相降低工程价款,一方当事人以该合同背离中标合同实质性内容为由请求确认无效的,人民法院应予支持。

其次,合同变更也可以由有变更权的一方当事人通过单方意思表示作出。变更权属于形成权,可以基于法律规定或者基于享有变更权的事先约定而产生。情势变更、运输合同中托运人目的地变更权等属于此类情况。

2. 合同变更的形式

合同变更的形式以不要式为原则,以要式为例外。若当事人已经事先约定变更合同的方式,则只能以约定形式对合同进行变更,以其他方式进行的变更不发生法律效力。且如果特别法已明确规定对于合同变更须具备特定的形式要件,应当从其规定。例如,《保险法》第20条规定:"投保人和保险人可以协商变更合同内容。变更保险合同的,应当由保险人在保险单或者其他保险凭证上批注或者附贴批单,或者由投保人和保险人订立变更的书面协议。"另外,《民法典》第502条第3款明确规定了特殊合同的变更需办理批准手续才能生效。

三、合同变更的法律后果

(一)合同变更的效力指向将来

若合同当事人双方能够对部分拟变更事项达成合意,就能实现以变更后的新内容来取代原合同中权利义务的目的。这就意味着合同双方须以变更后的合意内容来履行双方的义务。未经合意变更的事项,双方当事人仍应遵守。而且除当事人另有约定外,合同的变更所产生的法律效力,仅拘束合同尚未履行的部分,对双方已经履行完毕的部分不产生溯及力。

(二)合同变更与损害赔偿

合同双方当事人通过协商达成的合同变更的合意,原则上不会对双方当事人行使其损害赔偿请求权产生实质性的影响,除非合同当事人已经通过明示的方式表示其有免除或改变对方违约责任的意思。[①] 但是何种类型的合同变更可与损害赔偿并存,应当视具体情况而定。在法定变更场合,除非法律有特别规定,原则上并不发生损害赔偿。[②]

(三)合同变更对第三人的影响

合同当事人所达成的合同变更的合意内容,若涉及不利于第三人的事项,在没有取得第三人同意的情况下,对第三人不产生法律效力。此规定分散在《民法典》第 422 条[③]、第 695 条[④]以及第 765 条[⑤]中。在具体司法适用时,应予以结合适用以免出现顾此失彼的适用错误。

四、合同变更不明的推定

(一)《民法典》第 544 条的条文释义

协议合同变更是双方当事人进行协商并达成合意的过程,《民法典》有关要约、承诺的法律规则依然可以适用于合同变更中。在当事人就变更合同进行磋商过程中,极容易出现合同各方对拟变更内容无法达成最终合意的情形。如买方向卖方订购 500 台空调,双方约定的履行期为 6 月 29 日。后因酷暑前置,故买方要求变更履行期,提前 15 天。但因卖方货源紧张,虽经反复商议,但协商结果依然无法满足买方需要,卖方仅承诺依据货源数量,尽可能提前。该案中,因双方未对变更后的具体履行期形成变更合意,之后亦未形成补充协议,所以

---

① 参见王利明:《合同法研究》(第 2 卷),中国人民大学出版社 2015 年版,第 176 页。

② 参见韩世远:《合同法总论》(第 4 版),法律出版社 2018 年版,第 591 ~ 592 页。

③ 参见《民法典》第 422 条规定:“最高额抵押担保的债权确定前,抵押权人与抵押人可以通过协议变更债权确定的期间、债权范围以及最高债权额。但是,变更的内容不得对其他抵押权人产生不利影响。”

④ 参见《民法典》第 695 条规定:“债权人和债务人未经保证人书面同意,协商变更主债权债务合同内容,减轻债务的,保证人仍对变更后的债务承担保证责任;加重债务的,保证人对加重的部分不承担保证责任。债权人和债务人变更主债权债务合同的履行期限,未经保证人书面同意的,保证期间不受影响。”

⑤ 参见《民法典》第 765 条规定:“应收账款债务人接到应收账款转让通知后,应收账款债权人与债务人无正当理由协商变更或者终止基础交易合同,对保理人产生不利影响的,对保理人不发生效力。”

应当认为该合同未变更。若卖方不能在6月14日履行，亦不应认定其构成违约。

由于合同的变更会直接影响合同双方的权利义务，因而《民法典》第544条的立法本意是希望尽可能减少合同变更过程中引发的纠纷。《民法典》第544条的另一层含义应是：当事人已经通过协商对变更事项达成一致，但对变更内容表述不甚明确时，应当推定为合同未发生变更。当然，如果能够举证推翻该推定的除外。[①] 在此情况下，合同双方仅需遵照原合同的约定履行，任何人无权要求对方按照变更后且约定不明部分的内容履行合同义务。但若合同双方在合同变更时，仅对部分条款变更内容的约定较为明晰，却因表述或其他因素而使得其他部分条款所作的变更约定不甚明晰时，则需要区分情况而定：若此条款中的部分文义能在内容上区分适用，则对于约定明晰部分应认定为发生了有效的合同变更，但约定不明部分则应当被认定为未变更；但若此两部分条款在适用上具有整体性，无法进行有效分割时，应适用《民法典》第544条的规定，认定其为合同变更约定不明的情形，并推定其为未变更。总而言之，需要区分双方变更内容是否具有可分割性：若可分割，则变更约定明确部分即可独立有效，而变更约定不明部分则不发生变更效力；但若不可分割，则应以整体性解释为原则对该合同条款进行判断，若认定为约定不明，则合同变更行为不发生法律效力。

（二）司法实务中应注意的问题

合同变更的前提是合同当事人作出明确的意思表示，若任何一方虽提出欲变更合同内容的主张，却未得到另一方的明确同意或以行为的方式表示同意，皆属于双方未就变更合同事项达成合意。为此，最高人民法院曾在其裁判中明确，“默示不能视为双方对合同内容进行了变更”，即使一方能够证明对方知晓变更合同详细情况，法院依然认为，在另一方未有语言或书面明确表示同意，亦无以行为表示同意时，不能仅以有证据证明其知道对方要变更合同内容，即认定他们之间对变更合同形成了合意。[②] 本书认为，对“当事人以行为表示变更合

① 崔建远：《合同法总论》（中卷），中国人民大学出版社2016年版，第564～565页。

② 张某某与德特赛维技术有限公司房屋租赁合同纠纷案，（2021）京02民终17520号民事判决书中，法院认为：“虽然一方当事人有间接证据证明对方已经知道变更合同的情况，但对方当事人既未用语言或者文字明确表示同意的，又未用行为表示同意的，则不能直接认定对方已经同意变更合同的内容。”

同"应作狭义解释,即仅指当事人按照变更后的合同内容实际履行才可认定其同意合同变更。最高人民法院亦曾在某行政案件再审中表示,合同双方因补偿金额发生争议时,双方共同委托评估行为不应认定为是对事先补偿金额约定作出的变更。

第二节　债权让与

一、债权让与总说

债权让与是指在不改变债权内容的前提下,债权人将其享有的债权移转于第三人的行为。[①]

(一)债权让与的必要性

罗马法上,"债是法锁"(vinculum iuris)为其预设的前提。因此,债务即为债权人、债务人间的连接,同时也是债的同一性的表现,而第三人却未被赋予此权利。但慢慢地,债权亦具有财产属性的观点被普遍认可。与此同时,在我国债权让与制度也逐渐被认可,[②]因为债权让与能够实现资金的早期流动化,并作为债权回收的手段进一步实现债权的担保化,更好地实现债权的催收目标。当然为了社会公共利益抑或特定的利益,法律必须对债权的移转作出必要的限制。对此,《民法典》第 545 条规定了不得进行债权让与的三种情形,分别是:(1)根据债权性质不得转让;(2)按照当事人约定不得转让;(3)依照法律规定不得转让。当我们更加鼓励交易、追求经济的快速发展时,我们的具体规则就应当倾向于允许债权人进行债权转让,即当我们认可债权具有经济属性时,就

① 参见史尚宽:《债法总论》,政法大学出版社 2000 年版,第 704 页。

② 1981 年《经济合同法》只规定在企业合并、分立的情况下,由变更后的当事人承受或分别承受原合同的债权债务,而对当事人协商转让合同债权债务予以绝对禁止,将此视为"倒卖经济合同""买空卖空""转包渔利"的违约行为,直到 1986 年《民法通则》颁布后才放开。债权让与的自由原则虽然已经被确立,但是并非没有边界,为了维护社会公共利益以及交易秩序,平衡当事人之间的权利义务关系,需要对债权的自由转让进行一定的限制。参见全国人民代表大会常务委员会法制工作委员会编:《中华人民共和国合同法释义》,法律出版社 1999 年版,第 131 页。

需要赋予债权更好的流通性,以便实现担保融资、托收等构建模式。[①] 故而,对于债权而言,无论是现有的抑或未来的,只要是特定债权,原则上就应被允许进行转让,此为债权让与自由原则。但债权人与受让人须协商签订债权转让合同,而该合同亦需符合民事法律行为的具体规定,并按照《民法典》第502条,遵照法律法规的特别要求,即如该转让必须办理批准登记的,依其规定。债权转让既可以是全部转让,也可以是部分转让。全部转让时,受让人取代原债权人的地位;部分转让时,除另有约定外,第三人与让与人各自享有相应的债权。当然债权让与自由原则也是有界限的,此内容将在本节第二部分"禁止转让债权的范围和效力"进行阐释。

(二)债权移转与债权让与

债权移转与债权让与两个概念的区别与联系,在学界有较大争议。需要厘清这两个概念所指含义及范域是否同一、能否被相互替代。债权移转是指在保持债权同一性的前提下对债权主体的变动。[②] 债权移转的类型主要有三种:第一种是由法律明确规定产生,如法定继承、债权债务概括承受、代位求偿等;第二种是基于裁判命令产生,如转付命令等;第三种是基于法律行为产生,如单方行为(遗嘱)、合同(债权让与)等。据上文所述,债权让与属于基于法律行为发生的债权移转的一种形式,因此,在《民法典》第545条至第550条所规定的,即本章节所谓之合同权利的转让应当是特指在债权移转的多种方式中,基于双方法律行为而产生的债权让与。

二、禁止转让债权的范围和效力

债权让与主要基于债权所具有的财产性。然而,为了社会公共利益抑或特定的利益,法律会对某些债权的移转予以必要的限制,并明确规定在法典中。[③]

---

① 在罗马法中,最初不允许债权的转让,之后通过诉讼代理、扩用之诉实现,最后才承认了真正的债权转让。[德]卡泽尔、克努特尔:《罗马私法》,田士永译,法律出版社2018年版,第576~579页。关于债权转让的历史发展和经济考量,See Luig, Zur Geschichte der Zessionslehre, Böhlau, 1966; Kötz, Europäisches Vertragsrecht, Aufl. 2, Mohr Siebeck, 2015, SS. 495-497;[日]我妻荣:《债权在近代法中的优越地位》,王书江等译,中国大百科全书出版社1999年版,第20~23、48~49页;申建平:《债权让与制度研究》,法律出版社2008年版,第2~35页。

② 参见韩世远:《合同法总论》(第4版),法律出版社2018年版,第593页。

③ 例如,《日本民法典》第466条第1款规定,债权得让与之,但其性质不容许让与者,不在此限。

结合我国司法实践,《民法典》第 545 条第 1 款对债权人不得转让其权利的情形进行了明确。其原因或基于保护个人的特定信赖,或考虑社会利益或公共政策的影响,或出于当事人间的特别约定。[①]

(一)因性质不得转让的债权

此类债权之所以禁止转让,是因为若债权人发生变更,则必然会发生给付内容的变更,失去债的同一性基础,如当事人基于信任关系通过委托、赠与合同而设立的债权。[②] 此时,应如何处理债务人同意进行债权的让与,颇有争议。对此有肯定与否定两种学说,本书赞同否定说。因为在此种情形下已经丧失债权同一性,因此,不属于本节所谓之债权让与,而应当认定为新设债权的行为。

在债权部分转让的情形下,若属于不可分割债权,则不得将其进行部分转让。若债权虽可进行分割,但如果进行部分转让会对债务人的履行增设实质性负担,则亦被禁止部分转让。故而,金钱债权原则上可以进行部分转让,因为其未对债务人的履行增设实质性负担;但对非金钱债权而言,需满足债权履行具有可分性及部分转让未对债务人增设实质性负担的条件才可转让。

(二)按照当事人约定不得转让的债权

1. 金钱债权约定不得转让的,不能对抗第三人

当债权人发生变化时,必然对债权具体内容产生实质性影响,[③]债权人变更也必然会对债务人所依赖的基础法律关系而享有的利益产生实质性的影响,也可能会增加债务人的各类风险,抑或对债务人的利益产生实质性的影响。[④] 因此,在债权债务法律关系中,允许债的当事人以特约来禁止债权让与是合同自由原则的重要体现。债的主体通过对债权转让予以事先明确地禁止,避免债权人把其债权让与第三人,从而避免加重债务人的履行负担。此种约定也可以使得债务人避免因债权让与而增加会计财务等事务的繁杂手续,从而最大限度地

---

① 参见韩世远:《合同法总论》(第 4 版),法律出版社 2018 年版,第 466 页。

② 例如,赠与合同的赠与人明确表示将赠与的钱用于某贫困地区希望小学的建设,受赠人如果将受赠的权利转移给他人,用来建造别的项目,显然违反了赠与人订立合同的目的,损害了赠与人的合法权益。

③ 例如,要求医院进行手术或者要求律师提供咨询的债权,不作为债权一般也不可被单独转让。

④ 例如,承租人请求交付租赁物的债权;甲有权请求保安公司提供保安服务,防止保管木材的仓库失窃,但后来该仓库出售给了乙,乙计划以该仓库存放电子设备,由于存放电子设备的安全风险比存放木材高很多,这就导致债务人的风险实质性增加。

避免因债权发生移转而需承担的法律风险。同时也可以更好地维护其已经享有的各项权利,并在一定程度上避免产生因新的债权人住所地可能适用的不利法律和税收制度,而产生于己不利的结果。所以各国的立法都承认,只要禁止让与的约定是有效的,债权人当然受该约定内容的约束,不得将债权移转于第三人。但就金钱债权约定不得转让时,该约定仅有相对效力,不能对抗第三人。不仅是善意第三人,即使明知有不得转让约定的恶意第三人也不能对抗。如债权人违反约定进行债权让与且给债务人造成损失的,债务人只能向债权人主张其承担相应的违约责任。因为金钱债权中的债务人对特定债权人所拥有的履行利益较弱,加之金钱债权所追求的流通性价值是商事主体所追求的最高价值,债权人又拥有债权流通的较高利益,且直接与融资密切关联。因此,金钱债权禁止让与的约定必然导致债权的效率降低。金钱债权让与的上述特性决定债务人无法向新的债权人主张该债权让与的禁止性抗辩,当然债务人由此而遭受之损失,可以要求债权人予以赔偿。应当说,《民法典》第545条对金钱债权所作的规制符合现代的立法潮流,与《国际商事合同通则》第9.1.9条、《欧洲合同法原则》第11:301条、《国际保理公约》第6条第1款、《应收账款转让公约》第9条、《联合国国际贸易法委员会担保交易示范法》第13条的立法精神保持了一致。

2. 非金钱债权不得转让的约定不得对抗善意第三人

当事人事先约定非金钱债权不可转让,如果债权人违反此约定擅自转让的,恶意受让人是否可以取得此债权存在不同的观点。[①] 有一种观点主张,禁止转让的约定是有绝对效力的,因此擅自债权转让行为绝对无效,受让人自始即未获得该债权,但通过取得债务人同意则可予以补正。[②] 另一种观点认为,擅自

---

① 对不同观点的梳理,参见庄加园:《〈合同法〉第79条(债权让与)评注》,载《法学家》2017年第3期;欧洲民法典研究组,欧盟现行私法研究组:《欧洲私法的原则、定义与示范规则》(第1~3卷),高圣平等译,法律出版社2014年版,第903~905页;Kötz, Europäisches Vertragsrecht, Aufl. 2, Mohr Siebeck, 2015, SS. 509-510.

② 这是德国法的通说观点,Staudinger/Busche, 2012, § 399, Rn. 65.; MüKoBGB/Roth/Kieninger, 2019, § 399, Rn. 41;[德]罗歇尔德斯:《德国债法总论》,沈小军、张金海译,中国人民大学出版社2014年版,第395页。同时,对债务人同意导致债权转让有效是否具有溯及力也有不同观点,Vgl. MüKoBGB/Roth/Kieninger, 2019, § 399, Rn. 42。

转让债权行为的效力应为相对无效，仅债务人享有主张债权转让合同无效的权利。① 还有观点认为，债权转让行为有效，受让人可以取得债权，债务人可以向让与人主张违约责任。② 还有一种观点主张应当区分受让人的主观善意来进行效力的判断，如果受让人是善意的，则将被赋予特别的保护，能够享有债权；但若其为恶意，则债权转让行为就被认定为绝对无效抑或赋予债务人以一定的抗辩权。③《民法典》采纳了此观点，并将恶意受让债权的效力确定为债务人可以主张抗辩权。对此，《民法典》第 545 条第 2 款增加了"当事人约定非金钱债权不得转让的，不得对抗善意第三人。当事人约定金钱债权不得转让的，不得对抗第三人"的规定。该款本质上是对债权流转自由与意思自治之间的一种平衡。出于保护善意第三人以及交易便捷与安全的价值追求，非金钱债权转让双方对于不得转让的特别约定不得对抗善意第三人，也就是说善意且无过失的第三人可以通过受让债权实现其经济目的，但债务人所受损失亦可要求债权人予以赔偿。④

当需要平衡债务人利益保护与债权流通性时，对债权让与行为就有必要予以进一步的利益权衡。法律虽然在禁止债权让与的约定中倾向性保护债务人

---

① HKK/Hattenhauer, 2007, § § 398 – 413, Rn. 58 – ff.; Wagner, Absolute Wirkung vertraglicher Abtretungsverbote gleich absolute Unwirksamkeit verbotswidriger Abtretung? JZ 1994, 227; Armgardt, Die Wirkung vertraglicher Abtretungsverbote im deutschen und ausländischen Privatrecht, RabelsZ 73(2009), 319 – ff.；庄加园：《禁止债权让与约定的效力模式解析//为民法而斗争》（梁慧星先生七秩华诞祝寿文集），法律出版社 2014 年版，第 642 页。

② 冯洁语：《禁止债权让与特约：比较法的经验与启示》，载《法商研究》2018 年第 5 期。比较法上的立法例有《国际商事合同通则》第 9. 1. 9 条第 1 款、《国际保理公约》第 6 条第 1 款、《应收账款转让公约》第 9 条、《瑞士债法总则改革学者建议草案（OR2020）》第 164 条、美国《合同法重述（第二次）》第 322 条等。

③ 申建平：《债权让与制度研究》，法律出版社 2008 年版，第 112 页；胡康生：《中华人民共和国合同法释义》，法律出版社 2013 年版，第 148 页；王利明：《合同法研究》（第 2 卷），中国人民大学出版社 2015 年版，第 204 页；崔建远：《合同法》，法律出版社 2016 年版，第 173 页；王洪亮：《债法总论》，北京大学出版社 2016 年版，第 454 页；韩世远：《合同法总论》（第 4 版），法律出版社 2018 年版，第 605 页。比较法采取此种观点的立法例有《意大利民法典》第 1260 条第 2 款、《葡萄牙民法典》第 577 条第 2 款、《日本民法典》第 466 ~ 466 条之五、《国际商事合同通则》第 9. 1. 9 条第 2 款、《欧洲合同法原则》第 11：301 条、《欧洲示范民法典草案》第 3 – 5：108 条等。司法实践中也多采取此种观点，例如针对保理中的应收账款债权转让，《最高人民法院关于当前商事审判工作中的若干具体问题》（2015 年 12 月 24 日）明确，如果保理商明知基础合同约定应收账款债权不得转让，但仍然受让债权的，一方面，前述约定并不当然影响保理合同的效力；另一方面，保理商以保理合同为依据向基础合同债务人主张债权的，并不能以此约束债务人，债务人仍可以此抗辩。

④ 参见韩世远：《合同法总论》（第 4 版），法律出版社 2018 年版，第 468 页。

利益,但却造成债权难以自由流通、丧失交易的能力,会被诟病为违反比例原则而对债务人过度保护。故而,各国对于违反禁止让与约定的金钱债权进行移转的行为认定为有效,且多数国家立法亦未对债务人进行特殊的倾向性的保护。为了能够最大限度地实现金钱债权的迅速流通,在尽可能少地牺牲债务人利益的情况下,应当通过规则来实现不给债务人产生过度不利的目标。[①] 为此,《民法典》第 545 条第 2 款对于非金钱债权的移转禁止作了特殊的规定,该规定相较于原《合同法》第 79 条是实现了延伸,即明确了在金钱债权中,虽然债权人可能会出现违反禁止让与约定的情况,但不论第三人是否构成善意,亦能取得对此债权的享有;该款同时又强调,如果是非金钱债权,则仅限第三人是善意时才可无被抗辩之虞而享有该债权。对于该款的解读应为:如果债权让与的对象是非金钱债权,则首先要判断受让人的主观善恶来进行甄别性地区分处理。受让人善意则其当然可以取得该转让的债权,而且此时的债务人无法向受让人主张《民法典》第 545 条第 1 款中关于禁止债权让与约定的抗辩权,以此来实现保护善意受让人利益,并最终实现债权流通价值最大化的立法目标;若受让人为恶意,虽然依然可以享有该债权,但债务人有权向受让债权的恶意第三人援引《民法典》第 545 条所规定的债权禁止转让的抗辩。

(三)依照法律规定不得转让的权利

债权可自由移转原则已为世界各国法制所认可,故而《民法典》第 545 条第 1 款第 3 项的"依照法律规定不得转让"的情形是此原则的例外。基于法定的限制情形应以严格标准限定的主旨观之,此处的"法律"必须作限缩性解释,即仅指由全国人民代表大会及全国人民代表大会常务委员会制定通过的法律。可见,《民法典》第 545 条第 1 款第 3 项是不完全条文,即该条需配套其他法律规则予以适用。例如,依《保险法》第 34 条第 2 款,按照以死亡为给付保险金条件的合同所签发的保险单,未经被保险人书面同意,不得转让或者抵押。再如,若拟转让的债权需经有关机关批准登记时,当其最终未通过批准登记,则该拟转让的债权即为法律所规定的禁止转让的债权。[②] 有学者

---

① 参见庄加园:《〈合同法〉第 79 条(债权让与)评注》,载《法学家》2017 年第 3 期。

② 参见全国人民代表大会常务委员会法制工作委员会编:《中华人民共和国合同法释义》,法律出版社 1999 年版,第 132 页。

归纳总结为:基于特定身份的债权,如抚养费请求权;基于公法上的债权,如抚恤金请求权以及因人身权受侵害产生的损害赔偿请求权等,属于法律规定禁止转让的债权。[①] 限制特定受让人的例子还有《意大利民法典》第 1261 条第 1 款规定,案件当事人的债权不得转让给司法人员和相关人员,否则转让无效,此时目的在于保障司法公正。[②] 另外,因《信托法》第 11 条第 4 项明确规定"专以诉讼或者讨债为目的设立的信托"无效,故法律禁止以此方式设立信托行为进行债权移转。法律可能基于保护让与人、债务人及第三人私益的考量,而规定债权不得转让。若为此种目的,原则上可通过寻求被保护主体的同意而取得转让的可能。[③] 实质性的问题仍然在于禁止债权转让的规范目的是保护公共利益还是特定主体的私利益,如果是前者,则不能因为特定主体的同意而使得债权能够被转让。

三、债权让与的效力

债权让与的效力可以分为对内效力与对外效力两个方面。

(一)债权让与的对内效力——对受让人的效力

债权让与的内部效力是指债权让与在让与人与受让人之间产生的法律效力。一旦让与合同成立并生效,新的债权人就完全取代了原债权人的地位取得债权,从而发生如下效力:

1. 从权利随之移转

由于从权利附随主权利并为主权利所产生,如担保物权、保证及主债权的孳息等,主权利若无效则从权利必然随之无效,主债权发生移转时,其从权利原则上应随之一同移转。

(1)受让人取得权利的范围。各国家和地区的法律规则皆以从权利随合同

---

① 参见崔建远:《合同法》(第 3 版),北京大学出版社 2016 年版,第 252 页。

② 胡康生:《中华人民共和国合同法释义》,法律出版社 2013 年版,第 149 页。

③ 例如,《保险法》第 34 条第 2 款规定,按照以死亡为给付保险金条件的合同所签发的保险单,未经被保险人书面同意,不得转让或者质押。保险单债权的禁止转让是为了保护被保险人,避免发生道德风险,此时,被保险人的书面同意可以使得保险单债权能够被转让。亦有观点认为,根据合同性质和依照法律规定不得转让的债权在目的上是不同的,后者是与基于公法的社会政策相衔接,因此保护特定主体的私利益的都应归入根据合同性质不得让与的债权,两者区分的实益在于特定主体能够放弃保护而同意转让。参见庄加园:《〈合同法〉第 79 条(债权让与)评注》,载《法学家》2017 年第 3 期。

主权利的转让而一并转让作为基本规则。[①]《民法典》第547条第1款规定了债权人在转让其合同主权利的同时当然将所附随的从权利一并予以转让。即使未有明确的约定,受让人亦同时取得主权利及其附随的一切从权利。《民法典》第407条[②]及第696条第1款[③]亦与本条相呼应,完成法典体系上的统一。但由于部分从权利专属于债权人自身,且与债权人具有无法割裂的关系,因此第547条第1款在明确从权利随之移转原则的同时,亦明确规定禁止专属于债权人自身的从权利随之移转,但该规则在法律另有规定抑或当事人另有约定时除外。[④]

(2)从权利的取得不以未履行移转登记手续或者未移转占有而受到影响。基于前述担保物权的从属性可知,担保物权会随主债权的移转而发生移转。[⑤]但问题是,担保物权作为从权利随主债权移转是否也须进行物权变动公示。主流观点主张,担保物权随主债权移转并非基于法律行为而产生的物权变动,故而没必要设立新的担保物权。其理由为,移转后的担保物权仍然为该笔债权提供担保,而仅随主债权的移转而发生担保权的移转,并未发生实质性变化。亦有观点认为,依据物权公示公信原则,担保物权发生主体变更时系基于法律行为发生物权变动,因而仍应以登记抑或交付行为作为其生效的判断依据,未经登记或交付不产生物权变动。[⑥]《民法典》对此问题进行了有效的回应,保持了

---

① 如《德国民法典》第401条规定,让与债权时,该债权的抵押权、船舶抵押权或质权,以及由一项向上述权利提供担保所产生的权利,均随同移转于新债权人。《意大利民法典》第1263条规定,根据转让的效力,债权的转让要将先取特权、人的担保和物的担保以及其他从权利都转让给受让人。同样规定的还有《荷兰民法典》第6:142条、《应收账款转让公约》第10条第1款、《联合国国际贸易法委员会担保交易示范法》第14条、《国际商事合同通则》第9.1.14条等。

② 《民法典》第407条第2句规定:"债权转让的,担保该债权的抵押权一并转让,但是法律另有规定或者当事人另有约定的除外。"

③ 《民法典》第696条第1款规定:"债权人转让全部或者部分债权,未通知保证人的,该转让对保证人不发生效力。"

④ 《民法典》第421条规定,最高额抵押担保的债权确定前,部分债权转让的,最高额抵押权不得转让,但是当事人另有约定的除外;第696条第2款也规定,保证人与债权人约定禁止债权转让,债权人未经保证人书面同意转让债权的,保证人对受让人不再承担保证责任。抵押权人在转让部分债权时,也可以与受让人约定,仅转让债权而不转让担保该部分债权的抵押权。

⑤ 参见张双根:《〈物权法〉第31条释义》,载《华东政法大学学报》2007年第6期。

⑥ 实践中也有不少案例判决提出,不动产抵押权人(债权受让人)因债权让与而取得不动产抵押权,须以办理不动产抵押权变更登记手续为要件,未办理不动产抵押权变更登记手续,不当然发生不动产抵押权的转让。也就是说,债权受让人主张的不动产抵押权因主债权让与而转让,且无须办理抵押权移转登记,并无法律依据。在债权让与后,若未办理变更登记或者重新登记,原不动产抵押权之效力不当然及于债权受让人。

条文在体系适用上的一致。《民法典》第 547 条新增“受让人取得从权利不因该从权利未办理转移登记手续或者未转移占有而受到影响”，根据这一规定，受让人取得从权利不因该从权利未办理移转登记手续或者未移转占有而受到影响。债权让与中的不动产抵押权移转并非基于法律行为的物权变动，而是基于不动产抵押权的从属性、不可分性的法定当然移转。

2. 移交债权的证明文件及信息

让与人应将债权证明文件全部交付受让人，并告知受让人行使合同权利所必要的一切情况。在受让人受让债权后，受让人当然享有请求让与人告知关于转让的债权所附的必要信息及证明文件的权利。

3. 让与人负有权利瑕疵担保责任

让与人对其所让与的债权应负瑕疵担保责任。除让与合同另有约定外，让与人不对债务人的履行能力负担保责任。[①] 让与人有义务确保债权真实有效，保证与该债权有关的文件材料真实有效，且让与人对该债权享有完整的处分权。此外，还应确保债务人对拟转让的债权不享有抗辩权抑或抵销权，第三人亦不可向受让人主张任何权利等，但让与人一般无需承诺债务人具有履行能力。

（二）债权让与的对外效力——对债务人通知的效力

债权让与的对外效力是指债权让与合同的当事人与债务人或第三人间发生的效力关系。债权让与的对外效力与债权让与通知有着密切的关系。债权让与通知是指让与人将债权让与的事实告知债务人的行为。[②] 债权作为财产权理应可以自由转让，特别是由于债务人并未因债权人的改变而被置于不利地位时。故而对于债权的转让无需经债务人的同意，但需要避免因债务人的认知错误而向错误“债权人”为清偿行为带来不必要的损失，因而有必要对债务人的利益予以特别的保护。《民法典》第 546 条明确规定：“债权人转让债权，未通知债务人的，该转让对债务人不发生效力。债权转让的通知不得撤销，但是经受让人同意的除外。”该条明确了让与的通知表示到达债务人才会对其发生效力。

---

① 朱广新：《合同法总则研究》（下册），中国人民大学出版社 2018 年版，第 486 页。

② 参见谢鸿飞：《合同法学的新发展》，中国社会科学出版社 2014 年版，第 363 页。

只要尚未获得原债权人的通知，债务人向债权的非归属方清偿的行为亦为有效。[①]

1. 让与通知的性质

主流观点认为让与通知属于一种观念上的通知，为准法律行为，无需进行发生债权让与效力的法效意思表示，可适用关于意思表示的有关规则。[②] 除认为其性质为准法律行为外，亦有观点认为其属于单方法律行为，是指只要一方当事人的意思表示就可成立的民事法律行为。将债权让与通知界定为单方法律行为的一个重要理由，在于不存在债权让与协议的情况下通知的有效性。此时，虽然没有债权让与协议，但通知仍是有效的，债务人基于该通知作出的履行能够构成清偿，让与人不能否认该履行的效力。[③] 此观点将让与通知理解为意思通知，认为债权让与通知的内容是让与人实际转移标的债权的意思，只有这一意思表示到达债务人，才发生债权移转的效果。当然，该观点所主张的这种内容似有将债权让与协议和让与通知混淆的嫌疑，并可能与债权自由转让的理念发生冲突。综上，债权让与通知的性质应为观念通知而非意思通知，让与人的代理人也可以代为通知并发生与本人通知相同的效力。

2. 让与通知的主体

在债权让与中，债务人无需知晓债权让与的本来情况，由于受让人与债务人并非熟知，故通常是由让与人通知债务人。[④] 但前述的让与通知主体过于局限，须扩张至受让人。在司法实务中，由于多数债权人在让与债权后对于债的继续履行并不关切，而按照规则，受让人能够请求履行需有通知债务人的行为，所以当让与人怠于向债务人为通知时，理应赋予受让人为通知行为的权利，以利其债权的快速清偿。[⑤] 亦有观点进一步解释称，由于实际操作中债权让与通知需让与人将债权让与的凭证（合同）向债务人展示，则此时虽然为受让人进行通知，但其实质则可以理解为是让与人与受让人共同为通知义务，其本质上与

---

① 参见韩世远：《合同法总论》（第4版），法律出版社2018年版，第484页。

② 参见韩世远：《合同法总论》（第4版），法律出版社2018年版，第475页。

③ 参见尹飞：《论债权让与中债权移转的依据》，载《法学家》2015年第4期。

④ 参见李永军：《合同法》（第3版），法律出版社2010年版，第373页。

⑤ 参见申建平：《论债权让与通知的主体》，载《河南省政法管理干部学院学报》2009年第5期。

让与人通知具有同等法律效果。[①] 此时是通过双方共同通知说来扩大解释了让与通知的主体范围。

在民法典修订时,对于该条的修订曾出现过较大的争议。最早的《民法典·合同编(草案)》(征求意见稿)第 86 条就在第 2 款增设了“债权转让的通知可以由让与人或者受让人发出,受让人发出转让通知的,应当附债权转让的必要证据;未附必要证据的,债务人有权拒绝向受让人履行”的规定,但随后在《民法典·合同编(草案)》(一审稿)中予以删除。这其实是立法者徘徊于两种观点的表现。最终《民法典》还是承袭原有规则。此种立法选择在司法实践中其实是变相将审查债权让与真实性的义务加给了债务人,增加了债务人履行负担,而且其在一定程度上也会出现危害交易安全的风险。当然在让与人不为通知义务时,受让人也可以通过请求法院强制执行的方式为之,并可请求损害赔偿。[②]

3. 让与通知对债务人的效力

若将让与通知作为判定债权让与的生效要件,则会导致实践中很多交易行为无法实现,且会因该程序的烦琐性增加第三人的交易成本,从而阻碍债权本该具有的流通性。所以《民法典》第 546 条第 1 款将债权让与通知仅作为是否对债务人发生效力的条件而非决定债权让与生效时间的事实。这意味着,在受让人取得债权而债务人尚未被告知转让事由前,该转让行为并不能约束债务人,其当然可以拒绝受让人的履行请求,而依然选择向原债权人为清偿行为,从而实现债权消灭的法律效果。但是当债务人受领该移转的通知后,则债权让与对其发生法律效力,其正确的清偿对象即为受让人。债权让与通知制度的主要目的为保护债务人,通知债务人的行为并非受让债权者取得该债权的要件。所以,《民法典》对原《合同法》的相关规则进行了优化,删除了转让债权“应当通知债务人”的内容,使债权让与人和受让人间的关系更为明晰,并进一步明确了受让人不因通知行为而影响其取得债权,即对于债权转让合同效力的判断要素并非通知行为本身,债权转让合同的效力取决于双方的约定以及该合同是否符

---

① 参见徐涤宇:《〈合同法〉第 80 条(债权让与通知)评注》,载《法学家》2019 年第 1 期。

② 参见徐涤宇:《〈合同法〉第 80 条(债权让与通知)评注》,载《法学家》2019 年第 1 期。

合法定生效要件。若拟转让债权为将来债权或当下缺乏转让可能的债权时，则虽然债权转让合同已经发生法律效力，但因其欠缺前述转让可能，此时受让人依然无法取得该债权。《民法典》第546条的规定相较于原《合同法》第80条，既充分实现了债权的流通，又兼顾对债务人利益的保护，避免其利益遭受损害，将转让通知行为作为判断对债务人发生效力的节点，最大限度地避免了债务人主观因素对债权让与行为的影响。当然，对于债权转让所为的通知行为在判断其生效、解释、撤回等问题时，依然应当参照《民法典》关于意思表示的规定[①]予以适用，除法定或另有约定外，债权转让的通知行为应当为不要式行为。[②]

当完成债权转让通知以后，基于债权转让合同的有效性及受让人利益的考量，原债权人当然对受让人负有不得撤销转让通知的法定义务。若法律规定原债权人在进行转让通知后依然可以随意对该通知单方撤销，则极为不公平，因此，原债权人无权撤销债权转让通知，当然受让人同意的除外。这样的规则也有助于更好地维护债务人利益，从而最大限度地避免因债权人行使单方撤销转让通知的行为而给债务人增加额外的审查成本及困难。

---

① 参见崔建远：《合同法》，法律出版社2016年版，第177页；韩世远：《合同法总论》，法律出版社2018年版，第612页；徐涤宇：《〈合同法〉第80条（债权让与通知）评注》，载《法学家》2019年第1期。将转让通知解释为类似于动产物权变动中的"交付"的履行行为或者法律行为者，认为转让通知是事实行为或者单方法律行为，参见申建平：《债权让与制度研究》，法律出版社2008年版，第145～147页；尹飞：《论债权让与中债权移转的依据》，载《法学家》2015年第4期，但该理解会产生诸多问题。

② 以下情形都可以被认为作出了有效的转让通知，包括：让与人在债权转让通知文件上签章并实际送达债务人的，例如，将转让通知以邮寄形式向债务人法定注册地址或约定通讯地址寄送且已实际送达的、将转让通知书向产生债权的基础合同中债务人指定的联系人邮寄且已实际送达的；让与人在所转让债权的对应发票上对转让主体与内容等相关事项予以明确标记，且债务人收到该发票的；受让人与让与人、债务人共同签订债权转让合同的；经公证证明债权转让通知已经送达债务人，但有相反证据足以推翻公证的除外。转让通知的内容一般应当指明转让的事实，还要指明受让人的范围、被转让的权利，对于部分转让还要指明转让的范围。债务人对债权转让予以确认的，在大多数情形中，债务人的确认以让与人发出通知为前提，此时就可以认为已经存在让与人的通知，债务人确认仅具有证据效力；如果让与人未发出转让通知而受让人发出，债务人对债权转让予以确认的，基于"禁反言"的价值考量，此时债务人的确认也发生与债权转让通知同等的效力。如果虽然没有向债务人发出转让通知，但受让人直接起诉或者申请仲裁后，法院或者仲裁机构经过审理确定了受让人已经取得债权，此时也可以判决或者裁决债务人应当向受让人履行。具体可参见何荣兰诉海科公司等清偿债务纠纷案，载《最高人民法院公报》2004年第4期。法院实践中也认为口头通知即足够，参见徐州市中级人民法院民事判决书，(2013)徐民初字第0230号；邯郸市中级人民法院民事判决书，(2015)邯市民一初字第00031号；恩施土家族苗族自治州中级人民法院民事判决书，(2015)鄂恩施中民终字第00350号。

四、债权让与中债务人利益的保护

除上文所述债权让与通知对债务人利益的保护外，还有《民法典》中规定的以下制度对债务人起到保护作用：

（一）债务人抗辩权之主张

债权发生移转不能以损害债务人利益为代价。债权让与前，债务人可以向债权人主张的所有抗辩皆可向受让人主张，这一规则被大多立法例所肯定。[①]由于债权的移转在本质上并没有改变债的同一性，因此在拟移转债权上所附的瑕疵及原法律关系中所存在的对待给付效力可随之移转。对此，《民法典》第548条进行了规定，其内容完全承袭了原《合同法》第82条的规定。

1. 抗辩权的时间范围

债务人何时可向受让人行使抗辩权，依《民法典》第548条，是债务人"接到债权转让通知后"，但该表述未明确具体的时间节点，确有语义上的模糊性。比较法上的表述一般为"债务人受通知时"[②]，故《民法典》编纂时虽然对于此处依然未予修订，但对于该条文在解释适用时仍应当按照关于通知的一般法理，将其解释为当债权让与的通知到达债务人时，其所享有的向原债权人主张的全部抗辩事由，当然可向受让人主张。

2. 抗辩事由

前述抗辩权主要包括诉讼时效完成的抗辩、债权不发生的抗辩、债权消灭的抗辩、基于形成权行使的抗辩、基于双务合同的抗辩以及诉讼上的抗辩等；[③]基于债权移转后发生的法律事实，债务人亦可享有新的抗辩权，如附解除条件的合同，当合同权利发生移转且合同中所约定的解除事由成立后，则债务人就享有了向新的债权人主张合同终止的抗辩权。[④] 即只要债权让与时，在债权关系内容中该抗辩的发生原因已经存在即可。

---

① 《德国民法典》第404条、《瑞士债务法》第169条第1款、《日本民法典》第468条第2款等。在英国普通法上，亦承认此一规则。

② 《德国民法典》第404条的用语亦是如此。《日本民法典》第468条第2款的用语为"债务人在其通知以前"，实际上也是截止于通知之时。

③ 参见韩世远：《合同法总论》（第4版），法律出版社2018年版，第484页。

④ 参见全国人民代表大会常务委员会法制工作委员会编：《中华人民共和国合同法释义》，法律出版社1999年版，第136页。

当然,《民法典》第548条所赋予债务人的抗辩权极易使债权价值贬损,间接阻碍了债权的流通。为实现债权让与的畅通,有观点主张:在债权让与时,应要求债务人承诺部分抗辩权[①]的效力仅在其与转让人之间发生效力,不对受让人发生效力。进而有观点主张,需依据债务人身份的差别以判定放弃抗辩权的合同条款的实际效力,尤其是当债务人作为典型商主体存在时,需承认其所放弃抗辩权的行为具有法律效力;但若债务人仅仅为普通民事主体而非商主体时,则应当对其作为弱势群体予以倾斜性保护,故而宜认定其所作放弃抗辩权的行为不具法律效力。[②]

(二)债务人抵销权之主张

《民法典》第549条对于债务人抵销权之主张进行了规定,防止因债权让与对债务人权利主张产生不利影响。该规定从本质上来说,是赋予债务人特殊抵销权,从而更好地保护债务人利益。若债务人在接到债权让与通知前已然取得对原债权人的债权,且其所享有的债权将先于或同时于拟转让债权到期时,债务人当然可以行使抵销权来实现对其债权的保护。[③] 若无此规则,就会出现当债权被转让后,债务人既需向新债权人履行债务,又无法向转让人主张本可以享有的抵销权的窘境,这显然是极为不公的。因此,为使债务人固有利益不因债权移转而有所贬损,《民法典》在第549条中确认了债务人在债权转让中对受让人所享有的抵销权。该规定在保护债务人利益的同时也兼顾了受让人的利益。

1. 债务人抵销权中的区分规则

由于债权转让时无需经债务人同意即可发生债权移转的法律效力,故需以特殊规则确保债务人既有利益不因债权让与行为遭受损害。基于此目的考量,许多国家和地区的立法都对债务人行使抵销权予以明确,只是对于其构成要件的规定不完全一样。[④] 有以区分规则立法的,即若债务人的反对债权(主动债权)与拟被转让的债权(被动债权)是基于同一交易法律关系产生时,则无论债

---

① 包括不保留任何债权不成立、成立时有瑕疵、债权消灭及其他可对抗让与人的抗辩。

② 参见崔建远:《债权让与续论》,载《中国法学》2008年第3期。

③ 参见韩海光、崔建远:《论债权让与和对抗要件》,载《政治与法律》2003年第6期。

④ 《德国民法典》第406条规定,债务人也得对原债权人享有的债权向新债权人主张抵销。同时规定以下两种情况下债务人不得行使抵销权:一是债务人向原债权人取得债权的当时,已知债权让与的事由;二是债务人取得的债权在其知有让与后,而且取得的债权又在让与的债权之后才到期。《瑞士债务法》第169条第2款的规定与此类似。

务人所获得的反对债权是在其接到转让通知前还是后,其都可以依此为主动债权向受让人主张抵销;但若非因同一法律关系而产生的反对债权,则要求该反对债权在债务人接到转让通知这一节点前已经存在,从而实现兼顾受让人利益的立法价值追求。[①]《民法典》第549条充分借鉴前述观点,在立法时采用了区分规则,规定有下列情形之一的,债务人可以向受让人主张抵销:(1)债务人接到债权转让通知时,债务人对让与人享有债权,且债务人的债权先于转让的债权到期或者同时到期;(2)债务人的债权与转让的债权是基于同一合同产生。

2. 同一合同关系中的抵销权

《民法典》第549条第1项是指在债务人接到转让通知后,即使其所享有的对原债权人的债权未至清偿期,只要该债权在其接到让与通知前即已存在(之后才发生的不能进行抵销)且债务人所享有的债权先于或同时于拟移转债权到期的,债务人即能够享有抵销权。当债务人所享有的债权是与拟转让债权基于同一法律关系而产生时,该项内容对债务人会有失公允。因为基于原债牵连性的要求,债务人在债权人未履行给付义务时可以行使同时履行抗辩权,双务合同所具有的牵连性并不会因债务发生移转而被分裂抑或丧失,所以当债务人所享有的债权与拟转让债权是基于同一法律关系而产生时,不管债务人所享有的债权先于或后于拟移转的债权到期,皆应赋予债务人以抵销权。因此《民法典》第549条在第2项对此内容予以增设,该款的规定在立法上可追溯至《联合国国际贸易中应收款转让公约》第18条第1款的相关规定。[②]

大陆法系传统的学理认为双务合同具有牵连性,这也成为此条规定的基点。在双务合同中,双方都是通过履行自己的给付义务从而换取对方的对待给付。[③] 因此,在债权发生移转时,债务人此时虽未获得对出让人的债权,但双务合同牵连性理论表明,债务人的履行内容中不仅仅为“合同的债务部分”,还包括原合同关系中拟换取的对待给付。所以,若债务人在发生债权移转后,因原

---

① 采取这种立法例的有《日本民法典》第469条、《荷兰民法典》第6:130条第1款、《应收账款转让公约》第18条、《欧洲合同法原则》第11:307条第2款、《美国统一商法典》第9-404条(a)、《担保交易示范法》第64条第1款等。

② 《联合国国际贸易中应收款转让公约》第18条第1款规定:“受让人向债务人提出关于所转让的应收款的付款要求时,债务人可向受让人提出由原始合同产生的或由构成相同交易一部分的任何其他合同产生的、在如同未发生转让时若转让人提出此种要求则债务人可予利用的所有抗辩或抵销权。”

③ 参见韩世远:《合同法总论》(第4版),法律出版社2018年版,第280~281页。

合同法律关系而接受债权人的瑕疵给付时,即使该行为发生在债权让与的合同生效后,其依然享有抵销权。这种规定体现了双务合同牵连性中,为确保关联给付义务的存续及依赖关系的必然要求。一方的给付障碍对于对方的给付义务具有影响力,一方给付义务的丧失可导致对方免于给付义务。①

(三)增加的履行费用由让与人负担

《民法典》第550条为新增条文。其债法理论根基源于"合同履行"理论,依据《民法典》第511条第6项的规定,履行费用的负担不明确的,由履行义务一方负担;因债权人原因增加的履行费用,由债权人负担。依据该项规定,在逻辑上可以得出这个结论:因债权让与所生之全部额外费用,其承担主体应当为原债权人。由于债权的转让极易增加债务人未来履行债务时所需支付的费用,为更好地维护债务人的固有利益,较为公平合理的规则是由原债权人承担由此而增加的履行费用。《民法典》第550条参考了《欧洲合同法原则》第11:103条的规定,为维护债务人既有利益,规定在新债权人为实现债权而要求债务人变更履行地点或进行债权的部分移转时,在无明确约定时,由此而产生的额外履行费用应当由原债权人来承担。当然,此额外产生的费用可以由债务人或新的债权人予以先行垫付,但最终承担者应当为原债权人,这实现了与《民法典》第511条第6项规定在体系上的一致性。

第三节 债务承担

一、债务承担总说

(一)债务承担的意义

债务承担是指在维持债的同一性下,变换或新增债务人。相较于消灭既存合同关系从而订立新的合同而言,债务承担能够较好地利用合同相对性原理,不因债务方的改变而影响或消灭既存的债务关系。在复杂的交易实践中,这一

① 参见张金海:《论双务合同中给付义务的牵连性》,载《法律科学》2013年第2期。

制度可以用来简化清算关系或者增加责任财产。①

(二)债务承担的立法例

罗马法中,因债是法锁,故而合同中的主体变更不被允许,即在罗马法上不承认债权让与及债务承担。最初的《法国民法典》和《日本民法典》承继了罗马法的理念,也没有对债务承担制度予以规定。② 但近代民法理论则承认债权作为最重要的财产形式是具有流通性的,此后各国立法开始逐渐承认债权让与及债务承担制度。《德国民法典》在第414条到第419条对债务承担制度进行了规定。随后,《瑞士债法典》也对此进行了规定。2016年10月修订后的《法国民法典》第1327条至第1328-1条对债务承担作了明确规定。2017年修订的《日本民法典》第470条至第472条之4也增加了关于债务承担的规定。

债务承担并非新债务的产生,而是新的债务人承继原存债务,故而对原债务人的判决,对新的债务人当然发生法律效力。从属于原债务的利息等,亦随债务承担而发生移转。③ 相较于债权让与,债务人的责任财产、清偿能力及资信信用等要素对未来债权的实现影响极大,因此为更好地维护债权人利益,法律对于债务承担作出较严格规定。

(三)《民法典》对债务承担的规定

而以缔约方式观之,债务承担有三种方式,即债务人与第三人达成债务承担的合意;第三人与债权人达成债务承担的合意;债权人、债务人和第三人共同订立第三人承担债务的协议。传统民法理论上,主要依原债务人是否退出原有的债权债务关系而将债务承担分为免责的债务承担与并存的债务承担。原债务人退出法律关系而由第三人承担全部债务的称为免责的债务承担;第三人加入债的关系而与债务人共同负担债务的称为并存的债务承担,亦称债务加入。基于此分类,《民法典》第551条与第552条分别规定了免责的债务承担与并存的债务承担。其中,《民法典》第551条属于免责债务承担形式。此种类型的债务承担经债权人同意方可生效。部分债务承担与全部债务承担不同于并存债务承担与免责债务承担,不能混淆。《民法典》之前,学术界曾对原《合同法》第

① 参见韩世远:《合同法总论》(第4版),法律出版社2018年版,第485~486页。

② 2016年10月修订后的《法国民法典》第1327条至第1328-1条对债务承担作了明确规定。

③ 参见梁慧星主编:《中国民法典草案建议稿附理由:债权总则编》,法律出版社2013年版,第260~261页。

84 条是否包含并存的债务承担有不同理解。有观点认为,原《合同法》第 84 条(现《民法典》第 551 条)没有明确地规定免责的债务承担和并存的债务承担,而代之以"全部"或者"部分"的份额规定,"全部"可以表征免责的债务承担,而"部分"一词表征并存的债务承担。[①] 但从文义上看,"部分"一词既可以理解为对部分债务的免责承担,也可以理解为对部分债务的并存承担。比如,甲欠乙 1000 元,丙愿意承担 500 元份额的债务,但这一约定并不能明确地判断出甲的债务承担份额有何改变。而且"债权人同意"要件的存在也意味着债务承担合意需要债权人的授权或者追认,所以不能通过"全部"或者"部分"将债务承担理解为免责或者并存的债务承担。"免责的债务承担"并非通过全部或部分承担加以判断,而是依据债务承担协议的内容如何约定以及是否需要经债权人的同意这两个要件加以判断。随着《民法典》第 552 条对并存的债务承担作出了专门的规定,此问题已经消解。

(四)债务承担与履行承担

需要特别注意的是,免责的债务承担与履行承担[②](由第三人代位履行)[③]是存在本质区别的。免责的债务承担是第三人取代原有债务人的地位成为新的债务人,故而若新的债务人(第三人)不履行债务或履行债务存在瑕疵,债权人应要求新的债务人(第三人)承担相应的法律责任;但在约定由第三人履行债务时,债务人与债权人所既存的债权债务关系不变,代为履行的第三人与债权人并不存在法律关系,当出现第三人所履行的债务不符合合同约定时,债权人还是需要向债务人主张相应的合同责任。其区别主要是:第一,免责的债务承担必须征得债权人的同意;而在第三人代为履行债务时,若第三人依法享有清偿权时,第三人的清偿无需经债权人同意。第二,在免责的债务承担时,第三人取代原债务人成为新的债务人;而由第三人代位履行则未涉及债务人主体的变更,第三人并非该债权债务关系中的债务人而仅是履行主体。第三,免责的债

① 参见韩世远:《债务承担的解释论问题》,载崔建远主编:《民法九人行》(第 2 卷),金桥文化出版(香港)有限公司 2004 年版,第 106 页;王利明:《合同法研究》(第 2 卷),中国人民大学出版社 2003 年版,第 258 页。

② 所谓的履行承担又称为对内的债务承担,是第三人(承担人)与债务人之间的一种合同,依该合同承担人对债务人负有履行债务人债务的义务。

③ 《民法典》第 523 条规定:"当事人约定由第三人向债权人履行债务,第三人不履行债务或者履行债务不符合约定的,债务人应当向债权人承担违约责任。"

务承担中,第三人取得债务人地位,若其未能如约履行清偿义务,则债权人只能要求受让人而非原债务人承担责任;而在由第三人代位履行中,对于第三人的不履行或不完全履行行为,债权人只能要求债务人而非第三人承担责任。

免责的债务承担与由第三人代为履行的界限在司法认定时并非泾渭分明。司法实践中,因当事人约定不明,极容易出现前述两种内容交织在一起、较难甄别的情况,如合同文本中虽表述为"债务移转",却在其具体内容中表述为"支付价款"或"代为偿还"等为第三人设定债务的内容。对此,实践中法官需甄别协议内容是否具有较强的履行意愿,或其是否以为第三人设定债务为主要意图来进行区分。① 若其表述为"委托付款"或"代为支付"等,则应当认定其属于第三人代为履行债务的意图。② 但若表述文本更加强调偿还债务本身,甚至明确债权人直接向第三人主张债权,则属于免责的债务承担。③ 当前述甄别依然无法确定时,为了保护债权人对债务人资信状况及履行能力的信赖,也应当认定为由第三人代为履行债务,由债务人而非第三人向债权人承担责任。④ 其可参考的立法例为《德国民法典》第 329 条:"契约当事人之一方并非为债务承担,而仅负担对方对债权人应为清偿之义务时,如有疑义,推定债权人不得取得对此人直接请求清偿的权利。"

二、免责的债务承担

免责的债务承担是以新的债务人承担债务而使原债务人免除清偿责任的债务移转行为。免责的债务承担协议的订立方式有:(1)债务人与第三人订立;(2)第三人与债权人直接订立;(3)债权人、债务人和第三人三方共同订立。

---

① 参见肖俊:《〈合同法〉第 84 条(债务承担规则)评注》,载《法学家》2018 年第 2 期。

② 云南省高级人民法院(2013)云高民二终字第 245 号民事判决书中,法院认为:"从付款计划内容上看,仅表明兆顺公司受泰安公司的委托向叠鑫公司清偿债务,而委托基于兆顺公司欠泰安公司工程款未付,故同意从工程款中抵扣一部分用于偿还叠鑫公司的贷款,因此,兆顺公司未以担保债的履行为目的而主动加入泰安公司与叠鑫公司之间债务关系的意思表示。"

③ 湖北省高级人民法院(2013)鄂民二终字第 00029 号民事判决书:本案中,双方当事人约定"对于达威公司在贵行的债务……贵行可根据本承诺书向我公司主张债权",法院据此认为是债务转移。

④ 史尚宽:《债法总论》,中国政法大学出版社 2000 年版,第 745 页。最高人民法院(2005)民二终字第 35 号民事判决书中,法院认为:"虽然当事人在合同中使用了债务转让的字样,但该条款本质上仍属于第三人代为履行债务,并没有使合同关系当事人发生变化,因此,该案仍属于第三人代为履行,在第三人没有履行债务或者没有全面履行时,债权人只能向原债务人主张,而不能向第三人主张。"

《民法典》第551条仅就第一种情形作出了规定,但不排除通过其他两种方式为免责债务承担的效力。

(一)构成要件

免责的债务承担,必须有关于债务承担的合意,且明确表明债务人摆脱原债权债务法律关系。最高人民法院判决也明示,“只有当债的当事人以明示的方式表达出原债务人未来将退出既有的债权债务关系,抑或可通过合同约定的文本确切地解释出原债务人必然将脱离原债的关系,才可以认定其内容为免责的债务承担”。[①] 免责的债务承担若为有效,须具备以下要件:

1. 债务存在

债务发生移转所指向的对象要能够符合债的客体的一般要求,即拟移转的债务应当具有可能性、确定性和合法性的要求。通说认为,债务移转的对象一般情况下应当为金钱债权,但实践也有发生诸如物的给付之债的债务移转的情况。因此,下文将对较为特殊的债务承担进行梳理和阐释。

(1)未来的债务承担。尚未出现的债务是否可以成为债务移转的客体历来存在争议。在实务中确实存在许多这种类型的交易形式,[②]其与未来债务承担在基本的构架上是一致的。但就民法学理论通说而言,主流观点不承认未来债务可以成为债务移转的客体,其理由在于:债务尚不存在,故而无法发生债的主体的变更。

(2)已承担债务的再承担。通常所认为的债务承担是由受让债务的第三人作为新的债务人承担债务,但特定情形下也会出现受让债务的承担人所需承担债务非为转让方的债务,而为第三人需履行的债务。如A与B签订了债务承担合同,合同中约定由B承担A对于C所需履行的债务,在C为同意前,B又再次与D签订了债务承担合同,合同中明确约定由D来承担B、C间已经存在的债务,这样便出现了多层次债务承担的法律关系。此时,作为债权人C,若直接对于最后发生的债务承担予以肯认,则就此取得对D的债权,同时,前述所有的其他债务人都因此而从该债务法律关系中得以解脱。

(3)自然债务的承担。对于不具有强制执行力保障的自然债务而言,其是

① 泰阳证券有限责任公司与海南乙科技发展有限公司等单位资产管理委托合同纠纷上诉案,最高人民法院(2005)民二终字第217号民事判决书。

② 比如,银行应申请人的请求,向第三方开立书面信用凭证,由银行代其履行一定金额、一定期限范围内的支付责任。

否可按照《民法典》第551条的规定成为债务移转的对象也需进行探讨。通说认为,对于实践中存在的已过诉讼时效的债务,也可以为债务的移转。当然,当债务移转的承担人自愿履行后,则无法再以不当得利要求返还。而且,此时所产生的债务移转只能是免责的债务承担这一种情况,由于该债务为自然债务,因此,债务人与该债务的承担人之间并不具有连带性,所以不可能是并存的债务承担。尤为需要强调的是,债务承担法律效力仅可以约束债务的承担人,而无法对原债务人产生强制其履行债务的法律效果,即债务承担合同不能使自然债务恢复其原本的强制实现效力。①

2. 债务具有可移转性

可进行债务承担的债务应有可移转性。实践中存在因债务性质、当事人约定及法律规定不能移转的情况。如《民法典》第894条第1款明确规定,作为保管人需要履行的保管义务,不可移转于第三人;还有基于该债务本身的性质仅可由债务人亲自为履行行为的,如歌唱家开演唱会的债务等。这些债务不允许移转的原因是,该债务的履行极为倚重该履行人的个性、技能及熟练程度等,其他人无法实现债的目标;而对于当事人约定不得移转的债务,因其体现了意思自治及合同自由等合同法的最基本原则,因而应当被允许。

当然,对债务进行移转的限制不应当过于严苛。债务承担制度是在充分尊重主体对其所须承担债务进行自主性安排和最大限度维护债权人利益的前提下,来实现原债务人能够退脱原债务关系的目标,从而较好地实现债权债务的再次合理配置。债务承担的效力因只在债权人、债务人与第三人之间产生,无涉社会公益及善良风俗,故而确无严苛的必要。② 因为不论是前面提及的三种不可移转的哪一种情况,若以债权人同意作为效力发生条件,能实现债权人利益的保护,皆是合理的。因为债权人同意本身即完成了保护债权人利益的目的,同意本身就使债务具有了可移转性。

(二)免责债务承担中的债权人同意

1. 债权人同意的性质与方式

《民法典》第551条中所表述的债权人同意是一种单方意思表示,表达同意

---

① 参见肖俊:《〈合同法〉第84条(债务承担规则)评注》,载《法学家》2018年第2期。

② 参见龚兵:《免责的债务承担》,载《法学杂志》2006年第2期。

的方式既可以在债权人知道债务承担后作出,亦可通过事先授权的方式作出。债权人的同意通常通过明示的方式予以表达,也可以行为推定的方式表达,如债权人通过向债务承担人进行催告、诉讼、通知等行为表达同意债务承担的意思。当然,对于采取消极默示行为,主张视为是债权人的同意表示的,司法实务对此持否定态度,并认为:"默示的行为原则上应当是一种通过积极作为表达的意图,缄默及消极不作为因其并未有产生权利义务的意图,因而在无法律明确规定或无双方事先约定的前提下,不宜作同意债务承担的意思推定。特别是针对免责的债务承担,只有同时存在债务移转的承担人,明确其愿意承担债务并有债权人作出明确的免除原债务人债务并由新的债务人承担的意思表示时,才可以认定债权人已经同意。"①

2. 债权人同意的效力

在《民法典》第551条的语境下,应当将债务承担合同解释为是由债务人与承担人签订的。该债务承担合同的效力,通说认为在未取得债权人同意前,应当属于效力待定的状态。债权人的同意能够产生补正无权处分的效力,从而使效力待定的债务承担合同因债权人的同意而自行为成立时生效。故此,可以这样理解,在债权人未作同意的意思表示前,可将债务承担合同视为不真正的第三人利益合同,债务承担合同仅在债务人与承担人之间发生履行承担的法律效力。由于实际履行债务的承担人的责任财产、履行能力对债权未来的实现至关重要,因此,债务人若退脱原债权债务关系,对债权人利益将产生极为重大的影响,为维护债权人利益就必须征得债权人的同意。正如最高人民法院的判决所述,"当发生第三人替代债务人成为新的债务人时,势必会对债权人在此种债务人变更下,债权利益未来能否顺利实现造成重大影响。至此,通过债权人是否为同意的意思表达方式,可以赋予债权人通过对债务承担主体(新的债务人)履约能力权衡后的再判断的机会,进而实现法律对于债权人利益的周全保护。这样一种保护机制(征得债权人同意),也可作为证据证明和体现债权人对于债务承担者变化和对于其债权实现可能产生影响的一种权衡过程,从而更好地、更

① 广州市致美斋酱园有限公司与广州天厨星食品有限公司等买卖合同纠纷上诉案,广东省广州市中级人民法院(2014)穗中法民二终字第1535号民事判决书。

有效地展示和保存债权人对更新债务人事项的真实意愿”。[①] 因此,《民法典》第 551 条明确了在免责的债务承担中,债务人或者债务的承担人有义务将该债务发生移转的事实通知债权人并征得其同意,当然也可通过《民法典》第 551 条新增的第 2 款内容,增加债权人同意的方式,即赋予债务人、第三人通过催告债权人的方式促使债权人为同意的意思表示,并明确此时的默示行为的推定后果为“视为债权人不同意”,这也符合免责的债务承担对于债权人保护的基本原理。

3. 债权人的拒绝

若债权人对债务人及债务受让人所为的免责债务承担的通知及催告行为以明确的方式予以拒绝时,所产生的法律效果为何,有必要进行研究。有观点主张,此种拒绝的行为本质来说是债权人对于债务受让人所为履行行为的一种不接受,进而会发生若债务受让人持续性地为给付行为,则势必会因债权人的持续性拒绝而造成严重的资源浪费。[②] 该观点的内容其实并未将第三人清偿制度予以考量。当发生免责的债务承担时,如果债权人为拒绝的意思表示,则该行为即可理解为转化成了履行承担。即此时被债权人拒绝的债务承担人再向债权人履行该债务的,其本质上应当被视为是第三人代替债务人为清偿行为。只要该债权债务法律关系中的债务无涉专属于债务人特有的技术、资格或条件,则债权人就无权对该第三人所为的代为清偿行为予以拒绝。所以,当债权人对免责的债务承担合同予以拒绝时,应当认定该债务承担合同并不生效,此时债务承担人所为的清偿行为是“履行承担”行为,即第三人从经济上代替合同债务人向债权人履行合同义务。当然,此时该第三人因未与债权人之间建立有效的债权债务关系,而无需因其履行瑕疵而向债权人承担相应的法律责任。

(三)免责的债务承担的理论基础

1. 效力待定

对于免责的债务承担的理论基础,有学说主张,由于《民法典》第 551 条新增第 2 款内容,应当认为是因《民法典》并未完全采取物权行为理论,因而把免

---

① 粤海轻工业品有限公司与广州市房地产发展有限公司委托售楼合同纠纷再审案,最高人民法院(2009)民申字第 855 号民事判决书。

② 崔建远:《合同法》(第 2 版),北京大学出版社 2013 年版,第 259 页。

责的债务承担视为效力待定的合同，所以第 551 条第 2 款的内容即是对债权人同意的效果进一步明确为是追认的效果。即“该效力待定的合同一经债权人同意，便溯及自债务承担合同成立的时点发生效力”。[①] 但也有观点认为“效力待定”不能较为明晰地概括债务承担协议的效力，因为在债权人同意前，债务承担合同已然可以产生第三人履行承担的效力。

2. 无权处分

德国通说是将免责的债务承担称为“处分说”。[②] 有观点认为，债务也可以成为处分行为的对象。[③] 由于免责的债务承担的实质是将债务人从原债务中予以剥离，从而实质性地改变原有债权债务关系中的债务人结构，因而可以被认为是一种处分行为。但在该处分行为中，因进行债务移转的债务人无处分权，又未能获得债权人同意而弥补无处分权之不足，因而该行为应当被认定为是无权处分。就债务承担本身而言，其所为的处分行为虽然因未获得债权人的同意而应被认定为无效，但其中所分离出的负担行为仍然应当被认为是有效的。所以，此时免责的债务承担中，债务的转让人与债务的承担人之间的债务承担合同，因未获债权人同意而转换为履行承担行为。至此，债务转让人依然可以依据债务承担合同的内容要求“债务承担人”（第三人）向债权人履行合同所约定的债务，当然该债务转让人并未因此而退脱既有的债权债务关系。但也有相反的观点主张，不宜当然认定免责的债务承担为处分行为。因为处分的对象应当是财产，且属于积极的财产，债务属于消极财产，债务人只有履行其债务的义务，没有处分其债务的权利。因而，债务承担如与处分行为有某种联系，这种联系也是间接的，是通过权利（债权）或者法律关系（债之关系）的中介，间接地归属于处分行为。[④]

三、并存的债务承担

若第三人作为新的债务人加入后，原债务人未脱离既有的债权债务关系，

---

① 韩世远：《合同法总论》（第 4 版），法律出版社 2018 年版，第 629 页。同旨参照《德国民法典》第 415 条第 2 款。

② 参照史尚宽：《债法总论》，1954 年自版发行，第 710 页。

③ 王家福主编：《中国民法学 · 民法债权》，法律出版社 1991 年版，第 83 页；杨明刚：《论免责债务承担》，载崔建远主编：《民法九人行》（第 2 卷），金桥文化出版（香港）有限公司 2004 年版，第 38 页。

④ 参见韩世远：《合同法总论》（第 4 版），法律出版社 2018 年版，第 630 页。

原债务人与第三人在未来就该债务承担连带责任，此种情况就构成了并存的债务承担，亦称债务加入。《民法典》第 552 条规定的内容属于并存的债务承担。

（一）债务加入的含义

根据《民法典》第 552 条规定，“第三人与债务人约定加入债务”，该条相较于第 551 条，并未延续使用“转移”这样的表述，而是用“加入”来表达原债务人并未脱离既有债权债务关系的事实。此时，第三人加入原债权债务关系而成为连带债务人。《民法典》制定前，实务中就存在此种债务承担方式，即“由第三人履行债务人的债务，但同时不免除债务人履行义务的债务承担方式”①。《民法典》第 552 条所规定的“债权人未在合理期限内明确拒绝的”规则，则主要明确在并存的债务承担时，无需债权人同意作为要件。原因在于，该种情形下并未涉及原债务人地位的丧失，而是在原债务人基础上增加了承担连带责任的新债务人，从而能够更好地保障债权人未来债权得以实现。所以，因该行为并未对债权人利益产生任何实质不利影响，因而无需其同意作为要件。有观点主张，由于可能产生债权人所无法完全预判的结果，②因而原则上对于连带之债的认定须有法律的明定或事先的约定，否则并存的债务承担所产生的效果应被理解为仅仅是不真正连带责任。《民法典》第 178 条第 3 款亦遵循此原理。因此，《民法典》第 552 条对债务加入具有连带之债效力的明确规定，不仅保持了与《民法典》第 178 条的呼应，更进一步实现了法典在内部体系性上的一致。

（二）第三人与债务人约定的债务加入

《民法典》第 552 条所规定的“第三人与债务人约定加入债务并通知债权人……债权人未在合理期限内明确拒绝的……”内容，可以解释为《民法典》对于并存的债务承担方式，确认可以为债务人与承担人所缔结的并以一起负担原债务为目的加入合同。在此种债务加入方式所为的缔结行为中，并不发生债务的移转，但依然要求作为承担对象的债务应具有可移转性。即可得由第三人履行债务。从此点与《民法典》第 523 条所规定的第三人清偿制度有相似之处，但实质是债务承担与履行承担的区别，两者虽然相似但却属不同制度，已如前述。

---

①　2005 年江苏省高级人民法院印发《关于适用〈中华人民共和国合同法〉若干问题的讨论纪要（一）》第 17 条。

②　参见［日］我妻荣：《新订债权总论》，王燚译，中国法制出版社 2008 年版，第 509 页。

另外,《民法典》第552条中亦明确规定了债务承担人与原债务人可不经债权人同意,仅为通知行为就可以实现使债权人未来得以要求债务承担人就原债务承担连带债务的权利。与这一规范相似的理论基础即为第三人利益合同。两者近似之处是都存在一种"补偿关系",即通过立约人与受约人所为的对待给付,使得债务人与债权人之间的法律关系重新产生"对价关系",这也是第三人能够由此获取利益的原因。[①] 因而可以作此解释,即《民法典》第552条所规定的债务加入方式的请求权基础与《民法典》第522条第2款的第三人利益合同,法理基础是协调一致的。并存的债务承担行为并未对债权人产生实质上的不利益,故而并存的债务承担仅需通过债务人与承担人的合意就可以得以设立,而无需经债权人为同意。然而,虽然债权人的同意并非确认并存债务承担是否能够生效的要件,但如果能够通过债权人的同意,确实可增强债务承担的效力。此时的债权人同意相当于第三人利益合同中的"第三人表示享受其利益之意思",从而使得该债权不会再因为第三人利益合同被变更抑或撤销而再次发生变化。

(三)第三人单方允诺债务加入

《民法典》第552条还规定了"第三人向债权人表示愿意加入债务"的方式,故而有解释认为,《民法典》在并存的债务承担中明确了债权人与承担人直接发生并存债务承担的情形。该条文所用的表述是"第三人向债权人表示"并非第三人与债权人达成合意,即只要第三人为"表示"行为后,无需债权人的同意就可以单方实现第三人对债务进行承担的法律效力,因此该"表示"行为应当被理解为是一种单方允诺行为。从《民法典》第552条所作的规定来看,只要第三人向债权人为自愿承担该债务的意思表示,就立即会发生债务承担的法律效果,无撤回、撤销等的适用余地,但债权人有在合理期限内明确表示拒绝的权利。

梳理大陆法系关于此规范的理论发展可知,较为早期的理论主张,第三人只能通过设立合同与债权人就债务加入形成合意而产生并存的债务承担效果。现代民法理论,开始逐步接受以单方行为实现第三人与债权人之间产生的债务承担法律关系,即承认只要第三人以承担债务为内容向债权人为意思表示,就认为该种意思为债务承担人所为的单方允诺。债权人对于该允诺只要未予以

---

① Giacobbe, Della delegazione, *dell'espromissione e dell'accollo*, art. 1268 – 1276, in Comment. cod. civ. Scialoja-Branca, a cura di Galgano, Bologna-Roma, 1992, p. 92 – 96.

明确的拒绝，无需其以明示的方式表示同意，就可认定该债权人已经接受了债务承担人的允诺。因为在该种债务加入情况下，未见有因新加入的债务承担人改变原债务人地位，从而使债权人利益遭受损害的可能。[①] 对此，《欧洲示范民法典草案》也明确规定，“为了债务人的利益由新债务人作出的独立的单方法律行为，新债务人即可被增加为债务人”。（第Ⅲ－5:209条）当然，我国民法学界也有其他观点主张，在以自愿加入产生的并存的债务承担中，对不具备担保特征的承诺，可以认定其为单方允诺。[②]

可见，将第三人向债权人表示愿意加入债务的行为解释为单方允诺，并不违反单方允诺的基本理论，第三人所为的单方允诺是否是原意加入债务的意思表示，尚需结合债务承担人在向债权人为表示时，是否有债务加入的真意予以判断。若单方允诺中并未明确体现出第三人自愿对于该债务予以承担的意思，还应综合该行为的具体情景并探究当事人的真实意图予以解释。[③] 实践中，如果第三人已经在债务人对债权人签发的欠条或催款函上进行了签名，则可推定该第三人是表示了加入该债务的意思。[④] 虽此类欠条或承诺凭证中仅呈现给付金额的内容，但基于该整体的交易场景及当事人的本意，可以推定该行为成立债务承担的单方允诺。

（四）债务加入与担保的区别

有观点认为，债权人与承担人缔结债务承担合同所产生的债务承担行为究其本质应当也是一种担保。因为并存的债务承担其实同保证一样，也具有增加责任财产的功能。从广义上来说，担保包括典型担保、所有权保留、买回条款、债务承担和代物清偿等。然而从逻辑结构方面解构两者会发现，两者其实在债务的属性、存续期间、抗辩事由援引及债务移转等许多方面都存在法律效果上

---

① Ubaldo La Porta, *L'assunzione del debito altrui*, Giuffre, 2009, p. 180－182.

② 参见李俊：《论允诺的效力体系》，载《法商研究》2017年第6期。

③ 承诺函的相关案例参见贵州省贵阳市中级人民法院民事判决书，(2017)黔01民终3951号。欠条的相关案例参见浙江省台州市中级人民法院民事判决书，(2017)浙10民终1420号。

④ 参见湖南省临湟县人民法院(2017)湘0724民初34号民事判决书，刘某某曾多次组织人员在甲花炮厂进行房屋整改作业，并就尾欠工程工资款多次向甲花炮厂及政府职能部门维权未果。2015年3月13日，陈某某在某监察大队的见证下向刘某某出具《承诺书》，载明：甲花炮厂欠刘某某瓦工工资拾叁万元整，由陈某某承担支付，时间安排，清明左右付现金叁万元整，余款在下半年开厂后还清（中途可以用货物抵付）。

的不同。关于并存的债务承担与保证制度的区别,保证相对于主合同来说是从合同,因此保证人应当为债务人对主合同债务予以负责;而在并存的债务承担合同中,因该合同具有独立性,所以债务承担人其实是作为该主债务的其中一个债务人,其实质是在履行自己所负的债务。

当然,在司法实践中,因当事人在语义上的表达模糊,会出现约定不明的情况。对此,需根据并存的债务承担以及保证制度的设立本旨,并结合具体的交易习惯综合判定。债务承担的本质是债务承担人为自己所负债务履行清偿义务,但保证的本质却是在为他人所负主债务履行清偿义务。抓住两者的实质差异,就可以较为明确地对两者予以区分。

1. 按照履行的顺序进行区分

若在双方所约定的内容中能够较为明确地区分债务人与"承担人"在履行清偿义务时存在的先后顺序,就能够解释出双方的意思:仅在原债务人到期不履行或者无法履行该债务时,才由该"承担人"履行的,则可以认定双方所约定的行为名为债务承担,但其实质法律属性应为保证。因为如果约定了"承担人"的履行顺位在后的话,则所约定的履行债务行为的实质应当从属于主债务的履行,而并非并存的债务承担的连带债务。故可认定为保证。

2. 债务人与承担人之间是否存在债务关系

简化交易、方便结算是债务承担制度存在的价值追求。在实践中,产生并存的债务承担,主要是因为债务承担人意欲承担他人债务,进而实现消灭自身所负债务的终极目标。因而通常来说,债务人与债务承担人之间即已存在债务关系,但这种情形在保证关系中却未必或者说较少会在保证人与主债权人之间存在。

3. 承担人对所承担的债务是否享有利益

有观点主张,在并存的债务承担法律关系中,债务承担人之所以积极加入债务、履行义务,是源于其亦对该债务的履行享有利益,从而自愿成为债务人履行债务、承担责任。[①] 因此,在司法实践中,若调查所得事实是该债务承担人并不具有显著的债务承担意图抑或利益,而仅仅是基于特殊的情谊、报恩等因素而发生的反哺行为,则不论对该行为的具体表述如何,该行为应当被认定为构

---

① [德]迪尔克·罗歇尔德斯:《德国债法总论》,沈小军、张金海译,中国人民大学出版社2014年版,第414页。

成保证,从而相应的适用保证人可主张的先诉抗辩、保证期间等抗辩事由。

四、债务承担中的抗辩权、抵销权及从权利

《民法典》第553条规定了新的债务人所享有的抗辩权。原债务人所享有的对债权人的一切抗辩,在债务移转时即同时由新的债务人所享有。故而原债务人所享有的对债权人的抗辩权,新的债务人皆可以主张。但是,由于原债务人所享有的向债权人主张的抵销权,就实质属性而言,为对债权的处分行为从而有别于抗辩权,若允许新的债务人用原债务对债权人所享有的债权行使抵销权,则相当于在未经原债权享有者(原债务人)同意下,基于其自身利益的考量而取得处分他人(原债务人)的债权的权利,则此规定可能对原债务人合法权益造成损害,因而有必要对抵销权予以限制。而且这一规定也可以统一适用于免责的债务承担和并存的债务承担。

(一)对原债务所产生的抗辩权的主张

当发生免责的债务承担时,新债务人即享有了原债务人的地位并承担相应的履行义务。但基于其并非债的更新而仍然具有原债务的同一性,所以新债务人与原债务人因具有相同的法律地位而必然享有对债权人的抗辩权,即新债务人仍然享有向债权人主张抗辩的权利。例如,甲将向乙支付价金的债务移转给丙,支付价金和交付标的物的债务应当同时履行,而乙尚未交付标的物,甲对乙享有同时履行抗辩权,那么丙也有权对乙主张同时履行抗辩权。再如,债务移转后,新的债务人已经完全履行了义务,但是债权人还是要求其履行,债务人有权以履行完毕为由向债权人提出抗辩。当然,新债务人和债权人另有约定的,可以排除此等抗辩的延续。①

但需强调的是,《民法典》第553条所规定的原债务人对债权人的抗辩权,并未要求该抗辩权必须在债务移转前已经发生,这实现了与《民法典》第548条的条文内容在体系上的一致性。② 该抗辩权限制在原债务人对债权人的抗辩权,从而排除了新债务人与债权人因其合同行为而发生的抗辩权;亦排除了在

---

① 参见史尚宽:《债法总论》,中国政法大学出版社2000年版,第748页;王家福:《中国民法学·民法债权》,法律出版社1991年版,第86页;崔建远:《合同法总论》(中卷),中国人民大学出版社2012年版,第539页。

② 《日本民法典》第472条之二第2款对此明确规定。

发生有效的债务移转后，基于新债务人自身行为而重新享有的对债权人的抗辩权。因为上述抗辩权基于债的统一性原理，自然可由新债务人享有，并非《民法典》第553条需要特别规制的内容。

原债务人基于其与债权人之间的法律关系而发生的全部抗辩不限于抗辩权，所有对于阻止或排斥债权成立、存续、行使而能够主张的事由性抗辩都属于此处所说的抗辩，其包括一切实体和程序上的抗辩。[①] 债权人与原债务人之间存在的撤销权、解除权等形成权，是否可由新债务人行使尚需明确。由于这些权利涉及整个合同的基础关系，是"合同关联性"权利而非"债务关联性"权利，因此应当由合同当事人行使，故而上述形成权不应随债务的移转而发生移转。[②]

（二）不得主张原债务人的抵销权

原债务人所享有的抵销权是有别于抗辩权的，原债务人的抵销权是其对于自己所享有的债权而为的处分，《民法典》第553条对此新增了规定，即在债务移转过程中，因债权人对原债务人承担的债务而产生的抵销权，新债务人不能行使，否则无异于承认新债务人可以处分原债务人的权利。例如，甲对乙负有支付价款的债务，甲将该债务移转给丙并取得了乙的同意，但此前甲因出借给乙钱而对乙享有请求还款的债权，此时，丙不能以甲对乙的债权抵销乙对丙所享有的债权。

（三）关于新债务人对原债务人的抗辩

在债务受让人与原债务人签订债务移转协议时，即使其已将移转事实告知并经债权人同意，债务受让人因发生债务移转行为而享有的对原债务人的抗辩，依然无权向债权人主张。因为其有别于《民法典》第522条第2款所规定的对真正利益第三人合同的规制，对于这一点争议不大。但真正的争议在于，当债务受让人与原债务人间的基础法律关系因不成立、无效或被撤销时，债务承担人因债务承担所发生的合同关系，因原因关系存在效力瑕疵而进行的抗辩是

---

① 包括诉讼时效完成的抗辩，债权不发生的抗辩，债权因履行、提存、免除、抵销等消灭的抗辩，债权因合同被撤销、被解除等而不存在的抗辩，同时履行抗辩权、不安抗辩权和先履行抗辩权等履行抗辩权，以及程序上的抗辩。

② 参见崔建远：《合同法总论》（中卷），中国人民大学出版社2012年版，第538页。同样立法例，参见《德国民法典》第417条第1款、《国际商事合同通则》第9.2.7条第2款、《欧洲示范民法典草案》第Ⅲ-5:205条第2款。

否依然可以对债权人主张，有讨论的必要。如原债务人乙与新债务人丙之间有房屋买卖合同，丙出于清偿自己价款债务的目的，承担了乙对债权人甲负担的债务，丙可否以买卖合同无效、被撤销或者被解除等事由对抗债权人甲，即属适例。这涉及债务承担是否具有无因性的理论问题。债务的移转之所以会发生，主要是债务受让人与原债务人之间存在原因关系，例如，两者之间存在买卖合同，而以债务移转作为价金结算方式，构成原因的是内容更为广泛的交易，包括买卖或者股权转让等，而债务移转只是其中的对待给付，此时债务移转的原因就是买卖或者股权转让合同等。[①]

主张无因性的观点及立法例认为，如果引发债务发生移转的原因关系被认定为无效，不必然导致该债务移转行为也无效，即承认其具有无因性，则此时债务承担人无权向债权人主张因原因关系无效所产生的抗辩。[②]

主张有因性的观点认为，债务承担合同需以原因关系的有效存在为前提条件，因原因行为无效而致使债务的移转行为也无效，进而新的债务人无需继续承担该债务的履行责任。若债务承担合同是依照原债务人与新债务人之间的合同作出的，则原因关系的瑕疵，原则上会对债务承担效果产生影响，此时新债务人是可以向债权人主张抗辩的。[③]

另外，在债权人与债务承担人通过形成债务移转合意订立债务承担合同，或债权人、债务承担人和原债务人三方合意订立债务移转合同的情况下，可以认为，作为债务承担人与原债务人之间的基础法律关系并非债务发生移转的原因，而应当被认为是一种动机，故此时为维护债权人利益，应当认定该债务承担合同当然不受债务承担人与原债务人之间所存在的关系瑕疵的影响。[④]《瑞士债务法》第 180 条采取有因性的方案。事实上，德国法以无因性为前提，但在一些情形中采取瑕疵同一性，认定原因关系与债务承担均具有同一瑕疵而无效或可撤销；而瑞士法以有因性为前提，但辅之以新债务人的侵害债权的赔偿责任。

---

① 参见［德］梅迪库斯：《德国债法总论》，杜景林、卢谌译，法律出版社 2004 年版，第 567 页。

② 例如，《德国民法典》第 417 条第 2 款。

③ 参见韩世远：《合同法总论》（第 4 版），法律出版社 2018 年版，第 632 页。

④ 参见欧洲民法典研究组、欧盟现行私法研究组编著，克里斯蒂安·冯·巴尔、埃里克·克莱夫主编：《欧洲私法的原则、定义与示范规则》（第 1 ~ 3 卷），高圣平等译，法律出版社 2014 年版，第 954 页。实践中承认无因性的案例多是此种情形，例如吉林省长春市中级人民法院（2016）吉 01 民终 639 号民事判决书、云南省通海县人民法院（2016）云 0423 民初 393 号民事判决书。

德国的“无因＋瑕疵同一性”和瑞士的“有因＋侵权赔偿”效果上逐渐趋同。只是在德国法中，有可能由新债务人承担原债务人履行不能的风险，而瑞士法中，有可能由债权人承担原债务人履行不能的风险。因此，两种方案是“中间偏左”和“中间偏右”的区别，但共识都是协调新债务人保护和债权人保护。① 当然，如果债务承担合同本身存在效力瑕疵，则债务承担人当然可以基于债的同一性向债权人主张效力瑕疵。

《民法典》第553条关于债务承担人的抗辩和如何行使抵销权的规则，也同样适用于《民法典》第552条所规定的并存的债务承担情形，当然关于连带债务的一般规则除外。即在并存的债务承担中，基于债务承担人所负债务与原债务人的债务具有同一性的原理，原债务人所具有的所有可以对抗债权人的事由，都可由债务承担人享有，并向债权人为主张。这与《民法典》第522条第2款对真正的利益第三人合同所规定的“债务人对债权人的抗辩，可以向第三人主张”，在法典体系性上保持了一致。② 而对部分的债务移转来说，虽然原债务人尚未因该移转行为而脱离既有的债权债务关系，但应当认为，在此种情况下，其可能发生的主张抵销权和抗辩，与前述的完全债务移转的情形并无本质差别，故而对其的调整依然可以遵循《民法典》第553条的有关规定。③

（四）从债务的移转

《民法典》第554条对债务承担中从债务产生的效力进行了规制。由于从属性的原理，从债务无法脱离主债务而单独存在。故而当主债务移转后，与主债务有关的从债务必然随之移转，应由新的债务人履行。当然，若该从债务是专属于原债务人自身的债务，则因其专属性并不随之移转。

1. 新债务人承担与主债务有关的从债务

从债务即附属主债务之债务，因而其与主债务密切联系，无法脱离主债务而独立存在。在主债务移转后，从债务必然随之移转，新债务人须承担与主债务有关的从债务之履行责任。其规范目的在于保护债权人利益，使其不会因为发生了债务的移转而使既有利益遭受损失。但该规则显然对新债务人的利益

① 参见肖俊：《〈合同法〉第84条（债务承担规则）评注》，载《法学家》2018年第2期。

② 《欧洲示范民法典（草案）》第Ⅲ-5:207条第1款对此明确规定。

③ Unidroit Principles of International Commercial Contracts 2016, Article 9. 2. 8, Comment 2.

保护不周，从而要求新债务人在具体为债务承担时须对拟承担债务的实际情况承担尽职调查的负担。即使如此，基于公平原则，债务承担人也应承受此种不利益。该条属于任意性规范，可由当事人间的特别约定而排除适用。[①]

另外，该条所规范的是与主债务有关联性的从债务，例如，交付从物、交付权利证明文件、支付利息、支付以后发生的违约金和损害赔偿金等。[②] 若该债务是独立的债务，如债务移转前已经发生之孳息、违约金等债务，则除另有约定外，并不当然移转。[③] 特别是已经产生的违约金，“除视为因不履行而生损害的赔偿总额外，如无另有约定，不当然移转于承担人”。[④] 同时该条也进一步强调，若从债务为专属债务人自身的债务时，则不随之发生移转。例如，债务人应向债权人提供服务，以抵充利息的，因为该义务具有专属性，如果主债务已经移转给新债务人，则新债务人并不当然负有向债权人提供服务以抵充利息的义务。

2. 新债务人不享有与主债务有关的从权利

《民法典》第 554 条所规范的内容为新债务人须承担与主债务有关的从债务，但该条文却没有要求新债务人由此也享有与主债务有关之从权利，所以不得不说是一种遗憾。例如，原债务人和其他第三人签订了协助原债务人进行履行的合同，在债务移转后，新债务人并不当然能够请求该第三人协助履行，除非该第三人另有其他意思表示。对此，《意大利民法典》第 1276 条有明确规定。在发生债务移转时，若存在第三人为原债务人设有担保的情形时，由于该债务移转会牵涉原债务人与新债务人在履行能力上的巨大变化，故而为维护担保人利益，除另有约定外，未经担保人同意，则担保人无需继续承担责任。因此，《民法典》第 391 条规定，第三人提供担保，未经其书面同意，债权人允许债务人移转全部或者部分债务的，担保人不再承担相应的担保责任。同时《民法典》第 697 条第 1 款也在体系上与上述条文保持了一致，规定除非另有约定，否则在未经保证人书面同意前，若债权人同意债务人移转债务（无论全部抑或部分），保

---

① 参见甘肃省庆阳市中级人民法院（2014）庆中民终字第 563 号民事判决书中，法院认为：“利息属于从债务，故恒泰房地产公司应当承担支付利息的义务。”

② 不同观点认为，这些债务因为具有独立性，所以推定并不由新债务人承担，参见孙森焱：《民法债编总论》（下），法律出版社 2006 年版，第 810 页。

③ 欧洲民法典研究组、欧盟现行私法研究组编著，[德]克里斯蒂安・冯・巴尔、埃里克・克莱夫主编：《欧洲私法的原则、定义与示范规则》（第 1～3 卷），高圣平等译，法律出版社 2014 年版，第 953 页。

④ 韩世远：《合同法总论》（第 4 版），法律出版社 2018 年版，第 631 页。

证人都不再承担相应的保证责任。很多立法例还规定，当出现债务移转合同被确认为无效时，即使原合同法律效力得以恢复，但已灭失的第三人担保亦无法得以恢复。[①] 若新债务人本身即为所承担债务之物上担保人，则当然可以视为新债务人在同意债务承担时，即蕴含其作为担保人同意继续承担物上担保责任之意。但若新债务人是以保证方式提供的担保，则因任何人不能作为自己债务的保证人的一般原理，可以认定该担保已经不复存在。[②]

从《民法典》第391条的规范内容可知，在第三人提供担保时，如果未经其书面同意，发生了债务的全部或部分移转，则此时的担保权并不随之移转。应当说该规则内容仅指向第三人担保的情形，其对于原债务人抑或债务承担人自行提供担保物而设定的担保物权，是否会因发生债务移转而灭失，未有明确的规定。[③] 通说认为，此种情况下，应当推定为原债务人、债务承担人有使该担保存在的意思，因而原债务的担保原则上随同移转。[④] 而对于像留置权、建设工程价款优先权、船舶优先权、航空器优先权等法定担保权而言，当发生债务移转时，可理解为仅债务人变更，但法定的担保关系因其固化于特定物上，而使法定担保权依然存续。[⑤]

另外，前述关于担保权在发生债务移转时的适用规则应当理解为仅在意定债务承担时得以适用，其在法定的债权债务概括移转领域并无适用的空间。[⑥] 另外，前述规则在部分的债务承担及并存的债务承担中也无适用的可能。因为在并存的债务承担中，并未发生债务人脱退既有债务关系的事实，原债务人依

---

① 参见《日本民法典》第472条之四第1款、《国际商事合同通则》第9.2.8条第2款、《欧洲示范民法典草案》第Ⅲ-5:205条第5款，Unidroit Principles of International Commercial Contracts 2016，Article 9.2.8，Comment 4。

不同立法例参见《国际商事合同通则》第9.2.8条第3款、《欧洲示范民法典草案》第Ⅲ-5:205条第4款，其原则上认为即使是原债务人提供的担保在债务转移后也消灭，除非设立担保的财产已经作为原债务人和新债务人之间交易的一部分而转移。例如甲对乙负有债权，乙以其享有的股票提供质押，经甲同意，乙将债务转移给丙，原则上股票质押也消灭，但是如果乙和丙的债务转移是大型交易的一部分，质押所涉股票也据此交易转移给了丙，此时股票质押继续存在。

② 同样观点参见肖俊：《〈合同法〉第84条（债务承担规则）评注》，载《法学家》2018年第2期。

③ 最高人民法院（2010）民提字第130号民事判决书中，法院认为，债务人注销后，案外人承接该债务行为，不构成债务转让，保证人不能因此免除保证责任。

④ 参见韩世远：《合同法总论》（第4版），法律出版社2018年版，第631页。

⑤ 参见《法国民法典》第1328-1条第1款、《欧洲示范民法典草案》第Ⅲ-5:207条第2款。相同观点的案例，参见最高人民法院（2003）民二终字第172号民事判决书。

⑥ 参见韩世远：《合同法总论》，法律出版社2018年版，第636页；郑玉波：《民法债编总论》（修订2版），陈隆荣修订，中国政法大学出版社2004年版，第460页。

然向债权人承担债务履行义务。增加的债务承担人不仅未对担保人未来承担责任产生任何的不利影响，反而因债务加入行为对担保人产生有利影响。因此，该担保仍然有效。对此，《民法典》第697条第2款也明确规定，第三人加入债务的，保证人的保证责任不受影响。①

第四节　合同权利义务的概括移转

《民法典》第555条是对于合同权利义务概括移转的规定，合同权利义务的概括移转是指原合同当事人将其基于合同法律关系而拥有的权利义务全部移转与他人，从而使该第三人能够概括性的拥有原合同中的全部权利义务的法律规则，因此又称为合同地位的移转。概括移转既可基于法律规定（法定概括移转），也可基于法律行为（意定概括移转）而发生。法定概括移转可因《民法典》第67条②规定的法人合并或分立而发生，权利义务由合并或分立后产生的新法人享有或承担。意定概括移转，可以基于诸如遗嘱的单方行为而发生，但更多的是通过合同的双方行为而产生。而且该法律现象通常产生于双务合同中，即在双务合同中可能发生一方移转其合同权利义务的情形。③ 单务合同之所以较少存在合同权利义务的一并转让，主要是在单务合同中，仅单方一方享有权利或仅单方须承担合同义务，无需进行意定概括移转。④

一、概括移转的含义

合同权利义务概括移转，指合同关系中的一方当事人将其合同权利义务一并移转给第三人全部承受，从而发生合同地位的变更。其有别于前述的债权让

---

① 参见崔建远：《合同法总论》，中国人民大学出版社2012年版，第505页。

② 《民法典》第67条规定："法人合并的，其权利和义务由合并后的法人享有和承担。法人分立的，其权利和义务由分立后的法人享有连带债权，承担连带债务，但是债权人和债务人另有约定的除外。"

③ 例如，对方当事人也可以事先同意，于此同样可以参见第551条中的释义；《欧洲合同法原则》第9.5.4条中明确规定："（1）另一方当事人可预先同意。（2）另一方当事人预先同意的，合同转让自转让通知到达该另一方当事人时，或者当该另一方当事人认可该合同转让时，产生效力。"《欧洲示范民法典草案》第Ⅲ－5：302条第2款类似规定。

④ 比如，赠与合同的被赠与人只享有权利而不承担义务，这些合同的当事人一般不可能出现将合同权利义务一并转让的情况。

与和债务承担,其移转的是合同中的当事人地位。概括移转并非债权让与和债务承担的简单性相加,而是彻底改变了合同当事人的地位,那些伴随当事人地位而享有的合同撤销权、解除权等当然无需特别约定即随之发生移转。① 另外,《民法典》第555条是否应仅限于合同之债,能否适用于其他债权债务关系存有争议。有观点认为,应将"合同中的权利和义务"修改为"债权和债务"。《民法典》第555条继续沿用原《合同法》第88条"合同中的权利和义务"的规定,就是考虑到合同权利义务的概括移转时,必然涉及伴随当事人地位而存在的撤销权、解除权等权利的移转,故而确有特殊规定的必要。但法定的债权债务在概括移转时虽也可以约定处之,但却较少涉及撤销权、解除权等问题,故而可被认为是债权让与和债务承担之结合而无特殊规制的必要。

当然,《民法典》第555条是针对意定概括移转的规范,并不调整法定的概括移转。法定的债权债务概括移转不以当事人同意作为要件,而是直接适用相应的法律规定。最为典型的是法人合并和分立中的权利义务一并转让。②

---

① 基于原出租人和现出租人可能的履行能力不同,为保障承租人的利益,更妥当的做法是将此种情形认为是合同权利义务的不完全概括转移,使原出租人能够对现出租人的履行能力提供保证。此种处理方案参见欧洲民法典研究组、欧盟现行私法研究组编著,[德]克里斯蒂安·冯·巴尔、埃里克·克莱夫主编:《欧洲私法的原则、定义与示范规则》(第1~3卷),高圣平等译,法律出版社2014年版,第963页。

② 《民法典》第67条规定:"法人合并的,其权利和义务由合并后的法人享有和承担。法人分立的,其权利和义务由分立后的法人享有连带债权,承担连带债务,但是债权人和债务人另有约定的除外。"《公司法》第174条规定:"公司合并时,合并各方的债权、债务,应当由合并后存续的公司或者新设的公司承继。"第176条规定:"公司分立前的债务由分立后的公司承担连带责任。但是,公司在分立前与债权人就债务清偿达成的书面协议另有约定的除外。"据此,法人的合并、分立不应当影响法人外部债权人和债务人的利益,合并、分立前法人的权利义务应当概括转移给合并、分立后的法人。并且,在合并中,为保护公司债权人利益,《公司法》第173条规定了较为严格的合并程序,且债权人自接到通知书之日起30日内,未接到通知书的自公告之日起45日内,可以要求公司清偿债务或者提供相应的担保。而在分立中,由于不会影响到公司债权人利益,故分立程序相对简单。另外,在被继承人死亡以后,被继承人的遗产(包括债权)转让给继承人继承的同时,继承人也应当概括继承被继承人的债务,当然,对被继承人的债务应当在被继承的遗产的范围内予以清偿。《民法典》第1161条第1款规定:"继承人以所得遗产实际价值为限清偿被继承人依法应当缴纳的税款和债务。超过遗产实际价值部分,继承人自愿偿还的不在此限。"依据该规定,继承人在继承遗产时,也应当承受被继承人的债务。由于被继承人的债权在性质上属于遗产的范畴,应当由继承人继承,因此,继承也可以产生债权和债务一并转让的效力。《民法典》第725条规定:"租赁物在承租人按照租赁合同占有期限内发生所有权变动的,不影响租赁合同的效力。"根据该规定,买受人在取得租赁物所有权的同时,还承受该租赁物上已经存在的租赁合同关系中出租人的当事人地位,也可认为是法定的债权和债务的一并转让。《城市房地产管理法》第42条规定:"房地产转让时,土地使用权出让合同载明的权利、义务随之转移。"这也会产生债权和债务一并转让的效力。

二、概括移转的构成和效果

根据《民法典》第555条的规定，合同权利义务的概括移转的前提是合同的有效存在，且以合同地位的可让与性（具有可移转性）为必要。近现代以来，相较于注重合同当事人个人特质的传统观念的摒弃，现代经济交往更加关注合同发生的经济基础，因而就合同上的地位而言，只要未给对方造成不当的损害，则该自由移转行为即被允许，"而为防止出现不当的不利益，必须经对方同意"。[①]此外，按照《民法典》第546条、第551条的规定，发生债权让与须通知债务人，而发生免责的债务承担时则必须经债权人的同意。因此，当进行合同权利义务的概括移转时，因其包含免责的债务承担效果，当然会对受让方产生不当的不利益。对此，《民法典》第555条也明确要求在合同权利义务概括移转时，必须经对方同意。而此处的同意也与免责的债务承担中的同意含义一致。[②] 从反向而论，若其未经对方同意而为合同权利义务的概括移转，该移转行为对对方当事人并不产生预期效力。[③] 同时，各主体之间若有明确约定则从其约定。未约定或约定不明时，则在意思表示真实的情况下，也可以转换为在当事人之间发生约定债权转让及并存的债务承担的效力。[④] 但若合同权利义务概括移转中还存在其他原因行为，有其他经济目的，无法适用上述法律行为效果转换，若适用则合同的本初目的无法得以实现的，则未经对方同意的意定概括移转不发生效力的转换。

在合同权利义务概括移转时，一般情况下，原合同当事人退出该合同关系，从而使受让人取得当事人地位，并享有该合同中当事人应当享有的全部利益，包括前述提到的撤销权、解除权以及全部从债权，当然也要负担全部合同义务。当然，合同双方也可作其他约定，如约定概括移转后，原转让方仍须就合同中的部分债务与新的概括受让人一起承担连带责任；亦可以约定原转让方可以作为

① 韩世远：《合同法总论》（第4版），法律出版社2018年版，第637页。

② 参见史尚宽：《债法总论》，中国政法大学出版社2000年版，第755页；孙森焱：《民法债编总论》（下册），法律出版社2006年版，第820页。Unidroit Principles of International Commercial Contracts 2016, Article 9. 3. 5, Comment 5.

③ 参见朱广新：《合同法总则》，中国人民大学出版社2012年版，第423页。

④ 参见史尚宽：《债法总论》，中国政法大学出版社2000年版，第755页；孙森焱：《民法债编总论》（下册），法律出版社2006年版，第820页。

新的概括受让人的担保人,对该合同债务承担约定的担保责任;而且,合同当事人之间也可以约定对于合同中所明确可以分割的部分事项所涉的债务,原转让方可以完全免除责任,但对于其他所涉的债务责任,依然由原转让方与合同权利义务概括移转的受让人一同承担连带责任。① 总之,合同地位的可让与性可以基于当事人的特别约定予以限制。

三、意定概括移转的法律适用

《民法典》第556条为典型的转介条款。由于概括移转中当然包含债权让与和债务承担,故而,前述关于债权让与和债务承担的相关规则及产生的法律效果,如从权利或从义务的移转、抗辩的移转等,在概括移转中也同样有适用的可能。在调整涉及概括移转问题时,通过转介条款对包括可转让的债权、可承担的债务、从权利与从债务的转让、当事人的抗辩权等的适用,亦可以实现解决问题的目的。从另一个角度看,在处理概括移转问题时,适用债权移转与债务承担的相关规则亦是法律的强制要求。

---

① Unidroit Principles of International Commercial Contracts 2016, Article 9. 3. 5, Comment 5.

第七章

合同的权利义务终止

第一节　合同权利义务终止的一般原理

一、概念厘定

我国《民法典·合同编》第七章之标题为“合同的权利义务终止”,在该章的法律条文中,同时出现了“合同的权利义务关系终止”“债权债务终止”“权利消灭”的表述。该章的法律规范多属于传统债法理论上“债的消灭”的范畴,而作为合同解除相关概念的“合同终止”,与“合同的权利义务终止”或“合同的权利义务关系终止”究竟是何逻辑关系,亦不无困惑。法律概念乃成文法之基本要素,对法律概念的内涵与外延的精准把握,是法律确定性的需要,也是法律逻辑思维得以正确进行的前提。因此,有必要对本章所涉及的上述相近法律概念进行厘定,以明确其含义。

(一)债权债务终止与债的消灭

《民法典·合同编》第七章之标题虽为“合同的权利义务终止”,但法律规范的内容基本都是传统民法中关于债之消灭的规定。但在法律术语的使用上,《民法典》以“债权债务终止”替代了“债的消灭”,使债的消灭于我国沦为学理概念。但两者的内涵与外延并无差异。所谓债权债务终止是指因一定的法律事实而使债之法律关系消灭,基于债之效力发生的债权和债务归于消失的法律状态,亦可称为债的消灭。

由于债的外延可以覆盖合同之债,因此,债权债务终止是合同之债终止的上位概念。合同之债的终止或称合同之债的消灭,是债权债务终止的下位概念。

债于学理上分为广义之债与狭义之债,债之消灭在外延上当可涵摄广义之债的消灭与狭义之债的消灭。所谓广义之债的消灭,是指包含诸多债权债务的债之整体法律关系的消灭,如买卖合同之债的消灭。所谓狭义之债的消灭,是指某一给付关系中的个别债权或债务的消灭,如买卖合同中给付价款的债务、给付货物的债务等个别债务因履行等原因而消灭。狭义之债的消灭不当然引起广义之债的消灭。债权自身的消灭,只不过是债权关系中的一个构成要素的消灭,即使该(广义)债权关系最终因此结束,也必须根据诚信原则谨慎处理。[①]反之,广义之债的消灭,会导致其所包含的狭义之债的消灭。

就法律用语的选择而言,债的消灭比债权债务终止更为准确。首先,债权债务之列举并不能穷尽债的全部效力。债的效力体系十分复杂,不仅包括实体效力,还包括形式上之效力,如债之拘束力。实体效力也可包含给付义务、附随义务、请求权、抗辩权、形成权等诸多权能,是结构复杂的效力体系,不宜仅以债权债务代表之。依中文习惯,债权债务更贴近表达个别债权债务的意思而非债之关系整体,不能很好体现债之消灭的全部含义。其次,"终止"也不如"消灭"准确。"债权债务终止"与"合同的权利义务终止"、"合同终止"易生混淆。债权债务终止中的"终止",是债的效力不复存在的意思,消灭是其精准表述。合同终止、合同的权利义务终止中的"终止",是合同原给付权利义务关系的终止,不等于债权债务消灭,合同虽终止但债之关系未消灭的情况现实存在。例如,租赁期限届满租赁合同终止或租赁合同的权利义务关系终止,但欠交的租金作为债权债务继续存在,没有消灭。债的消灭是对债的效力不复存在这一客观状态的表述,不涉及溯及既往的问题;而合同的权利义务终止,包含解除,在解释论上存在溯及既往的问题。合同终止是已生效力的合同其效力向将来消灭,即合同效力结束于引起终止法律事实之时点。因解除发生的合同权利义务终止,依直接效果说,既包括效力向将来消灭,也包括溯及既往的消灭。可见,消灭与终止并非相同内涵,债的消灭有其精确表达的优势,是比债权债务终止更适合的同义语。

---

① 参见[日]我妻荣:《新订债权总论》,王燚译,中国法制出版社2008年版,第189页。

另外,“权利消灭”的概念在《民法典》中,被广泛地使用于形成权、支配权、请求权、抗辩权等各类权利之中。如各种物权的消灭、从权利的消灭[①]、连带债务消灭[②]、债权人领取提存物的权利消灭[③]、先诉抗辩权的消灭[④]、解除权撤销权等形成权的消灭[⑤]。权利消灭当然包含债权的消灭,这从另一个角度证明“债的消灭”虽然未被《民法典》作为法律术语直接使用,但作为债权债务终止的另一种表达方式也是准确的。

(二)“合同的权利义务终止”的概念创设

以“合同的权利义务终止”作为标题和术语来规定债的消灭的法律条文,是我国《民法典》的独创。导致的问题是其根本不能涵盖该章法律条文中所使用的“债权债务终止”所包含的诸多合同之外的情形,存在概念外延的溢出,逻辑上存在不一致性。盖因我国《民法典》在规定债权这一实体权利的同时,未设债权总则,而以合同权利义务终止来代替债权消灭之规则,实际上并不能完全达成功能替代,所以必须以牺牲逻辑的方式去满足功能上的需要。在不设债权总则的《法国民法典》中,同样存在此类逻辑问题。《法国民法典》将债的消灭规定于第三编“契约或约定之债的一般规定”之下的第五章;在第四编“非经约定而发生的债”,则没有规定债的消灭。可见此种逻辑问题源自法典的体系建构方式,在不设债权总则的体系中,此类逻辑问题的存在具有共性。

合同的权利义务终止不像债的消灭的内涵那样单一,而是有多个层次的含义。(1)指因合同所生的具体债权债务的终止,这属于债的消灭的一种情形。如买卖合同价款债务因履行而消灭。(2)指因合同所生其他权利义务的终止,如居住权、地役权、抵押权等无需登记即可以合同设立的物权的终止,这属于《民法典·物权编》中规定的物权消灭的一种情况。(3)指债权合同法律关系整体的终止,属于广义之债的消灭。如协议解除尚未履行的买卖合同且不发生损害赔偿的场合。(4)指与合同原给付相关的债权债务消灭,合同关系没有终止而是转换为新的债权债务。如因违约而解除合同,并请求违约损害赔偿的

---

① 《民法典》第 559 条。

② 《民法典》第 520 条第 1 款、第 2 款。

③ 《民法典》第 574 条第 2 款。

④ 《民法典》第 694 条。

⑤ 《民法典》第 199 条、第 541 条、第 564 条。

场合。

通过以上分析可见,合同的权利义务终止作为法律概念,内涵很难统一。其与债的消灭或债权债务终止在内涵上有时相交、有时分离。债权债务终止或债的消灭侧重于具体权利义务,合同的权利义务终止侧重于合同关系整体的命运。合同关系之法律效果是否消灭或转化,与具体债权债务是否消灭,观察的对象不同。因此,将债权债务终止与合同的权利义务终止拼合在一起,很有违和感。

从实用主义立场出发,"合同的权利义务终止"概念创设的积极意义是在一定程度上突破了债法的传统概念体系,从而最大限度地满足《民法典·合同编》功能上的需求:其一,有利于对法律条文的适用范围作出有效辨别。我国《民法典》同时使用了合同权利义务终止和债权债务终止两个概念,前一概念表明该规定仅适用于合同关系之消灭;后一概念则表明该规定不仅可以适用于合同之债的消灭,也可以适用于非因合同所生之债的消灭。其二,《民法典》的合同编不仅适用于合同之债,婚姻、收养、监护等有关身份关系的协议,法律没有规定的,可以根据其性质参照适用合同编的规定;[①]债权合同之外的物权合同、继承合同等没有明文规定的合同也可以适用合同编通则的规定。[②] 若仅以债的消灭或债权债务终止为标题,则债权合同之外的发生其他权利变动效力的合同,适用合同编势必产生障碍。可以说合同的权利义务终止不限于合同产生的债权的消灭,也不限于债权合同关系的消灭,还可以涵盖物权合同、身份合同、继承合同等所生的权利义务关系的消灭,其含义广于合同之债的消灭。合同的权利义务终止这一法律概念的创制为彻底打破债权总则体系的逻辑壁垒提供了条件。合同权利义务终止不能涵盖的非因合同产生的债权债务的消灭,可依据《民法典》第 468 条根据其性质适用"合同权利义务终止"一章中的有关债权债务终止的规定,也不会有太大的法律障碍。

(三)合同的权利义务终止与合同终止

合同的权利义务终止成为我国《民法典》的专用法律术语之后,其与各国民法中通用的"合同终止"的概念,也需要重新厘定。

---

① 参见《民法典》第 464 条第 2 款。

② 参见《民法典》第 467 条第 1 款。

合同终止是与合同解除对应的概念。解除依学说不同,要么认为有溯及的效力,使契约自始消灭,要么发生恢复原状的反向债务;终止则仅使契约嗣后失其效力,而终止前之契约关系则仍有效存在。合同终止以继续性合同关系为多见,合同解除发生恢复原状的问题,而合同终止对于已发生效力者,不生恢复原状问题。[①] 我国《民法典·合同编》通则没有对合同终止作出特殊规定,在第二分编"典型合同"的一些条文中有合同终止的概念被使用,理论通说主张将二者作严格区分,但实践中却是合同解除与合同终止经常被混用,将终止视为是解除的一种情况而适用解除的规则。这使得解除取代了大陆法系传统意义上的终止概念而扩张适用于继续性合同关系。[②]

合同权利义务终止与合同终止,单从语义而论两者含义本无差别,但在我国《民法典》语境下,却存在内涵差异。《民法典》第557条第2款规定:合同解除的,该合同的权利义务关系终止。该款是对合同解除、合同终止、合同的权利义务终止之间逻辑关系的清晰反映。合同的权利义务终止不单是向后失其效力,而且也可因合同解除向前消除其效力。合同的权利义务关系终止成为合同解除与合同终止的共同的法律后果;合同解除与合同终止则是引起法律后果的法律事实。

二、合同权利义务终止的特征

合同的权利义务终止作为《民法典》使用的有特定含义的法律概念,具有如下特征:

1. 合同的权利义务终止是包含因合同所生债权债务在内的各项权利义务关系的消灭

合同的权利义务终止通常是指合同之债的效力客观上不复存在的现象,但基于法律适用的需要,可以扩张解释为不排斥因合同所生的债权之外的其他权利义务的消灭,也可包含合同关系的消灭,如针对居住权设定之合同解除。

2. 合同的权利义务终止不单是嗣后之效力消灭,也可包含恢复原状的效力

合同的权利义务终止不同于合同终止,它是合同解除、合同终止、债务清偿

---

① 参见孙森焱:《民法债编总论》(下册),台北,三民书局2001年版,第796页。

② 参见朱广新:《合同法总则研究》(下册),中国人民大学出版社2018年版,第512页。

等诸多使权利消灭之法律事实的共同法律效果。

3. 合同的权利义务终止以合同有效存在为前提

合同权利义务终止是对合同效力的消灭、判断合同效力存续时间终点的问题,不是合同效力评价问题。若合同自始无效或被撤销,则不适用合同权利义务终止的规定,而是适用关于民事法律行为有效性的相关规定。

4. 合同的权利义务终止是法律事实引发之后果,其本身也是一种法律事实

合同的权利义务终止须因一定法律事实引起,如清偿、抵销、解除等。合同权利义务关系终止是该原因的结果。由于合同权利义务终止之后,会引发从权利消灭、返还义务产生等法律后果,因此,合同权利义务终止本身也可以是引起其他法律关系发生变动的法律事实。

三、债消灭与合同权利义务终止的原因

由于《民法典》中合同的权利义务关系终止与债权债务终止概念并存,终止的原因也须分为债消灭的一般原因与合同权利义务终止的特别原因,以下分别阐述。债消灭的一般原因是针对所有债权债务关系的终止原因。无论合同之债还是非合同之债均可因其而消灭。特别原因是合同权利义务关系终止的原因,不适用于合同之外的债权债务关系。《民法典》第557条第1款所规定的债权债务终止的情形即是对债的消灭原因的一般性规定。第2款规定的合同解除,即是对合同权利义务终止特别原因的规定。

(一)债消灭的一般原因

所谓债的消灭原因是指一切能引起债权债务消灭的法律事实,其范围不限于《民法典》第557条第1款所规定的情形。

学者对债的消灭原因有不同的分类。有学者分为两类:一类是因目的消灭而消灭,包括目的达成和目的不能达成;另一类是因目的消灭以外的原因而消灭。[①] 也有学者分为三类,一是基于当事人的意思,如免除、合意解除;二是基于目的消灭,如清偿、混同;三是基于法律规定。[②] 由于当事人的意思也属于围绕债的清偿或效力消灭为目的作出的行为,因此,当事人的主观意思与客观目的

---

① 参见孙森焱:《民法债编总论》(下册),台北,三民书局2001年版,第1001~1002页。

② 参见刘家安等:《债法:一般原理与合同》,高等教育出版社2012年版,第155页。

消灭同时采用的分类,在标准上缺乏一致性。本书以消灭原因是否与目的有关为标准,将债的消灭原因分为两类。

1. 因目的的消灭

首先,因目的达成而消灭。债之给付经受领而使债消灭即为目的达成。包括但不限于如下数种情况:(1)债之清偿,使债之目的直接实现,是典型的债因目的达成而消灭的原因。(2)异于原定给付的给付,如代物清偿、新债清偿、债的更新,也能间接达成清偿目的,亦属于此类情形。(3)由债务人之外的第三人清偿,如代位清偿、通过实现他人担保的清偿,而使债的目的达成。(4)向债权人之外的人提存。

其次,因目的不能达成而消灭。当债不能通过给付而实现目的即为目的不能达成。包括但不限于如下情况:(1)因债务人给付不能而消灭实际履行之义务。(2)目的已经由其他偶然原因达成或不能达成,导致债的目的落空。如待拆除的楼宇因地震倒塌,拆除义务与对待给付工程款的义务消灭。再如,患者未及医生赶到而因病死亡,导致医疗合同目的不能达成。学者将此种情况称为"目的失败"。[①] (3)目的因债权人的行为而不能达成。如买受人通过行纪人签订购买某画家特定作品的合同后,又直接从画家手中买得了该作品,行纪人的债务因目的不能达成而消灭。

2. 因目的消灭以外的原因而消灭

此类债的消灭原因是指债受到与给付受领无关的原因影响而消灭。主要包括:混同、免除、抵销、解除条件成就、终期届至、主体死亡、债权存续期限届满等。其中,混同、免除、抵销消灭的是个别的债权,属于狭义之债消灭的原因;而解除条件成就、终期届至、主体死亡消灭的是债权债务关系整体,属于广义之债的消灭原因。

我国《民法典》第557条第1款规定了六项债的消灭原因:(1)债务已经履行;(2)债务相互抵销;(3)债务人依法将标的物提存;(4)债权人免除债务;(5)债权债务同归于一人;(6)法律规定或者当事人约定终止的其他情形。该条并没有试图对所有债的消灭原因作出规定,由于债的消灭原因具有多样性,事实上也不能完全列举,因此在第6项中作了开放式的规定。即法律规定或当事人约定

① 参见黄立:《民法债编总论》,中国政法大学出版社2002年版,第726页。

终止的其他情形,都可以成为债的消灭原因。法律规定的情形如《民法典》第934条规定:"委托人死亡、终止或者受托人死亡、丧失民事行为能力、终止的,委托合同终止;但是,当事人另有约定或者根据委托事务的性质不宜终止的除外。"当事人约定的其他情形,例如当事人订立附解除条件的合同,当解除条件成就时,债权债务关系消灭。①

在学理上,即使某种情形未被法律规定,当事人也未约定,只要其能引起债权债务消灭的后果,均属于债的消灭原因。可见《民法典》将债的消灭原因限定于法律规定和当事人约定,失之过窄。不宜强求每一债之消灭原因均对应某条法律规定。

(二)合同权利义务终止的特别原因

合同解除与合同终止是合同的权利义务关系终止的原因,相对于债消灭的一般原因而言,是特别原因。合同解除与合同终止消灭的都是广义之债,是对合同效力的整体消灭,而非消灭个别的债权或债务。其中,合同解除对过去和将来都发生效力;合同终止则仅对将来发生效力,相对于合同解除而言属于特别规定。

1. 合同解除

合同解除是否属于债的消灭原因,是一个需要研究的问题。在立法例上,债的消灭原因通常不包括合同解除。在《德国民法典》中,解除没有规定在债务关系消灭一章,而被规定于基于合同而发生的债务关系一章中。《日本民法典》《意大利民法典》于契约总则部分专节规定解除,均未在债之消灭中。不同的是,《瑞士债法典》将合同通知解除作为债不履行的后果加以规定,将协议解除作为债的终止的原因。

德国学者认为,解除并不消灭原债务关系,而只是将其转变为返还性债务关系。② 我国学者认为,合同法定解除的核心在于解除权的产生与行使,而非合同关系的消灭。如将合同关系定性为一种具有动态发展性的法律关系,合同解除并未消灭合同,只是使合同关系发生转换。将合同解除规定为合同消灭的事

① 参见最高人民法院民法典贯彻实施工作领导小组主编:《中华人民共和国民法典合同编理解与适用(一)》,人民法院出版社2020年版,第601页。

② 参见[德]迪特尔·梅迪库斯:《德国债法总论》,杜景林、卢谌译,法律出版社2004年版,第392页。

由，只是对合同关系进行静态思考的结果。[①] 也有学者从整体与个别的视角思考，认为解除、终止为法律关系全盘之消灭，与就个别之债权为清偿仅消灭该债权之情形，应有区别。[②] 以此排除将合同解除、终止作为债的消灭原因。这是因为德国、日本对债之消灭的立法均是针对狭义之债的消灭，与我国的法律传统不同。

我国原《合同法》中将合同解除作为合同权利义务终止的事由。《民法典》第 557 条作了逻辑调整，将履行、抵销等传统民法中公认的债的消灭原因规定在第 1 款，表述为债权债务终止；将合同解除单独作为第 2 款，表述为合同的权利义务关系终止。可见，《民法典》在制定时已经意识到了这个问题，从维护法律传统的角度来看，合同解除可以与其他债的消灭原因规定在同一章甚至同一条；但从不同范畴之间的逻辑关系角度看，立法上以不同的概念凸显其差别，是一种折衷的方案。

在我国《民法典》语境下，合同解除作为合同权利义务终止的特别原因，是可以成立的命题。合同解除的法律性质具有多元性：它既可以是发生不可抗力或情势变更时应对风险的措施，又可以是违约时的救济方式；既可以是打破合同僵局的手段，又可以是合同之债的消灭原因。合同解除虽有债之转换的效果，但也不排斥其可以只消灭而不发生转换的效果。例如，解除尚未开始履行的合同，若不产生违约金或损害赔偿等救济性请求权的场合，解除仅是合同之债的消灭原因。即使发生返还给付与损害赔偿等债务，原给付义务也必然消灭。可见，因解除而使合同权利义务关系终止是一个可以成立的命题。

2. 合同终止

合同终止是继续性合同仅向嗣后失其效力，不发生溯及消灭或恢复原状的法律效果。广义的合同终止不仅包括合同到期前或合同履行完毕前的终止，还包括合同因到期或履行完毕而失效。合同终止通常取狭义概念，指合同到期或履行完毕前的终止。例如，借款人提前返还借款，则合同权利义务关系向将来消灭属于狭义的合同终止。

关于如何规范合同终止，有不同的立法例。《德国民法典》在基于合同而发

---

① 参见朱广新：《合同法总则研究》（下册），中国人民大学出版社 2018 年版，第 514 页。

② 参见孙森焱：《民法债编总论》（下册），台北，三民书局 2001 年版，第 1003 页。

生的债务关系中专节规定合同解除；另在各种债务关系一章中，对于已经开始履行的继续性合同，有很多“通知终止”的规定。如《德国民法典》第568条、第569条、第573条关于使用租赁关系的通知终止的规定；再如，第651e条、第651j条关于旅行合同因瑕疵或不可抗力而通知终止的规定。第651i条关于旅行开始前旅客可以随时解除合同的规定，没有使用“终止”而是“解除”，可见德国法上对于概念的使用非常精致。

我国《民法典·合同编》通则中没有对合同终止作一般性规定，而在合同具体制度规定中有大量条文使用了“终止”。然其含义并非单指合同终止，内涵并不统一。(1)指合同到期或履行完毕而失效。如《民法典》第924条规定的“委托合同终止时，受托人应当报告委托事务的结果”、第969条第2款“合伙合同终止前，合伙人不得请求分割合伙财产”、第949条第1款“物业服务合同终止的，原物业服务人应当在约定期限或者合理期限内退出物业服务区域，将物业服务用房、相关设施、物业服务所必需的相关资料等交还给业主委员会、决定自行管理的业主或者其指定的人，配合新物业服务人做好交接工作，并如实告知物业的使用和管理状况”。(2)指合同所附终止条件成就的法律后果。如《民法典》第940条，“建设单位依法与物业服务人订立的前期物业服务合同约定的服务期限届满前，业主委员会或者业主与新物业服务人订立的物业服务合同生效的，前期物业服务合同终止”。(3)指权利义务消灭。如《民法典》第537条关于债权人代位权的规定中，“债权人接受履行后，债权人与债务人、债务人与相对人之间相应的权利义务终止”。(4)也有条文使用合同终止的狭义含义，仅于终止时向后失效。如《民法典》第977条规定，“合伙人死亡、丧失民事行为能力或者终止的，合伙合同终止；但是，合伙合同另有约定或者根据合伙事务的性质不宜终止的除外”。再如第936条规定，“因受托人死亡、丧失民事行为能力或者被宣告破产、解散，致使委托合同终止的，受托人的继承人、遗产管理人、法定代理人或者清算人应当及时通知委托人”。

也有的条文表述不明，如《民法典》第580条第2款规定：“有前款规定的除外情形之一，致使不能实现合同目的的，人民法院或者仲裁机构可以根据当事人的请求终止合同权利义务关系，但是不影响违约责任的承担。”由于第1款规定的情形既有可能是一时性合同，也有可能是继续性合同，所以第2款的“请求终止合同权利义务关系”究竟是“合同终止”之意，还是“因解除而使合同的权利义务终止”之意,不甚清晰。法律规定不明了,是实践中合同解除与合同终止不分的重要原因。

因合同终止而使合同权利义务关系消灭,与债权债务消灭并非同一结果。例如租赁合同终止后,返还租赁物的回复性债务尚需经履行而消灭。这涉及合同解除或合同终止法律后果的诸多解释学说,容后论及。

四、债权债务终止的法律效果

债权债务终止发生如下法律效果:债权债务关系不复存在;从权利消灭;后合同义务产生;债权凭证的返还或注销。合同权利义务关系终止的法律效果还可涉及合同解除之法律后果的相关理论。

(一)债权债务关系不复存在

债权债务终止即债的消灭,其直接后果就是债失去法律上的效力。首先,债失去法律效力是指形式上的拘束力和实质上的债权债务均告消灭,债权人和债务人不再受债的约束,债权人不得依据该债而主张债权,债务人也不再负有相应的债务。其次,债权债务终止多指个别的给付权利义务关系消灭,但也并非不能指向债之法律关系整体消灭。原则上债务关系的存续在整体上不受个别债权消灭的影响,只有组成广义债务关系的所有义务均消灭,广义上的债务关系才会消灭。[①] 例如,买卖合同中的价款给付请求权可以因清偿而消灭,但买卖合同关系并不当然消灭。若买卖合同双方对待给付义务均已履行完毕,且其他基于合同所生的保护义务、附随义务、瑕疵担保责任均已消灭,则买卖合同之债整体消灭。

债权债务关系消灭与合同关系消灭或合同效力消灭不可简单等同。个别债权债务消灭不当然引起合同关系或合同效力消灭。合同关系或合同效力消灭,则使基于该合同发生的债权债务消灭。也不排除效力转化的情况,这在合同解除中较为多见。合同解除后合同关系消灭,已履行部分失去原因转为不当得利返还之债或清算法律关系。

---

① [德]迪尔克·罗歇尔德斯:《德国债法总论》,沈小军、张金海译,中国人民大学出版社 2014 年版,第 138 页。

(二)从权利消灭

依据从随主原则,债消灭则其从权利同时消灭。债的从权利大体包括三类:第一类是担保性从权利。包括担保物权、保证、定金、建设工程价款优先权、预告登记等以担保为目的而设立的从权利。第二类是救济性从权利。包括继续履行请求权、采取补救措施请求权、违约金请求权、损害赔偿请求权等当原给付义务出现履行障碍时的救济性请求权。第三类是派生性从权利。包括基于债之效力而发生的各种抗辩权、形成权、利息债权、附随义务等。债权债务消灭后,以上各类从权利失去了存在的目的或原因,亦随之消灭。

合同的权利义务关系终止有不同于债权债务终止一般规定的特殊后果。因合同解除而使合同的权利义务关系终止的,不当然消灭从权利。例如,合同因违约解除的,债权人仍可以请求违约方承担违约责任,可以继续适用违约金条款,可以向担保人主张承担担保责任。①

关于从权利的消灭,有以下值得探讨的问题:

1. 从权利消灭的例外

从权利因债权债务消灭而同时消灭的规则,是否存在例外和因何存在例外,是一个不应被忽略的问题。一些从权利在债权债务消灭时,并没有同时消灭,而是因其他法律事实才消灭。例如,交付货物的给付义务因履行而消灭,但对该货物的权利瑕疵担保责任并不消灭。

从权利消灭存在例外的原因主要有:其一,权利性质决定之例外。有些从权利若与主债权同时消灭则无法实现其功能。采取补救措施请求权、瑕疵担保责任不因给付义务履行而消灭,而须适当履行方得消灭。然是否适当履行、是否存在隐蔽瑕疵等须延后判断,上述从权利也就不能与债权债务同时消灭。其二,规则体系决定之例外。例如,为解决破产与担保的规范衔接问题,《破产法》第124条规定:"破产人的保证人和其他连带债务人,在破产程序终结后,对债权人依照破产清算程序未受清偿的债权,依法继续承担清偿责任。"②规则体系的差异,对从权利消灭的例外规定有重要的影响。在瑞士、日本等债权因时效

① 参见《民法典》第566条;最高人民法院《买卖合同司法解释》第20条。

② 参见王利明主编:《中国民法典释评　合同编·通则》,中国人民大学出版社2020年版,第630页。

经过而消灭的立法例中,担保并不同时消灭。《瑞士债法典》第133条规定,主债权因时效届满而消灭的,利息和其他从权利亦同时消灭。但第140条作出例外规定:诉讼时效也适用于设定有保证或抵押担保的债权;但债权人在其债权因诉讼时效届满得不到清偿时,可以通过保证或抵押实现其权利。我国《民法典》没有将时效经过作为债权债务消灭原因,抵押权若不在诉讼时效期限内行使则不受保护,保证人也可以主张债务人对债权人的时效抗辩,因此不属于债权消灭引起从权利消灭的例外。其三,当事人意思决定之例外。例如,工程已经依法验收并交付使用,但工程质量保证金在未到约定的质保期时作为从权利仍有效存续。再如,租赁合同终止,但约定承租人在一定期限内继续享有优先购买权。其四,某些权利因不存在从属性而例外。例如,已经发生的利息债权(支分权)、违约金债权具有独立性。[①] 再如,最高额担保具有独立性,不随被担保的个别债权消灭而消灭。

2. 从权利消灭是任意性规范还是强制性规范

《民法典》第559条规定:"债权债务终止时,债权的从权利同时消灭,但是法律另有规定或者当事人另有约定的除外。"该条在规定了债权的从随主原则的同时,也规定了例外情况:一是法律另有规定,二是当事人另有约定。但其立法方式是否恰当,值得探讨。

首先,前述列举的数种例外情况,并非均有法律规定,很多是基于权利性质的法理判断,而且由法律将所有例外悉数列举几无可能。《民法典》第559条关于债权债务终止时从权利消灭的规定属于一般性规范,将法律另有规定和当事人另有约定作为一般性规定之例外,而忽略了其他例外情况,失之过窄。从立法例看,通常都是将从权利消灭作为一般性规范,不设例外的但书,在具体规范中有针对性地规定例外。如《瑞士债法典》第140条也有类似处理。

其次,当事人另有约定除外的但书,使从权利消灭的一般性规范成为任意性规范,显然违背法理。若在一般性规则的层面允许当事人约定从权利不与债权同时消灭,无异于推翻了从随主原则。而且,若债权消灭后从权利仍

① 参见孙森焱:《民法债编总论》(下册),台北,三民书局2001年版,第1004页。

存续,徒增混乱,没有实际意义。《民法典》关于权利从属性的规定多是强制性的。通过对主权利与从权利在成立、变更、转让、消灭、效力等方面的从属性规则的分析可见,效力方面的从属性与公共利益关系密切。《民法典》进一步强化了担保的从属性,仅允许法律另有规定,才能排除担保在效力上的从属性,而不允许当事人通过约定排除担保在效力上的从属性。[①] 例如,《民法典》第 388 条第 1 款后半部分规定:“担保合同是主债权债务合同的从合同。主债权债务合同无效的,担保合同无效,但是法律另有规定的除外。”第 682 条保证合同效力的从属性也作相同规定。消灭的从属性与效力的从属性性质接近,《民法典》以强制性规范规定之。如第 393 条第 1 项规定的主债权消灭的,担保物权消灭;第 587 条规定债务人履行债务的,定金应当抵作价款或者收回。此类从属性之例外,涉及统一的法律政策,宜由法律加以规定,不宜由当事人个别约定。

综上,债权消灭引起的从权利消灭作为一般性规范,体现的是消灭的从属性。当事人另有约定除外的规则仅适用于个别的从权利,它不是从权利消灭这一一般性规范普遍适用的例外,应当在具体的规范中作出例外规定。

(三)后合同义务的产生

1. 后合同义务的概念

后合同义务是指债权债务终止后,当事人遵循诚信等原则,根据交易习惯应当履行的通知、协助、保密、旧物回收等义务。

在后合同义务的定义上,本书主张“独立义务说”。后合同义务从其理论基础而言属于诚信义务,即使没有合同约定、法律的具体规定或交易习惯,也可以依据法律关于后合同义务的原则性规定,并结合具体合同履行情况,从诚信原则中产生不同内容的后合同义务。其“属概念”只能是在特定社会关系中发生的诚信义务,而不是约定义务或法定义务。诚信义务不同于约定义务,其义务不源于合意的约定。诚信义务原本被归入法定义务,然法定义务须明确具体,而诚信义务与诚信原则一样具有原则性的特性,需要在个别法律关系中具体化

---

① 参见刘贵祥:《担保制度一般规则的新发展及其适用——以民法典担保制度解释为中心》,载《比较法研究》2021 年第 5 期。

始能展现其真正的内容。德国学说特别强调，诚信原则仅可作为应如何行使已存在的权利，履行已存在的义务的方法上的规范或限制，不得引为债之关系存在上，从无到有的规范依据。[①] 由于我国《民法典》第558条已经明确后合同义务的存在，在诚信原则与诚信义务之间介入了法律对其发生法律关系的确认，因此将后合同义务归入诚信义务没有理论障碍。诚信义务不同于普通社会关系中的注意义务，而是对特定的合同当事人基于诚信原则提出了更高的要求。即善意而为、顾及交易习惯、关照对方利益、提供真实信息、积极协助、信赖保护、不将自己取得的利益建立在损害他人之上。后合同义务的各项内容是诚信义务的具体化。

后合同义务作为诚信义务，与附随义务、先合同义务有相同的理论基础，但由于产生阶段不同，有着不同的制度安排。三者都属于诚信义务的“种概念”。该观点称“独立义务说”，即后合同义务不属于附随义务，是一种独立的义务类型，与附随义务均属于诚信义务的下位概念。

持此观点的学者认为，“按照民法，合同关系终止后当事人即脱离了合同的约束，彼此不再承担任何义务，但有时这对当事人利益的保护不够周全，于是现代民法理论基于诚实信用原则创设了后合同义务，即在合同关系终止之后，当事人在特定情形下根据诚实信用原则，仍应负有某种作为或不作为的义务，以维护相对人的人身或财产利益”。[②] 后合同义务是，“债务人于契约履行后，于可期待之情况下，并继续存在不得使债权人基于契约所被保障之利益被剥夺之义务，及不得危害契约目的之义务，此种于契约履行后续义务，也是依诚信原则而来”。[③]

相反的观点有“广义的附随义务说”和“保护义务说”。“广义的附随义务说”认为后合同义务是债之关系终了后的附随义务。“合同的权利义务终止之后，合同即告消灭，当事人之间不再存在任何关系。但是，按照现代合同法的观念，合同终止之后，当事人之间还存在一定的关系，这就是合同后契约阶段的附

---

① 参见黄茂荣：《债务不履行与损害赔偿》，厦门大学出版社2014年版，第155页。

② 江平、程合红、申卫星：《论新合同法的合同自由原则与城市信用原则》，载江平：《江平文集》，中国法制出版社2000年版，第456页。

③ 姚志明：《债务不履行——不完全给付之研究》，中国政法大学出版社2003年版，第80～81页。

随义务。”①广义的附随义务说没有抽象出诚信义务这一上位概念，将后合同义务与附随义务加以类比甚至归入一类，若强调两者相同之处时，涵盖后合同义务的附随义务称为广义附随义务；若强调两者不同而为对比时，则是不包含后合同义务的狭义附随义务。广义的附随义务说模糊了两者的差别，因此不宜赞同。

后合同义务与附随义务的差异在于，附随义务在合同履行过程中主要起到保护对方期待利益与固有利益，顺利获得给付利益的功能，若违反附随义务承担违约责任或与侵权责任竞合。若附随义务违反影响债之目的，则可以解除或终止合同。后合同义务发生时债权债务已然终了，此时期待利益已经实现并转化成为固有利益，其主要功能是保护对方的固有利益，维护已经完成的给付效果，协助处理合同终了后的善后事务。扩张后的后合同义务，也可以包含给付义务，而不仅是附随义务。违反后合同义务的根据发生原因和利益保护之类型，通过个案的责任构成要件评价，判断承担何种性质的法律责任，鲜有竞合。后合同义务违反不发生合同解除或终止。在法律依据上，附随义务适用《民法典》第509条第2款，后合同义务适用《民法典》第558条。

“保护义务说”认为，债务关系是给付义务与保护义务的特别结合关系。债务关系的当事人负有顾及另一方当事人法益的特别义务，与给付义务不同，人们将此种义务称作保护义务。此种义务在缔约磋商接触之际即已产生。在合同期间甚至给付完毕之后也可能继续存在，直到当事人真正相互分开为止。即磋商阶段、给付阶段、分开阶段都存在这种保护义务。其违反义务的后果分别为缔约过失、积极侵害债权、契约终了后的过失。② 保护义务说进一步将后合同义务与先合同义务、附随义务统一起来，保护义务贯穿合同行为始终，在理论认知、理论解释、理论构建上具有积极意义。但在法律制度层面，三种义务的差异同样被忽略。后合同义务与先合同义务不仅是发生阶段上的不同，而且存在更本质的差异。先合同义务只能因缔约磋商而发生，限于合同关系；后合同义务

① 杨立新：《中国合同责任研究》（下），载《河南省政法管理干部学院学报》2000年第2期；另参见史尚宽：《债法总论》，中国政法大学出版社2000年版，第345页。

② 参见［德］迪特尔·梅迪库斯：《德国债法总论》，杜景林、卢谌译，法律出版社2004年版，第6页。

的发生不限于合同之债。先合同义务有明确的起止时期,后合同义务的发生与终止不明确,需要在具体案件中通过利益衡量确定。两者不仅目的各异,而且法律依据也不同。先合同义务适用《民法典》第500条。

2. 关于后合同义务的古典理论与扩张

后合同义务的性质也是一个值得探究的问题。最初的理论认为,后合同义务是依诚信原则于债消灭后产生的给付义务以外的义务。以下规定性因素对后合同义务的属性产生根本影响:

首先,后合同义务的理论基础是诚信原则,其义务性质既不是法定义务,也不是约定义务,而是诚信义务。除一时性合同存在后合同义务外,后合同义务更多被用于继续性合同所形成的社会关系的维护,关系契约理论也是其理论基础之一。

其次,后合同义务之发生原因不限于合同关系。原《合同法》第92条将后合同义务发生的条件规定为"合同的权利义务终止后",《民法典》第558条则将其修改为"债权债务终止后",是值得赞同的。因为非合同之债消灭后,同样存在此种诚信义务。例如,无因管理之债履行后,债权债务终了,当事人对无因管理过程中知悉的隐私、秘密等仍负有保密义务。可见,将其称为后合同义务是一个误读,应当将其命名为"给付完成后之诚信义务"才恰如其分。但须注意的是,给付完成后狭义之债消灭,广义之债未必消灭。如果广义之债有特有之效力,诚信义务可由广义之债产生,如买卖合同之债一方给付义务消灭,但对待给付义务未消灭,合同效力尚存,则发生附随义务而非后合同义务。只有买卖合同全部给付义务完成使广义之债消灭后,才有可能发生后合同义务。

最后,后合同义务是给付义务以外的义务。后合同义务非给付义务,因为后合同义务发生时债之给付已经完成,后合同义务以维护和保护已完成的给付利益为目的,其性质为保护义务。也有学者认为后合同义务本质上属于一种照顾义务。[①] 由于没有给付义务,后合同义务本身不属于债权债务的范畴,否则违背债之标的的原理;也没有必要为了解释后合同义务的性质,创造"无给付义务之债务"的概念,打乱债的原理体系。如无必要,勿增实体。后合同义务之本质不是债务,而是特定社会关系中的诚信义务。

---

① 参见朱广新:《合同法总则研究》(下册),中国人民大学出版社2018年版,第399页。

但是在我国后来的学说与立法发展中,后合同义务的范围发生了扩张。一方面,后合同义务不再限于给付义务之外的诚信义务,而是融入了一定的给付义务,使其成为一种后合同之债。如保修义务、售后服务义务、回收义务等具有给付内容的义务,均被认为是后合同义务。[①] 另一方面,后合同义务不再仅限于依据诚信原则和交易习惯而发生,还可因协议或法律规定而发生。例如,对于违反后合同义务的法律后果,亦得由当事人约定违约金作为保障手段。[②] 后合同义务扩张带来的理论困境是打破了传统后合同义务理论的内在逻辑统一性,后合同义务违反的法律后果也呈现多元化的趋势。后合同义务传统理论所阐释的是符合理论预设的真正后合同义务;而扩张后的后合同义务,夹杂了给付义务,融入了意定之债与法定之债,是不真正后合同义务。两者的制度目的并不相同。真正后合同义务是为了解决债权债务消灭后,义务的产生来源问题;不真正后合同义务产生的依据明确,无需通过诚信原则论证该义务何以产生,只是较之前面已经消灭的债,义务的产生时期在后罢了。但从实用主义的角度出发,将债权债务终了之后可能发生的诚信义务与给付义务,均视作后合同义务,不细究其差别,不用逐一选择适用不同的法条,统一以后合同义务一言以蔽之,实务中亦有一定的便利。我国《民法典》第 558 条、第 625 条即采扩张的后合同义务理论,既包括真正后合同义务,也包括不真正后合同义务。

3. 后合同义务产生的原因

将后合同义务的产生作为债权债务终止所发生的法律效果,是我国学者比较认同的学术观点。《民法典》在“合同的权利义务终止”一章中专设条文规定后合同义务,也从实证法层面强化了此种观念。反观域外立法例与学说,却鲜有将后合同义务产生作为债消灭的一项法律后果的观点。因为后合同义务虽被界定为在债权债务终了之后产生或存在,但却不是因债权债务终止而引起,两者只是在这个时间域里发生了交集,根本不是决定和被决定、引起和被引起的关系。这一点对于如何理解后合同义务的含义与产生原因,以及如何解读《民法典》关于后合同义务的规定,至关重要。

---

① “保修义务”参见杨立新:《中国合同责任研究》(下),载《河南省政法管理干部学院学报》2000 年第 2 期;“售后服务义务”参见吴雅婷:《论民法典合同编的后合同义务规则》,载《山东科技大学学报(社会科学版)》2020 年第 4 期;“回收义务”参见《民法典》第 558 条、第 625 条。

② 参见韩世远:《合同法总论》,法律出版社 2011 年版,第 502 页。

首先,债权债务终止是后合同义务产生的条件。债权债务若未终了,后合同义务必然不会产生,或者在逻辑上也不能将合同中的附随义务称为后合同义务,由此可见,两者间的条件关系是客观存在的。但究竟为何种条件依不同学说之逻辑推演而有异。若认为后合同义务之产生是债权债务终止的法律后果,则属于充分条件关系;若认为后合同义务之性质是基于诚信原则而于债消灭后发生的一种独立的义务,则属于必要条件关系;若认为后合同义务是债之附随义务的一种,存在共同的理论基础,则是一种偶然关联关系,债之附随义务并不因债权债务终止而本质不同。偶然关联关系并没有发现后合同义务与附随义务的不同,以至于债权债务终止成为一个可有可无的法律事实;充分条件关系误将债权债务终止当成了后合同义务产生的唯一决定性因素,均不可取。必要条件关系表达了债权债务终止并非后合同义务发生的唯一因素,但在与附随义务的区分上又不可或缺,相对准确。一方面,债权债务终了时后合同义务不当然发生,而是基于诚信原则或法律规定于必要时才发生;另一方面,附随义务与后合同义务同为因诚信原则或法律规定于必要时发生,但在发生时间、法律责任等制度安排上存在一定不同,不能完全无视。

其次,诚信原则、交易习惯是真正后合同义务发生的原因,法律规定、合同约定是不真正后合同义务发生的原因。其中,诚信原则是后合同义务的核心理论基础。《民法典》第 558 条规定:“债权债务终止后,当事人应当遵循诚信等原则,根据交易习惯履行通知、协助、保密、旧物回收等义务。”该条规定列举了诚信原则、交易习惯可以作为后合同义务发生的原因,前一个“等”字表明了原因的开放性。后合同义务是否发生须视合同履行后的具体情形依诚信原则而确定之,不能事先确定其是否发生。但不排除双方通过合同约定对可能发生的后合同义务做出安排。如约定合同履行完毕后的竞业禁止年限和违约金。法律也可以对比较重要的后合同义务作出规定。《民法典》新增加的旧物回收义务,即使没有约定,也可以直接援引法律的规定主张后合同义务。例如,《放射性污染防治法》第 32 条第 2 款规定:“生产放射源的单位,应当按照国务院环境保护行政主管部门的规定回收和利用废旧放射源;使用放射源的单位,应当按照国务院环境保护行政主管部门的规定将废旧放射源交回生产放射源的单位或者送交专门从事放射性固体废物贮存、处置的单位。”

4. 后合同义务的内容

后合同义务是债权债务关系终了后,相对密切的社会交往关系彻底消失之前,基于诚信原则而发生的较之于普通社会关系更高要求的保护义务。其内容受诚信原则抽象性的影响,具有不确定性,须考量具体因素以决定义务之形态。扩张后的后合同义务可以依据协议或法律规定产生,较为确定。《民法典》列举了通知、协助、保密、旧物回收等主要义务形态。

通知义务是指债权债务终了后,当事人就可能影响对方当事人利益的事项所负的通知、说明、报告、告知的义务。例如,房屋租赁合同终了后,出租人告知承租人的房客该承租人已经搬迁的义务。债务人通过提存消灭债务的,依据《民法典》第 572 条,应当及时通知债权人或者债权人的继承人、遗产管理人、监护人、财产代管人。作为给付义务内容的通知或与合同履行相关联的通知,不属于后合同义务,如《民法典》第 590 条合同解除前的因发生不可抗力不能履行合同的通知、第 924 条受托人于委托合同终止时应当报告委托事务结果的义务,不属于后合同义务。

协助义务是指债权债务终了后,当事人为维护合同的给付效果,帮助、配合或容忍对方当事人处理善后事务以维护其利益不受损失的义务。如租赁合同终止后,应允许承租人在租赁房屋门前悬挂搬迁启示;医疗服务合同终止后,医疗机构应协助复印病历;贷款清偿完毕,银行出具证明协助涂销抵押权登记的,属于借款合同之后合同义务。但合同关系终止时发生的反向回复性债务不属于后合同义务,如租赁合同终止后的腾空返还租赁房屋的恢复原状义务、合伙合同终止后合伙人的清算义务。《劳动合同法》第 50 条规定之解除或者终止劳动合同时出具证明并办理档案和社会保险关系移转手续的义务等,是以合同关系终止为条件确定发生的法定给付义务,属于不真正后合同义务。

保密义务是指债权债务终了后,当事人对合同履行过程中知悉的对方隐私、个人信息、秘密不向他人泄露或擅自利用的义务。例如,开发商于合同履行完毕后不得将购房人个人信息泄露给装修商。有些合同关系中存在保密条款,其效力期间跨越合同终止前后,合同终止后继续有效的约定保密义务,属于不真正后合同义务。真正后合同义务中的保密义务是对合同未约定保密条款时提供救济的方式。

旧物回收义务是债权债务终了后,由出让方回收标的物的义务。该义务可以基于约定、法定或交易习惯产生。如依据交易习惯旧车由卖方4S店回收折抵一定价款购买新车。旧物回收义务多发生在标的物是废旧放射源、医疗废物、商品包装等具有一定危险性或可回收利用的场合。为贯彻绿色原则，法律专设规定。此时的旧物回收义务是基于法律规定产生的给付义务，义务人也可能是合同当事人之外的第三方，如医疗设备的生产方负责回收而非销售方回收，其性质属于附条件发生的法定债务而非真正后合同义务。《民法典》将旧物回收置于后合同义务中加以规定，扩张了后合同义务外延的范围，同时也使后合同义务的内涵越发难以统一。

除以上《民法典》明确列举的后合同义务外，保护义务、竞业禁止义务等都可以在一定条件下成为后合同义务。

5. 后合同义务违反的法律后果

后合同义务违反的法律后果，原《合同法解释（二）》第22条规定："当事人一方违反合同法第九十二条规定的义务，给对方当事人造成损失，对方当事人请求赔偿实际损失的，人民法院应当支持。"《民法典》施行后，最高人民法院印发的《全国法院贯彻实施民法典工作会议纪要》第10条基本延续了该司法解释的精神："当事人一方违反民法典第五百八十八条规定的通知、协助、保密、旧物回收等义务，给对方当事人造成损失，对方当事人请求赔偿实际损失的，人民法院应当支持。"然赔偿损失之请求权基础究竟是何种民事责任，并不明确。学说上有"债务不履行责任说"①、"合同责任说"②、"扩张的缔约过失责任说"③、"侵权责任说"④、"后合同责任说"⑤等不同观点。债务不履行责任说在德国法系的债权法中有实证法依据，理论上将保护义务或广义的附随义务贯穿合同行为的始终，后合同义务违反构成债务不履行可以自圆其说。但我国《民法典》的体系结构与德国法系的民法典不同，由于没有债编，也就没有债务不履行责任制度。

---

① 参见王泽鉴：《债法原理》，北京大学出版社2013年版，第88页；崔建远：《合同法》，法律出版社2003年版，第64页。

② 参见韩世远：《关于合同责任的争点与反思》（上），载爱问共享资料网2021年5月2日，http://ishare.iask.sina.com.cn/f/7HSEVuIqdgt.html。

③ 参见谢怀栻：《合同法原理》，法律出版社2000年版，第128页。

④ 参见王利明：《合同法研究》（第2卷），中国人民大学出版社2003年版，第314～315页。

⑤ 参见杨立新：《中国合同责任研究》（下），载《河南省政法管理干部学院学报》2000年第2期；焦富民：《后合同责任制度研究》，载《河北法学》2005年第11期。

合同责任说也面临同样的问题,它仅是一个学理概念,关于合同责任外延到底有多大,是否包括缔约过失责任和后合同责任,有不同的观点。自德国法产生了缔约上的过失责任以来,按照许多学者的观点,缔约上的过失责任乃是合同责任在时间上和范围上的扩张,缔约过失责任应适用合同法的原则。[①] 王利明教授认为,如果将合同责任定义为合同上的责任,而不是仅指违反合同义务所产生的责任,那么它就是比违约责任更广泛的概念。但缔约过失责任是发生在合同订立阶段和合同被宣告无效阶段,并非以合同为基础,因此就不应包括在合同责任的范畴内。[②] 韩世远教授则认为,合同责任概念本身就是一项争点。合同责任是因违反合同法上的义务而发生不利的法律后果。主要指缔约上过失责任、违约责任与违反后合同义务的责任。[③] 由于债务不履行责任和合同责任在我国不是法律概念,仅能起到将违反后合同义务责任学理归类的作用,不能解决法律操作中的请求权基础问题。扩张的缔约过失责任说没有注意到缔约过失责任与后合同责任存在的差别,导致存在请求权基础不能通用的问题。侵权责任说将后合同义务违反的法律后果"一刀切",没有注意到随着后合同义务范围不断扩张,已经融入了约定给付和法定之债的情况。后合同责任说是想建立一个独立的民事责任类型,来解决后合同责任问题,但正如学者所指出的,采独立责任说,难以解释侵权法有何不足,以致不得不创设一种更强的义务,以及究竟存在何种特殊利益须创设特别责任加以保护。[④]

关于后合同义务违反之法律责任,在我国《民法典》法律体系背景下,本书主张不存在独立且统一的后合同责任,应根据后合同义务发生的不同原因和法益保护类型,评价其是否满足侵权责任或违约责任的构成要件,在具体个案中判断承担何种性质的法律责任。具体言之:

首先,随着后合同义务的扩张,后合同义务突破了保护义务的界限,融入了一定的给付义务,后合同义务从纯粹的广义附随义务转变为可以包含后合同债

---

① Larenz, Schuldrecht, I, 12Aufl, 1979, S. 91ff。转引自王利明:《违约责任论》,中国政法大学出版社 1996 年版,第 27 页。

② 参见王利明:《违约责任论》,中国政法大学出版社 1996 年版,第 28 页。

③ 参见韩世远:《关于合同责任的争点与反思》(上),载爱问共享资料网 2021 年 5 月 2 日,http://ishare. iask. sina. com. cn/f/7HSEVuIqdgt. html。

④ 参见李宇:《后合同义务之检讨》,载《中外法学》2019 年第 5 期。

务。可以依据违约导致的债务不履行责任,请求实际履行或损害赔偿。

其次,后合同义务的发生原因突破了诚信原则或交易习惯,可以由当事人约定或法律规定。这种约定后合同义务的协议就为违反后合同义务而承担违约责任提供了条件。如约定的保修义务没有履行或者没有适当履行,[①]可以依据约定的保修条款请求承担违约责任。

再次,基于法律规定发生的后合同义务,若有给付内容,如旧物回收义务没有履行的,则可以基于非合同之债不履行而适用合同编总则的规定,主张实际履行或损害赔偿;若无给付内容,则只能在权益受损害时请求承担侵权损害赔偿责任,同时可以依法追究行政责任。

最后,传统的后合同义务未扩张的部分,即诚信义务,是较高的注意义务,若因过错违反此义务,属于合同终了后的过失,造成损害后果,符合侵权责任构成要件的,以侵权责任一般条款作为请求权基础。

(四)证书的出具、返还或涂销

受领证书的出具、债权凭证的返还或涂销作为债权债务终止的一般法律后果,理论上普遍认可。立法例多有明文规定之。如《德国民法典》第 368 条、第 371 条;《日本民法典》第 486 ~ 487 条;《法国民法典》第 1282 ~ 1284 条;《瑞士债法典》第 88 ~ 90 条。有学者认为,债权凭证的返还或涂销属于后合同义务的范畴。[②] 但从性质上看,其是债务人基于法律规定取得的请求权,属于债之从给付义务,与债务的清偿发生同时履行抗辩的效果,并非基于诚信原则于债消灭后才可能发生且不确定发生的诚信义务,因此,无法归入后合同义务中,只能作为债权债务终止的一项独立的法律后果。

债之消灭有关的证书包括两类,一类为债权证书,也称负债字据,是指债务人表示债务存在的证书,如借据或欠据;另一类为受领证书,或称收据,是指债权人表示已经受领给付的证书。两类证书均为证明效力,一个证明债务存在,一个证明债务消灭,法律意义不同,各国立法均分别对其作出规定。我国《民法典》未对债权证书和受领证书作出规定,作为证据中的书证,适用民事诉讼法和

---

① 参见杨立新:《中国合同责任研究》(下),载《河南省政法管理干部学院学报》2000 年第 2 期。

② 参见吴雅婷:《论民法典合同编的后合同义务规则》,载《山东科技大学学报(社会科学版)》2020 年第 4 期。

民事诉讼证据规则中的相关规定。

受领证书的出具、债权凭证的返还或涂销的规定虽主要是法律对书证的处理问题,但其中也涉及实体法问题。主要涉及事实或意思推定、同时履行抗辩、费用承担等方面。

1. 事实或意思推定

债权证书的返还或涂销只发生在债之全部消灭的场合,并依债务人请求为之。我妻荣教授认为,债权消灭后,债权证书的所有权应归属于债务人。债权人在债权消灭后仍保有债权证书将被视为不当得利。[①]

债权人出具受领证书适用如下场合:(1)债仅部分消灭;(2)债权证书上载有债权人他项权利;(3)债权证书丢失而不能返还或不能记入债消灭的事由。[②]

债权证书的返还、受领证书的出具仅可推定债已消灭,存在相反证据的情况下可被推翻。在支付利息或者分期付款的情况下,无保留的后期付款收据可以推定已到期的前期付款已经履行。本金的付款收据可以推定其利息已经支付。债权文书被返还给债务人之后,债务应当视为已经履行。[③] 债权人自愿将其签署的债权证书原件交还给债务人,可以构成推定免除债务人债务的意思的证明。[④] 收据的持有人视为被授权受领给付,但以给付人所知道的情况不妨碍认为存在此种授权为限。[⑤]

2. 同时履行抗辩

《德国民法典》第368条规定了债权人必须在受领给付的同时,根据请求发给受理人承认证书(收据)。《日本民法典》在2017年对债法作出修正时,明确了债务清偿与交付受领证书之间存在同时履行抗辩关系。作为清偿之交换,清

---

① 参见[日]我妻荣:《新订债权总论》,王燚译,中国法制出版社2008年版,第189页。

② 如《瑞士债法典》第88条规定:付款的债务人有权要求对方开具收据,当债务全部履行之后,有权要求返还或者销毁债权文书。若债务没有全部履行,或者债权文书中记入了债权人的其他权利,债务人只能请求开具收据和在债权文书中作出履行的记录。第90条规定:债权人声称债权文书丢失时,债务人在履行债务时可以要求债权人及时作出销毁债权文书和债务已经履行的声明或者其他合法文件。《德国民法典》第371条:就债权而出具了债务证书的,债务人可以请求连同收据一起返还该债务证书。债权人声称不能返还的,债务人可以请求经公证认证的载明债务已经消灭的承认书。

③ 参见《瑞士债法典》第89条。

④ 参见《法国民法典》第1282条。

⑤ 参见《德国民法典》第370条。

偿人得对受领清偿之人请求交付受领证书。[①] 有债权证书之情形，作出清偿之人全部清偿时，得请求返还其证书。[②] 日本判例认为，在清偿的同时交付受领证书才能发挥其效用。在清偿人想要作出清偿时，虽然请求交付受领证书，但是受领清偿人没有答应，清偿人可以现实地保留清偿提供物。此种情形下清偿人不交付提供物，是有正当理由的，不负迟延责任。[③]

3. 费用承担

受领证书（收据）的费用必须由债务人负担和预付，但基于债务人和债权人之间的法律关系发生不同效果的除外。[④]

第二节　债的清偿

一、清偿的含义与样态

（一）清偿的概念与特征

清偿是指按照债的本旨要求，使债的给付得以实现，从而消灭债权债务关系的行为。清偿是消灭债权债务的原因事实中，最常见、最典型、最合乎债之本旨的法律事实。

清偿与履行法律意义相同，在《民法典》中都被有使用，只是在中文表达习惯上，存在侧重点的不同。清偿不仅表示实现给付的行为，还常用来表述给付已经实现的效果。在部分清偿、提前清偿债务、清偿全部债务、不能清偿等效果语境下，《民法典》多使用“清偿”。履行则侧重于表述行为的过程。履行合同、履行债务、履行所负义务、不能履行等过程语境下，多使用“履行”。合同的履行与债务的清偿是中文的习惯组合，合同编第四章的内容多为合同履行过程中的法律规范，标题即为“合同的履行”。若改为“合同的清偿”则不符合表达习惯。

---

① 参见《日本民法典》第 486 条。

② 参见《日本民法典》第 487 条。

③ 参见王融擎：《日本民法条文与判例》（上册），中国法制出版社 2018 年版，第 410 页。

④ 参见《德国民法典》第 369 条。

清偿的法律特征:(1)清偿从内容而言,是履行行为符合债的本旨,即按照债的要求而为给付。(2)清偿的主体为清偿人和给付受领人。清偿人通常为债务人,受领人通常为债权人,但不排除由第三人清偿或第三人受领仍成立有效清偿的特殊情况。(3)清偿的客体与债的客体一致,即清偿须与给付一致。但也有异于债的给付而为有效清偿的特殊情况。(4)清偿的法律效果是使债权债务消灭。必须正确且适当地履行债务才能达成债权债务消灭的法律效果,若不适当履行则不发生有效清偿的效果。

(二)清偿的样态与规则

1. 任意清偿与强制清偿

根据债务清偿中是否介入公权力的强制措施分类。任意清偿是指按照债务人的意思自主进行的债务清偿。强制清偿是由于债务人不主动履行,通过司法裁判取得执行依据后由法院依强制执行程序,强制债务人进行的清偿。强制清偿由于限制了债的任意处分权能,所以包括在破产程序中,存在任意清偿受到限制的情形。有学者将任意清偿称为主动清偿,强制清偿称为被动清偿。①

任意清偿是债的清偿的一般性原则。债权对债权人而言是请求权而非支配权,对债务人而言是负担,债权人并不直接支配债务人的清偿行为。即使债务人负担债务,对于债务的清偿仍有意思自治的空间。在不违反债的本旨的前提下,债务人可以决定何时、何地、以何种方式清偿何笔债务。假如债务人依任意清偿原则先清偿了后发生的债务,基于债的平等性原则,该清偿发生的效力不受影响。但债务人于任意清偿的场合,若违反债务内容,仍须承担债不履行责任。

2. 债务人清偿与第三人清偿

根据清偿主体的不同进行分类。债务人清偿是指债务人亲自履行给付义务之清偿。第三人清偿是指由第三人代债务人清偿的情况。

作为一般性原则,债务可以由第三人代为清偿,但可依约定或法律规定排除。如《瑞士债法典》第68条规定了亲自履行原则:债务人之本人对债之履行具有实质关系的,应当亲自履行债务。

---

① 参见刘家安等:《债法:一般原理与合同》,高等教育出版社2012年版,第157页。

3. 普通清偿与异于原给付的清偿

以清偿行为的标的是否为债的原本给付为标准。普通清偿是按照所负担的债的给付而为清偿。异于原给付的清偿是以不同于所负担的原给付,而是用原给付之外的其他给付所为的清偿。异于原给付的清偿如代物清偿、新债清偿、债的更改等。

原则上,债应当按照给付清偿,即实际履行。但若当事人之间订有协议,也可以采取异于原定给付的清偿消灭债权。

4. 部分清偿与全部清偿

根据是否完全完成给付,清偿可以分为部分清偿与全部清偿。部分清偿是指仅对部分给付为清偿,也称一部清偿;完全清偿是指按照给付内容全部为清偿。

作为原则,债务人没有部分清偿的权利。仅在特定场合符合诚信原则或法律规定时,才可以部分清偿。例如,我国《民法典》第 531 条规定,"债权人可以拒绝债务人部分履行债务,但是部分履行不损害债权人利益的除外。债务人部分履行债务给债权人增加的费用,由债务人负担"。

5. 按期清偿与提前清偿

以债的清偿期限为标准,可以分为按期清偿与提前清偿。清偿期在我国《民法典》中称为履行期限。按期清偿是指按照债的履行期限要求为清偿。提前清偿是指在履行期限届至之前为清偿。

债是否可以提前清偿,涉及法律的利益衡量。其中主要是对履行期的期限利益归属的衡量以及弱势群体的保护。

首先,应依据债之内容确定是否有履行期限。若约定不明确,可以依据《民法典》第 510 条进行意思表示解释,以合同相关条款、交易习惯、债之性质等确定债是否有履行期限。

其次,若没有履行期限或期限不明确的债权,依据《民法典》第 511 条,债权人得随时请求清偿,债务人亦得随时为清偿。但应当给对方必要的准备时间。

再次,定有履行期限的债权,原则上应按期清偿。但这主要约束的是债权人。因为通常是债务人享有履行期的期限利益,债务人可以放弃该利益。《日本民法典》第 136 条规定,期限推定为债务人利益而约定。期限利益得抛弃,但不得因此而有害相对人之利益。我国《民法典》第 530 条规定,债权人可以拒绝债务人提前履行债务,但是提前履行不损害债权人利益的除外。债务人提前履行债务给债权人增加的费用,由债务人负担。从法律条文的内容看,与日本的立法例比较,一般规范与特殊规范发生了调换。即履行期限原则上也约束债务人,若能证明不损害债权人利益的,可以提前清偿。这等于增加了提前清偿的难度。

最后,定有履行期限的债权,若债权人也享有期限利益,为防止债务人提前清偿损害债权人的期限利益,有三种救济债权人的立法例。第一种是以有害于相对人利益而排除提前履行,如《日本民法典》第136条第2款。第二种是依约定排除提前清偿,这需要有特别约定。第三种是不能排除提前清偿,只可以请求损害赔偿,这种过于保护债务人的规则是对弱势群体保护的特例,典型的是借款合同中借款人的提前清偿。《日本民法典》第591条于2017年修改后的条文规定:当事人约定有返还期限之情形,出借人因借用人期前返还而受损害时,可以请求借用人赔偿。该条是为保护弱势的借款人,而打破第136条一般性规定所作出的特例。

借款人提前还款会使债权人所得利息减少,若依我国《民法典》第530条,债务人可以拒绝提前清偿,对弱势的借款人不利。对此,《民法典》第677条特别规定,借款人提前返还借款的,除当事人另有约定外,应当按照实际借款的期间计算利息。基于特别规范优先于一般规范的原则,债权人不能以第530条拒绝提前清偿,只能事先约定如何计算利息以填补损失。这与日本立法例比较相似。但《民间借贷司法解释》第30条规定,借款人可以提前偿还借款,但是当事人另有约定的除外。借款人提前偿还借款并主张按照实际借款期限计算利息的,人民法院应予支持。值得注意的是,该《民间借贷司法解释》与我国《民法典》的规定并不一致。因为《民法典》中的“另有约定”是指约定利息计算的期间,而《民间借贷司法解释》的另有约定是指约定不可以提前清偿。《民法典》与司法解释分别采用了两个完全不同的立法例,构成法律规则的效果冲突,是一个需要解决的问题。

《民法典》将与清偿有关的法律规则,分别规定在合同履行与合同权利义务终止两章中。在债因履行而终止的语境下,合同编第七章“合同的权利义务终止”中规定了清偿消灭债的效力和债的抵充。在合同编第四章“合同的履行”中规定了清偿的要求、清偿地、清偿期及提前清偿、清偿方式、清偿费用、第三人清偿、向第三人清偿、代位清偿、部分清偿等内容。关于异于原给付的清偿、受领权的权利外观等规则,《民法典》没有规定,由司法解释填补相关规则。

二、清偿的法律性质

清偿的法律性质有法律行为说、非法律行为说、折衷说三种学说,其中,非法律行为说是德日的通说。[①]

(一)法律行为说

该说认为清偿或履行是行为,且是以意思表示为要素的法律行为。因此,必须有清偿的效果意思,才能发生债消灭的效果。关于清偿到底是何种法律行为,又有合同说、单独行为说、法律行为折衷说三种观点。合同说能够解释需受领给付的清偿行为,将给付与受领解释为达成合意。合同说不能解释无需受领的给付,如抛弃权利之给付、不作为之给付。单独行为说认为,清偿仅以有清偿意思即可,无需成立合同。法律行为折衷说则在需受领的给付上采合同说,在无需受领的给付上采单独行为说。[②]

(二)非法律行为说

该说认为清偿只是给付行为所达成的目的,不以有清偿意思为必要,只要客观上给付符合债的本旨,债权因获得满足当然消灭。在德国又称为"现实的给付实现说"。分为事实行为说与准法律行为说。[③] 单纯事实行为说认为清偿是无关清偿意思的事实行为,只要符合债的本旨即可以发生债消灭的效果。准法律行为说认为清偿系广义之准法律行为,包括适法行为中的非表示行为(事实行为)。[④] 准法律行为说较之单纯事实行为说,需要有意思通知。在需要协力完成的给付中,可以自圆其说;但在不作为给付或其他无需协力的场合,要求意思通知则不符合实际。清偿人为清偿之意思通知,不过为判断清偿之原因事实时应于优先考虑之一要素而已,清偿人纵未为清偿之意思通知,亦得依客观事

---

① 参见孙森焱:《民法债编总论》(下册),台北,三民书局2001年版,第1008页;林诚二:《民法债编总论——体系化解说》,中国人民大学出版社2003年版,第524页;黄立:《民法债编总论》,中国政法大学出版社2002年版,第650页。

② 参见林诚二:《民法债编总论——体系化解说》,中国人民大学出版社2003年版,第524页。

③ 参见孙森焱:《民法债编总论》(下册),台北,三民书局2001年版,第1008页。

④ 参见林诚二:《民法债编总论——体系化解说》,中国人民大学出版社2003年版,第524页。

实，判断给付之原因何在，以决定是否发生清偿效力。若依次理论，清偿当理解为单纯事实行为，似较周延。①

（三）折衷说

该说主张：给付行为是法律行为时，清偿亦为法律行为；给付行为是事实行为时，清偿亦为事实行为。给付的实行需要债权人承诺的，需有债务人清偿的意思，为法律行为；无需承诺的为事实行为。②

（四）本书的观点：事实行为说

有学者主张，清偿并非行为，只不过是一种债之关系消灭的事实、结果。③如前所论，清偿与履行含义相同，均指消灭债的行为。若认为清偿只是结果不是行为，那也得转而讨论履行行为的性质。以此消解清偿的法律性质这个问题，只是改变了命题和概念的含义，并没有解决问题。

在清偿行为是一切给付的履行行为这一抽象行为的意义上，清偿与具体的履行行为非同一所指。具体的履行行为中，有的有合意或单方的意思表示，有的则没有合意或意思表示。具体的履行行为样态各异，但抽象的清偿行为却不受各种样态的影响。具体的履行行为是抽象的清偿行为的手段。清偿属于事实行为，第三人不需有民事行为能力。但具体的履行行为可以是法律行为，需要行为能力。正如学者所论，若给付之结果，只有经由另一法律行为才能产生时，如所负之债为物之移转，则此法律行为（物权合同）为给付行为之一部而非额外附加的清偿契约。④ 例如，为履行买卖合同而交付货物中虽然包含物权合意，但其仅是给付的一部分，并非清偿行为构成要件的组成部分。法律行为说以一切清偿行为须有清偿意思，与事实相反，且与以清偿为债的消灭原因理论不合。⑤ 债之所以消灭者，系基于目的达成之法理，与所谓清偿或受领意思无关。⑥ 折衷说部分地保留了法律行为说不合理的部分，混淆了具体的履行行为与抽象的清偿行为。而且，学者还指出，此说因履行行为的不同性质而使清偿

---

① 参见孙森焱：《民法债编总论》（下册），台北，三民书局2001年版，第1009页。

② 参见史尚宽：《债法总论》，中国政法大学出版社2000年版，第768页。

③ 参见林诚二：《民法债编总论——体系化解说》，中国人民大学出版社2003年版，第524页。

④ 参见黄立：《民法债编总论》，中国政法大学出版社2002年版，第650页。

⑤ 参见史尚宽：《债法总论》，中国政法大学出版社2000年版，第767页。

⑥ 参见郑玉波：《民法债编总论》，台北，三民书局1996年版，第505页。

性质难以一致,故亦不足采。[①]

清偿作为一种使债消灭的抽象行为,以事实行为说较为妥当。无论给付是否需要债权人受领或协助,清偿都以给付满足债的本旨这一客观要件判断,无需借助清偿意思这个主观要件。仅在特殊情形下,需要由意思表示修正清偿行为的法律效果。详论之:

首先,给付若符合债的本旨即可构成清偿。无行为能力人、限制行为能力人所为事实行为之给付,如表演舞蹈,不能以其没有为清偿意思的能力而否定清偿的效力。无行为能力人、限制行为人所为法律行为之给付,如交付动产,若被法定代理人撤销则属于没有为给付,而非因没有清偿意思。不作为、抛弃权利等给付也不能因没有清偿意思而认定无效。若给付符合债的要求,但清偿人或受领人在清偿意思上发生错误或没有清偿意思,并不当然影响清偿的效果。例如,甲分别对乙和丙负到期债务 5 万元。甲将 5 万元转入乙指定账户,但其误认为是清偿了对丙的债务,此时甲对乙的给付符合债的本旨,可发生清偿的效果,不能以意思表示错误而撤销。若依法律行为说,甲基于错误而撤销该清偿行为,乙仍可依抵销而消灭债务,因此没有实际意义。又如,甲对乙的事务为无因管理,却不知甲对乙负担相同给付的债务,有管理意思无清偿意思,仍可构成有效清偿。[②] 再如,错误计算利息超出实际金额,超出部分的给付不被视为不当得利,而是充当本金的清偿。[③]

其次,若给付不符合债的本旨,单靠给付不能判断是否属于债的履行行为,清偿意思有将给付与债权结合的作用。也即清偿意思只有在给付不符合债的本旨时才有法律意义。如果甲负有向乙交付 10 瓶茅台酒的给付义务,现甲向乙邮寄了 10 盒茶叶,到底是赠与、发错货物还是不适当履行?由于 10 盒茶叶并不符合债的本旨,甚至其是否为该债务的履行行为,都需要判断。若有清偿意思则构成债不履行责任;若是赠与意思,则不能认定构成债不履行责任;若是货物错发了收货人,则与债不履行无关,构成不当得利。可见,清偿意思的有无在给付不符合债的要求的场合,才有实际意义。再如,提前清偿贷款虽被法律

① 参见王家福:《中国民法学·民法债权》,法律出版社 1991 年版,第 193 页。

② 参见黄立:《民法债编总论》,中国政法大学出版社 2002 年版,第 652 页。

③ 参见[日]我妻荣:《新订债权总论》,王燚译,中国法制出版社 2008 年版,第 193 页。

允许但与债的清偿期约定不符，提前还贷的给付须有清偿意思，才发生履行该债务的效果。

再次，给付若符合债的本旨，则排除清偿效果的意思有法律意义。如果所为给付与某一债的内容相同，但却不拟清偿该债务，而是追求其他法律上的目的，则债务人可以表示排除给付的清偿性质，使清偿的效果不发生。[①] 例如，甲欠乙 10 万元债务，甲向乙账户转款 10 万元，若无清偿意思也可以发生清偿的效果，但如果甲明确表示该转款是赠与或履行其他合同的预付款或交付定金，则可排除清偿的效果。排除清偿的意思与债的指定抵充在理论上具有逻辑一致性。总之，给付若为清偿无需清偿意思；反之，排除给付的清偿效果需要特殊的意思表示，该意思表示需明示为之。

最后，需清偿契约的特殊情形。如果没有按照债的本旨而为给付，而以代物清偿、间接给付、债的更改等方式清偿，需要就该清偿方式达成清偿契约，否则不发生清偿的效果。

三、清偿的主体

债的清偿主体包括清偿人和给付受领人。其中，清偿人通常为债务人，给付受领人通常为债权人。需特别研究的是债务人之外得为清偿的人以及债权人之外得受领清偿的人的范围和法律效果。

（一）清偿人

债务专属于债务人自身的，只能由债务人清偿。在理论上，专属于债务人的债务主要是指当事人约定不得由第三人清偿的债务、依债的性质不得由第三人清偿的债务、依法律规定不得由第三人清偿的债务。作为专属性债务的法律依据，《民法典》第 161 条第 2 款规定，依照法律规定、当事人约定或者民事法律行为的性质，应当由本人亲自实施的民事法律行为，不得代理。该规定也适用于债务清偿行为的代理。《民法典》第 524 条第 1 款对代位清偿有除外规定：“根据债务性质、按照当事人约定或者依照法律规定只能由债务人履行的除外。”

---

① 参见黄立：《民法债编总论》，中国政法大学出版社 2002 年版，第 652 页。

非专属性债务，可以由债务人的代理人、使用人或第三人清偿。无论由债务人或第三人清偿，只要符合债的本旨，对债权人无损害，法律无禁止之必要。

1. 代理人或使用人的清偿

债务人可以授权代理人履行债务，也可以由使用人清偿债务。使用人是指依债务人的意思事实上为债务履行的人，通常是雇员或法人工作人员。作为履行辅助人，代理人和使用人的清偿行为在性质上均属于债务人的履行，而非第三人履行，因此，不适当履行的法律后果直接由债务人承担。

2. 约定的第三人清偿

《民法典》第 523 条规定，当事人约定由第三人向债权人履行债务，第三人不履行债务或者履行债务不符合约定的，债务人应当向债权人承担违约责任。该条规定的就是由约定的第三人清偿。首先，由第三人清偿有当事人之间的合同约定；其次，第三人清偿只涉及债的履行，并不变更债务人；最后，该第三人不属于债务人的代理人或使用人，通常是受债务人委托为清偿的第三人，如受债务人委托履行交付义务的供货商、运输商、保管商等。该第三人具有独立的主体地位，与债务人并非同一人格，但也不是债务关系中的当事人，其地位仅为清偿人，是债务人的履行辅助人，若第三人不履行债务或者履行债务不符合约定的，债务人应当向债权人承担违约责任。

3. 具有合法利益的第三人代位清偿

代位清偿是指由债务人以外之有合法利益的第三人代替债务人清偿债务，取得债权人之权利，得以自己的名义代位行使该权利的清偿。第三人代位清偿是我国《民法典》第 524 条新增的制度，该条内容为："债务人不履行债务，第三人对履行该债务具有合法利益的，第三人有权向债权人代为履行；但是，根据债务性质、按照当事人约定或者依照法律规定只能由债务人履行的除外。债权人接受第三人履行后，其对债务人的债权转让给第三人，但是债务人和第三人另有约定的除外。"实践中，代位清偿与代为清偿经常概念混淆。代为清偿含义并不确切，第三人清偿都可以说是代为清偿；而代位清偿则是一个内涵确定的法律制度。

代位清偿制度在各国立法中皆有范例。《德国民法典》第 268 条规定："债权人就属于债务人的标的实施强制执行的，因强制执行而有失去该标的上的权利的危险的任何人,都有权使债权人受清偿。物的占有人因强制执行而有失去占有的危险的,享有同样的权利。清偿也可以以提存或抵销为之。第三人使债权人受清偿的,债权移转给该第三人,不得使债权人受不利益而主张该项移转。"该条于强制执行中赋予了具有特别利益的第三人以"清偿权",债务人或债权人均无权拒绝其清偿,对有特别利益的第三人起到了保护作用。《日本民法典》中的代位清偿是将第三人清偿和清偿代位的效果分作两个制度进行规定的。第三人清偿规定于第474条,清偿代位的要件规定于第499条和第500条。《日本民法典》以上条文于2017年进行了修订。修订后的第474条[①],增加了第三人清偿的规定,且将代位清偿原条文中的有利害关系的第三人改为"享有正当利益的第三人"。并修改第499条和第500条,取消任意代位,统一规定为法定代位。我国《民法典》使用的是对履行该债务"具有合法利益的第三人",与《日本民法典》中的"享有正当利益的第三人"是含义相同的表达。较之"有利害关系的第三人",强调了利益的合法性、正当性,因为更加准确。

第三人代位清偿的含义如下:

其一,该第三人非债务人的履行辅助人。该第三人既非债务人的代理人、使用人,也非其委托的第三人。

其二,第三人非债务人。代位清偿人是债务人之外的第三人。代位清偿之第三人的范围,不包括共同债务人,如保证人、连带债务人、不可分债务人。因为共同债务人之清偿代位,法律有特别规定,原则上不适用一般清偿代位之规定。且共同债务人为清偿,债因目的已经达成而消灭,不能再让为清偿之共同债务人承受。[②] 有主张保证人也属于第三人的观点,认为无论是一般保证还是连带保证,虽然负有债务,但实质上却是为他人清偿。如果代被保证人赔偿,也

---

① 《日本民法典》第474条:(1)债务之清偿,可以由第三人进行。(2)非就清偿享有正当利益之第三人,不得违反债务人之意思进行清偿。但债权人不知违反债务人之意思时,不在此限。(3)前款规定之第三人,不得违反债权人之意思进行清偿。但该第三人受债务人之委托而作出清偿之情形,债权人已知此事时,不在此限。(4)其债务性质不许第三人清偿时,或当事人作出禁止或限制第三人清偿内容之意思表示时,不适用前三款之规定。

② 参见黄茂荣:《债法通则之三:债之保全、移转及消灭》,厦门大学出版社2014年版,第179页。

就对被保证人有求偿权与代位权。[①] 但我国《民法典》第700条已经就保证人的代位追偿权作出了规定，自没有适用代位清偿规定之必要。

其三，第三人就清偿具有合法利益。就清偿具有合法利益第三人的范围，各立法例没有具体规定，需要个案判断。例如，合伙人、票据背书人、物上保证人、担保财产的第三取得人、约定负有催收借款之中介；[②]还可以是后顺位担保权人、债务人的一般债权人。德国学者认为，有特别利益的人，可以包括质权人、预告登记权利人、受保护的占有人如承租人。[③]

其四，债务人不履行债务，且该债务非专属性债务。若债务人履行债务，没有陷于不履行状态，第三人不能代位清偿。若债权人、债务人事先声明债务只能由债务人清偿的，即使第三人有正当利益也不能代位清偿。

其五，第三人享有清偿权。清偿权可以对抗债权人和债务人反对其清偿的异议或拒绝的权利。清偿权不是针对请求权的抗辩权，而是针对反对权的形成权。

其六，第三人取得清偿代位须已为清偿且对债务人有追偿权。第三人代位清偿之后果就是清偿代位。《法国民法典》将清偿代位区分为约定代位和法定代位。《日本民法典》原从法国立法例，但于2017年修订后删除了这种区分，转而与德国、瑞士一样只发生法定代位。法定代位的发生是当然代位，无须达成代位协议或得到债权人同意代位之承诺。代位以追偿权的存在为前提，若无追偿权，则代位就失去了法律目的。且仅于其清偿之限度内，承受债权人之权利。

4. 普通第三人的清偿

未受委托且没有特别利益的第三人为普通第三人。非专属性债务，原则上都可以由第三人清偿。构成第三人清偿，须第三人于清偿时明知是他人的债务而自愿地将清偿效果归为该债务而使债消灭。第三人清偿与非债清偿的区别

---

① 参见郑玉波：《民法债编各论》（下），台北，三民书局1981年版，第898页。

② 参见黄茂荣：《债法通则之三：债之保全、移转及消灭》，厦门大学出版社2014年版，第178～179页。

③ 参见[德]迪尔克·罗歇尔德斯：《德国债法总论》，沈小军、张金海译，中国人民大学出版社2014年版，第99页。

在于第三人于清偿时明知其清偿的债务非自己的债务。若将他人债务误认为自己债务而清偿则属于非债清偿,可以请求返还不当得利。而第三人清偿属于有效清偿,清偿后不可以反悔而请求返还。例如,甲和乙共同借给丙60万元,其中,甲40万元、乙20万元。丙没有按期偿还,经诉讼已进入强制执行程序。甲认为丙经强制执行可以清偿所欠60万元,遂自愿替丙垫付给乙20万元。后来仅执行回30万元,甲认为乙应当按比例向自己返还10万元。本案中,甲并非乙的债务人,自愿替丙清偿债务,构成第三人清偿,该清偿行为没有附条件,是有效清偿,甲有替乙承担风险的意思。无论甲的动机如何均不导致行为可被撤销。因此,甲不能向乙索回10万元。

普通第三人没有清偿权,虽原则上债可以由第三人清偿,但若债权人或债务人反对,也可能被拒绝清偿。对第三人清偿有不同的立法例。德国、意大利的立法例是债务人可以对第三人清偿提出异议,债权人基于该异议可以拒绝其清偿。[①] 法国的立法例是:限于作为之债的场合,债权人认为应由债务人本人履行为宜时,不得违背债权人的意愿,由第三人履行之。[②] 在2017年修订的《日本民法典》中,债务人与债权人均有权拒绝普通第三人清偿。债务人对不享有正当利益的第三人,可以作出反对的意思,债权人明知债务人有反对意思时,第三人的清偿是无效的。债权人也可以拒绝普通第三人的清偿,但若知道该第三人是受债务人委托而进行清偿,则不得拒绝。[③]

我国《民法典》没有关于普通第三人清偿的规定。借鉴各国立法例,也应当以允许无特殊利益的第三人清偿为原则。普通第三人清偿不发生法定清偿代位,其与债务人之间是否发生追偿关系,依据其为清偿的意思,按照赠与、无因管理、不当得利处理。非专属性债务由第三人履行,仅在对债权人利益构成不利时,债权人才可以拒绝其清偿。债务人可以通知债权人不同意第三人清偿,债权人若明知债务人之意思而仍接受清偿的,该清偿无效。

---

① 《德国民法典》第267条:债务人无需亲自给付的,第三人也可以履行给付。债务人的允许不是必要的。债务人提出异议的,债权人可以拒绝接受该项给付。另见《意大利民法典》第1180条。

② 参见《法国民法典》第1237条。

③ 参见《日本民法典》第474条。

（二）受领人

受领人是指有给付受领权的人，可以是债权人，也可以是债权人之外有受领权的人。受领权是债权的重要权能，在受领清偿中是核心权利，有受领权之受领才能发生债消灭的效果。

1. 有受领权之第三人受领

受领权通常由债权人享有。受领权由于以下原因也可以被第三人享有：

（1）基于约定而取得之受领权

债权人和债务人可以约定由第三人受领给付。如我国《民法典》第522条第1款规定，当事人约定由债务人向第三人履行债务，债务人未向第三人履行债务或者履行债务不符合约定的，应当向债权人承担违约责任。该款中的第三人没有独立的请求权，但有受领权。此规定不仅没有改变债权人的地位，还方便经济了往来，具有重大的实践意义。该款所指的第三人不包括债权人的代理人，因为代理人的权限是基于代理授权，由代理的法律关系调整。

该条第2款还规定了一种特殊类型，即第三人利益合同。该款规定："法律规定或者当事人约定第三人可以直接请求债务人向其履行债务，第三人未在合理期限内明确拒绝，债务人未向第三人履行债务或者履行债务不符合约定的，第三人可以请求债务人承担违约责任；债务人对债权人的抗辩，可以向第三人主张。"该第三人称为利益第三人，其虽不是合同当事人，但对债务人享有债的请求权和受领权，其地位相当于债权人，是合同相对性的扩张。因此，利益第三人对债权的受领属于债权人的受领。如投保人指定的保险合同的受益人，于保险事故发生后可以向保险人请求给付保险金。

依据该款的规定，利益第三人也可以基于法律规定而享有请求权与受领权。

（2）基于授权或承认而取得之受领权

债权人可以将受领权授权他人行使。如授权代理人或使用人受领给付。但依债权的性质只能由债权人亲自受领的除外。如医生给患者手术治疗，该债权只能由患者受领。原《合同法解释（一）》第12条中有专属债权范围的规定，如基于扶养关系、抚养关系、赡养关系、继承关系产生的给付请求权和劳动报酬、退休金、养老金、抚恤金、安置费、人寿保险、人身伤害赔偿请求权等权利。

该专属债权只是不能让与,并非不能由第三人受领。因为第三人受领与债权让与不同。第三人受领并不发生债权人的主体变更。

也有立法例规定,向无受领权的第三人清偿,经债权人承认后有清偿之效力。因为受领权欠缺可以因追认而补正。

(3)基于法律规定而取得之受领权

债权人无行为能力或限制行为能力,而受领之给付是法律行为的,基于法律规定,须由法定代理人代理或经其同意或追认而受领。若履行行为是事实行为则债权人可以自行受领。债权人代位权的行使,基于法律规定,代位权人享有受领权。依据《民法典》第537条规定,人民法院认定代位权成立的,由债务人的相对人向债权人履行义务,债权人接受履行后,债权人与债务人、债务人与相对人之间相应的权利义务终止。此外,债权人被宣告破产的,其受领权受到限制,由破产管理人取得受领权。法人或非法人组织清算的,清算人取得受领权。以债权出质的,质权人取得受领权。

2. 无受领权之第三人受领

无受领权或受领权被法律限制时,无论债权人或第三人受领给付,均不发生清偿的效果。但为保护善意清偿人之信赖或使法律关系简明,在立法例上也有作为例外的规则变通。通常有三种情况:(1)向有债权人外观之表见受领权人所为之清偿,清偿人善意且无过失时,有清偿之效力。(2)无受领权人于受领后取得其债权者,有清偿之效力。(3)经无受领权人受领,在债权人因而受利益之限度内,有清偿之效力。如受领人受领10万元给付后,免除了债权人对自己的10万元债务。

其中,须重点研究的是表见受领权人制度。清偿人向表见受领权人为清偿,善意不知其无受领权,若一概否认其清偿的效果,对善意清偿人有失公平。因此,无受领权之第三人若有受领权之外观,让人有理由相信其有权受领给付,清偿人若善意无过失,则其清偿应受法律保护。表见受领权人的例外规则与表见代理、善意取得等保护善意的制度有共同的理论基础,即信赖保护之法理。

表见受领权人之范围,有广义的债权准占有人说、受领权外观说、债权准占有人限定说。广义的债权准占有人说认为,表见受领权人必须有为了自己而行使债权的意思。若债权的占有代理人也有此意思，则也可以包含在表见受领权人的范围内。由于准占有人与债权人之间没有内部关系，实际是侵权关系，根本不能产生代理，所以代理准占有的概念不符合法理。受领权外观说认为表见受领权人并不以自己之意思为债权占有之必要，应完全以清偿人所看到的权利外观来判断。该说的内在分歧在于是否还应当考虑债权人的可归责性。按照受领权外观说，假称是债权人的代理人者也属于表见受领权人。债权准占有人限定说认为，债权准占有人的判断仅限于其是否有债权人地位之外观，基于与表见代理等其他的外观法理的平衡考量，债权准占有人的范围不应包括假称的债权人代理人，其应当适用表见代理的规定。[①] 债权准占有人限定说区分了债权的权利外观与代理权的权利外观，有利于准确适用法律条文，值得赞同。

《德国民法典》在规定债权准占有制度的同时，还承认收据持有人的法定授权之权利外观。持有债权人签名的收据被视为有受领权。即使持有收据者没有受领权也免除善意无过失清偿人的债务，但清偿人知道或因过失而不知其无受领权的除外。[②] 其理由为：如果债权人没有受领给付即出具了收据并且将收据交给第三人，债权人即不值得保护。假如债务人善意地相信第三人被授权受领给付，则他可以享有因收据制造的权利外观所带来的好处。但伪造的收据不适用该规定。[③]

《日本民法典》第 478 条原内容为，“对债权准占有人之清偿，限于作出其清偿之人为善意且无过失时，有其效力”。原条文中的“债权准占有人”是基于《日本民法典》物权编第 205 条权利准占有的规定产生的概念，若按体系解释，须有以自己之意思行使权利的主观要件。然该条的立法意图是在于受领权之外观而非准占有人的主观意图，因此，2017 年修订时，将该条修改为：“对受领权人（依债务人及依法令之规定或当事人之意思表示被赋予受领清偿权限之第三人，下同）以外之人，但参照交易上之社会通常观念而有受领权人外观之人所作

① 参见［日］淡路刚久：《债权总论》，有斐阁 2002 年版，第 524 页。

② 参见《德国民法典》第 370 条。

③ 参见［德］迪尔克·罗歇尔德斯：《德国债法总论》，沈小军、张金海译，中国人民大学出版社 2014 年版，第 138 页。

之清偿,限于作出其清偿之人为善意且无过失时,有其效力。”该条修订后,明确限定了债权准占有人的范围不包括表见代理人,以“有受领权人外观之人”代替了债权准占有人,表明了无须考量准占有人主观意思的立场。由于该规定采权利外观主义,可以涵盖因持有收据而有权利外观的人,因此删除了第480条关于对持有受领证书人的清偿的规定。这与德国立法例有所不同。

依债权准占有人限定说,表见受领权人的范围主要有表见继承人、无效债权让与的受让人、债权证书持有人、基于无效的支付令而行使债权的人等,不包括表见代理人。第三人持有伪造或变造的债权凭证、收据的,不属于准占有人。① 但以真的债权人印鉴伪造的股息红利分配证书持有人,也属于表见受领权人。②

我国《民法典》有表见代理制度而未规定表见受领权人制度,对债务人的保护是不利的。为平衡债权人和债务人的利益,司法实践中不妨借鉴该制度。

四、异于原给付的清偿

异于原给付的清偿是特殊的清偿方式,即以他种给付替代原给付而为清偿,以消灭债权债务关系。债的一般规则要求,须以符合债之本旨之给付而为清偿。《法国民法典》第1243条直接阐明:“债务人不得给付其应予交付之物以外的他物,强迫债权人受领,即使其向债权人提供之物的价值等于或大于其应当交付之物的价值,亦同。”但若当事人就以他种给付代替原给付达成合意,基于意思自治,各国立法并不禁止。由于异于原定给付的清偿须依合意为之,基于合意内容之不同可衍化出数种类型,构成要件与法律效果存在一定差异,需要深入研究。

(一)异于原给付的清偿之类型

异于原定给付的清偿,通常包括四种类型:通过担保的清偿、代物清偿、新债清偿、债的更改。此外,还有学理上称为代物清偿预约的特殊类型。详见图3:

---

① 参见孙森焱:《民法债编总论》(下册),台北,三民书局2001年版,第1027页;[德]迪尔克·罗歇尔德斯:《德国债法总论》,沈小军、张金海译,中国人民大学出版社2014年版,第138页。

② 参见[日]淡路刚久:《债权总论》,有斐阁2002年版,第527页。

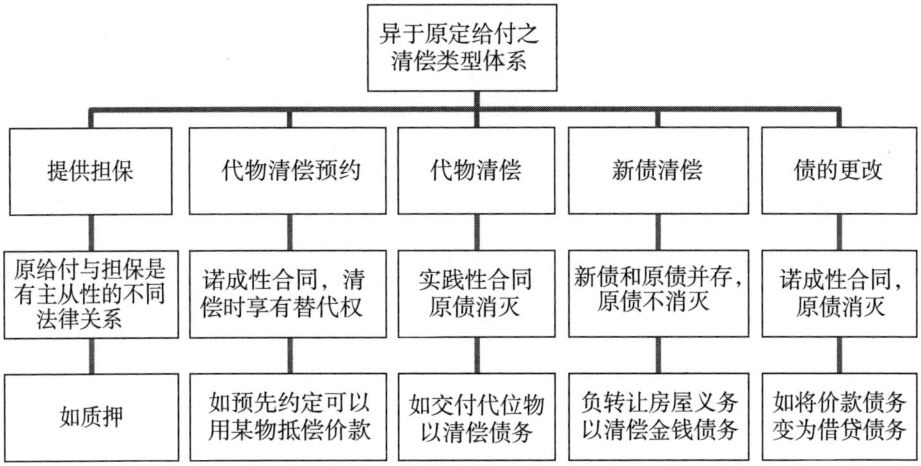

图3　异于原定给付之清偿类型体系

1.通过担保的清偿

通过担保的清偿是指主债未获得清偿时,以实现担保的方式得以清偿。担保通常具有从属性和补充性,债权人首先应当主张对原给付的请求权,只有在符合实现担保的条件时,才能主张通过担保之给付。由于担保与主债权之给付并不相同,属于异于原定给付的清偿。

通过担保的清偿通常是指对抵押权、质权、留置权等担保物权的特定担保物进行拍卖、折价、变价受偿。若保证人以原给付承担保证责任,仅系第三人清偿而非异于原定给付的清偿。以买卖合同形式提供的债务担保,虽非担保物权,但属于具有担保功能的合同,若最终以买卖标的物的让渡清偿了债权,也属于通过担保的清偿。通过担保的清偿与代物清偿不同,实践中二者容易混淆。代物清偿发生在清偿期之内,是实践性法律行为,不受流抵押、流质禁止的限制。担保的设立可以在清偿期内也可以在清偿期到来之前,在实现担保之前就已经具有担保物权或债权的效力,通过担保物实现债权时受流抵押、流质禁止的限制。通过担保的清偿与新债清偿也不同,新债清偿应优先以新债为清偿,新债不能清偿时才以原债的给付受偿。通过担保的清偿则具有补充性,履行原给付是第一顺序,在担保物上实现债权是第二顺序。同样是交付标的物,通过担保的清偿称为“为担保的给付”;而新债清偿中交付的标的物称为“为清偿的给付”；[①]代物清偿的给付称为“代替履行的给付”。

2. 代物清偿

代物清偿是指基于双方的约定，债权人受领债务人提出的他种给付，以代替原债的给付，而使原债消灭的清偿方式。代物清偿的效果与清偿相同，在代物清偿成立时债消灭。代物清偿之成立要件为：(1)有债的关系存在。无效合同不发生以合意为内容的意定效力之债权。如有为履行无效合同而为给付，因无债务可供履行，其债权人因此获有利益者，该给付之受领即构成不当得利。若该清偿给付不导致财产利益移动，不改变清偿人的权利地位，则以所有物返还请求权请求返还该标的物。[②] (2)有代物清偿合意。代物清偿合意是指债务人为清偿债务以他种给付代替原给付为要约，债权人受领他种给付为承诺，而使债权债务关系消灭的合同。理论上多认为其属于实践性合同。例如，若债权人与债务人约定以字画一幅代替所欠的1万元债务，只有将该字画交与债权人受领时，才发生代物清偿的效力。若不交付字画则代物清偿合同不成立，也就不发生请求履行代物清偿合同的请求权。代物清偿合意通常于履行到期合同时达成。如果在合同成立时就约定于履行期限到来时可以用他种给付为清偿，也是可以的，在法律性质上属于任意之债。即以他种给付履行的约定不必与给付的提供同时发生，可以事先作出，也称作代物清偿预约。如果债务人在订立合同时被赋予了替代权限，如购买新车时通过以旧车抵偿部分价款，就存在这种情况。[③] 依据任意之债的原理，债权人或债务人在债务履行时有代替权(或称为补充权)，有以他种给付代替原给付而清偿的权利。于债权人而言，基于代物清偿预约之代替权是否有效，或受到流押、流质禁止规定的影响。于债务人而言，代替权之行使为要物契约，必须提出给付物。[④] (3)他种给付异于原给付。他种给付须与原给付不同，例如以车辆之给付清偿10万元金钱债务。代物清

① 参见[德]迪特尔·梅迪库斯：《德国债法总论》，杜景林、卢谌译，法律出版社2004年版，第195～196页。

② 参见黄茂荣：《债务不履行与损害赔偿》，厦门大学出版社2014年版，第248页。

③ 参见[德]迪尔克·罗歇尔德斯：《德国债法总论》，沈小军、张金海译，中国人民大学出版社2014年版，第143页。

④ 参见林诚二：《民法债编总论——体系化解说》，中国人民大学出版社2003年版，第258页。

偿之替代给付,通常是新物的交付,因此才称为代物清偿。但他种给付不限于物,也可以是债权等其他财产性权利。若以邮局汇款、银行卡、支付宝、微信支付清偿金钱之债,是否属于异于原给付之清偿,是值得讨论的问题。依据德国学者的通说,金钱之债原则上要通过现金的让与来清偿(现金支付),转账货币只有存在相应的约定时才必须接受。不过告知账户链接可以解释为对无现金支付的默示同意。[①] 依本书观点,履行金钱债务是否异于原给付,应区分传统支付手段与现代支付手段,作不同的判断。以支票、汇票等票据结算以及邮局汇款,借助现金之外的有价证券,属于传统支付手段。传统支付手段须依赖出票人、持票人、付款人等形成的多方法律关系才能实现债权清偿,清偿时间均有延后,作为他种给付便于法律适用,较为妥当。而通过银行卡、支付宝、微信支付等方式转账支付或者用数字人民币支付的,属于现代支付手段。现代支付手段并不形成有价证券法律关系,具有实时支付功能,其所借助的电子货币或数字货币,由金融法律与国家信用背书,与现金具有相同的法律属性,不宜归为他种给付。区分的实益在于,现代支付手段无需事先与债权人达成清偿合意。因为前述现代支付手段与现金支付仅属履行方式不同,给付内容和法律效果上并无不同。债权人不能以须达成清偿协议的普遍原则提出异议,只能基于某种正当理由,对履行方式作个别的异议。例如,债权人开户行资金周转存在问题,不好提现,不经此账户为给付,对债权人有实际利益。若无正当理由,则不能否定向银行账户转账支付的清偿效果。随着科技发展,人们在日常生活中已经习惯于无现金的现代支付手段;尤其数字人民币的出现,打破了现金作为货币的传统存在形式,现金的使用比重大幅降低。无论从货币形态的发展趋势、交易习惯还是日常生活观念看,认定银行卡、支付宝、微信转账与现金支付为同种给付为宜。尤其数字人民币结算更不应被认为是他种给付。(4)他种给付必须是为了代替原给付而为之。债权人受领他种给付以代原定给付而使债之关系消灭,这里存在手段与目的之关系。即他种给付的目的是消灭以原定给付为内容的债务,因此,原债是代物清偿合意之原因。

---

① 参见[德]迪尔克·罗歇尔德斯:《德国债法总论》,沈小军、张金海译,中国人民大学出版社 2014 年版,第 112 页。

3. 新债清偿

新债清偿也称间接给付，是指基于双方的约定，债务人以负担新的债务来清偿原债务，新债务不履行、原债务不消灭的清偿方式。新债清偿之成立要件为：(1)有债的关系存在。新债清偿与代物清偿不同，代物清偿只需原债务关系有效存在即可，而新债清偿不仅需要原债务关系的有效存在，还需另行负担新债务。(2)有新债清偿合意。新债清偿合意不同于代物清偿合意，其成立不以实际交付标的物为必要，是诺成性合同。从法律效果看，代物清偿是消灭原债务的全部或一部，而新债清偿则是根据新债的履行情况决定旧债是否消灭、在何种程度上消灭。达成新债清偿合意后，即具有可以请求履行新债的法律效果，新债没有履行之前，有排除旧债的可诉性的效果。对此，德国通说认为不能主张原债权是因新债清偿合意伴有延期约定。但这对于债权人不利，因为如此一来就不能发生债务人迟延了。另有学说认为此时仅排除对旧债的可诉性。[①]该观点更值得赞同。(3)负担新债务是清偿旧债务的方法。新债清偿中新的债务是清偿旧债的手段，而非代物清偿中以新的给付代替原给付直接消灭原债。因此，新债清偿中无论债权人接受债务人提供的新债或者受领债务人或第三人对新债的履行，都是对原债的履行方式的替代，而非对原债的给付的替代，更不是对原债标的的变更。所以新债清偿又称为“间接给付”或“受领代替履行”。例如，债务人将对第三人的债权让与给债权人，若无论第三人是否履行债务，原债权均于债权让与时消灭的，是代物清偿；若第三人履行债务时原债才于履行范围内消灭，第三人不履行或履行不能时，原债权并不消灭，债权人仍可以向债务人请求原给付的，就是新债清偿。若无特别约定，新债的给付超出原给付价值的，超出部分应返还给债务人。代物清偿则不发生此效果。因为代物清偿合意中实际已经评估了代偿物与原给付之间的价值，自愿为清偿，除非发生情势变更等情况导致显失公平，否则不发生返还价格差额超出部分或继续履行价格差额不足部分的效力。

新债清偿有四种主要类型，第一种类型是债务人向债权人负担新债以清偿原债。如果新债尚未履行，则债权人只能保留原给付请求权，首先请求新债的

---

① 参见[德]迪尔克·罗歇尔德斯：《德国债法总论》，沈小军、张金海译，中国人民大学出版社2014年版，第143页。

履行。如果债权人已经受领新债的给付,还得进一步看在何种程度上满足了原债的债权。例如,甲欠乙金钱借款债务 10 万元。债权人乙同意接受债务人甲的一幅油画作为替代。根据这项约定,甲负有在未来某日前的一定期限内向乙交付油画的新债务。这期间乙对甲的借款债权请求权只能延期行使。若甲到期不履行交付油画的义务,乙可以请求其向自己交付油画。若甲向乙交付了油画,则债权人负有基于债务人的委托而将该油画出售给第三人的义务。乙对甲的债权在出售油画所得价款的限度内消灭。如果变价失败,延缓债务人归还贷款的期间即告结束,乙将重新获得原债权请求权请求甲履行。[①] 关于债权人受领债务人向其交付的油画后,对油画的权属地位,有代理权说、为转让之处分权说、信托的所有权说。由于代理权说与为转让之处分权说仅在以债务人名义还是债权人名义转让而有差别,但债权人之地位都是受委托而处分债务人之物,因此无法对抗债务人之其他债权人。基于信托的所有权说,债权人取得的物权具有对抗第三人的效力,[②]是值得赞同的见解。符合清偿地位的第三人也可以为新债清偿。如前例,第三人丙可以与债权人乙达成新债清偿合意,约定丙负担向乙交付字画的债务用以清偿甲对乙的债务。

第二种类型是债务人以向第三人负担新债务的方式清偿原债。例如,第三人丙对债权人甲有 1 万元债权,债权人甲对债务人乙也有 1 万元债权。债权人甲、债务人乙、第三人丙三方协议,由债务人乙承担债权人甲对第三人丙的债务,用以间接清偿债务人乙对债权人甲的债务。此种类型,甲对乙诉请履行原债的权利被限制,丙可以请求乙履行其承担的债务,乙向丙清偿后,丙对甲、甲对乙的两债均告消灭。

第三种类型是债务人将对第三人的债权向债权人为债权让与以清偿原债。例如甲欠乙金钱借款债务 10 万元。甲将对第三人丙的 8 万元债权让与乙为清偿。丙若仅履行了 6 万元,则乙可以向甲请求未获清偿的 4 万元原债权。由于本例都是金钱之债所以不存在变价的问题。假设甲将对第三人丙的受领字画的债权让与乙为清偿,则丙交付字画于乙后,乙有义务拍卖、变卖该字画以所得

---

① 参见[德]海因·克茨:《德国合同法》,叶玮昱、张焕然译,中国人民大学出版社 2022 年版,第 271 页。

② 参见[德]迪特尔·梅迪库斯:《德国债法总论》,杜景林、卢谌译,法律出版社 2004 年版,第 196 页。

价款清偿原债权;也可以与甲折价以字画受偿。多出的价值须返还给债务人,若不足清偿全部债权,可以继续向债务人请求履行。[①] 与第三人的新债清偿不同,以债权让与为新债清偿,原债权人是继受取得债权,而非与第三人直接基于合同而取得债权。

第四种类型是以支票、汇票等票据的交付清偿金钱债权。债权人受领债务人交付的票据,基于票据法律关系,债权人对票据付款人和票据前手均享有票据债权。争议的问题是:票据未经付款人付款之前,原债务是否消灭。孙森焱教授认为,如果原债消灭的,则属于代物清偿;如果不消灭的,则属于新债清偿;未为意思表示的,则默认为新债清偿。[②] 德国的梅迪库斯教授认为,如果没有特别约定,交付支票后未获付款前,债权是暂时延期清偿的,债权人的请求权在这一阶段暂时排除。[③] 以通常的原理而论,债务人交付票据默认是间接给付,从交付时起排除履行迟延责任,但这只是暂时的假定状态。如果票据得到付款,则溯及至交付票据时起对原债权发生相应的清偿效果;反之,如票据未得到付款,则原债权不消灭,若已经逾期,该票据交付亦不能阻却迟延履行。例如,甲欠乙金钱借款债务 10 万元。甲于履行到期日交付乙金额 10 万元支票清偿债务即属新债清偿。若 5 日后,该支票因系空头支票遭银行拒付,原债务仍应清偿且构成迟延履行;若支票金额 5 日后到账,则溯及至支票交付之日发生清偿效果,不构成迟延。

4. 债的更改

债的更改也称债的更新,是指以成立新债务的方式消灭原债务。与新债清偿不同,新债清偿合意成立时,新债与原债均存在;债的更改则是新债成立则原债同时消灭。在理论上,债的更改包括因债权人交替之更改、因债务人交替之更改、因债之标的变更之更改。[④] 债的更改须有以下要件:(1)成立新债务;(2)有原债务消灭;(3)债的要素须发生重大变更;(4)有更改的意思。

---

① 参见[德]迪尔克·罗歇尔德斯:《德国债法总论》,沈小军、张金海译,中国人民大学出版社 2014 年版,第 143 页。

② 参见孙森焱:《民法债编总论》(下册),台北,三民书局 2001 年版,第 1035 页。

③ 参见[德]迪特尔·梅迪库斯:《德国债法总论》,杜景林、卢谌译,法律出版社 2004 年版,第 196 页。

④ 参见孙森焱:《民法债编总论》(下册),台北,三民书局 2001 年版,第 1039、1040 页。

首先,债的更改合意是要因行为。债的更改并非单纯的原债消灭与新债成立两项法律事实的偶然并存,而是以消灭旧债为目的成立的新债,因此以更改合意为必要。债的更该合意是债权人、债务人之间或者债权人与更改后的债务人之间或者更改前的债权人、更改后的债权人与债务人三方之间,以新债务代替之前的债务,使债的要素发生重大变化,而使之前的债消灭的协议。更改合意的成立须以有效存在的旧债为原因。若因旧债无效而另成立新债,或对旧债进行补正或效力转换,均不属于债的更改。例如,甲、乙就禁止流通物订立转让合同无效,则转而订立法律允许的租赁合同的,因无旧债之消灭目的,不属于债的更改。再如,甲、乙终止代理合作合同,另订立货物买卖合同,因两者无原因关系而不属于债的更改。

其次,债的更改是对债的要素的变更。理论上,债的更改和债的变更不同。债的变更不消灭债之同一性,在债的基本要素不变的前提下只是债的内容发生非重大变化,不影响担保等从权利的继续存在;债的更改是以新债消灭旧债,两债不具有同一性,原债的从权利随原债消灭。债的要素包括债的主体、客体与内容。债的变更在狭义上不包括主体变更,与债的更改容易区别;但即使结合主观之更改合意与客观之要素变化进行判断,在债的客体与内容方面的变更与更改也难以清晰区分。通常债的性质或标的发生变化可以判断为更改,而其他条款如履行期限、数量质量、违约责任等发生变化则属于变更。例如,如甲欠乙货款债务 10 万元,后甲和乙约定将此货款债务转为借款债务而延期 1 年后偿还本息,由于对给付的性质和清偿期限作出重大变更,应属债的更改。《日本民法典》于 2017 年对债的更改相关条文进行了修改,强调了更改意思要件并对原条文的所谓"变更债务要素"作出具体规定:"当事人订立代替先前债务,成立新债务,发生下列效果的合同时,先前债务因更改而消灭:1. 对先前给付的内容作出重要变更;2. 先前的债务人更迭为第三人;3. 先前的债权人更迭为第三人。"①并规定,"基于债务人的更迭,更改后的债务人对更改前的债务人不取得求偿权"。② 但何谓债的内容重要变更仍需解释。

再次,债的更改不必然导致更改后的给付异于原给付。例如,因债的主体

① 《日本民法典》第 153 条。
② 《日本民法典》第 154 条。

的更迭导致债的更改，可以不改变作为债的客体的给付。这与代物清偿和新债清偿当然异于原给付不同。

最后，债之更改的产生有其特殊的历史背景。罗马法视债为法锁，债不可以变更主体、客体等要素，如遇有变更债之要素之必要时，唯有废止原有债之关系，成立新债。在明文承认债权让与、债务承担与债务变更契约之现代法治，更改已经失其往昔之光辉。成为“债法理论中的史迹”。[①] 法国与日本继承罗马法传统，于民法典中规定了债的更改制度；德国没有加以规定。《瑞士债法典》对债的更改在认定上十分严格，规定债的更新不能推定。[②]

本书也赞同，由于债法的现代化，债的更改已无写入民法典的必要。但基于意思自治原则，当事人对债之更改的约定并不被禁止，如果遇到债权不适于转让者，仍得依据更改合意变更债权人。[③] 债的更改理论有助于正确解释当事人间关于更改的合意。

（二）异于原给付的清偿之类型判别

异于原给付之清偿是当事人基于意思自治而对债的履行利益和履行风险作出的安排。他种给付对原给付之替代方式不同，双方之间产生的权利义务关系就不同。例如，以代物清偿受让债务人对第三人的债权，债权人承受第三人不履行的风险，对债务人是有利的；以新债清偿受让该债权，新债不履行，原债不消灭，是由债务人承担第三人不履行的风险，对债务人是不利的。这就需要判断双方约定的清偿方式到底是代物清偿还是新债清偿。每种清偿方式都是各有利弊的。代物清偿作为实践性合同，债务人交付标的物之前没有履行代物清偿的义务，债权人通常也只同意对自己有利的代物清偿，双方利弊会达成一个平衡。新债清偿虽为诺成合同，但债权人只能首先请求履行新债；由于新债与原债目的相同，一个债的目的实现另一个债就消灭，债务人反倒可以清偿原债消灭新债，这又是一个平衡。

异于原给付的清偿之类型判别主要依靠意思表示解释和法律的补充性条款。对异于原给付的清偿类型，应当在个案中通过解释当事人的约定并考虑利

① 陈自强：《无因债权契约论》，中国政法大学出版社 2002 年版，第 345 页。

② 参见《瑞士债法典》第 116 条。

③ 参见孙森焱：《民法债编总论》（下册），台北，三民书局 2001 年版，第 1039 ~ 1040 页。

益状态来确定。通常以谁承担变价风险为标准进行利益判断。[①] 如果通过意思表示解释仍不能明确判断清偿类型的，法律补充性规定默认的类型是新债清偿。

1. 清偿合意的意思表示解释

对清偿合意首先应进行文义解释。合意文句表达的内容通常可以判断当事人所欲采用的清偿方式。若因文义不清而有歧义，则进一步进行整体解释，通过各条款之间的相互关系，以推断其目的意思与哪种清偿方式贴近。除了文句外，有时相关的行为也可以判断意思表示，例如，甲将某物借给乙使用，到期后乙没有返还借用物，而是商妥以金钱债务履行借用物返还义务，并向甲出具了欠据，甲也将借用的借条退还给乙。甲的行为解释为是消灭旧债务的意思，因此可以认定为是债的更改。债的更改是以成立新债务消灭原债务，若乙认可甲接受欠据后不退还借条，可以认定是新债不履行、原债不消灭的新债清偿。

通过担保的清偿若属于典型担保，须有主债和担保，且两者间有附从关系，与其他清偿方式比较，容易判断。但代物清偿与新债清偿、代物清偿预约与新债清偿、代物清偿预约与通过非典型担保清偿，较难判别。

代物清偿与新债清偿相比较，代物清偿合同是要物合同，其目的不是发生新债而是交付标的物时消灭原债；新债清偿合同是诺成合同，其目的是以新债为清偿原债的手段，新债没有履行则原债并不消灭。代物清偿合同不存在请求履行问题，若未交付标的物则合同不成立，若交付标的物使合同成立，但此时合同目的已经实现，原债已经消灭；新债清偿则存在请求履行新债或原债的法律效果。代物清偿标的物变价风险由债权人承担，若处分标的物没有取得约定的对价，债权人也不能请求债务人继续清偿，因为此时债已经相应地消灭了；新债清偿由债务人承担变价风险，新债的标的物经变价不足以清偿原债权的，债务人须继续清偿，超出的部分债权人也得返还给债务人。例如，甲银行与借款合同的债务人乙约定，用乙所有的一处房屋，作价 100 万元，清偿 100 万元借款债务。甲银行取得该房屋所有权后，即使房屋仅能以 80 万元卖出，也不能请求乙再偿还 20 万元。此属于代物清偿。代物清偿后标的物的价格涨跌和变价风险

---

① 参见[德]迪特尔·梅迪库斯：《德国债法总论》，杜景林、卢谌译，法律出版社 2004 年版，第 144 页。

由债权人承担。若前例约定的内容改为:乙将自己所有的一处房屋交给甲拍卖、变卖清偿债务。若仅以80万元成交,乙仍需继续履行剩余未偿还的债务,则属于新债清偿。

代物清偿预约与代物清偿、新债清偿相比较,代物清偿预约是赋予债权人或债务人在履行时可以选择以代物清偿方式清偿债权的协议。其效果是赋予债务人或债权人以代替权,而非发生须履行的新债或直接产生代物清偿的效果。将来是否会发生代物清偿或是否发生新债清偿,由替代权人是否行使该权利以及替代权人是债权人还是债务人而不同。即债权人享有替代权之任意之债,债权人可以请求替代给付,也可请求原定给付的,法律效果上属于新债清偿;债务人享有替代权之任意之债,替代权行使须现实为替代给付,替代权行使债之关系消灭,法律效果上属于代物清偿。① 代物清偿预约的效力,在于对方当事人必须依预约的内容缔结代物清偿或新债清偿合同。其中,新债清偿合同与代物清偿预约均属诺成合同,法律效果上均不直接消灭原债。然新债清偿之新债是以消灭原债为目的;代物清偿预约本身不发生债的效力,只是有于将来选择代物清偿方式的替代权,不直接以债的清偿为目的。例如,热水器经销商甲向老顾客承诺,购买新的热水器,同品牌的旧热水器可以折抵一定价格回收。顾客乙购买该热水器,即与甲订立了代物清偿预约。若甲无此承诺,但于履行时与乙达成合意,回收旧热水器抵100元价款,属于代物清偿。若约定由乙委托甲负责变卖旧热水器以抵相应价款,则属于新债清偿。

代物清偿预约与通过非典型担保清偿相比较,若债权人享有代物清偿预约的替代权时,通常具有担保的功能。作为具有担保功能的合同,代物清偿预约本身就是一种非典型担保。在日本,代物清偿预约经常被用于担保金钱借贷债权的场合。从内容看,代物清偿预约有两种类型。第一种是在期限到来不清偿时,替代物当然归属债权人。这种契约的法律性质不是预约而是附停止条件的代物清偿契约。类似于"当然归属型"的让与担保。另一种是在期限到来不清偿时,债权人以预先确定的特定物作为代物清偿内容的真正意义上的代物清偿预约。与第一种的区别是债权人需在清偿期限到来时作出预约完成的意思表

① 参见陈自强:《无因债权契约论》,中国政法大学出版社2002年版,第340页。

示,否则替代物不当然归属于债权人。[1] 无论哪种代物清偿预约,都可以通过转移所有权的预告登记保留本登记的顺位,并能对抗第三人,因此具有债权担保的效果。在债权人、债务人、第三人之间,围绕代物清偿预约这种担保方法的纠纷经常发生。[2]

在我国也会面临同样复杂的问题。若以代物清偿预约作为实现让与担保的方式,则债务不履行时,债权人可以选择主张原债权请求权;也可以用事先受领之让与担保标的物,代物清偿该债权,直接取得所有权,这样就可以规避《担保制度司法解释》第68条的让与担保须参照担保物权清算的强制性规范。另一种非典型担保就是"担保型买卖",买卖标的物上若存在代物清偿预约,也可以规避《民间借贷司法解释》第23条关于清算的规定。当事人以订立买卖合同作为民间借贷合同的担保的,根据该条司法解释的规定,须按照民间借贷法律关系审理。作出的判决生效后,借款人不履行生效判决确定的金钱债务,出借人可以申请拍卖买卖合同标的物,以偿还债务。若当事人以代物清偿预约加预告登记的方式,仍可以规避清算,绕过"就拍卖所得的价款与应偿还借款本息之间的差额,借款人或者出借人有权主张返还或者补偿"的规定,这通常是对债务人不利的。因此,有观点认为,若代物清偿预约约定代物清偿权在债务人的,成立任意之债,应认为有效;约定债权人得请求他种给付者,该约定无效。若当事人约定代物清偿合同于债务人不履行时始生效者,是附停止条件之代物清偿,与流质契约无不同,应认定无效。[3] 该观点值得赞同。虽然有学者指出,债务人享有代物清偿权于实际中几乎不存在,[4]但在给债务人以优惠的以旧换新等商业营销中,承认代物清偿预约的效力仍有现实的积极意义。

2. 作为法律任意补充性规范之新债清偿

异于原给付的清偿合意类型,经合同解释后仍不明确的,推定为何种清偿,有两种不同的处理方法:一种推定为代物清偿,另一种推定为新债清偿。债的更改合意普遍认为是不可以由法律直接推定的,必须有明确的意思表示。例

---

① 参见[日]我妻荣:《新订债权总论》,王燚译,中国法制出版社2008年版,第267~268页。
② 参见[日]淡路刚久:《债权总论》,有斐阁2002年版,第574页。
③ 参见孙森焱:《民法债编总论》(下册),台北,三民书局2001年版,第1031~1032页。
④ 参见[日]我妻荣:《新订债权总论》,王燚译,中国法制出版社2008年版,第267页。

如,《瑞士债法典》第 116 条规定,法律不能推定新的债务解除先前存在的债务。对既存债务签署的汇票或新制作的债权文书或者担保文书的执行,不能推定取代旧债成立新债,但当事人另有约定的除外。

在没有规定新债清偿的法律中,法律又不承认对债的更改的推定,因此只能将代物清偿作为默认方式。《法国民法典》第 1273 条:债的更新不得推定;进行债的更新的意思,应当在文书中有明确表示。在规定有新债清偿的法律中,通常默认的是新债清偿。《德国民法典》第 364 条对新债清偿的规定的第 2 款中,包含有一项解释规则:如果债务人为清偿债权人的债权而对其承担一项新的债务,则在发生疑义时,不应意味着是代物清偿,也不应是单纯的担保。因为担保不用于"清偿债权人的债权",则只剩下为清偿的承担了。[①] 代物清偿和债的更改只能依据明确的意思表示判定,否则就是新债清偿。将新债清偿作为默认的补充性规范,意味着原给付义务连同担保继续存在,债权人在原来的请求权之外,获得一个额外的获偿机会,同时负有以交往中必要的注意努力优先变价所交付的标的的义务。只要变价的尝试是可能的和可期待的,就不能从原来的债权中向债务人提出请求。如果未全部受偿,则可以继续主张原债权。[②] 可见,以新债清偿作为默认的异于原给付的形态,对债权人是有利的。

(三)异于原给付清偿合意的性质

1. 实现担保物权的协议

通过实现担保而清偿债务的合意,须符合担保制度的规定。例如,《民法典》第 410 条规定,债务人不履行到期债务或者发生当事人约定的实现抵押权的情形,抵押权人可以与抵押人协议以抵押财产折价或者以拍卖、变卖该抵押财产所得的价款优先受偿。《民法典》第 436 条和第 453 条也有可以协议实现质权、留置权的规定。协议的内容原则上禁止约定流抵押和流质条款。抵押权人、质权人在债务履行期限届满前,与抵押人、出质人约定债务人不履行到期债

---

① 参见[德]迪特尔·梅迪库斯:《德国债法总论》,杜景林、卢谌译,法律出版社 2004 年版,第 195～196 页。

② 参见[德]迪尔克·罗歇尔德斯:《德国债法总论》,沈小军、张金海译,中国人民大学出版社 2014 年版,第 143 页。

务时担保财产归债权人所有的，只能依法就担保财产优先受偿。[①] 这是为担保权人规定了清算义务，解释论上，认为无效的流质、流抵押条款已经转化为有效的清算型担保。既可以是归属型清算，也可以是处分型清算，原则上都需要进行清算。[②]

2. 代物清偿协议

关于代物清偿协议的性质众说纷纭，主要有：要物有偿契约说、清偿契约说、特殊债务变更契约说。[③]

（1）要物有偿契约说

要物有偿契约说是德国通说，也被我国台湾地区多数学者所认同。[④] 该说认为代物清偿具有要物性。债权人受领他种给付以代原定之给付者，其债之关系消灭。受领而发生清偿效果即表明代物清偿协议是要物合同。代物清偿协议若不被履行，对双方当事人没有拘束力，债权人只能主张原债权；代物清偿协议无效或被撤销，也只能主张原债权。代物清偿具有有偿性。代物清偿可以认为是用原债权去交换代物清偿获得的代位物。[⑤] 将代物清偿协议作为有偿契约，是为了使债务人负担买卖合同的担保责任。既然债权人是以原债的给付请求权消灭为对价，与代替的给付进行交换，则替代给付若有瑕疵，准用买卖合同中的瑕疵担保责任。

对于代物清偿的要物契约说，可以尊重当事人之意思自治，并与新债清偿有效区分，值得赞同。代物清偿作为实践合同，只有当交付替代给付时，代物清偿协议才能成立并发生清偿效力。若未受领他种给付，则代物清偿协议并无约束力。这并非要鼓励未为代替给付前可以任意不履行该合同，而是尊重当事人作出意思表示的本意。当事人并非不可以作出新债清偿或者债的更新的意思

---

① 参见《民法典》第 401、428 条。

② 参见最高人民法院民法典贯彻实施工作领导小组主编：《中华人民共和国民法典物权编理解与适用》（下），人民法院出版社 2020 年版，第 1071～1072 页。

③ 代物清偿之性质，通说为要物有偿契约。罗马法以来学说之发展，有清偿说、类似买卖说、双务契约说、和解契约说、准物权契约说、即时履行之债的更改说等。参见陈自强：《无因债权契约论》，中国政法大学出版社 2002 年版，第 277 页；王家福：《中国民法学 · 民法债权》，法律出版社 1991 年版，第 196 页。

④ 参见黄茂荣：《债法通则之三：债之保全、移转及消灭》，厦门大学出版社 2014 年版，第 187 页。

⑤ 参见[德]迪特尔 · 梅迪库斯：《德国债法总论》，杜景林、卢谌译，法律出版社 2004 年版，第 197 页。

表示。代物清偿是实践性合同不是一个强制性规范,而是用于解释当事人意思表示的结果。

我国学者也有提出代物清偿是诺成契约的观点的。认为代物清偿契约与代物清偿履行是两个阶段,第一阶段仅产生债权效力,第二阶段是通过物权合意使代物清偿得以完成。当事人之间达成的代物清偿契约的效力仅使债务人负担提出他种给付的义务,并不能直接发生代物清偿的效果。[①] 该观点混淆了代物清偿与新债清偿的不同效果,他种给付也不限于发生物权变动的合意,殊难成立。

对有偿契约说的质疑,是无偿合同(如赠与)的代物清偿也得按照有偿合同的规定承担瑕疵担保责任,不符合当事人的利益状态。本书亦认为,代物清偿合同不能解释为有偿合同。应当以原债是有偿还是无偿,决定瑕疵担保责任的轻重和内容。而且,将代物清偿解释为有偿合同,若将逻辑推至极致,就得出债的所有清偿方式都是和债权消灭的交换,则清偿是债的绝对消灭的性质已不复存在,债的消灭不再是清偿的后果,而是与清偿的交换,性质上属于相对消灭,背离了因清偿而使债消灭的法理。

(2)清偿契约说

该说主张受领他种给付并非意在舍弃其债权,而仅在代替原定给付。清偿行为本身并无所谓有偿或无偿,使清偿所欲消灭之债发生的基础行为,才有所谓有偿与无偿之分。若他种给付有瑕疵,不应负较履行原定给付更大的责任。对于瑕疵担保责任承担之后果,拉伦茨教授认为,债权人如依买卖瑕疵担保之规定解除契约,解除者仅为清偿契约,而非原有之契约,故原定债务不消灭,债权人仍得主张原定给付,债务原有之担保亦不消灭。反之,债权人若主张减少价金,清偿契约之效力不受影响,债务人仍免其债务。[②] 日本学者山中康雄主张之无色性契约说与德国学者主张的清偿契约说持相似的观点。该说认为代物清偿虽性质上为契约,但其是否有偿及是否有瑕疵担保责任,应依原债务性质而定。代物清偿本身应属于一种无色性契约,系履行原有债务的一种手段,不具有有偿性或无偿性,因而也不能决定瑕疵担保责任的有无。[③] 在代位清偿是

---

① 参见翟云岭、于靖文:《代物清偿理论剖析》,载《大连海事大学学报(社会科学版)》2012年第1期。

② 参见陈自强:《无因债权契约论》,中国政法大学出版社2002年版,第294页。

③ 参见郑玉波:《论代物清偿与瑕疵担保》,载《法律评论》第40卷第10期。转引自王家福:《中国民法学·民法债权》,法律出版社1991年版,第197页。

否适用善意取得的问题上，清偿契约说也与有偿契约说结论不同。例如，甲欠乙 1 万元债务，甲和乙约定用甲的皮衣清偿。乙善意无过失而不知该皮衣系丙所有而受领。能否善意取得皮衣？若依有偿契约说，代物清偿协议均为有偿，乙满足有合理对价的要件；若依清偿契约说，则可否善意取得，须依据原债是有偿还是无偿进行判断。甲之债务若源于赠与，系无偿行为，则不适用善意取得。

(3)特殊债务变更契约说

该说主张代物清偿乃当事人一方面变更原定给付为他种给付，债务变更契约成立之同时，立即清偿变更后之给付义务，故属于特殊的债务变更契约。由于是债务变更，原有债之关系的同一性不因代物清偿而改变，他种给付有瑕疵时，仍适用原定给付有瑕疵之规定，不至于违反当事人之利益状态。[①] 特殊债务变更契约说认为清偿契约说缺乏应有的解释力。一方面，瑕疵担保责任与债不履行责任是否为非同一性质的两个制度，因学说理解和法律制度安排而理解有不同。若他种给付有瑕疵，原给付义务是否因清偿而消灭，应视原定债之关系而定，不应一概认为原给付义务消灭或不消灭。另一方面，清偿契约是处分契约而非负担契约，不存在解除的可能。

(4)本书见解

比较以上学说之解释力，再结合我国民事法律体系的实际情况，以要物性清偿契约说为宜。要物有偿契约说与特殊债务变更契约说均有一定缺陷。要物有偿契约说关于代物清偿系要物契约的结论，体现了代物清偿的本质特征，值得肯定；而关于有偿契约的结论，于赠与合同等无偿契约场合，违背法律制度的价值体系，改变了债务人的利益状态，实有缺陷，需要扬弃。特殊债务变更契约说将代物清偿合意之目的，从履行扩大到对债的变更，不仅违背当事人的意思，而且与法律精神也不相符。代物清偿协议并非变更原债而是履行原债，原来的债务关系仍然是给付的原因，约定仅限于用他种给付对原债务的履行。若变更原债务，意味着他种给付有瑕疵，只能主张变更后的债，而不能主张原债权，这是从一个极端跳到了另一个极端。尤其在第三人代物清偿的场合，第三人不是原债的当事人，无法变更原债，特殊债务变更契约说无法成立。如果原债内容或标的不法，即使代物清偿、新债清偿中的内容或标的合法，也不能使原

---

① 参见陈自强：《无因债权契约论》，中国政法大学出版社 2002 年版，第 301 页。

债合法化。若依特殊债务变更契约说，原债因代物清偿而被变更并可使其合法化，有违法理。

要物清偿契约说克服了要物有偿契约说的不足，也没有变更给付的原因关系，债权人根据给付瑕疵的情况选择原债请求权或瑕疵担保责任，是符合代物清偿合意的法律后果。至于代物清偿契约是否为处分契约，仅为解释论的视角问题，不影响法律功能。我国民法没有债不履行责任之制度，违约责任和瑕疵担保责任并不严格区分为两个独立的制度。因买卖合同交付的标的物有物的瑕疵，依据《民法典》第617条可以请求承担违约责任；若交付的标的物有权利瑕疵，依据第612条承担权利瑕疵担保责任；若因出卖人未取得处分权导致买受人不能取得标的物所有权，更可依据第597条请求承担违约责任。在赠与合同中，对赠与财产的瑕疵担保责任也作出了较买卖合同更轻的规定。[①] 因此，要物清偿契约说主张的无色性理论，可以适应我国买卖合同与赠与合同分别规定瑕疵担保责任的法律现状，也不存在只能依据清偿契约主张瑕疵担保责任、依据原合同主张违约责任的束缚。

3. 新债清偿协议

学者对于新债清偿协议属于诺成合同还是要物合同存有争议。史尚宽、林诚二、孙森焱等多数学者认为是要物契约，因为间接给付因债务人之给付始成立，故为要物契约。邱聪智教授认为是诺成合同，新债清偿亦为契约，但非如代物清偿之为要物契约，仅须债务人与债权人合意即为成立。[②] 之所以产生争议，系因两者采用的参照物不同。若以原债消灭须新债履行为标准，结论就是要物契约；若以新债成立为标准则为诺成契约。本书赞同诺成合同说。要物合同或诺成合同之区分在于判断合同成立之要件而非用于债消灭之后果。要物合同说避开新债何时成立与生效，易让人误解为新债在没有被履行前尚未成立，和代物清偿协议发生混淆。诺成合同说则清楚表明新债清偿协议之成立与效力，有实际意义。基于清偿契约说，新债清偿协议是原债的清偿手段，不能解释为有偿合同，但也不能像无偿合同那样，于履行前可任意撤销。

新债清偿合同属于诺成合同，而且原债权并不因该合同消灭。在新债被清

① 参见《民法典》第662条。

② 参见林诚二：《民法债编总论——体系化解说》，中国人民大学出版社2003年版，第540页。

偿之前,产生两个债权并存的状态。原债是新债的原因或目的,新债的履行是清偿原债的手段。就两债的关系,有选择说与顺序说。选择说认为债权人可以选择新债为主张,也可以选择旧债务为主张。[①] 顺序说认为新债清偿属于契约的性质,当事人必受契约之约束,故债权人应先请求履行新债务,只有在新债务不能履行、无效或撤销时,始能就旧债务请求。[②] 德国通说为顺序说。[③]

我国法律对此没有明确规定,可以解释当事人达成的以物抵债协议的内容,判断新债旧债之效力关系。若约定债权人可以请求履行原债的,应为有效;若无约定,则原债权之请求权须延期至新债无法清偿之后行使。债权人因新债清偿而受领之标的物,在没有变价之前,取得信托所有权而非代理人之占有,可以对抗债务人其他债权人的强制执行。若第三人为新债清偿,第三人不履行,债权人不以对第三人诉讼为必要,可以直接向债务人请求原债的给付。[④]

(四)异于原给付清偿的效力

若双方达成清偿协议,以他种给付为清偿与原定给付具有同等的法律效力。以他种给付清偿仍须遵守公示规则的要求,才能发生物权变动的效果。在以物抵债中,无论是代物清偿还是新债清偿,若约定以房屋等不动产抵债却未办理过户登记,则债权人就该不动产之权利,不具有对世效力,不能对抗第三人对该不动产的权利主张,不能阻止法院对该不动产的强制执行。只有在原债权本身具有优先权效力或者符合金钱债权执行中的特殊条件,才能例外地对抗第三人。根据《执行异议和复议司法解释》第 28 条,须书面的以物抵债协议在法院查封之前就已经签订,未办理过户登记非因债权人自身原因,不动产已经被债权人合法占有,已经支付全部价款或支付部分价款且将剩余价款交付执行的,才能排除执行。最高人民法院有判决认为,对于以物抵债所签订的房屋买卖合同要考量所抵债务是否具有优先属性。以房屋买卖合同作为以物抵债的

---

① 参见孙森焱:《民法债编总论》(下册),台北,三民书局 2001 年版,第 1037 页。

② 参见林诚二:《民法债编总论——体系化解说》,中国人民大学出版社 2003 年版,第 541 页。

③ 参见[德]迪特尔·梅迪库斯:《德国债法总论》,杜景林、卢谌译,法律出版社 2004 年版,第 195 页;[德]迪尔克·罗歇尔德斯:《德国债法总论》,沈小军、张金海译,中国人民大学出版社 2014 年版,第 143 页。

④ 参见[德]迪特尔·梅迪库斯:《德国债法总论》,杜景林、卢谌译,法律出版社 2004 年版,第 196 ~ 197 页。

方式，在房屋过户之前，买卖合同所产生的新债并未消灭，致新债旧债并存，故买受人对抗买卖合同之外的申请执行人权利不应超出旧债的效力范围。因此，通过以物抵债方式取得的房屋期待权一般不能阻止执行。①异于原给付清偿的效力，还涉及以下问题：

1. 履行原给付的效力

若达成代物清偿、新债清偿、债的更改的协议后，履行了原债务的给付，清偿行为的效力如何，须予以分析。在代物清偿的场合，债务人履行了原债务，说明代物清偿合同尚未符合要物契约的要件而不成立。于新债清偿的场合，两个债的目的相同，履行了原债，则新债清偿合同失去原因，随之消灭。在债的更改的场合，更改协议属于诺成合同，更改协议成立后原债已经消灭，只能请求新债的履行。债务人履行原债，若债权人接受，属于变更或更改；若不接受，则债务人属于履行错误，新债不消灭。

2. 无效的代物清偿协议

代物清偿协议若违反关于民事法律行为效力的强制性规定或公序良俗，自始无效。若存在欺诈、胁迫、显失公平等情形而被撤销后，也溯及既往地归于无效，原债并不消灭。除《民法典·总则编》中规定的一般性无效原因外，实践中还有以下无效情形：其一，以代物清偿名义为流质或流押的无效。附停止条件的代物清偿预约与流质相同效力，应属于无效，但可以转换为清算型清偿。例如，张三欠李四10万元债务，约定张三用自己的汽车代物清偿。但协议附生效条件——代物清偿协议于债务人不履行原债务的给付时始生效力，与流质效力相同。其二，股东以该上市公司的股票，代物清偿欠该上市公司的债务。除《公司法》第142条规定的除外情形外，上市公司不得收购本公司股份，也不得接受本公司的股票作为质押权的标的。因为上市公司接受自己的股票，其所控制的资产并未增加，甚至减少了公司的资本。其三，代物清偿损害债务人的其他债权人的利益，其他债权人可以主张债权人撤销权，撤销代物清偿协议，使其归于无效。

① 田某、中国农业银行股份有限公司贵阳黔灵支行等申请执行人执行异议之诉案，最高人民法院(2022)最高法民申104号民事裁定书。

3. 价格风险负担

达成异于原给付的清偿协议后，若给付发生价格涨跌，可否要求补足或退回差价，涉及的就是价格风险负担问题。代物清偿系要物契约，不为代替给付，代物清偿不成立，因此，完成他种给付前，债务人可以避免涨价的损失，但降价的损失也不能转给债权人。因为不能强迫债权人接受一个降价的替代给付。估价应当以交付和受领时为准。受领他种给付后发生价格涨跌的，由债权人负担风险。以让与债权代物清偿，债务人不对其让与债权的债务人支付能力负责。[①] 新债清偿协议成立后，新债履行时对给付进行估价清算，由于新债不履行、旧债不消灭，债权人未受清偿的部分可以继续请求债务人履行旧债，因此不承担价格风险，因价格上涨而超出部分应返还给清偿人。若新债清偿协议中有排除清算的特别约定，因基础条件发生了在订立合同时无法预见的、不属于商业风险的重大价格变化，也可以基于情势变更请求调整。债权人受领替代给付后，发生价格涨跌的，由债权人承担价格风险。债的更改是广义之债的变动，广义之债通过法律关系中的对价调整风险，因此新债的价格风险由新债的性质而定。

4. 价值不相当

价值不相当与价格风险不同，是指价格虽未发生涨跌波动，但在达成清偿协议时，所确定的替代给付与原给付价值不相同。代物清偿中，价值是否相当不是有效要件。价值相当与否有时可能在其他交易中进行平衡，而且有时难以估价，因此，价值相当与否作为一个实质正义的因素通常不被考虑。代物清偿协议的形式正义是应当考虑的因素，即考虑是否有意思表示瑕疵、是否欠缺民事行为能力等。但若价值不相当达到显失公平的程度，在实践中可以请求撤销该清偿协议。最高人民法院的有关指导意见指出，“机关、事业单位和大型企业就拖欠账款问题迫使中小微企业接受不平等条件，达成与市场价格明显背离的以物抵债协议或者约定明显不合理的支付期限、条件，中小微企业以显失公平为由请求撤销该协议或者约定的，人民法院应予支持”。[②] 新债清偿协议约定以

① 参见[德]迪特尔·梅迪库斯：《德国债法总论》，杜景林、卢谌译，法律出版社2004年版，第198页。

② 2022年1月13日颁布《最高人民法院关于充分发挥司法职能作用助力中小微企业发展的指导意见》第13条。

价值不相当的新给付清偿的,属于意思自治的范畴,不影响其效力。债权人于受领新给付时有清算义务,不相当的价值可经估价清算进行调整。新债清偿协议中若有排除清算的当然归属条款,则按代物清偿处理。除非有意思表示上的瑕疵或显失公平而造成的价值不相当,债务人不得请求撤销。债的更改中的价值不相当与新债清偿相同处理。

(五)对“以物抵债”性质的认定

我国《民法典》对代物清偿、新债清偿、债的更改等异于原给付的清偿未作规定,现实生活中以物抵债的情况又十分普遍,如何认定以物抵债的法律性质,就显得十分重要。司法实践中有将以物抵债简单等同于代物清偿的倾向。认为“以物抵债”行为,大陆法系民法理论上称为代物清偿。应坚持要物性,代物清偿未实际履行则代物清偿合同未成立,自然无依据新合同主张权利之理。[①]究其根源,盖因我国法律中代物清偿、新债清偿、债的更改等规则缺失,构成法律漏洞。理论上对“异于原定给付的清偿”的认知不够系统全面,造成只知代物清偿,不知其他清偿类型的窘状。以至于误将很多属于新债清偿的情况认定为具有要物性的代物清偿,不懂得依据意思表示或者默认的新债清偿来判断以物抵债的性质。其后果是违背了当事人的意思自治,使不诚信的一方得到了保护。

本书认为,无论要物的代物清偿,还是诺成的新债清偿,都可以作为默认的清偿方式,关键是法律必须事先明确规定。只有这样,才能使当事人双方对清偿协议的效力认识一致,以有效防范风险和作出决策。若默认为代物清偿,未实际履行时,就不要把它当回事;若默认为新债清偿,协议一经达成就有约束力,必须遵守。无论哪种都是可行的,关键是法律要事先明确一个判断的前提;否则,无论认定要物合同还是诺成合同,对持另一种理解的他方当事人来说就是不合理的。

若以物抵债协议中没有明确的代物清偿意思,则认定为新债清偿更具合理性。因为合同成立以诺成性为一般规则,以要物性为特殊规则。在法律没有事先确定的规则时,认定为要物合同具有不合理因素,应暂且认定为诺成合同才符合现代民法理论,在效果上也恰与默认的新债清偿吻合。要物合同的判断依

---

① 参见崔军:《代物清偿的基本规则及实务应用》,载《法律适用》2006年第7期。

据,须有法律特别规定、当事人约定、交易习惯和社会一般观念。以物抵债协议缺乏上述认定为要物合同的依据时,应当认定为具有诺成性的新债清偿协议。认定为何种清偿方式,还涉及当事人的风险安排。若当事人没有明确的意思,风险分配只能由法律而不是法官来完成。法官认定以物抵债是实践合同,实质上是做了一个风险的分配,合同的诺成性和这种风险分配是冲突的。以特殊否定一般的风险分配方式,必须有事先的明确依据。法律如何分配风险,当事人都有机会通过合同有效避免,但前提是当事人必须事先明确法律将风险分配给了谁,该由谁负担这种风险。

异于原定给付的清偿如何定性,在各国法律实践中也不是一成不变的。例如,日本学说和判解最初认为交付支票,属于债的更改;后来认为根据当事人的意思表示,要么属于代物清偿,要么属于更改,要么属于为清偿的目的而交付;现在的通说认为,若没有特殊原因,推定为新债清偿。[①] 我国司法实践对于以物抵债的性质认定也逐渐向新债清偿靠拢。《九民纪要》认为,在认定以物抵债协议的性质和效力时,要根据订立协议时履行期限是否已经届满予以区别对待:(1)当事人在债务履行期限届满后达成以物抵债协议,抵债物尚未交付债权人,债权人请求债务人交付的,若无虚假诉讼或其他无效事由的,人民法院依法予以支持。(2)当事人在债务履行期届满前达成以物抵债协议,抵债物尚未交付债权人,债权人请求债务人交付的,不属于让与担保,应向其释明根据原债权债务关系提起诉讼。[②]《九民纪要》实际是提出了一个比意思表示解释更直接的判断标准,即以"订立协议时履行期限是否已经届满"来划定以物抵债协议到底是担保还是异于原给付的清偿。这样的处理还是有其内在的逻辑合理性的,因为在履行期限届满前,尚不涉及清偿问题,认定为具有担保功能的合同符合双方的真实意思。

在前述(1)中,履行期限届满后达成以物抵债协议,即使在抵债物尚未交付的情况下,该以物抵债协议仍具有债的效力,债权人可以提出履行请求,说明其符合新债清偿的特征。可见,我国司法实践所持立场与通行的默认新债清偿的立法例是一致的。不足之处在于未充分考虑到当事人的意思自治。应当为当

---

① 参见[日]淡路刚久:《债权总论》,有斐阁2002年版,第575页。

② 参见《九民纪要》第44~45条。

事人约定要物性的代物清偿协议保留一个例外规定,即如果当事人约定的以物抵债,是交付抵债物后才可成立的代物清偿,则抵债物尚未交付的,债权人只能请求履行原债务。

在前述(2)中,此种履行期限届满前的以物抵债协议,在学理上当归为代物清偿预约,因违反流质禁止规则而无效,效力转换为清算型担保合同。类似的情况还有以订立买卖合同作为民间借贷合同的担保。① 其共性就是无论是以物抵债协议还是买卖合同,其标的物都未交付,且合同都发生在履行期届满之前,因此都认定为债的担保而非债的清偿。若标的物已经在形式上移转至债权人名下,甚至已经完成财产权利变动的公示,则属于让与担保,适用《担保制度司法解释》第68条的规定。无论是让与担保还是买卖合同担保或者代物清偿预约担保,在法律效果上均需要参照实现担保物权而清算,这是我国《民法典》以及相关司法解释中十分明确的立场。以物抵债协议无论是新债清偿还是担保合同,在须清算的法律效果上是一致的,不存在规则体系冲突。《民法典》第401条的流抵押禁止和第428条的流质禁止的规定,均限定在债务履行期限届满前。反向推论可以得出,在债务履行期限届满后,并不禁止当事人约定价值不相当的代物清偿;也不禁止债权人与债务人约定抵债物归债权人所有,可以避开拍卖而使债权人取得抵债物的所有权。但这需要有关于代物清偿的特别约定以排除新债清偿的一般性适用。而且,代物清偿的约定,不能以之前无效的流押、流质条款替代,必须于清偿时独立达成代物清偿协议。这不仅符合代物清偿须有特别约定的原理,而且有利于债务人在清偿时对价值是否相当等利益得失重新作出评估。即履行期限届满前达成的担保协议或以物抵债协议通常都会有预先的评估折价,但最终还是以实际完成代物清偿时的意思为准。

---

① 《民间借贷司法解释》第23条:当事人以订立买卖合同作为民间借贷合同的担保,借款到期后借款人不能还款,出借人请求履行买卖合同的,人民法院应当按照民间借贷法律关系审理。当事人根据法庭审理情况变更诉讼请求的,人民法院应当准许。

按照民间借贷法律关系审理作出的判决生效后,借款人不履行生效判决确定的金钱债务,出借人可以申请拍卖买卖合同标的物,以偿还债务。就拍卖所得的价款与应偿还借款本息之间的差额,借款人或者出借人有权主张返还或者补偿。

五、清偿的抵充

(一)抵充的概念

清偿抵充也称债的抵充或履行抵充,是指同一债务人对同一债权人负担数项给付种类相同的债务,债务人的给付不足以清偿全部债务时,确定其履行的是哪项债务以及清偿顺序、清偿比例的制度。

清偿抵充的要件为:(1)债务人对同一债权人负担数项债务;(2)数项债务的给付种类相同;(3)债务人的给付不足以清偿全部债务。

数项债务可以是不同债因发生的债务,也可以是分期履行的各期债务,还可以是广义之债下的主债权、利息、费用、违约金等狭义债务。数项债务给付种类相同非指债务的法律性质相同。例如,借贷之本金债权与利息债权以及违约金债权,虽法律性质不同,但都属于金钱之债,在以金钱为给付方面是相同的,即可满足给付种类相同的要件。在适用抵充时,是否须债务人的给付足以清偿一项债务,有不同的观点。史尚宽教授认为,虽不足一宗债务之额,亦适用关于抵充之规定。[①] 而黄茂荣教授认为,清偿人无一部给付之权利,所以其提出之给付,至少必须足以清偿其中一宗债务且有余,始得将其剩余就其他债务指定抵充顺序。[②] 本书赞同第一种观点。债务人之给付即使不足以清偿一项债务,仍可部分地减少债之数额,对债权人而言并非无益。若债权人不接受部分履行,是另一法律问题,抵充之适用与部分履行是否违约属于不同的法律评价,不应杂糅在一起。

(二)抵充的种类

依意思表示的参与程度,债的抵充分为约定抵充、指定抵充、法定抵充三种。其中,约定抵充最为优先,若无约定抵充则可适用指定抵充,若无指定或无权指定的,则依据法定抵充确定清偿的顺序。

1. 约定抵充

约定抵充即当事人就抵充的顺序或方法达成协议。例如,约定债务人按照

---

① 参见史尚宽:《债法总论》,中国政法大学出版社 2000 年版,第 793 页。

② 参见黄茂荣:《债法通则之三:债之保全、移转及消灭》,厦门大学出版社 2014 年版,第 191 ~ 192 页。

先清偿A债权再清偿B债权的顺序为抵充,或者按照等额本金或等额本息的方法分期清偿借款的本金与利息。约定抵充体现当事人之意思自治,具有优先地位,既适用于对数项债务的清偿抵充,也适用于对一项广义债务中具有主从地位的数项狭义债务的清偿抵充。我国《民法典》第560条第1款和第561条中,均规定有“除当事人另有约定外”,说明关于抵充的规定属于任意性规范,这是约定抵充效力优先的法律基础。约定抵充之合意内容通常只限于抵充的顺序和方法,对于是否可以约定“抵充指定权让与债权人行使”之内容,非无疑义。否定观点认为,这剥夺了债务人履行行为上的决定权,使债务人丧失了进行最佳安排的自由;肯定观点认为,债务人对各宗债务本即有清偿义务,由债务人指定抵充顺序又何所害于债权人?[①] 然在金融业务中,银行之格式文本约定“债务人之给付不足以清偿全部债务的,由债权人指定应抵充之债务”,是因为抵充顺序或方法直接影响银行不良贷款的评级以及不良率等监管指标的测算,并非毫无利害影响,且法律并未禁止抵充指定权之让与,因此,该约定不应认定为无效。约定抵充之协议是以限制债务人抵充指定权为目的的负担行为,属于双方法律行为。约定抵充协议生效后,债务人不能单方作出与之不同的抵充指定。亦有观点认为,债务人于清偿时不依事先约定顺序指定应抵充之债务,该约定之违反只能使债务人负损害赔偿义务。[②] 但该观点是将清偿前的抵充约定仅视为预约,与清偿时达成的抵充协议不同,不可混淆。另外,抵充协议并不约束第三清偿人。第三清偿人非受债务人委托,且不负担清偿全部数项债务之义务,因此其清偿的是债务人的哪项债务,应由第三清偿人指定。

2. 指定抵充

指定抵充即当事人一方以其单方意思确定债务人的清偿应抵充的债务。[③] 指定抵充的权利称为抵充指定权,除另有约定外,由债务人享有。我国《民法典》第560条第1款规定了指定抵充。抵充指定权之理论基础在于债务人任意清偿之原则。依据该原则,债务人虽负有债务,但并不被债权人强制或命令,其行为亦不受债权人意思之支配,仍享有于何时何地清偿何债权的意思自主性,

---

① 参见黄茂荣:《债法通则之三:债之保全、移转及消灭》,厦门大学出版社2014年版,第197页。

② 参见史尚宽:《债法总论》,中国政法大学出版社2000年版,第794页。

③ 参见王利明:《合同法研究》(第2卷),中国人民大学出版社2003年版,第322页。

可保障债务人自主决定最佳利益安排之自由。抵充的指定行为须有意思表示，非事实行为；但其法律效果仅使给付与债权之间建立因果联系，指定行为若脱离清偿行为，本身并不能直接消灭债权关系，因此其性质不属于法律行为，当属于发生法定效果之准法律行为。进而也可推出，抵充指定权不是形成权之结论。指定完成之后不得改变其指定，但若发生错误，可依重大误解而撤销，并重新指定。若债务人清偿时不行使抵充指定权，于日本立法例，由债权人为抵充指定。[①] 对此的批判观点认为，债务人本已处于弱者地位，若赋予债权人指定权，须防范利益失衡和债权人滥用指定权，经限制后的实际结果往往与法定抵充的效果相同，徒增烦琐，莫如直接适用法定抵充。[②] 鉴于此，债务人未作指定的，在我国直接适用《民法典》第 560 条第 2 款关于法定抵充的规定，不同于日本立法例。

3. 法定抵充

法定抵充是指依照法律规定的顺序对债务进行抵充。法定抵充的性质分为补充性和限制性两类。

补充性法定抵充规则是在当事人没有约定抵充也没有指定抵充时适用的规则。考虑到债权人与债务人利益平衡的清偿顺序，较约定抵充和指定抵充劣后适用。补充性法定抵充规则属于任意性规范。其法律依据是《民法典》第 560 条第 2 款。分为 5 个清偿顺序：(1)债务人未作指定的，应当优先履行已经到期的债务；(2)数项债务均到期的，优先履行对债权人缺乏担保或者担保最少的债务；(3)均无担保或者担保相等的，优先履行债务人负担较重的债务；(4)负担相同的，按照债务到期的先后顺序履行；(5)到期时间相同的，按照债务比例履行。

限制性法定抵充规则是对债务人抵充指定权的限制，这意味着债务人不可以单方改变该清偿顺序。债务人只能通过和债权人达成抵充协议，才能改变限制性法定抵充顺序。即限制性法定抵充规定对于协议抵充而言是任意性规范，对于指定抵充而言是强制性规范，优先于指定抵充而适用。限制性法定抵充规则关照的是债权人的利益。《民法典》第 561 条是限制性法定抵充规则。依据

① 参见《日本民法典》第 488 条第 2 款。

② 参见韩世远：《合同法总论》，法律出版社 2011 年版，第 321 页。

该规定,债务人在履行主债务外还应当支付利息和实现债权的有关费用,其给付不足以清偿全部债务的,除当事人另有约定外,履行顺序为:(1)实现债权的有关费用;(2)利息;(3)主债务。若在主债务之外还有违约金、损害赔偿等从债务,不适用限制性法定抵充规则,而适用补充性法定抵充规则。此类从债务系因主债务到期仍不履行而发生,必然晚于主债务,按照债务到期的先后顺序,应后于主债务履行。但若债的担保范围仅限于主债务,违约金、损害赔偿金无担保,则优先履行对债权人缺乏担保或者担保最少的债务。

债务人若违反法定抵充指定清偿主债务,而债权人受领的,视同默示的协议抵充,清偿有效,但不影响债权人主张利息和违约金的权利。《买卖合同司法解释》第18条第2款即体现了这一法理:“买卖合同约定逾期付款违约金,买受人以出卖人接受价款时未主张逾期付款违约金为由拒绝支付该违约金的,人民法院不予支持。”

第三节 债的抵销

一、抵销的概念

抵销是指互负债务的当事人之间,各自以其债权充当债务的清偿,而使双方的债权债务等额消灭的法律制度。抵销制度肇始于罗马法,并被现代民法普遍接受,由于其具有不经现实履行即可消灭债权债务的独特功能,因此,是重要性仅次于清偿的一种独立的债权消灭原因。抵销作为独立的债的消灭原因而与代物清偿不同。表面上债务人虽以自己对对方的债权代替原给付,清偿了债务,类似于代物清偿;但给付无需现实履行,双方债权同时等额消灭,才是其本质特征。尤其在法定抵销,无需合意且两债给付内容相同,这与代物清偿存在明显不同。

依据债务标的物的种类和品质是否相同,抵销可以分为法定抵销与合意抵销两种。

法定抵销是指当双方互负债务的标的物的种类和品质相同时,无需达成合意而依单方主张即可发生之抵销。债的标的物种类和品质相同时,是采当然抵销的立场还是须经一方主张始发生抵销,有不同立法例。《法国民法典》第1290条采当然抵销主义,抵销的效力自动发生,两宗债务自其得抵销时起,即在各自同等数额范围内相互消灭,即使债务人不知,亦同。当然抵销主义往往违背当事人的真实意思,故不足取。《德国民法典》第388条、《日本民法典》第506条采抵销表示主义,抵销须向对方以意思表示为之。抵销表示主义尊重当事人的意思自治,允许当事人约定禁止或限制抵销,不像当然抵销主义那样充满法律家父主义色彩,更为合理。我国《民法典》第568条规定的法定抵销,与德日立法例相同,须由当事人以通知为抵销。不过,抵销意思表示也体现出法律行为之目的性;若无抵销表示,则债的原本一旦清偿,则再不能抵销。因不知道有抵销的机会而给付,不能依不当得利请求返还。①

合意抵销是在双方互负债务的标的物种类或品质不同时,依据双方达成的同意抵销的合意而为之抵销。《民法典》第569条规定了合意抵销:当事人互负债务,标的物种类、品质不相同的,经协商一致,也可以抵销。合意抵销的基础是合同而非单方意思表示,因此,合意抵销的功能就是可以减少或增加当事人主张抵销的条件。② 合意抵销不仅可以抹平标的物种类、品质不相同的抵销障碍,而且可以突破法律对主动债权和被动债权的限制,甚至越过债权的相互性。抵销合意以不违反强制性规定、不损害第三人的利益为限,可生效力。例如,可以约定以尚未到期或附有抗辩权的债权作为主动债权主张抵销,从而排除限制抵销的任意性法律规范的适用。合意抵销在广义上还包括"排除法定抵销"的约定,从而提高了抵销的条件。当债的数额存在少许差异时,也可以合意抵销。若差异较大的,可认为是对抵销后的差额部分进行了债的免除。实践中,有甲欠乙、乙欠丙、丙欠甲的三角债,通过三方共同签订"抹账协议"而为消灭的,也被称为合意抵销。③ 抵销合意具有诺成性,属于履行协议而非债权协议,合意成立即发生抵销的效果。

---

① 参见黄立:《民法债编总论》,中国政法大学出版社2002年版,第716页。

② 参见[德]海因·克茨:《德国合同法》,叶玮昱、张焕然译,中国人民大学出版社2022年版,第275页。

③ 参见[日]我妻荣、有泉亨等:《民法注评:总则·物权·债权》,日本评论社2016年版,第942页。

二、抵销的功能

抵销具有以下功能：

（一）抵销具有私人执行的功能

在债务清偿上便捷简化。抵销可以不经现实给付而消灭双方互负的债务，是观念上的清偿。抵销可以越过强制执行而消灭双方债务，节省了诉讼成本，规避了强制执行不能的风险。

（二）抵销具有担保债权实现的机能

通过抵销，使债权具有了事实上可获优先受偿的功能。尤其在破产清算程序中，抵销避免了债权一般担保财产在债务人的其他债权人间的平均分配，确保债权全额且优先受偿。

（三）抵销属于权利的行使，具有引起诉讼时效中断的功能

抵销使主动债权或被动债权部分消灭的，剩余未获清偿债权的诉讼时效重新计算。因为抵销对于主动债权而言等同于权利人向义务人提出了履行请求，对于被动债权而言是义务人同意履行义务。

（四）抵销权兼具形成权与抗辩权的功能

依单方意思可以为抵销的权利是抵销权。在法定抵销中，由于一方当事人可以单方作出抵销意思表示而消灭双方债权债务，因此通说认为，在法律属性上抵销权属于形成权。在诉讼中为对抗原告的诉讼请求而主张抵销的，构成对诉的抗辩。在实体法上抵销亦具有抗辩权的功能，属于永久性抗辩。

于诉讼中提出抵销的债务人，须证明自己的主动债权具有可抵销的适状。若该债权亦须经过审理方能确定的，须提出反诉；若不符合反诉条件则须另案起诉，另案裁判，不能直接为抵销。否则，无异于为使抵销而将案件之诉讼标的扩大到另一案件领域，不仅增加了工作量还超出了诉讼请求。

三、抵销的要件

抵销的构成要件包括以下方面：

(一)双方互有债权

双方互有债权是指债权具有相互性,彼此以对方为债务人而享有债权。用以抵销的债权称为主动债权或自动债权;被抵销的债权称为被动债权或受动债权。双方互有债权是抵销的一般要件,也有特殊的例外情形:

1. 保证人行使主债务人对债权人的抵销权

《意大利民法典》第1247条第1项、2017年修订前的《日本民法典》第457条第2项采形成权说,即允许保证人行使主债务人对债权人的抵销权。相反的立法例如《瑞士债法典》第121条、2017修订后的《日本民法典》第457条第3款以及《欧洲示范民法典草案》第Ⅳ.G-2:103条第5项采抗辩权说,保证人于主债务人对债权人有抵销权而不行使时,可以拒绝承担相应的保证责任但不能行使债务人的抵销权。例如:甲是债权人,享有债权10万元。乙是债务人,丙是保证人。乙同时有对甲的到期债权10万元。甲向丙主张承担保证责任时,丙可否主张乙对甲的抵销权?若依形成权说,保证人丙得以主债务人乙对于债权人甲之债权,主张抵销;若依抗辩权说,则丙仅有拒绝承担10万元保证责任的抗辩权。我国《民法典》第702条规定,“债务人对债权人享有抵销权或者撤销权的,保证人可以在相应范围内拒绝承担保证责任”,是采抗辩权立场,避免矫枉过正而使保证人直接处分他人的权利。

2. 连带债务人行使其他连带债务人对债权人的抵销权

为了避免追偿困难,有立法例在连带之债中,允许连带债务人对债权人行使其他连带债务人的抵销权。我国《民法典》对此没有规定。

3. 债务人对债权让与受让人行使对原债权人的抵销权

为使债权让与不损害债务人的权益,债务人可以对受让人行使对原债权人的抵销权。对此,我国《民法典》第549条第1项规定,债务人接到债权转让通知时,债务人对让与人享有债权,且债务人的债权先于转让的债权到期或者同时到期的,债务人可以向受让人主张抵销。而且,在借鉴《瑞士债法典》第169条的基础上,增加了第2项的例外规定:债务人的债权与转让的债权是基于同一合同产生的,债务人可以向受让人主张抵销,不受第1项中债权先于转让的债权到期或者同时到期的限制。例如,买卖合同的卖方将价款债权转让于受让人时，买方尚未对卖方享有违约金债权，之后因卖方违约产生违约金债权，即使买方的违约金债权晚于价款债权到期，也可以对受让人主张抵销。

在债务承担中，为使债权人和原债务人的利益免受不利影响，基于公平的考量，《民法典》第553条规定，原债务人对债权人享有债权的，新债务人不得向债权人主张抵销。

（二）双方债权均有效存在

无论是主动债权还是被动债权都需要是有效的债权。若债权无效则视为自始不存在，即使被认定无效之前发生过抵销，也溯及既往不发生债消灭的效果。合同因被撤销而无效的亦同。但因无效或被撤销而产生的回复性债权或损害赔偿债权，若符合抵销要件的，可以抵销。例如，甲和乙互有10万元债权。双方抵销后，甲发现乙对甲的债权产生于合同欺诈，遂撤销该合同。抵销后若发现欺诈等撤销事由，可以撤销，甲对乙消灭的债权复活。但若抵销之前甲已经发现存在欺诈等撤销事由仍为抵销的，视为放弃撤销权，不可以撤销，抵销有效。合同若因解除或履行而消灭的，也不能发生抵销。

双方债权以有效为必要，但被动债权不必是具备完全效力之债权。通常而论，主动债权要求较高，而被动债权要求较低。主动债权必须是相对完美的，主动债权须有效、届期、可强制性，对方没有抗辩权，但不要求无争议或明确。因此，自然债权、停止条件没有成就的债权、附有同时履行抗辩权的债权不能作为主动债权。此外，超过时效、得撤销、得解除的债权通常不能作为主动债权。例如，乙向甲购买货物，甲因此享有对乙的10万元货款债权，双方约定随时付款同时提货。乙对甲也另有10万元到期债权。在甲没有向乙交付货物之前，乙向甲请求履行10万元债权，甲以乙欠自己的货款主张抵销。此时，对于甲的货款债权，乙有同时履行抗辩权，不能作为主动债权，若主动抵销就等于剥夺了乙的同时履行抗辩权，因此非经乙同意不能抵销。

被动债权必须存在，但不必有可强制性，效力不完全的债权也可以是被动债权，总之，被动债权不需要太完美。以下债权不能作为被动债权被抵销：（1）对于被动债权，停止条件未成就前，因不生债权效力，不能被抵销。（2）禁止扣押的债权，如退休金、抚恤金、扶养费等债权，受特殊保护，不能作为被动债权抵销。(3)故意侵权行为所生的债权不能作为被动债权。

（三）双方债权给付种类相同

给付种类相同是指债权是同种标的。依我国法律，债务的标的物种类与品质均相同即为给付种类相同，不要求给付的数量相同。抵销中，债的标的物的种类通常为金钱给付，便于在数量上等值化，也不存在品质差异。若为金钱之外的物之给付，则需要同时考虑种类和品质是否相同的问题。无标的物的行为债务，只要标的的种类与品质相同，也可以抵销。给付履行地不同的债务不属于给付种类不同，不影响抵销，但因履行地不同的债权抵销造成的损失，提出抵销的一方须向对方承担该损失之赔偿。《民法典》对于因抵销而生之赔偿虽无规定，但可以借鉴该法理按相同规则处理。例如，甲对乙有货物债权 100 件，清偿地为从南京运到北京。乙对甲也有同种货物债权 100 件，清偿地为从青岛到南京。乙主张抵销，甲可以请求赔偿货物从青岛运到北京的运费损失。甲主张抵销，则不能请求赔偿。该赔偿请求权不以过错为要件，只要抵销与损失之间有相当因果关系即可。赔偿范围为未能在清偿地受领给付所受损害，如运费、对第三人的迟延违约金等。

（四）主动债权须届清偿期

抵销中，提出抵销的主动债权须届清偿期，而被动债权不必为到期债权，是为保护被动债权人的期限利益。若以到期债权抵销未到期债权，是主动债权人放弃期限利益，自应允许。反之，若以未到期债权主动抵销到期债权，则剥夺对方期限利益，须经对方同意方可抵销。

（五）须是可以抵销的债权

双方的债权若有一方是不可抵销的债权，则不可以抵销。《民法典》第 568 条第 1 款规定了三种不具备抵销容许性的债权，即根据债务性质不得抵销、按照当事人约定不得抵销、依照法律规定不得抵销。

首先，根据债务性质不得抵销是指若抵销就不能实现债的目的。例如，互相担保的合同不能抵销；相互不作为债权，如竞业禁止之债不能抵销；相互单纯提供劳务之债权，不能抵销；双务合同中的对待给付义务不得相互抵销。

其次，按照当事人约定不得抵销。我国《民法典》与各国立法例相同，承认当事人关于某项债权不可抵销约定的效力。当事人约定不得抵销是为避免抵销带来的不利。例如，清偿地不同之债务抵销后可能产生运费损失；对方用需要进一步确定的债权为抵销可能拖延清偿的时间；债务人从他人处受让对债权人的债权用以抵销，规避债务的履行……债权人可以通过约定不得抵销而防止这些麻烦的发生。由于不得抵销约定仅于特定当事人之间发生相对的效力，因此产生可否对抗第三人的问题。对此，我国立法目前没有作出规定。《日本民法典》第505条第2项规定，第三人作出以禁止或限制抵销为内容的意思表示时，以第三人知道或因重大过失而不知者为限，可以对抗第三人。例如，甲对乙有10万元债权，之后，乙与甲另订合同而享有对甲的10万元债权，双方约定两项债权须各自清偿不得抵销。甲的债务由丙作为保证人。现乙向丙请求承担保证责任，丙以甲、乙之间债权可以抵销为由提出抗辩，拒绝承担担保责任。若保证合同成立时丙为善意，则甲、乙之间该不得抵销的约定不能对抗丙。德国学者认为，还可以通过合同补充解释以及诚信原则得出抵销禁止。判例主要用于信托交易。例如，银行贷款给客户并约定银行作为受托人为客户出卖有价证券，客户请求银行交付出卖有价证券的所得，那么银行不能用以归还贷款为内容的债权而是可以用与信托交易相关的债权（如信托报酬或处理委托事务的支出）抵销客户的债权。①

最后，依照法律规定不得抵销。法律规定不得抵销的，属于对双方的强制性规范，不能约定排除其适用，因此既不能单方主张抵销，也不能合意抵销；法律规定不得作为主动债权或被动债权而被抵销的，是为保护另一方的利益，属于对单方的强制性规范，可以依合意抵销或改变主动债权与被动债权的地位后抵销。法律规定不得抵销的常见情形如下：

1. 禁止扣押的债权，如退休金、抚恤金、扶养费等，其债务人不得以之为被动债权主张抵销，但可以合意抵销或由债权人以主动债权提出抵销。其目的是确保债权的现实履行。

2. 故意侵权行为所生的债权不能作为被动债权抵销，但不禁止作为主动债

---

① 参见［德］海因·克茨：《德国合同法》，叶玮昱、张焕然译，中国人民大学出版社2022年版，第277页。

权抵销,如对方同意的也可以合意抵销。主要是为防止诱发基于故意泄愤的侵害行为。若因双方过失引发的交通事故而受损害,若都是物损或人损,主张抵销并无不可。[①]

3. 受查封扣押冻结的债权不能抵销。首先,被扣押债权不能作为被动债权抵销。债务人于扣押后取得的债权,不得抵销该受扣押债权。其次,被扣押债权不能作为主动债权抵销。扣押措施限制了债权的处分权,也限制了债务人的清偿对象。债务人只能向扣押债权人给付而不能向被扣押债权人给付。为避免当事人随时创设新债权,削弱查封扣押冻结命令之效力,《德国民法典》第392条、《日本民法典》第511条有对受扣押之债权不得抵销的规定。受债权扣押命令之第三债务人,于扣押后,始对其债权人取得债权者,不得以其所取得之债权与受扣押之债权为抵销。例如,甲对乙有10万元债权。该债权被法院扣押冻结,命令债务人乙不得向甲为任意清偿。扣押之后,乙取得对甲的债权10万元,由于乙的债权是扣押之后取得的,故不可以和被扣押的债权抵销。扣押前债务人已取得的对债权人的债权,依上述立法例,抵销权不因扣押而消灭,即抵销权优先于扣押之效力。

4. 约定向第三人给付之债权。第三人利益合同或由第三人受领的债权,受领权不在债权人,因此,既不能作为主动债权,也不能作为被动债权。

5. 控制公司滥用从属公司人格,对从属公司债权禁止抵销。此种禁止抵销的规则源于英美法中的深石原则。该原则是美国法院在审理泰勒诉标准电气石油公司案中的涉诉子公司——深石石油公司时创立的。[②] 所谓深石原则又称衡平居次原则,是指在控制公司与从属公司之间存在为控制公司之利益而不合常规的经营,则在从属公司破产清算时,控制公司对从属公司的债权,劣后于从属公司的其他债权人或优先股东受偿的法律准则。这种准则可以防止关联企业之间通过利益输送损害他人的利益。司法实践中也有借鉴深石原

---

① 参见[日]内田贵:《民法Ⅲ债权总论·担保物权》,东京大学出版会2015年版,第253页。

② 法院在裁定深石公司重整债权计划时发现,被告母公司“标准电气石油公司”系从属的“深石公司”之巨额债权人。且这些债权皆因与深石公司业务往来而生。如若批准该计划,则对深石公司之优先股股东极为不利。于是将该重整计划予以撤销。理由是:深石公司在成立之初即资本不足,且业务经营完全受被告公司控制,并完全为被告母公司利益而经营。因此,判决被告母公司对深石公司之债权应次于深石公司之优先股东。参见朱慈蕴:《公司法人格否认法理在母子公司中的运用》,载《法律科学》1998年第5期。

则的案例。[1]《破产法解释(二)》第46条规定,债务人股东滥用股东权利或者关联关系损害公司利益对债务人所负的债务,不能与债务人对其负有的债务抵销。这也体现了控制公司滥用从属公司人格,对从属公司债权禁止抵销的原理。

6. 股东出资缴纳请求权不得被抵销。这是公司资本充实原则的要求。股东出资是公司法人独立承担责任的基础,因此该项请求权不得作为被动债权被抵销。在立法例上,《日本商法》第200条规定,股东不得以对缴纳出资的抵销对抗公司。在我国,依据《破产法解释(二)》第46条的规定,破产程序中,破产债务人的股东不能以欠缴的出资或者抽逃出资而对债务人所负的债务,与债务人对其负有的债务抵销。

7. 破产程序中的抵销禁止。债权人在破产申请受理前对债务人负有债务的,可以向破产管理人主张抵销。但《破产法》第40条规定了抵销禁止的三种例外情形。即:(1)债务人的债务人在破产申请受理后取得他人对债务人的债权的。(2)债权人已知债务人有不能清偿到期债务或者破产申请的事实,对债务人负担债务的;但是,债权人因为法律规定或者有破产申请1年前所发生的原因而负担债务的除外。(3)债务人的债务人已知债务人有不能清偿到期债务或者破产申请的事实,对债务人取得债权的;但是,债务人的债务人因为法律规定或者有破产申请1年前所发生的原因而取得债权的除外。以上禁止规定是为了避免抵销权的滥用。

8. 被设定质权的债权不得抵销。以债权设定质权后,该债权既不可以作为主动债权抵销,也不可以作为被动债权抵销,效力与受扣押债权相同。因为一旦设定质权则出质人不可以为破坏标的物价值的行为,债权出质后,为保护质

---

① 2015年3月,最高人民法院公布的"沙港公司诉开天公司执行分配方案异议案"是其典型案例,该案当事人对执行分配方案的主要争议在于,出资不实股东因向公司外部债权人承担出资不实的股东责任并被扣划款项后,能否以其对于公司的债权与外部债权人就上述款项进行分配。对此,我国法律尚未明确规定,而美国历史上深石案所确立的衡平居次原则对本案的处理具有一定的借鉴意义。在该类案件的审判实践中,若允许出资不实的问题股东就其对公司的债权与外部债权人处于同等受偿顺位,既会导致对公司外部债权人不公平的结果,也与公司法对于出资不实股东课以的法律责任相悖。故本案最终否定了出资不实股东进行同等顺位受偿的主张,社会效果较好,对同类案件的处理也有较好的借鉴意义。

权人的利益而对债权的处分权予以限制。[①] 依《民法典》第 445 条第 2 款，应收账款出质后，不得转让，但是出质人与质权人协商同意的除外。出质人转让应收账款所得的价款，应当向质权人提前清偿债务或者提存。但在抵销的场合，若经质权人同意而抵销债权，并非不可，只是抵销后不存在质物的价款或其他代位物可供提存或提前清偿债务，因此，同意抵销等同于放弃质权的意思。例外的是，如果债务人在被动债权设定质权之前已经取得主动债权，在出质之前本可以抵销，出质后，该抵销权可否对抗质权是一个问题。德国学者认为，此问题的处理与受扣押债权被抵销相同，只要债务人取得主动债权在被动债权设立质权之前，就可以抵销。理由为第三人在债权上设立质权的时候，应该考虑到存在下述风险：抵销的可能早在设定质权之前就已出现，而债务人在之后才作出抵销表示，所以质权人必须承担这种不利益。[②] 本书认为，我国与德日的立法规则并不完全相同，我国《民法典》规定的抵销不发生溯及于可抵销之时的效力，因此，设立质权后的抵销不能凭借溯及力使抵销效果回溯至出质之前。且质权与扣押的效力不同，扣押不可损害标的物上已有的权利，而质权是物权，经债权质押登记公示后，具有对世性和排他性。抵销权则无法公示，仅具有相对性，应类推约定禁止抵销之不能对抗善意第三人规则。质权人于设立质权时若非明知或重大过失而不知有此抵销权的，经公示的权利质权优先于抵销权。

四、抵销权的行使方式

《民法典》第 568 条第 2 款规定了抵销权的行使方式，当事人主张抵销的，应当通知对方。通知自到达对方时生效。抵销不得附条件或者附期限。

首先，抵销的意思表示须向对方以通知方式行使，而非于抵销适状出现时自动抵销。

其次，为确保抵销效力的确定性，保护交易安全，单方作出的抵销意思表示不得附条件或附期限，否则该抵销行为无效。若双方约定于一定条件成就或期

---

① 参见［日］我妻荣、有泉亨等：《民法注评：总则·物权·债权》，日本评论社 2016 年版，第 946～947 页。

② 参见［德］海因·克茨：《德国合同法》，叶玮昱、张焕然译，中国人民大学出版社 2022 年版，第 276 页。

限到来时得为抵销的，称为抵销预约。我国法律对于抵销预约的效力没有规定，基于意思自治原则，不应一概否认其效力。在现实生活中，银行等金融机构为担保贷款债权的实现或信用卡透支，常以格式条款约定借款人不能按时还贷款时，银行得以债务人账户中的存款抵销贷款，这是典型的抵销预约。与英美法中的“银行抵销权”不同，抵销预约须有双方当事人的抵销约定，而银行抵销权则是单方通知抵销。依《商业银行法》第 29 条第 2 款、《贷款通则》第 22 条，在我国，银行没有以贷款债权主动抵销客户存款债权的银行抵销权，只能通过合同约定从借款人账户上划收贷款本金和利息。因此，承认抵销预约具有实践意义。抵销预约条件成就时，并非自动发生抵销，而是使银行等当事人取得终结预约，主张抵销的法定抵销权。在日本称为“预约终结权”。① 抵销预约的效力若仅限于当事人之间并无问题，但若可以对抗第三人（如被抵销债务人的其他债权人），则有害于债权平等原则。由于在债金融领域抵销预约已成交易惯例，第三人若不知几乎都可以认定有过失。日本学者有主张将抵销预约作为一种具有担保功能的合同，而可以对抗明知或因过失不知的恶意第三人。② 但此类问题于我国并未有深入的探讨。③

最后，抵销权既可以诉讼外行使，也可以诉讼中行使。抵销于诉讼中行使的方式可以是抗辩也可以是反诉。前者如被告提出与原告具有相互性的债权，以抵销原告请求的债权数额。后者如被告反诉原告瑕疵给付，以违约金抵销原告请求的价款金额。问题是，若被告在诉讼中提出抵销，原告撤诉的，抵销的效力是否于诉讼外发生。对此有不同的观点：(1)两行为并存说认为，抵销行为是私法上形成权行使，发生实体法效果。同时，将私法上的抵销事实向法院主张，属于诉讼法上的对事实举证。所以有两个行为。该说不妥之处在于，如果因为

---

① 参见[日]我妻荣、有泉亨等：《民法注评：总则·物权·债权》，日本评论社 2016 年版，第 943 页。

② 参见[日]内田贵：《民法Ⅲ债权总论·担保物权》，东京大学出版会 2015 年版，第 261 页。

③ 我国讨论较多的是银行抵销权，而非抵销预约。例如，朱谦：《美国银行的抵销权制度及其借鉴》，载《国际金融研究》1996 年第 10 期；杨玉玺、田莉：《英国法律中的银行抵销权》，载《国际金融研究》2000 年第 2 期；潘卫东、杨坤：《贷款银行抵销权的法理探究》，载《财经问题研究》2000 年第 7 期；张炜：《银行行使抵销权的条件和方法》，载《银苑说法》2005 年第 9 期；刘海伟：《浅析法国法上的银行抵销权》，载《河南商业高等专科学校学报》2004 年第 4 期；蔡冰菲：《论银行抵销权》，载《上海市经济管理干部学院学报》2004 年第 5 期；等等。

超过提出时机，诉讼上不能因抵销收到有力判决，私法上则已经发生抵销效果。(2)诉讼行为说认为，应当依据诉讼法上的规定决定其效力。所以只有一个行为。诉讼上抵销不同于在诉讼过程中，主张在诉讼外行使过抵销权的事实。(3)非独立效果说（折衷说）认为，只有一个单一行为，兼具私法行为和诉讼行为的性质。行为要件依诉讼法规定，效果分别依据私法和诉讼法规定。诉讼法上效果丧失，私法上效果也丧失。① 关于诉讼上抵销的性质，非独立效果说合理解释了抵销于诉讼内外之效力关系，值得赞同。

五、抵销的生效时间

根据《民法典》第568条第2款，抵销通知自到达对方时生效，没有关于效力溯及的规定。这与德日等绝大多数国家和地区的立法例不同。作为普遍的抵销规则，抵销的效力溯及于适合抵销之时使债消灭，但对已经发生的法律事实不生影响。② 双方对立的债权适合相互抵销的状态被称为"抵销适状"，当双方债权因清偿期等条件不同，而使各自的抵销适状不同时，抵销适状从主动债权的角度判断。例如，甲对乙有10万元债权，2018年7月10日到期；乙对甲也有相同数额债权，2019年7月10日到期。2020年1月10日，乙向甲请求履行，甲主张抵销。效力溯及于2018年7月10日到期。假设甲请求履行而乙主张抵销，则效力溯及于2019年7月10日。相互间的债权按照抵销适状发生时的数额而消灭。

抵销溯及于抵销适状这一时点生效，与抵销意思作出时生效在法律效果上有很大差别。首先，溯及效力对利息、违约金计算产生影响。若抵销有溯及效力，则自抵销适状时起，相互间债权发生的支付利息义务、违约金等履行迟延责任均消灭。若抵销于意思作出时生效，利息、违约金等将一直计算至该时刻。例如，甲对乙有10万元债权，2018年7月10日到期，本息11万元。乙对甲有同日到期的11万债权，但约定无息。2019年7月10日甲向乙主张债权，又发生利息3000元。同日，乙主张抵销。如果有溯及效力，则乙无需支付3000元利息；若无溯及效力，则乙须支付甲抵销作出时新增的3000元利息。其次，溯

---

① 参见孙森焱：《民法债编总论》（下册），台北，三民书局2001年版，第1109页。

② 例如，债务人不履行而被终止合同的事实不能被溯及消灭。

及效力对诉讼时效计算发生影响。若有溯及效力，债之请求权虽经时效而消灭，如在时效未完成前，其债务已适于抵销者，亦得为抵销。例如，甲对乙有债权10万元。2018年7月10日到期，一直没有主张。乙对甲也有债权10万元，2019年7月10日到期。2021年8月10日，乙向甲请求履行，甲之债权虽已经超过诉讼时效，但抵销适状发生时没有超过时效，因此可以主张抵销。若无溯及效力，甲超过诉讼时效的债权无法主动抵销乙的债权。

溯及效力一方面源于法定自动抵销的传统法律观念。德日等国立法虽以抵销表示主义替代了法国法的当然抵销主义，但在法律效果上仍保留了回溯到得自动抵销时的传统。另一方面，在观念上认为溯及效力更公平，可以避免因通过诉讼确定债权额度，而拖延抵销时间，对抵销权人不能及时行使抵销权产生的不利影响。在两个债权的迟延赔偿金的利率不同的场合，抵销意思的不及时会造成一方须多支付迟延赔偿金，是不公平的。换言之，若发生抵销适状，即使没有抵销意思，也应当保护当事人对抵销所生的期待。①

不过，我国《民法典》显然没有受到法国当然抵销主义源头之影响，没有规定溯及效力，而以通知到达时生效，也有其合理性。当事人之抵销权能行使而未行使、于何时行使是民事主体自治的范畴；抵销溯及至抵销适状的所谓期待，并非先于规则而产生，恰恰是溯及规则的产物；且对抵销适状何时产生之诉讼事实，举证与判断相对烦琐，不若抵销作出时生效那么清晰直接。另外，即使主动债权有争议或者需要明确数额，也可以先主张抵销，后解决争议，不存在诉讼程序拖延无法及时主张抵销的问题。因此，我国的抵销通知到达时生效规则，也不失为一种立法例。

六、债权让与和债务承担中的抵销

债权让与的场合，在规定抵销溯及效力的立法中，债务人"接到债权转让通知时"是抵销适状的发生之时。我国则以抵销通知到达生效。《民法典》第549条第1项规定，债务人接到债权转让通知时，债务人对让与人享有债权，且债务人的债权先于转让的债权到期或者同时到期，债务人可以向受让人主张抵销。若债务人没有于接到债权转让通知时马上主张抵销，而是在之后的时间如债权

---

① 参见[日]内田贵：《民法Ⅲ债权总论·担保物权》，东京大学出版会2015年版，第249页。

人请求履行时提出抵销,也是可以的。但法律效果并不溯及至接到债权转让通知时。

对于债务承担,《民法典》第553条规定,债务人转移债务的,新债务人可以主张原债务人对债权人的抗辩;原债务人对债权人享有债权的,新债务人不得向债权人主张抵销。

第四节　债消灭的其他原因

一、提存

(一)提存的概念

提存制度源自罗马法。当时的提存通常在神殿、仓库等特定公共机构或者银行主那里进行,在基督教时代也可以在合适的教会里进行。[①] 提存之含义,有广义与狭义之分。广义的提存泛指为一定的目的,将标的物寄存于当事人以外的他人之处,以便权利人随时或于条件成就后领取的制度。基于目的的不同,广义提存之下尚有各种具体的提存制度。在日本,有清偿提存、担保提存、保管提存、执行提存、公职选举法上的特别提存等。[②] 各类提存都有各自的目的和事实依据,称之为提存原因。若欠缺提存原因则提存无效。[③] 狭义的提存专指清偿提存。清偿提存是指债务人为清偿债务的目的,将标的物为债权人寄存于提存机构处,以免除债务的制度。我国《民法典》的规定中,既有清偿提存,也有担保提存。[④] 作为债的消灭,这里指的是狭义的清偿提存。不过,在实践中,提存并非只有一种目的,有时不同目的的提存可以竞合。例如,买卖双方通过中介达成《房屋中介买卖合同》,约定,"买卖双方同意由买方将购房款交中介人托管,交付后视为履行付款义务;待产权过户登记办理完毕后由中介人交付卖

① 参见[德]马克斯·卡泽尔、罗尔夫·克努特尔:《罗马私法》,田士永译,法律出版社2018年版,第560页。

② 参见[日]内田贵:《民法Ⅲ债权总论·担保物权》,东京大学出版会2015年版,第103页。

③ 参见[日]我妻荣、有泉亨等:《民法注评:总则·物权·债权》,日本评论社2016年版,第919页。

④ 如《民法典》第390条、第406条、第432条等。

方”。该约定同时符合清偿提存与担保提存的目的。

提存可以被当作清偿的一种特殊方式，与清偿发生相同的法律效果。但在我国民法理论传统中，提存是与清偿并列的一项债的消灭原因。提存适用于无法得到债权人协力的场合。

（二）提存的要件

1. 须有得提存的原因

我国《民法典》第570条第1款以债务人难以履行债务作为提存的前提，规定了四种可以提存的情形：(1)债权人无正当理由拒绝受领；(2)债权人下落不明；(3)债权人死亡未确定继承人、遗产管理人，或者丧失民事行为能力未确定监护人；(4)法律规定的其他情形。在提存时提存机构对提存原因的审查是形式上的，提存之后若围绕可否提存发生纠纷，则法院须对提存原因进行实质审查。债务人须对提存原因的存在负举证责任。单纯的受领迟延尚不属于得提存的原因，须达到拒绝受领或不能受领的程度。债权人下落不明的证明也不以宣告失踪程序为必要。列举的提存原因外，法律有规定的其他情形也可以提存，但若严格限于有法律规定，则过于苛刻，不利于债务人利益之维护。例如，因不能确知谁是债权人而难以履行债务的，虽没有直接的法律规定，也应当允许债务人提存以消除债务。

2. 债的标的物适合提存

标的物不适于提存或者提存费用过高的，债务人依法可以拍卖或者变卖标的物，提存所得的价款。行为债务、不作为债务没有标的物，不适用提存。标的物的体积过大的、有灭失损伤风险的、保管须过多费用的、不具备特殊保存条件的以及其他类似有困难的情况，可以认为是不适合提存。

3. 适当的提存主体

提存法律关系的主体，包括提存人、提存部门、提存受领人。提存人可以是债务人也可以是其他得为清偿的人。由于提存是契约，因此提存人须有行为能力。[①] 提存受领人是债权人。提存部门是债的当事人之外的第三人。若由当事人之代理人、使用人代收，则不属于提存。

提存部门是接受且保管提存标的物，并应债权人的请求而将提存物交付给

① 参见林诚二：《民法债编总论——体系化解说》，中国人民大学出版社2003年版，第554页。

债权人的机构。在各国实践中，提存部门是法院、公证机构或者专门设立的提存所。[①] 在我国，提存部门到底是何部门并无明确规定。有的主张是公证机构；[②]有的主张还可以包括银行、公安机关遗失物招领处；[③]还有主张凡业务及条件上适合办理提存事务的单位，均可依其职权或法院指定成为提存机关，[④]如仓库经营者。本书认为，提存部门不限于公证机构，也可以是具有法定职责的国家机关、具有相应职能的组织机构或自愿担任提存部门的单位或个人。首先，我国《提存公证规则》旨在规范公证机构的提存类公证业务，不能得出只有公证机构才是提存部门的结论。其次，国家机关在其公共管理权限范围内，有接受提存的职责。如法院执行机构对同时履行判项的执行，先被执行一方的财产提存于法院执行机构，待另一方被执行人履行判决后才可请求领取。再次，由于提存类型多样，法律不能面面俱到，逐一规定，也不能统一于一个部门，因此，只要职能或业务范围适合提存的组织机构都可以成为提存部门。如通过银行开立的监管账户提存价款已经成为房地产交易中的惯例。最后，提存的性质，是债务人与提存部门之间缔结的一种向第三人履行的保管合同，类似于第三人利益合同。[⑤] 虽有公法关系说和私法关系说的对立，但提存实际上是为私人债权债务履行之目的，为担保或清偿提供服务，因此，私法关系说不应被排除。提存部门的确定不应被国家权力所垄断，而应允许当事人意思自治。法律规定的提存部门通常公信力较高，可防止单方提存的随意性致债权人丧失领取提存物之利益，有其合理性。但在无需公共权力介入的场合，当事人可以事先约定提存部门。即使是自然人也可以基于当事人的委托自愿成为提存部门。例如，相互不信任的双务合同当事人可以约定向共同信任的第三方提存标的物，等同于履行以消灭债务，该约定不应以自然人不能为提存部门而被认定无效。

4. 提存标的物交付提存部门

依据我国《民法典》的规定，债务人将标的物交付提存部门或者将标的物依

---

① 参见苏号朋：《合同法教程》，中国人民大学出版社 2015 年版，第 238 页。

② 参见韩世远：《合同法总论》，法律出版社 2011 年版，第 564 页。

③ 参见王利明：《合同法研究》（第 2 卷），中国人民大学出版社 2003 年版，第 342 页。

④ 参见王家福：《中国民法学 · 民法债权》，法律出版社 1991 年版，第 209 页。

⑤ 参见韩世远：《合同法总论》，法律出版社 2011 年版，第 559 页。

法拍卖、变卖所得价款交付提存部门时,提存成立。

(三)提存的效力

1. 提存成立时,债务消灭

提存成立后债务是否确定地消灭,提存人是否可以取回提存物,有不同的立法例。(1)有取回权的立法例。德国与日本的立法规定,提存后债务人原则上仍有取回权,不得取回的情形是例外。[①] 关于取回提存物对清偿效力的影响如何处理,德国立法采停止条件说。如果债务人在提存时声明放弃取回提存物的权利,这一行为将被视为债务人通过向债权人为给付而履行。[②] 解释论认为,提存仅附停止条件地消灭债务,放弃取回权或取回权消灭是停止条件成就,债务溯及地消灭。日本采解除条件说,认为提存使债务消灭,但提存人若将提存物取回,则溯及地债务不消灭,这就是有溯及效力的附解除条件消灭说。[③]《瑞士债法典》第94条也采解除条件说。(2)无取回权的立法例,以提存后不得取回为原则,以特殊可以取回的情况为例外。我国《民法典》第571条第2款规定:"提存成立的,视为债务人在其提存范围内已经交付标的物。"可见,我国属于无取回权的立法例,提存成立则债务消灭。只有在债权人未履行对债务人的到期债务,或者债权人向提存部门书面表示放弃领取提存物权利时,债务人负担提存费用后,才有权取回提存物。

2. 提存通知义务

标的物提存后,债务人应当及时通知债权人;若债权人死亡、失踪、丧失行为能力的,应及时通知债权人的继承人、遗产管理人、监护人、财产代管人。提存通知属于观念通知而非意思通知,债权人的提存物领取权并不以提存通知为发生要件。

3. 提存物领取权

提存成立后,债权人取得提存物领取权。债权人可以随时领取提存物。提存部门有保管和应债权人请求交付提存物的义务。但是,债权人随时领取提存物的权利,也有可能被限制。限制领取权须满足的条件为:(1)债权人对债务人

---

① 参见《德国民法典》第376~379条;《日本民法典》第496条。

② 参见[德]海因·克茨:《德国合同法》,叶玮昱、张焕然译,中国人民大学出版社2022年版,第279页。

③ 参见[日]淡路刚久:《债权总论》,有斐阁2002年版,第585页。

负有到期债务；（2）债权人未履行债务或者提供担保；（3）债务人向提存部门提存限制领取的要求。此时，提存部门应当拒绝债权人领取提存物。《民法典》第573条规定，提存费用由债权人负担。如果债权人拒绝支付提存费用，提存部门可以留置提存物。

4.标的物意外灭失风险负担转移

标的物提存后，毁损、灭失的风险由债权人负担。除意外毁损灭失的风险外，标的物恶化的风险，比如标的物价值降低，也由债权人负担。提存部门将提存物交付于非权利人的风险，在债务人和债务人之间亦由债权人负担。①

5.标的物的所有权与孳息

提存成立时，标的物的所有权是否已经转移至债权人，抑或于债权人领取时始转移于债权人？我国学者认为，由于提存行为本身是一种替代履行的行为，一旦提存视为已经交付标的物，所有权也就自然从债务人移转到债权人。②

也有观点认为所有权的移转时期因提存物的不同而有规则差异。③ 货币或其他可替代物的所有权于提存时移转至提存部门，当债权人请求领取提存物时，提存部门交付时所有权移转至债权人。特定物提存时，以债权人承诺受领时、提存通知到达债权人时、提存成立时三个时间点中之一点，确定所有权移转时间，也有不同主张。本书认为，货币提存若通过特别监管账户进行，是对他人财产的托管，并不属于提存部门表内收益的自有资产，虽民法中有货币交付即移转所有权之理论，但于提存效果的场合无需特别强调适用，否则背离通常社会观念，也使提存标的物面临提存部门的债权人扣押的风险，减低对提存制度之信任基础。种类物的提存因提存物有可替代性，原则上由提存人交付提存时特定化，视同特定物处理。特定物的提存所有权自提存成立时移转至债权人。提存的法律效果是"视同交付"，之所以由法律拟制其交付的效果，是因为提存规则一般适用于缺乏债权人协助而履行困难的场合。此时若套用指示交付，且交付须有债权人受领意思表示的原理，就与提存的规则目的相背离。我国《民法典》虽未直接规定提存物所有权何时移转至债权人，但明确规定"提存期间，

---

① 参见韩世远：《合同法总论》，法律出版社2011年版，第571页。

② 参见王利明：《合同法研究》（第2卷），中国人民大学出版社2003年版，第346页。

③ 参见朱广新：《合同法总则研究》（下册），中国人民大学出版社2018年版，第546页；韩世远：《合同法总论》，法律出版社2011年版，第570页。

标的物的孳息归债权人所有”。[1] 基于孳息归属的规则，提存期间提存物原物的所有权自然也应属于债权人所有。

(四)提存法律关系的终止

提存法律关系的终止主要有三种情况：其一，债权人行使提存物领取权，于受领提存物时，提存关系终止。其二，因提存期限届满而终止。依据《民法典》第574条第2款，债权人领取提存物的权利，自提存之日起5年内不行使而消灭，提存物扣除提存费用后归国家所有。其三，提存物被依法取回而终止。债务人原则上对提存物不享有一般性的取回权。但在特殊情形下可以例外享有取回权。我国法律规定了两种情况：一种情况是在双务合同中，债权人未履行对债务人的到期债务，债务人享有履行抗辩权时，债务人负担提存费用后可以取回提存物；另一种情况是债权人向提存部门书面表示放弃领取提存物权利的，债务人负担提存费用后有权取回提存物。

二、免除

(一)免除的概念

免除是指债权人为抛弃债权而向债务人作出的使债务消灭的意思表示。免除债务是债的消灭原因之一，与免除债务人的其他负担不同。如免除连带债务人之连带清偿责任，仅为免除连带，并不免除债务。抛弃主债的担保物权的，也非债务免除。

(二)免除的性质

免除是单方、无偿、无因、不要式的处分行为。免除须以意思表示为要素，因此是民事法律行为。在德国与瑞士，免除须以免除合同的形式作出，属于双方法律行为。[2] 将免除视作合同行为是源自罗马法的传统。在罗马法上，有效的免除只能是债务人与债权人之间的债权人抛弃给付而使债务人免责的协议。要式免除行为使债务人当然免责；不要式免除大多只为其提供简约抗辩。[3] 在日本，免除是单方法律行为，债权人对债务人表示免除债务的意思表示时，其债

① 《民法典》第573条。

② 参见《德国民法典》第397条、《瑞士债法典》第115条。

③ 参见［德］马克斯·卡泽尔、罗尔夫·克努特尔：《罗马私法》，田士永译，法律出版社2018年版，第561页。

务消灭。另有折衷主义立法例，认为免除是单方法律行为，但债务人也有拒绝的权利。《意大利民法典》第1236条规定：“债权人免除债务的意思表示的通知送达债务人时，发生债的消灭，但是被通知的债务人在适当期间内不愿接受该意思表示的，不在此限。”我国《民法典》采折衷主义立法例，第575条规定：“债权人免除债务人部分或者全部债务的，债权债务部分或者全部终止，但是债务人在合理期限内拒绝的除外。”折衷主义具有合理性。首先，免除债务绝大多数情况下仅涉及债权人利益，不损害债务人利益。若须以合同形式为之，则影响债权人抛弃债权的处分行为自由。其次，若在个别情况下债权人抛弃债权对债务人不利，也应当给债务人拒绝的机会，但这只是特例而非一般性规范，原则上债权人对债权的抛弃无需征得债务人同意。其理由在于“恩惠不得强施”，债务人不愿意接受其恩惠时，若反其意思而消灭债务，将有害于债务人人格的独立性。债权人免除债务必有其一定的动机或原因，不能断言一定不会损害债务人的利益。为避免权利滥用，应当对债权人的免除有所限制。[①] 例如，免除债务会使债务人信用评价降低时，债务人可以拒绝。债务人为拒绝时，需要在合理的期限内作出，但不需要阐明其拒绝的理由或证明理由之正当。免除债务即使事实上对债务人并无不利，也不能以此对抗债务人的拒绝权。

（三）免除的效力

免除的效力是使债务全部消灭或部分消灭。就法律禁止抛弃的债权而免除债务的，免除自始无效。若债务人拒绝免除，亦不发生债务消灭的效果。在解释论上，有观点认为，以免除债务为内容的意思表示是要约，债务人不反对的视为对要约的默示承诺，若拒绝则是不接受要约的表示，免除合同没有达成。但此学说是针对免除合同的解释论，不适合作为我国免除制度的法律教义。在我国，由于免除原则上是单方行为，意思表示向债务人作出，并到达时即可生效。债务人拒绝的，系行使形成权，免除溯及地不生效力。

三、混同

（一）混同的概念

混同是指由于某种法律事实，而使同一债之关系中的债权和债务归于同一

---

① 参见韩世远：《合同法总论》，法律出版社2011年版，第574页。

人,导致债权债务消灭的现象。例如,债权人与债务人均为公司法人,由于发生法人合并,债务与债权均归属于合并后的法人,此时由于同一法人既是债权人又是债务人,没有自己向自己主张权利、履行义务的必要,因此在法律规则上将债之关系作消灭处理。

广义的混同不仅包括使债消灭的混同,还包括使物权消灭的混同。例如,地役权人取得供役地的使用权后,地役权消灭。

(二)混同的性质

混同之法律效果是对结果的观察,其法律属性为事件而非行为。混同是法律地位对立性消解的产物。混同发生的前提是不同的法律地位或法律资格归于同一人,失去了原本不同主体间利益的对立性,而没有存在下去的必要,导致内容重复的权利义务被吸收而消灭或权利义务无对立必要而消灭。当债权是其他权利的标的时,若因混同而消灭该债权会影响他人利益,也可以不消灭。可见,混同作为权利义务消灭的原因,并非逻辑推理之结论,而是实用性之结论。

(三)混同的原因与结果

在混同的法律构造中,既包括对原因的分析,也包括对结果的分析。从混同的原因角度分析,发生混同的原因主要有:主体合并、继承、债的移转、添附。[①]

从混同的结果角度分析,混同包括三种形态:(1)权利与权利的混同。如所有权与他物权归属于同一人的,他物权被吸收而消灭。(2)义务与义务的混同。如主债务与保证债务归属于同一人的,保证债务被主债务吸收而消灭。也有相反的立法例,《意大利民法典》第1255条规定,保证人与主债务人合并为一个人时,只要有利于债权人,保证依然存在。(3)权利与义务的混同。如债权与债务归属于同一人的,债权债务同时消灭。[②]

(四)混同的效力

混同发生时债权债务消灭。依据我国《民法典》第576条的规定,债权和债务同归于一人的,债权债务终止,但是损害第三人利益的除外。作为混同效力

---

① 不同权利主体之动产所有权因附合、混合归属于同一主体,基于一物一权原则,两所有权不能同时存在,其中一个所有权消灭。

② 参见王利明:《合同法研究》(第2卷),中国人民大学出版社2003年版,第348页;孙森焱:《民法债编总论》(下册),台北,三民书局2001年版,第1123页。

的例外，若混同使债消灭损害第三人利益的，则混同不发生使债消灭的效力。若受损者非第三人，而是混同当事人，也应扩大适用该例外规则。发生广义混同，但不导致权利消灭的例外主要包括：

1. 债权是第三人权利的标的

在债权质押、债权让与、保理等以债权为第三人权利标的的场合，若混同使债权消灭，将因标的灭失而连同他人权利一同消灭，会造成对第三人权利的损害。因此，债权例外地不消灭。

2. 连带债务人与债权人混同

部分连带债务人与债权人混同，其他连带债务人的债务仅部分消灭。《民法典》第 520 条第 3 款规定，部分连带债务人的债务与债权人的债权同归于一人的，在扣除该债务人应当承担的份额后，债权人对其他债务人的债权继续存在。

3. 票据流通中的混同

票据权利是持票人对票据债务人的付款请求权和追索权。在票据流通中，为保证票据的信用与流通安全，将票据关系与基础关系分离，而适用票据法上的特殊规则。若因票据流通导致票据权利人与票据债务人同为一人时，票据权利并不当然因混同而消灭。例如，因汇票回头背书而发生混同的场合，汇票从后手又逆向流转到前手或出票人，此时，票据债务主体与票据权利主体为同一人，但票据之付款请求权和对原持票人前手的追索权并不因混同而消灭。依据《票据法》第 69 条，“持票人为出票人的，对其前手无追索权。持票人为背书人的，对其后手无追索权”。持票人若与出票人是同一人，仍可以向付款人行使票据上的付款请求权，持票人若与原背书人是同一人的，仍可以向其前手行使追索权。

4. 抵押物转让中的混同

抵押权人从抵押人处受让抵押物所有权，抵押权人与所有权人的地位混同，抵押权消灭则损害抵押权人的担保利益，因此，抵押权不消灭。但若抵押权人在受让所有权时支付了正常对价，可扩大解释《民法典》第 406 条第 2 款之规定，不仅适用于向第三人转让抵押物，也应适用于向抵押权人转让抵押物之特殊情形，则抵押权人之抵押权效力可以及于抵押人转让所得价款。即抵押权不因混同而消灭，但抵押物变更为代位物。

5. 次承租人取得租赁物所有权的混同

在合法转租的场合，次承租人取得租赁物所有权时，导致出租人与次承租人的地位混同。但为保护转租人的利益，除非与转租人有约定，否则租赁关系和转租关系不消灭。①

6. 限定继承中的混同

我国《民法典》采"当然限定继承主义"立法例，继承人以所得遗产实际价值为限清偿被继承人的债务，须确保遗产与继承人固有财产发生分离。② 因此，被继承人为主债务人而继承人为保证人时，继承虽使主债务与保证债务主体地位混同，但因责任财产不同，因此主债务与保证债务不因混同而消灭。

7. 股份回收

依《公司法》第142条，公司原则上不得收购本公司股份。特殊情况下依法可以收购的，公司与股东地位发生混同，但并非都导致股份消灭。为与持有本公司股份的其他公司合并、股东因对合并分立决议持异议要求公司收购其股份的，在6个月内转让或者注销；不马上注销，将股份用于员工持股计划或者股权激励、将股份用于转换上市公司发行的可转换为股票的公司债券、上市公司为维护公司价值及股东权益而持有本公司股份的，合计持有股份数不超过已发行股份总额的10%的，在3年内转让的可以不注销。

第五节　合同的解除

一、合同解除的概念

合同解除是指有效成立的合同因一定的事由导致合同效力消灭的状态。在不同语境下，合同解除可以是指当事人解除合同的法律行为，也可以是指一种效力因解除而消灭的事实状态。合同解除是对合同关系产生的整体效力的消灭，而非合同之债中个别狭义债权债务的消灭，与债的一般消灭原因不同，属

① 参见［日］淡路刚久：《债权总论》，有斐阁2002年版，第630页。

② 参见孙毅、刘耀东：《〈中华人民共和国民法典·继承编〉释义》，人民出版社2020年版，第136～137页。

于合同之债消灭的特殊原因。

（一）合同解除的法律特征

1. 解除以合同有效成立为前提

合同无效、不成立、被撤销，解除没有对象。可撤销合同若未被撤销，可以成为解除的对象。效力待定的合同可以拒绝追认或撤销，不适用解除。停止条件未成就或始期未届至的合同，也可以解除。附解除条件或终期的合同，若条件成就或期限到来则合同权利义务终止，原则上不能解除。

2. 解除须因合法的事由而发生

合同解除通常因当事人单方或双方意思表示而发生，也可以基于裁判而发生，不因符合解除条件而自动发生。合同解除须满足相应的解除条件和程序要求。我国传统理论认为解除须依赖解除行为实现，但由于《民法典》亦规定了司法解除和仲裁解除，并不以解除行为的存在为必要，因此，解释论上应作相应的调整。

3. 解除使合同的法律效力提前消灭

解除既消灭合同形式上的效力，即消灭法律约束力；也消灭实质效力，即基于合同发生的权利义务随之消灭。首先，合同的法律约束力因解除而消灭。基于契约必须严守原则，当事人各方均不得单方解除、变更、终止合同。合同解除则消灭此拘束力。其次，基于合同所生之债权债务，因解除而消灭。原给付义务消灭或发生效力转换，发生其他给付义务。最后，解除是使合同效力于履行完毕前提前消灭，不同于因清偿而使合同效力自然终止。不适当履行的合同属于解除标的，因为合同义务未完全履行。若合同履行完毕，合同效力因清偿而消灭，解除失去标的，原则上不能解除。但基于法律规定或当事人约定而有例外：（1）双方可以协议解除已经履行完毕的合同。（2）基于意思自治原则，可以约定在满足一定条件时解除已履行合同的“废约条款”。（3）法定“反悔权”①。我国《消费者权益保护法》第 25 条的自收到商品之日起 7 日内无理由退货规则，就是反悔权。反悔权的性质是可以解除已经履行完毕合同的形成权。需要区别的是，通常的退货、换货，若仅为重新履行而非消灭合同效力的，不属于合

---

① 参见［法］弗朗索瓦·泰雷等：《法国债法：契约篇》（下），罗结珍译，中国法制出版社 2018 年版，第 926～928 页。

同解除;若退货的行为也表明使合同权利义务终止的意思的,才是合同解除。

4. 解除使合同效力自始消灭或仅向将来消灭

解除是在全部债务清偿完毕前使合同效力提前消灭。我国立法并不严格区分合同解除与合同终止,因此,合同解除的效力可以是回复性的自始消灭,也可以仅向将来消灭。既然理论上容许合同部分解除,那么,仅解除将来的给付义务并不违背逻辑。理论上通常认为,继续性合同的解除不可回复原状因而只能向将来发生效力消灭。反对的观点认为,回复原状应采广义的理解,不仅包括原物返还,还包括采取补救措施的情况,分别称为实物形态的回复原状和价值形态的回复原状。[①] 继续性合同允许当事人在解除和终止中作出选择,符合意思自治的精神,理论上应予支持。但在现实生活中,解除长期履行的继续性合同通常没有回复原状的必要,价值形态的回复原状与相对人之对价返还可以抵销,因此继续性合同解除发生回复原状的实益不大。继续性合同并非不能价值形态回复原状,但若按合同约定的对价的数额回复原状,实际上已经包含了期待利益的取得,不是真正意义的回复原状,而是保持了合同价格条款的效力,实质上就是仅向将来消灭。

(二)合同解除与相关概念

首先,合同解除不同于合同撤销。(1)两者原因不同,撤销的标的是因欺诈、胁迫等原因使效力有瑕疵的合同;解除是针对有效成立的合同。(2)两者溯及力不同,撤销有溯及既往消灭合同关系的效力;解除可以是只向将来发生效力也可以仅发生回复效力而不发生溯及效力。(3)两者效力消灭的程度不同,撤销则自始无效;解除可以只消灭合同原给付请求权,而清算条款、违约责任等条款的效力并不消灭。(4)两者发生的时间不同,撤销可以发生在合同履行完毕后;解除除双方协议外,只在合同成立后履行完毕之前发生。(5)两者权利行使方式不同,撤销须以诉讼方式进行,解除可以通过诉讼也可以诉讼外解除。(6)两者法律后果不同,撤销的后果是承担缔约过失责任;解除一般不属于违约责任形式,但合同解除不影响追究违约责任。

其次,合同解除不同于附解除条件。合同解除通常需要有当事人解除合同的协议或单方行使解除权。附解除条件之合同于条件成就时起合同效力自动

---

① 参见韩世远:《合同法总论》,法律出版社 2011 年版,第 529 页。

终止,无需另为协议或通知。实践中,合同条款是附解除条件抑或约定解除权,须注意识别。例如,在房屋买卖合同中约定:“此房为公积金贷款,如买方贷款不足 60 万元,此合同终止。”该约定的含义,并非买方贷款不足时,卖方基于约定解除权可以解除合同;而是附解除条件的合同,自条件成就时合同当然失效,无需另作出解除通知。

二、合同解除的类型与体系

由于理论传统和法律规定的不同,对合同解除也有多种类型化的方式。英国学者将解除分为根据协议的解除、由于失效而解除、由于违约而解除、依照法律规定的解除。[①] 随着《民法典》的施行,司法解除等制度的出现,我国合同解除的类型和体系需要重新进行理论建构。原《民法通则》与原《合同法》时期,合同解除通常分为约定解除与法定解除两种类型。约定解除中包括协议解除和约定解除权。[②] 不过,协议解除的基础是反向效力的合同,约定解除的基础是单方形成权,此种类型化方法将两类不同性质、不同理论基础的解除方式归入同一属概念之下,实不科学。尤其《民法典》则新增加了司法解除与继续性合同解除权以及各种典型合同中的特别解除权,原本的简单类型化方法已经不适应我国《民法典》的实际解释需要。下文以类型化为基础,尝试建构我国《民法典》合同解除之制度体系框架。

(一)违约解除与非违约解除

依是否因违约而发生解除,可以分为违约解除与非违约解除。违约解除是合同违约后的一种救济方式,但其本身并非违约责任形式,作为一种救济方式,解除更接近于当事人间为摆脱合同效力的一种了结。因违约而解除合同,违约方仍需承担违约责任。非违约解除既可以是双方协议而解除合同,也可以是因发生不可抗力解除合同,而不承担违约责任。非违约解除是基于双方利益安排或风险处理的目的而消灭原合同中承担的义务。由于两种解除的法律性质与法律后果存在差异,很多立法例将两者分别规定。我国法律传统则将违约解除

---

① 参见[英]A. G. 盖斯特:《英国合同法与案例》,张文镇等译,中国大百科全书出版社 1998 年版,第 440、452、482、500 页。

② 参见王利明:《合同法研究》(第 2 卷),中国人民大学出版社 2003 年版,第 277 页。

权和不可抗力之非违约解除权置于同条中规定。[①]

（二）私力解除与司法解除

依解除是否通过司法程序完成，可以分为私力解除和司法解除。私力解除属于私力救济的范畴，是指当事人不经司法程序而是通过协议或单方行使解除权通知解除合同的方式。司法解除是指当事人直接以诉讼或仲裁的方式请求解除合同，其性质是通过司法程序以形成之诉解除合同。仲裁属于准司法活动，经仲裁程序解除合同也属于司法解除。广义的司法解除包括通过诉讼或仲裁行使解除权、情势变更而解除、不能实际履行而解除。狭义的司法解除则不包括通过诉讼或仲裁行使解除权，仅包括情势变更、不能实际履行而由法院或仲裁机构裁判解除的情形。通常的司法解除是指狭义司法解除。违约方没有解除权，仍得通过司法解除请求救济。司法解除的意义在于，合同解除既是解除权人的救济措施，也涉及契约正义与诚信原则。解除是对合同效力的处分，解除与否非仅得由解除权人决定，若因情势变更或合同僵局导致合同拘束实质背离契约正义时，可以经任何一方当事人请求，由法院或仲裁机构进行司法解除，避免合同的拘束力沦为一方当事人打击另一方当事人的工具。司法解除与赋予解除权不同，体现出对解除的一定程度的限制。并不是所有的法律系统都允许债权人以通知的形式解除合同。法国、比利时和卢森堡民法典规定，解除应以司法裁决的形式作出，法院必须确定不履行行为是否严重到足以支持解除。法国法也有一些规定在特定情形下允许单方解除合同。[②] 与之相反，我国《民法典》对于违约符合解除条件的，以可以私力解除为原则；发生情势变更或合同僵局时，是否有解除合同的必要则需要由法院、仲裁机构作出判断，应通过司法解除。

（三）协议解除与单方解除

依解除是由双方合意还是单方意思表示为之，私力解除可以分为协议解除和单方解除。协议解除又称合意解除，是指当事人通过达成协议以解除合同的方式。我国《民法典》第 562 条第 1 款规定的“当事人协商一致，可以解除合

---

① 《民法典》第 563 条。

② 例如《法国民法典》第 1657 条。参见［德］冯·巴尔、［英］埃里克·克莱夫：《欧洲私法的原则、定义与示范规则：欧洲示范民法典草案》（第 1～3 卷），高圣平等译，法律出版社 2014 年版，第 742～743 页。

同”,即为协议解除。协议解除的实质是“通过订立新的合同而解除原来的合同”①。在英美合同法中,解除协议若要发生效力需由主张解除一方提出对价或印签(签字盖章)。② 大陆法系采合意主义,双方当事人解除合同的意思表示一致即可成立协议解除,无需对价。解除协议以诺成主义为规则,不需要像罗马法那样要求遵守一种与原合同相同的“真正平行的形式”。③ 在我国,解除协议原则上为不要式合同,当事人明示或默示达成的解除协议有效成立时,原合同即被解除。但依照法律、行政法规的规定,合同的解除应当办理批准等手续的除外。④ 单方解除是指一方当事人通过行使解除权单方解除合同的方式。单方解除须以享有解除权为必要。若无解除权而单方解除合同的可构成违约。无解除权的当事人若欲解除合同只能谋求协议解除或司法解除。

(四)约定解除与法定解除

依据解除权的发生原因,单方解除可以分为约定解除与法定解除。约定解除是指当事人在合同条款中约定一方解除合同的事由。如果约定的解除合同的事由发生,因此享有解除权的当事人可以解除合同。约定解除中的解除权是附停止条件或附始期的解除权。约定解除须由解除权人行使解除权方发生合同解除的效力,与附解除条件的合同于条件成就时自动失效不同。一般来说,约定解除权的条件比法律规定的条件来得更清晰、更严格或更宽松。⑤ 例如,买卖合同约定“发生迟延付款超过 30 日的,卖方可以解除合同”,可以排除经催告仍不履行的解除前置条件。法定解除是指当事人在符合法律规定的解除权发生条件时,以该解除权解除合同。法定解除权依其法律规范的性质,又可以细分为一般法定解除权和特别法定解除权。若有关解除权的规定普遍适用于各类合同的,是一般法定解除权。如《民法典》第 563 条。特别法定解除权是指法律针对特定合同而规定的解除权。如《民法典》第 731 条承租人的解除权、第

---

① 王利明:《合同法研究》(第 2 卷),中国人民大学出版社 2003 年版,第 278 页。

② 参见[英]A. G. 盖斯特:《英国合同法与案例》,张文镇等译,中国大百科全书出版社 1998 年版,第 440 页;何宝玉:《合同法原理与判例》,中国法制出版社 2013 年版,第 438 页。

③ [法]弗朗索瓦·泰雷等:《法国债法:契约篇》(下),罗结珍译,中国法制出版社 2018 年版,第 924 页。

④ 参见《民法典》第 502 条第 3 款。

⑤ [德]海因·克茨:《德国合同法》,叶玮昱、张焕然译,中国人民大学出版社 2022 年版,第 288 页。

754条出租人或承租人对融资租赁合同的解除权等。特别法定解除权之目的具有多样性,仍可进一步细分化,但由于各具体合同中体现的利益关系不同,很难做周延的类型化。有的是为避免期限不确定性之目的,有的是为违约救济之目的,有的是为减损之目的,有的是为避免风险之目的,有的是为尊重权利人意思自治之目的等。

(五)任意解除权与非任意解除权

法定解除权依行使条件可分为任意解除权和非任意解除权。任意解除权是指不需要以对方违约、发生不可抗力等理由为前提,仅依当事人自己的意愿可单方解除合同的解除权。含有任意解除权规定的合同主要有:委托合同中双方的任意解除权①、加工承揽合同中定作人的任意解除权②、货物运输合同中的托运人任意解除权③、继续性不定期合同的任意解除权④、保管合同的寄存人任意解除权⑤、仓储合同存货人任意解除权⑥、保险合同的投保人任意解除权⑦、物业服务合同中业主的任意解除权⑧、行纪合同委托人任意解除权⑨、中介合同委托人任意解除权。⑩

(六)全部解除与一部解除

根据解除效果的范围,解除可以分为全部解除和一部解除。全部解除使合同关系中的权利义务整体消灭。合同解除通常是指全部解除。一部解除是针对合同部分给付义务的解除,未解除的部分效力仍存续。一部解除须合同标的是可分给付。例如,网购两套图书的买卖合同成立后,可因其中一套图书缺货而部分解除,并申请退款,不影响另一套图书买卖合同的效力。

以上合同解除权的类型化,有的基于学理,有的基于实证法规范。学理对解除权的类型化为进一步的体系化提供了内在的逻辑关系层次,实证法对解除

---

① 《民法典》第933条。
② 《民法典》第787条。
③ 《民法典》第829条。
④ 《民法典》第563条第2款。
⑤ 《民法典》第899条。
⑥ 《民法典》第918条。
⑦ 《保险法》第15条。
⑧ 《民法典》第946条。
⑨ 《民法典》第960条。
⑩ 《民法典》第966条。

的类型化为体系注入了法效力与规范性。剔除不必要的烦琐的逻辑层次，并保留实证法类型之后，我国《民法典》中的合同解除体系便呈现出来，见图 4（图中数字表示《民法典》条文序号）：

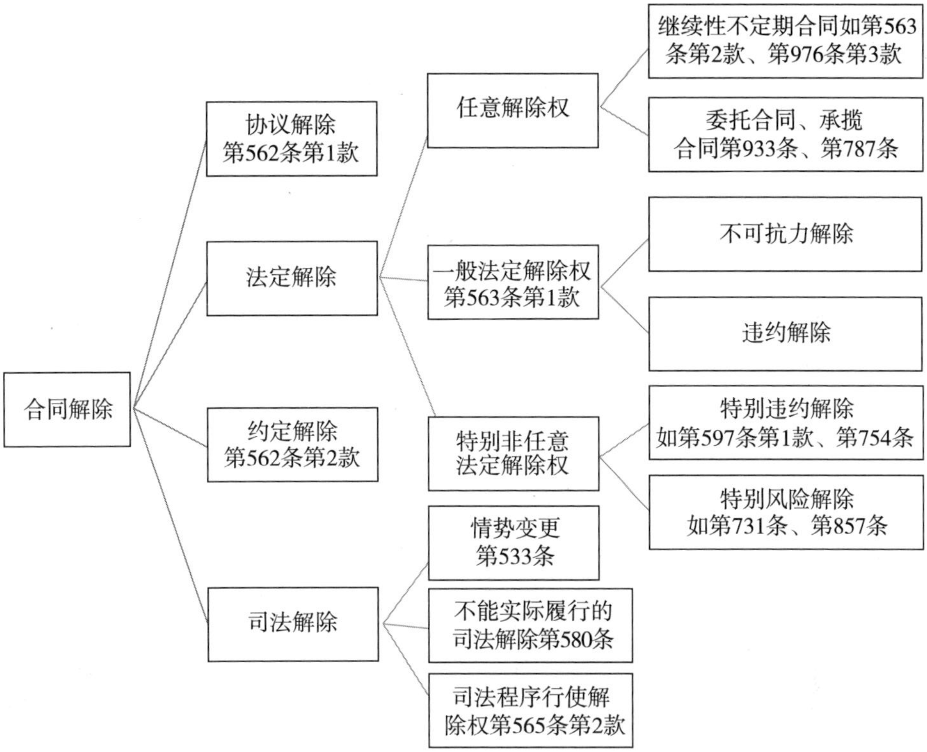

图 4　《民法典》中的合同解除体系

三、合同解除权

合同解除权是单方解除合同须享有的实体法上的形成权。合同解除权可以由当事人约定其发生条件，当满足条件时发生，称为约定解除权；也可以在法律规定的解除权条件满足时发生，称为法定解除权。享有解除权的合同当事人称为解除权人，可以根据自己的意思单方行使解除权以消灭合同效力。

（一）法定解除权的发生

我国《民法典》第 563 条第 1 款规定了发生法定解除权的五种情形。

1. 因不可抗力致使不能实现合同目的

不可抗力是指不能预见、不能避免且不可克服的客观情况。不可抗力导致合同发生履行障碍，若其影响达到使合同目的不能实现的程度，即符合第563条第1款第1项解除权的发生要件。受其影响的当事人可以取得法定解除权。若不可抗力虽引发履行障碍，但合同目的仍可全部实现或部分实现，则不能单方解除合同。例如，合同约定交付100吨自产农产品，由于自然灾害导致农作物减产，只能交付70吨，由于合同目的仍可以部分实现，不得单方解除合同，但可依据《民法典》第590条之规定，部分免除责任。合同目的是合同双方通过合同的订立和履行所要达到的最终目标。合同目的包括一般目的与特殊目的。合同的一般目的是指通过合同所取得的给付，合同特殊目的是指双方认可的合同特定目标。合同目的不能实现是指债务人不能履行主要合同义务而使债权人不能获得给付，或者合同所要实现的特殊目标落空。

2. 预期违约

预期违约，是指在合同履行期限届满前，当事人一方明确表示或者以自己的行为表明不履行主要债务。预期违约侵害了债权人对将来履行的信赖，也属于一种根本违约的形态，可以发生不经催告的即时解除权。预期违约的表示可以是明示也可以是默示，但违反的合同义务须是主要债务，才发生解除权。若违反其他非主要债务，可以依据《民法典》第578条请求违约方承担违约责任，但不能解除合同。

3. 迟延履行主要债务之催告解除

因迟延履行发生解除权，须满足两个条件，其一，迟延的是主要债务。通常是指主给付义务履行迟延。若非主要债务迟延，不发生解除权。因并不严重的履行瑕疵而解除合同会违背诚信，给对方利益造成损害。例如，若合同主给付义务已经履行，但附赠的礼盒迟延，则不可以因此而取得法定解除权。是否为主要债务有时需结合法律规定判断。合同价款通常属于主要债务，但在分期付款买卖或融资租赁中，价款或租金的迟延履行须达到一定数量或比例，才视为主要债务的迟延。例如，分期付款的买受人未支付到期价款的数额须达到全部价款的1/5可以单方解除；[①]融资租赁合同没有明确约定的，承租人欠付租金达

① 参见《民法典》第634条。

到两期以上或者数额达到全部租金 15% 以上的，可以解除合同。[①] 其二，须经催告。经催告后在合理期限内仍未履行的，才可以解除合同。这是诚信原则的要求，防止守约方滥用解除权。除非履行期限有特殊的意义，可以影响合同目的实现，否则不能仅因迟延而直接通知解除。

4. 根本违约之即时解除

根本违约又称重大不履行、重大合同违反，是指严重违反合同义务导致合同目的无法实现，以至于维持合同效力对于守约方已无意义的重大违约。发生根本违约时，解除权人享有即时解除权，无需催告可直接通知解除合同。例如，订购的中秋节月饼迟延至节后交付的，必然导致合同目的的落空，可以无需催告而直接解除合同。一般违约中，无论是迟延履行还是不完全履行，违约方有权通过补正而避免合同被解除。根本性违约不同于经催告后解除之处在于，违约方没有补正权。根本违约是源于英美法的制度，后被《联合国国际货物销售合同公约》所采用，公约第 25 条规定，“一方当事人违反合同的结果，如使另一方当事人蒙受损害，以至于实际上剥夺了其根据合同规定有权期待得到的东西，即为根本违反合同，除非违反合同一方并不预知而且一个同等资格、通情达理的人处于相同情况下也没有理由预知会发生这种结果”。《欧洲合同法原则》第 8:103 条、《欧洲共同买卖法草案》第 87 条、《欧洲示范民法典草案》第Ⅲ－3:502 条吸收了《联合国国际货物销售合同公约》关于“重大合同违反”制度。例如，《欧洲共同买卖法草案》规定以下两种情况构成重大不履行：(1)该不履行剥夺了另一方当事人根据合同可期待所得的显著部分，除非不履行的一方当事人在合同缔结时没有且不能预见到后果；(2)该不履行清楚地表明，另一方当事人不能信赖不履行的一方当事人在未来会履行。[②] 其中，所谓“可期待”是指基于约定，合同没有给债务人履行方面的一定自由度，如合同规定某些条款须严格遵守，债权人即可以期待债务人严格一致的履行；或合同性质决定了确定的履行时间，如婚礼用花不能在婚礼第二天才送到。[③]

① 参见《最高人民法院关于审理融资租赁合同纠纷案件适用法律问题的解释》第 5 条第 2 项。

② [德]莱纳·舒尔策、[波兰]弗里德里克·佐尔：《欧洲合同法》，王剑一译，中国法制出版社 2019 年版，第 287 页。

③ 参见[德]冯·巴尔、[英]埃里克·克莱夫：《欧洲私法的原则、定义与示范规则：欧洲示范民法典草案》(第 1～3 卷)，高圣平等译，法律出版社 2014 年版，第 739～740 页。

我国《民法典》第563条第1款第4项规定为:“当事人一方迟延履行债务或者有其他违约行为致使不能实现合同目的。”也是对根本违约即时解除权的规定。与欧洲法相比,存在以下不同:(1)《民法典》以“不能实现合同目的”作为根本违约的构成要件,没有采用“根本剥夺了债权人可期待的利益的显著部分”这一规则表达式。对于“不能实现合同目的”的判断,不仅可以借鉴欧洲法,从合同内容与合同性质的角度判断,还应当考量守约方避免目的落空的可能性。我国最高人民法院发布的指导案例107号“中化国际(新加坡)有限公司诉蒂森克虏伯冶金产品有限责任公司国际货物买卖合同纠纷案”的裁判要旨谓:在国际货物买卖合同中,卖方交付的货物虽然存在缺陷,但只要买方经过合理努力就能使用货物或转售货物,不应视为构成《联合国国际货物销售合同公约》规定的根本违约的情形。(2)没有违约方于缔约时可预见的规则。对于一项义务的违反是否构成根本违约,无论基于常识、合同条款或合同性质,双方大概率是视野重合的。通常情况是,违约方不可合理预见的,往往也正是债权人不可合理期待的。(3)《民法典》未规定“不能信赖将来会履行”的根本违约。若解除权人合理地不能信赖违约方将来会履行,催告限期履行将没有实际意义,可以即时解除合同。我国《民法典》第563条第1款第2项的预期违约解除即包含了“不能信赖将来会履行”的法理。但预期违约之外已经陷于现实违约的场合,若“不能信赖将来会履行”,则没有规定。可以依据举轻以明重的解释原则:既然预期违约导致的不能信赖将来会履行都可以解除合同,发生履行迟延或不完全履行后的不能信赖将来能否会履行,也应当可以即时解除合同。但需对能否信赖将来履行进行评判。例如,最高人民法院发布的指导案例67号“汤某某诉周某某股权转让纠纷案”中,双方转让价款合计710万元,分四期付清。股权转让方在第2笔转让款150万元逾期两个月时通知解除合同,受让方于次日向出让方转账支付了第二期股权转让款,并按照约定履行了后续第三、四期股权转让款的支付义务。转让方以其已经解除合同为由,如数退回全部710万元转让款。在该案中,由于受让方已经实际履行了付款义务却被退回,不存在“不能信赖将来会履行”而使合同目的不能实现的事实基础,因此,裁判理由认为本案一、二审审理过程中,汤某某(股权受让方)明确表示愿意履行付款义务。因此,周某某(股权转让方)签订案涉《股权转让资金分期付款协议》的合同目的能够得以实现。

违反从给付义务也可以构成根本违约。我国《买卖合同司法解释》第 19 条规定，出卖人没有履行或者不当履行从给付义务，致使买受人不能实现合同目的，买受人主张解除合同的，人民法院应当根据《民法典》第 563 条第 1 款第 4 项的规定，予以支持。另外，本项规定也可类推适用于附随义务违反导致不能实现合同目的的情形。例如，购买学区房因卖方不迁出户口导致目的不能实现而解除房屋买卖合同。再如违反约定会同测量土地的附随义务，若影响土地权利移转登记，合同目的无法实现的，可以解除合同。《德国民法典》第 324 条采此立场，违反债务关系中的保护义务，且维持合同对于债权人是不再能够合理期待的，可以解除合同。有解释说认为若附随义务对契约目的达成有影响，则应解释为要素债务。①

5. 法律规定的其他情形

《民法典》第 563 条前 4 项规定的是法定解除权发生的一般情形，普遍适用于各种合同之解除。第 5 项是引致条款，不作为解除权的发生基础，而是指向其他具体的法律条文。法律规定的其他解除权可以包含前 4 项之外的各类法定解除权。例如，第 563 条第 2 款规定的不定期继续性合同的任意解除权、第 528 条不安抗辩权中的解除权、第 597 条第 1 款无权处分中的买受人解除权、第 754 条的出租人或承租人融资租赁合同解除权等。

（二）解除权的行使期限

解除权是形成权，该权利的存续适用除斥期间的规定。其目的在于避免解除权长期不行使又不消灭，危及法律关系的安定性。依据《民法典》第 199 条，法律规定或者当事人约定的解除权存续期间，除法律另有规定外，自权利人知道或者应当知道权利产生之日起计算，不适用有关诉讼时效中止、中断和延长的规定。存续期间届满，解除权消灭。

解除权的行使期限分为两种情况。第一种是解除权行使期限法律有规定或当事人有约定的。前者如消费者反悔权的行使期限为自收到商品之日起 7 日内，后者的期限长短则由当事人约定。对于法定任意解除权的行使期限，通常也会由法律作出特别规定。如定作人解除承揽合同的任意解除权须在承揽人完成工作前行使。第二种是法律没有特别规定或者当事人没有约定的。解

① 参见林诚二：《民法理论与问题研究》，中国政法大学出版社 2000 年版，第 362 ~ 373 页。

除权行使期限自解除权人知道或者应当知道解除事由之日起1年内行使;若经对方催告的,在合理期限内行使。

关于解除权行使期限的起算点,《民法典》第564条第2款的表述是"知道或者应当知道解除事由之日起"而非原《商品房买卖合同司法解释》中的"解除权发生之日",这避免了解除权人通过延迟催告而人为控制起算点,事实上延长除斥期间的法律漏洞。依据《民法典》的规定,债权人知道或应知债务人迟延履行后即使没有催告债务人履行,解除权行使期限也开始起算。这是《民法典》第199条除斥期间起算点的例外规定。若债权人向迟延履行的债务人催告后解除权发生,基于除斥期间的法律属性,也不发生重新起算的效果。

对方的催告是指针对是否行使解除权的催告,一经催告将加速解除权人决定是否解除的进程,就不再适用前述1年期间的规定,而是在合理期限内行使。"合理期限"有规定的依其规定,如《商品房买卖合同司法解释》中规定是3个月。对于其他合同解除权的行使期限,法律没有规定或者当事人没有约定的,何为"合理期限",由人民法院结合具体案情予以认定。①

解除权的行使期限也是解除权的存续期间,一旦经过而未行使权利,则解除权消灭,将不能基于解除权而通知解除合同,但这并不意味着合同从此不能解除。当事人仍可以通过协议解除或司法解除的方式解除。

(三)解除权的行使与确认之诉

1.解除权的行使

解除权的行使方式有两种:通知解除和通过司法程序解除。

通知解除须将解除合同的意思表示以通知的形式向对方作出。合同自通知到达对方时解除。通知解除生效后不能反悔。(1)解除通知的内容须明确表达解除的意思,避免因发生歧义而使解除与否出现不确定的状态。解除通知表述不清时,容易与履行催告或协议解除之要约发生混淆。若为履行催告则在通知到达对方时并不马上发生解除合同的效果;若为解除协议的要约,则对方没有承诺时根本不发生解除的效果。通知内容有歧义时,应以意思表示解释确定其内容,若仍不能消除歧义则应由解除权人自担风险。由于通知表述不清的原

① 参见天津市滨海商贸大世界有限公司与天津市天益工贸有限公司、王某某财产权属纠纷案,载《最高人民法院公报》2013年第10期。

因导致对方当事人误将通知理解为要约而未作出答复的，不能默认为对解除无异议。(2)通知解除原则上不能附条件，但法律另有规定的除外。解除权属于形成权，为避免法律关系处于不确定状态，该权利的行使原则上不能附条件。作为例外，《民法典》允许解除通知中载明“债务人在一定期限内不履行债务则合同自动解除”的停止条件。债务人在该期限内未履行债务的，合同自通知载明的期限届满时解除。学理认为，相对人应履行契约乃法律所定义务，以此为停止条件。原本就是以法律所定给付为内容，对于相对人言，并无增加不利益，自无不许附停止条件之理，是为通说，至于附解除条件或终期者，因与解除契约之溯及效力违背，当非法之所许。[①] 例如，卖方所发通知函中称“就贵公司是否继续履行本合同事宜，请联系我公司洽谈，若 3 日内不予洽谈则买卖合同自行解除”，买方于 3 日内回复称公司负责人在境外参加会议，可 7 日后见面商谈。结果 7 日后双方也没有见面洽谈合同履行事宜。由于卖方所发通知函的内容易使相对人误以为是商谈解除之要约或所附条件为及时答复而非必须完成商谈，而且纵使以见面商谈为解除通知停止条件，也额外增加了相对人负担，因此，不应认为是有效的解除通知。

通过司法程序解除是指当事人一方未通知对方解除，而是直接以提起诉讼或者申请仲裁的方式主张解除合同。其性质是通过司法程序上的形成之诉而行使实体法之形成权。人民法院或者仲裁机构确认解除请求的，合同自起诉状副本或者仲裁申请书副本送达对方时解除。

2. 确认之诉

依《民法典》第 565 条之规定，通知解除后，对方对解除合同有异议的，任何一方当事人均可以请求人民法院或者仲裁机构确认解除行为的效力。

首先，确认解除之诉可由任何一方当事人提起。通知解除后对方提出异议，合同解除与否处于需要进一步确定的状态，因此双方均有权提起确认之诉。这与原《合同法》及其司法解释的规则完全不同。依据之前的规则，相对人对通知解除有异议时还须主动提起异议之诉。若不在异议期间内提出异议并提起诉讼的，通知解除将确定地发生效力。这极大地激励了无解除权的一方以行使解除权的名义发出解除通知的投机行为，对方若不便诉讼则违反诚信的解约即

---

① 参见孙森焱：《民法债编总论》(下册)，台北，三民书局 2001 年版，第 759 页。

可得逞。《九民纪要》第46条通过在法条理解上纠偏的方法努力尝试消除错误规则的消极影响,认为,“对该条的准确理解是,只有享有法定或者约定解除权的当事人才能以通知方式解除合同。不享有解除权的一方向另一方发出解除通知,另一方即便未在异议期限内提起诉讼,也不发生合同解除的效果。人民法院在审理案件时,应当审查发出解除通知的一方是否享有约定或者法定的解除权来决定合同应否解除,不能仅以受通知一方在约定或者法定的异议期限届满内未起诉这一事实就认定合同已经解除”。但这又生出了异议期限无法律意义的逻辑问题。《民法典》将仅须由接受通知一方提起的异议之诉,修正为双方均可提起的确认之诉,取消了对接受通知单方不利的异议期限,使双方的地位重新回归平衡。

其次,确认合同解除之诉,应当审查解除权发生要件是否满足,行使方式是否合法以及是否超过解除期限。以约定解除权请求解除合同的,人民法院应当审查违约方的违约程度是否显著轻微,是否影响守约方合同目的的实现,根据诚实信用原则,确定合同应否解除。违约方的违约程度显著轻微,不影响守约方合同目的的实现,守约方请求解除合同的,人民法院不予支持。[①] 可见,我国司法实践中对于约定解除权的行使通常会采取较严格的审查,追求实质公平与重视意思自治,与可以约定高于或低于法定解除条件之外国立法例,在司法政策上存有差异。

四、合同僵局与司法解除

我国《民法典》规定了情势变更与非金钱债务不适用继续履行时的两项司法解除制度。当事人可以请求人民法院或仲裁机构结合案件的实际情况,依法作出解除判决。理论上认为,司法解除具有打破合同僵局的功能。

(一)合同僵局的概念框定

合同僵局不是法律概念,而是状态描述。大家在使用这个词语时通常没有一致的内涵,这就为进一步确定适用何种法律规则对其调整,带来了思考上的障碍。例如,有学者认为双方都有违约行为但都未达到根本违约,都不享有解

---

① 参见《九民纪要》第47条。

除权是一种合同僵局。[①] 也有判决认为非违约方没有表达解除的意愿，但违约方继续履行所需财力、物力超过合同双方基于合同履行所能获得的利益时，是一种合同僵局。[②] 有的学者认为合同僵局出现于长期合同之中，一方因自身原因不可能履行长期合同而需提前解约，相对方拒绝的情形。[③] 也有人认为合同僵局不限于长期合同，只要违约方没有继续履行合同的主观意愿与外在行为，享有法定解除权的守约方不行使解除权，双方形成对峙状态而使合同陷入"僵局"。[④] 由此可见，关于什么是合同僵局确有不同理解。有必要对合同僵局的概念与类型进行探究。

本书认为，合同僵局是由合同履行障碍引发的一种现象。合同僵局是指有解除权的一方不行使解除权或者因无解除权或解除权消灭而无法行使；而另一方已经陷入无法继续履行的状态或继续履行显失公平却无权解除，导致合同目的无法实现的状态。简言之，合同僵局的本旨就是合同既不能解除又不适合继续履行的僵持状态。合同解除的构成须同时具备两方面因素：一方不行使或无法行使解除权，且另一方不能完全履行。若仅一方当事人不能以解除权解除者，尚不构成合同僵局；还须考虑另一方当事人能否通过继续履行、采取补救措施、承担代替履行违约金等方式而为清偿。若无解除权一方当事人不能实际履行的，才可判断为发生合同僵局。合同僵局在实践中客观存在，它不仅对合同当事人的经济利益而言是低效率或负效率，甚至具有外部性，对他人也产生不利益的负面影响。例如，建设施工合同僵局导致大量被拆迁人长期得不到回迁安置，引发群体事件等。因此，打破合同僵局是《民法典》相关制度中蕴含的共同价值取向。

（二）合同僵局的类型

有学者认为合同僵局可以概括为两种类型：形式僵局和实质僵局。形式僵局是指合同虽依然有效，当事人彼此并不存在利益冲突，但在缔约后均无履约意愿，彼此均未请求对方履行；或因不可抗力等事由导致合同不能履行，但双方

① 参见韩世远：《继续性合同的解除：违约方解除抑或重大事由解除》，载《中外法学》2020 年第 2 期。

② 参见新宇公司诉冯某某商铺买卖合同纠纷案，载《最高人民法院公报》2006 年第 6 期。

③ 参见王利明：《论合同僵局中违约方申请解约》，载《法学评论》2020 年第 1 期。

④ 参见王俐智、孙学致：《论违约方解除合同的条件——兼评〈民法典各分编（草案）·合同编〉第 353 条第 3 款》，载《交大法学》2020 年第 1 期。

并未解除合同。形式僵局可因诉讼时效的经过而消除,不存在法律规则的供给需求。实质僵局是指当事人一方认为其已丧失了取得对待给付的利益,不愿继续履行合同,但他方因从对待给付中可获得履行利益,强烈坚持履行合同。在实务中,它既见于一时性合同,也见于继续性合同。后者又可分为两种情形:双方利益方向相反的合同,如租赁合同之承租人营业失败,丧失使用房屋的利益,欲解除合同,但房东因转租困难等原因不愿解除合同;当事人利益方向一致的合同,如甲、乙约定共同向某公司每年投入人民币若干,但其后公司经营不善,甲愿意继续合同,乙却希望解除合同。[①] 合同僵局应仅指实质僵局,所谓形式僵局可能在一定条件下发展演变为真正的合同僵局,才有作为法律问题解决的必要性。

本书认为,合同僵局有广义与狭义之分。广义的合同僵局包含前述概念中所提及的合同既无法继续履行又不能自行解除的全部情况——不仅包括合同无法实际履行的僵局,也包括虽能继续履行但由于基础条件变化可导致显失公平的僵局。狭义的合同僵局仅指无法自行解除,又不能继续履行或者继续履行违背合同目的的状态。由于广义的合同僵局中的部分情况可以由情势变更制度调整,因此值得讨论的是狭义合同僵局问题。

狭义的合同僵局又可进一步归纳其类型。

1. 从守约方角度

合同僵局包括:(1)守约方不行使解除权的合同僵局。(2)守约方解除权消灭的合同僵局。例如,守约方没有在解除权行使期限内行使解除权。(3)守约方未在合理期限内请求履行的合同僵局。依《民法典》第580条第1款第3项的规定,不能请求继续履行。(4)守约方没有解除权的合同僵局。例如,违约方违反的仅为次要义务而不发生解除权的场合。

2. 从违约方的角度

合同僵局包括:(1)违约方非金钱债务履行不能的合同僵局。(2)违约方无力履行将来发生的金钱债务的合同僵局。例如,将来发生的租金、利息、承包费等。(3)违约方因履行费用过高或不适合强制履行的合同僵局。例如,前述

① 谢鸿飞:《〈民法典〉法定解除权的配置机理与统一基础》,载《浙江工商大学学报》2020年第6期。

新宇公司诉冯玉梅商铺买卖合同纠纷案，整栋大厦为一家小商铺提供服务和经商环境，经法院认定履行费用过高。此种合同僵局，若符合订立合同时无法预见的巨变，可以归入情势变更调整的广义合同僵局；但若系因违约所致而非情势变更，则属于给付不能中的“经济不能”，属于狭义合同僵局。

3. 从违约与否的角度

合同僵局包括：(1)单方违约的合同僵局。通常的研究是以此类型为研究模型的。(2)双方违约的合同僵局。双务合同中，双方违约可以导致当事人均无解除权的情况发生。实践中的做法是“根据合同义务分配情况、合同履行程度以及各方违约程度大小等综合因素，判断合同当事人是否享有解除权”。[①] (3)双方守约的合同僵局。例如发生不可抗力后解除权未及时行使而消灭。

4. 从合同给付义务的性质

合同僵局包括：(1)定期的继续性合同的僵局。(2)不定期继续性合同僵局。由于《民法典》第 563 条第 2 款新设了任意解除权，此类僵局已经解决。(3)一时性合同的僵局。

5. 从双方解除合同意愿

合同僵局包括：(1)违约方有解除意愿的合同僵局。(2)守约方有解除意愿的合同僵局。若双方都有意愿解除合同可以协议解除，不会发生僵局。以往很多研究集中在违约方有解除意愿的合同僵局，甚至认为合同僵局是由于守约方恶意不行使解除权造成的，呼吁赋予违约方解除权，这显然是片面的思考。正如学者指出的，应摒弃“违约方解除权”之错误概念。从比较法角度来看，在大陆法系尚未见到承认违约方解除权的立法例。立法坚持违约方不能任意从债务履行或继续履行中自我解放，决定权在于非违约方的基本立场。赋予违约方以解除权，势必与该立场相悖，从而造成合同法体系冲突。[②] 实践中，守约方有解除愿望而无法通过行使解除权解除合同的僵局也不罕见。

通过以上类型化分析，相关法律制度须可涵盖以上各类情形，方能满足打破合同僵局功能之需要。

---

① 兰州滩尖子永昶商贸有限责任公司等与爱之泰房地产开发有限公司合作开发房地产合同纠纷案，载《最高人民法院公报》2015 年第 5 期。

② 参见韩世远：《继续性合同的解除：违约方解除抑或重大事由解除》，载《中外法学》2020 年第 2 期。

(三)打破合同僵局的制度选择

打破合同僵局并非只靠一种制度。需要根据合同性质与出现僵局的原因综合运用相关制度。

1. 情势变更

若因合同订立时无法预见的基础条件发生商业风险之外的重大变化,不摆脱合同效力将导致显失公平的,可以依据情势变更规则请求司法解除。

2. 任意解除权

未定期限的继续性合同可以由任何一方行使任意解除权,从而避免合同僵局。定有期限的合同依其性质,法律规定有任意解除权的亦同。如委托合同、运输合同、承揽合同等。

3. 重大原因通知终止制度

这是针对定有期限的继续性合同的特别解除制度。《德国民法典》第 314 条、第 626 条规定有重大原因通知终止制度。合同当事人任何一方可以由于重大原因而通知终止继续性债务关系,无需遵守通知终止期间。所谓"重大原因"是指在考虑到个案的全部情况和衡量双方利益的情况下,将合同关系延续到约定的终止时间或延续到通知终止期间届满之时,对于通知终止的一方是不能合理地期待的,即为有重大原因。我国《民法典》没有"重大原因通知终止"制度,对定有期限的继续性合同缺乏有针对性的规定。

4. 违约方起诉解除规则

《九民纪要》第 48 条试图建立违约方起诉解除规则,即违约方不享有单方解除合同的权利,但在长期性合同履行过程中双方形成合同僵局,一概不允许违约方通过起诉的方式解除合同,有时对双方都不利,在此前提下,有条件地支持违约方起诉解除合同。条件是:(1)违约方不存在恶意违约;(2)违约方继续履行合同对其显失公平;(3)守约方拒绝解除合同违反诚信原则。《九民纪要》第 48 条规范的是违约方有解除合同的愿望,而守约方背信坚持合同效力的合同僵局,适用范围窄、条件要求高,不能全面起到打破合同僵局的作用。既然合同陷入僵局对双方不利,应尽量使双方摆脱合同拘束力,又何必设置过多限制性条件呢?显然手段有违目的性。

对于守约方有解除合同的愿望,但由于解除权经过除斥期间而无法解除,违约方资金上无履行能力却不同意解除导致的合同僵局,无法直接适用《九民纪要》中的规则，只能通过目的性扩大解释加反向类推适用的方法处理，即具体规则虽然不能直接适用，但在打破合同僵局的价值取向和规则目的上是相同的。如果合同僵局时违约方都可以请求解除合同，举重以明轻，守约方更符合没有恶意、显失公平、违约方拒绝解除违反诚信等要件，应可比照违约方解除合同。

5. 非金钱债务的司法解除

《民法典》第 580 条第 2 款规定了非金钱债务不适用继续履行时的司法解除制度。即发生非金钱债务不适用继续履行的情形，致使不能实现合同目的，人民法院或者仲裁机构可以根据当事人的请求终止合同权利义务关系，但是不影响违约责任的承担。

首先，该制度属于司法解除，由人民法院或仲裁机构依职权解除，但仍以当事人提出解除合同的请求为必要。司法解除与法定解除性质不同。法定解除以享有解除权为前提，解除的合同也不必陷入履行不能，只要解除权人认为合同对其已无意义，不希望继续履行即可以解除，体现的是自由价值。而司法解除所针对的是无法继续履行的合同僵局，与解除权及其解除权行使期限无关。司法解除属于衡平法规则，以公平正义为目标。

其次，该制度适用于非金钱债务。由于金钱债务原理上不发生履行不能，不能免除实际履行的责任，但这并不意味着金钱债务不会发生合同僵局。金钱债务不存在履行不能只是针对金钱债务不能履行不发生免除后果而言的，对于金钱债务引发合同僵局导致合同解除的后果并不意味着免除金钱债务，因此，金钱债务不排除实际履行与金钱债务为内容的合同可解除这两个原理不发生矛盾。从中也看出，《民法典》将合同司法解除的规定置于第 580 条非金钱债务不履行的第 2 款，等于不合理限缩了该规则的适用范围，属于法律漏洞。应当通过目的性扩大解释进行补正。合同标的若是金钱债务与非金钱债务并存的混合给付的，基于对价关系消灭，应当可以直接适用《民法典》第 580 条第 2 款；金钱债务为标的的合同发生合同僵局时应可以类推适用。

再次，以不适用继续履行导致合同目的不能实现为要件。不适用继续履行的情形有三种：(1)法律上或者事实上不能履行；(2)债务的标的不适于强制履行或者履行费用过高；(3)债权人在合理期限内未请求履行。依据履行不能原理，一方发生履行不能时对方免除相应对待给付义务。如果双方免除的义务非合同主要义务,没有动摇对价关系,合同目的仍能实现,则不能司法解除。但若影响合同目的则与根本违约解除权发生之原理相同,仅在程序上须通过司法程序解除。该规定以是否影响合同目的实现为判断标准,不用考虑守约方不行使解除权或违约方不同意协议解除是否违反诚信原则的因素,与《九民纪要》中的违约方起诉解除规则的法律构造完全不同。

最后,司法解除的请求主体不限于违约方,守约方若因除斥期间经过等原因不能行使解除权的,也可以提出司法解除。原本,当债务不能请求继续履行而无法实现合同目的时,属于根本违约,守约方本可享有法定解除权,无需请求司法解除。但这并不意味着将守约方排除在司法解除适用范围之外。司法解除既可以适用于守约方不行使解除权于违约方不利之场合,也可以适用于守约方无法行使解除权而违约方不同意解除的场合,还可以适用于双方都不能行使解除权的场合。从第 580 条第 1 款适用范围看,该司法解除规则也不仅针对长期合同或继续性合同,也可以适用于一时性合同。

五、合同解除的效力

(一)合同解除效力的学说

合同解除之制度目的是摆脱合同效力对当事人之约束所带来的不利影响,这必然涉及对已经履行部分和尚未履行部分的处理,以及合同解除对合同期待利益与担保利益发生何种影响的制度安排。如何平衡因合同解除而受影响的各种利益关系,理论上有直接效果说、间接效果说、折衷说、债务关系转换说、清算关系说等学说。

1. 直接效果说

合同解除是使合同之债在未履行部分和已履行部分均溯及既往地消灭其效力,未履行之债自始不存在,已履行部分因失去原因而发生不当得利返还请求权。依德国学说,抽象的物权契约不因债权合同解除而解除,因此不发生原物返还请求权。依据《法国民法典》第 1183 条,解除被认为是解除条件的一种,当然具有溯及效力。[①] 直接效果说在德国已经日渐式微,但对日本的民法理论

① 参见[日]我妻荣:《债权各论》(上卷),徐慧译,中国法制出版社 2008 年版,第 134 页。

产生的影响一直延续至今。我国也不乏此说的支持者。[①] 直接效果说主要存在两方面的问题，其一，解除发生溯及效力，与违约责任承担以及担保等从法律关系的效力发生冲突。如果认为解除溯及地消灭契约的效果，则基于债务不履行的填补赔偿责任也应该消灭。[②] 势必发生合同解除与违约责任以及担保在逻辑上不能两立，只能取舍其一的后果，与解除作为违约救济手段之初衷不符。其二，返还已经履行部分若依返还不当得利制度，则存在善意相对人返还范围仅限于现有利益的问题。

2. 间接效果说

合同解除仅有阻止合同发生效力的功能，双方当事人对于未履行之债务发生拒绝履行之抗辩权，对于已经履行的债务发生新的返还请求权。依间接效果说的逻辑，已经履行部分的返还是新产生的恢复原状的反向请求权。恢复原状请求权是一种居于物权请求权与不当得利请求权中间的、混合的特殊权利。合同上的债权关系并非因解除而消灭，而是变形为恢复原状的债权关系。[③] 间接效果说努力维护债的同一性，使合同解除与损害赔偿等违约责任以及担保并存，是学说上的进步。但问题是，恢复原状请求权既然是新的请求权，应不包括在担保的范围之内，这也违背将解除作为违约救济手段的本意。另外，间接效果说对于未履行的债务认为只发生抗辩权而不是消灭债权，在效力消除上不彻底，留有作为自然债务而被“自愿”履行的可能，与我国立法之“终止履行”的含义不一致。

3. 折衷说

折衷说是对间接效果说的修正，认为未履行之债务因解除而消灭，已履行之债务则因解除而发生新的返还请求权。[④] 这样就修正了间接效果说的未履行的债务不能消灭的问题。赞同折衷说的学者认为折衷说更符合我国法律的立场。[⑤] 本书认为，折衷说的问题在于将解除的法律效果一分为二，缺乏逻辑统一

---

① 崔建远教授基于原物返还请求权在保护守约方上优于债权，而赞同直接效果说。参见崔建远：《合同法》，法律出版社 2003 年版，第 198 页。

② 参见[日]我妻荣：《债权各论》(上卷)，徐慧译，中国法制出版社 2008 年版，第 134 页。

③ 参见申海恩：《论解除权效力之法理构成》，载《政法论丛》2010 年第 2 期。

④ 参见孙森焱：《民法债编总论》(下册)，台北，三民书局 2001 年版，第 762 页。

⑤ 参见韩世远：《合同法总论》，法律出版社 2011 年版，第 526～528 页。

性,以折衷说的逻辑进一步推理可以得出违约损害赔偿和担保的范围仅限于已经履行部分的结论,对于未履行部分的期待利益和担保利益为何加以否定,不能作出令人信服的解释。①

4. 债务关系转换说

解除使原合同关系变形、转换为原状恢复债权关系,原合同未履行债务转化为原状恢复债权关系的已经履行的债务而归于消灭;原合同已履行的债务,转化为原状恢复债权关系的未履行债务,经过履行后始消灭。② 债务关系转换说克服了折衷说的二元解释方式,以债务关系转换对已履行和未履行之债务作出统一的解释。我国学者有观点认为,该说优势在于将原债权债务关系转换为恢复原状债权债务关系,一方面避免了使合同效力消灭时不当得利规则的适用;另一方面使合同得以继续存续,则损害赔偿之基础仍然存在,要求履行利益之赔偿,于法理仍有根据。弊端在于将未履行的债务转换成所谓既履行的债务,纯属人工拟制,工于机巧。③ 本书认为,债务关系转换说在互相返还的同时履行上也具有很好的解释力,并非工于机巧,所不能接受者除思维偏好外,主要是因为其脱离当事人的意思自治而设计转换效果,且不适合用于解释我国法律条文而已。

5. 清算关系说

清算关系说认为解除并非使合同溯及消灭,而是使合同关系由清偿关系变更为清算关系,解除只影响合同之债的内容和目的而不影响合同之同一性。赞同清算关系说的学者认为,解除体现为一种合同意志的转变,将完成双方的给付行为转变为从给付义务中解放出来的清算关系。④ 依据清算关系说,合同解除时,如给付义务尚未因履行或因其他原因消灭,则合同解除所消灭者仅限于原给付义务,即合同的第一次给付义务,不及于整个合同,除非双方之给付均未履行,亦未因不履行产生第二次之赔偿义务,此时全部债之关系方因合同解除而告结束。如给付义务业经履行,则对方负有返还所受领给付之义务,而进入“返还给付之债之关系”,此项债之关系并非法定之债之关系而是经由合同之法

---

① 持类似观点的学者,如申海恩:《论解除权效力之法理构成》,载《政法论丛》2010 年第 2 期。
② 参见崔建远:《合同法》,法律出版社 2003 年版,第 198 页。
③ 参见申海恩:《论解除权效力之法理构成》,载《政法论丛》2010 年第 2 期。
④ 参见陆青:《合同解除效果的意思自治研究》,法律出版社 2011 年版,第 83 页。

律行为所产生。申言之,解除权人解除合同的目的在因解除而免除原给付之拘束,并请求返还已为之给付,原合同关系并不消灭,只是变形为结算关系,变形前后二者之同一性并未丧失。①

本书赞同清算关系说。清算关系说之优势在于它使当事人冲破合同约束的同时,并没有牺牲须保持的合同效力。合同之债作为广义之债,是狭义债权债务之集合,合同解除并非溯及既往地整体消灭合同之债的全部效力,而是首先剥离出对当事人造成不利拘束的狭义债务关系予以消灭,而广义合同之债则通过变更内容与目的,使之成为清算债务关系,并于履行后方因清偿而消灭。作为解除效果之解释说,清算关系说的解释力源自兼顾了当事人以下利益的平衡:(1)使当事人摆脱合同效力束缚的同时,又使当事人约定的结算与清理以及违约金等条款在解除后仍继续有其效力。(2)不使守约方因解除而丧失通过主张违约责任对期待利益的救济权。(3)双方之返还义务并非个别独立发生的不当得利之债,而仍具有双务合同对待给付的效力。恢复原状义务的性质与原定给付义务相同,仅内容和目的不同。② (4)为使担保存续而使合同不失去同一性。合同解除仅消灭原始给付义务,而不及于债之关系本身。且同时自该继续存在之债之关系内部,又新生出返还请求权。合同解除所变更者,仅为债之内容,而非债之关系存在上之同一性。③

(二)我国法律规定的合同解除效力

我国《民法典》第566~567条对合同解除的效力作出规定,可概括为以下几个方面:

1. 合同解除后,尚未履行的,终止履行

尚未履行的债务是指合同约定的原给付义务,如买卖合同交付货物或给付货款的义务;不包括因不履行原给付义务而发生的违约金、损害赔偿金等次给付义务。原给付义务也称为主要义务或第一次给付义务,是依合同性质必然发生的给付义务。次给付义务也称救济性义务或第二次义务,是因债不履行而发生的新债务。终止履行之含义不仅包括停止履行之字面意思,还包含原给付义

① 参见李晓钰:《合同解除制度研究》,中国法制出版社2018年版,第254页。

② 参见李传莹:《契约解除权性质之再检讨》,台湾大学1984年硕士学位论文。转引自邓叶芬:《合同解除的溯及力研究》,湖南师范大学2006年硕士学位论文。

③ 参见李晓钰:《合同解除制度研究》,中国法制出版社2018年版,第254页。

务消灭的效果。若不包含消灭之效果,则通过解除摆脱合同效力的目的就没有达成。依据清算关系说,原给付义务的消灭没有溯及效力,仅于解除时发生,之前若有违约事实,也不会因溯及效力而影响违约责任的产生。

2. 已经履行的,根据履行情况和合同性质,当事人可以请求恢复原状或者采取其他补救措施,并有权请求赔偿损失

恢复原状是合同解除中主要的法律效果。恢复原状请求权作为因解除而发生的反向目的债权,须考量履行情况和合同性质因素。通过综合考量以上因素来判断以何种方式恢复其利益最为妥当。履行情况主要考量原给付义务是全部履行还是部分履行,对待给付义务是否履行,履行方式是实物、金钱、权利还是劳务或其他行为。合同性质主要考量是一时性合同还是继续性合同,给付是否可分等。原则上认为,继续性合同无法恢复原状,但可以通过采取补救措施或赔偿损失的方式达到消除合同效力的目的。恢复原状请求权作为反向目的债权主要是指给付返还请求权,基于清算关系说,其性质属于债权而非所有物返还之物权请求权。这就意味着已履行之给付返还不限于特定物,也可以是以替代物或等价金钱返还。若已履行给付存在损坏、添附则可采取修理、拆除等补救措施。恢复原状过程中若发生损失,可以请求赔偿损失。恢复原状中的损害赔偿与违约责任中的损害赔偿并非同一请求权,两者请求权基础不同,前者适用第566条第1款,后者适用该条第2款。两者赔偿的对象不同,恢复原状中的损害赔偿,赔偿的是返还中的标的物折旧贬值、使用补偿费、运输费用等损失,而违约责任中的损害赔偿对象是假设合同得以履行的期待利益损失。

3. 合同因违约解除的,解除权人可以请求违约方承担违约责任,但是当事人另有约定的除外

合同解除无溯及效力,因此之前已经发生的违约责任不因解除而消灭。合同解除后仍可请求违约方承担违约责任。但不得请求与解除之恢复原状效力相反的责任形式,以免发生冲突。例如,解除之后可以请求违约方承担违约金、损害赔偿,但不可以请求继续履行、采取以继续履行为目的之补救措施。解除后请求之违约责任以填补期待利益损失为目的,实现合同未被解除而得以完全履行之利益状态。当事人协议解除的可以对是否继续承担责任作出约定,体现出意思自治原则在合同解除效力上的适用。除《民法典》外,《买卖合同司法解释》第20条规定:"买卖合同因违约而解除后,守约方主张继续适用违约金条款

的,人民法院应予支持。"《九民纪要》第 49 条亦有类似内容:"合同解除时,一方依据合同中有关违约金、约定损害赔偿的计算方法、定金责任等违约责任条款的约定,请求另一方承担违约责任的,人民法院依法予以支持。"

4. 主合同解除后,担保人对债务人应当承担的民事责任仍应当承担担保责任,但是担保合同另有约定的除外

《民法典》的这一规定,也体现出清算关系说的立场。解除后之合同关系与原合同关系是一个法律关系,不丧失同一性,因此,合同之从权利不因解除而消灭,抵押权、质权、保证、定金等担保仍然有效。除非担保合同中对于解除后不再担保或对担保范围有特别约定,否则,担保的范围包括主债权及其利息、违约金、损害赔偿金、保管担保财产、实现担保物权的费用、实现债权的费用。解除作为违约的救济方式,是将原请求权转化为反向的恢复原状请求权,解除过程中发生的损失和费用也是实现债权的费用,因此属于担保的范围。若认为解除之后合同消灭而发生了新的债权债务关系,不属于担保范围的观点,是采直接效果说,不符合我国法律规定之实际,不具有解释力。

5. 合同解除不影响结算和清理、争议解决条款的效力

首先,合同解除不消灭合同中的结算和清理条款的效力,合同约定的其他在解除后适用的条款效力均不受影响。结算条款是指有关结算方式方法的条款,清理条款是指了结或处理主体间利益关系的条款。例如,当事人关于合同履行后如何结算货款的条款、经济往来中各项收支核算条款、与合同有关的各种事务处理方式的条款、合同终止后处理遗留问题的条款、约定后合同义务的条款等。合同结算与清理条款即使原本仅是对合同因正常履行而终止的约定,也不妨碍该类条款在合同解除后形成的清算关系中发挥作用。

其次,依据《民法典》第 507 条,合同终止的不影响合同中有关解决争议方法的条款的效力。例如,基于仲裁条款效力的独立性,仲裁条款不因合同解除而受影响。[①] 约定管辖法院、选择准据法、选择鉴定检验机构等条款亦同。

① 《仲裁法》第 19 条第 1 款:仲裁协议独立存在,合同的变更、解除、终止或者无效,不影响仲裁协议的效力。

第八章

违约责任

第一节 违约责任概述

一、违约与违约责任

违约一般是指违反合同义务，既包括违反合同中的给付义务，又包括违反合同中的附随义务。[①] 给付义务与附随义务皆为合同债务之重要组成部分。而违约则意味着对合同义务的违反。违约作为一种法律事实，是产生违约责任的前提。

违约责任是违反合同义务的法律后果。但在《德国民法典》的债务不履行体系中，违约属于债务不履行，可进一步引起实际履行、违约金、损害赔偿等救济性债务的产生。而责任的概念不过是指附加在债务关系上的替代关系或者担保。[②] 在理论界，将前者称为后果说，而后者称为担保说。担保说是德国的通说，其观点认为责任是附加在债务关系上的替代关系。在日耳曼法上，债务的本质是法的当为，而非法之强制，所以按照合同抑或其他事由而生之债务，并未当然包括责任，责任是以契约或者其他事由的发生而出现的。[③] 即责任系一种替代，是指债务人在当为而不为义务时，须服从于法律抑或合同约定的强制性。

---

① 参见王利明：《合同法研究》(第2卷)，中国人民大学出版社2015年版，第402页；王洪亮：《债法总论》，北京大学出版社2016年版，第202页。

② 参见郑玉波：《民事责任之分析》，载郑玉波主编：《民法债编论文选辑》(上)，台北，五南图书出版股份有限公司1984年版，第60～62页。

③ 参见郑玉波：《民法债编总论》，陈荣隆修订，中国政法大学出版社2004年版，第9页。

此种通过以强制为内容而产生之责任，只有依托债务关系才会产生拘束力。所以，为实现债权而产生的责任必然会有担保之功能。[①] 此作用在发生债务不履行的情形下即可见之，即通过债权人以债务人所为担保责任而强制实现债权时，其实质即为给付代偿。[②]

我国民法理论采后果说，《民法典》第 176 条规定："民事主体依照法律规定或者按照当事人约定，履行民事义务，承担民事责任。"该条将责任与义务并列，反映出责任与义务的关系从担保说中的两者融合改变为后果说的分立状态。后果说认为民事责任是违反民事义务之法律后果，[③]据此，违约责任是违反合同义务而须承担之法律后果。[④] 不过，后果说在逻辑上也存在机械割裂责任与义务的问题。依据债法的主流理论，债权的强制力属于债权权能或者债权效力的组成部分。[⑤] 学者将债权权能区分为可诉求性、可执行性、自力实现、处分权能等，并将不具有可诉求性甚至无可执行性的债权称为不完全债权。还有学者将债权的效力区分为对债务人的效力和对第三人的效力。对债务人的效力可分为给付保持力、请求力（含裁判外的请求权利和裁判上的请求力，后者即诉求力）和执行力（强制力）；对第三人的效力可分为"保全债务人的责任财产的效力"和"对第三人违法的侵害债权的效力"。[⑥] 总之，按照债权的效力与权能理论，合同原给付义务的强制履行是债权权能或者债权效力的题中应有之义，是可执行性或者执行力的内容。债务人的任意履行与不履行之责任，只不过是债之效力的两种表现形式而已。[⑦] 如此一来，在逻辑上很多违约的后果都没有脱

---

① 参见林诚二：《论债之本质与责任》，载郑玉波主编：《民法债编论文选辑》（上），台北，五南图书出版股份有限公司 1984 年版，第 28 页。

② 参见林诚二：《论债之本质与责任》，载郑玉波主编：《民法债编论文选辑》（上），台北，五南图书出版股份有限公司 1984 年版，第 28 页。

③ 参见魏振瀛：《论债与责任的融合与分离——兼论民法典体系之革新》，载《中国法学》1998 年第 1 期。

④ 参见王利明：《合同法研究》（第 2 卷），中国人民大学出版社 2015 年版，第 395 页；陈甦：《民法总则评注》，法律出版社 2017 年版，第 1258 页；崔建远：《合同法》，北京大学出版社 2016 年版，第 326 页；郭明瑞、房绍坤：《合同法学》，复旦大学出版社 2016 年版，第 172 页；韩世远：《合同法总论》，法律出版社 2018 年版，第 738 页。

⑤ 参见[日]平井宜雄：《债权总论》，弘文堂第 1994 年版，第 241 页。

⑥ 参见陈华彬：《债法总论》，中国政法大学出版社 2018 年版，第 162 页。

⑦ 参见王家福：《中国民法学·民法债权》，法律出版社 1991 年版，第 132 页。

离出债务的效力范围，例如，强制履行的违约责任属性便应予以淡化，[①]违约责任在逻辑上就失去了独立性。

二、违约责任的特点

(一)违约责任是一种财产责任

在现代法上，合同是最为常用的财产流转的法律形式，几乎所有的合同债务都能用货币来衡量计算，即使是行为债务也可以转化为金钱债务，当然也有极个别的例外情形。[②] 合同违约所导致的物质利益的损失可以用以经济利益为内容的违约责任加以救济。从这个角度上讲，违约责任是一种财产责任。

(二)违约责任具有补偿性

违约责任的补偿性，是指违约责任所具有的填补守约方损失的法律性质。违约责任的补偿性是根据“质”的规定来判断的，与关于“量”的规定并没有太大联系。比如说，承担违约责任之后，守约方的实际损失得到了部分或者全部补偿，即使违约金超过守约方的实际损失，也能够说明违约责任具有补偿性。通过上述表达，可以看出“质”和“量”对于违约责任的补偿性的影响。

(三)违约责任具有一定的惩罚性

违约责任的惩罚性与惩罚性损害赔偿和惩罚性违约金应当相互区分。并不能想当然地认为支付的违约金数额高于守约方的实际损失时，就等同于违约责任具有惩罚性；而支付的违约金数额低于守约方的实际损失时，就认为违约责任不具有惩罚性。违约责任的惩罚性，是指道德和法律谴责与否定违约方过错违约的法律属性，其目的在于加强预防、威慑与惩罚。[③] 惩罚性可以以多种方式体现出来，但是无论以何种方式体现，都必然会使违约方感受到道德和法律对其违约行为的否定性评价和谴责，使违约方受到遭受物质利益的损失和信誉降低的威慑，让其明白其中的利害关系。这样，当事人便会严格遵守合同。[④]

(四)违约责任是当事人不履行合同债务时所产生的民事责任

违约责任以合同债务为前提，不以合同债务为前提产生的民事责任不是违

---

① 参见王洪亮：《强制履行请求权的性质及其行使》，载《法学》2012 年第 1 期。

② 参见崔建远：《合同法》，法律出版社 2021 年版，第 209 页。

③ 参见张红：《论〈民法典〉内外合同责任之惩罚性赔偿》，载《法学评论》2020 年第 5 期。

④ 参见高志宏：《惩罚性赔偿责任的二元体系与规范再造》，载《比较法研究》2020 年第 6 期。

约责任。这一特征把违约责任与其他民事责任区别开来。侵权责任是行为人侵害他人财产权、人身权及有关民事权益而依法产生的民事责任。缔约过失责任是缔约人因其过失违反先合同义务致使相对人的财产权益或人身权益受损时,依法所应承担的民事责任。其他债务不履行的民事责任,是当事人不履行不当得利返还债务、不履行无因管理债务、不实际承担违约责任或侵权责任时,依法产生的民事责任。它们均非不履行合同债务所生的民事责任,不以合同关系的存在为前提。

(五)违约责任可以由当事人在法律允许的范围内约定

合同因当事人之间的合意订立,合同关系遭受破坏时,违约责任自然可以由当事人约定,但合同当事人的约定应当符合法律的规定。而与违约责任不同的是,侵权责任的成立和赔偿范围均由法律直接规定,而非约定。不履行不当得利返还债务、无因管理债务所产生的民事责任,也都是直接依据法律的规定而成立的,亦不具备约定性的特征。

(六)违约责任是违约方向相对人承担的民事责任

违约责任是违约方自己承担的责任,而非其他人承担的责任。在责任主体方面,违约责任要比侵权责任更加严格。违约责任的责任主体为违约方,而侵权责任的主体有时会与加害主体相分离。例如,《民法典》第 1188 条规定的监护人替代责任、第 1191 条第 1 款规定的用人单位责任和第 1191 条第 2 款规定的劳务派遣责任等。应当指出的是,违约责任由违约人自己承担,这与债权的相对性密不可分。根据合同相对性原则,债务人仅向债权人承担给付义务及附随义务,其他人在合同上既不承担义务也不享有权利。基于合同相对性原则,违约责任自然就是当事人之间的责任。

第二节　违约行为的形态

违约形态是指违约行为的形态或者说合同义务不履行的形态,是以违约行为之性质所作之分类。[①] 但违约行为无论属哪种形态,都有《民法典》第 577 条

① 参见韩松:《合同法学》,武汉大学出版社 2014 年版,第 126 页。

违约责任一般规定的适用余地,体现出《民法典·合同编》"救济"进路的法律条文体系特点。不过,当违约产生时,守约方主张的救济形态可否适用,有时也需要先判断违约形态才能最终确定,如适用迟延违约金的前提是存在履行迟延这种违约形态,若仅为瑕疵履行而未迟延,则不能直接适用迟延违约金。履行不能、履行迟延、拒绝履行、不适当履行等都是违约的形态,只是在法律条文体系上,《民法典·合同编》没有采用原因进路,而采用了救济进路。相较于传统债法,我国《民法典》并未将履行不能与履行迟延置于基础地位,从而使各种违约形态形成并列关系。

违约行为的形态通常分为预期不履行与实际不履行,实际不履行又可区分为不能履行、迟延履行与不完全履行,进而将迟延履行进一步区分成债务人迟延、债权人迟延,而把不完全履行划分为瑕疵给付、加害给付和违反附随义务。《民法典》第577条是普遍适用于各种违约形态的违约责任的一般性规则,但若需适用有关违约责任之特殊规定的,则需首先甄别违约行为属于何种违约形态,如仅在不完全履行时,才有《民法典》第582条关于减价的适用可能。

一、现实违约

(一)履行不能

1.履行不能的定位

在我国,有学者认为其不属于违约的独立形态,[①]也有学者则认为其属于违约的一种独立形态,[②]亦有学者认为其是合同履行障碍的一种情形。[③] 严格地说,给付不能与给付迟延是对给付义务的不正常展开所作的划分,这一组概念普遍适用于意定之债和法定之债。履行不能只是针对给付义务不能履行而言,对于附随义务(保护义务)的违反无法有效涵盖是其不足之处。我国《民法典》采用违约概念,实际上是指违反合同义务,其具有较强的涵盖力,既包括违反合同中的给付义务,又包括违反合同中的附随义务。[④] 正因如此,合同义务违反早已将加害给付、违反保护义务等纳入囊中,不必借鉴传统债法中的债务不履行

---

① 参见王利明:《合同法研究》(第2卷),中国人民大学出版社2015年版,第461页。

② 参见崔建远:《合同法》,北京大学出版社2016年版,第340页。

③ 参见韩世远:《合同法总论》,法律出版社2018年版,第474页。

④ 参见韩世远:《合同法总论》,法律出版社2018年版,第476页。

“三分法”(不能履行、迟延履行、不适当履行)来解释违约行为样态。[①] 在我国《民法典》中,履行不能确实也不具有传统债法中的基础地位。

2. 非金钱债务实际履行请求权的排除事由

(1)事实不能和法律不能

《民法典》第580条第1款第1项规定的履行不能的事由是法律上或者事实上的给付不能。事实上的给付不能是指基于自然法则上的原因无法提供给付。比如一幅不可替代的画已被焚毁,不可能交付。又如一幢房屋在装修之前已被拆除,不可能被装修。法律上的给付不能是指基于法律上的原因而不可能提供给付。此时,提供给付要以违反法律的禁止性规定为代价。例如,出卖人因禽流感暴发期间禁止活禽买卖的禁止性规定无法交付柴鸡的,属于法律上的给付不能。法律上的原因是广义的,既可能基于法律、行政法规、地方性法规、自治条例、单行条例的规定,也可能基于国务院部门规章、地方政府规章中的规定,甚至可能基于一项行政命令。不过,如果合同因违反法律、行政法规的强制性规定而无效,那么给付义务自始无效,则不存在适用《民法典》第580条排除给付义务的问题。

在学理上还有以下关于履行不能的分类:其一,永久不能与一时不能。根据债务履行期限内存在的履行障碍是永久性的,还是在某个时间点或时间段存在,可以将履行不能区分为永久不能和一时不能。一幅不可替代的画被焚毁,即为永久不能。因禽流感疫情政府发布限制活禽交易的命令,出卖人不能按期交付活禽的,便为一时不能。永久不能会导致履行请求权被永久排除,其与消灭无异。一时不能只有在造成债权目的不能实现,进而当事人行使解除权的情形下,才会导致履行请求权消灭,否则只是在一段时期内暂时排除履行请求权。其二,自始不能与嗣后不能。自始不能是指在债务关系成立时就存在的给付不能,也称原始不能。嗣后不能是指在债务关系成立之后因一定原因发生的不能。在传统债法上,曾有关于自始不能导致合同自始无效的规则,如今该规则已被抛弃。即使是自始不能,也不影响合同的效力,除非依据《民法典·总则编》有关虚假意思表示等规定合同为无效。不过,在自始永久不能情形中往往存在缔约过失责任与违约责任的竞合。其三,客观不能与主观不能。客观不能

---

① 参见陈自强:《不完全履行与不完全给付》,载《北航法律评论》2013年第1期。

是指任何人都不可能完成给付的情形,如作为标的物的房屋被彻底焚毁。主观不能是指因债务人个人不具备相应条件而陷入不能,如在建造高楼时承包人无合法的建筑资质。[①]

由于我国违约损害赔偿以无过错责任为原则,所以只要履行不能的产生原因不属于不可抗力,违约方就应承担损害赔偿责任。鉴于此,不需要再从履行不能是否可归责于债务人角度出发,判断损害赔偿责任是否成立。

(2)标的不适于强制履行或履行费用过高

《民法典》第580条第1款第2项规定的不适用实际履行的事由是标的不适于强制履行或者履行费用过高。标的不适于强制履行主要是指人身义务方面的给付,即必须亲自提供劳务的给付。如果必须要对人身施加直接或间接强制才能实现实际履行,而即使加以强制也可能影响履行的质量,那就不适于强制履行。如演员拒绝出席颁奖典礼的,尚可通过间接强制促使其履行义务。演员拒绝表演一场经典话剧的,即使通过间接强制方式迫使其履行,也可能影响演出质量。演出对于艺术性要求越高,越不适合通过间接强制来迫使债务人履行。人身上的给付不适用强制履行的规则在适用时有以下三个特点:第一,往往适用于需要个人特殊的艺术、科学等方面能力的场合。如委托建筑设计大师为城市设计一件标志性雕塑或者委托一位著名画家画一幅肖像画的,该义务便既不能直接强制,也不适合间接强制。第二,往往适用于需要特殊信赖关系的场合。比如在心理医生与患者之间,心理医生不履行合同义务的,便不适合进行直接强制或者间接强制。又如在合伙合同中,只有当事人之间密切协作才能维系经营活动,任何一方拒绝进行协作的,都不适合进行直接强制或者间接强制。第三,不可适用于企业承担义务的情形。比如委托建筑设计公司设计房屋的,该公司不能以工程师拒绝设计为由,主张设计义务被排除。

履行费用过高是指债权人所获利益与债务人为提供给付所支出的费用相比,显著不合比例。如果出现履行费用过高,那么尽管排除给付障碍在理论上是可能的,但即使是一个理性人也无法期待债务人会履行。比如,甲不慎将应交付给乙的戒指落入海中。在判断履行费用是否过高时,应当依据诚信原则判断是否明显丧失均衡性。换言之,债务人提供给付是否会产生不成比例的耗

---

① 参见刘心稳:《债权法总论》,中国政法大学出版社2015年版,第145页。

费。所谓耗费,除金钱上的费用之外,还包括人的作为与努力。这一耗费应当与债权人的利益作比较。[①] 在判断是否不成比例时,需要考虑债务人是否有可归责事由。如果债务人有可归责事由,那么债权人当然会期待债务人以较多的努力来克服障碍。比如,出卖人将标的物转让给第三人时,买受人会期待其以高于市价的价格购回。[②]

戒指落海的情形毕竟少见。在商业实践中,较为典型的履行费用过高的情形主要有两种。其一,债务人修复标的物所要支出的费用,是其重新购置同类标的物所需费用的数倍,而债权人对于该标的物并无特殊利益需要保护。其二,债权人要求债务人更换的一款标的物已经退出生产线,为更换该标的物可能需要重新调整生产线,造成其他产品的生产受严重影响,债务人为此耗费的时间和成本远远超过其修理该标的物的时间和成本。

履行费用过高可能与情势变更有关。在合同订立之后、履行完成之前,如果客观情况发生当事人在订立合同时难以预见的重大变化,导致履行的费用显著增加,债权人要求债务人严格按照合同履行原定给付义务的,可能违背诚信原则。在这种情况下,陷入履行艰难的当事人可以依据《民法典》第 580 条的规定拒绝履行。不过,对于合同的内容,需要当事人基于诚信原则进行磋商,进而变更或者解除合同,此时适用有关情势变更的规定。

(3)给付不能与解除、减价

《民法典》第 580 条第 1 款的法律效果不包括合同的解除,也不包括以下效果:当事人一方的给付义务因上述事由而陷入给付不能的,双务合同中的给付义务和对待给付义务自动消灭。在传统债法上,基于双务合同中给付义务和对待给付义务的牵连性,一方给付义务因给付不能消灭的,另一方的对待给付义务也自动消灭,除非义务消灭的原因主要归责于债权人。在我国法律规定中,当事人一方陷入全部给付不能,导致对方的合同目的不能实现的,对方可以行使一般法定解除权,消灭自身的全部对待给付义务。当事人一方陷入部分给付不能,未导致对方的合同目的完全不能实现的,对方可以依据不完全履行规定行使减价权,消灭自身的部分对待给付义务。有的场合,对方还享有特殊法定

---

① 参见黄立:《民法债编总论》,台北,元照出版有限公司 2006 年版,第 456 ~ 457 页。

② 参见黄立:《民法债编总论》,台北,元照出版有限公司 2006 年版,第 457 页。

解除权,如任意解除权。整体上说,我国《民法典》将消灭全部或者部分对待给付义务的权利交给解除权人、减价权人,而未承认债务因履行不能而自动消灭。司法机关不能依据《民法典》第580条第1款径行判决合同解除。

(二)履行迟延

一个有效成立的合同就应当得到履行,这是合同严守原则的当然要求。合同订立时债权人都会期待债务人按照合同规定的标的、质量、数量,以适当的履行期限、履行地点和履行方式全面完成合同义务。但在实践中经常出现债务人未在规定时间内履行债务的情况。

1. 履行迟延的含义

履行迟延,又称债务人迟延或逾期履行,指债务人在履行期限届满时未履行债务的现象。我国学者史尚宽先生认为,履行迟延以给付的提出有延展为必要,从而不单在清偿期,在其后的延展期内如发生不能履行,则也应称为履行迟延。[①] 故须有"迟"与"延"的结合,始可构成履行迟延的概念,此种观点为德国法的多数派观点。不过,我妻荣先生认为,以上两类见解在实际上的结果并无多大差异。

2. 履行迟延的要件

构成履行迟延,其要件有三:有效的债务存在;债务履行期限届满而债务人未履行;债务人未履行不具有正当事由。

(1)有效债务存在

有效债务存在是构成履行迟延的基本前提,这样附有生效条件的合同,在条件成就前,并不发生有效的债权债务关系,自然不存在合同履行迟延的问题。只要有债务存在,其债权的种类如何,则非所问。物权的请求权虽非债权,但也可以准用关于债权的规定,故可以准用关于迟延的规定。但不完全债务不适用关于迟延的规定。

(2)债务履行期届满而债务人未履行

履行迟延的发生虽以履行期的届满为必要,仅有履行期的届满,并非必然发生履行迟延,具体还要区分履行期的种类分别判断。第一,如果债务的履行有确定的期限,则履行期限届满,债务人尚未履行的,即构成履行迟延。第二,

---

① 参见史尚宽:《债法总论》,中国政法大学出版社2000年版,第393页。

如果不确定期限表现为一种附生效期限(比如某人的死亡之日便是合同生效的时间),假如未另约定债务履行的时间,则按照履行期限不明确的情况处理。如果另外约定了债务履行的时间,则按照上述有确定期限的规则处理。债务人确实不知且也不应知所附期限到来的,应当认为债权人依诚信原则有一种告知义务,此种告知义务的违反,可作为一种债权人不予协助的情形对待,不发生履行迟延问题。如果债务人已知或应知期限的到来,则不论债权人是否另行通知债务人,均不影响依相关规则发生履行迟延。第三,履行期限不明确,如果合同未约定履行期限或约定不明,而且又无法从法律的规定、债务的性质或其他情势中确定履行期限的,债务人可以随时向债权人履行义务,债权人也可以随时要求债务人履行义务,但应当给对方必要的准备时间。

(3)债务人未履行不具有无正当事由

债务人未履行其债务应具有违法性,或没有正当理由。这一点对于债务不履行是被推定的。如果债务人能证明其不履行有正当理由,即存在违法性的阻却事由,则并不发生履行迟延问题。此处的违法性阻却事由,并不包括因不可抗力而造成的一时履行不能的情形(通常称为免责事由),而是指诸如债务人拥有留置权、先诉抗辩权、同时履行抗辩权等延期抗辩权,因其不为履行属于正当的权利行使,故非谓迟延履行。

3. 履行迟延的法律效果

(1)实际履行

对于金钱债务,并不存在履行不能问题,债权人总是可以请求履行。对于非金钱债务,债权人的履行请求权也是被一般性地肯定,仅于特别情形下允许例外的权利。履行迟延后,只要债权人没有解除合同,债务人依然负履行义务,债权人可请求债务人继续履行。如债务人不为履行,则债权人可以诉求法院判令强制履行,并可同时请求迟延赔偿。

(2)损害赔偿

第一,迟延赔偿。由于履行迟延所发生的损害,债权人自然可以请求赔偿,称为迟延赔偿。金钱债务场合的“逾期利息”即是一种典型的迟延赔偿。债权人除请求迟延赔偿外,还可以请求本来债务的履行。在此种场合,债权的内容除了本来的给付之外,因又加上了迟延赔偿,因而被扩大了。在迟延赔偿场合,迟延损害有因迟延一事而整个发生的,例如因履行迟延而丧失有利地转卖标的物的机会;迟延损害也有按迟延的期间继续发生的,如迟延利息。就具体的损害项目而言,可以包括以下三种:其一,如无迟延债权人所应取得的利益,如孳息及其收益。其二,债权人因债务人迟延而增加支出的费用,如临时租用代用物所需的租金、迟延后债权人为给付请求所需的费用等。其三,合同标的物价格降低,或最初升高而后降低,债务人如不能证明纵无迟延,债权人仍不可能于其前进行转卖的事实,则债权人可以请求价格的差额作为损害赔偿。

第二,填补赔偿。对合同债务的履行迟延,债权人在一定条件下是可以解除合同的。债权人解除合同后,可以请求损害赔偿以替代本来的履行,称为填补赔偿,只不过需要扣除对待给付义务的价值。

(3)违约金

《民法典》第585条第3款规定:"当事人就迟延履行约定违约金的,违约方支付违约金后,还应当履行债务。"此款规定的是赔偿性违约金,即意味着该违约金是对于迟延损害的预定赔偿额,违约金之外,并不能够再请求迟延赔偿。

(4)合同解除

依《民法典》第563条第3项与第4项之规定:当事人一方迟延履行主要债务,经催告后在合理期限内仍未履行;或者当事人一方迟延履行债务或者有其他违约行为致使不能实现合同目的,此时当事人可以解除合同。在迟延履行定期债务时,因这种债务的履行时间对债权人的履行利益具有决定性作用(如中秋节交付月饼),故无论迟延履行的债务是主债务还是次债务,债权人都确定地无法获得履行利益,故无需催告即可直接解除合同。然而,依第3项,在迟延履行合同主债务,且主债务为非定期债务时,债权人需催告债务人履行,并预留合理的宽限期,债务人在宽限期届满依然不履行债务时,债权人才享有解除权。另外,为了尽快确定当事人之间的法律关系,提升合同解除的效率,依据《民法典》第565条第1款的规定,债权人在发出催告通知时,可以载明债务人在宽限期不履行,合同就自动解除的意思表示。若债务人在该期限内未履行债务,合同则自通知载明的期限届满时解除。但是第563条中指称的"合理期限"和"主要债务"仍需进行解释。

第一,"合理期限"之理解。根据《民法典》第564条第2款之规定,解除权经一定期限未行使则消灭。若"合理期限"无法事前明确,只能待事后裁判酌定,会出现两个问题:①债权人不知解除权的存在,此时何时作为债权人"知道或者应当知道解除事由”的起点会存在问题;②债权人无从知晓解除权何时产生,就无法对债务人进行催告。因此,期限的不确定很可能使债权人催告的权利被悬置,1 年期间的起算点被显著推迟,最终使法律关系极不安定,导致《民法典》第 564 条的规范目的被架空。或可认为,既然债务人先陷于违约,也无妨令其承受一定不利益。不过,可归责并非迟延引起解除权的必要条件,迟延的债务人未必值得谴责。并且现行法就恶意欺诈、不法胁迫引发的撤销权均规定了除斥期间,这类已经达到悖俗标准的行为人尚值得保护,而陷于迟延的债务人(很可能不可归责)却要承受长期的法律关系不安定,将导致评价矛盾。

第二,“主要债务”之理解。并非所有类型的债务均可通过催告定期解除。“主要债务”包含“质”和“量”两个方向的限制:前者指义务的类型,后者讨论的则是仅义务的一部分陷入迟延的情形。[①] 有学者主张,“主要债务”的“主要”意在限制第 563 条第 1 款适用于部分履行。[②]《民法典》第 634 条对分期付款买卖的解除限制属于特别规则。多数派认为此条规范意在给予买受人特殊保护,正当性在于分期付款买卖本身的特殊性,不应普遍准用于其他有偿合同。[③] 可以说,第 634 条的存在恰恰证明了部分迟延也可以通过定期催告解除。若“主要债务”要件就含有限制功能,立法者完全无需在特种买卖中另行明文规定。因此,“主要债务”不必限定在“较大数量”的履行迟延。若义务违反造成的损害较小,宽限期的长短可作为调节器。

由此,《民法典》第 563 条第 3 项、第 4 项应当作如下理解。针对主给付义务的履行迟延,符合《民法典》第 563 条第 3 项、第 4 项构成要件,当事人即可直接解除合同;在符合《民法典》第 563 条第 3 项之情形,直接落入“主要债务”的范围内。只有迟延履行广义附随义务不符合合同目的,方落入“主要债务”的语义。[④] 在解释上,应当认为《民法典》第 563 条第 1 款第 3 项适用于非定期行为,《民法典》第 563 条第 1 款第 4 项适用于定期行为。关于相对的定期行为之成立,除有“履行期日严守”要件之外,还须结合合同目的予以判断。

---

① 参见郝丽燕:《〈合同法〉第 167 条(分期付款买卖)评注》,载《法学家》2019 年第 5 期。
② 参见朱广新:《合同法总则研究》(下册),中国人民大学出版社 2018 年版,第 618 页。
③ 参见郝面燕:《〈合同法〉第 167 条(分期付款买卖)评注》,载《法学家》2019 年第 5 期。
④ 参见陆家豪:《履行迟延的合同解除规则释论》,载《政治与法律》2021 年第 3 期。

4. 债务人履行迟延的免责事由与责任免除

合同责任的一般法定免责事由是不可抗力(《民法典》第590条),对于特定类型的合同,还有一些特别的免责事由。另外,当事人也可以通过约定免责条款的方式对责任加以限制或者排除。此处仅针对不可抗力的情形进行讨论。

我国《民法典·合同编》中的用语均表述为"因不可抗力不能履行合同",其所谓"不能履行"宜在广义层次上进行理解,不能简单机械地理解为包括永久不能,应该包括一时不能。如果我们仅在片面的角度上理解为永久不能,认为其不包括一时不能,无疑就排除了因不可抗力导致履行迟延时的免责。另外,因不可抗力导致履行迟延的,免除的仅为迟延责任,比如迟延赔偿责任,而非债务本身的免除。一旦债务可以履行时,债务人仍应当履行,否则债权人可请求强制履行。

不可抗力具体所包含的"客观情况",主流观点认为包括如下内容:第一,自然事件。通常包括洪水、旱灾、台风、地震、海啸、火山爆发、泥石流等。第二,社会异常事件。一般是指战争、全面罢工、骚乱、恐怖行为、抢劫。第三,国家(政府)行为。例如紧急状态、宵禁、司法扣押、征收征用、禁运等。[①] 也有少数观点认为,应当将政府行为排除在外,理由是政府行为出现的次数太过频繁,部分政府行为可以预见,部分政府行为可以克服。而在裁判案例以及一些规范性文件中,都存在抽象地将某一重大事件(如非典疫情、汶川地震、新冠肺炎疫情等)统一定性为是或者不是不可抗力的倾向。这种定型化的理解与《民法典》第180条第2款对不可抗力的定义并不相容。因为"不能避免""不能克服"这一要件具有相当鲜明的个案特征。某一事件对不同给付的实现所带来的影响可能千差万别,究竟能否构成不可抗力,唯有结合个案事实才能判断。无论自然灾害、社会异常事件还是国家(政府)行为,不单单是由于这些事件本身存在强弱之分,而且其对债务履行的影响亦会因个案的差异而强弱不同。面对同一场地震,即便是同一地区的不同债务人,也可能因给付内容的差异面临不同程度的障碍,甚至完全不构成给付障碍。所以是否构成不可抗力只能有赖于个案中的判断。

---

① 参见韩世远:《合同法总论》,法律出版社2018年版,第484~485页。

(三)不完全履行

1. 不完全履行的含义

《民法典》第 582 条是关于不完全履行的一般规定,内容上将原《合同法》第 111 条中的"质量不符合约定"改为"履行不符合约定",其中,履行不符合约定即为不完全履行或称不完全给付[①],是指履行不符合合同义务的要求,包括瑕疵给付(不良给付)和加害给付,但不包括与给付义务无关的违反附随义务,因为附随义务的违反以损害赔偿为其法律效果,其请求权基础规范是《民法典》第 583 条和第 577 条。瑕疵给付是指给付不符合合同债务的本旨,但未给债权人的固有利益造成损害,比如所购买的书籍缺页。加害给付是指给付不仅不符合合同债务的本旨,还进一步造成债权人固有利益的损害。比如所购买的食品已变质,造成债权人食物中毒。《民法典》第 582 条不能被理解为仅关于物之瑕疵(质量瑕疵、数量瑕疵、包装方式瑕疵等)的规定。在权利瑕疵场合,债权人亦可依据《民法典》第 582 条的规定主张减价,并在补正履行与代替给付的损害赔偿之间进行"合理选择"。

2. 不完全履行的效果

第一种违约责任是补正履行,也称采取补救措施,包括修理、重作、更换等方式。这些方式根据合同标的的不同而有多种表现形态,如数量短缺场合的补足、通讯网络信号覆盖不足场合的补强。至于补正履行具体方式之间的合理选择,不能简单适用《民法典》第 580 条第 1 款第 2 项规定的第二种情况(履行费用过高),而应该解释为,必须综合考察债权人的请求和债务人的积极补救行为,注重违约方与相对人之间的诚信沟通,在违约方积极提供的补救措施与受损害人主张的补救措施不一致的场合,如果受损害人并无值得保护的特殊利益,那么认定违约方积极提供的补救措施具有合理性。[②]

在实践中,更换通常是在修理不足以消除瑕疵的情况下才能选择的补救措施。在"任某某诉宜兴市广海元汽车销售服务有限公司汽车买卖合同纠纷案"中,在尚未有专门的汽车"三包"规定的背景下,人民法院依据原《合同法》第

---

① 参见刘心稳:《债权法总论》,中国政法大学出版社 2015 年版,第 151 ~ 153 页。

② 对债权人、债务人均有利的瑕疵补正行为应具有优先地位。参见谢鸿飞:《合同法学的新发展》,中国社会科学出版社 2014 年版,第 476 页。

111 条(《民法典》第 582 条的前身)判决,买受人在机动车被修理之后仍出现故障的情况下有权要求更换。人民法院认为:原告任某某所购车辆在不到两年的时间内两次出现变速箱质量问题,修理过程及试车过程仍出现问题,因此,在任某某与广海元公司未对车辆质量及违约责任进行约定的情况下,要求被告广海元公司承担修理(更换部件)的违约责任已不能实现原告的合同目的。……车辆最重要的部件之一变速箱反复出现质量问题,使车辆是否达到安全技术标准、是否消除安全隐患难以确定。原告任某某从消除自身及他人安全隐患的角度,提出更换车辆的要求合理有据。[①]

第二种违约责任是退货。买受人要求退货就是要求解除合同,既可能是全部解除(全部退货),又可能是部分解除(部分退货)。有观点认为退货的性质需要具体问题具体分析,可有合同解除、代物清偿、合同更改等形式。[②] 这种学说可称为多种性质说。根据该说,退货在发展过程中首先分为两种情况:一是合同解除,二是中间、过渡状态。而后者又可以发展为更换、代物清偿、合同更改或者合同解除,演化和发展的情形颇为复杂。有观点认为,退货是行使拒绝受领权的效果之一,而非合同解除效力的表现。[③] 此观点可称为拒绝受领效果说。通说认为,退货是解除权行使的表现。[④] 可见,退货是一个用语通俗,但不严密的概念。买受人要求退货往往是主张解除合同并请求出卖人返还价款。为避免解释和适用上的分歧,适宜采纳通说,将其解释为解除权行使的表现。换言之,只有在满足解除权的要件时,买受人才能主张退货。

第三种违约责任是减少价款或者报酬,简称减价。减价实际上包括减少各种有偿合同中的对价,如减少租赁合同中的租金、减少有偿借款合同中的利息。按照通说,减价权是形成权,其行使条件类似于解除权。此时减价的本质是部分解除。在补正履行请求权未被排除的情况下,只有在催告违约方补正履行却没有效果,或者催告补正履行没有必要的情况下,才可行使减价权。在补正履

---

① 江苏省宜兴市人民法院民事判决书,(2011)宜民初字第 2540 号。

② 参见崔建远:《退货、减少价款的定性与定位》,载《法律科学》2012 年第 4 期。

③ 参见韩世远:《合同法总论》,法律出版社 2018 年版,第 426 页。

④ 参见王利明:《合同法研究》(第 3 卷),中国人民大学出版社 2012 年版,第 112 页;郭明瑞、房绍坤:《合同法学》,复旦大学出版社 2016 年版,第 261 页;苏号朋:《合同法教程》,中国人民大学出版社 2015 年版,第 312 页。

行请求权被排除的情况下,合同目的部分不能实现的,可行使减价权。

减价的原理和目标是实现质价均衡。减价权的行使,不以违约方存在可归责性为前提,也不在乎补正履行是否可能。换言之,因不可归责于债务人的原因导致合同部分履行不符合约定的,债权人仍可以行使减价权。在《国际商事合同通则(2016)》第7.(二)3条中,履行请求权"包括"瑕疵履行场合的修理、更换以及其他补救措施,此时适用第7.(二)1条和第7.(二)2条。根据其官方评论,《国际商事合同通则(2016)》第7.(二)3条的目的是"为了澄清"履行请求权的内容。因此,该条并不是一个独立的请求权规范基础。与《国际商事合同通则(2016)》有所不同的是,我国《民法典》第582条是独立的请求权规范基础。如果将《民法典》第577条也理解为继续履行请求权的规范基础,那么不完全履行场合的继续履行请求权规范基础就有三个:第577条、第579条(金钱债务)或者第580条(非金钱债务)、第582条。请求权基础如此重复,反映出立法技术尚不尽善尽美。如果要严格区分每一条规定中履行请求权的适用范围,如将第579条或者第580条的适用范围局限于完全不履行,那就会造成法律漏洞。原因是,无论是不完全履行金钱债务,还是不完全履行金钱债务(如数量不足),依据第579条都不得排除强制履行;无论是不完全履行非金钱债务,还是不完全履行非金钱债务(如数量不足),依据第580条第1款都可以排除强制履行。有鉴于此,在司法实践中,对于主张继续履行的当事人和支持实际履行的人民法院来说,不必考虑优先适用第579条或者第580条,也未必需要优先适用第582条(除非需要适用"合理选择具体补救措施"这部分规定),而可以直接适用第577条。

第582条中的第四种违约责任是代替补正给付的损害赔偿。从买卖合同中的参引性规定即可得出这一结论。《民法典》第617条规定:"出卖人交付的标的物不符合质量要求的,买受人可以依据本法第五百八十二条至第五百八十四条的规定请求承担违约责任。"由此可得出解释结论,物的瑕疵救济的规范基础是第582条至第584条,而不包括第577条。第584条是可得利益损害赔偿的范围的规定,故第582条中的"等"应包含代替补正给付的损害赔偿。

有学者认为,修理、更换、重作是第一顺位的责任形式,减价和代替给付的损害赔偿是并列第二顺位的责任形式，解除是最后顺位的责任形式。[①] 该观点具有启发性。采取补救措施属于继续履行，其与代替给付的损害赔偿之间并无优先和劣后的关系。债权人可以按照自己的意愿加以主张，债务人则享有作为抗辩权的补救权。减价权、解除权作为形成权，需要满足各自的成立条件才可以行使，通常具有劣后性。

3. 不完全履行与瑕疵担保的关系

依据《民法典》第617条的规定，还可得出的解释结论是，在买卖标的物存在物的瑕疵时，买受人的救济是包括损害赔偿在内的一般违约救济，不存在与违约责任相独立的瑕疵担保责任。原《合同法》立法机关工作部门在解释原《合同法》第155条时便持有这种立场，认为不存在独立的瑕疵担保责任。[②] 无论是2001年完成的德国债法现代化，还是2017年完成的日本债法修正，都对传统瑕疵担保责任进行了大刀阔斧的改革，将其统一到义务违反或者债务不履行的救济体系中。我国通说也认为，我国不存在独立的瑕疵担保责任。《民法典》进一步明确了这种立场。

（四）拒绝履行

1. 拒绝履行在我国民事法律体系中的体现

《民法典》第578条对履行期届满前债务人拒绝履行的情形作了特别的规定，即预期违约制度。该条规定："当事人一方明确表示或者以自己的行为表明不履行合同义务的，对方可以在履行期限届满前请求其承担违约责任。"第563条规定："有下列情形之一的，当事人可以解除合同：……（二）在履行期限届满前，当事人一方明确表示或者以自己的行为表明不履行主要债务；……"《民法典》中的预期违约制度包含了履行期届满前拒绝履行的情形，即明示地通过语言拒绝履行和默示地通过自身的行为拒绝履行合同约定的义务。

2. 拒绝履行的构成要件

拒绝履行又称拒绝给付，是指债务人拒绝履行能够履行的合同义务，而没有合理抗辩地对债权人作出不履行合同的表示。[③] 债务人拒绝履行的表示可以

① 参见郭明瑞、房绍坤：《合同法学》，复旦大学出版社2016年版，第209页。

② 参见胡康生：《中华人民共和国合同法释义》，法律出版社2013年版，第262页。

③ 参见韩世远：《履行障碍法的体系》，法律出版社2006年版，第96页。

通过明示或者默示的方式作出，并且拒绝履行没有法律根据。债务人的拒绝履行需要具备以下构成要件：

(1)存在可履行的债务

可履行的债务包括合法有效的债务以及债务能够履行。拒绝履行的前提是存在需要履行的合法有效的债务。合同是否有效，需要依据《民法典》关于民事法律行为的效力的规定以及合同编的相关规定进行认定和判断。

拒绝履行需要以债务可履行、债务人有能力履行为前提。罗马法上有“履行不能不构成债”的法谚。作为债务人的负担，债权人在设立时需要以债务人能履行为基础，否则债权人的权利无法通过债务人的履行实现，债务的设立也就没有意义。只有在债务人有履行的能力而不履行时才是拒绝履行，债务人对是否履行有选择自由。如果债务人根本没有能力履行，便是履行不能。

(2)拒绝履行的任意性

拒绝履行的任意性是指拒绝履行可以发生在任何时期。我国有学者将拒绝履行分为期前、期中和期后三类。[①] 履行期届满前的拒绝履行又称为预期违约，是一种独立的违约形态，构成预期违约时债权人可以不经催告直接解除合同。[②] 对于期后拒绝履行，由于债务人已经构成履行迟延，所以应适用关于履行迟延的规定而不再是严格意义上的拒绝履行，因此传统民法不承认期后拒绝履行的独立地位。债务人的履行期通常是一个时间段而不是一个时间点，以最后的截止时间为准，这段时间即为期中履行。债务人只要在履行期届满前的任何时间拒绝履行，都在期前拒绝履行的范围内。

(3)拒绝履行的违法性

拒绝履行时债务人没有任何合法理由，才会构成拒绝履行。但是如果债务人行使不安抗辩权、主张同时履行抗辩权等抗辩权，债务人系正当地行使权利，便属于合法的理由，阻却违法性便不再构成拒绝履行。[③]

(4)拒绝履行的表示方式

拒绝履行须有拒绝之意思表示，因此不仅可以以明示的方式表达，也可以

---

① 参见韩世远：《合同法总论》(第4版)，法律出版社2018年版，第660页。

② 参见叶金强：《我国合同法中的“预期违约”制度》，载《南京大学学报(哲学·人文科学·社会科学)》2002年第4期。

③ 参见王家福主编：《中国民法学：债权》，法律出版社1991年版，第159页。

以默示的方式表达。韩世远教授认为拒绝履行是表达出不履行合同义务意思的通知,并强调了该通知具有违法的性质。①

第一,明确表示不履行。债务人以语言或者文字的方式,向债权人明确、清楚、直接地作出不再履行合同的意思表示。如果债务人对债权人所为的意思表示不够明确,如意思表示为未来可能会继续履行合同,则不能被视为拒绝履行。并且债务人必须向债权人作出拒绝履行的意思表示,对无关的第三人作出该种意思表示的,对债权人不发生效力。

第二,行为表明不履行。即使行为人没有明确表示拒绝履行,不想履行合同的表示并未到达债权人,但其行为会造成履行不能等彻底毁损合同信赖的效果,与以文字或语言的方式作出拒绝履行的意思具有相同的法律效果,同样应该被认为是拒绝履行。②

3. 债务人拒绝履行的法律后果

(1)债务人期前拒绝履行的法律后果

拒绝履行的法律后果可因拒绝履行的发生时期不同而有所不同。《民法典·合同编》第 563 条第 1 款第 2 项规定债务人在履行期限届满前,明确表示或以自己的行为表明不履行主要债务,债权人享有解除权。由此可见,债务人在履行期限到来前无正当理由明确表示其不愿履行合同,债权人可解除合同。此处的解除权可不经催告,只需向债务人发出解除的意思通知即可。原因在于,拒绝履行行为已经表明债务人没有履行合同的意愿,合同的存在对其已经毫无意义,因此允许债权人选择解除合同作为救济。③ 同时,依据《民法典》第 578 条,还可以在履行期限届满前请求拒绝履行的债务人承担违约责任。

(2)债务人期后拒绝履行的法律后果

既然期前拒绝履行时,债权人享有解除合同的权利。根据“举重以明轻”的解释规则,在履行期限到来后,债务人无故拒绝履行债务,债权人更应享有解除合同的权利。在实证法上,依据《民法典》第 563 条第 1 款第 4 项“当事人一方迟延履行债务或者有其他违约行为致使不能实现合同目的”的规定,债权人可

① 参见韩世远:《合同法总论》(第 4 版),法律出版社 2018 年版,第 487 页。

② 参见李建星:《预期违约的制度内涵与类型扩展》,载《法治研究》2019 年第 5 期。

③ 参见王利明:《合同法研究》(第 2 卷)(第 3 版),中国人民大学出版社 2015 年版,第 347 页。

以行使法定解除权。由于拒绝履行已经公然表明了债务人的违约意图，主观上具有恶意，直接破坏了对方当事人对合同履约的信赖，因而，拒绝履行是一种严重的违约行为，债权人有权解除合同，并请求债务人承担违约责任。传统理论认为期后拒绝履行构成履行迟延，这种情况下合同关系并未消灭，当事人仍受合同关系的约束。由于拒绝履行可能给债权人造成一定的损失，无论债权人选择继续履行合同，还是选择解除合同，债权人都有权请求债务人承担违约责任，赔偿其遭受的损失。

4. 债务人拒绝履行的救济

（1）实际履行

债务人拒绝履行，债权人是否有请求实际履行的权利？比较法普遍认为大陆法系的合同救济以实际履行为原则①，而英美法系的实际履行救济是衡平法上的例外。②《民法典》将实际履行作为一项违约责任的承担方式，一般性地赋予债权人实际履行请求权，再通过除外规则的设计排除掉没有救济价值的部分。③ 在履行不能或不宜强制履行的情况下，需转而寻求其他救济途径，如解除合同、损害赔偿。

（2）中止履行

债务人以明示或默示的方式拒绝履行债务的，债权人有权中止对待给付义务的履行。美国法中的"充分履约保障制度"是 1952 年公布的《美国统一商法典》首创。充分履约保障制度的内容可以简要概括为债权人有合理依据相信债务人将违反合同时，有权要求债务人就合同的履行提供充分的保障。在获得履约保障之前，在合理情况下可以中止履行自己所负担的合同义务。我国《民法典·合同编》第 527 条、第 528 条既继承了大陆法系的不安抗辩权制度，又吸收了英美法的经验。其规定"应当先履行债务的当事人，有确切证据证明对方有下列情形之一的，可以中止履行：……"，列举了违约方履行不能以及拒绝履行的具体情形，此时守约方可以据此请求中止履行来进行救济。此外，债务人拒

---

① See John P. Dawson, *Specific Performance in France and Germany*, 57 Mich. L. Rev., p. 495 – 538 (1959). 转引自冀放：《实际履行制度规范模式研究》，载《法学论坛》2020 年第 6 期。

② 参见赵宗全：《英美法上的合同实际履行研究》，载《现代法学》1995 年第 6 期。转引自冀放：《实际履行制度规范模式研究》，载《法学论坛》2020 年第 6 期。

③ 参见冀放：《实际履行制度规范模式研究》，载《法学论坛》2020 年第 6 期。

绝履行，债权人符合同时履行抗辩权、先履行抗辩权的行使条件时，也可以基于该类抗辩权中止履行。

(3)解除合同

与中止履行相比，解除合同具有终局性、直接性的特点，是一种积极的救济手段，它与中止履行的救济措施常有"渐进"关系，需要综合考虑不履行的主客观因素以及不履行的确定性程度。当一方当事人在履行期前以一种非常明确且肯定的方式拒绝履行合同，从而导致合同目的无法实现时，对方当事人可以立即寻求终局性救济，即不经催告解除合同。[①] 类似规定如《德国民法典》第323条第4项规定"在债务履行期届满之前，如果解除权的要件显然会具备，债权人有权解除合同"，该条款虽并未对预期不履行的类型作出具体限定，但主要设想的是期前拒绝履行的情形。

(4)损害赔偿、违约金、定金

损害赔偿是指违约方因不履行或不完全履行合同义务给对方造成损失所应承担的赔偿对方损失的责任。损害赔偿是拒绝履行的主要救济方式。我国《民法典》第566条第2款规定："合同因违约解除的，解除权人可以请求违约方承担违约责任，但是当事人另有约定的除外。"双方也可以通过违约金或定金的方式约定拒绝履行的违约责任。与损害赔偿相比，违约金的支付避免了赔偿损失方式在适用中常遇到的计算损失和举证困难的问题，并且可根据具体损失的大小请求法院加以调整。定金具有双边担保性，违约定金以定金作为违约赔偿，根据《民法典》第587条的规定，交付定金的一方如不履行合同，无权要求返还定金；而收受定金一方不履行合同时，应当双倍返还。[②]

(五)债权人拒绝受领和受领迟延

《民法典》第589条规定了债权人拒绝受领和受领迟延，债务人按照约定履行债务，债权人无正当理由拒绝受领的，债务人可以请求债权人赔偿增加的费用。在债权人受领迟延期间，债务人无须支付利息。本条系《民法典》的新增规范，是有关债权人受领迟延的规定，具有费用偿还的责任和利息的停止两项

---

① 参见陈韵希：《合同预期不履行的救济及其法理基础——再论〈合同法〉不安抗辩权和预期违约的界分》，载《比较法研究》2017年第6期。

② 参见郭明瑞、房绍坤主编：《民法》，高等教育出版社2021年版，第297～298页。

效果。

传统观点认为，受领属于债权人的不真正义务，即拒绝受领的法律后果仅为免除债务人的责任。但近年来的司法实践发现，债权人无正当理由拒绝受领、不合理增加债务人履行成本的案例屡有发生。更有甚者，有的民间借贷债权人通过拒绝受领的方式，故意制造违约，借此向债务人主张高额违约金，这种行为严重侵犯债务人的合法权益、扰乱社会公共秩序。因此，有必要在民事基本法中将拒绝受领的法律后果予以统一明确规定。

1. 债权人受领的性质

给付的有权受领人通常为债权人。债权人的受领属于其权利抑或义务，大陆法系对此历来存有争论。① 债权人的受领首先是其债权效力的体现；其次是在有的场合债权人负有受领义务，该义务属于协助义务，系基于诚实信用原则而生。债权人拒绝受领的正当理由是债务人未依债之本旨提供给付。债权人受领迟延与债务人履行迟延，都属于广义的迟延履行。债权人受领既是其债权的权能内容，也是其协助义务的内容。

2. 债权人受领迟延的要件

债权人受领迟延的要件包括三个：第一，依据《民法典》第 589 条第 1 款规定，债务人必须按照约定履行债务。如果债务人未履行债务，那么债权人自然没有受领的机会。如果债务人履行债务不符合合同要求，那么债权人有理由予以拒绝。因此，债务人按照合同要求全面履行是首要的条件。第二，债权人未按照约定受领给付。第三，债权人缺乏拒绝受领的正当理由。债权人在有正当理由的场合拒绝受领的，其不陷入受领迟延。此时，债务人仍有义务按照合同要求再次提供给付。给付符合合同本旨的，债权人仍应受领。债权人拒绝受领的正当理由可以是约定的，也可以是法定的。在当事人有约定的情况下，优先适用当事人约定的条款。当事人没有约定的情况下，如果给付有质量瑕疵或者数量瑕疵，便应适用《民法典》第 531 条规定，只要债务人的给付不符合债之本旨，债权人便有权予以拒绝，不需要达到造成合同目的不能实现的地步。② 需要

---

① 参见张广兴、韩世远：《合同法总则》（下），法律出版社 1999 年版，第 112 ~ 113 页。

② 参见武腾：《拒绝受领瑕疵物的法定条件——兼论〈合同法〉第 148 条中拒绝接受制度的出路》，载《法学》2015 年第 8 期。

指出的是,债权人拒绝受领可能是基于不可抗力而生。例如,在防治传染病期间,债权人可能基于政府的行政命令而无法受领给付。它和债权人能够受领而拒绝受领不同,可以认为不可抗力导致不能受领是正当理由,应当排除拒绝受领和受领迟延的产生。

3. 债权人受领迟延的效果

债权人受领迟延产生不利于债权人的效果。按照学理见解,这些效果包括债务人原则上仅就故意或重大过失负责;给付风险和对待给付风险转移到债权人一侧;债权人对因迟延受领而产生的额外费用负偿还之责;债务人可将标的物提存;在双务合同场合债权人不得行使同时履行抗辩权。[①] 其中,《民法典》第 589 条规定了费用的赔偿、利息的停止,《民法典》第 570 条对提存作出了详细规定,《民法典》第 608 条规定了对待给付风险的转移。至于债务人责任的减轻,则有待填补法律漏洞。

(1)费用的赔偿

依据《民法典》第 589 条第 1 款的规定,债务人有权请求债权人赔偿增加的费用。债务人通常会产生以下两方面的费用。第一,保管标的物的费用。尽管债权人迟延受领,债务人的给付义务并不当然消灭。其仍应按照善良管理人的标准妥善保管标的物,由此产生保管标的物的费用。第二,债务人再次提供给付所支出的费用。债务人再次提出给付,可能需要再次安排运输,由此重复产生清偿费用。与上述活动相关的仓储费、运费、保险费、维护费等均包含在内,但不包括所失利益(如保管标的物所需空间原本可以出租而获得租金)。[②]

对上述费用的"赔偿"是否以债权人存在过错为前提?如果回答是肯定的,那就属于一般损害赔偿责任;如果回答是否定的,那就适宜界定为法定责任。笔者认为,该责任不以过错为前提。即使债权人因为不可归责于自身的原因(如不可抗力)受领迟延,债务人为保管标的物和提出给付而支出的费用也应由债权人承担。在债权人和债务人之间,这是一种法定债务关系。

(2)利息的停止

根据《民法典》第 589 条第 2 款规定,在债权人受领迟延的场合,债务人的

① 参见韩世远:《合同法总论》,法律出版社 2018 年版,第 577 ~ 580 页。

② 参见黄立:《民法债编总论》,台北,元照出版公司出版社 2006 年版,第 491 页。

利息停止。在债权人受领迟延中,债务人不需要支付利息。

按照通说,因为债权人受领迟延,债务人的债务并不消灭,仍应随时准备履行,已经不能合理期待债务人享受该金钱带来的利益。[①] 既然这种利息是使用金钱带来的利益,那就意味着这一法律效果只适用于金钱债务,如买受人迟延受领价款、出租人迟延受领租金、贷款人迟延受领本金和利息。

(3)提存

提存是受领迟延中的一项重要的法律效果。《民法典》第 570 条对此作出规定。依据该条第 1 款,债权人无正当理由拒绝受领,导致难以履行债务的,债务人可以将标的物提存。依据该条第 2 款,标的物不适于提存或者提存费用过高的,债务人依法可以拍卖或者变卖标的物,提存所得的价款。我国法律未明确区分金钱债务的受领迟延和非金钱债务的受领迟延。这种区分不仅在提存方式的选取上有意义,还在是否产生保管费用上具有实际意义。[②]

(4)风险的转移

债权人受领迟延发生后,因不可归责于当事人的原因导致标的物毁损、灭失的,其风险由债权人承担。在我国法律上,债权人受领迟延时风险转移的一般规定是《民法典》第 608 条。根据该条,出卖人按照约定或者依据《民法典》第 603 条第 2 款第 2 项的规定将标的物置于交付地点,买受人违反约定没有收取的,标的物毁损、灭失的风险自违反约定时起由买受人承担。其他以交付标的物为给付内容的有偿合同中发生债权人受领迟延的,根据《民法典》第 646 条[③],参照适用买卖合同章第 605 条的规定。

(5)债务人责任的减轻

债权人受领迟延之后,债务人未必立即将标的物提存。在此阶段,债务人不必像给付之前那样对通常事变负责,其责任有所减轻。在传统学说上,认为受领迟延场合债务人的注意义务减轻后,债务人仅就故意或者重大过失负责。

---

① 参见韩世远:《合同法总论》,法律出版社 2018 年版,第 578 页;黄立:《民法债编总论》,台北,元照出版公司出版社 2006 年版,第 490 页。

② 《欧洲合同法原则》第 7.110 条和第 7.111 条区分了非金钱标的物的未受领和金钱的未受领,值得关注。

③ 《民法典》第 646 条规定:“法律对其他有偿合同有规定的,依照其规定;没有规定的,参照适用买卖合同的有关规定。”

我国违约损害赔偿以无过错责任为原则，债权人受领迟延场合若无过失，通常不影响债务人的责任减轻。但由于不可抗力导致债权人受领迟延的，属于《民法典》第589条规定的有“正当理由”，债务人不适用责任减轻的规则。

二、预期违约

（一）预期违约的概念

预期违约，也称期前违约，[①]与其相对的是实际违约。[②] 预期违约可追溯到英美法上的期前不履行制度。[③] 大陆法系中固有的与预期违约具有相似功能的为拒绝履行。拒绝履行是指债务人能够履行债务而违法地作出不为履行的意思表示。其分为履行期到来之前的拒绝履行和履行期到来之后的拒绝履行。[④]

（二）预期违约的类型

预期违约分为明示毁约[⑤]与默示毁约[⑥]两种。履行义务人以积极的作为行为，促使其在事实上出现不能履行抑或无法完全履行合同的客观情况，则此种情况即属于默示预期违约。[⑦] 在2016年度上海法院金融商事审判十大典型案例之八“甲公司诉乙公司证券纠纷案”[⑧]中，人民法院认为该案的争议焦点在于

---

① 有意见认为应当区分这些概念。参见隋彭生：《合同法要义》，中国人民大学出版社2018年版，第218页。

② 有意见认为届期违约的概念更妥当。参见隋彭生：《合同法要义》，中国人民大学出版社2018年版，第218～219页。

③ 英国1853年的“霍克斯特诉德·拉·图案”（Hochster v. De la Tour）是该制度的开端。该案涉及的是一起雇佣合同纠纷。1852年4月12日，德·拉·图和霍克斯特约定，前者在欧洲旅行期间，后者为其当3个月的仆从，从6月1日起计算。5月11日，德·拉·图写信说他改变了主意，霍克斯特被解雇了。5月22日，霍克斯特向法院起诉请求对方赔偿。在这个时候，履行期还未到来。自该案起，预期违约问题引起了关注和争论。逐渐地，预期违约制度的支持者占据上风。法院普遍接受了以下一般原则：“期前拒绝履行的，受损害方有权终止自己的剩余给付义务，并有权立即就全部违约请求损害赔偿。”

④ 参见江平：《中华人民共和国合同法精解》，中国政法大学出版社1999年版，第78页。

⑤ 明示毁约是指在履行期到来前明确表示不履行合同义务。以言词表明不履行的，该言词的内容必须足够确定，以至于可以合理地将其理解为这种违约将实际发生。

⑥ 默示毁约是指在履行期到来前以自己的行为表明不履行合同义务。

⑦ 比如，尽管没有任何言词，出卖人将作为标的物的房屋转让给第三人的，便构成期前不履行，这就是默示的期前不履行。需要指出的是，如果是经营困难导致有不能履行合同的危险，那便不属于自愿的积极作为，只可能产生不安抗辩权，而不能作为预期违约产生解除权和违约损害赔偿。参见［美］E.艾伦·范斯沃思：《美国合同法》，葛云松、丁春艳译，中国政法大学出版社2004年版，第604页。

⑧ 上海市浦东新区人民法院民事判决书，（2015）浦民六（商）初字第4310号。

被告乙公司是否存在“默示拒绝履行(预期违约)行为”。[①] 该典型案例的判决结果和说理内容具有实践意义。

(三)预期违约的法律效果

《民法典》第578条规定守约方可在履行期届满前要求对方承担违约责任。面对预期违约,对方既可以在履行期到来之前主张违约责任,也可以在履行期到来之后主张违约责任;如果是在履行期到来之后主张违约责任,那就不适用《民法典》第578条,而适用《民法典》第577条等规定。

1. 损害赔偿

在预期违约场合,损害赔偿额的估算与现实违约类似。预期违约当事人承担全部违约责任,造成期待利益损失的,要进行赔偿。在预期违约计算赔偿额时,人民法院应当考虑受损害方因为不必再提出给付而避免支出的费用,以及因为利用该部分资源所避免的损失。由于期前不履行发生在履行期到来之前,受损害方特别要采取合理措施避免损失的扩大。

2. 解除合同

针对预期违约期前追究违约责任的,不能主张实际履行,因此,解除合同是预期违约的主要法律后果。在《民法典》修改了不安抗辩权规定之后,不安抗辩权规定中不再包含独立的解除权规范。预期违约方的相对人主张解除合同的,必须援引《民法典》第563条第1款第2项,即“在履行期限届满前,当事人一方明确表示或者以自己的行为表明不履行主要债务”。可见,预期违约解除权的规范依据就在有关法定解除权的一般规定中。在这样的设计之下,不安抗辩权与预期违约之间便存在相互衔接的关系。不安抗辩权规定提供了中止履行的效果,预期违约制度提供了解除的效果。

从预期违约的发展史来看,其主要适用于十分严重的违约情形,以致相对

---

① 人民法院在该案中结合债券买卖的特点,作出否定回答:“首先,从双方合同的约定来看,尽管被告发生了《募集说明书》约定下的‘违约事件’,但合同并未赋予原告就此主张被告提前兑付的权利。其次,被告虽对其他债券存在违约行为,但每一项债券的发行和兑付均系被告的独立履约行为,对其中任何一项债券丧失兑付能力并不必然延及其他债券的兑付结果,且被告对涉案债券一直按期兑付利息,无论从主观上还是行为的外化表现上,均未表明其将不履行涉案债券的兑付义务。因此在案证据不足以证明被告出现了《合同法》第一百零八条规定的默示拒绝履行的情形。”债券交易的本质是发行人与债券持有人之间就该债券在一定期限内进行还本付息的约定,仍应受到合同法律规范的调整。该案系首起债券持有人在债券尚未到期时起诉发行人要求其承担违约责任的证券纠纷。

人可视其为完全违约。[①] 我国学者在考察域外立法后也指出，如果被拒绝履行的仅是合同的部分内容，并且不妨碍债权人的根本目的，这种拒绝履行并没有使债权期待成为不能，就不构成先期违约；预期违反义务得具有重大性特征。[②] 这确实是预期违约的主要情形。不过，这种界定主要与预期违约解除权的成立有关。如果认为减价也是预期违约的一种法律后果，那便不能排除预期不完全履行存在的可能性。比如，期前部分给付对债权人有利益，而补足已不可能。

（四）预期违约与不安抗辩的衔接

《民法典》颁布前，原《合同法》中的预期违约与不安抗辩权在制度衔接上存在一定问题。因为，原《合同法》第69条在不安抗辩权制度中直接规定了"中止履行的一方可以解除合同"的内容，从而导致不安抗辩与预期违约都存在解除权成立条件的规定与适用可能，因此无法准确予以区分适用。

《民法典》编纂时对于不安抗辩与预期违约的衔接作出了明确规定。《民法典》对不安抗辩权适用时，明确了债权人仅可以行使中止履行的请求权，如果欲主张合同的解除并要求对方承担违约责任，就需要提供证据证明债务人未能在合理期限提供担保抑或未能在限期内恢复履行能力。[③] 从《民法典》第528条[④]的规定可知，不安抗辩权的法律后果为中止履行。从其条文第2句的内容可知，其主要明确的是预期违约中的默示毁约情形，并较好地把不安抗辩权与预期违约制度中所涉及的解除权、违约损害赔偿等内容进行了统一。但是依然要求当符合该条第2句规定情形，权利人向违约方主张违约责任时，必须按照《民法典》第577条的规定进行；而当其主张解除合同时，还需依据《民法典》第563条第1款第2项的内容进行。因此，在本法实施后，司法实务在进行法律适用时，对于不安抗辩权的解除权这样容易引发歧义的表述应当予以摒弃，代之的应为"预期违约解除权"类的准确表述。

---

① See E. Allan Farnsworth, *Farnsworth on Contracts*, Vol. Ⅱ, 3rd, New York: Aspen, p. 559 (2004).

② 参见叶金强：《我国合同法中的"预期违约"制度》，载《南京大学学报（哲学·人文科学·社会科学版）》2002年第4期。

③ 参见王利明：《预期违约与不安抗辩权》，载《华东政法大学学报》2016年第6期。

④ 《民法典》第528条规定："当事人依据前条规定中止履行的，应当及时通知对方。对方提供适当担保的，应当恢复履行。中止履行后，对方在合理期限内未恢复履行能力且未提供适当担保的，视为以自己的行为表明不履行主要债务，中止履行的一方可以解除合同并可以请求对方承担违约责任。"

三、双方违约

(一)双方违约的概念

双方违约,是指双方当事人都违反合同义务。构成双方违约的条件只有一个,即当事人各方都违反了自己应当履行的义务。如果将《民法典》第592条第1款中的违反合同理解为违反合同中的给付义务,那么在单务合同中,因为只有一方负有给付义务,不会发生双方违约。[①] 不过,如果将《民法典》第592条第1款中的违反合同理解为违反合同中的各类义务,包括基于诚信原则而生的附随义务,那便不应将单务合同完全排除在《民法典》第592条第1款的适用范围外。比如,赠与合同中的赠与人违反给付义务、受赠人违反附随义务的,仍可构成双方违约。

在双方违约中,双方的违约行为是独立的。比如,客运合同中承运人未按要求提供相应的承运服务,旅客也违反规定携带危险物品,便属于双方违约。双方当事人中一方违反主给付义务,另一方违反受领义务的,也可能发生双方违约。比如,出卖人迟延交付货物,买受人在没有正当理由的情况下拒绝受领,便构成双方违约。这种情况在实践中并不少见。如果一方只是在另一方违约后对损失的扩大存在过错,那便属于违反减损义务的情形,不属于双方违约。[②] 可见,双方违约不应包括违反不真正义务的情形。

在《民法典》通过之前,学理上对原《合同法》第120条[③]是否属于与有过失规则有所讨论。严格来说,原《合同法》第120条和《民法典》第592条第1款并未明确处理违约方的责任是否因受损害方的过失而得以减轻的问题。[④] 该规定的意旨仅仅是主张违约责任的一方当事人也违约的,对方亦可向其主张违约责任。

(二)双方违约和与有过失的关系

1. 损害发生上的与有过失

(1)广义的与有过失和狭义的与有过失

基于公平原则,在受损害方自身对于损害的发生或扩大有过错时,有必要

---

① 参见王利明、崔建远:《合同法新论·总则》,中国政法大学出版社2000年版,第603页;郭明瑞、房绍坤:《合同法学》,复旦大学出版社2016年版,第181页。

② 参见郭明瑞、房绍坤:《合同法学》,复旦大学出版社2016年版,第181页。

③ 原《合同法》第120条规定:"当事人双方都违反合同的,应当各自承担相应的责任。"

④ 参见郭明瑞、房绍坤:《合同法学》,复旦大学出版社2016年版,第189页。

对前述完全赔偿原则进行缓和,这便是与有过失规则产生的原因。按照传统学说,与有过失是指受损害方对于损害的发生或扩大有过错的,应当相应减轻相对方的损害赔偿责任。该规则是违约损害赔偿与侵权损害赔偿的共通规则。《民法典》第 591 条对损失的扩大规定了减损义务,其属于广义上的与有过失规则。

在《民法典·合同编》中存在具体的与有过失规定。比如,《民法典》第 823 条第 1 款规定:"承运人应当对运输过程中旅客的伤亡承担赔偿责任;但是,伤亡是旅客自身健康原因造成的或者承运人证明伤亡是旅客故意、重大过失造成的除外。"在客运合同中,将乘客安全运送至目的地是承运人的主给付义务,对于乘客的伤亡承运人负无过错责任。但乘客因携带危险物品等而造成自身伤亡的,根据其过错程度相应减轻甚至免除承运人的损害赔偿责任。

在《民法典》通过之前,损害发生上的与有过失规则通过 2012 年发布的《买卖合同司法解释》得以确立。在《民法典》通过之后,《民法典》第 592 条借鉴了《买卖合同司法解释》第 30 条,在第 2 款作出规定,"当事人一方违约造成对方损失,对方对损失的发生有过错的,可以减少相应的损失赔偿额"。从而明确承认了损害发生上的与有过失规则。

(2)损害发生上的与有过失在债法中的不同规定

与有过失规则是对损害赔偿的限定规则之一。在传统债法上,无论是违约损害赔偿还是侵权损害赔偿,任何债务不履行责任都可适用与有过失规则,故往往予以统一规定。比如,《日本民法典》第 418 条规定,对于债务不履行及其所生损害的发生或者扩大,债权人有过失的,法院在对此予以考量后,确定损害赔偿责任及其数额。

在我国法律上,《民法典·合同编》和《民法典·侵权责任编》分别对与有过失作出规定。两者的不同在于以下两点。第一,侵权责任编对于损失发生上的与有过失和损失扩大上的与有过失采取统一模式。《民法典》第 1173 条规定:"被侵权人对同一损害的发生或者扩大有过错的,可以减轻侵权人的责任。"该规定采取广义的与有过失概念,既包括受害人对损害的发生有过错,又包括受害人对损害的扩大有过错。第二,《民法典·侵权责任编》对受害人故意造成自身损害的情况,直接排除行为人的责任。《民法典》第 1174 条规定:"损害是因受害人故意造成的,行为人不承担责任。"作此规定,是因为损失完全是受害人自己造成的,与所谓的行为人之间不存在因果关系。比如,甲谨慎地驾驶机动车通过十字路口时,乙故意冲到车前,造成自身伤亡的,甲不承担损害赔偿责任。在合同关系中,一方当事人故意导致对方不履行债务的情形固然少见,但在法理上并无二致,应作同等处理。比如,买受人在出卖人交付标的物之前故意焚毁该标的物,致使给付不能的,买受人的所谓损失与出卖人之间不存在因果关系,出卖人自然不承担违约责任。

2. 受损害方承担风险的事由

在合同法上,应对与有过失进行目的论扩张,使其不仅包括受害方的过错,还包括受害方虽然无过错但应由其承担风险的事由。按照《国际商事合同通则》第7.(四)7条,有的风险应由受损方承担,此时产生的损失不应由违约方承担。比如,出租人违反合同提前终止租赁合同的,作为餐饮业经营者的承租人就可以将其剩余租赁期限的营业损失寻求赔偿,但如果因为附近出现食源性传染病导致该段期间内承租人无法正常营业,那么承租人便不得就该期间内的营业损失寻求赔偿。餐饮行业可能因食源性传染病而遭受损失,这属于餐饮业经营者应当承担的风险。不过,这不影响承租人要求就建立替代性交易而额外支出的费用要求赔偿,也不影响承租人以租赁期限不满为由主张减少相应租金。

四、第三人原因的违约

(一)第三人原因的违约的概念

第三人原因的违约是指合同的一方当事人与第三人有特定的关系,由于第三人的原因,使一方当事人未能按照合同的约定履行债务时,应当承担的责任。根据《民法典》第577条的规定,违约责任采用严格责任原则。无论当事人是否存在过错,还是完全归因于第三人,只要客观上当事人未按照合同约定履行义务,即构成违约,应当承担违约责任。这一规定符合债的相对性原理,权利义务关系实际上仍被限定在合同当事人之间。因此,《民法典》第593条第1句明确规定,“当事人一方因第三人的原因造成违约的,应当依法向对方承担违约责任”。至于当事人一方和第三人之间的纠纷,属于另外一个法律关系,《民法典》第593条第2句规定,“当事人一方和第三人之间的纠纷,依照法律规定或者按照约定处理”。

（二）违约责任的相对性与无过错责任

《民法典》第593条规定的源头是原《民法通则》第116条。[①] 该条规定："当事人一方由于上级机关的原因，不能履行合同义务的，应当按照合同约定向另一方赔偿损失或者采取其补救措施，再由上级机关对它因此受到的损失负责处理。"《民法典》第593条中的第三人不仅能够涵盖国家机关，还包括普通民事主体。[②] 需要注意的是，国家机关发布行政命令，一方当事人不可抗拒，进而出现债务不履行的，应适用《民法典》第590条有关不可抗力的规定，部分或者全部免除该方当事人的违约责任。

学界对《民法典》第593条的理解存在分歧，对"第三人"范围有不限定说和限定说之分。[③] 按照通说，《民法典》第593条一方面体现了合同相对性原则，另一方面明确了无过错责任原则或者说债务人为通常事变负责的原则。[④] 就第一点而言，立法者主要通过《民法典》第593条防止在审判实践中动辄将第三人拉进来，作为第三人参加诉讼，甚至在纠纷双方没有争议的情况下，判决第三人承担责任。[⑤]《民法典》第593条体现合同相对性原理这一点学界基本上没有争议。就第二点而言，《民法典》第593条规定"因第三人的原因"而非"因第三人的过错"，主要是为了与无过错责任相搭配。比如，债务人在运输货物过程中遭受交通事故，原因是另一辆机动车的驾驶员甲突发严重疾病导致车辆失去控制，尽管债务人与第三人甲均无过错，但货物受损的，债务人仍应向债权人承担违约损害赔偿责任。不过，《民法典》所规定的典型合同并非都实行无过错责任。比如，委托合同实行过错责任，在受托人无过错的情况下，受托人因为第三人原因陷入债务不履行的，不承担违约责任。

本书认为，如果将《民法典》第593条理解为具有明确构成要件和法律效果

---

① 参见江平：《中华人民共和国合同法精解》，中国政法大学出版社1999年版，第100页。关于本条在《合同法》制定过程中的演变，参见周江洪：《合同法：第121条的理解与适用》，载《清华法学》2012年第5期。

② 参见王利明：《合同法研究》（第2卷），中国人民大学出版社2015年版，第454页。

③ 参见谢鸿飞：《合同法学的新发展》，中国社会科学出版社2014年版，第520～523页。

④ 参见郭明瑞、房绍坤：《合同法学》，复旦大学出版社2016年版，第182页；韩世远：《合同法总论》，法律出版社2018年版，第756页；王利明：《合同法研究》（第2卷），中国人民大学出版社2015年版，第454页；陈小君：《合同法学》，中国政法大学出版社2014年版，第183页。

⑤ 参见梁慧星：《读条文　学民法》，人民法院出版社2014年版，第207页。

的规定,那就必须对第三人的范围、类型以及“第三人的原因”的样态进行具体分析,并分别探讨各种情形下的法律效果。由于法律规定过于概括,本条的适用难以具有统一性和确定性。为了避免这种不统一性和不确定性,《民法典》第593条适宜被界定为关于违约责任相对性的提示注意规定,而不是具有完整构成要件和特定适用范围的规定。判决债务人承担违约责任的,必须依据《民法典》第577条等其他有关违约责任的规定。

(三)债务人对履行辅助人的行为负责

对于《民法典》第593条是否属于有关履行辅助人的规定,存在不同意见。履行辅助人是履行债务人使用的人,既包括一时性使用的人,又包括继续性使用的人;既包括按照债务人的指挥、命令而如同债务人手足一样的人,又包括独立的企业,如物流企业。[①] 在违约损害赔偿责任实行无过错责任的前提下,债务人不仅对履行辅助人的过错负责,原则上还对履行辅助人无过错的行为负责。质言之,只要是履行辅助人的原因造成债权人的债权不能实现,债务人(而非履行辅助人)原则上就对债权人承担违约责任。不过,这并不意味着在辅助人侵害债权人固有权益时,也都由债务人承担侵权责任,此时应当按照侵权责任编的规定予以处理。对于债务人的雇员,债务人应当按照《民法典》第1191条承担替代责任。对于独立的辅助人,应当适用或者类推适用《民法典》第1193条,债务人只有在选任、指示等方面存在过错时,才对辅助人的侵害行为负责。概言之,有必要区分以下两种情形:(1)因辅助人的原因造成债权人的合同债权不能实现,债务人对履行辅助人的行为负责,对债权人承担违约损害赔偿责任;(2)因辅助人的过错造成债权人的固有利益受到损害,区分不同情形判断债务人是否对辅助人的侵害行为负责,应依据侵权责任的规则判断是否对债权人承担侵权损害赔偿责任。

将《民法典》第593条解释为关于履行辅助人的专门规定,难以契合文义和立法目的。回顾《合同法》的立法过程,这一问题自始便没有明确的答案。按照《〈中华人民共和国合同法〉立法方案》第八章第一节中的表述,“当事人应当对自己一方的第三人(如配件供应人、分包人、受托履行义务人)的原因造成违约

① 参见陈华彬:《债法总论》,中国政法大学出版社2018年版,第200页。

负责。自己一方的上级机关的原因造成合同不能履行,也应适用此原则"[①]。不难发现,受托履行义务人只是第三人中的一种情形,配件供应人、分包人、上级机关都不是履行辅助人。在未采用"自己一方的"这一限定语的情况下,《民法典》第593条的适用范围显然较为宽泛,难以限定在履行辅助人这一类型范围内。其实,履行辅助人属于债务人一方,恰恰不适合将其归入第三人的范畴。[②]与其将《民法典》第593条解释为构成要件完整、法律效果明确的完全性法条,不如将本条解释为违约责任相对性的提示注意规定。这并不意味着《民法典》对履行辅助人的调整存在法律漏洞,因为债务人履行合同的方式本来就不仅包括由其命令雇员提供给付,也包括其委托独立的承运人等主体提供给付。这些行为都可通过解释纳入债务人履行合同义务的范畴。只要属于债务人履行合同义务,司法机关就应依据《民法典》第577条等有关"不履行合同义务或者履行合同义务不符合约定"的规定判决由债务人承担违约责任。

(四)第三人侵害债权

第三人侵害债权,是指债的关系以外的第三人故意实施或与债务人恶意通谋实施旨在侵害债权人债权的行为并造成债权人实际损害。在传统的法律理论框架内,似乎不存在"第三人侵害债权"的问题。与物权的对世特征不同,合同相对性是债权最典型的标志,那么严格恪守债权的相对性就成了债权领域的法理正统。侵害物权构成侵权不存在理论及制度上的障碍,但是"第三人侵害债权"的行为如果构成侵权,就突破了债权相对性规则;若恪守债权相对性,那么针对"第三人侵害债权"的问题将无从提供法律保护。只有德国法明确了侵权法的客体专属于绝对权,因此受影响的国内学者很多。但是就我国本土法律体系而言,套用德国法的思路似乎并不贴切。

1. 第三人侵害债权的理论基础

在社会交易方式发生急剧变化,大数据在各个领域广泛应用的今天,债权事实上已经突破了债权人和债务人双方的范畴而拓展到多方领域,即债权在事实上已经具有了涉他性。

(1)债权的涉他性

物权涉他性的取得在于法律设置物权规范时,规定物权需通过一定的公示

① 参见韩世远:《合同法总论》,法律出版社2018年版,第757页。

② 参见王利明:《合同法研究》(第2卷),中国人民大学出版社2015年版,第454页。

的方式使外界知悉。当知悉他人物权时,物权具有对抗力。知悉意味着他人知晓权利的存在则不得侵犯。之所以权利经过公示能产生对抗的效果,这来自朴素的观念,那就是当一个权利因为公示而为人所知时,知悉该权利存在即需予以足够的尊重,而不得轻易损害。[①] 如果债权的取得方式同样进行公示,是不是同样可以有涉他性?可见,债权无涉他性可能并非其本性使然,而是制度设计的结果。目前,债权会受到来自债权债务关系之外的第三人的侵害,这已经成为学界的共识。

(2)全面保护债权人利益

债权是《民法典》第118条规定的民事权利,是一种基本权利类型,不会因为其是否属于侵权法的保护范围而改变性质。如果因为这种争论而将债权基本民事权利的性质变成"其他民事权益",这显然是不妥当的。[②] 债权就其本质而言是财产性权利。权利受到不法侵害,对其进行救济是必然要求,区别仅在于保护的力度以及方式。从我国对债权保护的制度设计看,救济途径单一化、救济条件复杂化的法律问题仍然存在。如果依然严守债的相对性,一旦债务人无力偿还,而债权人又无法、无力向第三人追偿,那么最终只能损害债权人利益,而"第三人侵害债权"制度完善了民事法律制度,恰好弥补了此种救济制度的漏洞。

2. 第三人侵害债权的构成要件

(1)存在合法有效的债权

成立侵害债权行为的前提是存在合法有效的债权。首先,债权债务关系违法的,其本身不受保护,因此第三人侵害不法债权无需承担责任。其次,侵害尚未成立的债权时,可以通过缔约过失责任进行救济,避免侵权责任法的过度扩张。最后,第三人所侵害的债权形式多种多样,可以是专属性的债权,也可以是具有人身性质的债权。[③] 除了通过合同确立的债权,还应将侵权行为、无因管

---

① 参见吴一鸣:《论"单纯知情"对双重买卖效力之影响——物上权利之对抗力来源》,载《法律科学》2010年第2期。

② 参见杨立新:《民法典对侵权责任保护范围的准确界定——对〈民法典〉第1164条含义理解的进一步厘清》,载《兰州大学学报(社会科学版)》2021年第1期。

③ 参见杨立新、李怡雯:《债权侵权责任认定中的知悉规则与过错要件——(2017)最高法民终181号民事判决书释评》,载《法律适用》2018年第19期。

理、不当得利和其他非典型合同纳入保护范围当中。

(2)损害结果

第三人侵害债权要求债权人必须遭受损害,即债权人因当事人以外的第三人的侵权行为,使其合法利益受到损害。第三人侵害债权的类型主要有:第一,侵害行为使债权消灭;第二,侵害行为使债务不能履行;第三,侵害行为增加履行负担;第四,侵害行为造成债务迟延履行。[①] 损害结果广义来说包括财产性利益损害和非财产性利益损害。财产性利益损害通常以金钱加以计算,而非财产性利益损害不能单纯适用金钱来衡量精神痛苦,所以通常采用抚慰金的方式救济。[②] 在第三人侵害债权的场合,人身利益受到的损害由一般的侵权行为予以救济,也可以考虑将非财产性利益纳入第三人损害债权制度中,以弥补合同责任的不足。

(3)因果关系

第三人侵害债权的行为直接导致了债权人的债权受到损害。目前,因果关系的学说主要有"相当因果关系说""条件说""原因说"等,现阶段大多数国家都采取"相当因果关系说"。这种学说认为,在行为和结果之间,按照人们日常生活中的经验,存在这个行为一般就会发生该损害结果时,就认为该行为人的行为与损害结果之间存在因果关系。采用相当因果关系说,需要先认定侵权行为成立,再判断行为与损害的关系。其条件不如必然因果关系说苛刻,赋予了法官一定的裁量权,能够更客观地认定责任的归属和范围。

(4)主观过错

债权侵权责任制度正是由于知悉规则的确立而不再局限于只有故意才构成债权侵权责任。在知悉规则的基础上,基于行为人对债权知悉的不同程度,故意、重大过失或者一般过失都能够成为债权侵权责任的过错要件。[③] 其中,故意要件解决的是第三人明知债权存在亦实施侵害行为的侵权责任。重大过失要件解决的是第三人通过私人公示方式予以公示而知悉或者应当知悉债权存在而实施侵害行为的侵权责任。一般过失要件针对的是经过公权力公示的债权,第三

---

① 参见王利明:《违约责任论》,中国政法大学出版社2000年版,第756页。

② 参见王泽鉴:《债法原理(二)》,中国政法大学出版社2002年版,第34页。

③ 参见杨立新、李怡雯:《债权侵权责任认定中的知悉规则与过错要件——(2017)最高法民终181号民事判决书释评》,载《法律适用》2018年第19期。

人应当知悉而未知悉债权存在而实施侵权行为的债权侵权责任。[①] 在第三人故意侵害债权的场合，只有在第三人知悉债权债务关系后，仍然作出侵害债权的行为，才需对损害承担侵权责任。若该行为发生时行为人并不知悉债权债务关系，不应当认定为侵害债权的行为。[②] 当事人通过一定的手段将债权债务关系公开时，此时过失也可能构成债权侵权。过失包括重大过失和一般过失。重大过失要求的公示程度较高，在债权债务关系以公权力的方式公开时，应推定第三人对债权债务关系知悉，一般过失的情况下即可构成债权侵权。但如果当事人以私人方式公开债权时，则不能推定第三人知悉债权债务关系，也就不能构成债权侵权。

3. 第三人侵害债权的免责事由

对于第三人侵害债权情形的免责事由，我国《民法典》并没有对其作出特殊的规定。根据学理通说，在第三人侵害债权情形下，行为人具有以下特殊的免责事由：

(1)正当竞争

引进第三人侵害债权的目的是保护已有的合法的债权，维护债权人一方的合法权益。但这种保护不宜扩大化，为鼓励竞争，未确定的契约关系应当排除保护之列为宜。[③] 在自由的市场竞争环境当中，行为人为追求自身的经济利益最大化，往往会倾向于追求收益更大的生意。若第三人开出的交易条件优于债权人的交易条件，那么条件更优的第三人只要是没有采取不正当的竞争手段，其以更好交易条件与债务人订立的约定就值得保护，而不是用法律加以排斥。在市场竞争中本身就存在着市场风险，我们不能让正当竞争行为产生的市场风险由第三人承担。因此，只要第三人能够证明其行为不违反诚实信用原则和公序良俗原则，属于正当竞争的范畴，那么这种行为就应当受到法律保护，第三人就能够主张侵害债权损害赔偿的抗辩。

(2)履行职责

如果第三人基于法律或道德上的义务，忠告、建议债务人放弃履行债务，从而干涉债权人的缔约利益，第三人就不应因此承担责任。对于正当履行职责的

---

① 参见杨立新：《民法典对侵权责任保护范围的准确界定——对〈民法典〉第1164条含义理解的进一步厘清》，载《兰州大学学报(社会科学版)》2021年第1期。

② 参见梁慧星：《民商法论丛》(第6卷)，法律出版社1997年版，第789页。

③ 参见余尘：《我国第三人侵害债权制度的构建》，载《社会科学家》2013年第3期。

行为,应当排除于保护之列,如会计师、律师等职业人士的合理的言行规劝就不应当归属于侵害债权之列。[①] 比如行业协会或者工会通过宣传、施压的方式劝说消费者不要购买某种产品。根据美国的判例,如果第三人侵害债权的行为是为了社会的利益,应受到法律的保护。[②]

履行职责的建议、忠告行为与侵害债权有所区别,英国学者萨尔蒙德对忠告和侵害债权的区别作出了概括:“引诱违约是产生违反合同的理由,忠告违约是指出已经存在的理由,前者得成立诉因,后者极有可能无需承担责任”。[③] 履行职责是第三人本就应尽的义务,如果对于履行职责的行为加以禁止,那正常的投资咨询、法律顾问等业务就会受到冲击,忠告者或建议者在提出自己意见时就会畏手畏脚,担心自己可能会承担第三人侵害债权的责任,从而消极提出建议,这不利于债务人的利益最大化,有违职业道德。从经济学的角度讲,经济主体应当保持理性人的状态,追求利益的最大化。然而,市场中的主体并非一直具有理性状态,非理性的经济行为时常存在。基于此,咨询、顾问业务才具有其存在的价值,法律顾问、咨询机构等即是对市场中主体非理性的补正。如果市场中主体的决策行为因第三人履行职责的建议、忠告而更加符合经济学的理性人假设,从而促进市场总体利益的最大化,那么又因何需要对这些建议、忠告的行为加以规制呢?因此,履行职责的忠告、建议行为应当属于侵害债权的免责事由,第三人不应对此承担责任。

第三节　违约责任的承担方式

《民法典》中列举了违约责任的具体形式,即继续履行、采取补救措施和赔偿损失、交付违约金、履行定金罚则等。[④]

---

① 参见余尘:《我国第三人侵害债权制度的构建》,载《社会科学家》2013 年第 3 期。

② 参见王泽鉴:《债法原理》,中国政法大学出版社 2001 年版,第 12 页。

③ 参见王利明:《违约责任论》,中国政法大学出版社 1996 年版,第 59 页。

④ 严格地说,我国法律上的“继续履行”概念并不严谨,因为其既可以包括强制履行,又可以包括违约当事人自行而非在法院的强制下继续履行。参见郭明瑞、房绍坤:《合同法学》,复旦大学出版社 2016 年版,第 182 页。

一、继续履行

继续履行是指守约方请求违约方继续履行合同义务或请求人民法院强制对方履行合同。其是违约责任承担的第一种方式,尤为重要。由于合同必须得以履行是合同法追求的基本目标,因此,只要存在履行可能,则须尽可能使合同得以履行,这也被称为"使守约方尽可能地取得约定的标的",是社会经济秩序得以维护的重要方法,亦能较好地体现合同法鼓励交易的理念。继续履行又可区分为金钱债务之继续履行与非金钱债务之继续履行,并在《民法典》第579条和第580条中分别予以规定。对于构成继续履行责任的要件,首先需要存在违约行为。继续履行作为承担违约责任的其中一种方式,必然要有违约行为的存在。其次是继续履行责任适用的客观保障是此合同的继续履行须存在可能。若合同的履行本身已经出现履行不能,如非金钱债务在客观上已无法实现,则当然无继续履行的适用空间,因为已经毫无意义。最后则要求非违约方请求违约方继续履行合同。当违约方违反合同约定,未履行其合同义务时,非违约方并非只有请求其承担违约责任这一种救济途径,其亦可以在满足解除条件时解除合同,此时合同本身已不复存在,自然不涉及继续履行合同的违约责任。事实上,在违约方具备可能履行的条件下,是否承担继续履行的责任乃取决于守约方的选择。

(一)金钱债务的实际履行

《民法典》第579条是关于金钱债务实际履行的规定,其对原《合同法》第109条进行了修改完善。原《合同法》第109条仅列举了"价款"和"报酬"两种金钱债务,且未采用兜底性表达,未尽周延。修改后的《民法典》第579条首先增加了"租金"和"利息"两种具体的金钱债务形式,且采用"其他金钱债务"进行兜底,将所有涉及金钱债务的违约责任问题统摄于该条,解决了原《合同法》的立法不周延问题。其次,将原《合同法》的"对方可以要求其支付"中的"要求"一词修改为"请求",更符合权利性质,是法律用语规范层面之进步。

《民法典》第579条作为完全法条对"当事人一方未支付价款、报酬、租金、利息,或者不履行其他金钱债务的"的行为模式及"对方可以请求其支付"的法律后果进行了明确的规定。依据该条的规制意图,违约方未能依照合同的约定履行金钱债务的话,守约方就可要求其以支付的方式完成继续履行的违约责任承担。但对于该条的具体适用,还需结合其他法条,因为债务人不履行金钱债务的具体情况是多种多样的,因此,其承担的违约责任形式当然不仅限于继续履行这一种方式。该条所要重点规制的问题在于,明确了金钱债务原则上不发生履行不能的问题。若发生债务人不履行金钱债务的情形,以继续履行作为违约责任主要承担方式,且继续履行能否可以使用,还需以债权人是否为此请求为前提。

1. 金钱债务与非金钱债务在实际履行适用上的区别

对于《民法典》第 579 条,必须基于体系标准进行解释。将其与第 580 条结合起来解释得出的结论是,以金钱给付为内容的债务履行是无事实上抑或法律上履行不能的可能,更无强制履行抑或履行费用过高适用的余地。即当违约方未履行金钱给付债务的情况下,其所要承担的违约责任类型应当属于实际履行责任,而且是绝对的,即无法以无抑或欠缺清偿能力为由而通过其他替代性的违约责任方式来免除此金钱给付履行。但作为法人的债务人进入破产程序时,因其作为偿债主体资格的灭失以及有限责任的规定,使得申报权利的债权人不能向债务人的股东请求履行清偿义务,当然,若能举证证明存在揭开法人面纱情形的除外。对于此种情况也希望自然人破产制度有效实施后得以顺利实现。①

2. 金钱债务的实际履行与损害赔偿

《民法典》第 579 条所规定的"利息",就其性质而言应与价款、报酬、租金作相同理解,是指有偿合同中所指的支付的对价。即该条规范内容中所指的利息本意应为有偿借贷关系中借款人在一定期限内占有、使用资金所应支付的对价,而非金钱债务在因迟延履行时给守约方所造成的损失。所以此处的"其他金钱债务"应当包括违约方因未按约定履行金钱给付债务而给守约方造成的利息损失部分。该条是对《国际商事合同通则》第 7.(二)1 条关于金钱债务的履行请求权规定的完整性的承继规定。但《民法典》第 579 条又与《民法典》第 577 条所作的一般性规定无法有效衔接,因为第 577 条其实是直接规定了金钱

① 详见深圳市人大常委会发布的《深圳经济特区个人破产条例》第 2 条,载深圳市人大常委会官网 2022 年 4 月 15 日:http://www.szrd.gov.cn/szrd_zlda/szrd_zlda_flfg/flfg_szfg/content/post_685894.html。

债务与非金钱债务不履行时的两种履行请求权，致使在整个法典体系下对于金钱债务不履行时的履行请求权有第577条、第579条两条的规范内容，并在适用上存在着不可避免的规范竞合。虽然有学者通过将第577条的规定认定为一般性规定，将第579条认定为特别规定，以此来解释两者之间的关系。但若仔细研读两个条文内容会发现，它们在继续履行的基本构成要件及法律效果层面无实质性差别，并无适用上的一般性与特殊性。司法实践中，人民法院或仲裁机构也可自由选择第579条或第577条作为其支持当事人履行请求权[①]的裁判依据。

(二)非金钱债务的实际履行

《民法典》第580条是关于非金钱债务实际履行和例外的规定。第1款是关于非金钱债务实际履行的规定；第2款为新增规定，是关于出现合同僵局后经由司法机关或仲裁机构终止合同权利义务关系的规定。

《民法典》第580条第1款规定了非金钱债务的实际履行责任。"当事人一方不履行非金钱债务或者履行非金钱债务不符合约定的"，法律后果原则上为"对方可以请求履行"以及若干豁免强制履行的例外情形。基于对合同拘束力的尊重，当事人不履行非金钱债务的，债权人有权要求其继续履行。在这一点上，我国法律未采纳英美法的做法，后者在特定场合下才允许强制实际履行。其还规定了非金钱债务实际履行责任被排除的具体情形。第580条第1款第1项和第2项规定了实际履行责任的排除事由，第3项规定了实际履行请求权的失效期间。无论是迟延履行的实际履行请求权，还是不完全履行的补正履行请求权，均得按照该条予以排除。第2款是新增规定，主要用于处理合同僵局问题。

1. 实际履行请求权的失效期间

《民法典》第580条第1款第3项规定的是实际履行请求权因合理期限的经过而失效。只有经债务人主张该款中的抗辩，债权人的履行请求权才发生失

---

① 《民法典》第579条中的"请求其支付"背后包括两层含义。第一，债权人仍有权向债务人请求其任意支付。第二，债务人不支付的，债权人可以通过强制执行程序实现金钱债权。对于金钱之债，适宜采用直接强制的方式予以执行。金钱是一般等价物，大陆法系各国强制执行法都对以金钱为内容或可以替换为金钱的债务采取直接强制的方式实现债权。直接强制执行程序包括对债务人财产的扣押(查封)、变价和分配等内容。

效的效果。合理期限经过后，违约方可能产生了对方不再主张实际履行的合理信赖。为保护这种信赖，履行请求权不再有效。该合理期限应当自债权人知道或者应当知道不履行之日起计算。合理期限的长度与标的物的性质、合同目的紧密关联，给付的内容越具有时效性，继续履行请求权的失效期间越短。比如，对不合格花卉的更换，应当在短暂的几日内提出。

2. 不能请求继续履行中的申请解约

（1）化解合同僵局的现实需求

《民法典》第580条第2款是新增条文，也是《民法典·合同编》立法过程中变动较频繁、争议较大的条文之一。该款主要用于处理合同僵局问题。[①]

2018年12月审议的《民法典·合同编（草案）》（二审稿）第353条第3款作了修改，增加了"滥用权利"的限制条件，并将"明显不公平"改为"显失公平"，该款规定："合同不能履行致使不能实现合同目的，有解除权的当事人不行使解除权，构成滥用权利对对方显失公平的，人民法院或者仲裁机构可以根据对方的请求解除合同，但是不影响违约责任的承担。"这一修改引起了热议，因为其构成要件似乎是指引法院适用民法的基本原则进行裁判，难免带来较大的不确定性。[②] 鉴于争议颇多，2019年12月审议的《民法典（草案）》暂时删除了该款规定。2020年5月22日审议的《民法典（草案）》转换思路，增加第2款："有前款规定的除外情形之一，致使不能实现合同目的的，人民法院或者仲裁机构可以根据当事人的请求终止合同权利义务关系，但是不影响违约责任的承担。"并最终得以通过。

对于这一规定，需要借助2019年的《九民纪要》来理解其由来。《九民纪要》第48条是关于"违约方起诉解除"的意见。其内容是："违约方不享有单方解除合同的权利。但是，在一些长期性合同如房屋租赁合同履行过程中，双方形成合同僵局，一概不允许违约方通过起诉的方式解除合同，有时对双方都不利。在此前提下，符合下列条件，违约方起诉请求解除合同的，人民法院依法予以支持：（1）违约方不存在恶意违约的情形；（2）违约方继续履行合同，对其显

---

① 参见崔建远：《完善合同解除制度的立法建议》，载《武汉大学学报（哲学社会科学版）》2018年第2期；王利明：《论合同僵局中违约方申请解约》，载《法学评论》2020年第1期。

② 参见刘承韪：《论违约方解除合同规则写入民法典之必要与可行》，载《中国政法大学学报》2020年第3期。

失公平;(3)守约方拒绝解除合同,违反诚实信用原则。人民法院判决解除合同的,违约方本应当承担的违约责任不能因解除合同而减少或者免除。”从该条的内容看,“违约方起诉解除”裁判规则主要是为了解决长期性合同中出现“僵局”后,合同义务如何演变的问题。在这种长期合同中,当事人需要在相互信任的基础上不断开展合作才能实现合同目的,如果当事人之间的信任基础丧失、合作关系已经完全破裂,便无法期待这类长期合同继续履行至合同期限届满,合同目的实现的机会也十分渺茫。除了终止合同关系之外,恐怕别无更好的出路。此时当事人可能都存在违约行为,希望解除合同的一方可能恰恰是违约情形较重的一方当事人。尽管如此,不能一概排除其申请终止合同关系的合理性。名为“违约方起诉解除”,主要是为了突出这一制度的两个特征:一是起诉请求解除合同的主体往往是违反合同义务的当事人;二是即使解除合同,违约方仍然必须承担违约责任。

围绕“违约方起诉解除”,学界争议较大。有学者认为:“违约方有权拒绝守约方关于继续履行的请求,这就表明存在此类情形的合同继续存在已无积极意义,消灭此类合同,解脱双方当事人,使其轻装上阵,从事新的交易,更符合公平正义。于此场合消灭合同,赋予守约方解除权固然允当,允许违约方解除合同也不失为一条路径及方法。”①有学者认为:“在违约的债务人不能履行合同的情况下,债务人虽然可以援引该条来对抗债权人的实际履行主张,但合同关系并不因此消灭,债务在合同预定的期限内始终存在。而违约方申请解除合同制度正是为了打破此种合同僵局,由法院经过综合判断后决定违约方是否可以解除合同。”②有学者认为:“合同僵局的要件包括:非违约方拒绝解除合同违反了诚信原则,非违约方拒绝解除合同对违约方显失公平,且应由当事人提出申请。”③有学者认为,“现行法关于继续性合同的解除规则供给不足,以至于在合同僵局场合法院被迫从拟制当事人的意思出发解除合同、打破僵局。……合同僵局问题并非仅在中国出现,在德、日两国,围绕继续性合同的解除(终止),立法及判例均有较为成熟的经验积累,值得我国立法借鉴。无视此类比较法经

① 崔建远:《完善合同解除制度的立法建议》,载《武汉大学学报(哲学社会科学版)》2018 年第 2 期。

② 石佳友、高郦梅:《违约方申请解除合同权:争议与回应》,载《比较法研究》2019 年第 6 期。

③ 王利明:《论合同僵局中违约方申请解约》,载《法学评论》2020 年第 1 期。

验，独创'违约方解除权'规则，并不可行"，并建议借鉴《德国民法典》第314条，规定当事人可基于重大事由解除继续性合同。[①] 从最终通过的条文内容来看，第2款规定在尊重我国司法实践经验的基础上，适当借鉴域外法经验，放弃"有解除权的当事人不行使解除权构成滥用权利"等易生分歧的要件，淡化申请解除的当事人往往是违约方这一事实，从而在尽可能反映学理共识的基础上回应了司法实践中的现实需求。

(2)司法解除的要件和效果

按照《民法典》第580条第2款规定，其适用需要满足三个条件：其一，债务人负有非金钱债务，且该标的不适于强制履行、履行费用过高或者发生给付不能；其二，合同目的不能实现；其三，经由人民法院或者仲裁机构实现合同关系的终止。所谓"致使不能实现合同目的"不是指债务不履行方的合同目的不能实现，也不是仅仅导致对方的合同目的不能实现，而是双方合同目的都不能实现。在这三项条件基础上，在长期合同中，可能还要补充"合同继续履行不可合理期待"这一要件，原因是无论是"不能履行"还是"标的不适于强制履行"，都是从债权的标的——给付本身出发所作的评价，"履行费用过高"则是指债务人履行的费用相较于债权人可以获得的利益显著不合比例，这些履行障碍无法恰当评价"信任基础已经丧失、合作关系已经破裂"等情势。"合同继续履行不可合理期待"是从债务关系当事人之间的信任基础、合作状况出发，对合同未来的发展前景所作的综合判断，其显然难以被第1款的除外情形所吸收。在适用第2款规定判决或者裁决终止合同关系时，人民法院或者仲裁机构通常援引第1款第2项中的"标的不适于强制履行"，同时在判决理由或者裁决理由中补充说明当事人合作关系已经彻底破裂等情势。

该条并未赋予当事人解除权，而仅赋予当事人申请法院或者仲裁机构终止合同的权利。若当事人不申请，法院或者仲裁机构不能依职权主动终止合同。即使当事人申请，法院或者仲裁机构对是否终止合同仍然有最终的决定权。其中，请求终止合同的当事人虽然可以是违约情形较严重的一方，但其不能基于故意或者重大过失肆意破坏合同关系，或对合同继续履行不可期待负有主要责任。如果允许这类当事人起诉终止合同，那就实际上借助司法机关之手保护了

---

① 韩世远：《继续性合同的解除：违约方解除抑或重大事由解除》，载《中外法学》2020年第1期。

很多企图通过严重违约摆脱合同的当事人,有违禁止权利滥用之原则。

我国司法实践中已逐渐承认,代理商合同不应适用普通委托合同中的任意解除权,只有存在重大理由时才能即时终止。① 在“新会江裕信息产业有限公司诉爱普生(中国)有限公司合同纠纷案”②中,最高人民法院认为:“爱普生方实际是将 LQ－300K＋Ⅱ打印机的独家代理权授予给江裕方。……爱普生方自2008年5月起违反合同约定,不再保障江裕方……的独家销售代理权,开始向第三方供货,并于2009年6月起,停止向江裕方供货。因此,爱普生方的行为构成违约,应当承担违约责任。”最高人民法院援引《合同法》第110条(相当于现《民法典》第580条第1款)作出判决:“虽然江裕方要求继续履行,然而打印机独家销售不适于强制履行,因此,不能支持江裕方关于继续履行的诉讼请求,即本案所涉96协议自此应当终止履行。爱普生方应当赔偿江裕方因此造成的损失。……对江裕方的损失至少应该计算到二审法院判决解除合同之日止。”可见,最高人民法院是通过援用“不适于强制履行”来排除代理商有关继续履行的请求权,并认定合同应当“自此”终止履行。该合同的终止日期应当是最高人民法院判决合同解除或者终止的日期。

司法实践中,人民法院也应避免过多地从当地经济效益出发,判断当事人之间的合同是否应当终止,而应从当事人之间合同的性质、信任基础、合作关系等角度出发综合判断合同能否得到维系。

(三)第三人替代履行

按照《民法典》第580条,当事人一方不履行债务或者履行债务不符合约定,但是根据该债务的性质又不能适用强制履行手段的,如何破解继续履行的难题,是具有重要实务价值的课题。

债权人以债务人根本违约为由主张解除合同并请求损害赔偿,不失为一种有效的救济路径,但终究是一种被动的救济之道,有无其他更好的可选救济之道来确保债权人合同目的的实现?《民法典》第581条提供了一种更为积极的可行路径,就是由第三人替代履行,但守约方可以请求债务人负担由第三人替代履行的费用。通过“请求债务人负担第三人履行费用”加“寻找第三人替代履

① 参见武腾:《委托合同任意解除与违约责任》,载《现代法学》2020年第2期。

② 参见最高人民法院民事判决书,(2013)民提字第233号。

行”的设计,成功化解上述难题。

《民法典》第581条规定了行为模式“当事人一方不履行债务或者履行债务不符合约定,根据债务的性质不得强制履行的”,以及法律后果“对方可以请求其负担由第三人替代履行的费用”。与该条相类似的法律规范还有《民法典》第713条,规定在出租人不履行维修义务时,承租人可以自行维修,而由出租人负担费用。此外还有《民事诉讼法》第259条关于行为执行的规定。以上两条规定与该条仍有区别:《民法典》第713条仅针对租赁合同,且赋予承租人自行维修的权利,未直接表明第三人替代履行;《民事诉讼法》第259条是针对司法裁判后的执行问题;《民法典》第581条是针对所有根据债务的性质不得强制履行的债务,赋予债权人请求债务人负担由第三人替代履行的费用的权利,将更有利于债权人实现合同目的。该条适用的前提是对非金钱债务根据其性质不能强制履行。一般认为强制履行可以分为三种形态,即直接强制履行、代替执行与间接强制履行。其中直接强制履行是强制履行的通常形态,即借助国家公权力强制债务人完成合同义务。代替执行是指债务人对判决、裁定和其他法律文书指定的行为,未按执行通知履行的,人民法院可以委托有关单位或者其他人完成,费用由被执行人承担。① 间接强制履行是采取对债务人施加心理压力以促使之履行债务的强制方法。② 例如,债务人每迟延履行1日,就必须支付一定迟延履行金,具有督促债务人履行的效果。《民事诉讼法》第260条即属于金钱债务的间接强制。《民法典》第581条涉及的是第三人替代履行,法律性质上属代替执行的范围,但增加了依据债务性质不得强制履行的前置条件。这是“合同必须履行”精神的又一体现,即在债务性质不发生不得强制履行的情形下,当事人并不能直接请求违约方负担第三人的履行费用,而只能请求对方继续履行或者在满足合同解除条件的时候解除合同。

(四)继续履行或者采取补救措施后的损失赔偿

根据《民法典》第577条的规定,我国违约责任形式包括继续履行、采取补救措施和赔偿损失等。该条指出,违约方继续履行或者采取补救措施后,守约

---

① 参见《民事诉讼法》第259条规定:“对判决、裁定和其他法律文书指定的行为,被执行人未按执行通知履行的,人民法院可以强制执行或者委托有关单位或者其他人完成,费用由被执行人承担。”

② 参见韩世远:《合同法总论》(第4版),法律出版社2018年版,第762页。

方还有损失的,违约方还应当赔偿损失。实践中,守约方对其主张的其他损失承担举证责任。①

在迟延履行场合,违约方继续履行后,受损害方仍可因履行迟延而遭受损失。比如,债务人迟延交货导致债权人生产停顿、无法向下游厂家交付货物,不得不支付违约金,在债务人交付货物之后,仍应对其造成的债权人损失予以赔偿。②

在不完全履行场合,违约方采取补救措施(补正履行)的,受损害方既可能因部分履行迟延而遭受损失,也可能遭受尚未填补的瑕疵结果损害。如甲在暂停营业期间委托乙装修商铺,乙在装修过程中不仅使用了不符合合同要求的劣质材料,还损坏了商铺大门,甲可以依据承揽合同中的具体规定,合理选择重作作为补正履行的具体方式。③ 乙在重作之后,对于商铺大门的损坏还负有损害赔偿责任;同时,因乙的不完全履行导致甲停业时间延长的,乙还应向甲承担不能按期恢复营业期间的可得利益损失。后两项损害赔偿的请求权基础规范都是该条。

该条仅明确规定了实际履行可与损害赔偿并存,并未明确规定实际履行与违约金的并存。《民法典》第 585 条第 3 款对此有专门规定,若违约金专门为迟延履行约定,则继续履行后,还应支付违约金。如果违约金只是宽泛地针对违约行为,那就要根据违约金目的予以确定。

二、支付违约金

《民法典》第 585 条共 3 款,分别就“违约金合同如何约定违约金”、“违约金如何调整”和“迟延履行违约金与继续履行之间的关系”三个问题作了规定。该条第 2 款较原《合同法》第 114 条第 2 款,从“当事人可以请人民法院或者仲裁机构”改为“人民法院或者仲裁机构可以根据当事人的请求”,该表述变化澄清了只有当事人可以提出调整违约金,人民法院或者仲裁机构不得在当事人未

---

① 参见山东省济南市中级人民法院民事判决书,(2017)鲁 01 民终 2210 号。

② 参见王利明、崔建远:《合同法新论·总则》,中国政法大学出版社 2000 年版,第 644 页。

③ 2020 年第十三届全国人民代表大会第三次会议审议期间,《民法典》第 781 条增加了“合理选择”的要求,从而使该条与《民法典》第 582 条更为协调。该条规定:“承揽人交付的工作成果不符合质量要求的,定作人可以合理选择请求承揽人承担修理、重作、减少报酬、赔偿损失等违约责任。”

提出请求的情况下依职权主动调整违约金。在"山西嘉和泰房地产开发有限公司与太原重型机械(集团)有限公司土地使用权转让合同纠纷案"[①]中,最高人民法院便明确指出:"对于当事人在合同中约定的违约金数额,只有在当事人请求调整、且合同约定的违约金数额确实低于或者过分高于违约行为给当事人造成的损失时,人民法院才能进行调整。"立法者对此予以进一步确认。

(一)约定的损害赔偿计算方法

损害的计算方法分为抽象的计算方法和具体的计算方法。抽象的计算方法是指仅考虑市场中的替代性交易价格进行计算。具体的计算方法则着眼于交易的具体情况,根据受损害方具体遭受的损失进行计算。[②] 在当事人约定损害赔偿额的计算方法时,既可能采用抽象的计算方法,又可能采用具体的计算方法,还可能兼顾两种计算方法。当事人可能将既往交易中的营业额或者利润率作为计算基准,也可能将人民银行同期公布的贷款基准利率的倍数作为乘数,或以全国银行间同业拆借中心发布的贷款市场报价利率(LPR 利率)作为计算标准,还可能对损失计算的时间长度作出约定。通过这些具体约定,当事人可以有效锁定风险,为解决纠纷做好较充分的准备。

(二)违约金及调整

违约金是损失赔偿额的预定。所谓损失赔偿额的预定是指当事人在订立合同时针对可能出现的违约损害赔偿的数额进行估计,并约定其数值或者范围。预定损失赔偿额对可能的受损害方来说,可以减轻甚至避免损失赔偿额的证明负担;对可能的违约方来说,也可以有效锁定风险,甚至在一定程度上达到减轻责任的效果。

事实上围绕《民法典》第 585 条第 2 款这一违约金调整规范所发生的纠纷也主要集中在违约金酌减规则(也称为违约金调减规则)的适用之中,对于违约金酌增规则(也称为违约金调增规则)的争议主要集中在违约金与损害赔偿能否并用的理论讨论中。《民法典》编纂过程中很多学者提出修改建议,但《民法典》最终延续了原《合同法》的立场。即如果违约金不足以弥补损失的,守约方

① 参见最高人民法院民事判决书,(2007)民一终字第 62 号。

② 参见王利明:《合同法研究:第二卷》,中国人民大学出版社 2015 年版,第 618 ~ 619 页;韩世远:《合同法总论》,法律出版社 2018 年版,第 819 页。

可以选择请求酌增违约金,也可以选择主张损害赔偿,两个权利由守约方选择但不能同时行使。因为在双方没有任何约定的情况下,如果允许同时行使,则将有违违约金弥补损失的基本定位。对此,《全国法院贯彻实施民法典工作会议纪要》第11条第2款规定:"当事人请求人民法院增加违约金的,增加后的违约金数额以不超过民法典第五百八十四条规定的损失为限。增加违约金以后,当事人又请求对方赔偿损失的,人民法院不予支持。"这一立场应当说是恰当的。

违约金酌减规则的适用包含"约定的违约金过分高于造成的损失"和"债务人提出申请,并就约定的违约金高于造成的损失予以举证"这两大前提。①

1. 赔偿性违约金的调整

赔偿性违约金本不属于固有意义上的违约金,而属于损害赔偿额的预定,因此其调整应以实际损失为基础。《民法典》第585条第2款规定:"约定的违约金低于造成的损失的,人民法院或者仲裁机构可以根据当事人的请求予以增加;约定的违约金过分高于造成的损失的,人民法院或者仲裁机构可以根据当事人的请求予以适当减少。"这实际上只能适用于赔偿性违约金,而不适用于惩罚性违约金,因为后者主要针对的是难以计算的正当利益损失。

原《合同法解释(二)》第29条规定:"当事人主张约定的违约金过高请求予以适当减少的,人民法院应当以实际损失为基础,兼顾合同的履行情况、当事人的过错程度以及预期利益等综合因素,根据公平原则和诚实信用原则予以衡量,并作出裁决。当事人约定的违约金超过造成损失的百分之三十的,一般可以认定为合同法第一百一十四条第二款规定的'过分高于造成的损失'。"该条规定的第1款为酌减违约金规定了应予考量的因素以及基本原则,第2款则为违约金酌减的幅度进行具体规定。司法实践中,这种幅度有助于统一裁判尺度,但也难免导致一些地方司法机关形成依赖性和惰性,即仅按照30%的标准来进行调整,不再按照该条第1款规定的内容进行更有针对性的调整。

最高人民法院在"北京中关村开发建设股份有限公司、湖南潭衡高速公路开发有限公司建设工程施工合同纠纷案"②中,依据原《合同法》第114条第2款

---

① 黄薇:《中华人民共和国民法典合同编解读》,中国法制出版社2020年版,第444~445页。

② 参见最高人民法院民事判决书,(2019)最高法民终1401号。

(现《民法典》第585条第2款)调整了欠付工程款的利息。最高人民法院认为:“涉案施工合同约定未付款额利率为0.08‰/天……但从实际考量看,合同约定的利率0.08‰/天,折合年利率为2.88%,尚不足同期同类贷款利率6.12%的一半,确实过低。”最高人民法院将其调整为按照银行同期贷款年利率6.12%计息。需要指出的是,之所以第2款规定只有在“过分高于造成的损失”时才予以适当减少,主要原因是当事人可以证明的实际损失往往会低于其遭受的实际损失。如果考虑到这种现实情况,那么违约金数额即使略高于可以证明的实际损失数额,也不意味着该违约金兼具惩罚性质。

2. 惩罚性违约金的调整

惩罚性违约金是具有担保功能的违约金,旨在督促债务人严格按照合同履行债务,也称固有意义上的违约金。这种具有担保功能的违约金并非损害赔偿额的预定,而是旨在督促债务人不要给债权人造成难以计算或难以确定的利益损失。对于惩罚性违约金,只有在其担保债务履行的目的与担保手段之间显著不合比例时,才有调整的必要。例如,甲向乙购买两盒月饼,支付200元,为督促乙在农历八月十五前交付月饼,甲与乙约定,乙迟延履行需支付2000元违约金。为使乙在农历八月十五前按期交付月饼,可以约定较高的违约金。2000元违约金具有担保功能(属惩罚性违约金),但与债权人节日期间享受的精神利益相比恐不合比例,有必要予以酌减。此类违约金酌减也应经由司法机关实现。司法机关需要综合考虑违约情形的严重性、受损害方正当利益受损的程度、违约方的主观恶性等因素,而不应以实际损失为标准。从上述例子来说,假设甲不得不临时购买其他月饼作为替代,通常情况下,其会因为月饼价格降低而未遭受实际损失,然而其原本可以食用特定食品的正当利益已丧失,惩罚性违约金并不缺乏合理性,经调整之后(如酌减至价款的三成)仍应予以支持。

3. 政府规范性文件对违约金计算方式的规定具有优先性

国务院办公厅《关于规范国有土地使用权出让收支管理的通知》第7条规定逾期缴纳土地出让金的违约金标准为,“按日加收违约金额1‰的违约金”。[①]

① 2006年12月17日颁布的《国务院办公厅关于规范国有土地使用权出让收支管理的通知》(国办发〔2006〕100号)第7条规定:“强化土地出让收支监督管理,防止国有土地资产收益流失”中统一规定了逾期缴纳土地出让金的违约金标准及去向:“土地出让合同、征地协议等应约定对土地使用者不按时足额缴纳土地出让收入的,按日加收违约金额1‰的违约金。违约金随同土地出让收入一并缴入地方国库。”

此规范性文件所确立的违约金标准能否适用违约金酌减规则？在“昆明市国土资源局等诉云南仁泽房地产开发有限公司建设用地使用权出让合同纠纷案”中，最高人民法院认为：“土地出让合同相较于普通的民事合同的确具有其特殊性，其中一方主体为政府国土资源行政主管部门，由其提供的土地出让合同格式文本必然会受到相关法律、法规和规范性文件的约束。国务院《国有土地收支通知》对国有土地出让合同中土地使用者不按时足额缴纳土地出让收入的违约金标准作了明确规定，并明确对违反本通知规定的责任后果。……案涉当事人在《国有土地使用权出让合同》中对于违约金的承担明确约定按日1‰利率作为计算违约金的计算标准，该约定系双方当事人基于平等自愿原则下的真实意思表示，故该约定的违约金计算方式应是仁泽公司对违约损失充分判断的基础上所作的，对此种商事主体的自主交易安排，司法应给予充分的尊重，此亦为诚实守信原则的应有之义。故仁泽公司关于原判决将行政规范性文件国务院办公厅《关于规范国有土地使用权出让收支管理的通知》规定的按日1‰利率作为计算违约金的法律依据和标准，属于适用法律错误的再审主张，本院不予采信。”

三、违约损害赔偿

（一）违约损害赔偿概述

1.损害的概念

损害是指受损害方现在的利益状态与假如损害事件不存在时的利益状态之间的差额。如果前者减去后者得到的是一个负数，那么就存在损害。由此，损害赔偿请求权的目的是恢复到损害事件不存在时受损害人所处的状态。在违约场合，是使受损害人处于合同得到完全履行时其所应处的状态。如因甲向乙迟延交付钢材，导致乙工程建设时间延迟，乙向发包人支付违约金，乙有权要求甲赔偿的损害就包括自身所支付的违约金。在侵权场合，损害赔偿是使受损害人处于假如不存在侵权行为时其所应处的状态。如甲因过失损毁了乙正用于生产经营的一台机器设备，乙可请求甲赔偿其生产经营中断而产生的徒劳支出或为寻找替代设备而额外产生的支出。假设该机器临近使用寿命期限，侵权行为人给生产经营造成的损失可能远远超过该台机器本身的价值，此时赔偿的范围不受该机器本身价值的限制。

2. 损害的种类

第一，从《民法典》第584条“包括合同履行后可以获得的利益”的表述来看，该条规定继受自《国际商事合同通则》第7.(四)2条第1款。损失不仅包括所受损失，还包括所失利益，即可得利益损失。前者包括财产的积极减少和责任的增加。例如，因不能向第三人履行合同而丧失的定金属于所受损失，因向另一银行获得高利息贷款而多支付的利息也属于所受损失。所失利益包括因不能向第三人履行合同而丧失的收益。如因演员不能参加演出而向观众退票的，失去的票款收益便是所失利益。

所受损失和所失利益的分类是实践中最重要的分类。在“上海飞蕾科技有限公司诉富士医疗器材(上海)有限公司、富士胶片(中国)投资有限公司合同纠纷案”[①]中，最高人民法院认为，飞蕾公司与富士医疗公司之间存在4年期独家代理销售合同关系，[②]对代理商交易地位及相应权利应给予稳定保障，任何一方不得随意解除代理合同。最高人民法院认为，富士医疗公司在合同履行到第27个月时便单方解除合同，并在该期间内越过飞蕾公司向二级销售代理商恒博公司销售货物，构成根本违约。违约造成实际损失与可得利益损失。其一，实际损失。是指富士医疗公司在合同履行期间将产品销售给恒博公司，以致恒博公司未在飞蕾公司购买产品而给飞蕾公司造成的损失。如富士医疗公司不存在串货情况，这些产品将由飞蕾公司销售并产生利益，因此这部分利益的损失应视为飞蕾公司的实际损失。其二，可得利益损失。是指假设飞蕾公司继续与富士医疗公司履行合同至4年期限届满，则前者可以获得的利益。最高人民法院认为飞蕾公司最终可以获得的赔偿是上述两部分之和。

第二，根据损害是否为财产上的损害，可以将其划分为财产损害和非财产损害。财产损害是指赔偿权利人财产上发生的不利变动，既包括财产积极减少，也包括财产消极不增加。非财产损害是指财产之外的其他利益损失，主要包括对隐私、自由、名誉等加以侵害造成的损失，产生的后果是精神上的不适。

---

① 参见最高人民法院民事判决书，(2018)最高法民再82号。

② 不过，该案中的所谓独家代理商似乎应为独家协议经销商，因为最高人民法院查明，“飞蕾公司代理富士医疗公司出售医疗产品，但飞蕾公司并非从中收取代理费，而是通过买卖的方式从中赚取差价，飞蕾公司与富士医疗公司之间的每笔交易都另行签订销售合同”。参见[德]C. W. 卡纳里斯：《德国商法》，杨继译，法律出版社2006年版，第468～469页。

这种非财产损害尤其发生在艺术工作者、运动员等订立合同的场合。如一位年轻的建筑设计师为自己开拓声誉,与某省文化艺术博物馆订立了将该博物馆进行现代化改造的建筑设计合同。该项目引起了媒体广泛关注后,博物馆却无正当理由停止与该设计师合作,改用另一位建筑设计师。该设计师可以请求赔偿的范围不仅包括物质损失,还包括声誉方面的损失。对于非财产损害,主要由精神抚慰金来填补,在我国也称为精神损害赔偿。一直以来,我国仅在侵权法领域明确规定精神损害赔偿,未在合同法领域明确规定精神损害赔偿。德国传统债法也限制基于违反合同的非财产损害赔偿,以防止赋予司法机关过大的自由裁量权。不过,2002 年修订后的《德国民法典》第 253 条新增第 2 款,规定因侵害身体、健康、自由或者性的自主决定而须赔偿的,也可以因非财产损害而请求给予公平的金钱赔偿。这种一般性的抚慰金请求权既适用于有过错的不法行为和违反合同的行为,又适用于无过错的危险责任。①

第三,根据损害的范围,可以将损害分为迟延损害、填补损害。迟延损害是因迟延履行而造成的损害。如金钱债务迟延履行的利息,即为典型的迟延损害。在不完全履行场合,即使通过追加、补充履行实现完全履行,也存在迟延损害,故继续履行请求权可与迟延损害赔偿请求权一并行使。填补损害也称代替给付的损害或者代替履行的损害,是指在未实际履行的情况下,通过损害赔偿使债权人达到与债务履行同等的地位。在履行不能或者继续履行失败的情形中,受损害方可以请求代替给付的损害赔偿。如在不能返还租赁的礼服时,按照同类礼服的市价进行赔偿。

第四,根据损害的成因,将可赔偿的利益区分为履行利益和信赖利益。履行利益的损害是指一方当事人因另一方没有履行债务而遭受的损害,对这类利益进行赔偿的目的是使当事人处于债务被完全履行时其所会处于的状态。《民法典》第 584 条有关违约损害赔偿的规定,肯定了违约损害赔偿应当赔偿履行利益的损失。信赖利益的损害包括两类:一类是当事人因信赖法律行为有效而遭受的损害,对这类利益进行赔偿的目的是使当事人处于假如其未曾有该法律行为时其所会处于的状态。《民法典》中有关民事法律行为被撤销后,有过错方

---

① 参见[德]迪尔克·罗歇尔德斯:《德国债法总论》,沈小军、张金海译,中国人民大学出版社 2014 年版,第 347 页。

向对方当事人负有赔偿责任就属于信赖利益的损害赔偿。另一类是当事人因信赖合同得到履行而徒劳支出的费用，即无益的费用。《德国民法典》第284条对此作出专门规定。可赔的费用必须是合理的费用，即一个处于同等地位的理性人在类似交易中通常支出的费用。如果在债务人履行义务的情况下，该费用的支出也不可避免，那么该费用便不可赔偿。由于履行利益的损失不易证明，而信赖利益的损失相对容易证明，即使当事人有权请求履行利益的损害赔偿，也可以转而请求赔偿信赖利益的损失。

3. 违约损害赔偿的归责事由

归责原则即确定某结果由某人负责或由其承担相应的法律后果的判断标准。其判断的法律依据即为归责事由①，典型的即为过错归责原则。若某归责事由通常作为某类行为归责的一般标准，则其通常被称为归责原则。违约损害赔偿归责原则主要是过错责任和无过错责任。无过错、过错都是以给付义务不履行为前提的，而违反附随义务通常则以过错作为归责原则。结果之债的给付不履行通常为无过错责任，手段之债中给付义务不履行通常为过错责任。

(1)无过错责任

通说认为《民法典》第577条确立了无过错责任为违约损害赔偿的一般归责原则。无过错责任主要指不问违约方是否存在过错，除非具有免责事由，否则只要其不履行合同义务抑或履行行为不符合合同约定，则需按照约定或者法定承担违约责任。无过错责任的实质就是把风险强加到违约方，即尤其承担举证的不利风险，而将因不可抗力抑或因合同基础的嗣后丧失风险分配给合同双方共同承担。②

(2)过错责任

过错责任指违约损害赔偿的成立须以过错为前提。传统对过错形式的理解主要指故意及过失。故意主要是思想上存在积极追求债务能够实现不履行

---

① 所谓违约责任的归责事由就是违约损害赔偿责任归由某人承担的根据。强制履行不需要归责事由，因为给付义务是当事人约定的，按照约定提供给付是当事人意思自治的当然结果，不需要另外寻找债务人负责提供给付的根据。

② 在无过错责任领域，违约损害赔偿责任的成立要件包括：(1)损害；(2)债务不履行；(3)债务不履行与损害之间的因果关系；(4)无免责事由。在买卖合同、借款合同、租赁合同、承揽合同等以交付物或者提交工作为主给付义务的合同中，当事人不履行主给付义务的，在认定违约损害赔偿责任成立时，都必须满足上述要件。

抑或是对此后果的出现至少在心理上是一种放任。而过失则主要指其客观上的行为因违反所应履行的注意义务而最终致使债务未履行的结果。诸如有偿委托合同、有偿保管合同等是典型的过错责任,即需证明债务人存在过错,方可承担损害赔偿责任。但若为无偿委托合同、无偿保管合同,则必须举证证明无偿提供服务者确因故意或重大过失致害时,才有损害赔偿责任的问题。而重大过失,主要指债务人所为的注意义务已经完全背离普通人的基本认知范围。另外,诸如买卖、承揽等结果之债的合同中,还需要结合给付结果是否已经出现来判断其是否构成债务的不履行行为,并要对免责事由的存在与否予以单独性的考量。但是在诸如委托合同等手段之债中,对于守约方所期待目标实现与否未必能够立即准确判定其是否构成债务不履行,因为仅在因违约方基于其过错而致使其守约方所预期实现的目标未予达成时,才能认定此种债务不履行成立。所以可以说,在实践中将客观要件的债务不履行与主观要件过错进行简单的概念上的截然区分是很难做到的。[①] 对于手段之债中债务人是否已经履行其注意义务,当然应当作为判断违约损害赔偿能否得以成立的关键。只要债务人有前述违反注意义务的情形,而债权人所遭受的损失通常情况下应当被认定为是债务人违反该类义务的行为一般可能会出现的损失结果,则至此可以认定违约损害赔偿责任成立。

在《民法典·合同编》中,实行过错责任的情形大致可分为三类:一是以提供服务为标的的若干合同中,《民法典》规定了过错责任为违约损害赔偿责任的归责原则;二是在赠与合同中,鉴于其无偿性,赠与方只有在存在过错的情况下才承担违约损害赔偿责任;三是鉴于附随义务是基于诚实信用原则而生,违反附随义务产生的损害赔偿责任均属于过错责任。

第一,提供服务的合同中的过错责任。其一,客运合同属于承揽类合同,根据《民法典》第 823 条规定,旅客人身伤亡的,承运人构成未履行主给付义务,应承担无过错责任。不过,根据《民法典》第 824 条规定,在运输过程中旅客自带物品毁损、灭失,承运人有过错的,应当承担损害赔偿责任。可见,在客运合同(而非货运合同)中,有关旅客自带物品的毁损、灭失,承运人的责任有所减轻,

---

① 参见[日]森田宏树:《契约责任的归责构造》,有斐阁出版社 2002 年版,第 2 ~ 3、11 ~ 16 页;尹田:《法国现代合同法》,法律出版社 2009 年版,第 358 ~ 359 页。

仅承担过错责任。其二,根据《民法典》第897条规定,保管期间,因保管人保管不善造成保管物毁损、灭失的,保管人应当承担损害赔偿责任;但保管是无偿的,保管人证明自己没有故意或重大过失的,不承担损害赔偿责任。保管合同系民事合同,保管人的主给付义务是妥善保管寄存物,其违约损害赔偿实行过错责任。同时,合同法区分保管合同的有偿性与无偿性,对过错的要求有所不同。其三,根据《民法典》第917条的规定,储存期间内,因保管人保管不善造成仓储物毁损、灭失的,保管人应当承担损害赔偿责任。因仓储物的自然性质、包装不符合约定或者超过有效储存期造成仓储物变质、损坏的,保管人不承担损害赔偿责任。这是关于仓储合同的规定。仓储合同系商事合同、双务合同,仓储人的主给付义务是妥善保管仓储物,其违约损害赔偿也是过错责任。其四,根据《民法典》第929条的规定,有偿的委托合同,因受托人的过错造成委托人损失的,委托人可以请求赔偿损失。无偿的委托合同,因受托人的故意或者重大过失造成委托人损失的,委托人可以请求赔偿损失。在我国,委托合同包含民事委托和商事委托,实际上肩负着雇佣合同的制度功能。受托人因提供劳务不符合合同要求而承担损害赔偿责任的,实行过错责任。其五,根据《民法典》第962条第2款的规定,中介人故意隐瞒与订立合同有关的重要事实或者提供虚假情况,损害委托人利益的,不得请求支付报酬并应当承担赔偿责任。中介合同也称居间合同,其属于提供服务的合同,居间人违反信息提供义务的损害赔偿责任实行过错责任。

第二,赠与合同中的过错责任。赠与合同虽属于以提供物为给付内容的合同,但鉴于其无偿性,赠与人的责任有所减轻。根据《民法典》第660条的规定,经过公证的赠与合同或者依法不得撤销的具有救灾、扶贫、助残等公益、道德义务性质的赠与合同,赠与人不交付赠与财产的,受赠人可以请求交付。依据前款规定应当交付的赠与财产因赠与人故意或者重大过失致使毁损、灭失的,赠与人应当承担赔偿责任。可见,赠与人的损害赔偿责任实行过错责任。

第三,违反附随义务的过错责任。违约损害赔偿责任的归责原则主要是指违反给付义务的损害赔偿责任。附随义务系基于诚实信用原则而生,违反附随义务产生的损害赔偿责任均属于过错责任。除了《民法典·合同编》第500条、第501条有关缔约过失责任的规定,在《民法典·合同编》典型合同分编中,存在有关违反附随义务的损害赔偿责任的具体规定。例如《民法典》第714条规定:"承租人应当妥善保管租赁物,因保管不善造成租赁物毁损、灭失的,应当承担赔偿责任。"《民法典》第 784 条规定:"承揽人应当妥善保管定作人提供的材料以及完成的工作成果,因保管不善造成毁损、灭失的,应当承担赔偿责任。"可见,承租人、承揽人在违反作为附随义务的保管义务时,只有在有过错的情况下才承担损害赔偿责任。

需要指出的是,违反附随义务产生的违约责任与违反交往安全义务的侵权责任之间存在较大范围的重叠。两者都属于过错责任,主要过错形式都是过失,造成的损害都是固有利益的损害。尽管如此,在合同关系中,当事人是与个别的相对人之间产生特别的注意义务,附随义务的发展具有较强的针对性,与对不特定第三人应尽的交往安全义务仍有差别。

4. 违约导致的精神损害赔偿

我国法律对于违约损害赔偿是否包括非财产损害赔偿未作明确规定,学说上存在分歧。传统通说否认违约损害赔偿包括精神损害赔偿。因加害给付导致人身伤亡的,可以将损失解释为实际遭受的财产损失,适宜用侵权损害赔偿来处理。对于精神损害,原则上不能基于违约请求赔偿。①

违约行为可以导致精神损害。有学者认为,有关违约责任的规定并没有排斥非财产上损害的赔偿,特别是在旅游、观看演出、保管骨灰盒等合同中,不应当禁止守约方选择违约的精神损害赔偿。② 违约损害赔偿的范围不仅包括履行利益,还包括固有利益;不限于财产利益,还可包括非财产利益。③ 在遵守限制规则的前提下,在一定条件下应给予因违约造成的包括精神损害在内的非财产性救济,是生活逻辑的必要要求。④ 认为只要违约中的履行利益包含精神利益,就可以支持违约的精神损害赔偿。具有代表性的民法典草案学者建议稿也对通过违约损害赔偿填补非财产损失持肯定立场。⑤

《民法典》实施后,这一问题还需要结合《民法典·人格权编》第996 条进行探讨。该条规定:"因当事人一方的违约行为,损害对方人格权并造成严重精神

① 参见王利明:《合同法研究》(第 2 卷),中国人民大学出版社 2015 年版,第 607 ~ 611 页。
② 参见崔建远:《合同法》,北京大学出版社 2016 年版,第 362 ~ 363 页。
③ 参见韩世远:《合同法总论》,法律出版社 2018 年版,第 782 ~ 783 页。
④ 参见李永军:《债权法》,北京大学出版社 2016 年版,第 17 页。
⑤ 参见梁慧星:《中国民法典草案建议稿附理由:合同编》,法律出版社 2013 年版,第 229 ~ 230 页。

损害,受损害方选择请求其承担违约责任的,不影响受损害方请求精神损害赔偿。”该损害赔偿责任究竟是侵权损害赔偿,还是违约损害赔偿呢?对此有两种解释方案。第一种解释方案认为该损害赔偿属于侵权损害赔偿,此时受损害方依据《民法典·合同编》第577条、第583条请求其承担违约造成的财产损失,同时依据《民法典·人格权编》第996条、《民法典·侵权责任编》第1165条和第1183条主张精神损害赔偿,这意味着当事人能同时主张违约责任(不包含精神损害赔偿)和侵权责任(包含精神损害赔偿)。第二种解释方案认为该损害赔偿属于违约损害赔偿的内容,依据《民法典·合同编》第577条、第583条、《民法典·人格权编》第996条,受损害方即使主张违约责任也可包含精神损害赔偿。在第一种解释方案下,当事人实际上同时主张违约责任和侵权责任,而不是“选择请求其承担违约责任”,这与《民法典·总则编》第186条有关请求权竞合的规定存在矛盾。第二种解释方案与总则编第186条不矛盾,只不过按照请求权相互影响说,《民法典·侵权责任编》第1183条有关限制精神损害赔偿的规定仍应类推适用。从法律体系的角度进行解释,第二种解释说更为可取,即受损害方选择请求承担违约责任的,可依据第577条、第583条直接获得精神损害赔偿。

5. 损害的确定性

损害必须具有合理程度的确定性,损害的数额不具有足够程度的确定性时,由法院自由裁量。在适用违约损害赔偿规定赔偿可得利益的损失时,最大的障碍便是预期可得利益的不确定性。在市场上没有同类交易可供比较时,这种困难尤其突出。比如,甲高校与乙超市约定,将教学楼一层的一间房屋出租给乙使用,而甲高校实际上只将地下一层的一间房屋出租给乙使用,因为地上一层房间全部用作教室和办公室。由于这种交易是在特定的环境中面向特定的消费者人群,通过替代性交易来计算可得利益损失的难度很高。[①]

(二)违约损害赔偿的计算

通说认为,违约损害赔偿仅指金钱赔偿。[②] 而恢复原状则为侵权法上修理、

① 类似案例参见“兰州星达发展有限公司与西北民族大学拍卖合同纠纷案”,最高人民法院(2013)民申字第1452号民事判决书。

② 在德国法上,损害赔偿的方法包括恢复原状和金钱赔偿,以恢复原状为原则。我国法律对恢复原状和赔偿损失分别作出规定。

更换等内容。而对于合同之债而言,修理、更换则为不完全履行下违约方补正抑或追完履行的重要形式,所以应属于实际履行而非违约损害赔偿。所以,可以说就履行利益的赔偿而言,违约损害赔偿主要是以金钱作为赔偿的手段。[①]首先需要明确的是,所谓的"赔偿损失"即为违约损害赔偿。违约损害赔偿是以金钱方式对守约方因违约所受损失利益予以赔偿。

1. 计算方法

损害的计算方法分为抽象的计算方法和具体的计算方法。抽象的计算方法也称客观的计算方法,是指仅考虑市场中的替代性交易价格进行计算。具体的计算方法又称主观的计算方法,着眼于交易的具体情况,根据受损害方具体遭受的损失进行计算。[②] 两种计算方法的差异主要在于是否考虑受损害方的主观的、具体的因素。例如,在出卖人拒不交货的场合,合同中原定价格为 10 元/千克,买受人与第三人订立转售合同中的定价为 13 元/千克,履行期到来时,履行地的市场价格为 15 元/千克。如果按照主观计算方法进行计算,那么考虑到买受人转卖货物的具体因素,损失应当是 3 元/千克;如果按照客观计算方法进行计算,那么只需考虑履行地的市场价格,而不需考虑买受人实际转售时的定价,故实际损失应当是 5 元/千克。在域外法上,主观计算方法和客观计算方法在各国司法实践中都有所采用,但难以一概地说何种计算方法更为公平、合理。[③] 在选取计算方法时,既要考虑到当事人证明的难度,也要考虑到对受损害方进行救济的充分性。如果受损害方难以对主观因素进行证明,那便应适用客观的计算方法;如果缺少市场中可供比较的替代性交易,那么可能只能适用主观的计算方法。

在计算违约损害赔偿的数额时,根据差额说,应当以受损害方现存的利益状态和假如损害事件不存在时受损害方所处的利益状态之间的差额进行计算。比如,在买卖合同中,因出卖人迟延交货,标的物价格下降,买受人以较高的价

---

① 但合同债务包括基于诚信原则而产生的附随义务,违反附随义务导致相对人固有利益遭受损害的,当事人承担违约损害赔偿责任时应当填补固有利益的损失。在固有利益的赔偿方法上,违约损害赔偿与侵权损害赔偿不应有所不同,除金钱赔偿以外,还应包括恢复原状的各种方法。

② 参见王利明:《合同法研究》(第 2 卷),中国人民大学出版社 2015 年版,第 648 ~ 649 页;韩世远:《合同法总论》,法律出版社 2018 年版,第 819 页。

③ 参见王利明:《合同法研究》(第 2 卷),中国人民大学出版社 2015 年版,第 649 页。

格转售时可得利润与其以较低价格转售时所得利润之差,即为其损失。又如,在租赁合同中,承租人迟延返还租赁物并按原合同的约定支付租金,出租人因迟延返还而未能再出租的,其在新的租赁合同中可收取的租金与其依据原合同所收取租金之差,即为损失。还如,在承揽合同中,因承揽人迟延完成机动车的修理工作,导致机动车所有人中止营业期间延长的,停业延长期间的预期利润即为损失。

在可替代的交易中,受损害方在合理期间内以合理方式订立一项替代性合同的,该合同中的价格与被违反的合同中的价格之差,可推定为损失。为寻找替代性交易而额外支出的费用亦可包含在损失之中。如果受损害方未采用替代性交易,但同类交易有市价的,合同中的价格与合同解除时的市价之差,可推定为损失。为建立替代性交易而产生的合理支出亦可包含在损失之中。

在司法实践中,可得利益损失的计算是比较困难的。在没有前期交易数据或者同类交易数据可供参考时,人民法院在判决预期可得利益时有很大的自由裁量权。债权人预估的利益损失经常因为缺乏确定性而不能得到支持。在"云南同硕环保科技有限公司、云南金鼎锌业有限公司合同纠纷案"①中,二审法院认为,债权人以"每年预估利润和合同没有履行的期限5年相乘,得出该收益损失"缺少相应依据,改判为以债权人"固定资产投资损失数额为基数,乘以同期中国人民银行公布的贷款基准利率"计算损失。不难发现,在债权人前期投入因对方违约而无法获得回报时,债权人较容易得到支持的计算方法是以所投入资金为基数,乘以中国人民银行公布的同期贷款基准利率。这样一来,银行贷款可得利益就成为企业投资可得利益的基准。这是一个相对保守的计算方式,商业银行贷款利率尚有向上浮动的空间,更何况是普通企业。只要妥善经营,普通企业使用一笔资金可得的利益通常会高于商业银行该笔资金产生的贷款利息,否则普通企业便不可能通过向商业银行贷款来融资。因此,即使采取中国人民银行公布的同期贷款基准利率,也适宜根据债权人的具体经营状况作适当上调。

《民法典·侵权责任编》包含有关人身、财产损害具体项目的规定,在违约损害赔偿的计算中亦可适用。如《民法典·侵权责任编》第1179条规定:"侵害

① 参见云南省高级人民法院民事判决书,(2019)云民终1187号。

他人造成人身损害的,应当赔偿医疗费、护理费、交通费、营养费、住院伙食补助费等为治疗和康复支出的合理费用,以及因误工减少的收入。造成残疾的,还应当赔偿辅助器具费和残疾赔偿金;造成死亡的,还应当赔偿丧葬费和死亡赔偿金。”因违约导致一方当事人遭受人身伤害,即使受损害方主张违约损害赔偿,也可准用该条有关人身损害赔偿的规定,违约方应赔偿受损害方医疗费、护理费、交通费、营养费、住院伙食补助费等为治疗和康复支出的合理费用,以及因误工减少的收入。

2. 损益相抵规则

损害赔偿不得使受损害方获益。基于禁止得利原则,赔偿的最大范围是受损害方的履行利益,即受损害方不得因违约损害赔偿而处于比假设合同得到完全履行时其所处地位更优越的地位,如果受损害方因损害事件获益,那么其所获利益应从所受损害中减去。比如,甲和乙订立钢材买卖合同,甲方迟延交付钢材,乙因为延期而延迟转售钢材,此时钢材价格上涨,乙从中获得利益即为所得利益。这种利益为积极利益。又如,甲迟延交付作为买卖标的物的奶牛,乙因此节省了饲料等费用。这种利益为消极利益。只要与违约行为之间存在因果关系,那么这些利益就应从损失中扣除。①《民法典》虽然未在违约责任一章对损益相抵规则进行明确规定,但在具体计算损失时,应当将因同一赔偿原因事实获取的收益从损失中扣除,此为损害赔偿计算的应有之义。《买卖合同司法解释》第 23 条规定:“买卖合同当事人一方因对方违约而获有利益,违约方主张从损失赔偿额中扣除该部分利益的,人民法院应予支持。”从而明确了损益相抵规则在违约损害赔偿中的适用。

3. 与有过失规则

基于公平原则,在受损害方自身对于损害的发生和扩大有过错时,有必要对前述完全赔偿原则进行缓和,由此产生与有过失规则。与有过失是指受损害方对于损害的发生有过错的,应当相应减轻相对方的损害赔偿责任。该规则是违约损害赔偿与侵权损害赔偿的共通规则。《民法典》第 592 条增加了第 2 款规定:“当事人一方违约造成对方损失,对方对损失的发生有过错的,可以减少相应的损失赔偿额。”从而明确承认了损害发生上的与有过失规则。对于损失

① 参见郭明瑞、房绍坤:《合同法学》,复旦大学出版社 2016 年版,第 190 页。

扩大有过失的,《民法典》第591条第1款规定,“当事人一方违约后,对方应当采取适当措施防止损失的扩大;没有采取适当措施致使损失扩大的,不得就扩大的损失请求赔偿”。可见,我国《民法典》对于损害发生采与有过失规则处理,由双方根据各自过错分担损失,而对于受害方过失导致的损害扩大部分,原则上由减损规则调整,由受害方承担扩大的损失,而不是适用与有过失。不过,减损规则默认的前提是损失扩大仅是受害方的原因导致的。若损失的扩大若既有受害方没有采取适当措施的原因,也有违约方放任损失扩大的过失的原因,也应适用与有过失才是合理的。

4.减损义务规则

当事人在履行合同过程中,如果一方出现了违约行为,基于诚信原则的要求,另一方当事人不能任凭损失扩大,而应当积极采取措施尽量减少损失。对此,《民法典》第591条第1款作了明确的规定,即当事人一方因另一方违反合同受到损失的,应当及时采取措施防止损失的扩大。没有及时采取措施致使损失扩大的,无权就扩大的损失请求赔偿。具体来讲,一是当一方当事人违约以后,守约方应当及时采取合理措施,控制损失范围;二是在违约行为发生后,守约方不应当怠于取得能够取得的利益。否则,就属于没有采取措施防止损失的扩大,违背了诚信原则,也就无权要求违约方赔偿相应损失。①

(1)减损义务的性质和内涵

减损义务属于不真正义务。减损义务是债权人在债务不履行造成损害之后,采取适当措施避免损失扩大的义务。债权人违反该义务的后果是使自己遭受不利益,即就损失扩大的部分丧失损害赔偿请求权。债权人为防止损失扩大而支出的合理费用,属于损害的范畴。

《民法典》第591条中的“适当措施”是一个开放的不确定概念,在适用于具体案件时,须由法官作价值补充,使其具体化。②

(2)减损义务和与有过失

在传统学说上,与有过失是指受损害方对于损害的发生或扩大有过错的,

---

① 参见吴高盛:《中华人民共和国合同法释义及实用指南》,中国民主法制出版社2014年版,第225页。

② 参见韩世远:《合同法总论》,法律出版社2018年版,第812页。

应当相应减轻相对方的损害赔偿责任。《民法典》第591条对损失的扩大规定了减损义务规则，《民法典》第592条第2款对损失的发生规定了与有过失规则。在《民法典》通过之前，有学者便指出，在立法论上，“究竟是采单一的与有过失规则，还是采与有过失与减损规则并存的模式，实为一立法政策问题”，并认为并存模式较具实用性，因为两者的运作逻辑并不相同。①《民法典·合同编》采取了并存分立的模式，侵权责任编中采取了统一模式。按照《民法典》第1173条的规定，被侵权人对同一损害的发生或者扩大有过错的，可以减轻侵权人的责任。该条显然一并规定了损失发生场合的与有过失和损失扩大场合的与有过失。

由于《民法典》在合同编和侵权责任编对于与有过失的安排并不一致，与有过失便有广义和狭义之分。广义的与有过失是指受损害方对于损失的发生或者扩大有过错，狭义的与有过失仅指受损害方对于损失的发生有过错。在合同编采取分立模式的情况下，人民法院在违约场合适用法律时原则上应当区分受损害方究竟是对损失的发生存在过错，还是对损失的扩大存在过错，以便精准适用法律规定。不过，两者之间的界限可能不易划分。比如，在承揽合同中，定作人应当在承揽人所在地甲市检验标的物而未检验，从而未发现标的物不符合质量要求，然后运回自己位于乙市的工厂进行安装和使用，在使用之后才发现该物不符合质量要求。在这种情况中，一般会产生运输费、拆卸费、因使用导致增加的修复费用，这些费用都属于广义上的与有过失所关照的对象。此时，严格区分哪部分损失适用减损规则，哪部分损失适用与有过失规则，恐怕不具有太大的实际意义，因为两项规则的原理和效果是一致的，都是按照受损害方过错的程度相应地减轻违约方的违约损害赔偿责任。其实，就拆卸费用和增加的修复费用而言，既可以看作损失的扩大，又可以看作一种新的损失发生。有鉴于此，在不易区分损失的发生和扩大时，人民法院仍应通过比较过失的方法确定减少的赔偿额。

（三）因果关系和可预见性

1. 作为违约损害赔偿构成要件的因果关系

债务不履行与损害之间具有因果关系是损害赔偿责任的要件之一。只有

---

① 参见韩世远：《合同法总论》，法律出版社2018年版，第812页。

因债务不履行而导致的损害才能予以赔偿。在德国民法上,主要借助因果关系的内容来限定损害赔偿的范围。不难理解的是,如果借助自然科学意义上的因果关系,容易导致损害赔偿责任漫无边际,因此,学说上通过规范目的对因果关系进行限制。在各类学说中,最重要的是相当性理论。根据相当性理论,只有在极不寻常的,甚至对理性人来说也是无法预见的情况下,引起损害的原因才是不重要的。这是基于价值考量对因果关系进行的限制。在违约损害赔偿领域,对于因果关系和可预见性规则之间的关系,学界存在不同学说。有的认为可预见性规则隶属于因果关系,有的倾向于认为可预见性规则独立于因果关系。《民法典》第584条明确规定损害只有在可预见的范围内才可获得赔偿。因此,尽管因果关系作为违约损害赔偿责任构成要件的地位仍须予以承认,但实际上发挥限定违约损害赔偿范围功能的,不是真正意义上的因果关系学说,而是可预见性规则及其理论。

2. 限定违约损害赔偿范围的可预见性规则

《民法典》第584条明确规定,可得利益赔偿的范围不得超过违约方在订立合同时预见到或者应当预见到的范围。这一规则在域外法上普遍得到承认。[①]在适用可预见性规则时,其要点如下:

其一,预见的主体是违约方以及处于违约方地位的普通理性人,而非合同双方。合同违约方是损害赔偿的债务人(包括其代理人、辅助人),只有将损害赔偿与其预见能力相结合才具有正当性,如果以合同双方当事人共同的预见范围为基础,那便会不当缩小赔偿范围。如果仅以合同违约方实际预见到的内容为准,那也可能不当缩小损害赔偿范围。因此还应当考虑合同违约方的注意标准,即兼顾一个处于合同违约方地位的普通理性人的立场,合同违约方因重大过失而未尽到一个普通理性人的注意标准,从而未预见到损害的,仍应在该范围内承担违约损害赔偿责任。[②]

其二,预见的时点是订立合同时而非不履行债务时。合同是当事人通过合意对未来生活或交易风险进行的安排,一个理性人在订立合同时应对未来损害进行

① 参见韩松:《合同法学》,武汉大学出版社2014年版,第154页。

② 可预见性标准应兼顾主观标准与客观标准,多数国家都考虑到客观标准和违约人的特质。李永军:《合同法》,中国人民大学出版社2016年版,第230页。

合理预估并在合同中作出适当安排。因此,应当以合同订立之时作为预见的时点。

其三,合同违约方只需预见到损害的性质和种类,不须预见到损害的范围,除非该范围的变化导致产生一项新的损害类型。可预见性规则具有较大的弹性,在涉及故意侵害固有利益的情形时应当从宽解释,在普通商事交易中则要避免将可预见范围解释过宽。一家保洁公司订购的机械在迟延两个月后才送达,出卖人负有赔偿其在通常情形下使用该机械所能获得的利益,因为出卖人可以预见到该机械将在被送达后立即投入使用。但是,如果保洁公司因此丧失一项利润丰厚的政府订单,那么对于高额的利润部分出卖人不负责赔偿,因为这超出其应当合理预见的范围。在运输行业中,对于所运输商品的赔偿需要考虑到托运人在订立合同时对标的物性质和价值的声明,以及承运人在通常交易环境下检视标的物所能认识到的标的物性质和价值。标的物本身损坏的,对于其价值和运费,承运人原则上应予以完全赔偿,除非当事人之间存在有效的限制责任约定。对于因标的物毁损导致的商业机会丧失等其他损失,承运人原则上不应予以赔偿,但承运人故意损坏标的物的除外。因此,在普通货运交易中,应对可预见范围作从严解释,防止给运输服务经营者带来过重的负担。

对当事人来说,可预见性规则具有促使其全面履行披露义务的效果。[①] 如果当事人在订立合同时未将自身与合同有关的重要利害关系加以告知,那么即使是一个理性的相对人也难以预见其可得利益的损失范围。按照可预见性规则,那些基于违约方所不能掌握的事项产生的损失,通常无法纳入违约损害赔偿的范围。

四、其他补救措施

通说认为,采取补救措施是指修理、重作、更换等,这些方式可以为继续履行所替代。而广义的继续履行其实也囊括了迟延履行时所为之继续履行,包括不完全履行场合的追完履行,而狭义之继续履行则仅指前者。[②]《民法典》第

① 参见谢鸿飞:《合同法学的新发展》,中国社会科学出版社 2014 年版,第 493 页。

② 国内外早期债法上曾经盛行债奴制度。无论是古巴比伦的苏美尔法和《汉穆拉比法典》,还是古希腊法,都有债务人不履行债务时沦为债奴的制度。公元前 5 世纪的罗马《十二铜表法》更详细规定了严酷的债务人人身责任,允许债权人对不履行债务的债务人进行杀戮或者出卖。在中国古代,存在债务人以自己及其妻儿抵债的现象,法律并未加以禁止。在很多国家,直到近代都允许在特定条件下强制拘禁不履行债务的债务人。不过,当代大多数国家的强制履行主要是通过对债务人财产的强制执行来实现的。

582条采取补救措施的方式包括修理、重作、更换、退货、减少价款或者报酬等。[①] 另外，对于“补救措施”而言需要注意的是，仅当合同不适当履行时才有适用的余地，若合同尚未履行，则无采取补救措施的适用，且补救措施仅在非金钱债务履行时可以适用，金钱债务中，守约方可要求法院强制执行而实现其继续履行。

第四节 定 金

一、定金概述

《民法典》第586条规定：“当事人可以约定一方向对方给付定金作为债权的担保。定金合同自实际交付定金时成立。定金的数额由当事人约定；但是，不得超过主合同标的额的百分之二十，超过部分不产生定金的效力。实际交付的定金数额多于或者少于约定数额的，视为变更约定的定金数额。”该条是关于定金担保的一般规定，可以说《民法典》第586条的形成是对既往立法成果的整合和发展。

定金的性质原则上是违约定金，当事人在合同订立前或者合同订立后交付了一定数额的金钱或者其他替代物，称作定金的，则发生法律规定的定金的效力；若未明示称作定金的，但约定具有定金性质的，也可构成相应性质的定金；不称定金又未约定定金性质的，则无定金效力。从一般意义上说，定金属于债权的担保，而不属于违约责任，只不过定金罚则具有违约救济的功能。将定金担保规定在违约责任部分，是因为我国《民法典》对各种担保制度未进行体系化整合，而是尽可能在维持原《合同法》、原《物权法》基本框架不变的情况下完善相关规定。鉴于定金相关条文数量较少，可以在违约责任部分对其加以规定。

---

① 修理是指交付的合同标的物不合格，有修理可能并为债权人所需要时，债务人消除标的物的缺陷的补救措施；更换是指交付的合同标的物不合格，无修理可能，或修理所需费用过高，或所耗时间过长，债务人交付同种类同质量的标的物的补救措施；重作是指在承揽、建设工程等合同中，债务人交付的工作成果不合格，不能修理或者修理所需要的费用过高，由债务人重新制作工作成果的补救措施。参见韩世远：《合同法总论》，法律出版社2018年版，第767页。

(一)定金的概念和性质

定金是指合同当事人为了担保合同的履行,依据约定由一方向另一方预先交付一定数额的金钱,因违约致使合同目的不能实现时,给付定金的违约方无权请求返还定金或收取定金的违约方应双倍返还定金的制度。定金原则上是以金钱担保,个别情况可以采用金钱之外的可替代物作为定金。由于定金可能出现双倍返还的问题,所以不可代替物不能作为定金。[①] 定金具有以下法律性质:

第一,定金属于金钱担保。《民法典》第586条第1款第1句规定:"当事人可以约定一方向对方给付定金作为债权的担保。"可见,定金属于债权的担保,而不属于违约责任,只不过定金罚则具有违约救济的功能。[②] 在支付定金之后,合同履行与否与该特定金额的金钱的得失直接相关,给双方当事人产生心理压力,从而促使其严格按照约定履行合同,具有担保作用。与人的担保和物的担保不同,定金属于金钱担保。[③]

第二,定金合同是实践合同。《民法典》第586条第1款第2句明确规定:"定金合同自实际交付定金时成立。"该规定改变了原《担保法》第90条中"生效"的表述,采用了"成立"的表述,更为严谨、科学,反映出定金合同为实践合同。《民法典》第586条第2款第2句规定:"实际交付的定金数额多于或者少于约定数额的,视为变更约定的定金数额。"可见,在交付定金之前,双方即使作出支付定金的约定,也不受该约定的拘束,当事人实际交付的定金数额仍可多于或者少于约定的数额。在多于或者少于约定数额的情况下,相对人不提出异议,此时便按照实际交付的定金数额成立定金合同。相对人不同意变更定金数额的,必须拒收定金,否则应认为其接受了变更后的定金数额。

第三,定金合同是从合同。与其他担保合同一样,定金合同是从合同,主合同是以定金担保订立、履行的合同。

第四,定金担保为双方互为担保。在定金以外的其他担保方式中,担保措施往往是为一方债权的实现而设定的,因而产生的担保利益仅为一方债权人享

① 参见王利明:《合同法研究》(第2卷),中国人民大学出版社2015年版,第722~723页。

② 有学者认为定金具有惩罚性和补偿性。参见谭启平:《中国民法学》,法律出版社2018年版,第566页。

③ 参见崔建远:《合同法》,北京大学出版社2016年版,第226页。

有。而定金担保所提供的担保利益是双向的,该效力及于给付定金的一方当事人和收受定金的一方当事人,这是区别定金担保和押金担保的关键。①

(二)定金的种类

第一,违约定金。违约定金是担保当事人按照约定履行合同,在违约时按照定金罚则弥补相对人损失的定金。结合《民法典》第 587 条、第 588 条来看,违约定金是《民法典》中最为重要的定金类型。

第二,立约定金。立约定金是指为保证订立合同而交付的定金。这种定金的效力是交付定金的当事人拒绝订立合同的,丧失定金;接受定金的当事人拒绝订立合同的,应当双倍返还定金。原《担保法司法解释》第 115 条规定过这种定金。该定金合同本质上相当于预约合同,立约定金可以说也是适用于预约合同的违约定金。

第三,解约定金。解约定金是以定金作为保留合同解除权的代价。原《担保法司法解释》第 117 条第 1 句规定:"定金交付后,交付定金的一方可以按照合同的约定以丧失定金为代价而解除主合同,收受定金的一方可以双倍返还定金为代价而解除主合同。"尽管《民法典》未对此作出明确规定,但基于意思自治的原则,当事人可以在合同中自由约定解约定金。解约定金规则的核心是将定金的丧失、双倍返还与约定解除权的行使条件相结合。在约定解除权的情况下,解除合同自然不属于违约。此时所谓的定金罚则不仅称不上惩罚性措施,也不是严格意义上的违约救济,而仅具有补偿功能。

第四,成约定金。成约定金是以定金的交付作为合同成立的条件。原《担保法司法解释》第 116 条规定:"当事人约定以交付定金作为主合同成立或者生效要件的,给付定金的一方未支付定金,但主合同已经履行或者已经履行主要部分的,不影响主合同的成立或者生效。"单纯的成约定金,其目的在于使合同成立,不具有担保合同履行的功能,于合同成立后抵作价款,自然也不适用定金罚则。但实践中成约定金通常也会被约定为违约定金,具有双重定金属性,应当适用《民法典》第 586 条、第 587 条和第 588 条的规定。

第五,证约定金。证约定金是以定金作为订立合同的证据。在罗马法上,定金通常有证约定金的性质。证约定金的功能在于证明合同成立,不适用定金

① 参见柳经纬:《债权法》,厦门大学出版社 2018 年版,第 76 页。

罚则。对于我国法律是否承认证约定金,学界存在分歧。① 单纯的证约定金不具有担保功能,也不适用定金罚则。但在实践中单纯的证约定金是极罕见的,证约定金与违约定金、成约定金相结合的约定是比较常见的。可以认为在没有特别约定时,证明双方已经订立合同也是违约定金和成约定金在逻辑上当然的一种效力,可见在通常情况下,违约定金与成约定金兼具证约定金的功能。

按照《民法典》第 587 条的规定,定金在履行合同之后抵作价款。定金和预付款产生一定类似性,但两者的区别仍然十分明显:第一,预付款是一种支付手段,不具有担保作用;定金是一种担保手段,本身不是履行行为。第二,预付款是合同中约定的付款方式;定金合同一般是从合同,不是主合同中约定的给付义务。第三,违约定金、立约定金在出现债务不履行的情况下都具有填补受损害方损失的功能,预付款仅仅是价款,虽然在合同解除的情况下,价款受领方当事人有可能以损害赔偿请求权与相对人的价款返还请求权相抵销,但预付款本身不具有填补损失的功能。

定金也可能被理解为预先交付的违约金。② 定金和违约金之间的区别主要包括三点:第一,定金是在合同履行之前交付的,定金合同是实践合同;违约金是发生违约行为之后支付的,违约金条款是诺成性的。第二,定金具有违约、解约、成约等不同类型,违约金则分为赔偿性违约金和惩罚性违约金。第三,定金的数额不得超过法定数额,超过部分无效;违约金不存在确定的数额限制,但在过高的场合,当事人可向人民法院或者仲裁机构请求酌减。③

(三)定金数额的限制

《民法典》第 586 条第 2 款第 1 句规定:"定金的数额由当事人约定;但是,不得超过主合同标的额的百分之二十,超过部分不产生定金的效力。"该规定是限制定金数额的规定。定金数额之所以需要限制,原因在于两点:第一,定金具有担保合同履行的功能,如果定金数额过高,便会过分地将当事人束缚在合同

---

① 有学者认为《民法典》第 587 条的规定兼有证约定金和违约定金的功能。参见王家福:《中国民法学·民法债权》,法律出版社 1991 年版,第 125 页;刘心稳:《债权法总论》,中国政法大学出版社 2015 年版,第 185 页。亦有学者认为我国民法未规定证约定金。参见柳经纬:《债权法》,厦门大学出版社 2018 年版,第 76 页。

② 参见王家福:《中国民法学·民法债权》,法律出版社 1991 年版,第 127 页。

③ 参见柳经纬:《债权法》,厦门大学出版社 2018 年版,第 77 页。

之上。第二,违约定金、解约定金分别具有赔偿、补偿的功能,如果定金数额过高,那便脱离了赔偿、补偿的功能,可能使相对人获得超额利益,有违公平原则。

二、定金的效力

定金的效力,即定金在当事人之间产生的权利义务关系,包括债务人依约履行债务,以及债务人不履行或者履行债务不符合合同约定致使合同目的不能实现时两种不同状态的效力。这是定金能够发挥担保作用的根源,即定金通过一方当事人向对方当事人交易一定数量的金钱,把合同是否履行与定金的得失联系起来,使当事人产生心理压力,积极、适当地履行合同。①

定金的效力主要是在发生违约时适用定金罚则。定金罚则是指合同当事人不履行债务或者履行债务不符合约定,致使不能实现合同目的的,若是给付定金的一方违约则无权请求返还定金;若是收受定金的一方违约则应当双倍返还定金的规则。《民法典》第 587 条对此有明确的规定。鉴于定金罚则的功能具有一定的惩罚性,主要以担保合同履行为目的,其数额应受到法律强制性规定的限制。定金的数额虽由当事人约定,但不得超过主合同标的额的 20%,超过部分不产生定金的效力。这一规定已经对定金的数额进行了限制。因此,对于定金不能类推适用违约金酌减的规定。这也体现出定金与违约金效力上的不同。

我国《民法典》第 586 条至第 588 条是针对违约定金的规定,在理论上违约定金也兼具证约定金的效力,当事人也可以约定立约定金、解约定金等定金类型。但定金罚则适用于违约定金和立约定金,也可类推适用于解约定金,但不适用于证约定金和成约定金。

关于定金罚则的适用条件,与原《合同法》第 115 条相比,《民法典》第 587 条增加了“或者履行债务不符合约定,致使不能实现合同目的”的表述,从而将适用条件从完全不履行债务一项,扩张到“完全不履行债务”和“履行债务不符合约定,致使不能实现合同目的”两项。该修改使得《民法典》第 587 条规定的

① 参见何志:《最高人民法院合同法司法解释精释精解:增订本》,中国法制出版社 2019 年版,第 501 页。

适用范围更为明确,即排除了“履行债务虽然不符合约定,但是不导致合同目的不能实现”的情形。①

三、定金与违约金、违约损害赔偿的关系

《民法典》第 588 条规定:“当事人既约定违约金,又约定定金的,一方违约时,对方可以选择适用违约金或者定金条款。定金不足以弥补一方违约造成的损失的,对方可以请求赔偿超过定金数额的损失。”《民法典》第 588 条第 1 款规定了定金和违约金的选择适用问题,第 2 款规定了定金和损害赔偿金的有条件并用问题。定金、违约金和损害赔偿金都是典型的违约责任承担形式。定金作为一种担保方式,具有一定的惩罚性,发挥督促履行功能,其不以实际损失发生为适用前提;但是又带有一定的损害预估性质,故而在一定程度上也具有损失填补和简化赔偿的功能。定金和违约金、赔偿损失应否并用以及如何并用,在学术界和实务界争论已久,《民法典》第 588 条进一步明确其适用关系和适用方式,为法律适用提供了明确的路径。

(一)定金与违约金不能同时主张

按照《民法典》第 588 条第 1 款的规定,定金具有替代违约金的效力。② 这种替代必须以功能一致为前提。违约定金也具有填补损害这一功能,在接受定金或者双倍返还定金之后,当事人的损失已经得到部分甚至全部填补的,因实际损失较小或者不存在实际损失,若再允许主张违约金,会产生重复救济而得利的后果,因此定金与违约金只能选择其一而主张。

(二)定金与损害赔偿可以并存

《民法典》第 588 条新增了第 2 款,即“定金不足以弥补一方违约造成的损失的,对方可以请求赔偿超过定金数额的损失”。这一规定为当事人选择请求适用定金罚则消除了后顾之忧,有利于定金制度更好发挥作用。例如,在商品房买卖场合,房屋价格为 600 万元,买受人预先支付 50 万元定金之后,出卖人将房屋转售给第三人的,应当双倍返还定金,即返还 100 万元。如果买受人可

① 定金罚则只能适用于根本违约情形,如果一旦迟延就要加倍返还定金,或者一旦有瑕疵就要加倍返还定金,那便对于债务人过于苛刻,也违背了定金条款的目的。参见王利明、崔建远:《合同法新论 · 总则》,中国政法大学出版社 2000 年版,第 696 页。

② 参见李永军:《债权法》,北京大学出版社 2016 年版,第 57 ~ 58 页。

以以 650 万元买到同一地段类似的房屋，那么买受人便不能再请求损害赔偿，因为加倍返还的 50 万元足以填平买受人遭受的损失。不过，如果房屋上涨幅度过大，买受人只有支出 700 万元才能买到同一地段类似的房屋，那么出卖人双倍返还定金之后，还应向买受人赔偿 50 万元损失。

第五节　不可抗力的免责

不可抗力是我国民法上的法定免责事由，广泛适用于各个领域，具体到违约责任领域，因为不可抗力造成违约的，违约方可以部分、全部免责。但是，如果法律有特别规定的，适用特别规定。

一、不可抗力的概念和特点

不可抗力是不能预见、不能避免且不能克服的客观情况。不可抗力的一般规定是《民法典·总则编》第 180 条。根据该条第 1 款的规定，“因不可抗力不能履行民事义务的，不承担民事责任。法律另有规定的，依照其规定”。不可抗力在违约责任中的适用，更具体的规定是《民法典》第 590 条第 1 款，因不可抗力不能履行合同的，根据不可抗力的影响，部分或者全部免除违约责任，但法律另有规定的除外。当事人迟延履行后发生不可抗力的，不能免除违约责任。例如，根据《民用航空法》第 124 条的规定，发生在民用航空器上或者在旅客上、下民用航空器过程中的旅客人身伤亡事件，除非完全因为旅客个人健康状况原因，否则承运人应当承担责任。除此之外，不可抗力事件发生后，受影响一方负有及时通知对方的义务，如因为通知不及时导致损失扩大的，应当就损失扩大部分承担责任，通知义务的基础是诚信原则。另外，如不可抗力发生在当事人迟延履行期间，其无权主张不可抗力免责。

关于不可抗力，需要注意以下几点：

第一，不能预见与不能预测应予区分。所谓不能预见，是指可能预测但无法预见，对于地震、海啸等，虽然可以认知、监测，甚至在一定范围内预测，但在订立合同时对于其发生的具体时间、范围均无法预见。可预见性在不同历史时期有不同内涵。在近代以前，人们对台风没有较强的监测技术，更谈不上预见。

在气象卫星技术应用之后，人们对台风便有了较强的预测能力，能够提前数日进行较为准确的预测。在这种情况下，对于与天气变化有密切联系的合同来说，即使按照交易习惯，当事人也应谨慎关注天气状况。当事人不能轻易以台风、暴雨属于不可抗力为由主张免除一切违约责任，因为在订立合同时当事人有可能将这类天气现象加以考虑并提前在合同中作出相应的安排。不过，对于地震、海啸、山体滑坡等自然灾害，即使可以提前数秒钟或者更长时间进行预测，对于交易来说显然也缺乏实际意义，这类现象属于典型的不可抗力。

第二，所谓不能避免，是指即使尽最大努力也不能阻止不可抗力的发生。所谓不能克服，是指尽最大努力也不能消除不可抗力的影响与破坏。至于何种努力程度可谓最大努力，不能基于当事人的主观标准进行判断。如果采取该合同中当事人的主观标准加以判断，那么不可抗力便会“因人而异”，显然不利于交易安全。相反，不可抗力应当基于社会生活的通常观念，从普通人的客观标准出发加以判断。一般而言，自然灾害、战争、军事冲突是典型的不可抗力。新型传染病带来的物价波动不构成不可抗力，但是为防治传染病而实施的政府命令则往往是不可抗力。某一线城市市政府发布所谓“限购令”，将二套房首付款占房屋价款的比例从30%提高至70%的，在房价高起的一线城市既可能构成不可抗力，也可能带来合同基础的嗣后变化（情势变更）。

二、不可抗力与违约损害赔偿

《民法典》第590条是关于不可抗力与违约责任免除的规定，是《民法典·总则编》第180条的具体规定。应予明确的是，在不可抗力导致债务不履行的范围内，部分或者全部免除违约损害赔偿责任。原因在于，在实行无过错责任的领域，不可抗力是法定免责事由，只要具备该事由，违约损害赔偿责任便不成立。

不可抗力导致不能履行合同的，不影响当事人解除权、减价权的行使。该两项权利的行使不以债务不履行方具有可归责性为前提条件。不可抗力导致不能履行，合同目的无法实现的，当事人可以依据《民法典》第563条第1款第1项解除合同。不可抗力导致不能履行，合同目的部分无法实现的，当事人可以依据《民法典》第582条减少价款或者报酬。

根据《民法典》第590条第2款的规定，当事人迟延履行后发生不可抗力的,不免除其违约责任。其主要适用于债务人迟延的情形,债务人迟延给付后,即使发生不可抗力导致给付不能,也不免除其违约损害赔偿责任。第 590 条第 2 款也可适用于债权人受领迟延。债权人受领迟延后,发生不可抗力导致其受领不能的,仍按照普通情形中的受领迟延处理,此时债务人仅对故意或者重大过失负责。

三、不可抗力与实际履行、违约金的关系

不可抗力能否排除实际履行、违约金责任,对此需要具体分析。[①]《民法典》第 590 条中的"不能履行"既可以是一时的给付不能,也可以是永久的给付不能。不可抗力导致一时的给付不能的,依据《民法典》第 580 条第 1 款,履行请求权暂时被排除;不可抗力导致永久的给付不能的,依据该条第 1 款履行请求权永久被排除。不过严格来说,排除履行请求权的不是不可抗力这个"原因",而是给付不能这个"结果"。

至于违约金责任,应当分别加以讨论。惩罚性违约金旨在担保债务的履行,如果因为不可抗力导致债务不能履行,令债务人承担违约金有违担保目的,那么,在不可抗力导致合同不能履行的范围内,违约金责任也相应免除。赔偿性违约金本质上是损害赔偿额的预定,其属于损害赔偿的范畴。只要不可抗力导致违约损害赔偿全部或者部分免除,那么赔偿性违约金也应全部或者部分免除。

四、通知与证明

依据《民法典》第 590 条第 1 款第 2 句,当事人一方因不可抗力不能履行合同的,应当及时通知对方,以减轻可能给对方造成的损失,并应当在合理期限内提供证明。该通知义务是基于诚信原则而生的附随义务,尽管不可抗力造成履行不能,但当事人之间相互照顾的义务并不因此免除。不履行方怠于履行通知义务,给对方造成损失的,应承担违反附随义务的违约责任。

"在合理期限内提供证明",其目的有二:一是避免当事人之间滋生纠纷,二是为债权人行使保险金请求权或者解决与第三人之间的纠纷提供协助。

---

① 参见王利明、崔建远:《合同法新论·总则》,中国政法大学出版社 2000 年版,第 617 页。

五、约定的不可抗力条款

《民法典》第 590 条第 1 款第 1 句仅规定“但是法律另有规定的除外”，而未规定“但当事人另有约定的除外”。可见，只有在法律有特别规定的情况下，才会排除不可抗力的免责效果。这意味着，不可抗力免责之规定属于效力性强制性规定，原因在于既然是不能预见、不能避免且不能克服的客观情况，那么令一方当事人承担违约责任无疑会向该方当事人分配过重的风险，也有违公平原则和诚信原则。《民法典》第 590 条属于效力性强制性规定，意味着当事人不能抽象地排除不可抗力免责规定的适用。如果当事人抽象地排除不可抗力免责规定的适用或者排除了不可抗力的核心内容（如将地震排除在不可抗力外），那就不当地加重违约方的责任，该约定因违反效力性强制性规定而无效。不过，当事人仍可以在合同中约定不可抗力的具体范围，特别是将处于模糊地带的事项加以明确，如疫情、骚乱。

在实践中，常见当事人在所谓的不可抗力免责条款中加入了本不属于不可抗力的事项（如供电中断）。这种约定仍然可能生效。只不过，这部分内容其实是当事人约定的普通免责事由，而非不可抗力事由。普通免责事由之约定是否有效，要适用《民法典》中有关格式条款、免责条款以及显失公平等方面的规定进行实质审查。

第六节 违约责任与侵权责任的竞合

一、违约责任与侵权责任竞合概述

（一）违约责任与侵权责任竞合的概念

违约责任与侵权责任竞合是指行为人实施一个违法行为，同时具备了违约行为与侵权行为的双重构成要件，因而在法律上导致违约责任与侵权责任同时产生。随着《民法典》的合同编与侵权编双向扩张，违约责任与侵权责任对法益的保护渐趋普遍，两者的中间领域和竞合范围不断扩大。责任竞合的本质是一个行为引发并产生了多重民事责任，各个责任之间相互并存、相互冲突。在责任竞合情形中,同一损害被两种法律规范基于不同的规范目的评价,其效果多有不同。

关于责任竞合的学说争议较大,至今尚未统一,主要有法条竞合说、请求权竞合说(包括自由竞合说与相互影响说)、请求权规范竞合说及全规范统合说等不同观点。① 在大陆法系国家,多使用的是请求权竞合的概念。请求权竞合是指一个行为引起了多项请求权的产生,并且各项请求权是分别独立的,可见责任竞合与请求权竞合表述的是同一个问题。《民法典》第 186 条明确规定:"因当事人一方的违约行为,损害对方人身权益、财产权益的,受损害方有权选择请求其承担违约责任或者侵权责任。"由此可见,第 186 条的立法宗旨是充分尊重受害人的意愿,强化请求权的效力。

(二)违约责任与侵权责任竞合的成因

违约责任与侵权责任竞合是在合同法与侵权责任法分离以后产生的。德国在继承罗马法的基础上,发展出了一套债与责任完全合一的法律体系。经过漫长努力构建了债的抽象概念,把各种民事关系一并纳入了债的体系中来。然而随着侵权责任类型的不断更新,我国的侵权责任法从债法中脱离出来,成为一门独立的法律规范系统,侵权责任也与违约责任区别开来,成为独立的责任制度。责任竞合的问题也就此产生。违约具体指的是违反了合同规定的内容,但是侵权是指对权利人自身的合法权益进行了损害,违约以及侵权本质上承担的都是民事责任,这也使得两者出现责任竞合的状况。责任竞合的直接原因就在于一个违法行为同时符合侵权责任与违约责任的构成要件,同时受两部法律规范的调整。② 违约责任与侵权责任的法定构成要件内容直接决定了竞合范围的宽窄。

二、违约责任与侵权责任竞合的类型

责任竞合即一个不法行为同时满足两个责任规范的构成要件。③ 根据违约责任与侵权责任竞合的产生原因不同,实践中常将两者的竞合分为"侵权性违

① 参见谢鸿飞:《违约责任和侵权责任竞合理论的在构成》,载《环球法律理论》2014 年第 6 期。

② 参见谢鸿飞:《违约责任和侵权责任竞合理论的在构成》,载《环球法律评论》2014 年第 6 期。

③ 参见王利明:《违约责任论》(修订版),中国政法大学出版社 2003 年版,第 329 页;韩世远:《合同法总论》(第 3 版),法律出版社 2011 年版,第 715 页。

约”导致的竞合和“违约性侵权”导致的竞合两种类型。但这两种类型在现实中难以明确区分,因此该类型的学理划分在实践上并无实际意义。本书认为,对违约责任与侵权责任竞合的类型划分可依所违反的义务性质不同而进行区分。依此,两种责任的竞合类型可分为以下两种情况:

(一)违反合同给付义务导致的责任竞合

履行利益是债务人履行合同给付义务后债权人所应享有的利益,固有利益是权利人原有的利益,其并不由合同履行而获得,原则上两者泾渭分明。虽然合同的给付义务往往取决于当事人的自由约定,但在有些交易形态下,合同上的履行利益也可能表现为对固有利益的维护。从义务角度看,即表现为依合同产生对固有利益的积极维护义务。在此种情形下,此合同义务的保护力度通常要强于侵权法的注意义务。因为相比较而言,前者属积极的作为义务,后者仅是法律上要求的不作为的消极义务。当合同上的给付义务表现为对固有利益的维护义务时,当事人对该义务的违反也构成对侵权法上不作为注意义务的违反,故两责任之间可发生竞合。[①] 实践中,该竞合可发生在保管、仓储、租赁、运输等合同中。

(二)违反合同附随义务导致的责任竞合

现代民法理论中合同义务除给付义务之外,还包括了合同的附随义务。附随义务的设定旨在实现合同利益的最大化,它基于诚信原则而生,具体包括保护义务、先合同义务、后合同义务等。合同义务的扩张使合同所保护的利益范围由单纯的履行利益扩大至侵权法所保护的固有利益,据此当行为人违反契约附随义务时,他也构成对侵权法上注意义务的违反,两者得以发生竞合。

实践中,合同附随义务的违反可分两种情形:一种是与违反给付义务相伴随产生的附随义务违反,即不良给付。在此情形下,债务人虽然给付了“标的物”,但出于标的物品质的缺陷,不仅使得履行价值受损,而且还产生了对债权人固有利益的附随损害。另一种是单独违反随附义务的情形,王利明教授所列举的电视机爆炸事例[②];机器之出卖人误告买受人以使用方法,机器爆裂并对买

① 参见迟颖:《我国合同法上附随义务之正本清源——以德国法上的保护义务为参照》,载《政治与法律》2011 年第 7 期。

② 参见王利明:《违约责任论》,中国政法大学出版社 2003 年版,第 359 页。

受人的财产或者人身造成损害或伤害[1];酒店、超市等营业场所违反安全保障义务致顾客人身或财产受损也属于这种情况。上述两种情形均因合同之附随义务的违反而与侵权之注意或保护义务的违反发生竞合。

三、违约责任与侵权责任竞合规范的适用

(一)责任竞合中的规范基础选择

责任竞合的本质其实就是竞合的责任所依据的法律规定或规范之间的竞合。更具体地说,表现为两种责任在主观构成要件、赔偿范围、抵销、免责约定、举证责任等方面的法条适用上的竞合。对于责任竞合的范围,通说认为违约责任与侵权责任竞合仅限于损害赔偿责任的竞合,而不包括其他责任方式的竞合。[2] 原因在于,某些责任方式是违约责任或侵权责任所特有的。

关于受害人是否有权不在违约责任和侵权责任二者之间作出选择这一问题,有观点认为,法院此时可以代为作出选择。在受损害方能选择而不选择的情况下,为避免诉讼僵局,从全面保护受害人的角度出发,可由法官进行选择,这也不存在脱离规范目的的问题[3]。审判实践也有支持此立场的判决。相反观点认为,由法院代为选择的做法违反法官中立地位,有违辩论原则。请求权人有义务主张己方的请求权基础,并就相关要件事实进行证明,被请求人则根据相应的法律观点进行回应(否认或抗辩)。据此,若请求权人不明确己方请求的实体法依据,被告方如何进行防御?法院代请求权人选择一个对其最有利的实体法依据,显然违反司法中立原则。在我国的实践中,法官应当释明原告对诉讼请求主张的是侵权责任还是违约责任并加以明确。

(二)当事人意思优先原则

对于竞合问题,我国立法采取请求权规范竞合立场,受损害方有权就请求违约方承担违约责任或者侵权责任作出选择。这体现出当事人意思优先的原则。当事人意思优先原则是指违约责任与侵权责任竞合时,当事人对责任构成要件、赔偿数额、免责条件或免责范围等所作出的预先约定或安排,在无法律禁

---

① 参见史尚宽:《债法总论》,中国政法大学出版社2000年版,第416页。

② 参见崔建远:《民法总则应如何设计民事责任》,载《法学杂志》2016年第11期。

③ 参见王利明:《侵权责任法与合同法的界分——以侵权责任法的扩张为视野》,载《中国法学》2011年第3期。

止性规定时应优先得到尊重。为此,一般情况下法律对当事人意思自治行为内容及其范围的允许不应受到责任竞合的影响和约束。

当事人无选择权的立法例是《法国民法典》,基于法条竞合学说的立场,当事人仅能请求违约责任。2005 年法国《卡特拉草案》仍坚持这一基本立场,但不得不在草案中承认例外的情况。对于受损失当事人是否有权利选择适用违约制度或者是侵权制度,《卡特拉草案》采用法国传统观点:基于合同履行所生的损害不能依据侵权责任主张救济,也就是违约受害人没有选择适用侵权制度的可能,原因在于防止合同条款和合同制度被架空。[①] 但是同时草案规定了此原则的例外情况:一是保护人身受到伤害的受害人;二是保护因合同不履行受有损害的第三人。

在我国,《民法典》仍坚持了当事人可以作出选择的立场。但在法律的解释适用上,应注意保护当事人预先就此作出的合同安排,并在法律效果上尽量为当事人提供统一救济。首先,在违约与侵权竞合时,对于当事人已纳入合同风险分配的事项,只要这种约定可以被认定为有效,合同预定的风险分配就必须尊重,此时双方当事人约定的违约责任条款必须被适用。[②] 因此,纵然权利人请求适用侵权制度,也应当以尊重双方已经达成的合同约定为原则,以避免当事人双方发生借用侵权责任制度规避合同条款的约束,并且可以有效敦促合同当事人信守诚实信用原则积极主动地履行合同条款。其次,对于合同预定的风险分配外的事项,则应当在侵权与违约上采纳统一救济规则,即不论是基于违约还是侵权,必须保证救济结果的统一性。[③] 当立法效果可以达到侵权责任制度和违约责任制度的规范效果不会因为当事人的自由选择而有所差异时,当事人预定的风险分配以及法定的平衡关系也会被维持。

---

① 参见李世刚:《法国合同责任与侵权责任立法动向及意义——以〈卡特拉草案〉为出发点》,载《北京理工大学学报(社会科学版)》2012 年第 5 期。

② 参见张家勇:《中国法民事责任竞合的解释论》,载《交大法学》2018 年第 1 期。

③ 参见张家勇:《中国法民事责任竞合的解释论》,载《交大法学》2018 年第 1 期。

参考文献

著作

[1]中共中央党史和文献研究编:《十九大以来重要文献选编》(中),中央文献出版社2021年版。

[2]中共中央文献研究室编:《习近平关于全面依法治国论述摘编》,中央文献出版社2015年版。

[3]王家福:《民法债权》,法律出版社1994年版。

[4]江平:《中华人民共和国合同法精解》,中国政法大学出版社1999年版。

[5]江平、米健:《罗马法基础》,中国政法大学出版社1987年版。

[6]王利明、崔建远:《合同法新论·总则》,中国政法大学出版社1996年版。

[7]王利明:《民商法研究》(第3辑),法律出版社1999年版。

[8]王利明:《违约责任论》,中国政法大学出版社2000年版。

[9]王利明、房绍坤、王轶:《合同法》,中国人民大学出版社2007年版。

[10]王利明:《合同法研究》(第1卷),中国人民大学出版社2015年版。

[11]王利明:《物权法研究》,中国人民大学出版社2016年版。

[12]王利明、杨立新、王轶、程啸:《民法学》(下),法律出版社2020年版。

[13]王利明:《合同法》(上册),中国人民大学出版社2021年版。

[14]梁慧星:《民商法论丛》(第6卷),法律出版社1997年版。

[15]梁慧星:《民法学说判例与立法研究》(第2册),国家行政学院出版社1999年版。

[16]梁慧星主编:《中国民法典草案建议稿附理由:债权总则编》,法律出

版社 2013 年版。

[17]梁慧星:《读法条学民法》,人民法院出版社 2017 年版。

[18]梁慧星:《民法总论》,法律出版社 2017 年版。

[19]杨立新:《合同法专论》,高等教育出版社 2006 年版。

[20]杨立新:《债与合同法》,法律出版社 2012 年版。

[21]杨立新:《民法总则:条文背后的故事与难题》,法律出版社 2017 年版。

[22]崔建远:《合同责任研究》,吉林大学出版社 1992 年版。

[23]崔建远、韩世远:《债权保障法律制度研究》,清华大学出版社 2004 年版。

[24]崔建远:《民法九人行》(第 2 卷),金桥文化出版(香港)有限公司 2004 年版。

[25]崔建远:《合同法总论》(中卷),中国人民大学出版社 2016 年版。

[26]崔建远:《合同解释论》,中国人民大学出版社 2020 年版。

[27]崔建远:《合同法》,北京大学出版社 2021 年版。

[28]李永军:《民法总则》,中国法制出版社 2018 年版。

[29]李永军:《合同法》,中国人民大学出版社 2021 年版。

[30]朱庆育:《意思表示解释理论》,中国政法大学出版社 2004 年版。

[31]朱庆育:《民法总论》,北京大学出版社 2013 年版。

[32]王轶:《物权变动论》,中国人民大学出版社 2001 年版。

[33]王轶:《民法原理与民法学方法》,法律出版社 2009 年版。

[34]朱广新:《合同法总则研究》(上册),中国人民大学出版社 2018 年版。

[35]朱广新:《合同法总则研究》(下册),中国人民大学出版社 2018 年版。

[36]柳经纬:《债权法》,厦门大学出版社 2018 年版。

[37]柳经纬:《合同法》,中国民主法制出版社 2014 年版。

[38]李仁玉、刘凯湘:《契约观念与秩序创新——市场运行的法律、文化思考》,北京大学出版社 1993 年版。

[39]李仁玉:《合同效力研究》,北京大学出版社 2006 年版。

[40]董安生:《民事法律行为》,中国人民大学出版社 1994 年版。

[41]董安生:《英国商法》,法律出版社 1991 年版。

[42]魏振瀛主编:《民法》(第 8 版),北京大学出版社 2021 年版。

[43]郭明瑞、房绍坤主编:《合同法学》,复旦大学出版社2016年版。

[44]韩世远:《合同法总论》,法律出版社2018年版。

[45]史尚宽:《民法总论》,中国政法大学出版社2000年版。

[46]史尚宽:《债法总论》,中国政法大学出版社2000年版。

[47]郑玉波主编:《民法债编论文选辑》(上),台北,五南图书出版股份有限公司1984年版。

[48]郑玉波著,陈荣隆修订:《民法债编总论》,中国政法大学出版社2004年版。

[49]王泽鉴:《债法原理　不当得利》(第2册),台北,三民书局1999年版。

[50]王泽鉴:《债法原理》(一),中国政法大学出版社2001年版。

[51]王泽鉴:《债法原理》(二),中国政法大学出版社2002年版。

[52]王泽鉴:《民法思维:请求权基础理论体系》,北京大学出版社2009年版。

[53]王泽鉴:《债法原理》,北京大学出版社2009年版。

[54]王泽鉴:《民法总则》,北京大学出版社2009年版。

[55]王泽鉴:《民法学说与判例研究》(重排合订本),北京大学出版社2015年版。

[56]林诚二:《民法理论与问题研究》,中国政法大学出版社2000年版。

[57]林诚二:《民法债编总论——体系化解说》,中国人民大学出版社2003年版。

[58]欧阳经宇:《民法债编通则实用》,台北,汉林出版社1977年版。

[59]陈自强:《民法讲义Ⅰ——契约之成立与生效》,法律出版社2002年版。

[60]陈自强:《无因债权契约论》,中国政法大学出版社2002年版。

[61]黄茂荣:《债务不履行与损害赔偿》,厦门大学出版社2014年版。

[62]黄茂荣:《债法通则之三:债之保全、移转及消灭》,厦门大学出版社2014年版。

[63]马维麟:《民法债编注释书(三)》,台北,五南图书出版股份有限公司1999年版。

[64]施启扬:《民法总则》,自版,2001年版。

[65]黄立:《民法债编总论》,中国政法大学出版社2002年版。

[66]孙森焱:《民法债编总论》(下),法律出版社2006年版。

[67]邱聪智:《新订债法各论》(上),中国人民大学出版社2006年版。

[68]陈聪富:《民法总则》,台北,元照出版公司2016年版。

[69]郑冠宇:《民法债编总论》,台北,新学林出版股份有限公司2017年版。

[70]张俊浩主编:《民法学原理》,中国政法大学出版社1997年版。

[71]尹田编著:《法国现代合同法》,法律出版社2009年版。

[72]李双元、温世扬主编:《比较民法学》,武汉大学出版社1998年版。

[73]孔祥俊:《合同法教程》,中国人民公安大学出版社1999年版。

[74]胡康生主编:《中华人民共和国合同法释义》,法律出版社1999年版。

[75]余延满:《合同法原论》,武汉大学出版社1999年版。

[76]孙毅、刘耀东:《〈中华人民共和国民法典·继承编〉释义》,人民出版社2020年版。

[77]李伟民主编:《法学辞海》,蓝天出版社1998年版。

[78]谢怀栻等:《合同法原理》,法律出版社2000年版。

[79]沈达明、梁仁洁编著:《德意志法上的法律行为》,对外贸易教育出版社1992年版。

[80]何怀宏:《契约伦理与社会正义》,中国人民大学出版社1993年版。

[81]王军编著:《美国合同法》,中国政法大学出版社1996年版。

[82]李宇:《民法总则释义:规范释论与判解集注》,法律出版社2017年版。

[83]曾祥生:《撤销权制度研究》,中国社会科学出版社2010年版。

[84]施光耀主编:《中国证券百科全书》(第3卷),山西经济出版社2000年版。

[85]阚凯力、张楚主编:《外国电子商务法》,北京邮电大学出版社2000年版。

[86]周枏:《罗马法原论》(下册),商务印书馆2001年版。

[87]李开国主编:《合同法》,法律出版社2002年版。

[88]姚志明:《债务不履行——不完全给付之研究》,中国政法大学出版社2003年版。

[89]杨桢:《英美契约法论》,北京大学出版社 2007 年版。

[90]黄和新:《中国合同法论》,南京师范大学出版社 2008 年版。

[91]申建平:《债权让与制度研究》,法律出版社 2008 年版。

[92]陆青:《合同解除效果的意思自治研究》,法律出版社 2011 年版。

[93]申卫星:《民法学》,北京大学出版社 2017 年版。

[94]刘家安等:《债法:一般原理与合同》,高等教育出版社 2012 年版。

[95]李秀清、陈颐主编:《日本六法全书》,上海人民出版社 2013 年版。

[96]何宝玉:《合同法原理与判例》,中国法制出版社 2013 年版。

[97]谢鸿飞:《合同法学的新发展》,中国社会科学出版社 2014 年版。

[98]韩松:《合同法学》,武汉大学出版社 2014 年版。

[99]吴高盛:《中华人民共和国合同法释义及实用指南》,中国民主法制出版社 2014 年版。

[100]刘心稳:《债权法总论》,中国政法大学出版社 2015 年版。

[101]《德国民法典——全条文注释》(上册),杜景林、卢谌译,中国政法大学出版社 2015 年版。

[102]国家法官学院案例开发研究中心:《中国法院 2015 年度案例》(合同纠纷),中国法制出版社 2015 年版。

[103]苏号朋:《合同法教程》,中国人民大学出版社 2015 年版。

[104]王洪亮:《债法总论》,北京大学出版社 2016 年版。

[105]陈甦:《民法总则评注》,法律出版社 2017 年版。

[106]王融擎:《日本民法条文与判例》(上册),中国法制出版社 2018 年版。

[107]李晓钰:《合同解除制度研究》,中国法制出版社 2018 年版。

[108]陈华彬:《债法总论》,中国政法大学出版社 2018 年版。

[109]隋彭生:《合同法要义》,中国人民大学出版社 2018 年版。

[110]谭启平主编:《中国民法学》,法律出版社 2018 年版。

[111]邹海林:《民法总则》,法律出版社 2018 年版。

[112]何志:《最高人民法院合同法司法解释精释精解》(增订本),中国法制出版社 2019 年版。

[113]潘琪:《美国〈统一商法典〉解读》,法律出版社 2020 年版。

［114］郑云端:《合同法学》,北京大学出版社2021年版。

［115］苏惠祥:《中国当代合同法论》,吉林大学出版社1992年版。

［116］欧洲民法典研究组,欧盟现行私法研究组:《欧洲私法的原则、定义与示范规则》(第1~3卷),高圣平等译,法律出版社2014年版。

［117］［捷克］丹尼尔·沙拉汉:《个人主义的谱系》,储智勇译,吉林出版集团有限责任公司2009年版。

［118］［法］卢梭:《社会契约论》,何兆武译,商务印书馆1980年版。

［119］［法］雅克·盖斯旦、吉勒·古博:《法国民法总论》,陈鹏等译,法律出版社2004年版。

［120］［法］弗朗索瓦·泰雷等:《法国债法:契约篇》(上),罗结珍译,中国法制出版社2018年版。

［121］［英］P. S. 阿蒂亚:《合同法概论》,程正康等译,法律出版社1982年版。

［122］［英］梅因:《古代法》,沈景一译,商务印书馆1995年版。

［123］［英］A. G. 盖斯特:《英国合同法与案例》,张文镇等译,中国大百科全书出版社1998年版。

［124］［英］亚当·斯密:《国民财富的原因和性质研究》(上),杨敬年译,西安,陕西人民出版社1999年版。

［125］［英］彼得·斯坦、约翰·香德:《西方社会的法律价值》,王献平译,中国法制出版社2004年版。

［126］［美］吉尔莫:《契约的死亡》,曹士兵等译,载梁慧星主编:《民商法论丛》(第3卷),法律出版社1995年版。

［127］［美］E. 艾伦·范斯沃思《美国合同法》,葛云松、丁春艳译,中国政法大学出版社2004年版。

［128］［美］麦克尼尔:《新社会契约论》,雷喜宁、潘勤译,中国政法大学出版社2004年版。

［129］［美］亨利·马瑟:《合同法与道德》,戴孟勇、贾林娟译,中国政法大学出版社2005年版。

［130］［德］罗伯特·霍恩、海因·科茨、汉斯·G. 莱塞:《德国民商法导论》,楚建译,中国大百科全书出版社1996年版。

[131][德]迪尔克·克斯勒:《马克斯·韦伯的生平、著述及影响》,郭锋译,法律出版社2000年版。

[132][德]海因·克茨:《欧洲合同法》(上卷),忠海等译,法律出版社2001年版。

[133][德]伽达默尔:《真理与方法》,洪汉鼎译,上海译文出版社2004年版。

[134][德]迪特尔·梅迪库斯:《德国债法总论》,杜景林、卢谌译,法律出版社2004年版。

[135][德]C. W. 卡纳里斯:《德国商法》,杨继译,法律出版社2006年版。

[136][德]罗森贝克、施瓦布、戈特瓦尔德《德国民事诉讼法》,李大雪译,中国法制出版社2007年版。

[137][德]迪特尔·梅迪库斯:《德国民法总论》,邵建东译,法律出版社2013年版。

[138][德]卡尔·拉伦茨:《德国民法通论》(上),王晓晔、邵建东等译,法律出版社2013年版。

[139][德]卡尔·拉伦茨:《德国民法通论》(下),王晓晔、邵建东等译,法律出版社2013年版。

[140][德]弗卢梅:《法律行为论》,迟颖译,法律出版社2013年版。

[141][德]罗歇尔德斯:《德国债法总论》,沈小军、张金海译,中国人民大学出版社2014年版。

[142][德]汉斯·布洛克斯、沃尔夫·迪特里希·瓦尔克:《德国民法总论》,张艳译,中国人民大学出版社2014年版。

[143][德]迪尔克·罗歇尔德斯:《德国债法总论》,沈小军、张金海译,中国人民大学出版社2014年版。

[144][德]安雅·阿门特-特劳特:《德国继承法》,李大雪等译,法律出版社2015年版。

[145][德]马克斯·卡泽尔、罗尔夫·克努特尔:《罗马私法》,田士永译,法律出版社2018年版。

[146][法]弗朗索瓦·泰雷等:《法国债法:契约篇》(下),罗结珍译,中国法制出版社2018年版。

[147][德]卡尔·拉伦茨:《法律行为解释之方法》,范雪飞、吴训祥译,法律出版社2018年版。

[148][德]马克斯·卡泽尔、罗尔夫·克努特尔:《罗马私法》,田士永译,法律出版社2018年版。

[149][德]莱纳·舒尔策、[波兰]弗里德里克·佐尔:《欧洲合同法》,王剑一译,中国法制出版社2019年版。

[150][德]海因·克茨:《德国合同法》,叶玮昱、张焕然译,中国人民大学出版社2022年版。

[151][日]我妻荣:《债权各论》(上卷),徐慧译,中国法制出版社2008年版。

[152][日]我妻荣:《新订债权总论》,王燚译,中国法制出版社2008年版。

[153][日]於保不二雄:《日本民法债权总论》,庄胜荣译,台北,五南图书出版股份有限公司1998年版。

[154][日]我妻荣:《债权在近代法中的优越地位》,王书江等译,中国大百科全书出版社1999年版。

[155][日]内田贵:《契约的再生》,胡宝海译,载梁慧星主编:《民商法论丛》(第3卷),法律出版社1995年版。

[156][日]近江幸治:《民法讲义·民法总则》,渠涛等译,北京大学出版社2015年版。

[157][日]平井宜雄:《债权总论》,弘文堂1994年版。

[158][日]淡路刚久:《债权总论》,有斐阁2002年版。

[159][日]森田宏树:《契约责任的归责构造》,有斐阁2002年版。

[160][日]奥田昌道:《新版注释民法Ⅱ》,有斐阁2011年版。

[161][日]内田贵:《民法Ⅲ债权总论·担保物权》,东京大学出版会2015年版。

[162][日]我妻荣、有泉亨等:《民法评注:总则·物权·债权》,日本评论社2016年版。

[163]Wagner, Absolute Wirkung vertraglicher Abtretungsverbote gleich absolute Unwirksamkeit verbotswidriger Abtretung? JZ 1994.

[164]Armgardt, *Die Wirkung vertraglicher Abtretungsverbote im deutschen*

und ausländischen Privatrecht,RabelsZ 73(2009).

[165]civ. Scialoja-Branca,*a cura di Galgano*,Bologna-Roma,1992.

[166]Ubaldo La Porta,*L'assunzione del debito altrui*,Giuffre,2009.

[167]Unidroit Principles of International Commercial Contracts 2016.

[168]E. Allan Farnsworth, *Farnsworth on Contracts*, Vol. Ⅱ, 3rd, New York:Aspen,(2004).

释义书

[1]戚兆岳、郝丽燕、孙犀铭编著:《〈中华人民共和国民法典·合同编〉释义》,人民出版社 2020 年版。

[2]中国审判理论研究会民事审判理论专业委员会编著:《民法典合同编条文理解与司法适用》,法律出版社 2020 年版。

[3]最高人民法院民法典贯彻实施工作领导小组主编:《中华人民共和国民法典合同编理解与适用(二)》,人民法院出版社 2020 年版。

[4]黄薇主编:《中华人民共和国民法典合同编释义》,法律出版社 2020 年版。

[5]黄薇主编:《中华人民共和国民法典合同编解读》(上册),中国法制出版社 2020 年版。

[6]最高人民法院民法典贯彻实施工作领导小组主编:《中华人民共和国民法典合同编理解与适用(四)》,人民法院出版社 2020 年版。

[7]杨立新主编:《中华人民共和国民法典释义与案例评注:合同编》(下),中国法制出版社 2020 年版。

[8]杨代雄主编:《袖珍民法典评注》,中国民主法制出版社 2022 年版。

[9]石宏主编:《中华人民共和国民法总则条文说明、立法理由及相关规定》,北京大学出版社 2017 年版。

期刊论文

[1]江平、程合红、申卫星:《论新合同法的合同自由原则与城市信用原则》,载江平:《江平文集》,中国法制出版社 2000 年版。

[2]王利明:《合同法的目标与鼓励交易》,载《法学研究》1996 年第 3 期。

[3]王利明:《论代位权的行使要件》,载《法学论坛》2001 年第 1 期。

[4]王利明:《论无权处分》,载《中国法学》2001 年第 3 期。

[5]王利明:《关于无效合同确认的若干问题》,载《法制与社会发展》2002 年第 5 期。

[6]王利明:《预期违约与不安抗辩权》,载《华东政法大学学报》2016 年第 6 期。

[7]王利明:《债权人代位权与撤销权同时行使之质疑》,载《法学评论》2019 年第 2 期。

[8]王利明:《论合同僵局中违约方申请解约》,载《法学评论》2020 年第 1 期。

[9]王利明:《民法典合同编通则中的重大疑难问题研究》,载《云南社会科学》2020 年第 1 期。

[10]梁慧星:《关于民法典分则草案的若干问题》,载《法治研究》2019 年第 4 期。

[11]崔建远:《新合同法若干制度及规则的解释与适用》,载《法律科学》2001 年第 3 期。

[12]崔建远、韩世远:《合同法中的债权人代位权制度》,载《中国法学》1999 年第 3 期。

[13]崔建远:《无权处分辨——合同法第 51 条规定的解释与适用》,载《法学研究》2003 年第 1 期。

[14]崔建远:《合同效力瑕疵探微》,载《政治与法律》2007 年第 2 期。

[15]崔建远:《债权让与续论》,载《中国法学》2008 年第 3 期。

[16]崔建远:《债权人代位权制度的新解说》,载《法学》2011 年第 7 期。

[17]崔建远:《退货、减少价款的定性与定位》,载《法律科学》2012 年第 4 期。

[18]崔建远:《无权处分合同的效力、不安抗辩、解除及债务承担》,载《法学研究》2013 年第 6 期。

[19]崔建远:《合同效力规则之完善》,载《吉林大学社会科学学报》2018 年第 1 期。

[20]崔建远:《完善合同解除制度的立法建议》,载《武汉大学学报(哲学社

会科学版)》2018 年第 2 期。

[21]崔建远:《论中国〈民法典〉上的债权人代位权》,载《社会科学》2020 年第 11 期。

[22]崔建远:《论债权人撤销权的构成》,载《清华法学》2020 年第 3 期。

[23]崔建远:《无权处分再辨》,载《中外法学》2020 年第 4 期。

[24]崔建远:《论为第三人利益的合同》,载《吉林大学社会科学学报》2022 年第 1 期。

[25]韩世远:《默示的承诺与意思实现——我国〈合同法〉第 22 条与第 26 条的解释论》,载《法律科学》2003 年第 1 期。

[26]韩世远:《债权人撤销权研究》,载《比较法研究》2004 年第 3 期。

[27]韩世远:《虚假表示与恶意串通问题研究》,载《法律适用》2017 年第 17 期。

[28]韩世远:《重大误解解释论纲》,载《中外法学》2017 年第 3 期。

[29]韩世远:《继续性合同的解除:违约方解除抑或重大事由解除》,载《中外法学》2020 年第 1 期。

[30]韩世远:《债权人代位权的解释论问题》,载《法律适用》2021 年第 1 期。

[31]杨立新:《中国合同责任研究(下)》,载《河南省政法管理干部学院学报》2000 年第 2 期。

[32]杨立新、李怡雯:《债权侵权责任认定中的知悉规则与过错要件——(2017)最高法民终 181 号民事判决书释评》,载《法律适用》2018 年第 19 期。

[33]杨立新:《民法典对侵权责任保护范围的准确界定——对〈民法典〉第 1164 条含义理解的进一步厘清》,载《兰州大学学报(社会科学版)》2021 年第 1 期。

[34]魏振瀛:《论债与责任的融合与分离——兼论民法典体系之革新》,载《中国法学》1998 年第 1 期。

[35]申卫星:《论债权人撤销权的构成——兼评我国〈合同法〉74 条》,载《法治与社会发展》2000 年第 2 期。

[36]申卫星:《合同保全制度三论》,载《中国法学》2000 年第 2 期。

[37]李永军:《论合同解释对当事人自治否定的正当性与矫正性制度安

排》,载《当代法学》2004 年第 2 期。

[38]李永军:《法律行为无效原因之规范适用》,载《华东政法大学学报》2017 年第 6 期。

[39]冉克平:《论私法上的合意及其判定》,载《现代法学》2014 年第 5 期。

[40]冉克平:《民法典编纂视野中的第三人清偿制度》,载《法商研究》2015 年第 2 期。

[41]叶金强:《合同解释理论的一元模式》,载《法制与社会发展》2013 年第 2 期。

[42]叶金强:《我国合同法中的"预期违约"制度》,载《南京大学学报(哲学·人文科学·社会科学版)》2002 年第 4 期。

[43]石宏:《论合同效力的有关问题》,载《法律科学》1997 年第 5 期。

[44]朱慈蕴:《公司法人格否认法理在母子公司中的运用》,载《法律科学》1998 年第 5 期。

[45]程合红:《论新合同法中合同的效力》,载《北京科技大学学报(社会科学版)》1999 年第 4 期。

[46]柳经纬、李茂年:《论欺诈、胁迫之民事救济——兼评〈合同法〉之二元规定》,载《现代法学》2000 年第 6 期。

[47]赵旭东:《论合同的法律约束力与效力及合同的成立与生效》,载《中国法学》2000 年第 1 期。

[48]杨玉熹、田莉:《英国法律中的银行抵销权》,载《国际金融研究》2000 年第 2 期。

[49]汪良平:《无效合同的法律后果》,载《中南财经大学学报》2000 年第 5 期。

[50]潘卫东、杨坤:《贷款银行抵销权的法理探究》,载《财经问题研究》2000 年第 7 期。

[51]俞秋玮:《撤销权行使的若干问题》,载《法律适用》2000 年第 9 期。

[52]曹守晔:《代位权的解释与适用》,载《法律适用》2000 年第 3 期。

[53]贾玉平:《论债权人代位权》,载《法学论坛》2001 年第 4 期。

[54]张双根:《〈物权法〉第 31 条释义》,载《华东政法大学学报》2007 年第 6 期。

[55]洪学军:《债权人代位权的性质及其构成研究》,载《现代法学》2002 年第 4 期。

[56]张玉敏、周清林:《"入库规则":传统的背离与超越》,载《现代法学》2002 年第 5 期。

[57]黄积虹:《债的代位保全问题评析》,载《现代法学》2002 年第 2 期。

[58]彭松江:《债权人撤销权之理论与实务》,载《法令月刊》2002 年第 4 期。

[59]李向前:《论债权人的撤销权》,载《当代法学》2002 年第 5 期。

[60]韩海光、崔建远:《论债权让与和对抗要件》,载《政治与法律》2003 年第 6 期。

[61]孙学致:《由自由达致责任——关于契约自由的内在规定性理论》,载《吉林大学社会科学学报》2003 年第 1 期。

[62]刘海伟:《浅析法国法上的银行抵销权》,载《河南商业高等专科学校学报》2004 年第 4 期。

[63]蔡冰菲:《论银行抵销权》,载《上海市经济管理干部学院学报》2004 年第 5 期。

[64]张炜:《银行行使抵销权的条件和方法》,载《中国城市金融》2005 年第 9 期。

[65]杨振山、孙毅:《近代民事主体形成的条件与成因》,载《政法论坛》2005 年第 4 期。

[66]杨震、孙毅:《我国民法典的时代价值》,载《求是学刊》2021 年第 5 期。

[67]强昌文、马新福:《契约伦理价值与权利走向》,载《法制与社会发展》2005 年第 3 期。

[68]龚兵:《免责的债务承担》,载《法学杂志》2006 年第 2 期。

[69]崔军:《代物清偿的基本规则及实务应用》,载《法律适用》2006 年第 7 期。

[70]张耕、邓宏光:《无效合同性质之反思与重构》,载《求索》2006 年第 2 期。

[71]丘志乔:《代位权与代位执行:并存还是归一——对我国债权人代位权制度的思考》,载《广东社会科学》2006 年第 4 期。

[72]杜文聪:《合同相对性的突破与我国合同法相关制度构建》,载《法律适用》2006 年第 11 期。

[73]肖少启:《论债权人撤销权制度的适用与完善》,载《湖南科技学院学报》2009 年第 6 期。

[74]徐山平:《债权人撤销权入库规则质疑》,载《求索》2006 年第 5 期。

[75]梅瑞琦:《论债权人撤销权与无效合同的选择适用》,载《黑龙江社会科学》2007 年第 5 期。

[76]戢庆虎:《合同相对无效否定论》,载《湖北警官学院学报》2009 年第 2 期。

[77]申建平:《论债权让与通知的主体》,载《河南省政法管理干部学院学报》2009 年第 5 期。

[78]胡振玲:《受欺诈合同与缔约过失责任的适用》,载《中南民族大学学报(人文社会科学版)》2009 年第 3 期。

[79]许中缘:《禁止性规范对民事法律行为效力的影响》,载《法学》2010 年第 5 期。

[80]黄忠:《法律行为部分无效的处理规则研究》,载《当代法学》2010 年第 3 期。

[81]吴一鸣:《论"单纯知情"对双重买卖效力之影响——物上权利之对抗力来源》,载《法律科学》2010 年第 2 期。

[82]申海恩:《论解除权效力之法理构成》,载《政法论丛》2010 年第 2 期。

[83]李文涛:《合同的绝对无效和相对无效——一种技术化的合同效力评价规则解说》,载《法学家》2011 年第 3 期。

[84]薛军:《第三人欺诈与第三人胁迫》,载《法学研究》2011 年第 1 期。

[85]曾大鹏:《论显失公平的构成要件与体系定位》,载《法学》2011 年第 3 期。

[86]叶欣:《自然人民事行为能力制度之反思》,载《理论月刊》2011 年第 11 期。

[87]朱岩:《强制缔约制度研究》,载《清华法学》2011 年 1 月。

[88]徐澜波:《合同债权人代位权行使的效力归属及相关规则辨析——兼论我国合同代位债权司法解释的完善》,载《法学》2011 年第 7 期。

[89]迟颖:《我国合同法上附随义务之正本清源——以德国法上的保护义务为参照》,载《政治与法律》2011 年第 7 期。

[90]李世刚:《法国合同责任与侵权责任立法动向及意义——以〈卡特拉草案〉为出发点》,载《北京理工大学学报(社会科学版)》2012 年第 5 期。

[91]翟云岭、于靖文:《代物清偿理论剖析》,载《大连海事大学学报(社会科学版)》2012 年第 1 期。

[92]苑举正:《〈科学革命的结构〉之半世纪回顾》,载《科学文化评论》2012 年第 4 期。

[93]王洪亮:《强制履行请求权的性质及其行使》,载《法学》2012 年第 1 期。

[94]王洪亮:《〈民法典〉第 538 条(撤销债务人无偿行为)评注》,载《南京大学学报(哲学·人文科学·社会科学)》2021 年第 6 期。

[95]周江洪:《〈合同法〉:第 121 条的理解与适用》,载《清华法学》2012 年第 5 期。

[96]余尘:《我国第三人侵害债权制度的构建》,载《社会科学家》2013 年第 3 期。

[97]陈自强:《不完全履行与不完全给付》,载《北航法律评论》2013 第 1 期。

[98]张金海:《论双务合同中给付义务的牵连性》,载《法律科学》2013 年第 2 期。

[99]谢鸿飞:《违约责任和侵权责任竞合理论的内在构成》,载《环球法律理论》2014 年第 6 期。

[100]任重:《民事诉讼诚实信用原则的实施——德国的认知与实践》,载《法学家》2014 年第 4 期。

[101]赵志钢:《合同的效力评判:顶层标准、结果类型与具体规范分析》,载《政法论丛》2014 年第 6 期。

[102]周联合:《合同无效或者被撤销后当事人的请求权基础》,载《社会科学》2014 年第 12 期。

[103]陈怡伊:《刍议合同无效或被撤销后返还请求权之性质》,载《法学杂志》2015 年第 3 期。

[104]尹飞:《论债权让与中债权移转的依据》,载《法学家》2015年第4期。

[105]孙文桢:《论合同效力类型体系的重构——认真对待合同的法律约束力》,载《苏州大学学报(法学版)》2015年第1期。

[106]刘向宁、张艳萍:《无民事行为能力人所订合同之效力——不满十周岁未成年人的视角》,载《中国青年社会科学》2015年第3期。

[107]武腾:《拒绝受领瑕疵物的法定条件——兼论〈合同法〉第148条中拒绝接受制度的出路》,载《法学》2015年第8期。

[108]张家勇:《论前合同损害赔偿中的期待利益　基于动态缔约过程观的分析》,载《中外法学》2016年第3期。

[109]许德风:《论合同违法无效后的获益返还——兼议背信行为的法律规制》,载《清华法学》2016年第2期。

[110]陈小君:《民事法律行为效力之立法研究》,载《法学家》2016年第5期。

[111]朱庆育:《〈合同法〉第52条第5项评注》,载《法学家》2016年第3期。

[112]姚明斌:《"效力性"强制规范裁判之考察与检讨——以〈合同法解释二〉第14条的实务进展为中心》,载《中外法学》2016年第5期。

[113]张弛:《法律行为效力评价体系论》,载《法学》2016年第5期。

[114]刘勇:《"动机错误"的裁判法理与研究课题——"备忘录"式的考察》,载《东南大学学报(哲学社会科学版)》2017年第6期。

[115]茅少伟:《论恶意串通》,载《中外法学》2017年第1期。

[116]刘项南:《论无权处分的效力——以〈买卖合同司法解释〉第3条为中心》,载《郑州大学学报(哲学社会科学版)》2017年第3期。

[117]李俊青:《〈民法总则〉重大误解视野下动机错误的救济路径分析——以错误"二元论"与"一元论"之争为切入点》,载《法学论坛》2017年第6期。

[118]贺剑:《〈合同法〉第54条第1款第2项(显失公平制度)评注》,载《法学家》2017年第1期。

[119]庄加园:《〈合同法〉第79条(债权让与)评注》,载《法学家》2017年第3期。

[120]陈韵希:《合同预期不履行的救济及其法理基础——再论〈合同法〉不安抗辩权和预期违约的界分》,载《比较法研究》2017年第6期。

[121]李俊:《论允诺的效力体系》,载《法商研究》2017年第6期。

[122]朱晓喆:《民法典合同编总则草案若干规定的解读和建议》,载《法治研究》2018年第5期。

[123]张家勇:《中国法民事责任竞合的解释论》,载《交大法学》2018年第1期。

[124]肖俊:《〈合同法〉第84条(债务承担规则)评注》,载《法学家》2018年第2期。

[125]冯洁语:《禁止债权让与特约:比较法的经验与启示》,载《法商研究》2018年第5期。

[126]王磊:《论"重大误解"的价值补充纲要——以法律原理的衡量作为切入点》,载《甘肃政法学院学报》2018年第6期。

[127]王文利:《论无效合同的法律后果》,载《河南财经政法大学学报》2018年第5期。

[128]于凤瑞:《合同违法无效时损害赔偿范围的量定——从不当得利于缔约过失展开》,载《河北法学》2018年第6期。

[129]陈耀东、沈明焱:《重大误解制度"重大"之认定》,载《学术论坛》2018年第4期。

[130]刘耀东:《论无民事行为能力人实施民事法律行为的效力——基于"立法论"与"解释论"的二元视角》,载《北方法学》2019年第6期。

[131]朱广新:《恶意串通行为无效规定的体系地位与规范构造》,载《法学》2018年第7期。

[132]刘哲玮:《确认他人恶意串通合同无效之诉的合法性检讨——最高人民法院指导案例33号的程序法评释》,载《当代法学》2018年第2期。

[133]李蕾、赵萌:《恶意抗辩合同无效不予支持——北京Y集团有限责任公司诉北京H制药有限公司、北京R科技有限公司合同案》,载《中国应用法学》2018年第5期。

[134]林洋:《职权确认合同无效之程序和实体问题研究》,载《新疆大学学报(哲学·人文社会科学版)》2019年第6期。

[135]郝丽燕:《〈合同法〉第167条(分期付款买卖)评注》,载《法学家》2019年第5期。

[136]万江:《违反价格管制的合同效力研究》,载《法律科学》2019年第6期。

[137]夏昊晗:《诚信原则在“借违法无效之名毁约”案型中的适用》,载《法学》2019年第6期。

[138]常鹏翱:《意思能力、行为能力与意思自治》,载《法学》2019年第3期。

[139]常鹏翱:《等同论否定说:法律行为的可撤销与相对无效的关系辩解——以〈民法通则〉到〈民法典〉的规范发展为基点》,载《法学家》2020年第5期。

[140]郭晓晴:《合同违法无效的责任承担问题研究》,载《东北农业大学学报(社会科学版)》2019年第3期。

[141]徐涤宇:《〈合同法〉第80条(债权让与通知)评注》,载《法学家》2019年第1期。

[142]石佳友、高郦梅:《违约方申请解除合同权:争议与回应》,载《比较法研究》2019年第6期。

[143]李宇:《后合同义务之检讨》,载《中外法学》2019年第5期。

[144]李宇:《新桃换旧符:民法总则上的恶意串通行为无效规范》,载《学术月刊》2017年第12期。

[145]李建伟:《行政规章影响商事合同效力的司法进路》,载《法学》2019年第9期。

[146]蔡睿:《违法合同的效力评价与无效类型——〈民法总则〉第153条第1款释论》,载《苏州大学学报(法学版)》2019年第1期。

[147]李建星:《预期违约的制度内涵与类型扩展》,载《法治研究》2019年第5期。

[148]冀放:《实际履行制度规范模式研究》,载《法学论坛》2020年第6期。

[149]陈韵希:《我国债权人撤销权制度的目标定位和法律效果》,载《求索》2020年第6期。

[150]周岩:《债权人撤销权的行使期限》,载《人民司法》2020年第23期。

[151]张雯、颜君:《“暗刷流量”合同违背社会公序良俗应属无效——常某某诉许某马某某网络服务合同案》,载《法律适用》2020年第16期。

[152]王俐智、孙学致:《论违约方解除合同的条件——兼评〈民法典各分编(草案)·合同编〉第353条第3款》,载《交大法学》2020年第1期。

[153]谢鸿飞:《〈民法典〉法定解除权的配置机理与统一基础》,载《浙江工商大学学报》2020年第6期。

[154]刘承韪:《论违约方解除合同规则写入民法典之必要与可行》,载《中国政法大学学报》2020年第3期。

[155]武腾:《委托合同任意解除与违约责任》,载《现代法学》2020年第2期。

[156]杨代雄:《〈民法典〉第153条第1款评注》,载《法治研究》2020年第5期。

[157]黄成:《民法典背景下环境资源合同案件中合同效力认定之完善——基于80份裁判文书的实证分析》,载《法律适用》2020年第23期。

[158]万江:《政府管制的私法效应:强制性规定私法认定的实证研究》,载《当代法学》2020年第2期。

[159]翟远见:《论〈民法典〉中债总规范的识别与适用》,载《比较法研究》2020年第4期。

[160]张雯、颜君:《“暗刷流量”合同违背社会公序良俗应属无效——常某某诉许某马某某网络服务合同案》,载《法律适用》2020年第16期。

[161]于飞:《我国民法典实质债法总则的确立与解释论展开》,载《法学》2020年第9期。

[162]张红:《论〈民法典〉内外合同责任之惩罚性赔偿》,载《法学评论》2020年第5期。

[163]高志宏:《惩罚性赔偿责任的二元体系与规范再造》,载《比较法研究》2020年第6期。

[164]刘斌:《民事诈欺新探》,载《政治与法律》1990年第1期。

[165]朱谦:《美国银行的抵销权制度及其借鉴》,载《国际金融研究》1996年第10期。

[166]杨巍:《〈民法典〉债权人的代位权解释论研究》,载《江西社会科学》

2020 年第 12 期。

［167］石佳友：《解码法典化：基于比较法的全景式观察》，载《比较法研究》2020 年第 4 期。

［168］张勇健：《合同错误及其救济——由（2017）最高法民终 502 号案的分析展开》，载《法律适用》2020 年第 16 期。

［169］吴雅婷：《论民法典合同编的后合同义务规则》，载《山东科技大学学报（社会科学版）》2020 年第 4 期。

［170］滕佳一：《合同无效时返还规则的适用》，载《法学家》2020 年第 6 期。

［171］陈韵希：《我国债权人撤销权制度的目标定位和法律效果》，载《求索》2020 年第 6 期。

［172］纪闻：《论违背公序良俗合同无效后的返还后果》，载《北京理工大学学报（社会科学版）》2020 年第 6 期。

［173］付一耀：《论合同无效或被撤销后的拒绝返还抗辩权——基于〈民法典〉第 157 条与第 525 条的解释论》，载《社会科学研究》2021 年第 2 期。

［174］吴至诚：《违法无效合同不当得利返还的比例分担　以股权代持为中心》，载《中外法学》2021 年第 3 期。

［175］曹智勋：《民事诉讼依职权审查合同效力规则再认识》，载《法治与社会发展》2021 年第 3 期。

［176］刘贵祥、吴光荣：《关于合同效力的几个问题》，载《中国应用法学》2021 年第 6 期。

［177］郑成良、牛安琪：《强制性规定类型识别的辨伪与存真》，载《社会科学战线》2021 年第 5 期。

［178］顾全：《民事法律行为效力评价维度——兼论及限制性规范体系的理解适用》，载《东方法学》2021 年第 1 期。

［179］姚明斌：《民法典体系视角下的意思自治与法律行为》，载《东方法学》2021 年第 3 期。

［180］陈树森：《识别影响合同效力强制性规定的路径思考》，载《中国应用法学》2021 年第 5 期。

［181］金印：《债权人代位权行使的法律效果——以〈民法典〉第 537 条的体系适用为中心》，载《法学》2021 年第 7 期。

[182]朱晶晶:《论债权人撤销权的私益性及其实现》,载《新疆社会科学》2021年第6期。

[183]陆家豪:《履行迟延的合同解除规则释论》,载《政治与法律》2021年第3期。

[184]刘贵祥:《担保制度一般规则的新发展及其适用——以民法典担保制度解释为中心》,《比较法研究》2021年第5期。

[185]施鸿鹏:《通谋虚伪表示基础上对抗规则的教义学展开》,载《东方法学》2022年第1期。

[186]龙俊:《代位权的行使与合同效力的确定——"(2011)民提字第7号"判决评释》,载《月旦民商法杂志》2012年第36期。

[187]龙俊:《民法典中的债之保全体系》,载《比较法研究》2020年第4期。

[188][奥地利]格奥尔格·格拉夫:《契约法和国家的伦理中立:关于自由主义和社群主义的几点想法》,韩震译,载《求是学刊》2003年第5期。

[189][日]下森定:《日本民法中的债权人撤销权制度及其存在的问题》,钱伟荣译,载《清华法学》2004年第1期。

[190]段匡:《日本债权人代位权的运用》,载梁慧星主编:《民商法论丛》(第16卷),金桥文化出版(香港)有限公司2000年版。

[191]庄加园:《禁止债权让与约定的效力模式解析》,载本书编委会编:《为民法而斗争:梁慧星先生七秩华诞祝寿文集》,法律出版社2014年版。

[192]邓叶芬:《合同解除的溯及力研究》,湖南师范大学2006年硕士学位论文。

后　记

《中华人民共和国民法典释论》系列丛书，是国家社科基金重大研究专项："社会主义核心价值观融入民法典的理解与适用研究"（20VHJ011）的阶段性研究成果。该系列丛书的出版，既是社会主义核心价值观融入《民法典》的理解与适用的理论探索，也是社会主义核心价值观引领《民法典》的编纂与施行的实践展示。

《中华人民共和国民法典释论》系列丛书在编写过程中，力图深刻领会《民法典》的核心要义与价值主旨、全面展现《民法典》的精神气质与实践追求、系统阐释《民法典》的制度体系与规范逻辑、客观描述《民法典》的编纂进路与司法期待。因为《民法典》在中国特色社会主义法律体系中，既是一部固根本、稳预期、利长远的基础性法律，也是全面依法治国的重要制度载体。习近平总书记指出："民法典实施得好，人民群众权益就会得到法律保障，人与人之间的交往活动就会更加有序，社会就会更加和谐。"①

《中华人民共和国民法典释论》系列丛书的顺利编写，导源于黑龙江大学民法典编纂课题组组长杨震教授的统辖规划与引领推进，厚植于黑龙江大学民法典编纂课题组的智慧付出与成果积淀，得益于黑龙江大学法学院、黑龙江大学民商法学研究中心的云集响应与踊跃输将，仰赖于黑龙江大学民法同道的细心求索和潜力深耕。在此，致敬所有为《中华人民共和国民法典释论》系列丛书倾心助力、孜孜以求的同人！

砥砺奋进，笃行致远。遥望2012年3月那些春风劲拂、桃花缤纷的夜晚，回望2012年5月那些微风低吟、丁香盛开的日子，为起草《中华人民共和国继承法》

---

① 中共中央党史和文献研究院编：《十九大以来重要文献选编》（中），中央文献出版社2021年版，第584页。

（专家建议稿），黑龙江大学民法典编纂课题组在研讨论证、集思广益、思路整合、字斟句酌……杨震、王歌雅、孙毅、申建平、李宏弢、杨振宏、司丹、任江……那些舒展的笑容、生动的面庞、犀利的言语、碰撞的观点、凝练的表达，清晰如昨。

博采众长，匠心独运。2015 年 4 月，又是桃花绽放、丁香四溢的昼夜。为起草《民法典·总则编》（专家建议稿）中民事法律行为和代理两章，为优化民事法律行为和代理的规范表述、制度设计，黑龙江大学民法典编纂课题组在遍阅法典、中西审夺、激扬论辩、唇枪舌剑……杨震、王歌雅、孙毅、申建平、陈彦晶、杨振宏、王睿、王立兵、严诚、杨健、李宏弢、任江、霍原、项定宜、胡东、龚兵、李憣、赵亮、司丹、马千里……那些勤奋的思考、亢奋的表情、严肃的争论、反复的推敲、飞扬的思维，依稀可见。

精诚合作，携手与共。2017 年 6 月至 7 月，在柳絮飞扬、梨花绽放的夏日，为起草《中华人民共和国人格权法》（专家建议稿），黑龙江大学民法典编纂课题组在研讨体例、设计方案、规划日程、逐条审议、精雕细琢、优化表述……杨震、王歌雅、孙毅、申建平、张铁薇、李丹丹、王立兵、杨振宏、李憣、朴顺善、项定宜、龚兵、马千里……那些温煦的表情、和谐的话语、清晰的流程、经典的表述、智慧的启迪，犹在眼前。

在《中华人民共和国民法典释论》系列丛书付梓之际，尤要感谢法律出版社徐非编辑给予的鼎力支持与真诚鼓励！无论是丛书的策划、设计，还是丛书的编校、审核，均凝聚着徐非编辑的热忱与付出；不论是反复的沟通、磋商，还是合同的草拟、签订，均体现出徐非编辑的素养与敬业。

特别感谢黑龙江省教育厅对黑龙江大学民法典编纂课题组的鼎力支持！

感谢所有为《中华人民共和国民法典释论》系列丛书付出心血与热望的人！

感谢所有为黑龙江大学民法典编纂课题组提供支持与帮助的人！

三千星夜兼程，韶华晨露归处！

十年磨一剑，悠韵砺得香！

功崇惟志，业广惟勤！

黑龙江大学民法典编纂课题组

2022 年 5 月 4 日